美国画廊教父卡斯泰利的一生

利奥和他的圈子

安妮·科恩-索拉尔 著

王袁 译

CNS PUBLISHING & MEDIA 湖南美术出版社

图书在版编目（CIP）数据

利奥和他的圈子：美国画廊教父卡斯泰利的一生 / (美) 安妮·科恩-索拉尔著；王袁译. — 长沙：湖南美术出版社, 2022.1
书名原文：LEO AND HIS CIRCLE: The Life of Leo Castelli
ISBN 978-7-5356-9266-5

Ⅰ. ①利… Ⅱ. ①安… ②王… Ⅲ. ①利奥·卡斯泰利—传记 Ⅳ. ①K837.125.38

中国版本图书馆CIP数据核字(2020)第166077号

湖南省版权局著作权合同登记号 图字 18-2019-336 号

利奥和他的圈子：美国画廊教父卡斯泰利的一生

LI'AO HE TA DE QUANZI: MEIGUO HUALANG JIAOFU KASITAILI DE YISHENG

出 版 人：黄 啸
著　　者：［美］安妮·科恩-索拉尔
译　　者：王 袁
责任编辑：王柳润 李 蓁
特约编辑：李 震
责任校对：彭 慧 贺 娜
装帧设计：一千遍工作室
制　　版：嘉偉文化 JARL.V CULTURE
审 图 号：GS（2021）3860号
印　　刷：恒美印务（广州）有限公司
（广州南沙经济技术开发区环市大道南路334号）
开　　本：889mm × 1194mm 1/32
印　　张：23.75
版　　次：2022年1月第1版
印　　次：2022年1月第1次印刷
书　　号：ISBN 978-7-5356-9266-5
定　　价：128.00元

邮购联系：0731-84787105 邮编：410016
网址：http：//www.arts-press.com/
电子邮箱：market@arts-press.com
如有倒装、破损、少页等印装质量问题，请与印刷厂联系调换。
联系电话：020-84981812

从的里雅斯特到中国

利奥·卡斯泰利出生于的里雅斯特，那是一个忙碌而热闹的港口，异彩纷呈，杂乱无章。那里的工人们用臂膀装卸和搬运着成捆、成箱、成罐、成篮的货物，那是“一瓶瓶达尔马提亚葡萄酒、一桶桶斯洛文尼亚盐，一包包埃及棉花、一袋袋爪哇咖啡、塞内加尔的靛蓝染料、黎凡特的异国橡木、巴西的珍稀木材和英国的黑色钻石；简而言之，世界各地的珍奇异宝，这里应有尽有”[①]。在那段不可思议的岁月中，家族企业卡斯泰利与卡斯泰利公司经营着咖啡和糖的进出口生意，事业蒸蒸日上；而的里雅斯特作为整个奥匈帝国活跃的贸易中心，也成为“这个富有的世界上最富有的国家中……最富有的城市之一[②]”。

同样是的里雅斯特，在二十世纪的第一个十年（卡斯泰利生于 1907 年）迎来了两位代表前卫文化的重要人物：正在创作那部划时代巨著《尤利西斯》的詹姆斯·乔伊斯和即将推出《未来主义宣言》的菲利波·托马索·马里内蒂。利奥·卡斯泰利则听从了父亲的建议，后来在（他憎恶的）保险行业开始了自己的事业。保险也是一种跨国生意，而那时，的里雅斯特已经从往昔的荣耀之地跌落为意大利王国一战后在穷乡僻壤的一扇“后门”，经历着苟延残喘的至暗时刻。卡斯泰利在当地的一位朋友常说：“Quello che conosce le lingue ha il mundo in mano（说好外语，世界尽在掌握）。”诚然，即便的里雅斯特时运不济，但一个属于现代代理人的时代已然开启，作为他们中的一员而且能够运用多种语言的利奥会将世界掌握在自己手中。他母亲的家族便是如此，他们在文艺复兴时期就垄断了托斯卡纳南部的纸业，这个地区最优秀的画家，如瓦萨里、佩鲁吉诺和蓬托尔莫，都是他们的客户；而他们也因此为当地的艺术家群体架起了通往佛罗伦萨收藏家和银行家的桥梁。

利奥·卡斯泰利本质上是一个胸怀世界的人。他热衷于旅行和交流，喜欢开玩笑，善于琢磨人心、穿针引线。然而，十九至二十世纪的欧洲战乱频发，对犹太族裔的长期歧视迫使他的祖先不断迁徙，一次又一次流离失所的经历构成了他们的生命轨迹。卡斯泰利的人生再现了祖先辗转漂泊的历程。的里雅斯特、维也纳、米兰、布加勒斯特、巴黎都留下了他生活的足迹，1941年，为了逃离纳粹的魔爪，卡斯泰利移居纽约。随着画廊的开业，他革命性地提升了艺术家在美国的地位，让他们进入公众视野，并获得财富、尊重和价值；他全面地对艺术家们进行推广，并为他们搭建起一套遍及西方世界的卫星画廊网络。如今，卡斯泰利已经具有偶像明星的地位；这本书完成于2010年，那时距他去世已过去十年，今天，在推出了这本书的英语、法语、荷兰语、意大利语、西班牙语和土耳其语版本之后，我很高兴它的中文译本也即将问世。

近来，我与朋友侯瀚如聊起了二十世纪八十年代后期活力四射的中国前卫艺术和“新潮美术运动”，我了解到，艺术在中国那段特定的历史时期发挥了极为关键的作用。“对我们来说，成为艺术家是一条理想的出路。”侯瀚如坚定地说，“不过这条出路根植于真正的政治和文化使命……艺术家是什么？在社会中、在群落中，扮演什么样的角色？对我而言，艺术家的工作就是要与自己的生活背景反着来，这样才能为个人与社会打开其他可供选择的空间。”为了赋予艺术家们力量的源泉，并让他们能够持续创作、茁壮成长、提升自身的实力，身为画廊主的卡斯泰利终其一生追求的恰恰是这种“政治和文化使命”。可以想见，随着艺术市场的不断壮大，会有不计其数的中国艺术家、批评家、画廊主和收藏家着迷于利奥·卡斯泰利精彩绝伦的人生历程，并将他那些魅力无穷的回忆视作珍宝，也必定会一批一批地成为他的粉丝。

在二十一世纪开始后的二十余年，的里雅斯特被选定为“二十一世纪海上丝绸之路”上将中国商船送入欧洲的门户，这是否仅仅是一个巧合？在自身众多新兴优势（一个具有三套物流终端的自由港，以及能够迅速通达奥地利、比利时、捷克共和国、德国、匈牙利、卢森堡、斯洛伐克的铁路系统）的加持下，的里雅斯特即将再次开启一段激动人心的崭新篇章，并将坐揽中欧间海上贸易额的 70%！这对《利奥和他的圈子》在中国的推出无疑是一个好兆头！

安妮·科恩 - 索拉尔

2021 年 1 月 4 日

① J.K. 希尔（J. K. Heer），《南奥地利亚得里亚海的假日景象》（*Ferien an der Adria Bilder aus Sud Österreich*）（弗劳恩费尔德和莱比锡：Huber，1888 年出版）。

② 罗伯托·巴兹伦，《著作：的里雅斯特采访》（米兰：Adelphi，1984 年出版），246—254 页。

利奥·卡斯泰利和我

利奥·卡斯泰利奠定了我们所知的艺术市场的根基。二十世纪五十至六十年代，现代艺术的重心在文化和经济层面都从欧洲转移到了美国，而利奥·卡斯泰利在这一过程中扮演了举足轻重的角色，是他触发了一连串开启市场全球化的事件，而中国正是这个全球市场最新的前沿阵地。如今，最炙手可热的艺术家中有不少都来自中国，例如曾梵志和贾蔼力，而让·米切尔·巴斯奎特和安迪·沃霍尔等美国艺术家的重要作品最具实力的竞争者也都属于中国藏家。这样看来，安妮·科恩－索拉尔所著的卡斯泰利传中文版的问世的确恰逢其时。

与我合作的艺术家、艺术遗产和收藏家都可以追溯到那个曾经围绕着利奥运转的关系网，我常常能看出其中的门道。我与他相遇在二十世纪八十年代初的洛杉矶。那时，他通过力挺抽象表现主义艺术家，并发现他们不再以欧洲为标尺的重要意义，成功将纽约推举为战后抽象艺术的中心。经由支持贾斯培·琼斯、罗伊·利希滕斯坦、罗伯特·劳申伯格、詹姆斯·罗森奎斯特等一批艺术家，他本质上开创了六十年代的波普艺术运动。

利奥初到纽约之时，就知道这些艺术家将具有巨大的国际影响力。他真正的热情在于发现新的运动方向——不单要寻找个体的才华，更要探寻共同的艺术关切。这样一来，通过将美国艺术家确定为现代艺术进程的下一阶段，他彻底改变了艺术家在美国社会的文化地位，使他们成为更受人尊敬的角色，类似于欧洲那些伟大的现代艺术大师（塞尚、毕加索、马蒂斯和贾科梅蒂）。

当艺术家的地位得到了提升，艺术市场的发展也随之加速。艺术品的价格提升了，博物馆再也无法承担购买并展示艺术杰作的高昂费用。利奥把我介绍给了许多大收藏家，例如 S.I. 纽豪斯以及艾米丽和伯顿·特雷梅因夫妇。1985 年，他们拿出了名下博物馆级的艺术珍品，供我在切尔西进行展出。因为利奥不参与二级市场的经营，所以我猜他一定觉得看我一头扎进这个领域挺有意思。我与私人收藏紧密合作，并销售利奥的艺术家们（劳申伯格、利希滕斯坦、琼斯）的早期作品，以及毕加索和蒙德里安这样的老牌艺术大师的作品。1996 年，我和利奥合伙在曼哈顿苏荷区的汤普森街 65 号开设了一家画廊，那时我才开始认真考虑进军初级市场。我们展出的艺术家包括布鲁斯·瑙曼和埃斯沃兹·凯利，而我目睹了利奥为在世艺术家提供大展拳脚的舞台，并为他们的创作制造购买需求的全过程。

我想，如果利奥还在世的话，一定会为如今这个无比宽阔的舞台感到震惊。市场仍在以指数级的速度扩张着，国际艺术博览会、电子邮件和数码拍摄的应用令销售节奏变得比以往任何时候都要迅速。由于我同时涉足一级和二级市场，我常感到利奥似乎是架在欧洲模式和美国模式（现在是世界模式了）间的一道桥梁。他不仅可以回望过去，同时还能创造未来——他不仅将马克斯·恩斯特、梅拉·奥本海姆和瓦西里·康定斯基的艺术带到了纽约，还先后发现了琼斯、劳申伯格、凯利、瑙曼、伊娃·海丝和理查德·塞拉这样的旷世奇才。

这本书写到了许多与利奥的成功息息相关的人物、事件和偶然因素。毫无疑问，利奥是一位重要的历史人物，但作者并没有止步于此，而是进一步展现了他机智、优雅、远见卓识的一面，原原本本地刻画出了那个笃信并支持着他的艺术家们、并永远活在我心里的亲人。科恩-索拉尔女士不仅揭示了利奥的国际手腕如何演化成了如今全球化的艺

拉里·高古轩，查尔斯·萨奇和利奥·卡斯泰利，圣巴泰勒米岛，1991

术网络，也披露了利奥早年的人生经历，为想要摸清一个总是对过去遮遮掩掩的人的读者提供了更具历史和文化深度的背景信息。虽然我很了解利奥，但正是这本书让我终于看清了他和他身后纷繁芜杂的历史。

拉里·高古轩

2019年3月28日

艺术市场拓荒者

九十年代初，我还在美院读书，某天在图书馆翻杂志，看到一幅照片，当时的震动我到现在都能记得。一群已经在当代艺术史上名震天下的艺术大腕环绕于一个清瘦老者的四周。这位老人家仪表不凡、目光如炬。没错，他就是利奥·卡斯泰利（Leo Castelli），我就是从这张照片知道了这个美国画廊主的传奇。从照片就可以知道，他既受到大家的拥戴，同时也跟大家亲如兄弟，这是我的直觉。

后来我也从各种关于美国当代艺术的文章里不断读到跟卡斯泰利相关的信息，但都是零星碎片的。这些信息让我可以在头脑中勾勒出一个我们不曾熟悉的艺术生态链条。究竟是什么导致了美国和我们拥有完全不一样的艺术圈？尤其在九十年代初，中国的艺术界也在试图建立自己的艺术市场结构的时期，这种好奇就尤其来得迫切。很多疑问直到将近 30 年后，读了王袁翻译的这本卡斯泰利的传记才得到解答。当然，经过了这么长的时间之后，中国艺术市场的丰富程度已经跟九十年代初不可同日而语。尤其近十多年以来，中国当代艺术经历了也许类似六十年代美国当代艺术在市场上崛起的过程，回过头再看卡斯泰利当年的工作，就有更多真切的体验。

卡斯泰利五十岁才开始自己的画廊生涯，并且迅速就获得巨大成功。经他一手推出的艺术家名单基本就是一本美国当代艺术家名人录。即使我们早已了解这一传奇，并且也经历了十几年市场的历练，回过头来看他 50 多年前的各种动作，依旧不得不从内心佩服。首先，艺术家的选择，他拥有超强的眼光，然后，如何把这些全新艺术样式推向公众，他也不乏手段。艺术品交易模型的建构，至今他的方法依旧是当代主流画廊在遵从的原则。所有这些工作的目的，我的理解，首先，是要创造一个活跃的艺术现象，尤其在当年文化根基薄弱的美国，处处是欧洲艺术的追随者，卡斯泰利及其同伴的努力彻底改变了这一事实。直到今天，美国艺术家、画廊、收藏家、博物馆这一系统，依旧主导着今天全球当代艺术的大格局。其开创者及最大功臣，绝对是卡斯泰利。某种意义上可以说是卡斯泰利“发明”了美国当代艺术市场的这场“游戏”，艺术家、媒体、经纪人、拍卖行、收藏家、博物馆各种角色渐次登场，共同上演美国当代艺术这场大戏。

一个在校学习艺术史的本科生，在九十年代初中国经济还尚未获得以后的成功之时，对于卡斯泰利和他的小伙伴的传奇，只能是一种神往。同时我们也渴望自己可以投身到一种可能创造历史的潮流中去。今年是中国改革开放的第 40 年，也差不多快半个世纪，中国内地（大陆）最资深的本土画廊的历史大概 20 年，香港、台湾地区画廊的历史就还要悠久一些。大概是从九十年代初开始，针对华人的当代艺术，一些拓荒者开始了他们的行动，包含画廊和收藏家，其中的重要角色现在已看得很清楚，比如来自西方的希克和尤伦斯，收藏了数量众多的中国当代艺术品。来自台北的林明哲，购买了包括罗中立、何多苓等人的中国早期当代艺术的杰作。画廊业的翘楚是汉雅轩的张颂仁，他推动了张晓刚、曾梵志等人的早期市场。也许还有少励画廊等西方人开设的画廊，也是早期中国当代艺术市场的深度参与者。而中国本土画廊的兴起，时间上要晚很多，大约从 2005 年开始，中国大陆才开始兴起一批直至今日都在冲锋陷阵的画廊。因为时间太短，还很难断言谁可以写进历史。所有这些参与建构中国艺术市场的人士，我想，卡斯泰利都是他们的偶像。当然，这个范围可能不仅限于中国。

中国改革开放 40 年，在经济规模上已经是全球第二大经济体。东方文化自身的独特性及几十年社会变迁的丰富性都给中国当代艺术以不可替代的创作素材。不同的事实都指向了建构一个独特中国当代艺术生态系统的可能性。中国当代艺术在未来的某一个时间取得类似过去50年美国艺术的成就，已经是触手可及。在这个时候来看卡斯泰利走过的路就变得更有实际意义。事实上，我在从业艺术市场十多年之后才读到这本书，已经有相见恨晚的感慨。当然，一切都还不晚。卡斯泰利从五十岁才开始画廊生涯，似乎也是一种暗示，没有足够的社会历练似乎也不足以理解艺术的复杂性。过去十多年的经历算是一个序曲，未来若干年，中国的艺术界是不是可以创造奇迹，要看各自的行动。

伍　劲

2018年9月16日

于深圳 世纪台风"山竹"登陆之际

此致：

我的朋友王家纬（Janice Wang）女士
由衷感谢，因她此书中文版得以如愿问世。

Annie Cohen-Solal wants to express her immense gratitude to her friend Janice Wang who made it possible for her text to access the Chinese public both in traditional and in simplified Chinese.

献给年轻一代：

奥古斯特·卡斯泰利（August Castelli）

和　普罗斯佩·卡斯泰利（Prosper Castelli）

托马斯·伊莲娜·莱达格（Tomás Ilean Laddaga）

和　塞西莉亚·罗斯·里特（Cecelia Rose Reitter）

佐伊·温加滕（Zoe Weingarten）

和　阿里·温加滕（Ari Weingarten）

当然，还有阿奇（Archie）！

1993 年 12 月 2 日，的里雅斯特。在由纳迪娅·巴森纳斯艺术工作室（Studio d'Arte Nadia Bassanese）主办的展览“致敬利奥·卡斯泰利”（Omagio a Leo Castelli）现场，马里诺·斯泰莱（Marino Sterle）摄

目 录

Part II.

蜕变年代

1946—1956

Part III.

不折不扣的美国艺术领袖

1957—1998

1982 年 2 月 1 日，纽约，奥德翁餐厅
卡斯泰利画廊二十五周年庆典
立（从左至右）：埃斯沃兹·凯利（Ellsworth Kelly）、丹·弗雷文（Dan Flavin）、约瑟夫·科苏斯（Joseph Kosuth）、理查德·塞拉（Richard Serra）、劳伦斯·韦纳（Lawrence Weiner）、拿索斯·达佛涅斯（Nassos Daphnis）、贾斯培·琼斯（Jasper Johns）、克莱斯·奥登伯格（Claes Oldenburg）、萨尔瓦托·斯卡皮塔（Salvatore Scarpitta）、理查德·阿茨希瓦格（Richard Artschwager）、米娅·韦斯特兰德·罗森（Mia Westerlund Roosen）、克莱图斯·约翰逊（Cletus Johnson）、基斯·索尼尔（Keith Sonnier）
坐（从左至右）：安迪·沃霍尔（Andy Warhol）、罗伯特·劳申伯格（Robert Rauschenberg）、利奥·卡斯泰利、埃德·拉斯查（Ed Ruscha）、詹姆斯·罗森奎斯特（James Rosenquist）、罗伯特·巴里（Robert Barry）
汉斯·纳穆斯（Hans Namuth）摄

序　言

“那么，您就是新到任的那位。看您这条橙色短裙和长手套，就知道您绝对会在纽约引起轰动！不如您明天五点到画廊来？看看展览，见见罗伊（Roy）①。他的展览开幕，您得留下来参加派对！”在我来纽约继任法国大使馆文化参赞两周后的一个晚宴上，利奥·卡斯泰利用这样的甜言蜜语欢迎了我。1989 年的这次邂逅也是我们的初识，很快就为我们的友谊定下了轻松愉快的调性。而这份友谊，一直延续到 1999 年他去世那天。虽然已经 82 岁高龄，又戴着一只隐蔽得几乎看不出来的助听器，卡斯泰利仍然是位相当善于调情的社交高手，在传奇一般的盛名中自信满满、游刃有余。当晚，他一直陪伴着一位打扮入时得体的新女友，那是四十多岁的英国建筑师凯瑟琳·莫里森（Catherine Morrison）。他不时与她嬉笑，像一个坠入爱河的年轻人。

从那天起，我不知不觉地成为这个“家庭”的一员。就这样，在美国的第一年，我竟穿梭于明尼阿波利斯和巴塞尔，伦敦和休斯敦，纽约和华盛顿哥伦比亚特区，与他一起为贾斯培（Jasper）②的新展览揭幕。“关于美国艺术的一切，你需要知道的，我都会教你。”他信誓旦旦，借给我书籍，并常在周日上午带我去看展览。他将我介绍给作家加尔文·汤姆金斯（Calvin Tomkins）[1]、代顿（Dayton）[2]夫妇和芭芭拉·雅各布森（Barbara Jakobson）[3]这样的收藏家，策展人克里斯蒂安·戈尔哈尔（Christian Geelhaar）[4]和南·罗森泰尔（Nan Rosenthal）[5]，画廊主伊莲娜（Ileana）与迈克尔·索拿本德（Michael Sonnabend）夫妇[6]，等等。十年间，我们始终住在同一个街区，这为我的“家庭教师”向我传授美国艺术提供了便利，但他对待这项使命却绝不贪图省事，每次介绍起克莱门特·格林伯格（Clement Greenberg）[7]、阿尔弗雷德·巴尔（Alfred Barr）[8]、杰克逊·波洛克（Jackson Pollock）[9]、皮埃尔·马蒂斯（Pierre Matisse）[10]、安迪·沃霍尔（Andy Worhol）[11] 和西德尼·詹尼斯（Sidney Janis）[12]，他总会忘了时间。他同样兴致勃勃地带我参加苏富比（Sotheby's）[13] 和佳士得（Christie's）[14] 的艺术品拍卖，看着他的艺术家们卖出一个又一个天价；他在惠特尼美术馆向我介绍了伊娃·海丝（Eva Hesse）[15]，也向我讲述了他将鲍勃（Bob）③的《床》（*Bed*）[16] 捐给现代艺术博物馆（Museum of Modern Art，简称 MoMA）的故事；他回忆过弗兰克（Frank）[17] 刚从普林斯顿毕业时向他展示最初的那几幅"单色画"的情形；怀念过他与吉姆（Jim）[18] 或与埃斯沃兹（Ellsworth）[19] 相处中历久弥新的时光。而最令他全神贯注的，还是当他谈起贾斯培，或陪伴在贾斯培左右的时候。

事实上，几乎没有人能够真正抵挡利奥的魅力。无论是在纽约还是威尼斯，即便是在午夜时分与一群朋友突然到访一家餐厅，服务生或领班也总会为他布置好餐桌，以招待电影明星的规格款待他。只要他说一句："给每人一杯鸡尾酒……"[20] 夜晚就此开始！在他陪伴下的几个小时将会是一次奇妙的体验。一旦他决定"收养"你，并把你带去他经常出没的任何一块地盘，你都会像我一样赞叹于他的神通广大。然而，他令人着迷的不仅是从容练达的风度，还有某种永远都不会消失的孩子气，例如他在用纯正的法语为我背诵拉·封丹（La Fontaine）的寓言故事《乌鸦与狐狸》（*Le Corbeau et le Renard*）时，就会露出显而易见的得意。又比如，在我们最后的几次美术馆之旅中，一次是在 1998 年圣诞前后去 MoMA 看席勒（Schiele）[21] 的展览，展出呈现了一系列动人且鲜为人知的情色水彩作品，利奥一边近乎虔诚地凝视画中那些裸女的肢体，一边凑近一幅说："这一张，我想带回家仔细看看。"[22]——嘴角带着淘气的微笑。

年复一年，利奥不紧不慢地向我吐露着他生活中的点滴。他曾提到在不知该如何"接近女孩"的十八岁，咨询过埃杜尔多·魏斯（Edoardo Weiss），他是弗洛伊德的一位学生，是家乡的里雅斯特最著

1990 年 10 月，利奥与本书作者、法国驻美国大使馆前文化参赞安妮·科恩－索拉尔女士合影于纽约。马克·吕布（Marc Riboud）摄

名的心理分析师；他说起过曾与他探讨生意的米哈伊·沙皮拉（Mihai Schapira），那位指摘他到了知天命之年还花妻子的钱，简直"一无是处"[23]的岳父。他聊起过他的情人们、妻子们、孩子们；聊起过的里雅斯特、维也纳、巴黎、布加勒斯特和纽约。当然了，我对利奥的印象全都形成于二十世纪九十年代的纽约——在那个属于利奥的世界中，一切都被这个举世无双的神话缔造者施了魔法，听凭他的支配。

十年一梦，而我仅在他去世之后，才开始跟随他留下的一些线索，寻找问题的答案；又过了一段时间，我才得以拼凑起一些碎片。四年间，我搭乘飞机、船只、火车、汽车，六次探访的里雅斯特，也曾前往乌迪内、威尼斯、蒙特圣萨维诺、米兰、维也纳、布达佩斯、希克洛什、布加勒斯特、巴黎、圣保罗、旧金山和纽约；我从意大利语、匈牙利语、希伯来语、德语、法语和英语的资料中搜集信息；见过档案管理员、历史学家、拉比[24]、犹太会堂和法院的工作人员、市长、银行家和保险公司雇员；采访了他的堂表兄妹、远房堂表兄妹，以及他们的子辈和孙辈；去过他的每一处居所，以及他的祖先们在意大利和匈牙利公墓中的坟冢。当我完成了这些工作，了解了他的家族那一连串被逼无奈、流离失所的遭遇，竟在他刻意营造出的那个轻松愉快的个人形象背后，发现了一段更加扑朔迷离、缠绵悱恻的身世。我不禁思索，卡斯泰利究竟为何如此注重个人形象的塑造，并乐此不疲地改编几则旧事？无论这些故事有多么优雅，最终都只会将想要了解他的人带进一条找不到答案的死胡同中。

他的身世之谜让我兴奋不已，我像进行犯罪调查的侦探一般，百折不挠。旅途中最令人难忘的几个瞬间都发生在蒙特圣萨维诺：一次，雷纳托·朱利耶迪（Renato Giulietti）[25]从一大堆羊皮纸卷中抽出了来自1787年的一张，上面写着："犹太人，卡斯泰利家族……艾伦尼·卡斯泰利（Aarone Castelli），50岁……安娜·卡斯泰利（Anna Castelli），30岁……贾科贝·卡斯泰利（Giacobbe Castelli），儿子，9岁……莱蒂西亚（Letizia），女儿，20岁……萨巴蒂诺（Sabatino），儿子，21

岁……”[26]的里雅斯特也有类似的回忆：那天，马里尤·哈希德（Mariu Hassid）将一个大信封和一张信笺送到我的酒店房间，上面用意大利语写着：“的里雅斯特犹太族群（Comunità Ebraica di Trieste），出生证明副本……年：1907；月日：9月4日；犹太历：以禄月25日；新生儿名字：利奥”[27]，后面是希伯来语的译文。另一次发生在繁华的商业城市贡第尔（Göntér），它位于匈牙利和克罗地亚交界处，城市的制高点上坐落着一座土耳其清真寺。那是一个4月的早晨，我在一片广袤的葡萄园中发现了克劳兹家族的故居，这栋房屋的新主人碰巧骑着马儿同时抵达。与“吉奥乔”［Georgio，乔治·克莱恩（George Crane）博士，利奥的弟弟］在旧金山的养老院度过的时光至今令我感动；利奥的外甥罗伯特·里特（Robert Reitter）在纽约的耶鲁俱乐部（Yale Club）与我共进午餐时，将战争时期家族在布达佩斯的历史资料交托给了我；我还与伊莲娜的外甥女玛丽伊芙·鲁戈（Mariève Rugo）在菲利普酒店一起吃过早餐，她整理的大量资料记录了利奥与第一任妻子伊莲娜及其父亲的沙皮拉家族在布加勒斯特曾经拥有的奢华生活。就这样，当许多充实饱满的片段一一归位，我发现自己面对着的是一幅超乎想象的镶嵌画，要比利奥通过不断复述那几则逸事草草勾勒出的人物简笔画丰富、复杂得多。

我惊喜地发现，利奥·卡斯泰利家族的历史完美地跟随着艺术史的演进。从文艺复兴（Renaissance）时期的托斯卡纳开始，它历经了巴洛克（Baroque）时期的意大利、表现主义（Expressionism）的维也纳、现代主义（Modernism）的布加勒斯特、超现实主义的巴黎，最终在抽象表现主义（Abstract Expressionism）的纽约登陆，见证了新达达主义（Neo-Dada）、波普艺术（Pop）和极少主义（Minimalism）艺术家在二十世纪的崛起。这是一部讲述了决裂和流亡是如何让来自欧洲的犹太人将创新编织进现代艺术世界的历史。在蒙特圣萨维诺和的里雅斯特一代又一代杰出商人和经纪人的传承中，我发现了一个现成的范本，它能够解释卡斯泰利在关系运作和宣传推广上的天赋。然而，直到我在纽约大学的文献库中找到了一系列关于早期现代欧洲代理人的讲义，才清楚地认识到他完美无缺地实践了那些积极进取的先辈们的理想，他们都“具有极高的能动性、见多识广、具有移民背景和至关重要的语言优势、熟知当地贸易习惯、掌握关系网和通路”④。我坚信，只有在这种悠久传统的滋养之下，卡斯泰利无人能敌的高超技巧才能运用得如此炉火纯青，而我只能从文艺复兴时期的托斯卡纳探寻他的历史根源。

1927年，在的里雅斯特的一片海滩上。20岁的利奥·克劳兹（左起第二位）在谈论当地日报《的里雅斯特小报》中的漫画
让-克里斯托弗·卡斯泰利提供

[1] 美国作家，《纽约客》(*New Yorker*) 杂志艺术批评家。

[2] 美国商人、慈善家布鲁斯·布利斯·代顿 (Bruce Bliss Dayton) 与露丝·斯特里克·代顿 (Ruth Stricker Dayton) 夫妇。

[3] 美国现代艺术收藏家和赞助人。

[4] 瑞士艺术策展人，巴塞尔美术馆 (Basel Kunstmuseum) 前任馆长。

[5] 美国艺术策展人，曾任职于美国国家美术馆和大都会艺术博物馆。

[6] 卡斯泰利的前妻及其第二任丈夫，纽约重要的画廊索拿本德画廊的主人。

[7] 美国最重要的艺术批评家之一，美国"抽象表现主义"的主要发言人和推动者。

[8] 小阿尔弗雷德·H. 巴尔 (Alfred H. Barr Jr.)，美国艺术史学者和纽约现代艺术博物馆的第一任馆长。

[9] 美国画家，抽象表现主义运动的代表人物。

[10] 美国艺术商人、法国画家亨利·马蒂斯 (Henri Matisse) 的儿子。

[11] 美国艺术家、导演和制作人，美国波普艺术运动的领军人物。

[12] 美国布料制造商、艺术收藏家、画廊主。

[13] 1744 年创立于英国伦敦的国际拍卖业巨头，总部位于美国纽约。

[14] 1766 年创立于英国伦敦的国际拍卖业巨头，总部位于伦敦。

[15] 出生于德国的美国犹太雕塑家，在许多材料的选择上具有开创性。

[16] 劳申伯格 1955 年创作的一件"混合艺术"作品。

[17] 弗兰克·斯特拉 (Frank Stella)，美国极少主义及后绘画性抽象主义画家、版画家。

[18] 詹姆斯·罗森奎斯特 (James Rosenquist)，美国艺术家，波普运动领袖之一。

[19] 埃斯沃兹·凯利 (Ellsworth Kelly)，美国画家、雕塑家、版画家，参与了硬边绘画、色域绘画和极少主义运动。

[20] 原文为意大利语：Bellini per tutti …。

[21] 埃贡·席勒 (Egon Schiele)，奥地利表现主义画家，维也纳分离派 (Vienna Sezession) 重要的代表人物。

[22] 原文为法语：Questo vorret prenderio a casa per giardarmelo bene。

[23] 原文为法语：un bon à rien。

[24] 犹太教神职人员或经师。

[25] 蒙特圣萨维诺档案管理员兼地方文化官员。

[26] 原文为意大利语：Nazionne Ebrea, Famiglia Castelli ... Castelli, Aarone, 50 ... Castelli Anna, 30 ... Castelli, Giacobbe, Figlio, 9 ... Letizia, Figlia, 20 ... Sabatino, Figlio, 21...

[27] 原文为意大利语：Comunità Ebraica di Trieste, Copia Integrale Dell'Atto Di Nascita ... Anno: 1907；Giorno e mese della nascita: 4 settembre；Data Ebraica: 25 Ellul；Nome del neonato: Leo。在中世纪的欧洲，对于此类在征收盐税或人头税时进行的统计，上报人往往会在姓名和年龄上作假。在这份档案里，大多数年龄信息都不准确，且大儿子萨巴托的名字也被记成了萨巴蒂诺。

* 本书注释分为两种：1、2、……为译者注，方便读者理解背景知识；①②……为原书注释，特此说明，后文不再赘述。

① 即罗伊·利希滕斯坦（Roy Lichtenstein）。

② 即贾斯培·琼斯。

③ 即罗伯特·劳申伯格。

④ 玛丽卡·克布卢谢克（Marika Keblusek），《现代代理人概述》（"Profiling the Modern Agent"），摘自汉斯·库斯（Hans Cools）、玛丽卡·克布卢谢克、巴德罗什·诺尔杜斯（Badeloch Noldus）编辑，《您忠诚的仆人：欧洲现代社会初早期的代理人》（*Your Humble Servant: Agents in Early Modern Europe*）（荷兰希尔弗瑟姆市：*Uitgeverij Verloren*，2006年出版）。

楔　子：在火药桶上出生

这里的乏味和寒冷折磨着我，我快要死了……荒蛮一步步向我逼近……布拉每周侵袭两次，强风则要刮五次。我说的强风是随时能将帽子掀翻的那种，布拉则让人恐惧，我甚至担心胳膊会被它吹断。①

—— 司汤达（Stendhal）[1] 致安切洛（Ancelot）夫人[2]

布拉吹来的时候
男人丢掉了帽子
女人们的裙子
在风中飞舞

飞向各处
但最美妙的
是那件你在
兜底摸到的东西

姨娘啊，这布拉！
姨娘啊，真是见鬼！
见鬼吧布拉
见鬼吧冬天！②

—— 的里雅斯特民谣

纳迪娅：利奥·卡斯泰利，你曾被介绍为波普艺术界的沃拉德（Vollard）[3]。你反感这类标签吗？

利奥：完全不，事实上我感到很荣幸，虽然这个比喻并不十分贴切。

纳迪娅：那么换一种说法，可能也不完全恰当，我能说利奥·卡斯泰利是艺术界的梅特涅（Metternich）[4]吗？您就像下象棋似的，永远都比其他画商多想了四五步，您同意这种说法吗？

利奥：那么我来说说我的看法。我研究过现代史，对梅特涅有一些了解一他是一位杰出的政治家，这一点毋庸置疑。在那艰难的岁月中，我们非常需要这样一位有能力的人去发挥作用。而你再看画廊主，我们为了制订好计划，照顾好艺术家和艺术本身的利益，组织展览，等等，自然要有特定的策略，不能只靠即兴发挥……所以我认为，这个比喻虽然有欠妥之处，却也不是完全没有道理。

纳迪娅：非常感谢您，卡斯泰利先生。希望能再次通过电波与您对话，也希望有朝一日能见到您本人。

利奥：能够与我挚爱的故乡通话，真是万分荣幸。我一直都深深地思念着这片土地。

1984年2月12日，的里雅斯特RAI[5]的录音棚。本地画商纳迪娅·巴森纳斯就这样以老生常谈的客套话结束了她的电话采访，采访的对象是身在纽约寓所中的卡斯泰利。第二天，RAI威尼斯朱利亚地区电台在巴森纳斯制作的一个关于现代艺术的系列节目中播出了这段录音。正式采访结束后，电话其实并未立即挂断，通话仍持续了几分钟。卡斯泰利问了一个问题，一个的里雅斯特当地人心照不宣的接头暗号：“今天刮布拉风了吗？”③背井离乡四十二年的卡斯泰利跟故乡重新拉近关系的功力可见一斑。

1984年2月12日上午9:00，纽约。利奥·卡斯泰利在位于第五大道和七十七街交叉路口的公寓里挂断了电话，并很快恢复了他一成不变的日常节奏。咖啡、《纽约时报》（*New York Times*）、给第一任妻子伊莲娜去电话、与现任妻子托妮（Toiny）谈论他们在哈佛就读的儿子让-克里斯托弗。几分钟后，他驾驶的宝马轿车驶出车库，开往位于城市南端苏荷（SoHo）[6]区的画廊，每天如此。跟往常一样，他的日程排得满满当当：与到访纽约的收藏家潘萨·迪·毕欧莫（Panza di Biumo）[7]伯爵共进午餐，随后回到格林街142号的画廊接受德国记者的采访。在那里，贾斯培·琼斯自1976年以来的首场个展——“贾斯培·琼斯：绘画”（*Jasper Johns: Paintings*）已于1月28日开幕，将进行至2月25日。采访之后，利奥会赶在贾斯培去圣马丁（St. Martin）[8]之前与他见个面，接着是参加新美术馆（New Museum）的慈善晚宴。

展览包括琼斯受卡斯泰利的生活启发而创作的《思绪如潮》（*Racing Thoughts*，1983年）。卡斯泰利最亲近的艺术家，作品最晦涩难懂的贾斯培，以他典型的手法描绘了卡斯泰利人格中的每一个谜团。一张残破的利奥照片、蒙娜丽莎神秘的微笑和维特根斯坦（Wittgenstein）[9]《哲学研究》（*Philosophical Investigations*）[10]中的“鸭兔图”[11]——它们各自对卡斯泰利个人历史的复杂性进行了象征性的模仿。法德双语的“小心落冰”[12]及标题“思绪如潮”在画中的出现，有可能是在暗示卡斯泰利登顶欧洲最难攀登的白云石山脉（The Dolomites）的成就，也有可能是对的里雅斯特的某种隐喻，因为在他出生的年代，这座城市的变化无常令人极为不安。后来，《思绪如潮》被卡斯泰利以85万美金卖给了简（Jane）与鲍勃·迈尔霍夫（Bob Meyerhoff）[13]夫妇，成为卡斯泰利画廊有史以来单张售价最高的画作！欣喜若狂的画廊主一接到支票便将它影印了一份，差人拿去上城给自己的太太看。④

“我不是画商，是画廊主”，卡斯泰利曾义正辞严地纠正过我。可是，即便他更想被冠以一个不那么浮华的头衔，他仍是迄今为止全世界最懂得如何利用媒体力量的艺术商人。他热衷于结交记者，不时与他们

贾斯培·琼斯《思绪如潮》，创作于 1983 年

分享小道消息，层层叠叠地编织出一个关于自己的神话，一个精明老练、点石成金的欧洲人的神话。不过，卡斯泰利的飞黄腾达是在一场政治和历史悲剧的背景下——那是欧洲犹太民族在纳粹时代遭受的灾难——开始的。与他同记者插科打诨时承认的那些传闻相比，卡斯泰利的根脉深藏在一个更为复杂的家族传承之中。他的家族历史与欧洲艺术史的轨迹相互重叠，将我们带回到了文艺复兴时期的托斯卡纳。在那里，他的祖先很有可能曾与皮耶罗·德拉·弗朗切斯卡（Piero della Francesca）和瓦萨里（Vasari）[14] 有过交集。因此我们可以这样假设：卡斯泰利协调金钱和艺术的出众技巧其实是在长达几百年的政治与社会迫害中形成的一种近乎基因遗传的天赋……不过，我们先别过早下这个结论。

直到 50 岁时，卡斯泰利才通过开设他的第一间画廊正式出道。他在二十世纪最后的四十年中革命性地提升了艺术家在美国的地位，彻底颠覆了艺术市场的游戏规则，并最终成为伟大的利奥·卡斯泰利。然而，在人生的前半段，他却是一个拥有多重身份的人，辗转于多个国家的多个城市，得到了身边许多能人的影响和庇护：在的里雅斯特，是他的父亲埃内斯托·克劳兹（Ernesto Krausz）；在布加勒斯特，是他的第一任妻子伊莲娜和她的父亲米哈伊·沙皮拉；在巴黎，是他的第一个拍档勒内·德劳因（René Drouin）；在纽约，是收藏家兼画商西德尼·詹尼斯。同样具备多重文化背景的斯蒂芬·茨威格（Stefan Zweig）[15] 曾经写道："当我不经意间说出'我的人生'，会疑惑自己指的是'哪一段人生'。"⑤这个问题总结了他对二十世纪早期中欧生活的感受。

卡斯泰利极少回忆他的故乡。一次在接受访问时，他出人意料地宣称："我出生在的里雅斯特，在那里度过了人生最初的时光。虽然这是很久以前的事了，但仍对我具有某种意义。"⑥对于 24 岁就远赴他乡的卡斯泰利而言，的里雅斯特不过是一座遥远而古老的城镇，最终成为尘封在他心底的一只盒子。然而，对利奥在纽约的生活展开调查之后，我发现这只盒子终究没有完全合上。我像是一名法医侦探，重新翻开过去的资料，采访他生命中举足轻重的人物，我发现利奥与斯蒂芬·茨威格一样，也有多重人生，他像是一个结点，汇聚了许许多多的故事。当一切水落石出，利奥·卡斯泰利之谜却变得越发神秘莫测。他究竟是谁？又有谁知道答案？

在他众所周知的平易近人背后，卡斯泰利隐藏着一些不为人知的秘密地点，首先便是的里雅斯特。在那里，他以另一个名字：利奥·克劳兹（Leo Krausz）度过了人生的前四分之一，但他却从未与任何人好好聊过这段过往。由于政局动荡，他时而无忧无虑，时而诚惶诚恐。墨索里尼（Mussolini）统治期间，政府强制推行姓氏的意大利语化。他的父亲因而被迫将"克劳兹"改为"克劳兹－卡斯泰利"（Krausz-Castelli），后来又改为"卡斯泰利"（他妻子娘家的姓氏）。1934 年 12 月 3 日，罗马颁布的王室法令正式批准了这项政策，1935 年 1 月 9 日的城市登记簿记录了这一变更："批准克劳兹家族将'卡斯泰利'加在'克劳兹'之后，并使用'克劳兹－卡斯泰利'作为家族姓氏。"⑦

在二十世纪的第一个十年，的里雅斯特几乎完美地成为整个欧洲的“历史试验田”，对于克劳兹家族而言，这里却“处处草木皆兵”[8]。他们逃不过历史上、政治上、地理上、经济上和种族上的任何一次驱逐、破裂和剧变。

的里雅斯特，一度是奥匈帝国最为重要的港口城市。它饱受自身地理位置之苦，是欧洲大陆政治阴谋的牺牲品。通过受其影响过的一大批文学作品，我们可以领略这座城市奇特的命运。它在历史中的衰落过程众所周知：这里曾是哈布斯堡（Hapsburg）王朝[16]统治时代繁荣的港口城市，在第一次世界大战之后被意大利王国吞并，而后逐渐衰退为如今这座边远的寂静小城，以成熟稳定的贸易和保险行业著称。这是一座严重缺乏协调感的城市：位于亚得里亚海（Adriatic）沿岸一处有山有水的惊人所在，由于地处奥地利和克罗地亚之间，聚集了奥地利人、犹太人、斯拉夫人和希腊人；这里的建筑气势恢宏，如今已经显得有些过于雄伟壮观；这里的咖啡馆——圣马可咖啡馆（San Marco）、托马赛奥咖啡馆（Tommaseo）、北极星咖啡馆（Stella Pollare）和镜子咖啡馆（I Specchi）——是写作、演说和交际的场所，它们的文化曾经是启迪灵感的明灯，如今却百无一用，只为这座城市留下了一丝厚重之美。曾几何时，的里雅斯特因其孕育出的伟大作家闻名于世[9]，不仅成为他们描写的对象，也是他们灵感的源泉。就连只是途经此地的文学巨匠，也着迷于它的魅力。[10]的里雅斯特的能量超脱了时间的屏障，影响着一代又一代人，就像这里独有的布拉风，从东北地区寒冷的群山中以近百英里的时速席卷至亚得里亚海岸，强劲的风力能够持续数日之久，以至于当地人不得不有计划地在街头巷尾布设“布拉风防御绳索”[11]，只有牢牢抓住这些绳索才能免于被大风吹走。

作为一个异常的地质现象，布拉风激发了无数卡通、摄影、流行语和科学评论的创作。虽然沿亚得里亚海西岸攀升至巴尔干半岛的整座阿尔卑斯山脉为意大利抵御了冰川风的侵袭，但“在那诺斯山（Mount Nanos）和内沃索山（Mount Nevoso）之间却有一道奇绝的裂缝，形成了

[1] 原名马利－亨利·贝尔（Marie-Henri Beyle），法国著名作家。

[2] 维吉尼·安切洛（Virginie Ancelot），法国小说家、剧作家、画家，司汤达经常参加的沙龙聚会的女主人。

[3] 安博洛伊斯·沃拉德（Ambroise Vollard），二十世纪初法国最重要的画商之一，曾为塞尚、高更、雷诺阿、凡·高和毕加索等许多极为重要的艺术家提供展览机会和精神支持。

[4] 克莱门斯·文策尔·冯·梅特涅（Klemens Wenzel von Metternich），十九世纪著名的奥地利外交家。

[5] 意大利广播电视公司。

[6] 即纽约市曼哈顿下城休斯敦街以南（South of Houston Street）的地区。

[7] 朱塞佩·潘萨·迪·毕欧莫（Giuseppe Panza di Biumo），意大利艺术收藏家，二十世纪下半叶最为重要的当代艺术收藏家之一。

[8] 加勒比海东部的一个岛屿，旅游胜地。

[9] 路德维希·维特根斯坦（Ludwig Wittgenstein），二十世纪最有影响力的哲学家之一，其研究领域主要在数学哲学、精神哲学和语言哲学等方面。

[10] 1953 年维特根斯坦去世后出版的一部哲学著作。

[11] 一幅既可以被看作是鸭也可以被看作是兔的图画，因《哲学研究》一书而广为人知。

[12] 原文为法语：chute de glace。

[13] 罗伯特·E. 迈尔霍夫（Robert E. Meyerhoff）夫妇，美国著名的商人、慈善家、艺术收藏家。

[14] 吉奥乔·瓦萨里（Giorgio Vasari）与皮耶罗·德拉·弗朗切斯卡同是意大利文艺复兴时期的艺术家。

[15] 奥地利著名作家、小说家、传记作家。

[16] 哈布斯堡王朝自十一世纪起逐渐成为欧洲历史上统治领域最广的王室，曾统治神圣罗马帝国、奥地利帝国、奥匈帝国、西班牙帝国。

一条峡谷，像是大自然母亲忘记关上的一道门”。气象学家杰赛普·昂迦若（Giuseppe Ongaro）的研究显示，“东北方凛冽的冷空气在这扇门前集结，蓄势待发，而后朝亚得里亚海的方向狂卷的里雅斯特”[⑫]。夹带着雨水的布拉风被称为“布拉斯库拉”（bora scura），它能卷走人们手中不够厚重的雨伞；“布拉纳维里那”（bora neverina）能卷起积雪，堆出超现实主义形状的雪丘；它刮得轻柔时叫“布利诺”（il borino）；当它的气旋足以掀翻起重机、船只和火车时，它就成了“布拉尼拉”（bora nera）[⑬]。

的里雅斯特的两个弱点很难不被人们进行比较：这座在地理上饱受自然灾害侵袭的城市，同样也是政治上外交失败的受害者，是欧洲名副其实的阿喀琉斯之踵[17]，而前者对成为后者的寓言几乎有着某种执念。关于“布拉”这一气候现象对的里雅斯特居民和“布拉民族”[⑭]心理造成的影响，多少有过一些未成体系的解读。翁贝尔托·萨巴（Umberto Saba）[18]曾在写作中提到过贾科莫·德贝内代蒂（Giacomo Debenedetti）[19]的一项理论：“的里雅斯特的市民，你们当真是风的孩子。所以你们才会既崇尚道德又热衷于找借口，既推崇真实又爱说大话——只因你们出生在这‘布拉之城’。”[⑮]尽管的里雅斯特的文人骚客们对彼此的观点并不认同，我们仍旧需要借助他们的写作才能忠实地传达这座城市的味道。翁贝尔托·萨巴和伊塔洛·斯韦沃（Italo Svevo）[20]将的里雅斯特看作“精神世界的震中”[⑯]；西庇阿·斯拉泰伯（Scipio Slataper）[21]将它颂扬为一座“宁静而包容，属于意大利人、日耳曼人和斯洛文尼亚人[22]的城市，（终有一日会再次成为）多种文化融合的中心”[⑰]；安吉洛·艾拉（Angelo Ara）[23]和克劳迪奥·马格利斯（Claudio Magris）[24]则用它自古以来的“边界身份”[⑱]定义了这座城市。

面对的里雅斯特的变幻莫测，当地作家们倾向于对城市符号的建构献计献策，而外乡人则在他们的旅行日志中记录下了这里的某种“莫名的不安”和焦虑。正如夏多布里昂（Chateaubriand）[25]所言：“这座规划均衡的城市坐落于美丽的蓝天之下、贫瘠的群山之边；全城没有一座纪念碑。任何一缕来自意大利的文明之风都吹不过它的河岸，而荒蛮则从那里开始。”[19]司汤达写道：“这里不是意大利，只是意大利的候见室”[20]；钱拉·德·奈瓦尔（Gérard de Nerval）[26]则用“荒凉”[21]来评价它，里尔克（Rilke）[27]对它更是“深恶痛绝”[22]。陀思妥耶夫斯基（Dostoyevsky）[28]认为的里雅斯特很像圣彼得堡，是“一个抽象的城市，它的建立是预先规划出来的。因为它与圣彼得堡一样，都是由政府通过颁布法令成立的，并不是自然发展而成的”[23]。这里的虚无主义言论中最有说服力的也许是赫尔曼·巴尔（Hermann Bahr）[29]的观点。利奥·克劳兹出生那年，巴尔在旅行日志中写道：“的里雅斯特不是一座城市，身在其中，你会觉得自己不在任何地方，对我而言，那是一种悬浮在不真实中的感觉。”[24]

利奥·克劳兹就出生在这样一个“不真实”的地方，并在它的所属国、经济命运、政治地位，乃至语言和货币频繁发生更替的过程中长大。的里雅斯特，奥匈帝国和意大利王国两国间政治、经济和地缘政治角力争夺的焦点；的里雅斯特，詹姆斯·乔伊斯（James Joyce）[30]开创后现代文学的灵感源泉；它激发了菲利波·马里内蒂（Filippo Marinetti）[31]的无政府主义呐喊：“的里雅斯特！你是独一无二的火药桶！你寄托了我们所有的希望！”[25]利奥·卡斯泰利就出生在这样的一座城市，七年后，未来主义（Futurism）宣言《尤利西斯》（*Ulysses*）[32]也在这个一触即发的火药桶上破茧而出。

1907 年 9 月 4 日，利奥·卡斯泰利降生，成为埃内斯托·克劳兹和比安卡·卡斯泰利（Bianca Castelli）的第二个孩子。他的父母，一位是奥匈银行新任高管，一位是本地中产阶级家庭的女儿，他们的婚姻极有可能是由当地的拉比一手搓和而成的。这是两个不同族群的融合，虽然同为犹太人，但除此之外他们没有任何相似之处：前者是匈牙利籍德系犹太人，思想进步、随遇而安，来到的里雅斯特是为了借助此地的经济活力飞黄腾达而获利；后者是意大利籍的西班牙系犹太人，因受到宗教迫害落难于此，仍在为犹太难民营中度过的那几年光阴惊魂未定。

自十五世纪起，的里雅斯特就是一个避难所。它不仅收留了被西班牙、希腊、土耳其和意大利其他省份驱逐的西班牙系犹太人，还赋予了他们一项“连基督徒都不被授予”[26]的特权——从事贸易，这在地中海地区极为罕见。利奥的高外祖父贾科贝·卡斯泰利是艾伦尼·卡斯泰利（Aarone Castelli）（档案中记录他为 Ebreo，即“犹太人”）和妻子安娜（Anna）的儿子，是萨巴托（Sabato）、维塔莱（Vitale）和萨拉（Sara）的兄弟。1799 年，他的家族被自称为基督教团体的“玛利亚万岁”（Viva Maria）组织驱逐出故乡，24 岁的贾科贝就这样从托斯卡纳的蒙特圣萨维诺来到了的里雅斯特。1803 年 6 月 3 日，贾科贝·卡斯泰利和苏珊娜·迪·戴维·亚基亚（Susanna di David Jacchia）在的里雅斯特的犹太会堂举行婚礼。他们的第一个儿子出生时，按犹太传统被冠以祖父之名，成为卡斯泰利家族的第二位艾伦尼，他就是利奥·卡斯泰利倜傥不群的曾外祖父。1867 年，艾伦尼从的里雅斯特的“西纽利亚”（Signoria）乐透中赢得了一大笔奖金（三万枚莱茵盾金币），并随即购买了一驾马车，从此过上了奢侈的生活。他雇佣了戴白手套的男仆，为孩子们聘请了私人教师，短短几年便将这笔从天而降的财富挥霍一空。

就算身在纽约的画廊主卡斯泰利时不时会就他这位卓尔不凡的祖先谈笑风生，就算他清楚母亲的家族来自托斯卡纳的蒙特圣萨维诺，他却从未曾试图去探究更多细节。“你应该去蒙特圣萨维诺走走，那里是我祖先的故乡，去公墓里找找刻有卡斯泰利姓氏的墓碑吧……”，利奥曾这样怂恿过我，他那混合着挑衅和漫不经心的标志性魅力让人无法拒绝。而他自己却只会为了寻找艺术信马由缰。他曾在暑假来科托纳[33]看望过我，第一次是在 1991 年与凯瑟琳·莫里森同游，后两次则是在 1994 年和 1995 年与芭芭拉·贝尔托齐（Barbara Bertozzi）[34]作伴。每次，他都会去 1475 年由弗朗西斯科·迪·乔治·马蒂尼（Francesco di Giorgio Martini，1439—1502 年在世）[35]兴建的圣玛利亚黎明教堂（Santa Maria del Calcinaio）欣赏安杰利科修士（Fra Angelico）[36]的《圣母领报》（*Annunciation*）（约创作于 1445 年）。在这幅作品中，艺术家出其不意地逆向书写了画中天使的话语。他兴致勃勃地参观了彼得洛·达·科尔托纳（Pietro da Cortona，1596—1669 年在世）[37] 的故居，并始终渴望去卡斯泰洛城看看罗素·菲奥伦蒂诺（Rosso Fiorentino，1495—1540 年在世）[38] 的《下十字架》（*Deposition from the Cross*）（1528 年），也想回到阿雷佐（Arezzo）的圣弗朗西斯教堂（Chiesa San Francesco）重温皮耶罗·德拉·弗朗切斯卡（Piero della Francesca，1410 或 1420—1492 年在世）的湿壁画[39]（创作于 1452—1459 年）。

利奥曾经到过瓦尔迪基亚纳（Val di Chiana）[40]，尽管那里的村庄全部位于托斯卡纳与翁布里亚的边界，且都散布在通往蒙特圣萨维诺道路的沿线，相距不过几十英里，他却从来没有流露过一丝前去寻根的愿望。在他祖先的故乡，除了古老的"犹太会堂村"[41]、用于隔离犹太贫民窟的大门留在墙体中的合页和如今灌木丛生的犹太公墓旧址，已经找不到任何犹太人居住过的痕迹。1990 年夏天，当我向路人打听犹太公墓的方向时，一个当地人告诉我："往那边走，快要出城了，就在坎帕乔（Campaccio）附近，在我们叫作'吉希奥'（Ghisio）的那条激流河对岸。"

以卡斯泰利和克劳兹两个家族的故事作为本书的开端是非常必要的，它构成了一部书中之书。我们从文艺复兴时期的蒙特圣萨维诺拾起了故事的脉络，在那里，卡斯泰利母亲的祖先为这座意大利小城带去了繁荣的贸易。而后，我们追随他被迫流亡的祖先来到的里雅斯特，在那里，他们重获自由，再次建立起兴旺的事业。接着，我们发现了克劳兹家族，利奥·卡斯泰利父亲的祖先，他们曾是奥匈帝国统治下拥戴皇室的土地主。利奥的父亲埃内斯托，从克罗地亚的边陲村镇驾马来到的里雅斯特，并很快成为当地最重要的银行家之一。的里雅斯特，利奥出生的地方，对于欧洲来说它既在其内，又在其外，模棱两可；它是一台旧世界的地震仪，让他生来就能理解变才是永恒的不变。不仅如此，故乡还给了他一件额外的礼物：无论卡斯泰利如何故意混淆自己的身份，他始终是现代犹太人的楷模。"我一直不太理解他犹太人的一面"，他的儿子让-克里斯托弗告诉我：

我在纽约长大，参加过受戒礼和逾越节晚餐，我的朋友里四分之三都是犹太人。母亲曾经问过父亲：“你怎么不跟他聊聊这些事情呢？”他从未好好向我讲述过他的过去。他非常乐于回答我关于其他事情的任何问题，有时候解释得可详细了！但是回头看看，他的那些往事和回忆总给人一种不甚明了的感觉。他很不愿意去触碰公共身份之外的那个自我，也许他的犹太血统就属于他最后私下的一面，因而最为讳莫如深。他制造神话，他销售神话，而且几乎从没有人不买他的账。[27]

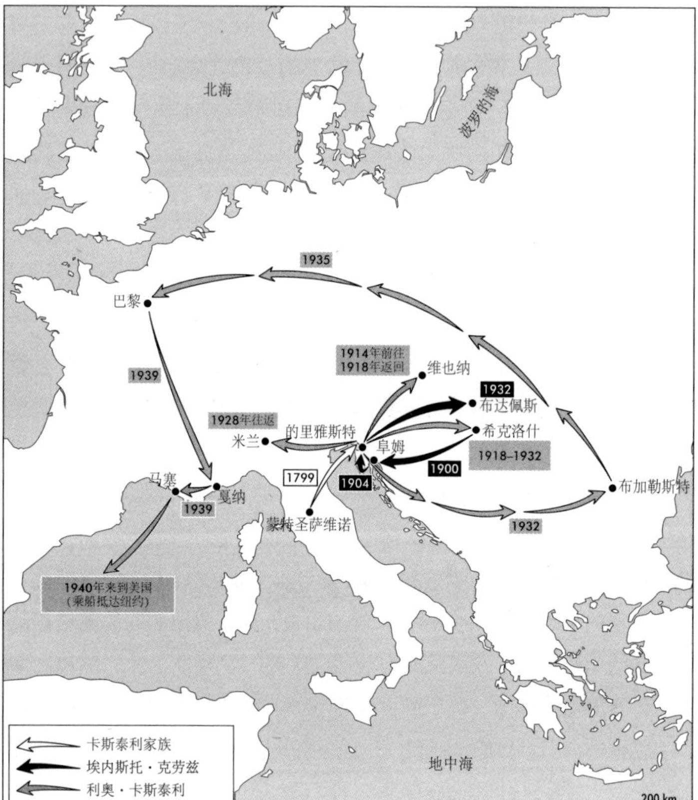

欧洲 1900—1939：迫于政治和种族原因颠沛流离的克劳兹家族和卡斯泰利家族

利奥·卡斯泰利对我始终有所保留，从未和盘托出，不过他提供的线索已经足够我着手展开调查了。卡斯泰利家族是来自托斯卡纳的犹太人，是最杰出的美国艺术商人、二十世纪后半叶最伟大画廊主的祖先，蒙特圣萨维诺则是镌刻着这个家族历史的一座丰碑。这是一部关于流浪和迫害的诗史，文艺复兴是它的起点，卡斯泰利在二十一世纪即将来临之时在新世界取得的辉煌成就则是它的终点。故事就从蒙特圣萨维诺说起。

17 在希腊神话中，阿喀琉斯（Achilles）是凡人珀琉斯（Peleus）和美貌仙女忒提斯（Thetis）的儿子。忒提斯为了让儿子炼成“金钟罩”，在他刚出生时就将其倒提着浸进冥河，遗憾的是，阿喀琉斯被母亲捏住的脚后跟却不慎露在水外，全身留下了唯一一处“死穴”。后来，阿喀琉斯被一箭射中了脚踝而死去。后人常以“阿喀琉斯之踵”比喻致命的死穴或软肋。

18 意大利诗人、小说家，出生于意大利东北部边陲重镇的里雅斯特。他的母亲是犹太人，被丈夫遗弃，家庭的不幸从小在诗人幼小的心灵打下了烙印。贫寒的家境迫使他离开中学，去当海员、士兵。1921 年发表《歌集》（*Songbook*），蜚声诗坛。为了躲避法西斯推行的反犹政策，他流亡巴黎，后隐居罗马，饱经忧患。1946 年获意大利最权威的文学奖——维阿雷乔文学奖。

19 意大利作家、文学评论家。

20 意大利犹太商人兼小说家埃托雷·施米茨（Ettore Schmitz）的笔名。他大器晚成，60 岁后才写出成名之作《季诺的意识》（*La Coscienza di Zeno*），被誉为二十世纪最出色的小说家之一。

21 意大利文学家，与伊塔洛·斯韦沃一同开创了的里雅斯特的文学传统。

22 原文分别用意大利语、德语和斯洛文尼亚语表示“是”的 sì、ja、da，指代这三个民族。

23 意大利历史学家，帕维亚大学（University of Pavia）现代历史教授。

24 意大利学者、翻译家、作家。

25 弗朗索瓦-勒内·德·夏多布里昂（François-René de Chateaubriand），法国作家、政客、外交官。

26 法国浪漫主义作家、散文家、诗人、翻译家。

27 莱纳·马利·里尔克（Rainer Maria Rilke），奥地利诗人、小说家。

28 费奥多·陀思妥耶夫斯基（Fyodor Dostoyevsky），俄国小说家、散文家、新闻记者和哲学家。

29 奥地利作家、剧作家、导演和批评家。

30 爱尔兰小说家、诗人、教师、文学批评家，被认为是二十世纪最具影响力且最重要的文学家之一。

31 菲利波·托马索·马里内蒂（Filipo Tommaso Marinetti），意大利编辑、诗人、理论家、未来主义运动（Futurist Movement）的奠基人，第一份《未来主义宣言》（*Futurist Manifest*）和法西斯主义宣言》（*Fascist Manifesto*）的作者。

32 詹姆斯·乔伊斯 1914 年创作的长篇小说，现代文学经典之作。

33 意大利托斯卡纳东部城市，位于蒙特圣萨维诺东南 25 公里处，是本书作者的居住地之一。

34 卡斯泰利的第三任妻子，意大利裔艺术史学者，卡斯泰利画廊目前的管理人。

35 意大利建筑设计师、画家、作家、雕塑家。

36 意大利文艺复兴早期的天才画家。

37 意大利巴洛克时期的画家和建筑设计师。

38 意大利矫饰主义画家。

39 弗朗切斯卡的湿壁画《真十字架的传说》（*The Legend of the True Cross*）。

40 意大利中部托斯卡纳地区的一处冲击峡谷，位于阿雷佐和锡耶纳之间。

41 原文为意大利语：antico Borgo della Sinagoga。

① 的里雅斯特，1831 年 1 月 1 日。

② 以的里雅斯特方言吟诵时押韵："Co' un colpo de bora / Un sior se scapela / Le côtoie in aria / Ghe va ala putela / La va dapertuto / Ma questa xe putela: / Che ti te la trovi / Perfin in scarsela! / Comare, che bora / Comare, che inferno / Che vada in malora / La bora e l'inverno!"。

③ 原文为意大利语：C'ē la bora oggi？。

④《思绪如潮》(1983 年)，已被惠特尼美术馆 (Whitney Museum) 收藏；参见柯克・瓦尔内多 (Kirk Varnedoe) 制作的展览图录《贾斯培・琼斯》(*Jasper Johns*)（纽约：MoMA，1996 年出版），328—329 页。

⑤ 斯蒂芬・茨威格，《昨日的世界：一个欧洲人的回忆》(*Die Welt von Gestern, Erinnerungen eines Europäers*)（法兰克福：Fischer，1998 年出版），10—11 页。接文中引言："是第一次世界大战前的人生，还是第二次世界大战前的人生，还是今天的人生？同样，当我说出'我的房子'时，当下其实并不确定我指的是过去的哪一个，是巴斯的那个，赛尔茨堡的那个，还是我父母在维也纳的那个……凡是能够想象得到的每一个灾难，我们都从头到尾完整地体验过，而且这还将继续。我经历过人类历史上两次最惨烈的战争，而且在敌对双方的国家都生活过，第一次在德国一方，第二次则相反。在世界大战之前，我曾享受过最充分的个人自由，但后来，却遭到数百年来最严重的禁锢。我曾受人追捧，也曾遭人封锁；享受过自由，也被剥夺过自由；富有过，也贫穷过。"

⑥ 劳拉・德・科佩 (Laura de Coppet) 及艾伦・琼斯 (Alan Jones)，《画商：由幕后的权力介绍艺术世界的游戏规则》(*The Art Dealers: The Powers Behind the Scene Tell How the Art World Works*)（纽约：Carkson Potter，1984 年出版），81 页。

⑦ 的里雅斯特城市档案。

⑧ 罗伯托・巴兹伦 (Roberto Bazlen)，《著作：的里雅斯特采访》(*Scritti: Intervista su Trieste*)，罗伯托・卡拉索 (Roberto Calasso)（米兰：Adelphi，1984 年出版），246、250、252、254 页。

⑨ 翁贝尔托・萨巴 (Umberto Saba)、伊塔洛・斯韦沃 (Italo Svevo)、克劳迪奥・马格利斯 (Claudio Magris)、卡罗勒斯・瑟格里 (Carolous Cergoly)、斯雷茨科・科索维尔 (Srečko Kosovel)、西庇阿・斯拉泰伯 (Scipio Slataper)、吉亚尼・司徒帕利克 (Giani Stuparich)、罗伯托・巴兹伦和吉奥乔・沃盖拉 (Giorgio Voghera) 都定居在的里雅斯特。

⑩ 夏多布里昂 (Chateaubriand)、奈瓦尔 (Nerval)、司汤达 (Stendhal)、里尔克 (Rilke)、卡福卡 (Kafka)、乔伊斯 (Joyce) 都未在的里雅斯特定居。

⑪ 科拉多・比奇 (Corrdo Beki)，《布拉风之书》(*Il libro della bora*，的里雅斯特：LINT-Editoriale Associati，2003 年出版)，32 页。

⑫ 同上，25 页。

⑬ 同上，35 页。尼拉 (nera) 意为"未被束缚的"。

⑭ 同上，126 页。

⑮ "Voi Triestini — mi diceva ieri Giacomo Debenetti — siette veramente figli del vento. E per questo che amate tanto moralità e apologhi, favole e favolette: E perchè sei nato nella città della bora che scrivi Scorciatoie ..."；翁贝尔托・萨巴，《捷径与故事》(*Scorciatoie e raccontini*)（米兰：Mondadori, 1946 年出版)，《散文全集》（米兰：Mondadori，2001 年出版），18 页。

⑯ 安吉洛・艾拉与克劳迪奥・马格利斯，《的里雅斯特：边界身份》(*Trieste: Un'identità di frontiera*)（都灵：Einaudi，1982 年出版），4 页。

⑰ 卡罗勒斯・瑟格里 (Carolous Cergoly)，《帝王情结》(*Il complesso dell'imperatore*)（米兰，Mondadori，1946 年出版）。

⑱ 见艾拉与马格利斯的《的里雅斯特：边界身份》，4 页。

⑲ 弗朗索瓦-勒内・德・夏多布里昂 (François-René de Chateaubriand)，《从巴黎到耶路撒冷:1810—1812》，摘自《的里雅斯特的味道》，赫拉德-乔治斯・勒梅尔 (Gérad-Georges Lemaire) 编辑（巴黎：Mecure France，2003 年出版），13—14 页。

⑳ 司汤达致弗尔德里克・梅尔西 (Frédéric Mercey) 书信，1830 年 11 月。

㉑ 钱拉・德・奈瓦尔 (Gérard de Nerval)，《东方之旅》，摘自《的里雅斯特的味道》，13 页。

㉒ 同上，14 页。

㉓ 见艾拉与马格利斯的《的里雅斯特：边界身份》，4 页。

㉔ 赫尔曼・巴尔，《远航达尔马提亚》("Voyages Dalmates")（柏林，1909 年），全文见艾拉与马格利斯的《的里雅斯特：边界身份》，187 页。

㉕ 菲利波・马里内蒂 (Filippo Marinetti)，《未来主义》（巴黎：Sansot，1911 年出版）。

㉖ 拉斐尔・库辛，《贫民区与城市》("Il ghetto e la citta")，摘自的里雅斯特市档案《愿的里雅斯特平安：犹太教的旅程》(*Shalom Trieste, gli itinerari dell'ebraismo*)（的里雅斯特，1999 年），34 页。

㉗ 让-克里斯托弗・卡斯泰利 (Jean-Christophe Castelli)，作者采访，2008 年 9 月 25 日。

Part I.

欧　洲 迫害、战争、决裂、流离

1907—1946　及此前的历史

蒙特圣萨维诺的“商人敞廊”
十六世纪初叶由人称圣索维诺（Sansovino）的安德里亚·孔图奇（Andrea Contucci）建造 * 安妮·科恩－索拉尔提供

1—以商馆为中心

我父亲对自己是一个犹太人的事实只字未提。①

——让-克里斯托弗·卡斯泰利

犹太人背信弃义，正如基督教廷所言，他们是忠诚的敌人，对虔诚的基督徒怀恨在心，所以每个人都要提防他们。②

——蒙特圣萨维诺档案

1656 年，蒙特圣萨维诺。一位议员热情洋溢地说出：“这是一个思想充沛、创造力极强的民族！”他似乎已经不知该用什么样的词汇来夸赞当地犹太商人的聪明才智了。利用当地得天独厚的地理位置，蒙特圣萨维诺城的犹太人成功地绕开了科托纳税官的审查，从马尔凯（Marques）和梵蒂冈（Vatican）地区进口商品，再“迅速将它们倒卖至全国各地，他们的生意范围绝不仅限于瓦尔蒂扎纳（Valdichiana）地区，商品甚至远销至教皇国[1]的边陲”[③]！蒙特圣萨维诺，是一个人口数量约为 2000 的托斯卡纳小城，它隐藏在锡耶纳、阿雷佐和科托纳交界处的群山之间。由于教皇尤利乌斯三世（Julius III）来自当地的科西·迪·蒙特（Cosci di Monte）家族，这里从 1550 年就开始享有托斯卡纳大公国的统治者——美第奇（Medici）[2]家族授予的封建特权。[④]正因如此，作为托斯卡纳大公国的一个自由区和飞地独立存在[⑤]的蒙特圣萨维诺无须缴纳佛罗伦萨共和国的赋税。这座城市的犹太公民顺势成了放贷人和商业上的垄断者，这是那个年代的托斯卡纳犹太人唯一能够从事的职业。如果没有他们，仅凭当地的工匠阶级和寥寥几个权贵家族，这座被乡村包围着的小城只能在不计其数的宗教政令中举步维艰。

时至今日，蒙特圣萨维诺似乎依旧是一座以商馆——“商人敞廊”（Loggia dei Mercanti）[3]为中心的城市。这座庄严肃穆的灰色建筑伫立于城市主干道边的两幢民宅之间，它狭长的拱廊配有刻着凹槽和用塞茵那石[4]雕刻成的柯林斯式[5]柱头。往来于城市中心的民众无不赞叹于它的宏伟和优雅。这座始建于 16 世纪初的敞廊在建成约百年之后开始被犹太商人租用，并在其中安设了摊位。从这里穿过鲁嘉·马埃斯特拉路（Ruga Maestra），就到了由文艺复兴建筑大师桑迦洛（Sangallo）[6]设计的蒙特宫（Palazzo di Monte），这里是尤利乌斯三世家族的宅邸。如今人们对尤利乌斯三世的印象，是他对帕莱斯特里那（Palestrina）[7]和米开朗基罗（Micchelangelo）[8]的资助，以及他骄奢淫逸的宗教生活和任人唯亲的政治生涯。除此之外，就是他于 1553 年 8 月 12 日颁布的那道下令摧毁所有《塔木德》（*Talmud*）[9]副本的教皇诏书。商馆内的市场面朝城市的主干道，而蒙特宫的院落、空中花园和圆形剧场则顺着锡耶纳的山势向上开放延伸。蒙特圣萨维诺的犹太人被排斥在当地发达而辉煌的中世纪文明之外，他们在商业上的成功始终只是戴着镣铐的舞蹈。只能在“封闭”的敞廊内行商的犹太人受到的场地限制，体现了利奥·卡斯泰利的祖先所遭受的禁锢和挑战。

城中的贵族宅邸，除了建造于十三世纪的执政官宫（Palazzo Pretorio），还有大臣宫（Palazzo della Canceleria）、达瓦梅西宫（Palazzo Tavamesi）、迦莱蒂宫（Palazzo Galleti）和菲利皮宫（Palazzo Filippi），它们都是文艺复兴时期雄伟壮观的建筑典范。在这座室内市场周围方圆几十码[10]内，伫立着许多宫殿、回廊和名字听上去像钟声一样响亮的教堂——和平教堂（Chiesa della Pace）、圣十字教堂（Chiesa della Santa Croce）、圣安东尼教堂（Chiesa della San Antonio）、圣若瑟教堂 (Chiesa di San Giuseppe)、圣本笃修道院（Monastero di San Benedetto）、圣克莱尔修道院（Monastero di Santa Chiara）、雪圣玛丽教堂（Santa Maria delle Neve）、圣亚加塔教堂（Chiesa di Sana Agata）、博爱教堂（Chiesa della Fraternita）——这些建筑仿佛处于一种乌托邦式的和谐之中，不受社会阶层差异的制约。乍看之下，厚重的中世纪城墙围起的蒙特圣萨维诺就像一座微型的托斯卡纳城邦，只是这里不存在社会等级，平民、神职人员和贵族能够平等地和谐共处。然而，仔细观察这座奇怪的椭圆形城市后你会发现，它的西侧是高耸的宫殿、教堂和回廊；东南角却有一条宽不足六英尺[11]的小路，几乎被附近巨大的本笃会修道院所掩盖。自十八世纪初起，这条路就是蒙特圣萨维诺的犹太贫民窟，这里的犹太会堂周围聚居着犹太家庭，有一百多人。

蒙特圣萨维诺迷宫一般的狭窄街道构成了这座蛋形城市的脉络。在这里，社会边界最明显的标志是四扇雕花城门，它们像指南针上的四个方位点，分布在厚重的中世纪城墙上：向北开的“上门”（Porta di Sopra），也叫“佛罗伦萨之门”（Porta Fiorentina），装饰着美第奇纹章上的五只红色宝球，连接着通往阿雷佐和佛罗伦萨方向的道路；向南开的“罗马之门”（Porta Romana），也叫“下门”（Porta di Sotto），是最为古老的一道城门，直通罗马，拱门的上弧[12]上装饰着奥尔西尼（Orsini）家族的纹章；配有角楼的“和平之门”（Porta della Pace），也称为“感知之门”（Porta Sense），面向西方，通往锡耶纳；最后一道是面向东方的“圣乔瓦尼之门”（Porta San Giovanni），是一个半圆拱门[13]，它距犹太贫民区最近，位于一个陡峭的山坡之上，会将旅者引向科托纳（Cortona）、佩鲁贾（Perugia）和翁布里亚（Umbria）。这四点之间的那片土地接纳了卡斯泰利家族，文艺复兴时期，这个托斯卡纳的犹太家庭就生活在这里。

卡斯泰利家族是什么时候在蒙特圣萨维诺落脚的呢？被信仰天主教的伊莎贝拉女王（Isabella）[14]逐出西班牙[15]后，他们的祖先如何融入了“蒙特的犹太民族”[16]，并在意大利南部这座美丽的山城寻得了庇护？1555年，第一个犹太聚居区在罗马出现后，佛罗伦萨和锡耶纳也在1570年建立了犹太聚居区，可以确定的是，当卡斯泰利家族的某位祖先听闻存在着这样一座小城的时候，这里的犹太人还没有遭到隔离。美第奇家族让蒙特圣萨维诺享受到了政治上的自制和其他一些特权，例如可以对负债人给予庇护。[⑥]1555年至1750年，教皇国和整个基督教世界都对犹太人进行了残酷的反宗教改革（Counter-Reformation）[17]和迫害，从中逃离的犹太流亡群体将蒙特圣萨维诺视作他们理想的避难所。作为一个“边陲社会”，这里与大型中心城市相比要小得多，也不像佛罗伦萨和锡耶纳那样审查严密，无疑是一个更能令人安心的选择。犹太聚居区刚刚在其他城市出现的时候，蒙特圣萨维诺只有八个犹太家庭。到了1620年，最为显赫的帕西利（Passigli）家族在城中创办的银行开始营业[⑦]，犹太族群开始在蒙特圣萨维诺有声有色地发展壮大起来。虽然这区区一百名犹太居民只占城市总人口的5%，但他们却在自己的犹太会堂、学校和公墓周围殷实富足地度过了近172个年头。

卡斯泰利家族的几位祖先到达蒙特圣萨维诺时，皮耶罗·德拉·弗朗切斯卡正在几十公里外的阿雷佐绘制他的湿壁画《真十字架的传说》（*The Legend of the True Cross*）；弗朗西斯科·迪·乔治·马蒂尼正在科托纳建造他的圣玛利亚黎明教堂；因瘟疫被迫离开锡耶纳的安杰利科修士正在对他的《圣母领报》进行收尾。也许有朝一日，利奥·卡斯泰利的祖先，垄断造纸行业长达两个世纪之久的卡斯泰利兄弟，会被证实已经在为附近艺术家们供货了。瓦萨里、佩鲁吉诺（Perugino）、蓬托尔莫（Pontormo），乃至安德烈·德尔·萨托（Andrea del Sarto）都有可能是他们的客户。即便如此，同其他蒙特圣萨维诺犹太聚居区里的居民一样，卡斯泰利家族依旧过着战战兢兢的生活，宗教权威和行政当局一时的好恶就能够决定他们的命运。

托斯卡纳大公科西莫三世（Cosimo III）掌权后，出现了反宗教改革开始以来最为黑暗的统治，当地犹太人的生存状况急转直下。科西莫采取了一系列极为严苛且有辱人格的手段，包括在1678年1月颁布了这样一条法令：所有"犹太民族"的居民都必须"在衣服上缝制或黄或红的特殊标记"；为了防止他们"把头探出窗外的动作侮辱了基督教游行的队伍"，必须用砖头将窗户封死；他们被"禁止出售宝石、崭新的服装或者布料，只能贩卖旧布头"⑧。科西莫还在国内执行严格的种族隔离制度，禁止犹太人"雇佣信仰基督教的助产士或保姆"。1707年8月1日，大公通过《公告》（*Testo del Bando*）宣布在蒙特圣萨维诺建立犹太聚居区，这一结局已在意料之中。所有生活在狭长的"角村"（Borgo Corno）最东侧的基督徒都必须搬离自己的房屋，将它们出租给今后只能在此居住的犹太人，如有违者罚款两百克朗；这条窄街从此被命名为"犹太会堂村"（Borgo della Sinagoga），也称"犹太村"（Borgo degli Ebrei）。⑨

可即便是在灰暗的十七世纪，一些犹太人仍然能够找到赚钱乃至提升社会地位的机会。从事银行业的帕西利家族与其他文艺复兴时期的托斯卡纳犹太人一样，都依靠货币贸易积累了财富，事业蒸蒸日上。来自佛罗伦萨的族长费兰特·帕西利（Ferrante Passigli）是一位精通多国语言、热爱艺术的谦谦君子。⑩在被他称为"大臣"[18]的雇员们的帮助之下，他开拓了整个区域的市场，客户甚至远在几百公里之外。由于他能力出众，亚历山德罗·奥尔西尼（Alessandro Orsini）[19]侯爵将一项特权授予了帕西利家族的成员和雇员——他们可以离开犹太聚居区，"在蒙特圣萨维诺城内自由行动，并且免于佩戴特殊标记”[11]。这样一来，他便把家安在了城市入口处的一幢舒适的房屋中，比邻“佛罗伦萨之门”。教皇英诺森十一世（Innocent XI）对借贷行为下令禁止之后，帕西利家族便失去了在蒙特圣萨维诺的特权，不过他们仍旧过着上流社会的生活。1717 年，塞缪尔·帕西利（Samuele Passigli）的婚礼持续了一周之久，服务于现场的乐手中不乏基督徒。[12]

然而在十七世纪，对于绝大多数“蒙特的犹太人”而言，在拥挤不堪、疾病肆虐、窗户被木板封死的犹太贫民窟中度过的日子着实是异常灰暗的。由于居住在这里的大多都是小商小贩，这个群体中出现了一种寡头结构，顶端是互相通婚的四五个实力雄厚的家族——乌西格利（Usigli）家族、蒙蒂巴洛奇（Montebarlocci）家族、帕西利和托阿夫（Toaff）家族。与他们矛盾不断的是波吉家族（Borghi）及其旁枝、卡斯泰利家族和菲奥伦蒂诺（Fiorentino）家族，他们通过在附近的村庄低买高卖，刚刚在商业上有所斩获。卡斯泰利兄弟原本从事的是棉花和亚麻织物贸易，足迹遍布全国[13]，而后在三十名雇员[14]的共同努力下，在蒙特圣萨维诺地区形成了对纸张、烟草和酒类的垄断。自 1712 年开始，他们的控制范围延伸至蒙特瓦尔基（Montevarchi）、卢奇尼亚诺（Lucignano）和菲亚诺（Foiano）。[15]十八世纪初，反宗教改革对犹太人的恶意束缚有所松懈，卡斯泰利家族与波吉家族、帕西利家族和蒙蒂巴洛奇家族获准居住在犹太贫民区外[16]，虽然这份特权仅在他们的垄断期内有效，但也弥足珍贵。此时的蒙特圣萨维诺是一座繁荣、开放的小城，居住着工匠、为数不多的几个贵族家庭和不同的宗教族群（四分之一居民穿着袈裟），在 400 平方码[20]出头的犹太贫民窟中依旧生活着约一百名犹太人。

十八世纪，在蒙特圣萨维诺被称为“卡希拉”[21]的犹太族群成立了他们自己的民主政府。十一名选举产生的长官，被称为“马萨里”[22]，负责管理“犹太民族”的政治生活、法律制定、编纂《蒙特圣萨维诺犹太民族议事纪要》（“Book of Deliberations of the Hebrew Nation of Monte

[1] 一个已经不存在的国家，位于亚平宁半岛中部，是由罗马教皇统治的世俗领地。1861 年，教皇国的绝大部分领土被并入撒丁王国，即后来的意大利王国。1870 年罗马城也被并入意大利，教皇国领土退缩至梵蒂冈。教皇庇护十一世时期，墨索里尼在 1929 年与主教加斯佩里签订《拉特兰条约》，罗马教廷正式承认教皇国灭亡。

[2] 佛罗伦萨十三世纪至十七世纪在欧洲拥有强大势力的名门望族，曾经赞助“文艺复兴三杰”和波提切利。托斯卡纳大公科西莫一世就出自这个家族。

[3] “敞廊”指外墙的一侧为开放式走廊的建筑，常配以立柱和拱门。自中世纪起意大利的每座城市几乎都在最主要的城市广场上设立了这样的建筑。

[4] 原文为意大利语：pietra serena，一种原产自意大利的大理石。

[5] 古希腊建筑风格，在建筑中采用顶部雕有叶饰的细圆柱。

[6] 意大利文艺复兴时期佛罗伦萨杰出的建筑师。

[7] 意大利文艺复兴时期作曲家，被广泛认为是文艺复兴时期最杰出的作曲家之一。

[8] 意大利文艺复兴时期伟大的画家、雕塑家、建筑师和诗人，文艺复兴时期雕塑艺术最高峰的代表。与拉斐尔和达·芬奇并称为“文艺复兴三杰”。

[9] 一部犹太民族的古老典籍，是犹太教口传律法的汇编，地位类似《圣经》。

[10] 1 码约合 0.91 米。

[11] 约两米。

[12] 原文为意大利语：arto ribassato。

[13] 原文为意大利语：arco a tutto sesto。

[14] 伊莎贝拉一世（Isabella I of Castile），位于西班牙的卡斯蒂利亚（Castile）王国王后。

[15] 1492 年，西班牙女王伊莎贝拉颁布法令驱逐西班牙的犹太人和穆斯林。

[16] 原文为意大利语：nazione ebrea del Monte，也可理解为“山地的犹太民族”。

[17] 16 世纪新教改革之后罗马天主教内的反改革运动。

[18] 原文为意大利语：ministri。

[19] 蒙特圣萨维诺侯爵。

[20] 约 334.45 平方米。

[21] 原文为希伯来语：kehilla，即一个犹太教区中的全体教民。

[22] 原文为意大利语：massari，即地方官。

San Savino")[17]。这座城市的犹太学校是犹太会堂内的神学院，有四位"马萨里"在此教授希伯来语。会堂是一幢三层楼的建筑，具备多种功能，既是塔木德托拉学校（Talmud torah）[23]、祈祷处，也是公共集会的场所和拉比的住所。会堂内的祈祷设施应有尽有：用于皈依和净化的宗教洗礼池"密克瓦"（mikvah）和用于供奉《托拉》（Torah）[24]的祭坛"阿伦哈柯戴沙"（aaron ha kodesh）[25]。拉比在此主持宗教仪式，举行割礼、成年礼和婚礼，组织集体[26]（或全体的祈祷），以及为死者诵念《卡迪什》（Kaddish）[27]。安葬祷告开始前，送葬的队伍会把棺椁置于头顶，绕坎帕乔行进七圈。那是穷乡僻壤间的一条峡谷，用于埋葬故去的犹太人，却只允许犹太人在夜间前往。蒙特圣萨维诺甚至还有一处"舍克希塔"（shechita）[28]，那里能够按照犹太教的卫生规范宰杀牲口。[18]

无论犹太贫民区的治理如何进行优化，生存的压力都必然会带来商业竞争、法律纠纷和打架斗殴，有时甚至会引发暴力冲突。人身自由受到限制的犹太人和可以在贫民窟外生活的犹太人之间的矛盾尤为突出。1698年12月，市集中传来激烈的谩骂声，争执的一方是蒙蒂巴洛奇家族和乌西格利家族，另一方是波吉家族和佩拉格里（Pelagrilli）家族。这场口角随后竟蔓延至犹太会堂，并最终升级为一场械斗。"祈祷的圣地变成了搏击俱乐部，"历史学者托阿夫（Toaff）[29]写道，"而祷告时间刚好是每个人控诉不公或发泄挫败感的最佳时机，无论出于事实还是想象，他们的痛苦似乎全都是由其他同族一手造成的"[19]。

星期六的早晨，小商贩和大银行家——在暗无天日的房子里佩戴着标记的犹太人和享有人身自由且不必佩戴标记的犹太人同时出现在会堂之中。当他们肩并着肩一起祈祷，的确很难预料会发生些什么。争夺在仪式中诵读《托拉》的资格似乎是两个阶级较量的核心。有时候，富有的家族会将这项荣誉作为"礼物"赠送给某个穷苦人家，例如在1700年1月11日的那个礼拜六，乌西格利家族就将这项荣誉"让给"了加布里埃拉·维塔利（Gabriello Vitali）。但是，由于当天拉比没有出席，乌西格利家族便像专制的君王一般肆意妄为，对于他们认为低一等的其他祈祷者们大加羞辱。为了阻止文图拉·戴尔·阿齐拉（Ventura dell Aquila）帮助维塔利获得诵读《托拉》的荣誉，族人中的骨干里奥尼·乌西格利（Leone Usigli）博士辱骂戴尔·阿齐拉是“一个肮脏的混蛋”。受辱者抗辩道：“闹事、违法的人是里奥尼·乌西格利……狂妄自大的乌西格利家族无视公平正义，只想按照自己的意愿控制他人。无论基督徒还是犹太人都对他们目中无人的行为极为不满……他们把自己当成了君王……再看亚伯拉罕·博尔吉（Abramo Borghi），他并没有恶劣至此，却已遭到了审判和谴责！”在之后的裁决中，站在戴尔·阿齐拉一边的曼努埃拉·曼托瓦（Manuela Montova）说：“乌西格利家族在这里生活的时间最长，但他们却始终想要成为异类！”加布里埃拉·维塔利也声援了保护他的戴尔·阿齐拉，他说：“里奥尼·乌西格利博士无非是想要显得高人一等。在我看来，他的确高人一等，但只因为他是我们中第一个来到这里的犹太人。”[20]

那些年，犹太族群与市政当局的摩擦也从未间断。一方面，申请在犹太贫民窟外居住的请愿接连不断，但更多人迫于无奈，只能非法穿越那条隔绝了犹太人和基督徒的边界。1654年11月29日，15岁的拉斐尔·迪·萨洛蒙·达·利皮亚诺（Raffaello di Salomone da Lippiano）因与一名基督徒妓女在城中的小旅馆中过夜而被处以两天劳役和50里拉的罚款[21]；弗拉米里奥·卡斯泰利·迪·维达莱（Flaminio Castelli di Vitale）因未经允许私自离开了犹太贫民窟而被罚款100克朗[22]；斯特拉·卡斯泰利·迪·维达莱（Stella Castelli di Vitale）和乔娅·卡斯泰利·迪·安吉洛（Gioia Castelli di Angelo）因同几名女基督徒打斗而被罚款40克朗。[23]其他卡斯泰利家族成员的犯罪记录也在地方志中有所记载：伊曼纽尔·卡斯泰利（Emmanuele Castelli）因向艾萨克·卡多佐（Issaco Cardoso）发起曲棍球比赛的挑战而被判有罪，原因是这项运动被认为过于危险[24]，杰赛普（Giuseppe）和维达莱·卡斯泰利就曾因在这项游戏中（虽非出于恶意）击中年轻农妇卡特里娜（Caterina）的头部而被判有罪[25]。然而，就算在如此严苛的法律惩戒下，犹太民族和非犹太民族的融合也并未中断，甚至一直延续至今。当我走在蒙特圣萨维诺的街道上，会为犹太民族的故事仍在当地人中流传感到惊讶。一名官员曾在市政厅激动地对我说："我们都流着犹太人的血。"

可以确定的是，我们从十八世纪的记录中找到了利奥·卡斯泰利可以被追溯的祖先——艾伦尼·卡斯泰利及他的妻子安娜，以及他们的子女：萨巴托、莱蒂西亚、萨拉、维塔莱和贾科贝。艾伦尼·卡斯泰利生于1720年，逝于1780年；他的妻子安娜生于1740年，他们存活下来的孩子有生于1766年的萨巴托，生于1768年的莱蒂西亚，生于1772年维塔莱和生于1777年的贾科贝。纳税记录还显示艾伦尼·卡斯泰利属于犹太族群中的中产阶级。萨巴托和贾科贝·卡斯泰利都经历了蒙特圣萨

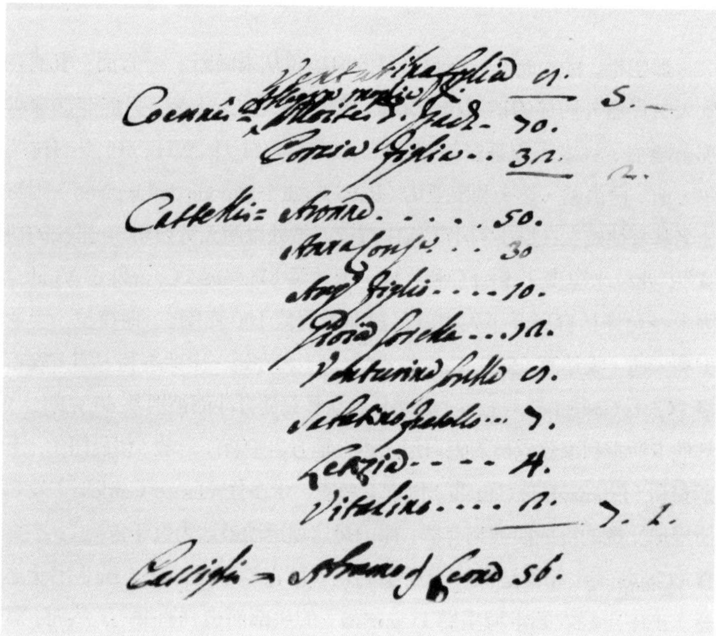

蒙特圣萨维诺1776年的纳税清单中留有利奥祖先的记录
安妮·科恩－索拉尔提供

维诺犹太人处境的顶点和谷底，我们将借由讲述他们的不幸遭遇来回顾这段历史。

1737 年，美第奇王朝走向灭亡，托斯卡纳大公和神圣罗马帝国见证了强大的哈布斯堡－洛林（Habsburg-Lorraine）王朝[30]的崛起。以罗马作为权力中心的皇帝约瑟夫二世（Joseph II）[31]联合了兄弟——1765 至 1790 年在位的托斯卡纳大公彼得洛·利奥波德（Pietro Leopoldo）[32]——建立起一个开明的现代政府。他们废除了死刑和酷刑，推行新闻自由，通过禁止宗教歧视来限制天主教廷的权力。在他们的统治下，犹太人被赋予了近乎完整的公民权，生存环境得到了显著改善，蒙特圣萨维诺甚至废除了犹太聚居区。1778 年起，犹太人被允许担任公职；1779 年，科学和文学院校始接收犹太学生。与此同时，蒙特圣萨维诺的一些犹太人开始收购土地或商铺。帕西利家族、帕多瓦诺家族（Padovano）、乌西格利家族和菲奥伦蒂诺家族都接受了最好的教育，他们后来迁往阿雷佐、科托纳和甚至锡耶纳这样的大城市生活；还有一些犹太人通过经营布料生意富裕起来。

就这样，犹太人在蒙特圣萨维诺的处境开始接近意大利北部更加进步的地区。早在 1650 年，里窝那（Livorno）就因斐迪南一世（Ferdinand I）[33]颁布的《里窝尼那公民法》（Livornina）[34]，成为犹太人心目中城市的楷模。从 1655 年起，蒙特圣萨维诺的犹太人拉斐尔·蒙蒂巴洛奇（Rafaello Montebarocci）就多次在他的请愿书中“以比萨（Pisa）和里窝那犹太人享有的特权为依据”恳求当局准许他买下那栋居住了十年的房屋。[26]而在启蒙运动（Enlightenment）末期，托斯卡纳的犹太人从当地报纸《普世公报》（*Gazzetta Universale*）中读到了奥地利于 1781 年 10 月 30 日颁布的《宽容令》（Edict of Tolerance）。为了庆祝这部皇家法令的颁布，埃利亚·莫波格（Elia Morpurgo）拉比在的里雅斯特郊外的格拉迪斯卡（Gradisca）发表了一次演讲，后来被《文学小说报》（*Novelle Letterarie*）全文刊载。[27]他认为这部法令将通过鼓励犹太人融入社会，并在文化方面取得进步，实现犹太民族和国家的双赢。托斯卡纳的报刊也已经开始抨击不宽容的宗教现状。[28]运动蔓延到了整个欧洲大陆，在佛罗伦萨，《欧洲的精神》（*Lo spirito dell'Europa*）杂志发表了一篇歌颂宗教宽容理念的文章，公开支持伏尔泰（Voltaire）[35]的激进思想；《欧洲信使》（*Corrire dell'Europa*）杂志赞扬了法兰克福为自由与解放做出的贡献。1789年，彻底解放了犹太人的法国大革命也自然让整个意大利的犹太族群欢呼雀跃。

在那个欣欣向荣的年代，蒙特圣萨维诺最有名的犹太人当属1743年出生的作家萨洛蒙·菲奥伦蒂诺（Salomone Fiorentino）[36]，他是卡斯泰利家族的一位远亲。菲奥伦蒂诺的父亲里奥尼（Leone）是一名布料商人，同时也是犹太族群中的一位“马萨里”。他看出了儿子对学习的强烈热情，便将其将送往锡耶纳的托勒密学院（Tolomei School）深造。在那里，12岁的萨洛蒙开始创作诗歌。成年后，他在科托纳继承了家族的布料生意，在“公知”一词尚未被发明之前，他就成了一名坚定的公共知识分子，并因而延续了他对文学的追求。他的十四行诗和挽歌赞美了新的政治改革，尤其是利奥波德一世（Leopold I）[37]推行的刑法和新颁布的公民法[29]。他同哲学家兼剧作家维托里奥·阿尔菲耶里（Vittorio Alfieri）、医生兼寓言作家洛伦佐·皮尼奥蒂（Lorenzo Pigniotti）这样的亲法托斯卡纳作家建立了友谊，甚至与启蒙运动中雅各宾派（Jacobins）有过交往。通过这些关系，他成为科丽拉·奥林匹卡（Corilla Olimpica）[38]在佛罗伦萨的沙龙的成员，并于1785年当选为普拉托（Prato）[39]的茵菲康蒂学院（Accademia degli Infecondi）院士。不过，直到大公彼得洛·利奥波德（Pietro Leopoldo）[40]出面干预，他才在1791年和1808年先后得到佛罗伦萨学院（Accademia Fiorentina）和意大利利沃诺科学、文学及艺术学院（Accademia Italiana di Scienze, Lettere ed Arti of Livorno）的接纳。菲奥伦蒂诺是“蒙特的犹太民族”纨绔子弟的一员，如果他充满象征意味的职业生涯令你放慢了速度、有所思考，那是因为它展现了启蒙运动和新统治者赋予托斯卡纳犹太人的公民和政治自由能够孕育出多么了不起的成就。[30]

[23]犹太世界中为地位卑微的男生开设的小学，教授基础的希伯来语、犹太《圣经》和《塔木德》。

[24]犹太希伯来文经卷中最为重要的经典，也称《摩西五经》。

[25]即约柜。

[26]原文为希伯来语：minyan，指十名 13 岁以上的男子进行的祷告。

[27]犹太教哀悼死者的祈祷文。

[28]即屠宰场。

[29]阿里尔·托阿夫（Ariel Toaff），以色列历史学家，专门研究中世纪及文艺复兴时期意大利犹太人的历史。

[30]1736 年洛林王朝（House of Lorraine）与哈布斯堡王朝通过联姻合二为一。

[31]神圣罗马帝国皇帝，玛利亚·特蕾西亚（Maria Theresia）与弗朗西斯一世（Francis I）的长子，以开明专制著称，在国内推行一系列激进的改革措施，包括废除农奴制，建立统一的国家机构，剥夺帝国境内各天主教主教世俗权力等，阻止教皇干预帝国事务。

[32]利奥波德二世（Leopold II），约瑟夫二世同父同母的弟弟，后继任为神圣罗马帝国皇帝。

[33]美第奇家族的托斯卡纳大公。

[34]斐迪南一世在 1593 年颁布的一部准许犹太人定居并从事贸易的宪章。

[35]法国启蒙运动作家、历史学家和哲学家，提倡宗教自由、言论自由和政教分离。

[36]意大利诗人，该国文学史上第一位重要的犹太诗人。

[37]神圣罗马帝国皇帝，上文提到的约瑟夫二世的祖先。

[38]意大利女诗人。

[39]意大利中部第三大城市，人口仅次于罗马与佛罗伦萨。

[40]即上文提到的约瑟夫二世之弟，利奥波德二世。

利奥波德的统治让犹太人民尝到了一丝自由和解放的滋味。然而，对于基层神职人员和农民而言，关闭 90% 的教堂和对宗教权力的约束却是极不公平的做法。于是，牧师和僧侣开始煽动民众的不满，而反法情绪则是这种不满的体现。1796 年至 1797 年，年轻的波拿巴（Bonaparte）将军[41]发动了意大利战役[42]，在维罗纳（Verona）的一次战斗中，狂暴的农民用割喉这样残忍的手段对付法国士兵，这一天后来被称为“维罗纳复活节”（Veronese Easter）。事态发展的方向再明显不过了：那些受到奥地利保护的、亲法的犹太人很快就会成为意大利乡村基督徒手中的替罪羊和意大利报复法国侵略的赎罪者。卡斯泰利家族的传奇故事无法摆脱暴力和偏见的纠缠，蒙特圣萨维诺商人们相对安宁的生活即将结束。

1798 年 12 月，察觉到威胁的萨洛蒙·菲奥伦蒂诺向佛罗伦萨的犹太领袖谏言，恳请他们代表族人寻求大公的干预。他写道：“圣上劝说全体子民思考如何进行自我保护的诏书在人民中挑起了仇恨，并激发了他们愚昧地将无辜的犹太人视为敌人。瓦尔蒂扎纳流传着一条谣言，把利沃诺的犹太人说成是私藏武器的暴徒。为了败坏我们的名声，一些邪恶的农民……不分青红皂白地传播着赤裸裸的诽谤……在城市和乡间都对我们构成了威胁，导致我们的处境岌岌可危。”[31]按照历史学家卡洛·卡帕（Carlo Capra）的说法，这事实上是“一场由教廷发动的大规模运动，最先发难的是教徒和基层牧师，他们依靠邪恶的地方报刊和年鉴传播这场运动，将法国形容成凶残嗜血的猛兽，是信仰和家庭美满的天敌。他们利用“启示录”（Apocalypse）[43]中的内容进行宣传鼓动，因此收效甚佳。”[32]乡村中，长期普遍存在于教会的反犹宗教情绪日增月盛；当邪恶的言论披上拉丁文的外衣，竟呈现出了某种权威感，就像那句“犹太人背信弃义，正如基督教廷所言，他们是忠诚的敌人，对虔诚的基督徒怀恨在心，所以每个人都要提防他们”。城市中，触发类似情绪的更加不是人心，而是现实的经济状况。面对这种讽刺，哲学家卡洛·卡丹尼奥（Carlo Cattaneo）总结道：“我们的祖先逼迫犹太人依靠放贷和走私为生，现在又因他们是放贷者和走私犯而诅咒他们。”[33]

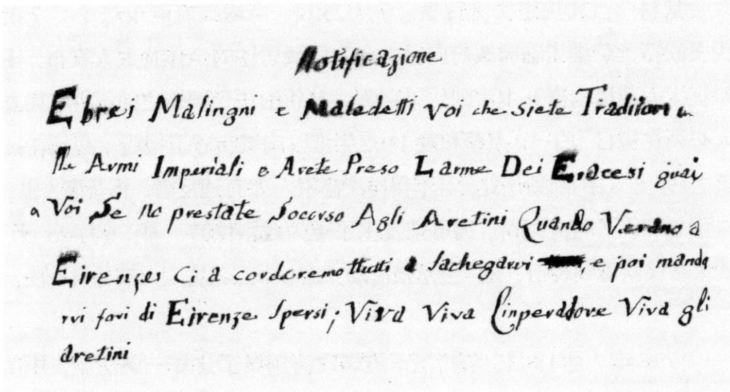
Notificazione
Ebrei Malingni e Maledetti Voi che siete Traditori a
lle Armi Imperiali e Avete Preso L'arme Dei Francesi guai
a Voi Se lo prestate Soccorso Agli Aretini Quando Verranno a
Firenze Ci accorderemo tutti a sacheggiarvi, e poi manda
rvi fori di Firenze Spersi; Viva Viva l'imperatore Viva gli
Aretini

“玛丽亚万岁”时代蒙特圣萨维诺墙壁上的反犹铭文
安妮·科恩－索拉尔提供

当拿破仑的军队向佛罗伦萨步步逼近，1799 年 5 月 27 日，皇帝[44]出逃，凶残的民众彻底失控。在托斯卡纳的首府[45]，暴民将法军的入侵归咎于犹太人，4 月 12 日，他们在墙上贴满了批判的标语：“邪恶的、该死的犹太人，是你们背叛了帝国的军队，是你们举起武器为法国而战。你们若不在阿雷佐人抵达佛罗伦萨时出手相助，就是不知羞耻。我们会变本加厉地掳掠你们，将你们赶出佛罗伦萨，并最终彻底消灭你们。皇帝万岁！阿雷佐人万岁！”[34]5 月 6 日，一个名为“玛利亚万岁”的组织开始在阿雷佐讨伐犹太人，同时，这座城市的新任领导者也开始抓捕法国人，近百名雅各宾派嫌疑人遭到拘押，十几名被怀疑是雅各宾派支持者的犹太人被当局监禁。最终，卡斯泰利家族的三名亲属——杰赛普（Giuseppe）、戈多利亚（Godolia）及萨巴蒂诺·卡斯泰利（Sabatino Castelli）——与萨洛蒙·莫迪利亚尼（Salomone Modigliani）[46]一同以里应外合法军的罪名被驱逐出了阿雷佐。[35]

6月 12 日夜里，蒙特圣萨维诺的犹太会堂被村民攻占。几天后，“犹太会堂村”当局决定实施宵禁。6月25日，当地政府颁布法令：“谨代表蒙特圣萨维诺临时政府向目前在本区域居住的全体犹太人宣布，任何犹太人若擅自离开本市则后果自负。在新的法令颁布之前，所有犹太人必须在每日上午10点整和晚11点半准时向城市守卫报告；必须在日落之后一小时内回到住处，且不得再次离家。如有违反者，将获刑入狱，以示惩罚。”[36]与此同时，锡耶纳发生了更为戏剧性的一幕：6月28日，犹太贫民窟遭到袭击，犹太会堂被洗劫一空，十三名犹太人被私自处决。

1799年7月18日，蒙特圣萨维诺政府颁布了这样一条法令，并宣布将在一周之内生效：“我们提醒全体生活在本地的犹太人，无论你们的社会地位如何，都必须对自己的生命负责，在圣上回銮之前，应采取任何可能的手段进行自我保护。”[37]此时卡斯泰利家族的命运已经危如累卵。在接下来的一周内，犹太人成批地逃离蒙特圣萨维诺城。7月31日，最后一批犹太人租下了四驾马车和两辆货车。除了雇佣阿雷佐保镖的60里拉是由维塔莱·迪·里奥尼·芬齐（Vitale di Leone Finzi）支付的，此次逃亡的一切事务都由维达莱·卡斯泰利全权负责。[38]安娜·卡斯泰利和孩子们逃往佛罗伦萨安顿了下来。几个月后，那些被迫流离失所、丧尽家财的犹太人递交了一份要求赔偿的请愿书[39]，但市政府却以“该地区动乱尚未平息”作为借口予以拒绝。1805年，由萨洛蒙·菲奥伦蒂诺起草、艾伦尼·卡斯泰利之子萨巴托及其他族人共同签字的另一份请愿书终于取得了一些效果。

逃离蒙特圣萨维诺时，20多岁的贾科贝·卡斯泰利还很年轻，四年后，他在的里雅斯特再次现身。这里与里窝那和比萨一样，是一座如神话传说一般始终善待犹太人的北方城市。1803年6月3日，贾科贝与苏珊娜·迪·戴维·亚基亚在的里雅斯特的犹太会堂结为夫妇。为了向他的出生地和他所见证的苦难致敬，他给大儿子取名艾伦尼，这是他英年早逝的父亲的名字；还给1811年出生的大女儿起名安娜，那是他母亲的名字。这位出生于1808年的艾伦尼·卡斯泰利就是利奥·卡斯泰利的曾外祖父。

[41] 拿破仑·波拿巴（Napoléon Bonaparte），当年被任命为意大利方面军总司令。

[42] 法国大革命中法兰西共和国同反法联盟在意大利展开的战争。

[43] 《圣经》新约中的一章，中心内容是论述基督的得胜和对异教徒的审判。

[44] 神圣罗马帝国皇帝弗朗西斯二世 (Francis II)，利奥波德二世之子。

[45] 佛罗伦萨。

[46] 或为意大利画家阿梅代奥·莫迪利亚尼（Amedeo Modigliani）家族的祖先，莫迪利亚尼也出生于里窝那。

耶歇尔·卡斯泰利（Yechiel Castelli）在蒙特圣萨维诺公墓中的墓碑
安妮·科恩－索拉尔提供

1799年7月，蒙特圣萨维诺的犹太人离开了这座曾容纳他们与其他民族和谐相处了几个世纪的城市，同时也挥别了这里留给他们的记忆、会堂和公墓。从此，他们再也没有回去。2005年1月30日，犹太大屠杀（the Holocaust）纪念日，蒙特圣萨维诺市长西尔瓦诺·马特拉齐（Silvano Materazzi）下令清扫犹太公墓，移除荆棘，请来佛罗伦萨的拉比诵读《卡迪什》，再次象征性地为它祝圣。第一个露出真容的坟墓规模宏大，墓碑上用希伯来语镌刻着：“Al zaken ha nehbad Yechiel Castelli che niftar il 28 giugno anno 5555”，意为：“谨纪念我们敬爱的老者耶歇尔·［维塔利］·卡斯泰利（Yechiel [Vitale] Castelli），逝于犹太历5555年[40]6月28日。”

① 2008 年 9 月 25 日。

② 原文为拉丁语：Ebreus perfidus est, ut cantat Ecclesia est inimicus fidei, et ideo presumitur odium abere Christi fidelibus, ergo abetur pro suspecto。摘自约 1704 年的蒙特圣萨维诺档案，编号 CC1180。

③ A.PRE.M.,"议院关于维护健康态势所进行的商讨"，摘自雷纳托·朱利耶迪（Renato Giulietti）与乔瓦尼·罗马内利（Giovanni Romanelli），《围墙内的"国家"》，摘自《蒙特圣萨维诺的犹太人》（*Gli Ebrei a Monte San Savino*）（蒙特圣萨维诺：Quaderini Savinesi III, 1994 年出版），55—88 页。

④ 罗伯托·G. 萨尔瓦多里（Roberto G. Salvadori），《犹太历史在蒙特圣萨维诺的四百年》（"Quattro secoli di storia ebraica a Monte San Savino"），摘自《蒙特圣萨维诺的犹太人》，23 页。

⑤ 朱利耶迪与罗马内利，《围墙内的"国家"》，摘自《蒙特圣萨维诺的犹太人》，58 页。

⑥ 雷纳托·朱利耶迪，《蒙特圣萨维诺：历史艺术发展历程》，蒙特圣萨维诺城市档案，2004 年，12 页。

⑦ 雷纳托·朱利耶迪，《蒙特圣萨维诺：历史艺术发展历程》，21—22 页，注释 46。

⑧ 罗伯托·G. 萨尔瓦多里，《犹太历史在蒙特圣萨维诺的四百年》，摘自《蒙特圣萨维诺的犹太人》，29 页。

⑨ 同上，32 页。

⑩ 同上，29 页。

⑪ 同上，24 页。

⑫ 同上，30 页，注释 94。

⑬ 朱利耶迪与罗马内利，《围墙内的"国家"》，摘自《蒙特圣萨维诺的犹太人》，65 页，注释 65。

⑭ 同上，58 页，注释 20、21。

⑮ 同上，注释 28、29。

⑯ 同上，24 页。

⑰ 萨尔瓦多里，《犹太历史在蒙特圣萨维诺的四百年》，摘自《蒙特圣萨维诺的犹太人》，30 页，注释 90 页。

⑱ 同上，33 页，注释 105。

⑲ 同上，33 页。

⑳ 阿里埃勒·托阿夫（Ariel Toaff），《酒与肉：中世纪的犹太民族》（*Il vino e la carne: Una communità ebraica nel Medioevo*）（博洛尼亚：Il Mulino, 1989 年出版），120 页。

㉑ 朱利耶迪与罗马内利，《围墙内的"国家"》，摘自《蒙特圣萨维诺的犹太人》，67—68 页，注释 77。

㉒ 同上，65 页，注释 61。

㉓ 事件发生于 1720 年 10 月。见萨尔瓦多里，《犹太历史在蒙特圣萨维诺的四百年》，摘自《蒙特圣萨维诺的犹太人》，29 页，注释 86。

㉔ 同上，65 页，注释 83。

㉕ 朱利耶迪与罗马内利，《围墙内的"国家"》，摘自《蒙特圣萨维诺的犹太人》，65 页，注释 56。

㉖ 同上，24 页，注释 50。

㉗《1781 年 5 月 16 日，犹太民族领袖埃利亚·莫波格为最仁慈的统治所作决议在格拉迪斯卡发表的演讲》（"Discorso pronunziato da Elia capo della nazione Ebrea di Gradisca nel participare a quella communità la clementissima sovrana risoluzione 16 maggio 1781"），《文学小说报》51 期（1782 年，12 月 20 日），811-113 栏。

㉘ 遭到抨击的有 1775 年在安科纳（Ancona）匿名出版的《犹太人的错误》（*Degli errori dei Giudei*），或乔瓦尼·巴蒂斯塔·贝内代托（Giovanni Battista Benedetti）的一段文字《论宗教和犹太誓言》（*Dissertazione della religione e del giuramento degli ebrei*），同年在曼托瓦（Mantova）出版。见《托斯卡纳杂志》28 期（1776 年）：107—111 页。

㉙ 阿尔弗雷德·S. 托阿夫（Alfredo S. Toaff），《萨洛蒙·菲奥伦蒂诺的希伯来语作品（及诗人肖像）》（"L'opera ebraica di Salomone Fiorentino (col ritratto del poeta)"），摘自《以色列每月评论》（*La Rassegna Mensile d'Israele*），第十五卷（1949 年 5 月），197 页。

㉚ 无疑，他是伊特鲁里亚学院（Accademia Etrusca）院士们的朋友，也是犹太知识分子团体"马斯基尔"（Maskilim）的一名成员。该团体是"哈斯卡拉"（Haskalah）运动的发起者。威尼斯历史学者里卡尔多·卡利马尼（Riccardo Calimani）认为该运动"表达了对法国大革命思想的认同，坚信其反对权威的思想、天赋人权的信念和对阻碍社会进步的传统的仇视同犹太思想高度一致"。见里卡尔多·卡利马尼所著《流浪的犹太人的故事》（米兰：Rusconi, 1987 年出版），402 页。

㉛ 萨洛蒙·菲奥伦蒂诺书信，引自塞尔吉奥·罗马尼奥利（Sergio Romagnoli），《信仰、公民责任和挽歌间的萨洛蒙·菲奥伦蒂诺》（“Salomone Firorentino tra fede，im pegno civile ed elegie”），摘自《意大利的犹太人》（*Gli Ebrei in Italia*），38 页。

㉜ 卡洛·卡帕，《意大利的革命与拿破仑年代：1796—1815》（*L'età rivoluzionaria e napoleonica in Italia*）（都灵，Loescher，1978 年出版），97 页。

㉝ 卡洛·卡丹尼奥，《犹太的阻隔：1796—1815》（都灵：Loescher，1978 年出版），273 页，引自亚历山德拉·罗吉（Alessandra Roggi）的论文《现代犹太人的身份困境：对 1799 年蒙特圣萨维诺反犹太移民的反思》（*Il dilemma identitario ebraico in età moderna: Riflessioni sull'omsirrezione antigiudaica di Monte San Savino nel 1799*），锡耶纳大学（Università degli Studi di Siena），阿雷佐文学哲学学院（Facolatà di Lettere e Filosofia di Arezzo），2006 年 12 月。

㉞ 塞尔吉奥·罗马尼奥利，《信仰、公民责任和挽歌间的萨洛蒙·菲奥伦蒂诺》，摘自《意大利的犹太人》，38 页。

㉟ 罗伯托·G. 萨尔瓦多里，《犹太历史在蒙特圣萨维诺的四百年》，摘自《蒙特圣萨维诺的犹太人》，40 页，注释 138。

㊱ 同上，38 页，注释 128。

㊲ 托阿夫，《萨洛蒙·菲奥伦蒂诺的希伯来语作品（及诗人肖像）》，摘自《以色列每月评论》，第十五卷（1949 年 5 月），199 页。

㊳ 刘涅拉·纳皮·麦当娜·维泰博（Lionella Neppi Modona Viterbo）与索尼娅·奥伯多弗（Sonia Oberdorfer），《1799，托斯卡纳的一场大屠杀》（“1799: Un pogrom in Toscana”），摘自《以色列每月评论》，第 53 卷，第 3 期（1987 年）：248 页。

㊴ 罗伯托·G. 萨尔瓦多里，《犹太历史在蒙特圣萨维诺的四百年》，摘自《蒙特圣萨维诺的犹太人》，41 页，注释 44。

㊵ 公历 1795 年。

2—在圣卡洛码头

朕，玛利亚·特蕾西亚（Maria Theresia）[1]……代表国家向的里雅斯特全体犹太公民致敬，尤其要对交易所中的犹太商人予以表彰。希望此举能够鼓励更多家庭及个人兴办商业，投身于的里雅斯特久负盛名的进出口贸易，不辜负国家和城市的嘱托。①

——奥地利女王玛利亚·特蕾西亚，1771 年特权公告（PRIVILEGE OF 1771）[2]。

1799年9月。贾科贝·卡斯泰利从佛罗伦萨出发，取道弗留利（Friuli），历经长途跋涉，穿越了圣多纳迪皮亚韦（San Donà di Piave）、圣斯蒂诺迪利文扎（Santo Stino di Livenza）、波尔托（Portogruaro）、拉蒂萨纳（Latisana）、圣焦尔焦迪诺加罗（San Giorgio di Nogaro）和格拉迪斯卡迪松佐（Gradisca d'Isonzo）等地，最终来到了的里雅斯特。路途中，他一定怀疑过自己是否真的能够抵达那座神话一般的城邦，半岛上的那个在犹太社会闻名遐迩的商人天堂。当他穿过蒙法尔科内（Monfalcone），拐过旅途中的最后一道弯，亚得里亚海的光彩夺目的浪花、海湾里星星点点的船只和山坡上的的里雅斯特城便跃入眼帘。这位旅者习惯了家乡迷宫般的小路和托斯卡纳山峦中的松柏，在接下来的几天中他仿佛坠入了另一个世界。从码头放眼望去，他看到了一个繁忙的港口，这里的景象令他眼花缭乱：工人们装卸和搬运着成捆、成箱、成罐、成篮的货物——“一瓶瓶达尔马提亚（Dalmatia）[3]葡萄酒、一桶桶斯洛文尼亚盐，一包包埃及棉花、一袋袋爪哇（Java）[4]咖啡、塞内加尔的靛蓝染料、黎凡特（Levant）[5]的异国橡木、巴西的珍稀木材和英国的黑色钻石；世界各地的珍奇异宝，这里应有尽有”[②]。

这座绚丽的大都市必定令他震惊不已。“各个民族和种族的群体在此汇聚、融合……土生土长的意大利人、出生在内陆的斯拉夫人，还有德国人、犹太人、希腊人、黎凡特人、头顶红色毡帽的土耳其人。”[③]更加让他不敢相信的是大运河（Canal Grande）上的景象：巨大的帆船竟能如此精致优雅，甲板上耸立的桅杆比岸边的房屋还要高出几米；食品仓库可容纳卸货的船只；年轻的水手们一窝蜂地爬上桅杆，匆忙地降下船帆；大船上的船长只要一声令下，船员们就会立即划桨靠岸。这就是他与这座城市的第一次相遇，这里的“每一个角落都散发着一种此地独有的香气，仿佛它本身就是一座盛满了香料和药品的仓库”[④]。令他赞叹的还有这里雄伟壮观的新古典主义宫殿和气势恢宏的广场，它们被建造在亚得里亚海边，与周围的环境格格不入。他慢慢地消化着自己的所见所闻，逐渐记住了自己到过的地方：特盖斯特奥宫（Tergesteo）、圣朱斯托山（San Giusto）、大广场（Piazza Grande）、商业交易所（Borsa di Commercio）、

的里雅斯特大运河
安妮·科恩-索拉尔提供

圣卡洛码头（Molo San Carlo）。

贾科贝·卡斯泰利决心在的里雅斯特碰碰运气，此时的他几乎完全不可能想到，卡斯泰利家族有朝一日会通过经商实现玛利亚·特蕾西亚女王的期许，“不辜负国家和城市的嘱托”。若不是法西斯一度控制了意大利，卡斯泰利的子孙便永远都不会离开的里雅斯特，家族的六代血脉将始终与这座城市紧紧相连，直至今日。当贾科贝·卡斯泰利 1799 年初来乍到时，这座城市的繁华和包容就已经符合奥地利女王 30 年前的期待了。为了鼓励国际贸易，玛利亚·特蕾西亚在的里雅斯特建立了一套制度，目的是在这个自由港培养出一个“多宗教、多种族、胸怀世界的商人阶级”[5]。犹太商人凭借过去的金融经验和精明的谋略，在新的体制下获得了极高的地位。1761年，的里雅斯特商务顾问杰赛普·帕斯夸莱·里奇（Giuseppe Pasquale Ricci）在致维也纳宫廷的信中写道：“犹太人几乎在每一个国家都受到过迫害，他们在新旧两个世界间徘徊，通过商业积累了巨大的财富，无论他们正在遭到驱赶还是已经在某处落脚，无论身在何处他们始终与财富同在。曾经流离失所的犹太人如今立足于世界的各个角落，这让他们成为身经百战的国际贸易专家”，而“本地商人则缺乏水准和经验”[6]。

当时，玛利亚·特蕾西亚不惜花费重金，几年间就沿亚得里亚海湾建起了港口、运河、码头、工厂、作坊、仓库、医院、股票交易所、广场和公共建筑[7]，也将宗教、法律和经济权利赋予了犹太人，允许他们拥有资产，保障他们的生命安全，让他们可以从事自由贸易，并免于缴纳关税。[8]犹太人中自然发出了效忠奥地利女王的强烈呼声。的里雅斯特市郊戈里齐亚（Gorizia）的犹太领袖、丝绸厂主埃利亚·莫波格（Elia Morpurgo）曾说：“她赐予人民的福祉不胜枚举。她开放了港口、修缮了更方便快捷的道路、营造了安全且备受认可的海上贸易、降低了关税、开设了更多工厂，并为它们提供了保障。简而言之，贸易的繁荣不仅惠及百姓，也增加了财政收入，更为她赢得了全体子民的爱戴。”[9]莫波格提议：“祝福我们最伟大、最公平、最宽容、最智慧的祖国。”[10]作为全欧洲最受优待犹太族群之一，这里的犹太人深感自豪。他们十足的干劲令1799年到达的里雅斯特的贾科贝·卡斯泰利不禁惊叹不已。

犹太贫民区的老会堂位于比切利路（Via della Beccherie），离犹太学校不远。1803年6月3日，决心融入当地社会的贾科贝·卡斯泰利与苏珊娜·迪·戴维·亚基亚在那里完婚。婚礼上的他说着“一种奇怪的语言，混杂着希伯来语词汇和措辞不当的本土话，乍一听来简直不知所云”。从此，他成为商人阶级的一员，加入了“如火如荼的客户之争……这是一场血淋淋的生存之战，激烈程度与我们在昆虫间、草原的植被中或岸边的沙滩上见识过的优胜劣汰不相上下”[11]。犹太贫民区的大门在1785年就被移除了，这个群体虽然获得了自由，却仍不愿意从种族隔离的阴影中走出，淡化自身的特性。于是，他们开始自我禁锢，依旧选择聚居在贫穷的利博格（Riborgo）地区。1805年至1806年，在拿破仑占领的里雅斯特的那四个月中，政权更替的频繁程度到达了顶峰，犹太人谨小慎微的担忧化为了现实，贾科贝回到了那个既熟悉又恐怖的噩梦之中——犹太人成为的里雅斯特人发泄怒火的出口，曾经发生在蒙特圣萨维诺的悲剧再次上演。1808年5月12日，他的第一个儿子艾伦尼（利奥·卡斯泰利的曾外祖父）出生时，的里雅斯特还属于奥地利；三年后，他的女儿安娜出生时，法国人统治了这里；1815年和1823年最小的两个女儿贝拉（Bella）和维多里娅（Vittoria）出生时，这座城市再次成为奥匈帝国的领土，并延续了数十年之久。国籍的频繁更迭无疑成为卡斯泰利家族的一个烙印，并最终传给了家族最有名的后代——利奥。

似乎是为了更胜奥匈帝国一筹，法国统治者变本加厉地拉拢人心，他们虽然封禁了自由港，却采取了大量维护犹太族群利益的措施。入选临时政府的艾伦·维瓦特（Aron Vivante）也许是第一个参与的里雅斯特市政管理的犹太人。1810年11月27日，最高司法委员会（General Judicial Committee）的一项裁决第一次将“法国和意大利犹太人享有的宗教信仰自由”赋予了“戈里查（Gorice）的犹太人……和伊利里亚（Illyrian）地区其他省份的犹太人，并且完全受到法律的保护”[12]。几个月后，委员会一鼓作气，废除了奥匈帝国仍在向犹太人征收的所有个人税和特别征费，“用以彰显政府宽容和保护”[13]。选举产生的市政府内阁由“十二名天主教徒，三名犹太人、三名希腊东正教徒、一名伊利里亚希腊人和一名加尔文教徒[6]”组成，这也反映了这个城市多元化的人口结构。尽管群体中有格拉齐亚迪奥·米内尔比（Graziodio Minerbi）、菲利普·赫歇尔（Fillipo Hierschl）和菲利普·科恩（Fillipo Kohen）这三位身居要职的政府官员，尽管他们在法律面前享有与所有公民同等的权利，犹太人在情感上仍对这个法国统治下的政府存有隔阂。一些商人，例如共济会传统的追随者，满怀热情地接纳了法国的统治乃至雅各宾派的思想，而另一些人，或因失去了信守承诺的哈布斯堡王朝赋予他们的特权而对新的政权持谨慎态度，或因不满自由港的关闭而对新的统治者有所保留。

政权的更替无疑会带来各种各样的反应和矛盾的情绪，还在为蒙特圣萨维诺的悲剧惊魂未定的卡斯泰利家族也不例外，因此始终困居于犹太贫民区内。诗人翁贝尔托·萨巴这样形容这种现象：“在这座自由之都，无论是土生土长的犹太人还是移居至此的犹太人……（在1810年）之后都与其他公民享有同等的地位，无须再缴纳盐税或者遭受侮辱。但在他们之中，有一些人完全不知该如何克服与生俱来的多疑、该如何与令他们恐惧（并因此产生怨恨）的‘非犹太人’和睦共处……这种抗拒……被几个世纪的迫害和排挤深深植入了他们的内心，甚至让一些非常富有的家庭无法在其他街区的新房中居住，将他们禁锢在了城市中的这片区域，始终在祖先曾经经商的区域经商，并从他们难以割舍的破屋烂瓦中汲取能量……他们继续生活在深深热爱着的犹太贫民窟内，在他们眼里，这是一片充满回忆的土地，而他们则是这里唯一的主人。”[14]

1813年10月，奥地利人凯旋。犹太民族曾经的守护者——奥匈帝国——重新建立起了与这个群体的纽带，犹太人终于不再像过去那样抗拒融入这个社会了。1845年7月，犹太领袖递交给当地政府的一份意义非凡的文件体现了这一变化。“长久以来，”他们这样写道，“希伯来人都在促进工业的发展，我们销售农产品，并开发了能够促进贸易的商品。所有这些作为……并非出于自私，而是从国家和地区的利益出发；过去的希伯来人局限在金融领域，不与外界接触，社会也与之疏远。我们与他们不同，我们希望成为社会的一分子。我们愿做开放、真诚的以色列人，能够在工业和农业上有所作为；愿做把同在这片土地上的其他民族视为手足和同胞的以色列人，共同侍奉一个君主；愿做虽然保留自己的宗教信仰却仍将融入社会和报效社会视为己任的以色列人；愿做通过教育和提升公民责任意识而不断进步的以色列人”[15]。

翁贝尔托·萨巴对这段美好的时光进行了这样的回忆：“在那个时代，犹太族群每天都在扩大。贸易带来的繁荣吸引了大量慕名而来的犹太人，他们见证了这里从一个小渔村到一座大都市的转变。在这些人中，有许多来自邻近的黎凡特地区，他们在圣卡洛港上岸时，头顶红色毡帽，身着破衣烂衫，不名一文，或许怀揣着一封写给当地拉比或某位老慈善家的介绍信。长则几年，短则几个月，他们或许就已经成为犹太会堂的宗教庆典上身着考究的都市制服、头戴礼帽的体面人了。的里雅斯特有三所犹太会堂，分别说意大利语、德语和西班牙语，其中两所向犹太贫民区内的居民开放，另一所则位于不远处的蒙特路（Via del Monte）上。”[16]

虽然据卡斯泰利家族的一位后代说，贾科贝终其一生都只是“犹太贫民区里的一个穷鬼”[17]，他的儿子艾伦尼却在港口发家致富，“称霸一方”。祖辈攀登社会阶梯的经过成了家族中始终流传着的一则童话故事：一天，艾伦尼的儿子小卡洛（Carlo）回家过逾越节。令他意外的是，家门口已经被围得水泄不通，当他凑近人群，拉比兴奋得一把将他抱起：原来他的父亲艾伦尼在意大利的“西纽利亚”彩票中赢了头奖！一夜之间，艾伦尼·卡斯泰利便骄傲地展现出了一个典型的暴发户所具有的全部特征：装饰着帝国徽章的马车、佩戴着白手套的仆人；给孩子们聘请的几位私人教师都曾经为马克西米利安（Maximilian）皇帝[7]服务。在艾伦尼的曾外孙、利奥的表弟皮耶罗·克恩（Piero Kern）保存的一张照片中，艾伦尼身着一身黑色的礼服和浆洗过衣领的衬衫。这位卡斯泰利家族的传奇祖先器宇不凡，像极了巴尔扎克笔下的人物，他虽然仪态庄严，看上去却十分平易近人：杏仁眼、高额头、浓密的眉毛、宽扁的鼻子、饱满性感的嘴唇、又白又厚的八字胡盖住了整个上唇；他有一个肥大的双下巴，一丛杂乱的白发遮住了脖颈，头顶却“寸草不生”。他放松、愉快，具有黎凡特人标志性的慵懒气质——不过现在的他可以称得上是一个真正的的里雅斯特人了。卡斯泰利家族和的里雅斯特的命运从此紧密地联系在了一起。梦想、筹谋和进取是这座开放包容、人才济济的城市的基调。正如作家瓦斯伯格（Warsberg）形容的那样：“这座城市的空气中夹杂着海洋、船只和货物气息，自从我呼吸到了这里的空气，就又变

[1] 哈布斯堡王朝末代君主及唯一一位女性统治者，统治范围覆盖奥地利、匈牙利王国、克罗地亚、波希米亚、特兰西瓦尼亚、曼托瓦、米兰、加利西亚和洛多梅里亚、奥属尼德兰及帕尔马，并通过婚姻成为洛林公爵夫人、托斯卡纳大公夫人及神圣罗马皇后。

[2] 全称为“玛利亚·特蕾西亚向的里雅斯特犹太公民颁布的特权及法令公告”（1771）[Privilege and Statute of Maria Theresia for the Jews of Trieste（1771）]。

[3] 克罗地亚南部、亚得里亚海东岸地区。

[4] 印度尼西亚的一座岛屿。

[5] 中东托罗斯山脉以南、地中海西岸、阿拉伯沙漠以北和上美索不达米亚以东的一大片地区。

[6] 基督教新教的一个宗派。

[7] 斐迪南·马克西米利安·约瑟夫（Ferdinand Maximilian Joseph），墨西哥皇帝马克西米利安一世（Maximilian I），奥地利皇帝弗朗茨·约瑟夫一世（Franz Joseph I）之弟。

得抖擞、机敏起来了……就像走进香料铺子的人都会因为想起了《一千零一夜》而想象自己来到了古巴比伦。谁不是这样的呢？”[18]

四十多年前，父亲贾科贝的婚礼是在犹太贫民区的旧会堂中举办的；1845 年 10 月 12 日，儿子艾伦尼·卡斯泰利却是在一座重建于火灾废墟上的新古典主义建筑中迎娶了新娘罗莎·齐达诺瓦（Rosa Cittanuova）。在此之前，他们必须要先获得政府的许可，这条哈布斯堡王朝沿袭下来

利奥·卡斯泰利的曾外祖父艾伦尼·卡斯泰利
一生经历丰富多彩的他 1867 年在的里雅斯特中了彩票
皮耶罗·克恩提供

的旧制直到 1867 年 12 月才被取消。当艾伦尼和罗莎的四个孩子艾米莉亚（Emilia，1847 年出生）、贾科贝（1849 年出生，后改名贾科莫）、阿尔贝托（Alberto，1852 年出生）和卡洛（1854 年出生）到了结婚的年纪，他们只需要取得家庭的同意就可以了。十九世纪初至今，卡斯泰利家族一直都是参照皇家重大事件发生的时间来记录家族历史的。当被问到艾伦尼是在哪一年赢得奖金的，皮耶罗·克恩的回答是"墨西哥的马克西米利安皇帝遇刺的那一年"。当我向利奥的弟弟乔治·克莱恩提问艾伦尼的第一个儿子贾科莫（Giacomo）[8] 是在哪一年出生的，他答道："弗朗茨·约瑟夫皇帝（Emporor Franz Joseph）登基的第二年。"然而，即便是在奥匈帝国统治期间，卡斯泰利家族仍与大多数的里雅斯特犹太人一样认为自己是意大利人：为了纪念父亲，艾伦尼·卡斯泰利给第一个儿子取名贾科贝·拉斐尔（Giacobbe Rafael），后来又给另外两个儿子取名阿尔贝托和卡洛，为的是向意大利思想开明、温文尔雅的"好国王卡洛·阿尔贝托（King Carlo Alberto）"[19]致敬。正是这位国王通过 1848 年颁布的《阿尔贝蒂诺宪章》（Statuto Albertino），废除了君主专制。

一生辉煌的艾伦尼·卡斯泰利是家族中第一位彻底摆脱犹太贫民窟魔咒的人，他将关于蒙特圣萨维诺的悲伤记忆通通抛在脑后，在的里雅斯特成功立足，并通过一切途径扬名立万。萨巴一则短篇小说中的人物曾这样问道："你为什么不买彩票呢？根据我的经验，彩票可是一本万利，至少可以想想吧……咱们怎么就不能在彩票这件事上走一回运呢？……只要几个里拉就能轻松赚到大钱，就算赔了也无伤大雅。"[20]的确，至少如我们所见，乐透奖金对艾伦尼的贡献功不可没。在利好的经济环境下，受上天眷顾的卡斯泰利家族用一代人的时间，抑或说是一夜之间，就从城市破败的犹太贫民窟中一跃而起，住进了中产阶级街区中最炙手可热的地段。穿过一条由意大利贵族购置的高级办公街区和一幢修建于十四世纪、现仅供城市长官们（皇室代表）使用的私人小教堂，在距离圣公会（Anglican Church）[9] 不远处的一片环境优美的区域中坐落着那个被人称为"普兰迪乡村花园别墅"（Villa，giardino e campagna Prandi）的巨大庄园。通过这样一种极端的途径，卡斯泰利家族在的里雅斯特瞬间获得了近似于贵族的社会地位。

“我的父亲在子女的教育方面颇有一番见解。”小说家伊塔洛·斯韦沃写道，“他总对我们说：‘你们必须好好学习，成为有文化有教养的青年，今后才能在生意上帮到我。人人都对你们交口称赞，而我则会以你们为荣。一名优秀的贸易商人必须至少能够听懂四门外语。在的里雅斯特，你们必须得流利地说好两种语言。”[21]艾伦尼·卡斯泰利的观点与之类似，他的教育理念也影响了曾外孙利奥的成长。他一夜暴富后的第一笔投资就是让艾米莉亚、贾科莫和阿尔贝托同私人教师学习音乐、英语和法语。1863年后，犹太人获准免费就读公立学校，年轻的卡洛·卡斯泰利进入了刚刚成立的意大利人文学院，并获得了商业学位。

尽管卡斯泰利家族越来越富有，新的生活也过得自在舒适，他们始终无法跟乌西格利、斯多克（Stock）、达尼诺（Danino）、布伦纳（Brunner）或莫波格这样的名门望族相提并论。这些家世显赫的犹太家族通过经营保险业、兴办工业和银行，在过去的几十年中积累了巨大的财富。卡斯泰利也没能加入由卢扎托（Luzzatto）、帕瑞特（Pariente）、莫波格（Morpurgo）和阿曼兹（Almanzi）家族为了聚拢财富在十九世纪上半叶形成的银行家联盟。他们始终在按照一种称为“家族主义”[10]的传统相互通婚，从而维护了金融行业纯正的犹太血统。[22]不过，对于卡斯泰利家族和这些犹太宗族而言，家庭取代了群体和聚居区在社会中的基础地位，为每个人的生活定下了规范。在历史学家安娜·米洛（Anna Millo）看来，家庭代表了“族群生活的基本要素，它平衡了家族成员间的权利与义务，保证人们能够遵纪守法，并再次承担起了传递财富的作用。协同一致、团结和睦构成了家庭的道德准则。越遵守这种价值观的家庭，越能在生意场上获得尊重。家族间的通婚，使不同的关系网络得以整合，从而让机会和资源都增加了十倍”[23]。

在这种“协同一致、团结和睦”的氛围中，卡斯泰利家族的成员们在普兰迪别墅中一同生活和工作，兢兢业业地发展他们的事业，并在十九世纪的最后四分之一通过嫁女攀龙附凤。1874 年艾伦尼去世时，欧洲各国都在工业革命的影响下经历着转型，的里雅斯特港在十九世纪的最后十年出现了难得一见的繁荣景象。根基尚浅的卡斯泰利家族对如何抓住这次机会提升社会地位胸有成竹，他们要用一代人的时间依靠“智慧和诚信，在的里雅斯特赢得口碑，从而享誉批发贸易世界”㉔，成为受人尊敬的商人。

1869 年，作为唯一一个与卢布尔雅那（Ljubljana）[11]和维也纳有铁路相连的地中海港口，的里雅斯特即将因为苏伊士运河（Suez Canal）的开通呈现出空前的商业繁荣。㉕就在这个时候，的里雅斯特商会和奥地利劳埃德公司（Lloyd Austriaco，帝国的第一个海运公司）的领袖、积极进取的商人兄弟朱塞佩·莫波格（Giuseppe Morpurgo）和埃利奥·莫波格（Elio Morpurgo）迅速跃升为城市代表，出席了运河的开通仪式。他们是帕斯夸莱·雷沃尔泰拉（Pasquale Revoltella）男爵沙龙的常客，过去就曾见过费迪南·德·莱塞普（Ferdinand de Lesseps）[12]和皇帝的兄弟、伦巴第兼威尼西亚（Lombardy-Venetia）总督斐迪南·马克西米利安（Ferdinand Maximilian）大公[13]。由于在港口推行技术革新，卡洛·马可·莫波格（Carlo Marco Morpurgo）在维也纳获封爵位。1872 年，萨洛蒙·德·帕伦特（Salomone de Parente）当选商会主席，的里雅斯特的犹太关系网再次得到了强化。㉖又过几年，卡斯泰利家族才慢慢渗透进这层层叠叠的网络，并最终通过贾科莫的女儿比安卡与埃内斯托·克劳兹的婚姻刺透了最后的屏障。这场婚姻孕育了三个子女，利奥就是其中之一。《三国同盟条约》（Triple Alliance）[14]的签订让的里雅斯特回归意大利的希望彻底粉碎，却再次点燃了维也纳金融家对这座城市的兴趣。就这样，1882 年，埃内斯托·克劳兹踏上了这座港口城市的土地，现在让我们先把这之前的故事讲完。

城市山间的普兰迪别墅是利奥·卡斯泰利长大的地方，眼下，罗莎·卡斯泰利膝下的三个儿子——25 岁的贾科莫、22 岁的阿尔贝托和 20 岁的卡洛——正在这里有力地统领着氏族。“穿着鲜艳罩衫的女人们在弥漫着香料气味的食品店里忙着采购，篮子里装着满满的食物；一个男人走进了一家烟草店。接着，一切都安静了下来……这是多么凉爽的夏日啊！能看到围墙外的青山绿水是多么美妙的一件事情！那里的无花果树和樱桃树马上就要结果了，扁桃树可能也快了……往高处看去，就是壮观的普兰迪别墅，它的院门、它的锻铁阳台，以及在外墙上规律地制造出优美间隔的半柱形装饰都依稀可见。说不清原因，但建筑的优雅的确将美感赋予了这座庄园，令人心旷神怡。与它相比，周围的房屋……都相形见绌。"[27]

对所有的里雅斯特人来说，普兰迪伯爵家的旧宅仍代表着"贵族气质的极致，承载着属于过去那个时代的一切"。按照维托·列维（Vito Levi）的说法，那里有"雕刻在大理石上的家族纹章、极为宽敞的前厅、连通了几个房间的大会客室和布满了百年古木的广阔山坡。如今，不再有贵族生活在这里，他们是逐渐消亡了？还是遭人驱逐了？不得而知。如今居住在此的三兄弟断断没有什么家族纹章：他们之中只有两个已经娶妻生子，第三个是一位单身汉艺术家，他已经被确认没有任何商业头脑，甚至没有维护自身利益的能力。"[28]他就是最小的儿子阿尔贝托（1852—1912），人们口中的"卡斯泰利大师"[15]、"海勒四重奏"（Heller Quartet）的第二小提琴手，也是这座城市的儿童音乐老师。他极其害羞、为人慷慨，是个心不在焉的梦想家。这个顶着一头褐色乱发的瘦高个子痴迷于古典音乐，几年来都坚持在每个周日的上午组织学生们进行视奏训练，同时为他的"的里雅斯特四重奏"（Quartetto Triestino）选拔乐手。

"他原本可以成为一名顶尖的独奏家，"列维继续写道，"可惜他的恐慌症时常发作。学生们无数次目睹过这样的场面：大师正出神入化地演奏着巴赫（Bach）、科雷利（Corelli）或塔蒂尼（Tartini）[16]的乐章，但他一旦被人打断，哪怕闯入者只是他的学生，才华就会荡然无存，原本充满自信、极具技巧的演奏会被彻底摧毁。但他进行室内乐的教学时，情况则完全不同。在名声斐然、镇定自若的朱利叶斯·海勒（Julius

Heller）的陪伴下他也会有安全感，因为这样一来他的责任就得到了分担”[29]。作为“海勒四重奏”的成员之一，阿尔贝托·卡斯泰利经常出入芬妮·布伦纳（Fanny Brunner）女士的沙龙。她来自曼彻斯特的一户上层中产阶级家庭，全家都是知书达礼的音乐爱好者。她听从家庭的安排嫁给了表兄菲利普·布伦纳（Philip Brunner），这种近亲间的包办婚姻是的里雅斯特上层资产阶级犹太人的特色之一。每年，他们都要与孩子们一起在的里雅斯特的大犹太会堂为弗朗茨·约瑟夫皇帝庆生。[30]他还听人说起过另一个沙龙的主人——克莱门蒂娜·伊埃尔切勒·德·米内尔比（Clementina Hierschel de Minerbi）。她曾于1850年在她的科尔索宫（Palazzo sul Corso）为朱塞佩·威尔第（Giuseppe Verdi）[17]和他的编剧弗朗西斯科·皮亚韦（Francesco Piave）举办过聚会。就这样，古典音乐成为家族中最有可能融入主流社会的阿尔贝托向上攀登的阶梯。事实上，“海勒四重奏”在维也纳举办了一场音乐会后，他们的艺术水准受到了极高的肯定。《新自由报》（*Neue Freie Presse*）的评论家激动地写道：“贝多芬就该这样被演奏！”[18][31]

除了阿尔贝托，家里另外两位出类拔萃的兄弟是从事咖啡和大米进口生意的贾科莫和卡洛。他们有“一对吊带”[19]的美名，就像吊起裤子的两根肩带那样密不可分，有时候还被戏称为“爱哭的（贾科莫）和爱笑的（卡洛）”。他们曾尝试过各类生意，后来成功地经营起一家咖啡进口公司——卡斯泰利与卡斯泰利公司（Castelli e Castelli），办公室位于自由港（Punto Franco）的圣卡洛码头。咖啡的动人之处在于它不同寻常的身世：咖啡市场最早出现在十五世纪的也门、埃塞俄比亚、叙利亚和土耳其，十七世纪时发展到了整个欧洲。作为极具异国情调的神话之一，咖啡令伟大的探索者们心驰神往。对于渴望用新的方式看待这个世界的人来说，喝咖啡成为生活必不可少的一个部分；它意味着人类可以从世界上最遥远的国家找到一种产品，并将它转化为自己的日常所需。从此，卡斯泰利兄弟开始了与巴西、委内瑞拉、哥伦比亚、爪哇、苏门答腊、斯里兰卡、圣多明各、古巴和波多黎各的贸易往来，建立了一条包括种植、采摘、筛选、归类和包装的供应链，囊括了咖啡豆在烘烤和研磨前的每一个环节。很快，他们就成为的里雅斯特城的第三大咖啡进口商。

十九世纪七十年代末，卡斯泰利家餐桌上的餐具由四套变为了六套，其中一套属于卡洛的妻子尤金尼亚·詹蒂利（Eugenia Gentili，1878 年结婚），另一套属于贾科莫的妻子安东尼塔·蒂塔利亚（Antonietta d'Italia，1879 年结婚）[20]。又过了不到十五年，餐桌上已经摆放着十四套餐具了，多出的八套是为他们的八个子女罗莎（Rosa）、阿图罗（Arturo）、圭多（Guido）、奥尔黛西亚（Ortensia）、比安卡（Bianca）、劳拉（Laura）、丽娅（Lea）和马塞拉（Marcella）添置的。他们时不时会发生争吵，制造出一幅混乱却令人愉快的画面。两个妯娌间难免也会有剑拔弩张的情形。一个是更有文化的尤金尼亚，一个是胆小怯懦的安东尼塔，她们都试图通过厨艺胜对方一筹。又矮又胖的安东尼塔为人和善，擅长做一种叫做“伊尔丁迪奥”（il dindio）的鸡肉冻；尤金尼亚则有做榅桲的秘方。祖母罗莎、阿尔贝托和贾科莫一家住在一楼，卡洛一家则住在二楼。兄弟二人也有不同之处——热爱歌剧的卡洛坚持去犹太会堂礼拜，还会在赎罪日斋戒；贾科莫则对此缺乏热情，他更愿意在花园中放松休憩。不过，还是有许多温暖有趣、令人感动的家庭片段得以留存，“索拉尔家族也是这样。我爷爷的兄弟阿尔伯特·科恩（Albert Cohen）就在他的小说中记录下了这些动人的家庭瞬间”[32]。

随着社会地位的提升和经济上的成功，卡斯泰利家族逐渐脱离了一般的犹太群体。历史学家图利亚·卡塔兰（Tullia Catalan）曾在介绍利沃诺的犹太民族时这样写道：“当束缚有所松动，他们便游刃有余地参与到过去不被允许的社会和文化活动中去了，这是对过去的告别，意味着崭新生活的开始。”[33]利沃诺位于热那亚（Genoa）的南部，是那个时代最为进步的地区，卡斯泰利家族对犹太教的态度与这里的犹太人类似。“我的母亲……虔诚地信奉着上帝，但同时认为宗教仪式的意义不大。我们在逾越节、赎罪日和犹太新年会去会堂，但礼拜六从来不去，我们毫无负担地吃着猪肉，但坚持奉行十诫[21]——该怎么解释呢？算是一个道德准则吧。”[34]不难看出，这是犹太族群在社会归化进程中迈出的一大步，

[8] 即二儿子贾科贝・拉斐尔。

[9] 也称为安立甘会或英国国家宗教，是基督新教的一个教派。

[10] 原文为意大利语：familismo。

[11] 斯洛文尼亚首都。

[12] 法国外交家，苏伊士运河的缔造者。

[13] 即墨西哥皇帝马克西米利安一世。

[14] 1882 年德意志帝国、奥匈帝国和意大利王国签订的军事同盟条约

[15] 原文为意大利语：il maestro Castelli。

[16] 阿尔坎杰罗・科雷利（Arcangelo Corelli）和朱塞佩・塔蒂尼（Giuseppe Tartini）同为巴洛克时期意大利小提琴家与作曲家。

[17] 意大利歌剧作曲家。

[18] 原文为德语：So spielt man Beethoven！

[19] 原文为的里雅斯特方言：I due Tiracchi。

[20] 原文有误，将兄弟俩的妻子颠倒了，此处做了更正，下章末尾家谱中的错误也进行了调整。

[21] 上帝借由以色列的先知和首领摩西向以色列民族颁布的律法中的首要的十条规定。以十诫为代表的摩西律法是犹太人的生活和信仰的准则，也是最初的法律条文。

后来还让利奥·卡斯泰利彻底脱离了他的种族和宗教根源。虽然三兄弟中只有卡洛谨遵宗教传统，在节假日会去做礼拜，但家族的每个婚礼都是在犹太会堂中举行的。的里雅斯特被归化了的中产阶级犹太人，不拘泥于传统。他们（竟然）比意大利人更意式，比土生土长的当地人更接地气。但无论如何，他们骨子里仍旧是彻头彻尾的犹太人，甚至还将的里雅斯特方言加以改动，创造出一种只有他们自己能够理解的语言。[35]卡斯泰利家族就是他们中的一员。

“Come te sta？”“Va ben！”“Andremo a magnar！”“Le babe xe tute mate！”“El mato no capissi gnente！”“Giuliu，xu un negron！”贾科莫和卡洛·卡斯泰利兄弟，这“一对吊带”在圣卡洛码头的事业紧张而精彩。在黄昏奇幻的光线中，他们在朴实无华的仓库前碰面，仿佛这座城市的命运就掌握在自己手中。伫立在平淡无奇的堤岸上，身后是浩瀚的大海，他们赞叹于这里宏伟的建筑：灯火通明的亭台楼阁在水中摇曳，如同皇家的宫殿一般璀璨辉煌。1934 年，法西斯在关于咖啡配额所做的调查报告中将这对拥有意大利第四大进口公司的兄弟称作“杰出的国际贸易商人”[36]。曾几何时，蒙特圣萨维诺的卡斯泰利兄弟垄断了纸张、烟草和白兰地的贸易，他们在瓦尔迪基亚纳地区频繁往来，享受着低额的关税和边境城市的位置优势。一个世纪之后，艾伦尼的子孙，新一代的卡斯泰利兄弟继承了祖先的天赋，将产地遍及全球的咖啡输送到欧洲大陆的各个角落——最终，他们的家族基因传递到了艺术商业领域，由利奥·卡斯泰利发挥得淋漓尽致，毫不逊色于他的列祖列宗。

1900 年前后，的里雅斯特
利奥外祖父的弟弟“阿尔贝托·卡斯泰利大师”（左侧站立）与“海勒四重奏”的其他三位成员
皮耶罗·克恩提供

① 特蕾西亚公文，1771年4月19日。洛伊丝·C.杜宾（Lois C. Dubin），《哈布斯堡王朝的里雅斯特港口的犹太人：专制政治和启蒙文化》（*The Port Jews of Habsburg Trieste: Absolutist Politics and Enlightment Culture*）（加利福尼亚州斯坦福：Stanford University Press，1999年出版），45—46页、17—18页。

② J.K.希尔（J. K. Heer），《南奥地利亚得里亚海的假日景象》（弗劳恩费尔德和莱比锡：Huber，1888年出版）。

③ 翁贝尔托·萨巴，《晚间邮报》，1946年11月6日，摘自《的里雅斯特的味道》，70页。

④ 亚历山大·瓦斯伯格（Alexsander Warsberg），《奥德赛的风景》（*Odysseische Landschaften*）（维也纳：Gerold's Son，1878年出版。）

⑤ 洛伊丝·C.杜宾，《哈布斯堡王朝的里雅斯特港口的犹太人：专制政治和启蒙文化》，14页。

⑥ 同上，14页，注释2。

⑦ 约瑟夫·拉瓦雷（Josephe Lavallée），《按路易·弗朗索瓦·卡萨斯路线重游风景如画的历史胜地伊斯特拉半岛和达尔马提亚》（*Voyage pittoresque et historique de l'Istrie et Dalmatie, rédig d'après l'itinéraire de Louis-François Cassas*）（巴黎：Didot，1802年出版）。

⑧ 杜宾，《哈布斯堡王朝的里雅斯特港口的犹太人：专制政治和启蒙文化》，14页。

⑨ 埃利亚·莫波格，1781年，摘自杜宾，《哈布斯堡王朝的里雅斯特港口的犹太人：专制政治和启蒙文化》，15页。

⑩ 图利亚·卡塔兰（Tullia Catalan），《的里雅斯特的犹太族群，1781—1914：政治，社会和文化》（*La Communità ebraica di Trieste, 1781—1914: Politica, società e cultura*）（的里雅斯特：Lint，2000年出版），19页。

⑪ 翁贝尔托·萨巴，《1860年的里雅斯特的犹太贫民区》（"Le ghetto de Trieste en 1860"），摘自《时间的颜色》（*Couleur du temps*）（马赛：Rivages，1986年出版》。

⑫ 卡塔兰，《的里雅斯特的犹太族群，1781—1914：政治，社会和文化》，33页。

⑬ 同上。

⑭ 萨巴，《1860年的里雅斯特的犹太贫民区》，摘自《时间的颜色》，33—38页。

⑮《奥地利I.R.沿海政府通则b.988号，犹太领袖安杰洛·杰蒂洛莫（Angelo Gentilomo）、马修·科恩（Matthew Coen）、V.B.库辛（V.B.Cusin）致I.R.政府总统请愿书，1845年7月21日于的里雅斯特》（"AST, I. R., Governo del Litorale, Atti Generali, b988, Supplica cds capi della communità ebraica, Angelo Gentilomo, Matteo Coen, V.B. Cusin all I.R. Presidenza di Governo, Trieste 21 luglio 1845"），摘自卡塔兰，《的里雅斯特的犹太族群，1781—1914：政治，社会和文化》，45页。

⑯ 萨巴，《1860年的里雅斯特的犹太贫民区》，摘自《时间的颜色》，66页。

⑰ 皮耶罗·克恩（Piero Kern），作者采访，的里雅斯特，2005年5月3日。

⑱ 瓦斯伯格，《奥德赛的风景》。

⑲ 翁贝尔托·萨巴，《战争之梦》（"A la guerre en rêve"），摘自《时间的颜色》，65页。

⑳ 翁贝尔托·萨巴，《乐透彩号》（"Les numéros du loto"），摘自《时间的颜色》，38—39页。

㉑ 埃利奥·施米茨（Elio Schmitz），《每日》（*Diario*）（巴勒莫：Sellerio，1997年），摘自卡塔兰，《的里雅斯特的犹太族群，1781—1914：政治，社会和文化》，169—170页。施米茨是斯韦沃的本名。

㉒ 亚历山德罗·斯泰贝尔（Alessandro Stebel），《十九世纪上半叶的里雅斯特的银行家》（"Banchieri ebrei a trieste nell prima metà dell Ottocento"），摘自《愿的里雅斯特平安：犹太教的旅程》（的里雅斯特，1998年）。

㉓ 安娜·米洛，《百货时代的里雅斯特社会的犹太力量》（"La presenza ebraica nella società triestina durante l'età dell'emporio"），摘自《愿的里雅斯特平安：犹太教的旅程》，43页。

㉔ 维托·列维（Vito Levi），《的里雅斯特的旧日音乐》（"Tireste musicale del passato"），的里雅斯特RAI电台，1956年9月11日，及巴乔·齐廖托（Baccio Ziliotto）《的里雅斯特19世纪前的音乐：卡斯泰利的回忆》（"Trieste musicale alle fine dell'800: Ricordo di Castelli"），摘自《小报》（*Il Piccolo*）。

㉕ 安娜·米洛，《中心和外围之间的港口，1861—1919年》（"Un porto fra centro e periferia, 1861—1918"），摘自《从统一到今天，意大利弗留利-威尼斯-朱利亚地区历史》（*Storia d'italia dall'Unità a oggi, Le regioni: Il Friuli-Veneziana-Giulia*），罗伯托·芬兹（Roberto Finzi）、克劳迪奥·马格利斯及乔瓦尼·米科利（Giovanni Miccoli）编辑（米兰：Giulio Einaudi，2002年出版），184页。

㉖ 同上，199页。

㉗ 比亚焦·马林（Biagio Marlin），《的里雅斯特的街道和银行》（*Strade e rive di Trieste*）（米兰：Pesce d'oro，1986 年出版），45—46 页。

㉘ 列维，《的里雅斯特的旧日音乐》；齐廖托，《的里雅斯特 19 世纪前的音乐：卡斯泰利的回忆》；巴里松（Barison），《音乐之都的里雅斯特》（"Tireste città musicalissima"）。

㉙ 同上。

㉚ 费德里卡·维塔（Federica Vetta），《1814—1914 的里雅斯特的音乐、资产阶级沙龙和犹太家庭》，摘自《愿的里雅斯特平安：犹太教的旅程》，219—233 页。

㉛ 列维，《的里雅斯特的旧日音乐》。

㉜ 参见阿尔伯特·科恩（Albert Cohen），《索拉尔》（*Solal*）（巴黎：Gallimard，1930 年出版）。

㉝ 卡塔兰，《的里雅斯特的犹太族群，1781—1914：政治，社会和文化》，221 页。

㉞ M. 卢扎蒂（M. Luzzatti），《利沃诺两次人口普查间的犹太人（1841—1938），家族记忆与认同》[*Ebrei di livorno tra due censimenti (1841—1938), memoria familiare e identità*]（利沃诺，1990 年出版），111 页，摘自卡塔兰，《的里雅斯特的犹太族群，1781—1914：政治，社会和文化》，227 页。

㉟ 莫尼·奥瓦迪亚（Moni Ovadia），《锡安之门，的里雅斯特、犹太人及其相关》（*La porta di Sion, Trieste, ebrei e dintorni*）（戈里齐亚：Liberia editrice Goriziana，1999 年），83 页。

㊱ 皮耶罗·克恩所作书信，安妮·科恩－索拉尔档案。

3—埃内斯托·克劳兹登场

我的父亲埃内斯托·克劳兹出生在匈牙利，他的家族从十九世纪起就在那里定居了，甚至有可能更早……他们还拥有土地，这种情况并不多见。①

——利奥·卡斯泰利

1900年9月，的里雅斯特。埃内斯托·克劳兹走进了信贷银行（Credit Anstalt）的总部，他的衣着无可挑剔——一套灰西装搭配着白色的衬衫、白色的口袋巾和色彩鲜明的几何图案的领带。在与比安卡·卡斯泰利结婚之后，他成为三个孩子的父亲，排行老二的就是利奥·卡斯泰利。但对于刚满二十五岁，不久前才从阜姆（Fiume）的支行调到的里雅斯特的埃内斯托·克劳兹而言，他辉煌的银行家生涯才刚刚开始，在之后的三十年中，他的事业发展势如破竹。上任三个月后，克劳兹得到了行长的赏识，升任行长助理；十五年后，他被任命为城中规模最大的银行——的里雅斯特商业银行（Banca Commerciale Triestina）的行长。对于一个自学成才的人来说，这无疑是一次巨大的飞跃。据说出现在社交场合的埃内斯托·克劳兹总会展示出一副完全归化了的银行家风范，而在家里他私下里始终暗自保留着祖辈从东欧犹太小镇中扶摇直上的证据，但却将其作为一个家庭秘密，讳莫如深。"的里雅斯特的家中有两张巨大的照片，每张都有3英尺高、1.5英尺宽[1]，父亲把它们并排挂在餐厅里。"克莱恩博士（利奥·卡斯泰利的弟弟）回忆说："第一张是他的曾外祖父母雅各布·韦兹（Jacob Weisz）和艾斯特·韦兹（Esther Weisz）。他们来自犹太小镇，身着传统的犹太宗教服装站在照片中：她穿着犹太长裙，系着头巾；他蓄着络腮胡和鬓发，头戴基帕（小圆帽）[2]。第二张照片是他的外祖父母戴维·韦兹（David Weisz）和蕾切尔·韦兹（Rachel Weisz）。他们在1848年获得了购买土地的权利，并从此步入了现代生活。戴维·韦兹穿着深色西装，没有佩戴任何头饰；他的妻子蕾切尔则是一袭浅色的连衣裙，让她的美艳一览无遗，甚至流露出了一丝性感。戴维·韦兹有权有势，他一手掌控着希克洛什（Siklós）[3]的经济命脉，获准他成为地主的弗朗茨·约瑟夫皇帝则被他奉若神明。"②

在采访的最初阶段，利奥·卡斯泰利的弟弟向我透露了一个家庭秘密：父亲坚定不移地混淆着家族的过去，对家人只介绍一部分历史，对外则一概保密——这似乎与利奥·卡斯泰利的儿子问起他的犹太血统时他含糊其词的回答颇为相似。随着时间的推移，我越来越相信，在匈牙利、克罗地亚、斯洛文尼亚和塞尔维亚的交界处，在利奥父亲出生的那片

利奥的父亲，25 岁的埃内斯托·克劳兹，初到的里雅斯特时拍摄的照片
罗伯特·里特提供

遥远的边疆，有一块超乎想象的巨大宝藏等待着我去挖掘。于是，我联络到匈牙利当代历史的权威专家拉斯洛·卡尔扎伊（Laszlo Karzai）博士[4]。他在一位同事的帮助下查阅了大量档案、文献和对照数据，探寻了利奥·卡斯泰利父亲家族的历史。在他向我提供的厚达百页的资料上附着一封信：

> 亲爱的安妮，这是我们［朱迪斯·莫尔纳（Judith Molnar）博士和我］（书信原文如此）2007年1月15日至19日在巴兰尼亚州（Baranya County）的佩奇（Pecs）工作一周以来的进展。首先，简单介绍一下希克洛什犹太人的历史。从布达佩斯中央统计局（Központi Statisztikai Hivatal）1993年公布的官方人口普查——《每个定居点内的犹太人口数量（书信原文）（1840—1914）》［A zsido népesség száma településenként（1840—1914）］——来看，这里的犹太族群虽小却非常古老……原始文献已经辨认不清……亲爱的安妮，这就是全部了。对不起，但在大多数历史资料缺失的情况下，想找到一个人或家族留下的痕迹着实非常困难……希克洛什的犹太人是最早遭到驱逐的犹太族群之一，也就是说，早在1943年4月，从匈牙利南部边境区域被“清理掉”的犹太人中就包括他们。他们从希克洛什被押送到了包尔奇（Barcs）的一处临时集中营……如果您有任何问题或建议，请随时与我联系！您忠诚的拉斯洛·卡尔扎伊。③
>
> 2007年1月22日，塞格德

我对利奥家人进行的采访一直由的里雅斯特当地记者弗朗西斯科·蒙特内罗（Francesco Montenero）协助录音。在他的敦促下，我在2007年4月踏上了前往贡第尔的旅途，那里是克劳兹家族在希克洛什附近购置的产业，是利奥的父亲出生和成长的地方，我要亲身感受一下当地的风土人情。探访了的里雅斯特雄伟的乡间别墅、维也纳优雅的黄色大宅[5]和埃内斯托·克劳兹成年后在布达佩斯居住过的一幢古典主义房屋之后，我对他出生的那片土地越发好奇起来。直觉告诉我，那里至少蕴含着一些能够让我深入了解克劳兹的关键信息。高耸的罗马式堡垒和马尔科奇·贝伊清真寺（Mosque of Malkoch Bey）守护着希克洛什这座五光十色、车水马龙的国际都市。林立于城市主干道两侧的房屋色彩明艳——黄色、绿色、粉色、白色和红色，颇具地中海风情。通往希克洛什维拉尼产区（Villány–Siklós）[6]葡萄园的道路为旅游业注入了活力，每个当地人都很乐意告诉你最早在这里酿造葡萄酒的是罗马人，后来是土耳其人，他们在十六和十七世纪占领了意大利南部，并接管了这里的葡萄园。在那个美丽的春日清晨，希克洛什在深蓝色的天空下显得格外迷人，甚至吸引了许多从南方飞来的鹳在此筑巢。当我向一位当地的酒商打听贡第尔时，他指着远处一望无际的平原说："在那里，往克罗地亚去的方向。"

利奥的外甥罗伯特·里特向我描述过他六岁时在贡第尔的诸多画面，例如他总会趴在家门前造型独特的白色木质栏杆上玩耍，就像在骑马似的。一路驱车沿着整齐划一的葡萄田在乌伊派特莱（Ujpetre）和豪尔卡尼（Harkány）[7]之间开了许久，我们没费太大力气就找到了利奥·卡斯泰利的父亲出生的地方。那里没有什么亭台楼阁，只有一幢质朴的白色小屋，宁静地俯视着山脚下巨大的葡萄庄园。它低矮的棕色尖顶、绿色百叶窗、白色立柱和木质栏杆跟照片中一模一样。当时正值逾越节前的最后一个早晨，天气晴朗、生机盎然，葡萄藤下的泥土刚刚施过肥，树枝上长出了新叶，当守园人骑马经过田间，不同鸟类的叫声便会回荡在山林之中：看来对这片葡萄园的经营并没有停止，但那栋房子却上了锁，显然无人在此居住，甚至根本无人问津。后来我们了解到，家族的最后一位继承人、利奥的亲表兄弟米克洛什·弗罗因德（Miklos Freund）在1943年遭到驱逐，并被送进了奥斯维辛–比克瑙集中营（Auschiwitz-Birkenau）[8]。从那天起，这片土地先是被收为国有，后来又划归集体所有。但当我坐在屋前，仍被眼前一块块线条清晰的葡萄田和这里朴实无华的气息所震撼。据克莱恩博士回忆："在贡第尔，我的祖母有一帮佣人，能够确保家里的卫生条件始终达到犹太教规定的标准。"④利奥也曾轻描淡写地谈道："我很喜欢这里，农田和树林环绕着乡间别墅，多么自由自在！"⑤我把埃内斯托想象成一个放暑假时在小麦田间玩耍的少年：从

匈牙利，希克洛什
克劳兹家族房产，利奥的祖父母位于贡第尔葡萄庄园中的居所
安妮·科恩－索拉尔提供

小乡巴佬到都会绅士，从土地主到银行家，从贡第尔到的里雅斯特，再从维也纳到布达佩斯，（利奥·卡斯泰利之父）埃内斯托·克劳兹的人生轨迹着实带他走过了万水千山！

罗伯特·里特掌握着破解埃内斯托·克劳兹之谜的最后一块拼图，那是他外公的一组照片和几份回忆过去的手稿。罗伯特切身地体验过犹太人所经历的伤痛——他自小就是天主教徒，却仍在布达佩斯围城战[9]时被迫戴上了黄星，后来他自愿皈依犹太教，还时常动情地缅怀起这段经历。他的儿子保罗·里特（Paul Reitter）是一名研究德国问题的杰出学者，主要从事战后维也纳犹太人羞耻感的分析，他投入了毕生精力去寻找埃内斯托·克劳兹保守“家庭秘密”的动机。如果说利奥·卡斯泰利能像

利奥的祖母安东尼娅·克劳兹，原名安东尼娅·韦兹
这位能干的寡妇独自将四个子女抚养成人，同时出色地管理着家族的葡萄庄园
亚历克斯·布鲁克（Alex Brook）提供

一个沙龙世家子弟那样泰然自若地游走于纽约社会，现在看来，他始终讳莫如深的那段历史显然是每一位家族成员都背负着的伤痕。

希克洛什市的行政记录内容惊人：虽然其中模糊潦草的笔记几乎无法辨认，但却记载了克劳兹和韦兹家族的每一个重要节点——那是一个由结婚、生子、去世、结婚、生子、去世组成的循环序列。这份记录是用匈牙利语和德语书写的，还有一部分是希伯来语。那是因为，即便是在匈牙利南部这一小块说德语的飞地上，犹太人还是要依照自己的传统，在德语名后加上一个希伯来语名。这份记录呈现了埃内斯托·克劳兹的父母利奥波德·克劳兹（Leopold Krausz）和安东尼娅·韦兹（Antonia Weisz）的生命历程。他们都是希克洛什有钱有势的地主家的孩子。得益于 1848 年的那场革命，戴维·韦兹和塞缪尔·克劳兹（Samuel Krausz）在三十岁前就拥有了土地，并过上了现代人的生活，从此摆脱了他们的父辈无法走出的犹太小镇。二十三岁的利奥波德·克劳兹同十九岁的安东尼娅·韦兹结婚后，先在安东尼娅父亲的葡萄园中工作了四年。这片广阔的葡萄庄园位于富饶的巴兰尼亚平原，距希克洛什几公里远。在之后的六年中，他们接连生下了五个孩子：艾尔诺·埃内斯托·埃弗拉伊姆（Ernö Ernesto Efraïm）（1877 年）、伊尔玛·米丽娅姆（Irma Myriam）（1878 年）、西吉斯蒙德·伊赛·施穆尔（Sigismund Ishaie Shmuel）（1879 年）、何塞菲娜·雅亿（Josefina Yael）（1880 年）和伊洛娜·哈达斯（Ilona Hadas）（1882 年）。最小的女儿很快就从记录中消失了，很有可能是因为她出生不久便夭折了。结婚十年后，三十三岁的利奥波德离开了人世，二十九岁的安东尼娅成了寡妇，拉扯着四个年纪分别为六岁、五岁、四岁和两岁的孩子。她不仅要独自管理家族产业，还要负责四个子女的教育！我在这份匈牙利希克洛什的文献中还找到了 1907 年 9 月 4 日埃内斯托·克劳兹的大儿子“利奥·本·以色列（Leo ben Israel）”[6]在的里雅斯特出生的记录。

1848 年，克劳兹家族成为具有完整公民权的匈牙利公民和土地主。过去，他们并没有像卡斯泰利家族那样遭受过排挤、驱逐和流放，而讽刺

ק"ק טריאסטי
Comunità Ebraica di Trieste

N. ________

COPIA INTEGRALE DELL'ATTO DI NASCITA

Anno 1907 — *Si certifica che nel registro dei nati della Comunità Ebraica di Trieste, Libro* VIII *risulta quanto segue:*

N.	Giorno e mese della nascita	Data Ebraica	Nome del neonato	Sesso M.	Sesso F.	Legittimo	Illegittimo	PATERNITÀ Padre	PATERNITÀ Madre	Abitazione	Levatrice	Operatore	Padrini	Osservazioni
81	4 settembre	25 Ellul	Leo	/		/		Ernesto KRAUSZ Condizione impiegato Data e luogo di nascita 4/3/77 Siklos Pertinenza Siklos (Ungheria)	Bianca CASTELLI Condizione Data e luogo di nascita 29/7/1885 Trieste Pertinenza	Via delle Poste n. 16	Caterina Graversa	V. Dr. Romanin	Giacomo Castelli	× ×× ×××

Data del matrimonio Trieste, 12 giugno 1904

xx Con Decreto Reale dato a Roma addì 3/XII/1934, trascritto li 9 gennaio 1935 nei registri di nascita del Comune di Trieste al N. 7 P. II S. B Krausz Leo e suo padre Ernesto sono stati autorizzati ad aggiungere al cognome "KRAUSZ" quello di "CASTELLI" ed a fare uso del doppio cognome "KRAUSZ-CASTELLI"

x Krausz Leo nel giorno 7/X/1933 ha celebrato matrimonio con Shapira Ileana a Bucarest. Nel Comune di Trieste l'atto fu trascritto nel relativo registro di matrimonio n. 31/II/C.

Trieste, ________

COMUNITÀ EBRAICA

xxx Leo Castelli è deceduto in New-York il 22.08.1999. (Atto n. 302 parte II serie S anno 1999)

利奥的出生证明，现存于的里雅斯特犹太会堂
安妮·科恩－索拉尔提供

的是，安居乐业最终却带来了厄运。在这片欣欣向荣的土地上，他们将迅速地融入社会；他们非常积极、乐观，以至于无法抵挡机会主义和过分自信的诱惑。他们奋不顾身地融入世俗生活，可悲地对二十世纪险恶的政治走向毫无防备，完全没有察觉到欧洲犹太人，无论老幼，都将遭受一场灭顶之灾。1943 年夏天，继承了贡第尔德家族产业的米克洛什·弗罗因德（利奥的表兄弟）和他怀孕的妻子雷妮（Leni）被强行送往奥斯维辛－比克瑙的集中营。虽然埃内斯托·克劳兹幸免于难，没有落入那吞噬了他多位家人的地狱，然而经历过这样一场灾难的人，谁都难以毫发无损。

埃内斯托·克劳兹出生于 1877 年 3 月 4 日，他是家中的长子，身系家门荣光。他的出生一度被视为吉兆，谁会想到这样的一条生命会有如此悲惨的结局呢？父亲去世后，六岁的埃内斯托就开始帮助母亲承担起经营葡萄园的重任，没过多久便摸爬滚打成了一名四处闯荡的商人，穿梭于匈牙利和克罗地亚之间，做着葡萄酒和啤酒的生意，后来又在阜姆的一家银行谋得了一个职位。在里特交给我的一张照片中，年纪轻轻的克劳兹就因为脱发露出了高高的额头，他清澈的眼睛散发着迷人的气息，一撇小胡子恰到好处地让他饱满的嘴唇更添了一分阳刚。他非常符合一个胸怀大志的年轻银行家的形象，在他礼貌谦和的外表下蕴藏着一颗温柔热情的心。在另外一张照片中，他身处一个社交场合，周围的人似乎都是这位优雅至极的上层中产阶级绅士的崇拜者。想要在奥匈帝国的银行界和家族产业之间寻求平衡绝非易事。关于埃内斯托面对的这道难题，罗伯特·里特曾写道："在我看来，我母亲的父亲（埃内斯托·克劳兹）与贡第尔的感情很深。他在那里长大，是个家喻户晓的人物。我听过一个他从的里雅斯特返乡的故事，他的事业重心在那边，但那段时间却开展得不太顺利。据说他当时曾满面愁容地坐在篱笆上，一个农民发现了，便对他说：'伯伯，你为什么难过？你还是有那么多钱，还是这里的主人呀。'祖父哀伤地回答：'最近没那么有钱了，生意不好啊。'农民接着问：'伯伯，你要是没有钱了的话，干吗还要当犹太人呢？'当我还是个孩子的时候，就知道我们只是在扮演主人的角色。真正的主人具有一种免于遭受挑战的自信，而我们的扮演则充满了不确定性和临时性。”[7]的确，土地主的身份并没让他免于经历那场发生在二十世纪三四十年代的政治和种族灾难。

中欧犹太小镇最早的变化是从约瑟夫二世在位时开始的。这位皇帝通过在各国游历时的观察，在十八世纪的最后几十年得出结论：犹太问题的根源不是宗教，而是一个民族的社会经济水平。因此，他在 1781 年颁布了《宽容令》，立志“将犹太人从只允许他们以放贷和行骗维生的桎梏中解放出来”[8]。他继而通过颁布《1783 谕令》（Regulation of 1783）进一步推行“开化”：“只要他们亲自耕种土地，应允许他们成为佃农，这将对农业有所裨益……须停止对他们的穿着方式进行任何形式的歧视。”他还要求犹太人不得再说意第绪语，只能将希伯来语用于宗教目的，并且要学习匈牙利的历史和地理。[9] 1791 年 1 月，《犹太人》（De Judaeis）[10]得以颁布，在它和上述政策的影响下，韦兹和克劳兹家族最终才能够给他们的后代埃内斯托·埃弗拉伊姆·克劳兹留下一份可以在维也纳银行（Viennese Bank）拼搏出一番辉煌事业的本钱。

中世纪要塞蒙特维拉尼山（Mount Villány）兴建于十三世纪，山脚下就是希克洛什。这里紧邻克罗地亚的巴兰尼亚州，是几个说德语的匈牙利小岛中的一个。毫无疑问的是，克劳兹家族和韦兹家族刚在岛上安家时，一定曾为从意第绪语到匈牙利语、从犹太会堂到众议院、从拉比到参议员的转换激动不已。虽然弄不清在千里之外颁布了这些法令的到底是匈牙利王国还是奥匈帝国，是布达佩斯还是维也纳，他们依旧非常珍视这份突如其来的公民权，并从那时起就心甘情愿地将自己看成了奥匈帝国的公民。同时，他们又始终与帝国的主流文化保持着距离。哲学家威廉·冯·洪堡（Wilhelm von Humboldt）[11]认为应当在短时间内彻底解放犹太人，这会比循序渐进的归化更有利于他们融入奥匈帝国的社会吗？洪堡曾经写道：“在任何一个依然存在种族隔离的地区，循序渐进的归化为它宣称要消灭的歧视提供了合理性。新的自由会让仍未被消除的限制受到关注，这样一来，部分解禁的作用只能适得其反。”他还指出，逐

[1] 近一米高、半米宽。

[2] 犹太人男性佩戴的一种用薄布料或羊毛织物制成的头饰，用发夹固定，颜色和质地因教派不同有所区分。

[3] 匈牙利城镇，位于该国南部，距离首府佩奇 31 公里，由巴兰尼亚（Baranya）州负责管辖。

[4] 匈牙利赛格德大学（University of Szeged）现代史教授。

[5] 克劳兹一家离开的里雅斯特后在维也纳郊区席津的住处。

[6] 匈牙利最发达的葡萄酒产区之一。

[7] 两处都是匈牙利南部巴兰尼亚州的村庄。

[8] 奥斯维辛 2 号集中营，这是一个“灭绝营”，其主要任务是在毒气室进行大规模屠杀，有大约 100 万犹太人，7.5 万波兰人、同性恋者和 1.9 万吉卜赛人在此遇害。

[9] 即布达佩斯战役，第二次世界大战中最血腥的围城战之一。苏联红军为攻占匈牙利首都布达佩斯并迫使该国退出战争，于 1944 年 10 月 29 日至 1945 年 2 月 13 日实施进攻，最终守军无条件投降。

[10] 由当时的匈牙利国王利奥波德二世批准的一条保护犹太人的法令。

[11] 普鲁士哲学家、语言学家、外交家，柏林洪堡大学（Humboldt University of Berlin）的创办者。

步解放“要求在不知不觉中消灭宗教认同，‘犹太人’只能依靠牺牲他们的信仰获得德国文化的认同”[10]。

1790 年，在向议会请愿的一份《备忘录》中，来自五十四个郡县的犹太代表除了陈述诉求，还慷慨激昂地抒发了他们的爱国情怀：“匈牙利是我们在这个世界上唯一的家园。这里的政府和土地的所有者是我们仅有的保护者。”[11]无独有偶，1874 年，伊曼纽尔·洛（Emmanuel Loew）拉比代表全体同僚在一份宣言中庄严宣告：

> 我们，匈牙利的拉比们，在神圣信仰的感召下郑重宣布，我们已经准备好按照《圣经》的规定爱我们的邻居……因为所有人，无论信仰如何，在我们的眼中都是邻居，这就如同我们将匈牙利视作我们唯一的家园……我们宣布，任何有悖于上述承诺的人或宗教文本都将不再适用于新的时代……只要我们能够沐浴上帝的恩泽，获得内心的平静；只要政府解决犹太问题的态度始终如此，不会再如同神话中珀涅罗珀的织物[12]那样朝不保夕，智慧、文明、充满热情、吃苦耐劳的犹太公民就一定会知恩图报。[12]

1848 年，埃内斯托·克劳兹的祖父塞缪尔·克劳兹和外祖父和戴维·韦兹都到了三十而立的年纪，当新的法律将拥有土地的权利赋予了匈牙利的犹太人，他们便迅速脱离了犹太贫民窟，走向崭新的生活。

1867 年，一部解放犹太人的综合法案获得了参众两院的一致通过，埃内斯托的父亲，17 岁的利奥波德·克劳兹是这一事件的见证者。新的法律规定：“1. 本国犹太居民与我们的基督教公民一样，都享有完整的公民权和政治权。2. 任何有违于这项原则的规定、法律或习俗将一并遭到废除。”[13]同样是在利奥波德 17 岁的这一年，具有宪法意义的《奥匈条约》（Ausgleich）成功签订，它开创了一个全新的政治格局——奥匈“双元帝国”的诞生。此后的十二个月，利奥波德·克劳兹如同搭上了通往现代化的快车，他不但获得了一个匈牙利公民理应具有的全部权利，还见证了祖国摒弃一切封建残余并成为一个推行君主立宪制的民主国家的过程。虽然还是两个独立的王国，奥地利和匈牙利从此开始共享同一个市场、推行统一的外交及财政政策、共用一个军队和一种货币。因为与奥地利之间再也没有边界或关税的屏障，匈牙利的土地主们获得了整个欧洲市场和极其可观的利润。

弗朗茨·约瑟夫皇帝被阿尔明·凯奇凯梅特（Armin Kecskeméti）拉比赞颂为“远见卓识的君主”[14]，也被一些人称为“犹太皇帝”（Kayer Juden）。直至今天，每年庆祝他诞辰的犹太家庭仍不在少数。他卓有成效地引导着犹太人民参与到了帝国的文化、政治和经济生活当中，这样的做法在欧洲独树一帜。不过，有些人认为这场解放并未取得精神层面的进步。“与其将它视为一项受启蒙哲学影响的政治策略的结果，不如说它是欧洲世界为了实现社会和经济现代化采取的必要措施的产物。”[15]当然，根深蒂固的偏见导致的各种矛盾让人们至少会不自觉地在心底里对“有钱、有用的犹太人”和“贫穷的加利西亚犹太人”进行划分。反对厄缶（Eötvös）男爵[13]的塞切尼（Széchenyi）伯爵[14]认为：“犹太人比匈牙利人更聪明也更努力，他们的解放势必会促进经济发展，但却有损于民族认同和匈牙利民族的独特性。”[16]共济会成员代表纳齐巴蒂（Nagybathy）则提出了相对温和的观点：“犹太人通过买卖葡萄酒、小麦和其他农产品，为国家带来了相当可观的利润，获利最大的是雇佣他们经营土地的贵族阶级。”[17]奥莱尔·戴哲斐（Aurel Dessewffy）[15]伯爵称赞了许多生活在乡村的“已经熟练掌握匈牙利语的犹太人，在语言层面上，他们已经是真正的匈牙利人了”。但他同时主张限制从加西利亚涌入的“贫穷犹太”移民，并向上议院递交了一份只允许“能够造福国家的那些努力工作、学识渊博、富甲一方的犹太”[18]移民的提案。克劳兹家族属于极少数的乡村犹太土地主，他们并不能完全被归入这两个阶级中的任何一个。

1848 年，一场将会在 1914 年彻底爆发的民族争端此时正在潜伏、酝酿，皇帝在加冕典礼上通过宣读自己的头衔表达了他的看法：“朕，弗朗茨·约瑟夫，奉天承运奥地利帝国皇帝，匈牙利及波希米亚国王，伦巴第及威尼西亚国王，达尔马提亚、克罗地亚、斯洛文尼亚、加里西亚、罗德梅利亚及伊利里亚国王，耶路撒冷国王，奥地利大公，托斯卡纳大公，洛林、萨尔茨堡、施蒂利亚、克恩顿和卡尼鄂拉公爵，特兰西瓦尼亚大公，摩拉维亚侯爵，上、下西里西亚、摩德纳、帕尔马、皮亚琴察、瓜斯塔拉、奥斯维辛及扎托尔、捷申、弗留利、杜布罗夫尼克及扎达尔公爵，哈布斯堡、蒂罗尔、克伊堡、戈里齐亚和格拉迪斯卡亲王级伯爵，特伦托及布雷萨诺内亲王，上、下卢萨蒂亚及伊斯特拉伯爵，霍恩埃姆斯、费尔德基希、布雷根茨索南伯格公爵，的里雅斯特、科托尔及温迪施马克勋爵……”[19]罗列广阔的疆土，是在承认国家具有不断变化的多民族人口结构：这位皇帝统治着超过 25 万 7478 平方英里[16]的土地，国土面积在欧洲仅次于俄罗斯，位列第二。他的国家拥有超过 3700 万人口，由德国人、匈牙利人、南斯拉夫人（塞尔维亚人、克罗地亚人、斯洛文尼亚人）、北斯拉夫人（捷克人、斯洛伐克人、波兰人、乌克兰人）及意大利人组成，但与其他国家不同的是，没有任何一个民族在人口中的比例特别突出。

虽然埃内斯托·克劳兹与一个世纪以前的贾科贝·卡斯泰利一样，都是在的里雅斯特的感召之下慕名来到了这座散发着巨大吸引力的犹太商人的乐园，但两人的处境却截然不同：受托斯卡纳地区早期种族迫害的卡斯泰利家族是被迫流亡至此的；而埃内斯托·克劳兹则是在巨大的经济利益驱使下选择在这座城市安家的。他完全出于自愿。在那个辉煌的年代，科贝尔（Köber）[17]政府正在实现奥匈帝国的自由之梦，而的里雅斯特这把打开“亚得里亚海的钥匙”，吸引了当时所有周边地区的企业家，无论他们是否为犹太人。

1900 年 2 月 22 日，奥地利首相欧内斯特·冯·科贝尔（Ernst von Köber）在维也纳对众议院发表演说：“尊贵的议员们！如今，帝国正经受着物质和文化上的双重考验……因此我恳请各位立即对我们存在的种族争端进行表决……请记住，我们还有另外一种选择，那就是走上自由之路，您的投票可以让国家集中力量去发展文化和经济。当整个世界的工业化都体现为拼搏进取和团结一致的时候，我们却被种族矛盾所累，陷入了相当不利的局面，甚至濒临瘫痪。凝聚一切力量维护整个国家的优势地位和社会进步将是令所有爱国者心潮澎湃的一项举措。本届政府的目标是将国家的全部力量投入到发扬民族文化和促进经济发展中……为此，我们必须对里雅斯特港口推行现代化和扩张的政策。作为奥地利最重要的海上贸易市场，这里目前的交通条件极为不便……两条铁路的协同运作将扩大这里的经济潜力，也能满足帝国对这座港口的需求。工业将是这一计划的制胜法门……我们的任务是为祖国开创出一代太平盛世。"[20]

恩斯特·冯·科贝尔向议会代表们描绘的激进愿景令他们瞠目结舌，他要对帝国进行彻底的改革。他认为在过去三年中造成政治瘫痪的矛盾已经不再是值得关注的焦点，并野心勃勃地提出应当拨款五亿克朗（相当于现在的一亿美金）进行大刀阔斧的经济扩张，从而将国家带入二十世纪。冯·科贝尔的几个"刻不容缓"的公共投资项目包括建造第二条连通维也纳和的里雅斯特的铁路，其中一段长达八公里的隧道将穿透阿尔卑斯山脉坚如磐石的陶恩山岭（Tauern），这里的海拔高达 3600 英尺[18]。他继而提议在布拉格和的里雅斯特间铺设一条更为便捷的铁路，从而吸引整个波希米亚地区的贸易需求；还设想开凿一条真正能够在所有河流间实现通航的航道和一套庞大的运河系统。他最后指出，应当对的里雅斯特港进行彻底重建。这宏大的愿景将带来的不仅是巨额的支出，还有必将迈入现代化的国家未来。

冯·科贝尔的计划激怒了维也纳当地的议员，反对之声四起。一名"激进捷克党"（Radical Czech）的代表愤然回应道："只有实至名归的政府才配批准一笔五亿克朗的拨款！我们反对的焦点集中在政府必须解决的问题上，因此我们绝不会让这项法案通过！"品位高雅的冯·科贝尔头发稀疏，黑色的山羊胡子却相当茂盛，他浓密的眉毛极具表现力，乌黑的双眸目光灼灼。作为第一位平民出身的首相[19]，欧内斯特·冯·科贝尔似乎绝对没有能力担此重任。他的前任是一连串贵族，如费利克斯·施瓦岑贝格（Felix Schwarzenberg）亲王、卡尔·费迪南德·冯·布奥尔－绍恩施泰因（Karl Ferdinand von Buol-Shauenstein）伯爵、约翰·伯恩哈德·冯·雷希贝格（Johann Bernhard von Rechberg）伯爵、弗里德里希·费迪南德·冯·博伊斯特（Friedrich Ferdinand von Beust）伯爵、卡尔·奥尔斯佩格（Karl Auersperg）亲王、路德维希·冯·霍兹盖森（Ludwig von Holzgethan）男爵、阿尔弗雷德·格拉茨（Alfred Windisch-Grätz）亲王，有些仅在位几个月就下台了。与他之前这些缺乏经验、不负责任的业余首相不同，冯·科贝尔是一位才干卓著的政治家。他是一些人眼中的“政治天才”，在另一些人心目中他具有“超凡的智力”，是“奥地利国家机器中最为杰出的政治人物”和“伟大的现代化推动者”。由于他在治国中展现出了超凡的想象力、热情和奉献精神，甚至有人将他戏称为“国家的丈夫”。在经济和艺术方面，欧内斯特·冯·科贝尔眼光长远，不因循守旧，他对顾问的选择就印证了这一点：他将备受推崇的经济学家欧根·庞－巴维克（Eugen Böhm-Bawerk）任命为财政大臣，但却在维也纳市长卡尔·拉格（Karl Lueger）公开反犹的情况下[21]，选择34岁的经济学教授鲁道夫·塞格特（Rudolf Sieghart）担任他的首席顾问。这位维也纳学院（Ecole de Vienne）的毕业生［师从卡尔·门格尔（Carl Menger）[20]和安东·门格尔（Anton Menger）[21]兄弟］是西里西亚（Silesia）一位拉比的儿子。而这只是首相许多惊人之举中的一个。

极负盛名的古典主义学者威廉·里特·冯·哈特尔（Wilhelm Ritter von Hartel）受首相之托，出任艺术大臣。这个职位绝非虚职。能够促使埃内斯托·克劳兹移居的里雅斯特的政策也显著地带动了文化领域的进步。冯·哈特尔大臣超越国家层面的艺术观直接对抗了“高不可攀的艺术理念和对风格的定义”，艺术家群体中涌现深刻的世界主义[22]思想。当几个欧洲国家（包括法国）的政府官员纷纷表达了他们对现代艺术的怀疑态度，古老的奥匈帝国却热情地接纳了所谓的“维也纳分离派”（Vienna Sezession）[23]，为这场运动的开展提供了土壤。奥托·瓦格纳

(Otto Wagner)[24]、古斯塔夫·克里姆特(Gustav Klimt)[25]、卡尔·莫尔(Karl Moll)[26]、科罗曼·莫赛(Koloman Moser)[27]——建筑家们和画家们参与了城市艺术建设的方方面面，从革命性的建筑构思到硬币和邮票的设计。在音乐[阿尔弗雷德·罗勒(Alfred Roller)[28]后来成为古斯塔夫·马勒(Gustav Mahler)[29]的舞台设计师]和造型艺术方面[一座现代美术馆宣告落成，一大批分离派艺术家开始在"维也纳工作坊"(Wiener Werkstätten)[30]工艺美术学院担任教授]，现代主义也在二十世纪维也纳的城市日常生活中开花结果。冯·科贝尔的宏大计划持续受到以民族主义者为代表的反对派的攻击，因此并没有持续多久。卡尔·拉格这样的右翼分子也总对他的现代化项目横加指责。然而，冯·哈特尔却坚持在议会为"维也纳分离派"辩护，称他们对奥地利乃至整个世界都具有重要意义。他总结道："任何反对这场运动的人都暴露了自己对艺术现代化进程的紧迫性和必要性缺乏认识。"[22]开放和创新不只在艺术领域得到发扬。在瓦格纳和克里姆特之后，另一位来自维也纳大学的重要人物也即将感受到艺术大臣解除禁锢的温暖：1902年3月，西格蒙德·弗洛伊德(Sigmund Freud)[31]在五年的等待后终于获得了医学院教授的身份。此时的奥地利是否已经做好了迎接冯·科贝尔梦寐以求的那次经济飞跃的准备？面对腐朽的官僚体制和种族矛盾引发的地区冲突，冯·科贝尔尝试通过经济上的进步解决政治上的问题，寄希望于通过一次伟大的工业革命来瓦解民族分裂，而最终却一败涂地。

在民主制度确实存在的那些年，奥地利取得了许多伟大的进步：新闻自由得以实现；劳动人民迎来了"休息日和工时制度"[23]；重工业得到扶植；货币储备终于得到了加强；失业率受到了控制；官僚体制有所改革。然而，顽固不化的右翼和民族主义者们不断在躁动的民众中挑起事端，逼停了冯·科贝尔的运河项目。在反对势力的策动下，他的扩张计划遭到扼杀，他也被迫下台。[24]冯·科贝尔在1904年的辞职标志着约瑟夫·熊彼特(Joseph Schumpeter)[32]眼中"政治活跃、社会公平"[25]的时代就此结束。1910年3月14日，皇帝亲自任命鲁道夫·塞格特(Rudolf Sieghart)为博登信贷银行(Boden Credit-Anstalt Bank)行长，这可以被

[12] 珀涅罗珀的织物出自古希腊荷马史诗《奥德赛》。珀涅罗珀的丈夫奥德修斯国王远征特洛伊，苦战十年后因命运坎坷无法归国，在海上漂泊长达十年之久。他在外流浪的最后三年，有许多王孙贵族向他的妻子求婚。坚贞不渝的珀涅罗珀为了摆脱求婚者的纠缠，宣称等她为公公织完一匹做寿衣的布料后，就改嫁给他们中的一个。于是，她白天织这匹布，夜晚又趁着火光把它拆掉。就这样织了又拆，拆了又织，没完没了地拖延时间，等待丈夫归来。后来，奥德修斯终于回到家中，夫妻团圆。

[13] 约瑟夫·厄缶（József Eötvös），匈牙利政治家、作家、法学家，参与了犹太民族解放的立法斗争。

[14] 伊什特万·塞切尼（István Széchenyi），匈牙利政治家、理论家和作家，因其出色的政绩被誉为“最伟大的匈牙利人”。

[15] 匈牙利记者、政治家。

[16] 约为 666865 平方公里。

[17] 恩斯特·冯·科贝尔（Ernst von Köber），奥地利政治家，1900—1904 年及 1916 年任奥地利首相。

[18] 约 1100 米。

[19] 原文为匈牙利语：Ministerpräsident。

[20] 奥地利著名经济学家，现代边际效用理论的创始者之一。

[21] 奥地利法学家、社会理论家，长期任维也纳大学法学教授、法学院院长和校长。他认为历史发展的动力以及实现社会主义的决定性因素是法律观念。

[22] 一种社会理想，与爱国主义和民族主义相对立，认为全人类归属于一个精神共同体。

[23] 1897 年，在奥地利首都维也纳的一批艺术家、建筑家和设计师声称要与传统的美学观决裂，与正统的学院派艺术分道扬镳，故自称分离派。代表人物包括画家克里姆特和建筑家霍夫曼。

[24] 奥地利建筑设计师和城市规划师，对其家乡维也纳的形象塑造具有深远影响。

[25] 奥地利象征主义（Symbolism）艺术家，维也纳分离派运动最重要的参与者之一。

[26] 卡尔·朱利叶斯·鲁道夫·莫尔（Carl Julius Rudolf Moll，原文错写为“Kall”），奥地利重要的新艺术运动（Art Nouveau）画家，维也纳分离派成员。

[27] 奥地利艺术家，对二十世纪平面艺术有重要影响，“维也纳工作坊”（Wiener Werkstätten）的创始人之一。

[28] 奥地利画家、平面设计师和布景师。

[29] 奥地利浪漫主义晚期作曲家和重要指挥家。

[30] 1903 年创办于维也纳的视觉艺术家创作团体，集合了建筑师、艺术家和设计师，创作类型涉及制陶、时尚、家具及平面设计。

[31] 奥地利精神病医师、心理学家、精神分析学派的创始人。

[32] 出生于奥地利的美国政治经济学家，曾任奥地利财政大臣，哈佛大学教授。

认为是对冯·科贝尔雄伟蓝图的一次致敬。虽然它以失败告终，却将埃内斯托·克劳兹带到了的里雅斯特。的里雅斯特银行界的这颗新星在1900年冉冉升起。

匈牙利犹太人接受“归化的黄金时期”[26]结束后，埃内斯托·克劳兹的社会地位才开始上升。受到帝国对自由化和世俗化的鼓励，犹太人对政治、经济和文化生活的参与到达了任何欧洲国家都无法企及的高度。他们中有许多人开创出了一番史无前例的辉煌事业，取得了在当时令他们自己都难以想象的成就。阿道夫·弗里杰西（Adolf Frigyessy）出生在布达佩斯以北的一座叫作拉曹尔马什（Raczalmas）的小村庄[27]。他于1876年来到的里雅斯特，后来成为亚得里亚联合保险公司（Riunione Adriatica di Sicurta，简称RAS）的总裁。像他这样的成功案例比比皆是，例如参议员兼匈牙利银行（Hungarian Bank）行长齐格蒙德·康菲尔德（Zsigmond Kornfeld）男爵，以及通过经营印染厂出人头地的戈德伯格（Goldberger）七兄弟［阿诺德（Arnold）、古斯塔夫（Gusztav）、阿尔伯特（Albert）、久洛（Gyula）、费伦茨（Ferenc）、塞缪尔（Samuel）和约顿（Ödön）］。第一次世界大战爆发前，犹太人的生活水平似乎就达到了弗朗茨·约瑟夫皇帝理想中的标准。他们的人口约有九十万，占整个国家乡村和小城镇人口的一半。[28]起初，埃内斯托·克劳兹仿佛注定将如弗里杰西、康菲尔德和戈德伯格那样拥有光辉灿烂的事业，可他却突然一蹶不振、节节败退。若他提早二十五年到达的里雅斯特，说不定就能享受到变革带来的成果，而不至于在这个空有一堆承诺却无法兑现的社会中搁浅。他显然是一个极具智慧和洞察力的人，可在政治上却目光短浅得不可理喻，甚至十分可悲。事后看来，这或许与他不费吹灰之力就轻松迈入了现代世界的经历有关。

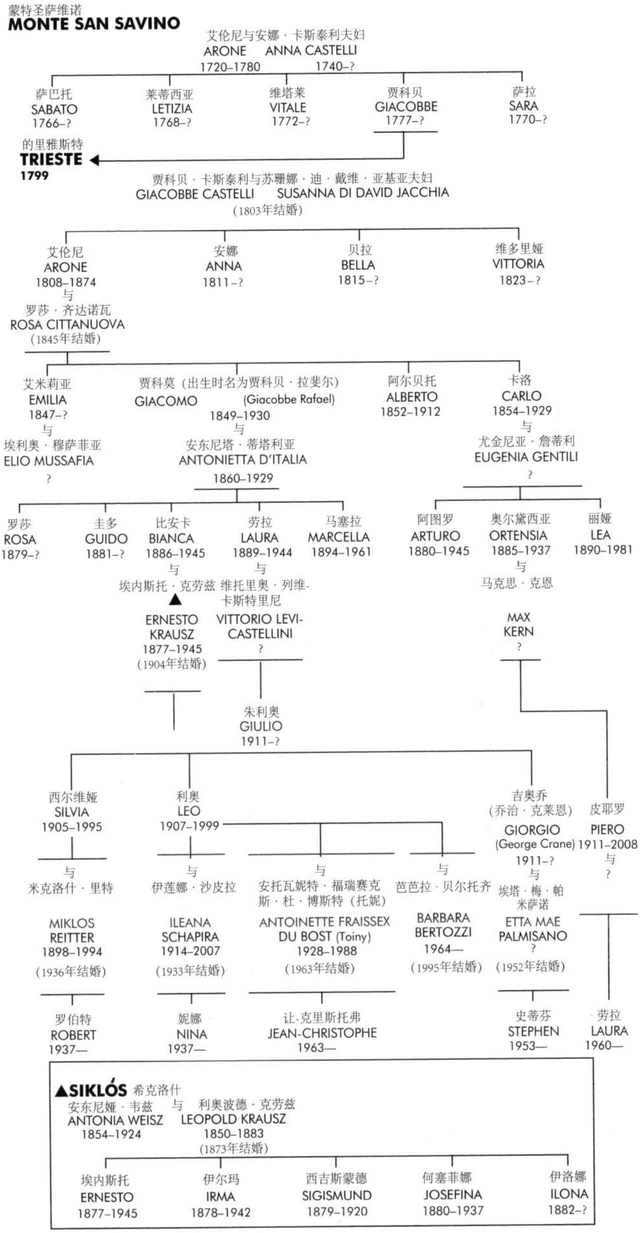
蒙特圣萨维诺
MONTE SAN SAVINO
艾伦尼与安娜·卡斯泰利夫妇
ARONE ANNA CASTELLI
1720–1780 1740–?
萨巴托
SABATO
1766–?
莱蒂西亚
LETIZIA
1768–?
维塔莱
VITALE
1772–?
贾科贝
GIACOBBE
1777–?
萨拉
SARA
1770–?
的里雅斯特
TRIESTE
1799
贾科贝·卡斯泰利与苏珊娜·迪·戴维·亚基亚夫妇
GIACOBBE CASTELLI SUSANNA DI DAVID JACCHIA
(1803年结婚)
艾伦尼
ARONE
1808–1874
与
罗莎·齐达诺瓦
ROSA CITTANUOVA
(1845年结婚)
安娜
ANNA
1811–?
贝拉
BELLA
1815–?
维多里娅
VITTORIA
1823–?
艾米莉亚
EMILIA
1847–?
与
埃利奥·穆萨菲亚
ELIO MUSSAFIA
?
贾科莫(出生时名为贾科贝·拉斐尔)
GIACOMO (Giacobbe Rafael)
1849–1930
与
安东尼塔·蒂塔利亚
ANTONIETTA D'ITALIA
1860–1929
阿尔贝托
ALBERTO
1852–1912
卡洛
CARLO
1854–1929
与
尤金尼亚·詹蒂利
EUGENIA GENTILI
?
罗莎
ROSA
1879–?
圭多
GUIDO
1881–?
比安卡
BIANCA
1886–1945
与
埃内斯托·克劳兹
▲
ERNESTO
KRAUSZ
1877–1945
(1904年结婚)
劳拉
LAURA
1889–1944
与
维托里奥·列维-卡斯特里尼
VITTORIO LEVI-CASTELLINI
?
马塞拉
MARCELLA
1894–1961
阿图罗
ARTURO
1880–1945
奥尔黛西亚
ORTENSIA
1885–1937
与
马克思·克恩
MAX
KERN
?
丽娅
LEA
1890–1981
朱利奥
GIULIO
1911–?
西尔维娅
SILVIA
1905–1995
与
米克洛什·里特
MIKLOS
REITTER
1898–1994
(1936年结婚)
利奥
LEO
1907–1999
与
伊莲娜·沙皮拉
ILEANA
SCHAPIRA
1914–2007
(1933年结婚)
与
安托瓦妮特·福瑞赛克斯·杜·博斯特(托妮)
ANTOINETTE FRAISSEX
DU BOST (Toiny)
1928–1988
(1963年结婚)
与
芭芭拉·贝尔托齐
BARBARA
BERTOZZI
1964—
(1995年结婚)
吉奥乔
(乔治·克莱恩)
GIORGIO
(George Crane)
1911–?
与
埃塔·梅·帕米萨诺
ETTA MAE
PALMISANO
?
(1952年结婚)
皮耶罗
PIERO
1911–2008
与
?
罗伯特
ROBERT
1937—
妮娜
NINA
1937—
让-克里斯托弗
JEAN-CHRISTOPHE
1963—
史蒂芬
STEPHEN
1953—
劳拉
LAURA
1960—
▲SIKLÓS 希克洛什
安东尼娅·韦兹 与 利奥波德·克劳兹
ANTONIA WEISZ LEOPOLD KRAUSZ
1854–1924 1850–1883
(1873年结婚)
埃内斯托
ERNESTO
1877–1945
伊尔玛
IRMA
1878–1942
西吉斯蒙德
SIGISMUND
1879–1920
何塞菲娜
JOSEFINA
1880–1937
伊洛娜
ILONA
1882–?

利奥·卡斯泰利族谱

① 安·亨德利（Ann Hindry）编辑，《克劳德·贝里遇见利奥·卡斯泰利》（*Claude Berri rencontre Leo Castelli*）（巴黎：Renn，1990年出版），73页。

② 乔治·克莱恩博士访谈，作者采访，旧金山，2005年11月29日。

③ 安妮·科恩-索拉尔档案。

④ 乔治·克莱恩博士访谈，作者采访，旧金山，2005年11月29日。

⑤ 亨德利编辑，《克劳德·贝里遇见利奥·卡斯泰利》，73页。

⑥ 以色列的儿子。

⑦ 罗伯特·里特，《葡萄园》（*The Vineyard*）（未出版回忆录），安妮·科恩-索拉尔档案。

⑧ 弗朗索瓦·弗托，（Francois Fejtö），《匈牙利人与犹太人》（*Hongrois et juifs*）（巴黎：Edition Balland，1997年出版），49页；参见耶胡达·唐（Yehuda Don），《融入匈牙利经济的犹太人》，摘自安娜·扎莱（Anna Szalai）编辑，《夏甲之地：匈牙利的犹太人，历史、社会和文化》（*In the land of Hagar: The Jews of Hungary, History, Society, and Culture*），流散博物馆，特拉维夫大学，2002年；以及《维也纳-布达佩斯，1867—1918年：帝国的两个黄金年代的两个愿景》（*Vienne-Budapest 186-1918: deux âges d'or, deux visions, un Empire*）（巴黎：Autrement，1996年出版）。

⑨ 同上，50页。

⑩ 雅克·勒·席迪（Jacques le Rider），《双头鹰》（"L'aigle à deux têtes"），摘自《维也纳-布达佩斯，1867—1918年：帝国的两个黄金年代的两个愿景》（*Vienne-Budapest 186-1918: deux âges d'or, deux visions, un Empire*）（巴黎：Autrement，1996年出版），49—58页；及雅克·勒·席迪，《维也纳的现代主义和身份危机》（*Modernité viennoise et crises de l'identité*）（巴黎：Quadrige，Presses universitaires de France，1990年出版），222—223页。

⑪ 弗托，《匈牙利人与犹太人》，54页。

⑫ 同上，71页。

⑬ 同上，142页。

⑭ 同上，143页。

⑮ 参见雅克·勒·席迪，《双头鹰》（"L'aigle à deux têtes"），摘自《维也纳-布达佩斯，1867—1918年：帝国的两个黄金年代的两个愿景》，49—58页；

⑯ 言论发表于1840年，参见弗托，《匈牙利人与犹太人》，64页。

⑰ 言论发表于1790年，参见弗托，《匈牙利人与犹太人》，67页。

⑱ 言论发表于1840年，参见弗托，《匈牙利人与犹太人》，67页。

⑲ 阿纳托尔·穆拉德（Anatol Murad），《奥地利的弗朗茨·约瑟夫一世和他的帝国》（*Franz Joseph I of Austria and his Empire*）（纽约：Twayne，1968年出版），10页。

⑳ 亚历山大·格申克龙（Alexander Gerschenkron），《一次失败的经济热潮：奥地利历史四讲》（*An Economic Spurt That Faild: Four Lectures in Austrian History*）（新泽西州，普林斯顿大学：Princeton University Press，1997年出版），23—24页、30页。

㉑ 同上，39—44页。

㉒ 卡尔·索斯克（Carl Schorske），《世纪之交的维也纳》（*Fin de siècle Vienna*）（新泽西州，普林斯顿：Princeton University Press，1980年出版），243页。

㉓ 格申克龙，《一次失败的经济热潮：奥地利历史四讲》，149页。

㉔ 同上，87页。

㉕ 同上，120页

㉖ 弗托，《匈牙利人与犹太人》，151页。

㉗ 安娜·米洛，《的里雅斯特、欧洲保险业、阿诺德·弗里杰西·迪·拉塔尔玛及亚得里亚联合保险公司》（*Trieste, le Assicurazioni, l'Europa, Arnoldo Frigessi di Rattalma e la RAS*）（米兰：Franco Angeli Storia，2004年出版），53页。

㉘ 耶胡达·唐，《融入匈牙利经济的犹太人》，52页。

4—的里雅斯特的传奇时光

那时的世界……很富有……奥地利很富有……的里雅斯特是这个富有的世界上最富有的国家中……最富有的城市之一。①

——罗伯托·巴兹伦（Roberto Bazlen）[1]

来到的里雅斯特之后，埃内斯托·克劳兹在该市拉比的介绍下成为居住着卡斯泰利一家的普兰迪庄园的常客。他常与他们共度周末，欣赏阿尔贝托在“海勒四重奏”中的演出，与卡洛相处得也很愉快。他享受家中每一位女孩的陪伴，还一度追求过“最漂亮、最有教养，但同时也最独立的”[②]奥尔黛西亚。1904年6月12日，他迎娶了比安卡·卡斯泰利。关于他们的婚姻，让我们听听他们的子女是如何评价的。“他们之间没有什么爱情。”他们的儿子、利奥·卡斯泰利的弟弟乔治·克莱恩如是说，“母亲没有一丁点幽默感，她说她恨透了萨尔茨堡的那次蜜月之旅，因为夜晚教堂的钟声总是让她无法入睡！父亲在各个方面都比母亲优秀得多，不过她却让他获得了被的里雅斯特社会接纳的可能。单就他的事业而言，这也是一场成功的联姻，毕竟她的家族是这座城市的‘元老’。”[③]

在1907年迁往位于罗马路（Via Roma）和盖加路（Via Ghega）路口的寓所之前，埃内斯托和比安卡一直居住在滨海路（Via delle Coste）上。他们的结合给世界带来了三个新的生命：1905年出生的西尔维娅（Silvia）、1907年出生的利奥和1911年出生的吉奥乔（吉奥乔到美国后将名字改为乔治·克莱恩）。利奥只在照片中见过埃内斯托的父亲利奥波德。如果“利奥”这个名字是“利奥波德”的简写，那么这就是埃内斯托对克劳兹家族谱系唯一一次微不足道的让步。让祖先的名字见鬼去吧，让希伯来语名见鬼去吧，让犹太会堂中度过的节日见鬼去吧：他已经将那个世界抛诸脑后！埃内斯托·克劳兹坚定地选择接受归化。然而，无论企图在的里雅斯特一展宏图的他对家庭的未来有着怎样的安排，政局的动荡都远大于他所能控制的范围，历史终将上演的一幕与他想象中的模样大相径庭。

第一次摩洛哥危机[2]、奥匈帝国吞并波斯尼亚、第二次摩洛哥危机[3]、利比亚遭到征服[4]、巴尔干战争爆发——1906年至1913年间，战争动乱持续肆虐。在城市正中位于罗马路的一个公寓里，有一间天花板上镶嵌着金星的卧室；在这熠熠生辉的房间里，埃内斯托的三个孩子是否会感受到世界的不安？全城最好的冰淇淋店扎波里（Zampolli）仅一路之隔，

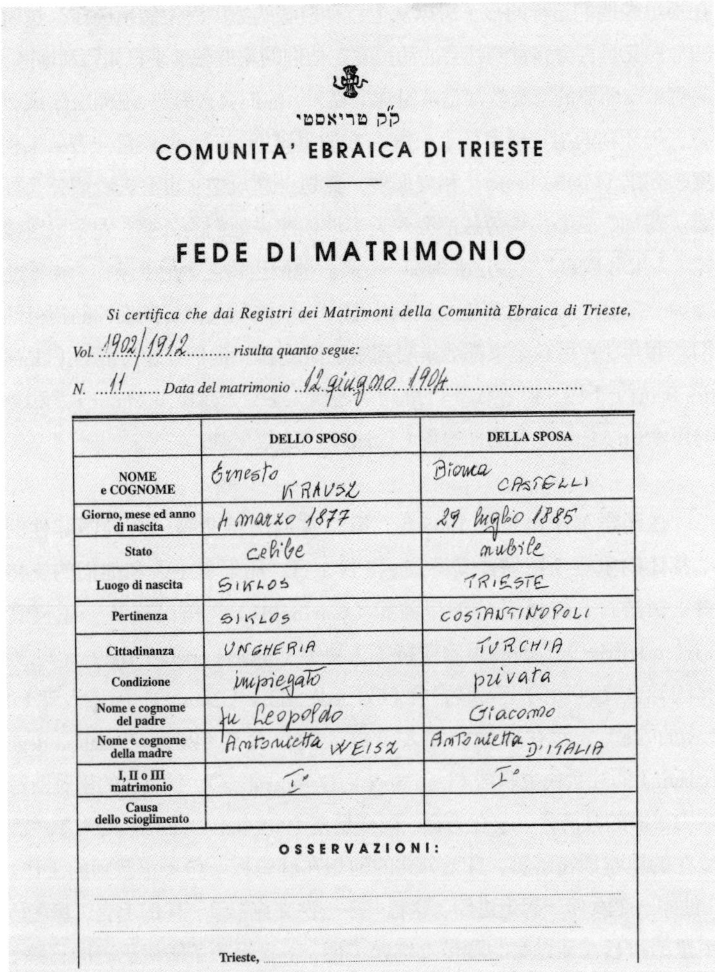

קק טריאסטי

COMUNITA' EBRAICA DI TRIESTE

FEDE DI MATRIMONIO

Si certifica che dai Registri dei Matrimoni della Comunità Ebraica di Trieste,

Vol. 1902/1912 *risulta quanto segue:*

N. 11 *Data del matrimonio* 12 giugno 1904

	DELLO SPOSO	DELLA SPOSA
NOME e COGNOME	Ernesto KRAUSZ	Bianca CASTELLI
Giorno, mese ed anno di nascita	4 marzo 1877	29 luglio 1885
Stato	celibe	nubile
Luogo di nascita	SIKLOS	TRIESTE
Pertinenza	SIKLOS	COSTANTINOPOLI
Cittadinanza	UNGHERIA	TURCHIA
Condizione	impiegato	privata
Nome e cognome del padre	fu Leopoldo	Giacomo
Nome e cognome della madre	Antonietta WEISZ	Antonietta D'ITALIA
I, II o III matrimonio	I°	I°
Causa dello scioglimento		

OSSERVAZIONI:

Trieste,

比安卡·卡斯泰利与埃内斯托·克劳兹的结婚证明，现存于的里雅斯特犹太会堂
安妮·科恩－索拉尔提供

在那里像他们这样的孩子可以从上百种口味的冰淇淋中做出选择。这时的他们又是否会察觉到社会的动荡呢？他们的家庭教师来自弗留利地区，同表弟皮耶罗的家庭教师是亲姐妹；夏天，他们会去海边、去爬山，或者会去匈牙利的祖父母家住上一段。在的里雅斯特时，他们常与表弟朱利奥·列维（Giulio Levi）[5]和皮耶罗·克恩一起玩耍，也会去看望外公外婆。每周，三个小克劳兹都会欢天喜地地冲进他们的外婆"安东尼塔姥姥"[6]和母亲的"尤金尼亚婶婶"[7]家。他们也将尤金尼亚唤作"榅桲酪婶婶"[8]，因为她永远都能从碗橱中取出一块块秋天做好的榅桲酪招待他们。每年，克劳兹全家都会乘船到威尼斯度假。他们在德班酒店（Hôtel des Bains）下榻，到丽都岛（Lido）[9]游玩，还会去弗拉里（Frari）[10]和圣马可（San Marco）[11]瞻仰提香（Titian）[12]的祭坛画。

在西尔维娅出生的1905年，第一次俄国革命等一系列国际性的动乱让的里雅斯特城躁动不安。5月1日，几千名工人和他们的支持者上街游行，包括支持加里波第（Garibaldi）[13]和民族统一主义者（Irrendentist）[14]的的里雅斯特工人协会（Società operaia Triestina）、更具国际主义性质的工人联合会（Confederazione Operaia）、同工人党（Il Lavoratore）一起在奥地利加入了意大利社会党（Partito Socialista degli Italiani）的社会民主联盟（Lega Sociale Democratica），以及在的里雅斯特实力雄厚的共济会。文化方面，同样是在1905年，一个年轻的爱尔兰酒鬼在的里雅斯特落脚，身无分文的他想在这里找一份英语教师的工作。"他同一个女伴一起走进门，穿着……一件夹克衫、一件旧毛衣，塞在马甲里的衬衫在他过宽的腰带上堆起了褶，下身是一条皱皱巴巴的马裤；他是国字脸……眼睛是非常淡的浅蓝色，清澈见底；1906年的一个愉快的早晨，他按下了威尼斯别墅（Villa Veneziani）的门铃，自我介绍道：'我是乔伊斯。'"④詹姆斯·乔伊斯充满艰辛但硕果累累的旅程就此开始。他曾用一贯的幽默的笔触描述过这段经历：

> 我在贝利兹（Berlitz）学院教授英文，还从另外两个相信我的人那里赚着一年80镑的酬劳。在这里度过的十六个月中，我始终肩负着一

> 个不可能完成的任务——既要能活下去，同时又要满足这两个人的要求。教年轻人学英文，我追求的是速度，为了每小时的那十个便士，我才不会把时间浪费在语言的美感上呢。不得不提的是，在我教过的学生当中，还有一位男爵夫人。⑤

两年之后，的里雅斯特参与了国家另一项重要的政治举措。1月，皇帝正式批准了一条新法，将选举权普及至奥匈帝国的每一位男性公民。一名预感不祥的记者将之形容为“坠入黑暗的一跃”。5月14日的第一次普选让社会党人欢欣鼓舞：的里雅斯特向维也纳上议院派去的四名社会党代表包括瓦伦蒂诺·皮托尼（Valentino Pittoni）、乔瓦尼·奥利瓦（Giovanni Oliva）和一位斯洛文尼亚裔律师奥托卡尔·莱巴尔（Ottokar Rybar），但国家社会主义者们[15]却怒不可遏，斥责社会党在选举中舞弊，批判他们的国际主义倾向，并指责他们的亲奥地利情绪⑥是让的里雅斯特的意大利特质受到损害的罪魁祸首。因斯洛文尼亚移民倍感威胁的民族统一主义者和加里波第的支持者们则将推广民族主义视作挽救威尼斯-朱利亚的“意大利性”的最后一根稻草。意大利人和斯洛文尼亚人之间的民族关系在这个夏天剑拔弩张：8月25日，一群呼喊着“斯洛文尼亚的的里雅斯特万岁！”的示威者在卡尔杜齐路（Via Carducci）发动暴乱，伤亡惨重，其中四十人被捕。9月1日，斯洛文尼亚民族主义者再次与意大利人发生冲突，又有约二十人遭到逮捕。事件发生后的一个月之内，两艘日本军舰筑波号（Tsukuba）和高知号（Kitose）在的里雅斯特靠岸。此后的一周，当地民众的热情被舰船和五百名上岸休假的日本官兵所吸引，民族间的紧张局势稍有缓和。

1907年9月4日，星期三，当天的日出时间为上午5：31，日落时间为下午6：37。上午7：00整，气温达到21℃；下午气温升高至25℃。当地日报《小报》（*Il Piccolo*）报道了国王爱德华七世（Edward VII）同沙皇尼古拉二世（Nicholas II）在芬兰水域的会面；意大利艺术大臣参观了威尼斯的科雷尔博物馆（Correr Museum）；在卢浮宫，一幅安格尔（Ingres）[16]描绘西斯廷礼拜堂的画作被一个年轻姑娘用剪刀划破，国务

[1]意大利文学批评家、作家。

[2]1905年3月31日，德国皇帝威廉二世（Wilhelm II）访问摩洛哥丹吉尔，引发了这次危机。威廉表示支持摩洛哥独立，公然挑战法国在摩洛哥的影响力。

[3]1911年7月1日，德国派出“豹号”战舰到摩洛哥港口阿加迪尔，宣示德国在摩洛哥的利益。

[4]利比亚从十六世纪起沦为奥斯曼帝国的属地。1912年意大利派遣军队占据了利比亚沿海主要城市黎波里、班加西等，土耳其被迫承认意大利对利比亚的占领。

[5]即下文中的朱利奥·列维－卡斯特里尼（Giulio Levi-Castellini）。

[6]原文为意大利语：Nonna Antonietta。

[7]原文为意大利语：Zia Eugenia。

[8]原文为意大利语：Zia Cotognata。

[9]距离威尼斯主岛最近的副岛，和威尼斯浓重的历史气息不同，它的特色是悠长的海滩和美景，现在为每年一度的威尼斯电影节的举办地。

[10]即弗拉里荣耀圣母堂（Santa Maria Gloriosa dei Frari），以提香的代表作——祭坛画《圣母升天》（*Assumption of the Vigin*）闻名于世。

[11]即圣马可大教堂（Basilica di San Marco），十五世纪后期提香为其圣器收藏室完成了一系列画作。

[12]意大利画家，十六世纪威尼斯画派最重要的代表人物。

[13]朱塞佩·加里波第（Giuseppe Garibaldi），意大利将领、爱国者与政治家，献身于意大利统一运动，亲自领导了许多军事战役，被称为“意大利统一的宝剑”。

[14]也称为收复失地主义者，国际关系学的名词，指坚持统一同种族的同胞，并根据自己认同的历史原因兼并别国的领土，不管真实与否。

[15]原文为意大利语：Nazionalsozialisti。国家社会主义起源于十九世纪末的欧洲，是民族主义和国家社会主义的结合体，是高度民族化的社会主义。由于在很大程度上受到法西斯主义的影响，国家社会主义也具有法西斯主义那种沙文主义、帝国主义。国家社会主义强调：国家是绝对物，所有个人和集团都是相对的，国家是个人真正的理性和自由意志的体现，个人必须绝对服从国家。

[16]让·奥古斯特·多米尼克·安格尔（Jean Auguste Dominique Ingres），法国新古典主义画家。

院美术次卿迪雅尔丹－博梅斯（Dujardin-Beaumetz）因此决定对此类破坏行为加以防范。这一周，的里雅斯特有42对男女结为夫妇，发生了7起流产或堕胎（其中3次为婚外怀孕），有132个新生命诞生（68个男孩、64个女孩，其中23个为非婚生子女），79人去世（41个男性、38个女性，其中27个未满周岁、21个未满20周岁）。利奥，克劳兹家的第二个孩子，就在这一天降临人世。

"让我们杀死这月光！"[17]⑦1909年4月，生于亚历山大港（Alexandria）[18]的意大利青年艺术家菲利波·托马索·马里内蒂[19]发出了这样的呐喊。他不但在美学上对抗权威，在政治上也决心有所建树，在巴黎成立未来主义国家党（Futurist National Party）后不久，他便将的里雅斯特确定为第一个未来主义事件的发生地。1910年1月12日，马里内蒂在波黎得亚玛·罗赛蒂歌剧院（Politeama Rossetti）⑧进行了一次极为重要的演说，将利奥·卡斯泰利的故乡奉为了迈向现代的关键地点。谁又能对这里深厚的文化背景视而不见呢？"不是远古时代的罗马人，不是中世纪的佛罗伦萨人，威尼斯人也已成过去，的里雅斯特人的时代已经来临。"马里内蒂高呼，"我希望，你们感天动地的爱国热情将会成为引爆炸弹的那簇火光！……的里雅斯特！你是我们仅有的一颗定时炸弹！你承载了我们的一切希望……对奥地利人不共戴天的仇恨正在二十世纪意大利人的血液中熊熊燃烧！……我们正处于世纪之交！……我们站在意大利，向全世界抛出了一份极具能量且极富煽动性的宣言——今天，我们要用它来宣告未来主义的诞生，因为我们要让这个国家同它腐朽的教授、考古学家、古典学者和古董商人告别！"⑨

1910年的冬季是的里雅斯特有史以来最难挨的冬季之一。1911年3月31日，斯库拉布拉骤起，强飓风加剧了冰雹的侵袭，的里雅斯特至帕奈佐（Parnezzo）的铁路服务因此中断，载有180名乘客的957次普快列车停运。但当布拉风力逐渐减弱，这列带有四节旅客车厢和一节行李车厢的火车在当天下午就恢复了运行……然而，刚驶出位于扎乌勒（Zaule）和穆贾（Muggia）[20]之间的斯特拉马勒（Stramare）站，这列火车就在里约·奥斯珀河（Rio Ospo）大桥上脱轨，三人当场死亡，十五人受伤。[10]在这场灾难的阴影下，克劳兹家的最后一个孩子吉奥乔·克劳兹在1911年来到了人世；不久后，他的表弟［劳拉·卡斯泰利与维托里奥·列维－卡斯特里尼（Vittorio Levi-Castellini）的儿子］朱利奥·列维－卡斯特里尼（Giulio Levi-Castellini）降生；又过了几个月，他的另一个表弟［奥尔黛西亚·卡斯泰利与马克思·克恩之子］皮耶罗·克恩也出生了。这三个同岁的表兄弟注定将拥有一段荡气回肠的深厚情谊。

埃内斯托·克劳兹的事业一路将他带入了维也纳信贷银行（Credit-Anstalt of Vienna）的核心。这里是维也纳最重要的银行机构，与博登信贷银行（Boden Credit-Anstalt）及罗斯柴尔德银行（Rothschild Bank）共同组成了罗斯柴尔德集团（Rothschild Group）。西奥多·冯·陶西格（Theodor von Taussig）是博登信贷银行的行长，同时与阿尔伯特·德·罗斯柴尔德（Alber de Rothchild）一同管理着罗斯柴尔德银行；维也纳信贷银行的行长是人称勃鲁姆－巴夏（Blum-Pacha）[21]的朱利叶斯·勃鲁姆（Julius Blum），他是埃内斯托·克劳兹在的里雅斯特的“贵人”奥斯卡·勃鲁姆－真蒂洛莫（Oscar Blum-Gentilomo）的兄弟。恩斯特·冯·科贝尔的改革举措之一，是向罗斯柴尔德集团提供了一笔2亿6700万克朗[11]的贷款，这使得它的经营在其后的几年中都“顺风顺水”，这样的情况一直持续到了1910年[12]。而我们又应该如何看待通过潜规则上位的埃内斯托·克劳兹在维也纳信贷银行的表现呢？无论他的才华有多么毋庸置疑，无论他的职业生涯有多么光彩夺目，无论他对银行界的价值有多么被认同，都无法抵消他浅薄的政治洞察力，也无法让他获得对时局的掌控力，而这些能力在他所从事的领域又恰恰是那样地不可或缺。

克劳兹在维也纳最重要的银行继承了至高无上的权力，可无论怎么说，他毕竟不是银行世家出身。高尚的“社会环境”或向来子承父业的“维也纳金融王朝”对来自匈牙利乡村的他而言绝非唾手可得。对于缺乏先天优势的人来说，与银行家的女儿结婚是一个机会，而另一个机会，是在维也纳以孕育达官显贵著称的特蕾西亚学院（Theresianum）接受教育。许多德裔犹太人都是通过从这里获得良好文化素养从而顺利地融入社会。对他们而言，“教育”[22]不仅是跻身上流社会的一种手段，甚至成为了一种新的“宗教”[13]，而克劳兹却并未从这种著名的“教育”中获益。不仅如此，伯纳德·米歇尔（Bernard Michel）[23]还指出：“奥地利的农业已经在不知不觉间被隔离在了资本和金融世界之外。”[14]正因如此，成功对来自匈牙利农村的埃内斯托·克劳兹而言更加来之不易。斯蒂芬·茨威格曾将阅读一份威尼斯的犹太资产阶级晨报——《新自由报》奉若“晨祷”，将其中的内容敬如“圣言”[15]。埃内斯托会不会为了弥补自己未曾接受过正规教育的缺失也成为它忠实的读者呢？或许吧，但即便他有种种先天不足——匈牙利人、自学成才、农民出身，他的一项天赋还是替他扫清了一切跻身银行阶级的障碍：他是骑马的高手！年少时为了方便在家族产业之间穿梭而练就的御马之术竟让他在的里雅斯特马术俱乐部一展身手，并成为他融入上流社会的跳板。

这并不是说他的成功完全归功于马背上的功夫。维也纳银行界的管理层存在着这样一个极少数群体，他们意志坚定、工作努力，按照我们的说法，他们是经营关系网的天才，而克劳兹在本质上就是他们中的一员。与他同样具备这些素质的还有博登信贷银行的行长西奥多·冯·陶西格，他的父亲是一名普通工人；布拉格信贷银行的大股东弗朗茨·唐鲍尔（Franz Donebouer），他的父亲在帕尔杜比采（Pardubice）[24]火车站经营着一家餐馆；的里雅斯特信贷银行行长安吉洛·维万德（Angelo Vivante），他入行时只是一名基层员工。由于克劳兹对这套新的价值体系非常认同，壮志满怀的他在奥地利经济增长出现奇迹的那些年（货币供应量增加了一倍）获得了回报。二十世纪的头十年，在辽阔的奥匈帝国最西端的一块飞地上，在奥地利和意大利的交界处，的里雅斯特港将内陆的巨大财富传输到了世界各地，并因此获利颇丰。在“科贝尔计划”的影响下，这座（仅次于维也纳和布拉格的）奥匈帝国第三大都市成为开展复杂型金融业务的理想中心。[16]很快，的里雅斯特就被来自维也纳的资本攻陷了：本地银行从此退出了历史舞台，而埃内斯托·克劳兹恰恰就是一名执行这场金融政变的前线步兵。

在维也纳信贷银行时，埃内斯托·克劳兹在行长奥斯卡·勃鲁姆－真蒂洛莫的慷慨支持下练就了娴熟的社交技巧，也积累了扎实的业务经验。比克劳兹年长 34 岁的奥斯卡·勃鲁姆－真蒂洛莫继承了家族在维也纳金融王朝的势力[17]，他在事业上对克劳兹的“收养”是否与生活中的悲惨遭遇有关呢？1905 年 1 月 31 日，勃鲁姆－真蒂洛莫的独子，21 岁的圣·真蒂洛莫（San Gentilomo）意外丧生，于是他便将情感寄托在了年轻有为、才华横溢且幼年丧父的克劳兹身上。无论这种合乎情理的猜测是否属实，他都的确对克劳兹一家产生了强烈的依恋，甚至将自己的手表和一张情意浓浓地写着“送给我亲爱的小狮子”[18]的卡片作为礼物送给了年幼的徒孙利奥。对于利奥而言，这份礼物就如同查尔斯·福斯特·凯恩（Charles Foster Kane）[25]心中的那朵“玫瑰花蕾”，让他足足珍藏了一生之久。[19]

勃鲁姆－真蒂洛莫、联合银行（Union Bank）的维拉贝拉伯爵（Count de Villabella）福尔图纳托·维万德 (Fortunato Vivante）和维也纳银行的奥斯卡·波拉克（Oscar Pollack）始终是维也纳资本在的里雅斯特的三枚定海神针[20]。由于对的里雅斯特的贸易和工业提供了资金支持，他们与“两百个本地家族”建立了联系。这些家族大多“通过国际贸易带来的利润富埒王侯”。其中，除了屈指可数的几个意大利家族［如帕拉西（Parasi）家族和里凯蒂（Richetti）家族］；还有由乔瓦尼（Giovanni）、德米特里·埃克诺莫（Demetrio Economo）男爵兄弟与斯卡拉孟加·迪阿尔托蒙特（Scaramanga d'Altomonte）组成的实力雄厚的希腊势力；像布伦纳家族（犹太人，上一代从莱茵移民至的里雅斯特）和原名为埃托雷·施米茨（Ettore Schmitz）的伊塔洛·斯韦沃家族这样的德国家族；以及几个像科苏里克（Cosulinche）家这样已经完全意大利化了的斯洛文尼亚家族。他们将聚集的财富再次投入到了保险业、工业（食品、纺织、石油）和成就了克劳兹的银行业中。

由克劳兹亲自制定的“亚得里亚关税”（Adriatic tariffs）导致维也纳资本在的里雅斯特的财富暴增。[21]凭借城市中的免税区、仓储、筒仓和精心规划的工厂，的里雅斯特的经济总量在二十世纪的头十年增长了一倍。[22]冯·科贝尔的宏伟蓝图起码在这里成功得到了实现。[23]的里雅斯特政府已经开始显露出帝国内阁才具有的风范，1904 年起开工建造的弗朗茨·约瑟夫港（Franz Joseph Port）、圣安德烈码头（San Andreapier）和瑟沃拉海堤（Servola Embarkments）稳固了的里雅斯特作为“帝国第一港口”的优势。位于南部瑟沃拉村和北部蒙法尔科（Monfalcone）的新工业（一家大米加工厂、一家粗麻工厂和一家油地毡厂）的发展则增加了运输业的收入。[24]

港口的工业化深入地改变了城市的社会结构：十年间，人口数量几乎成倍增长，未来的势头似乎更加喜人。某项预测显示，1920 年，的里雅斯特的人口将达到 50 万，而意大利裔人口的数量仅为 20 万[25]，这对民族统一主义者而言无疑是一个噩耗。应运而生的是由斯洛文尼亚工人和其他种族移民组成的现代无产阶级。省长霍恩洛厄（Hohenlohe）对此深有感触，他预言道：“身为国家口岸的的里雅斯特不会只属于某一个民族，它将成为一座汇聚多种文化的城市！”[26]即便当时的欧洲仍然支持文化的多元性，但社会的剧烈分化却注定走向失控乃至彻底崩溃。1911 年，反斯洛文尼亚示威者蓄意破坏了商业银行[26]位于新路（Via Nuova）的支行。是否连这样一场骚乱都没能引起埃内斯托·克劳兹的注意？在经济繁荣时期，人们在很大程度上忽视了斯洛文尼亚移民和的里雅斯特及其他奥匈帝国人民之间的裂痕。几年后，直到更为严重的动乱让包括克劳兹一家在内的许多家庭都受到了牵连，这道裂痕才逐渐显现出来。[27]

前所未有的经济扩张并没能让所有人都欣然接受冯·科贝尔的政策，不满者包括这座城市的上层中产阶级商人，他们中有人指出：“就算的里雅斯特的港口贸易的确有所增长，市内的经济却在下滑。”不仅如此，虽然通过的里雅斯特的船舶总吨位有巨幅的上涨，来自维也纳的竞争者却凶狠地掠夺了本地航运公司和传统贸易公司的利润。对冯·科贝尔的不信任感在本地的商人中蔓延，这导致的里雅斯特本地人和本国的外地人间矛盾频发。身为比安卡·卡斯泰利的丈夫，埃内斯托·克劳兹倍感左右为难。他参与制定的“亚得里亚关税”导致多家公司严重亏损，一些甚至濒临破产，而其中就包括进口咖啡和糖的卡斯泰利公司！婚姻也许是克劳兹在的里雅斯特成功站稳脚跟的捷径，比安卡的家族接纳了他，并帮助他接受了归化，但他却最终让他们倾家荡产。他们会如何看待他呢？

直到 7 岁，利奥·克劳兹一直生活在这种危机四伏的环境之中。此时此刻，他们一家正居住在位于博纳罗蒂路（Via Buonarotti）的一栋别墅。从房屋的百叶窗里，是否透出了某种家庭纠纷的信号？利奥的意大利外祖父母是加里波第的支持者，来自奥匈帝国的父亲是君主制的拥护者，姨夫（维托里奥·列维－卡斯特里尼）则是民族统一主义者。在这样一个理念上分崩离析的家庭中，年仅 7 岁的他该如何自处？许多艺术家，本土的（瑟格里、斯拉泰伯、科索维尔）也好，外来的（乔伊斯、马里内蒂）也罢，都曾为了捕捉里雅斯特的盘根错节百般尝试，而他又是怎样厘清了关于故乡的头绪？对克劳兹家的孩子们而言，一场庆典宣告了 1914 年夏季的开始：6 月 24 日，星期三，意欲前往萨拉热窝的弗朗茨·斐迪南大公（Archduke Franz Ferdinand）途经的里雅斯特，为了表达敬意，当天被定为了公共假日。四天后，《小报》刊发了一条令人震惊的头号新闻：《弗朗茨·斐迪南大公殿下及夫人霍恩贝格女公爵在萨拉热窝遇刺》（“S.A. l'Arciduca Francesco Ferdinando e la consorte duchessa di Hohenberg uccisi in un attentato a Seraievo”）。又过了四天，的里雅斯特人再次在市政当局[27]的动员下向大公致敬：奥地利王位继承人及其妻子的遗体再次经过的里雅斯特时，商店一律不得营业。他们的棺椁先从萨拉热窝经铁路运至梅特科维奇（Metkovic），后经水路运至的里雅斯特，并最终经铁路运回了维也纳。在他们的葬礼上，的里雅斯特的帝国臣民根据自己的政治倾向或抒发了哀伤，或表达了焦虑。“今天早些时候”，该市奥地利日报《的里雅斯特观察家报》（L'Osservatore Treistino）的记者写道，“本是乌云密布的天空出现了一抹蓝色，渲染出一片庄严肃穆的气

1914年6月28日，的里雅斯特
弗朗茨·斐迪南大公夫妇在萨拉热窝遇刺后，遗体被运往维也纳安葬，途经的里雅斯特
意大利阿林纳里国家摄影博物馆（Museo Nazionale Alinari della Fotografia）藏

氛。在这座被哀伤淹没的城市，一群人聚集在了街道中，他们百感交集，只求能够目睹遗体从船上卸下的过程，或是送葬队伍经过的一幕，哪怕只是靠近一些也好。”[28]与之截然相反的是第二天当地民族统一主义日报《小报》的头条《弗朗茨·斐迪南大公及霍恩贝格女公爵的遗体抵达维也纳。波斯尼亚和克罗地亚的反塞尔维亚猛烈怒火引关注》（“The remains of the Archduke Franz Ferdinand and the Duchess of Hohenberg in Vienna. Concerns over the extent of Anti-Serbian rage in Bosnia and Croatia”）。

克劳兹一家在的里雅斯特特殊而传奇的时光就结束在这回天无力的帝国末世。在作家罗伯托·巴兹伦笔下，这座城市中的每个民族都有自己专属的会面场所：“意大利人在他们的‘健身协会’（Società Ginnastica），德国人在他们的‘健身联合会’（Turnverein Eintracht），斯洛文尼亚人在与“国家中心”（Narodni Dom）[28]仅一墙之隔的索科尔健身俱乐部（Sokol）[29]。”但这并不足以培养出他们对社会的共识：“他们都很乐于捍卫各自的政治理念。城市财富持续增加，压迫者们继续施压，受压迫者们继续感到压迫。1914 年，学校突然给我们放了一个丧假；上帝啊，我祈祷每个月都能有两个大公遭到暗杀。”[29]

[17] 原文为法语：Assassinons le clair de lune！。

[18] 埃及在地中海岸的一个港口，也是埃及最重要的海港，埃及的第二大城市和亚历山大省的省会。

[19] 意大利诗人、编辑、理论家和未来主义运动奠基人。

[20] 意大利的里雅斯特省最南端的一个小镇，与斯洛文尼亚接壤。

[21] 巴夏，奥托曼帝国对高级军政官员的尊称。

[22] 原文为德语：Bildung。

[23] 法国历史学家，巴黎大学（University Paris）中欧当代历史教授。

[24] 捷克东北部城市。

[25] 1941 年在美国上映的电影《公民凯恩》（*Citizen Kane*）中的主人公。影片以一位报业大亨孤独地在豪宅中死去为序幕，围绕他临死前说出的"玫瑰花蕾"一词，讲述了他一生不平凡的经历。不仅主人公在世时从未提及过"玫瑰花蕾"，连他去世之后这也始终是一个无人能够参透的谜团。它的秘密直到影片结束前才得以揭晓，代表的是主人公纯真无邪的童年生活。

[26] 原文为捷克语：Zivnobanka。

[27] 原文为意大利语：Luogotenenza。

[28] 的里雅斯特斯洛文尼亚族裔的中心，巴尔干酒店（Hotel Balkan）和斯洛文尼亚语剧院的所在地。

[29] 1862 年成立于布拉格的一家全民健身组织，后蔓延至全部斯拉夫文化地区。

① 罗伯托・巴兹伦，《著作：的里雅斯特采访》（米兰：Adelphi，1984 年出版），244 页。

② 奥尔黛西亚・卡斯泰利与马克思・克恩（Max Kern）之子皮耶罗・克恩回忆，作者采访，的里雅斯特，2005 年 3 月 31 日，4 月 2 日，5 月 2 日，6 月 3 日，7 月 27—28 日、30 日。

③ 乔治・克莱恩博士访谈，记者采访，旧金山，2005 年 11 月 29 日、30 日。

④ 伊塔洛・斯韦沃，《尤利西斯生于的里雅斯特》（*Ulysse est né à Trieste*）（波尔多：Finitude，2003 年出版），11 页。

⑤《致格兰特・理查德》（"To Grant Richard"），1906 年 2 月 28 日，斯图尔特・吉尔伯特（*Stuart Gilbert*）编辑，《詹姆斯・乔伊斯书信》（*Letters of James Joyce*），第二卷（伦敦：Faber and Faber，1966 年出版），130 页。

⑥ 原文为意大利语：austriacantismo。

⑦ 安东尼奥・萨科内（Antonio Saccone），《马里内蒂及未来主义》（*Marinetti e il Futurismo*）（那不勒斯：Liguori editore，1984 年），32 页。

⑧ 参见西尔维奥・本科（Silvio Benco）的艺术评论，《小报》，摘自安东尼奥・萨科内，《马里内蒂及未来主义》，27 页、117 页。

⑨ 菲利波・托马索・马里内蒂，《未来主义》（*Le Futurisme*）（巴黎：Sansot，1911 年出版），及《的里雅斯特的味道》，赫拉德－乔治斯・勒梅尔编辑（巴黎：Mecure France，2003 年出版），45—48 页。

⑩ 科拉多・贝尔奇（Corrado Belci），《布拉之书》（*Il libro della bora*）（的里雅斯特：LINT-Editoriale Associati，2003 年出版），66 页。

⑪ 相当于现在的 5400 万美金。

⑫ 伯纳德·米歇尔（Bernard Michel），《二十世纪初奥地利的银行家》（*Banques et banquiers en Austriche au début du XXe siècle*）（巴黎：Presses de la Fomdation Nationale des Sciences Politiques，1976年出版），129页。

⑬ 乔治·莫西（George Mosse）语录，摘自保罗·里特（Paul Reitter），《反记者：卡尔·克劳斯和世纪末欧洲犹太人的自我塑造》（*Anti-Journalist: Karl Kraus and Jewish Self-Fashinging in Fin-de-Siècle Europe*）（芝加哥：University of Chicago Press，2008年出版）。

⑭ 米歇尔，《二十世纪初奥地利的银行家》，135页。

⑮ 斯蒂芬·茨威格，《昨日的世界》（*Le Monde d'hier*）（巴黎：Belfond，1982年出版），125页、143—145页。

⑯ 于是，的里雅斯特商业银行（Banca Commerciale Triestina）（成立于1859年）和的里雅斯特合作银行（Banca Popolare Triestina）（成立于1868年）这两家本地银行落入维也纳银行界的控制之中。1904年11月，维也纳银行联盟（Wiener Bankverein）以优厚的条件（资本的30%、利润的45%）接管了城中最后一家独立银行——的里雅斯特商业银行。的里雅斯特合作银行则在1910年9月被迫停业。参见安娜·米洛，《的里雅斯特、欧洲保险业、阿诺德·弗里杰西·迪·拉塔尔玛及亚得里亚联合保险公司》（米兰：Franco Angeli Storia，2004年出版），246页。

⑰ 勃鲁姆家族成员包括后来成为埃及政府国务院财政部副部长的朱利叶斯·勃鲁姆－巴夏。参见米歇尔，《二十世纪初奥地利的银行家》，320页，及的里雅斯特国家档案馆（Archivio di Stato di Trieste），《帝国皇家海岸中尉，管理法案》（*Imperial Regia Luogotenenza del Litorale-Atti presidiali*），207号案，1/24。

⑱ 原文为意大利语：al mio caro leoncino。

⑲ 卡洛·L.勃鲁姆（Carlo L. Blum）致皮耶罗·克恩书信，2003年3月27日，安妮·科恩－索拉尔档案。

⑳ 朱利奥·沙比利（Giulio Sapelli），《意大利的的里雅斯特：深化与经济宿命》（*Trieste Italiana: Mito e destino economico*）（米兰：Franco Angeli，1990年出版），27页。

㉑ 该项目通过一套非常有利的关税保护制度，稳固了的里雅斯特港的核心贸易地位。这套关税制度直到1915年才被撤销。当通过铁路将一批棉花从维也纳运达的里雅斯特的普通运输价格增长到973克朗时，亚得里亚关税维持在200克朗不变；玻璃制品为95克朗而非336克朗。对于退回的货物也有相应规定；存放期不得超过六个月。在这种条件下，咖啡、糖等全球化商品的市场规模呈指数增长，随后的里雅斯特工业也步银行业的后尘落入维也纳资本的控制中。参见埃利奥·阿匹（Elio Apih），《的里雅斯特》（*Trieste*）（罗马：editori Laterza，1988年出版），68页。

㉒ 亚美瑞格·阿波罗尼奥（Almerigo Appolonio），《从哈布斯堡到墨索里尼：1918—1922年的威尼斯－朱利亚地区》（*Dagli Asburgo a Mussolini: Venezia Giulia 1918—1922*）（戈里齐亚：Istituto Regionale per la Cultura Istriana，2001出版），139页。

㉓ 阿匹，《的里雅斯特》，68—69页。

㉔ 同上，67页。

㉕ 同上，87页。

㉖ 同上，81页。

㉗ 米歇尔，《二十世纪初奥地利的银行家》，70—76页。

㉘《的里雅斯特观察家报》（*L'Osservatore Treistino*），1914年7月2日。

㉙ 罗伯托·巴兹伦，《著作：的里雅斯特采访》，250页。

5—维也纳的席津，在气泡中度过的第一次世界大战

一次在巴登的葡萄园……一位年长的酿酒师对我们说：“好久都没有过这么好的夏天了。要是气候能这样持续下去，我们就能酿出史无前例的好酒！人们一定会记住这个夏天！”①

——斯蒂芬·茨威格

1914年6月28日，阿图尔·施尼茨勒（Arthur Schnitzler）[1]在日记中这样写道："下午，朱利叶斯（Julius）打电话来说弗朗茨·斐迪南和他的妻子在萨拉热窝遇刺了……那是一个美好的夏日；海尼（Heini）和莉莉（Lili）在园子里玩着小车……起初的愕然过后，弗朗茨·斐迪南的死再也没能对人们的生活产生什么影响。他竟如此不得人心，实在不可思议。"[②]1914年，当奥地利大公去世的消息在这样一个阳光灿烂的夏日里传来，帝国的子民中几乎没有人对未来感到担忧。从维也纳到布达佩斯，从的里雅斯特到萨拉热窝，奥匈帝国的作家们，无论政治意识和参与程度的高低，都根据他们对皇室的了解和喜恶发表了自己对这一事件的看法。"当皇太子鲁道夫（Crown Prince Rudolf）自杀的消息被公之于众，"斯蒂芬·茨威格指出，"维也纳全城上下悲痛欲绝……而对缺乏……善心、魅力，也不好交际的弗朗茨·斐迪南，公众的态度则截然不同。我经常在剧院里观察他……他永远都坐在包厢里……直勾勾的眼神冷酷无情，从来没人见他露出过笑容……他不懂音乐，更没有任何幽默感，他的妻子也总是苦着脸……不仅如此，人人都知道这位太子急不可耐地想要继承皇位，又不懂得如何加以掩饰，因此皇帝也对他冷眼相待……那天，许多奥地利人都暗自长吁了一口气，庆幸老皇帝的这位继承人被除掉了，将皇位让给了远比他更受爱戴的查尔斯大公（Archduke Charles）。"[③]

弗朗茨·斐迪南遇刺一个月后，奥地利向塞尔维亚公开宣战。此时此刻，很多人都像年轻的卡尔·札勒斯基（Karl Zalesky）那样，一厢情愿地相信了"在街头巷尾广为流传着的那句——'不出三周就能了结掉塞尔维亚！'"[④]，然而没过多久，在7月30日至8月4日的这短短几天中，俄罗斯、奥匈帝国、德国和法国就开展了全民动员，德国向法国宣战，英国向德国宣战，危急的事态无疑已经一触即发。从那一刻开始，政治评论的风向大变，欧洲各国民众很快就意识到自己已经被卷入了一轮漩涡。画家奥斯卡·科柯施卡（Oskar Kokoschka）[2]发现："街上卖报的小贩吆喝着号外，世界大战已经开始。很快，环城大道（Ringstrasse）上出现了列队而行的年轻农民，他们背着小木箱，头顶的帽子上装饰着闪闪发亮的丝带；本应套着犁具耕田的马匹此时却拖着炮架和急救车。操着不同语言的人群从帝国的四面八方向维也纳涌来。从主路上拐下来的人和马匹都灰头土脸，又饥又渴。军号声尽其所能地驱赶着空气中无声的焦躁，围观者中却有人哭了起来。每个人都用自己的方式感受着末日的开始。”⑤

施尼茨勒对“三国同盟”战略的错愕可以代表一些人的感受。他在8月1日提道：“蓬特雷西纳（Pontresina）[3]。银行一律停业。我的信用证无处兑现。这是彻头彻尾的疯狂。瑞士已经进入了战争状态。”四天后他继续写道：“我在旅馆听闻了英国向德国宣战的消息！——世界大战。世界毁灭。耸人听闻的消息……从目前的形势来看，我们正经历着一场人类历史上的浩劫。短短几日，整个世界都支离破碎了。这像是一场梦！所有人都惊呆了。”⑥不过，也有人像斯蒂芬·茨威格那样，沉浸在爱国主义的情怀中不能自已：“在维也纳，人们涌入街巷，全城突然插满了旗帜，标语在空中挥舞，音乐声响彻天空。年轻的新兵们在行军的队伍中兴高采烈、意气风发，他们经过人群时，总会引发阵阵欢呼；他们原本都是平凡的普通人，过去从来不会被人注意，也不可能获得任何掌声……实话实说，我必须承认，民众最初爆发的情绪中的确有某种浮夸的感染力，乃至诱惑性……一时间，它为这个时代最不可饶恕的罪行注入了一种几乎令人无法抗拒的野蛮能量……民众无条件地屈服于权威；举国上下，没有人敢于质疑八十四岁的弗朗茨·约瑟夫皇帝，是他一手造就了这个受世人景仰的国家。奥地利人坚信，若不是国家危在旦夕，他们的一国之父绝不会让自己的子民遭受战争的荼毒。”⑦

在的里雅斯特，奥地利大公遇刺的消息对于不满七岁的利奥·克劳兹而言意味着上帝恩赐的两天假期——在悠长的暑假来临之前他总算有机会去海里游泳了。卡斯泰利和克劳兹的家族的事务在时间上一贯以奥匈帝国的重大事件作为时间上的参照，如今他们一家的观点也像维也纳作家那样分成了两派。那个夏天，西尔维娅、利奥和吉奥乔跟往年一样准备去匈牙利休假，打算在祖母家待上一个月。离开博纳罗蒂路上的别墅时，他们对前路全然无知：此后的四年中，他们再也没有回到的里雅斯特。事实上，在战争开始之后，埃内斯托·克劳兹就与其他维也纳银行的员工一起被调回了帝国的首都。1914 年 8 月底，他与家人先住进了一家私人旅馆，后来在维也纳“高级郊区”之一的席津（Hietzing）找到了一幢美丽的别墅，山下就是美泉宫（Schönbrunn）[4]，于是便在这里安顿了下来。这时，西尔维娅八岁，利奥七岁，吉奥乔两岁。自小生长在克恩顿州（Carinthia）[5]的女家庭教师玛利亚·品特（Maria Pinter）［玛利亚·萨诺利·弗留利（Maria Sanoli Friuli）］帮助比安卡照料着几个孩子。“感觉就像生活在乡下。”利奥的弟弟乔治·克莱恩说，“那里有许多公园，冬天一到，我们就到离家很近的一座被白雪覆盖了的山丘上滑雪橇。”[⑧]

在十九世纪的最后三十余年，随着环旧城而建的环城大道的落成，生活在维也纳郊外的德布灵（Döbling）、彭青（Penzing）和哈特多夫（Hütteldorf）成为一种时尚。在那里，上层中产阶级工厂主们通过建造富丽堂皇的宫殿来炫耀他们的特权，而许多来自文化精英阶层[6]的艺术家和知识分子们［包括建筑师奥托·瓦格纳、作曲家古斯塔夫·马勒、画家科罗曼·莫塞尔（Koloman Moser）和作家赫尔曼·巴尔］则选择在席津建造美轮美奂的新艺术主义（Jugendstil）[7]别墅，从而满足他们对乡村生活的幻想——既远离了城市中心的喧嚣，又不脱离都市的繁华。席津地处维也纳西南部，这里面朝皇宫而建的公园风景秀丽，巧夺天工的建筑美不胜收。这座位于城市边缘的村落如同一个巨大的气泡，罩起了一片文化的乐土。从那时起，克劳兹家的三个孩子便常在美泉宫的庭园中嬉戏，在拥有 1441 个房间的帝王宅邸中漫步，在凯旋门（Gloriette Pavilion）（1775 年为纪念玛利亚·特蕾西亚统治的奥地利和腓特烈二世统治的普鲁士间的战争而建）、动物园（Tiergarten）（欧洲最古老、最令人目不暇接的动物园，内有非洲鸵鸟、大象和各个品种的猩猩）和棕榈屋（Palmenhaus）（欧洲最大的植物温室，内有来自热带、赤道带和温带的百年老树）中游玩，在 1908 年落成的科学技术博物馆（Technisches Museum）中游览，那里的互动展品总让孩子们流连忘返。每天，他们都会从位于埃尔斯勒巷（Elsslergasse）的家中出发，沿拉罗什巷（Larochegasse）信步而行，经过绍普别墅（Villa Schopp）、普里马韦西别墅（Villa Primavesi）和瓦特曼巷（Wattmanngasse）的“姜饼屋”，他们对这个区域中每一栋由阿道夫·鲁斯（Adolf Loos）[8]、约瑟夫·霍夫曼（Josef Hoffmann）[9]和奥托·施恩泰（Otto Schönthal）[10]设计的精美住宅都如数家珍；而后他们会在格劳里埃特巷（Gloriettegasse）、奥皮茨巷（Opitzgasse）和海姆巷（Heimgasse）这样静谧的街道中徜徉。

1914 年 9 月，利奥·克劳兹进入席津区第二中学（Bezirk II Mittelschule）[11]就读。他的班上有一个可爱的男孩，像是一位“绅士……满头卷发，一脸天真烂漫。他爱做梦，爱音乐，每每听到歌声和钢琴曲时都会跟着哼唱，对美丽的女性也总是穷追不舍。”⑨他就是诗人[12]之子莱蒙德·冯·霍夫曼斯塔尔（Raimund von Hofmannsthal）。正值少年的他虽然极具艺术天赋和交际手腕，对学习却完全不感兴趣，这令他的母亲甚是担忧。⑩后来，莱蒙德·冯·霍夫曼斯塔尔在伦敦、巴黎、好莱坞和纽约过着潇洒的生活，从不会为将来的事情操心。他的一位朋友是这样评价他的：“他是昨日世界最后的遗孤，带有英国上层社会的迷人气质。他是一个梦想家，一位绅士，当他发现自己站在世界的边缘，眼前满目疮痍，这才如梦方醒。”⑪与维也纳文化阶层的名门之后一同接受教育对年幼的利奥·克劳兹而言绝不轻松。七岁的他，不仅要适应新的环境，还要与优于自己的同侪展开竞争，他是如何面对这些挑战的呢？谈起这段经历时，利奥的波澜不惊令人意外：“我父亲任职于维也纳一家大银行的分行，我刚开始上学没多久，他就被调去维也纳工作了。当时的的里雅斯特可以说是意大利和奥地利矛盾的焦点。这当然意味着一次背井离乡，但无论如何，我德语说得不错，所以并没有感到格格不入。我很快就适应了学校……当然了，在维也纳生活是非常棒的经历，就算对那个年纪的小孩来说也不例外。”⑫

1914 年秋天，“世纪之交”[13]过后的维也纳因为聚集了世界一流的知识分子、分离派艺术家（建筑师、画家、设计师）、作家、音乐家及科学家（当然包括精神分析学家，同时还有社会学家、历史学家和经济学家）而光芒万丈。十五至二十年前，在仁慈的哈布斯堡王朝的统治下，记者、银行家和其他博学多才的资产阶级犹太人帮助这些知识分子开创了欧洲历史上罕见的一次文化复兴。“我的父亲温文儒雅。”利奥·卡斯泰利后来回忆，“他的‘图书馆’里有不少名著，像他这么忙的人，可能不会再有时间读那些书了。不过，他会定期购买维也纳的《新自由报》。那份报纸的文化水准很高，介绍了当时在维也纳诞生的绘画和雕塑，那是一个百花齐放的时代，这一点众所周知。儿时的我根本不懂得它们的影响，事实上，直到现在我还在通过观看展览逐渐理解它们的意义。”[13]埃内斯托·克劳兹与斯蒂芬·茨威格、阿诺德·勋伯格（Arnold Schönberg）[14]、卡尔·克劳斯（Karl Kraus）[15]、罗伯特·穆齐尔（Robert Musil）[16]、胡戈·冯·霍夫曼斯塔尔（Hugo von Hofmannsthal）[17]和奥托·鲍尔（Otto Bauer）[18]一样，在世纪之交时都刚满二十岁，同属于那个时代。

与父亲走在维也纳的街道上，年幼的利奥·克劳兹不禁啧啧称奇。这也难怪，这座新的家园有太多美不胜收的画面：普拉特公园（Prater）一带井然有序的曲径，格拉本（Graben）宽阔平坦的大街，环城大道上飞阁流丹的资产阶级建筑，美泉宫内的湖光山色和为纪念歌德（Goethe）[19]、勃拉姆斯（Brahms）[20]、舒伯特（Schubert）[21]和布鲁克纳（Bruckner）[22]而建的纪念碑，以及多瑙河畔的和风丽日。可以想象，当他站在由奥托·瓦格纳设计建造的维也纳有轨电车站（Wiener Stadtbahn）入口，或在分离派展览馆（Sezession Building）前驻足，阅读着建筑上用白色和金色镌刻着的宣言——“每个时代有它自己的艺术，艺术有它自己的自由”[23]，他可能已经意识到，一个冲破历史相对论[24]的艺术时代即将来临。在这个男孩的心目中，弗洛伊德、施尼茨勒、勋伯格、科柯施卡、克里姆特、莫塞尔、霍夫曼等许许多多大师的名字，让空气迸发出了文化的活力。

当然，国家歌剧院（Staatsoper）、城堡剧院（Burgtheater）、阿尔贝蒂娜博物馆（Albertina）、艺术史博物馆（Kunsthistorisches Museum）、乌拉尼亚天文台（Urania Observatory）在战时依旧照常开放，克朗马戏团（Krone Circus）也没有停止演出。不过，考虑到战争因素，门票打折出售。

克朗马戏团！“燃烧的世界”[25]！“燃烧的世界”！“燃烧的世界”[26]！

五幕令人叹为观止的爱国主义马术大观

由 500 名演员携 100 匹骏马在普拉特公园上演

第一幕：王公

第二幕：在那慕尔（Namur）

第三幕：在加利西亚

第四幕：圣战

第五幕：伟大的胜利

为了能让广大人民群众观看到我国最盛大的爱国主义马术表演，管理层决定低价出售门票，向观众们提供战时特惠！⑭

1916 年 3 月 25 日，施尼茨勒带着与利奥·克劳兹同岁的女儿莉莉在人民歌剧院（Volksoper）观赏了一出午后场的儿童剧《白雪公主》（*Snow White*）。“庸俗的爱国主义戏剧。”他尖刻地写道。同时，女儿成熟的反应也触动了他：“这是莉莉第一次进剧院，但是她已经非常挑剔了。看着看着，当一组新的演员登上舞台，台下的每一位观众都在鼓掌，她却说：‘哎哟，我可不会为这个鼓掌！’”⑮很多年后，当克劳兹家的三个孩子回忆起在帝国首都的日子，他们想起的或许是当时清苦的生活（2005 年 11 月，乔治·克莱恩在旧金山回忆说：“我还记得我们在面包里发现的那根稻草！”⑯），也可能是背井离乡的落寞，但无论如何，在维也纳生活总归是激动人心且意义重大的一段经历。1995 年的一天，西尔维娅的孙子保罗·里特与利奥相约共进午餐，席间，他说打算写一篇关于二十世纪头二十年维也纳文学的论文，没想到（在正常情况下总是对过去缄口不言的）利奥竟情不自禁地对外孙讲述了那段令他尤为难忘的美好时光。时间倒回到 1916 年：年幼的利奥还是一名学生，当时阅读的各类诗歌都令他毕生难忘。

我曾有位好同志

天下无双
战鼓声声震天
我们并肩冲锋陷阵
节奏一致、步伐整齐。

一枚子弹擦肩而过
会打中他还是我?
他应声而倒
在我脚边
就像我身体的一个部分。

他向我伸出手
而我却正在给枪上膛
再也帮不到你了——
你已长眠不醒
我的好同志![⑰]

“为了上帝、君主和祖国!”[27]——这不断出现在校园、童谣、歌曲和口号中的句子让维也纳的孩子们在不知不觉间被拉进了战争部对“奥地利之子”的动员[⑱]。奥地利政府认为儿童们“是时候”去接受一些奥地利的国家理念了,于是对他们进行了专为培养“战争儿童[28]”设计的“战争教育”[29]。身为一国之父的皇帝与政府不谋而合:1908年,在他登基六十周年的庆典上,他不仅用“一切为了孩子![30]”作为演讲的开始,还创立了奥地利帝国青少年联合会(k.k. österreichischer Jugend-Reichsbund)。他对青少年关怀备至,事实上,他在开战前夕致儿童的一首诗中就这样写道:“致你们,奥地利的儿童,全体国民的珍宝,我赐予你们,千百次,对未来的祝福。”[⑲]

对皇帝的狂热崇拜是奥地利教育的一部分。在一场定期举行的仪式上，小克劳兹们在美泉宫受到了皇帝的正式接待，自然也感受到了笼罩着那里的神秘光环。斯蒂芬·茨威格对这类仪式做过生动的记述：“我曾在无数气势恢宏、异彩纷呈的华丽庆典上看到过年老的皇帝，也见过他站在美泉宫雕栏玉砌的台阶上接受八万维也纳学童的致敬，在他身旁簇拥着皇室成员和制服上挂满了耀眼勋章的将军们。孩子们站在巨大的绿色草坪上列队而歌，用稚嫩的嗓音动人地合唱出海顿（Haydn）的那曲《天佑吾皇》（“God protect our Emperor”）。”[20]就这样，奥地利的孩子们接受着驯化，他们要被培养成完美的公民，深信祖国是一个强大的国家。战争宣传总会选择一些孩子作为国家的象征。弗朗茨·斐迪南和他的妻子遇刺身亡后，主流媒体将他们的三个孩子索菲亚（Sofia）、马克斯（Max）和恩斯特（Ernst）塑造成了奥地利悲剧的典型代表。报刊对这三个孤儿的渲染极尽夸张煽动之能事：“在命运的安排下，这三个孩子可怜的父母为国捐躯，奥地利的每个家庭都应当对他们视如己出……人民对奥地利的热爱将会保佑他们。”[21]十二岁的波兰女孩罗莎·徐诺克（Rosa Zenoch）在给前线的士兵送水时被一枚俄国炮弹击中，她的一条腿因此不得不被截肢。所有报纸无一例外地将她宣传成了最伟大的战争女英雄之一，并刊登了大量皇帝去维也纳的医院中探望她时拍摄的照片。

从1914年初冬开始，报刊上就出现了英法联军连败盟军以及奥匈帝国部队伤亡惨重的消息。由于弗朗茨·约瑟夫相信“上帝眷顾天真之人”，孩子们的祷告就成了帝国最有力的后盾，所有学校因此接到圣谕：要为壮烈牺牲的亡灵祷告、为“全面胜利”祈福。随着时间的推移，关于战争的书籍、书信和童谣的出版形成了一个产业，其中颇具代表性的两首童谣是这样唱的：

> 彼得，小老弟，还有你的两个儿子
> 我们要把你们腌成酸萝卜！
>
> 你好维也纳！你好柏林！
> 十四天后

圣彼得堡见！[22]

很快，内政大臣就设计出了一款名为《世界大战总动员！》（Wir spielen Wetkrieg！）的游戏，作为一份“供小朋友们参与时事的礼物”。就这样，维也纳的男孩们穿上了军装，女孩们扮成了护士，并且被照片记录了下来。政府还根据这款战争游戏[31]开发了“蕴含历史和地理知识”的棋牌和猜谜游戏，在歌颂战争的同时，还能够帮助孩子们认识帝国的自然边界[32]。面对这些尝试，小克劳兹们作何感想？他们的父亲不仅是《新自由报》的忠实读者，还是一名坚定的爱国主义者。生活在高级社区中的他们，是否也看到过涂写在墙上的标语？在埃尔斯勒巷，吉奥乔和他的表弟皮耶罗会在他家的花园里比试网球，利奥会把他学到的摔跤技巧传授给其他几个孩子[23]，这里的世界远比别处平静得多。1915年5月，当意大利加入协约国同奥地利开战，也许连向意大利人抗议的强音都没能穿透席津的气泡，到达这片净土。年幼的卡尔·札勒斯基回忆道：“当意大利人背弃了三国同盟，他们在人们眼中就跟卡策马赫尔（Katzelmacher）[33]没什么两样了。”[24]斯蒂芬·茨威格指出，当消息传来，“顿时掀起了……仇恨的浪潮。任何与意大利有关的事物都会遭到唾弃。”[25]

事实上，无论年纪长幼，任何人都无法躲避城市中铺天盖地的宣传攻势。虽然关于音乐会、戏剧和文学会议的消息还会出现在海报栏和报纸中，但战况更新的公告和倡议书所占的比例正在迅速扩大。

军包！一海勒[34]一只！

女性或任何人士均可购买

请前往市场询问“军包”

所有销售所得将捐献给“黑黄十字会”（Schwarz-gelbe Kreuz）[35]！

请捐出您的鞋履

1 奥地利剧作家、小说家。维也纳现代派的核心人物。第一个把意识流手法引入德语文学中的奥地利作家，以表现心灵、潜意识和内心情感为宗旨的心理艺术风格使他成为德语现代派文学最杰出的代表之一。

2 奥地利表现主义画家、诗人、剧作家。

3 瑞士东部城镇。

4 坐落在奥地利首都维也纳西南部的巴洛克艺术建筑，曾是神圣罗马帝国、奥地利帝国、奥匈帝国和哈布斯堡王朝家族的皇宫。

5 奥地利最南面的一个州。

6 原文为德语：Bildungsbürgertum。

7 十九世纪下半段出现的一种建筑和装饰艺术风格，以欧洲为中心，十九世纪末起在世界范围盛行。

8 奥地利和捷克建筑设计师，对欧洲现代建筑具有重要影响的理论家。

9 奥地利建筑设计师和商品设计师，“维也纳工作坊”的另一位创始人。

10 奥地利建筑设计师。

11 德语，意为第二区中学。

12 胡戈·冯·霍夫曼斯塔尔（Hugo von Hofmannsthal），奥地利作家、诗人。1874 年 2 月 1 日生于维也纳，父亲是银行家。他 16 岁开始发表作品，优美的抒情、迷人的语言和梦幻的情调立即引起轰动，被称为“新浪漫主义神童”。

13 原文为法语：Fin de siècle，尤指十九世纪末，这一时期被广泛认为是一个衰退时代，但同时又带来了重新开始的新希望。

14 奥地利作曲家、音乐理论家、画家。

15 奥地利讽刺作家、记者、诗人、剧作家。

16 奥地利哲学作家，现代主义小说的开创者之一。

17 奥地利作家、剧作家、诗人。

18 奥地利社会民主党人，被认为是奥地利马克思主义者中最具影响力的思想家之一。

19 约翰·沃尔夫冈·冯·歌德（Johann Wolfeang von Goethe），德国文学家、政治家。

20 约翰内斯·勃拉姆斯（Johannel Brahms），浪漫主义时期的德国作曲家、钢琴家和指挥家。

21 弗朗茨·舒伯特（Frornz Schubert），古典主义后期和浪漫主义早期的奥地利作曲家。

22 安东·布鲁克纳（Anton Bruckner），奥地利作曲家，风琴演奏家和音乐理论家。

23 原文为德语：Der Zeit ihre Kunst, der Kunst ihre Freiheit。

24 历史相对论（Historicism）是一种强调历史重要性的理论，视历史如一种价值的标准或事件的决定因素。也特别指在艺术与建筑中，对历史的风格有自觉的复兴或参考仰赖。

25 原文为德语：Weltbrand。

26 原文为法语：Monde en feu。用德语、英语、法语三种语言表达的马戏剧名。

27 原文为德语：Für Gott, Kaiser und Vaterland！。

28 原文为德语：Kriegskinder。

29 原文为德语：Kriegsbildung。

30 原文为德语：Alles für das Kind。

31 原文为德语：Kriesppiel。

32 也称天然边界，是指利用山脉、河流、湖泊、海洋、沙漠等自然特征所划分的国家边界，一般由有关国家以协议形式明确规定。也就是说，自然边界也是人为确定的。

33 卡策马赫尔（Katzelmacher）一词是德语中对外国移民的蔑称，带有种族优越感的德国人认为他们肮脏、愚蠢、懒惰，是对社会资源的浪费，应当遭到鄙视。

34 奥地利一战时及战后通货膨胀时使用的货币单位。

35 第一次世界大战开始后成立的奥地利的战争人道救援组织。

我们的委员会将它们整修一新
并发放给维也纳的穷人！

奥地利人民，请想想你们的海军将士吧！
他们英勇地守卫着亚得里亚海，
如果他们足够强大，英国人和法国人就根本不能
将成千上万来自殖民地的军队输送到欧洲。
如果上帝将胜利赐予我们，
那么海军将对国家的胜利起到决定性的作用！
请向我们索取资料手册！[26]

——奥地利海军联合会（Association of the Austrian Fleet）

据年幼的玛格丽特·里德尔（Margarethe Riedl）回忆："到处都张贴着弗朗茨·约瑟夫皇帝和他的盟友——德意志帝国皇帝、意大利国王和土耳其苏丹的照片。皇帝与人亲切握手的图像被印在了盘子上，也被张贴在了无数张搁板桌上，围绕着几大广场的四周向公众展示。"[27] 1914年末，贝尔格莱德先是被奥匈帝国的军队（在12月2日）占领，（12月15日）后来又被塞尔维亚人夺回，于是政府开始大举推销国债。此后的四年间，几乎每一面维也纳的墙壁都被与战争相关的口号和图画占据了。"胜利属于我们！"谢汉墨与夏特拉银行（Bankhaus Schelhammer & Schattera）发出了这样的呼吁："请购买第三期战争国债。成功筹集资金能够为军队的武器装备提供最有力的保障。德国最近刚刚募得了120亿克朗，我们绝不能就这样输给他们。"

"因为国家缺少资金，政府开始发行国债。"在战争中长大的卡尔·札勒斯回忆说，"我的父母把他们辛辛苦苦挣来的钱献给了国家，换来的只是一张一文不值的纸片。国家还盯上了人民手中的黄金，他们用刻有'以金易铁'[36]的铁戒指换走了我们的戒指和项链……"[28]"以金易铁！"

奥匈帝国政府以过分夸张的爱国主义为名，用贪婪和具有误导性的说辞榨干了百姓身上的最后一个便士。政府将人民的血汗钱用于购买大炮、炸弹和坦克，并把每个家庭最宝贵的财富——他们的儿子，葬送在残酷的杀戮之中。当时年仅十岁的女孩玛格丽特·里德尔在后来谈到这种战争宣传时说："就这样，我们上交的黄金换回了铁。我们用金属和白镴的盘子换回了陶瓷和陶土的碟子，上面还刻着'战争带来胜利！'。当时我们都觉得这种交换是非常合理的。"㉙

作家卡尔·克劳斯对这种狂热的爱国主义，虚伪的英雄主义，对"胜利"幻想不可理喻的疯狂追逐，以及"军旅题材作品"中庸俗愚蠢的恶趣味做出了激情洋溢、一针见血的批判。他在自己创办的杂志《火炬》（*Die Fackel*）中指出，这是"一个笔尖上沾满鲜血而刀刃上流淌着墨汁的时代"㉚；他不遗余力地讽刺和谴责了所有令人发指的阴谋诡计，首当其冲的"罪人"是胡戈·冯·霍夫曼斯塔尔、理查德·戴麦尔（Richard Dehmel）和赫尔曼·巴尔这样的诗人，他们或创作了歌颂战争的诗歌，或曾为《新自由报》撰写过爱国文章。"我们的诗人和伟大的思想家们做得如何呢？……通过涉足新闻报道，诗人们成为参与战争的志愿者。看看为了获得身先士卒荣誉的霍普特曼（Hauptmann）[37]、戴麦尔和霍夫曼斯塔尔这几位绅士，在他们身后是一众不明就里却奋不顾身的追随者。"㉛后来，在他的戏剧杰作《人类的末日》（*Die letzten Tage der Menschheit*）中，克劳斯对此类宣传产生的巨大效果进行了尖刻的讽刺。其中的一个场景是身为教师的战争狂热分子曾特鲍尔（Zehetbauer）站在他的学生面前："所以你们在生日那天，一定要向你们正直的父母或监护人索要一样礼物，那就是为儿童设计的那款特别棒的游戏《世界大战总动员！》（peath to the Russians）马上就到圣诞节了，你们最好还能再要到那款《俄国佬去死》……最最重要的是，你们要坚强下去，做出你们力所能及的贡献，为战争国债摇旗呐喊，要收集金属，把藏在梳妆台里发霉的黄金献给国家！"㉜

"应征入伍"这四个字，无论是字面含意还是引申意义，都不是每一个艺术家会欣然接受的概念。作为一名反对者，画家埃贡·席勒（Egon Schiele）[38]就不认为他应该为不可一世的国家承担任何义务。“所有人都盼望战争能够结束。”他在当时写道，“对我而言，在哪里生活，或属于哪个国家，根本是无所谓的。在任何情况下，我都对对方，也就是我们的敌方更为动心，因为他们的国家要比我们有趣得多；他们有真正的自由和会思考的人，我们这里则少得可怜。该如何去评价今天这场战争呢？我只能说每一分钟都是在浪费时间。”㉝尽管反对之声不绝于耳，国家还是从 1915 年 10 月开始将手伸向了孩子们的钱袋。“就算不能扛起武器，我也能为抗敌出力。”㉞伴随着这样的口号，国家开始要求每个人都必须购买国债，这对所有奥地利学龄儿童而言都意味着人生中的第一次金融交易。不仅如此，孩子们还将收集来的毛线袜子和围巾作为“爱的信物”[39]送给了在前线战斗的士兵。

1915 年至 1916 年，在奥匈帝国向特伦托（Trent）[40]发动进攻期间，奥匈帝国全体公民都见证了战争开始后仅次于德国占领华沙的头号事件——弗朗茨·约瑟夫皇帝辞世。与之前一样，帝国的子民们依照自己的年龄和政治倾向对皇帝之死阐明了各自的态度：有的漠不关心，有的则表现出了爱国或悲痛之情。阿图尔·施尼茨勒这样写道：“22/11/16[41]。我们从报纸上获悉，皇帝于昨夜 9 点整与世长辞了……出于好奇，我与 O 一同进了城。格拉本大街上卖起了黑色的旗子和照片，但并不太多，商店的橱窗里挂出了黑色或暗色的衣服；气氛几乎没有受到什么影响，至少没有人为此悲痛欲绝。可如果他是在和平年代去世的，就算他年事已高，情况也会大不一样。如今，任何事都不会造成什么影响；无论是胜利，是失败，还是皇帝之死。”㉟与之截然相反的是斯蒂芬·茨威格对奥地利从未减弱的深情：“我在宫廷舞会上见过他，见过他身着绣有凸起花纹的礼服出现在帕雷剧院（Paré Theater），还见过他戴着施蒂里亚人（Styrian）的绿色帽子在伊舍（Ischl）外出打猎……在雾气萦绕的一天，前方战事正酣，我在嘉布遣会（Capucins）教堂的地宫中看着这位老人的灵柩入土为安。‘皇帝’曾经是一个集所有权力和财富于一身的词语，他曾经是奥地利永存于世的象征，而我们自幼就知道要在念出他的名字时心怀敬畏。”[36]跟利奥·克劳兹同岁的小玛格丽特从一个少年老成的孩子的视角向我们描述了这一事件：“我们八十六岁的皇帝在11月21日去世了，所有奥地利人都不会忘记这一天。街上到处悬挂着黑色的旗帜，我们开始相信，不仅皇帝死去了，古老的奥地利也随他而亡了。可惜的是，我只在电影院里看到了由八匹马牵引着的灵车和无数名跟随在送葬队伍之后的哀悼者，但我还是深受感动。从皇帝被安葬的那一刻起，我们在战争中的好运就消失了。”[37]

英国施行的海上封锁让德国和奥匈帝国受到了钳制，维也纳也成为历史上最受战争戕害的国都。敌军切断了这座城市与作为奥地利粮仓的匈牙利之间的联系，罕见的严寒带来了几十年来最难挨的一个冬天。满目疮痍的城市、商店门前排队的长龙、配给证的出台、不含面粉的面包和遭到屠宰的著名种马利皮扎（Lipizzaner）[42]在人们心中都留下了难以磨灭的印记。“我们在森林里寻找蘑菇和浆果，吃任何可以下咽的东西，”时年九岁的卡尔·札勒斯基回忆说，“当有人开始在马场里大开杀戒，食物供给的总体情况的确稍有改善；我为那些可怜的马儿感到难过，它们曾经那么高贵驯良；战争中，它们自始至终都在为人类服务，到头来却死在了屠夫的刀下！”[38]“我通常会在肉铺门前彻夜排队，直到他们开门营业。”当时十四岁的卡尔·泽尔纳（Karl Sellner）回忆道，“但每次轮到我的时候就什么也不剩了，配给给我们的食物也根本不足以抵抗饥饿。1918年秋天，我们已经没有鞋子、内衣和肥皂了，于是任何东西都成了鞋子和衣物的替代品。生活已经到了最悲惨的程度，于是有士兵开始叛逃。战争无法给生命最基本的尊重，他们受够了。”[39]

玛格丽莎·维特施尼克－厄尔巴切（Margaretha Witeschnik-Erlbacher）无法忍受“因过干一碰就碎的玉米面窝头[43]，只能就着一杯菊苣根制成的代用咖啡[44]才能勉强将其咽下……到最后，”她补充道，“维也纳人开始拿起锯子和斧头去维也纳森林（Wienerwald）砍伐树木。维也纳森林曾经是我们在歌声中赞颂的瑰宝，如今却落入了饥寒交迫的穷人手中。很快，维也纳人唱起了像这样的歌曲：‘我美丽的、神圣的维也纳森林，看看自己，你就知道维也纳人有多么寒冷了。'"[40]生活在席津美丽别墅中的小克劳兹们此时过得如何？他们是否也像其他寒冬中的维也纳儿童那样在用歌声向维也纳森林致哀？当他们意识到父亲也在购买战争国债，他们是否也喊出了那句可悲的口号——"以金易铁"？可以肯定的是，他们也不得不去接受配给证和玉米面窝头。"战争的最后一个冬季天寒地冻。"乔治·克莱恩回忆说，"因为我们每天必须要跟家庭教师外出散步，所以经常会长冻疮。战争即将结束时，供暖中断了，这让那个冬天变得更加难熬。"[41]他们（几乎）与其他维也纳儿童的处境完全一样，除了在1917年圣诞节那天，从的里雅斯特出差回来的埃内斯托·克劳兹给每个人带回了两千克橙子：那是多么棒的礼物啊！[42]

第二年，他们获悉了战争最后的消息：1918年秋，英国战胜了土耳其，意大利入侵了特伦托，乌迪内（Udine）和的里雅斯特，随后在维托里奥·维内托战役[45]中彻底击败了奥地利；革命运动在整个欧洲遍地开花，10月4日，德国求和投降，土耳其和奥匈帝国紧随其后。在首都维也纳的断壁残垣之中，匈牙利率先宣布独立，哈布斯堡王朝土崩瓦解，奥匈帝国的辉煌岁月从此结束。在斯蒂芬·茨威格眼中，这一切意味着他要挥别"那个昔日的奥地利了。如今，它只是欧洲大陆上一抹惨淡的落日余晖，曾经称霸一方的帝国此时好似行尸走肉。捷克人、波兰人、意大利人、斯洛文尼亚人夺回了他们的土地，只剩下一具支离破碎的躯干，鲜血流淌殆尽……首都的两百万条生命正饥寒交迫……再没有一点面粉、一片面包、一块煤炭、一滴燃料"[43]。

在大规模、毁灭性的交战中丧生的士兵多达一千万，受伤的则有两千一百万。与此同时，通货膨胀和配给制给社会带来了前所未有的灾难。欧洲是不可能在短时间内忘却这四年战争带来的惨痛代价的。政治上，四个帝国——德意志帝国、奥匈帝国、俄罗斯帝国和奥斯曼土耳其帝国都从地图上消失了。但对克劳兹一家而言，战争最大的影响是的里雅斯特从此归入了意大利的版图。当他们离开沦落的帝国之都重返故乡的时候，故乡已经落入敌手。1918年，他们的邻居埃贡·席勒回到了他在席津的画室，重新拾起画笔。许久之后，他终于在非议声中赢得了认可：成立于二十年前的维也纳分离派邀请席勒为他们的第四十九场展览担任策展人，而作为一项殊荣，他的作品将被挂进位于展览正中的那间展厅。此时的席勒不仅在为导师古斯塔夫·克里姆特的去世感到悲痛，还与慕尼黑的蓝骑士社（Blaue Reiter）开展了亲密的合作。他的梦想是成立一座新的美术馆[46]，而不必再去仰仗那些辜负了艺术的政客们。“这样一来，画家、雕塑家、建筑师、音乐家和诗人就获得了与公众交流的机会，这将对抗愈演愈烈的文化分裂。”[44]多年抗争之后，他备受争议的见解终于赢得了胜利。然而，1918 年 10 月 29 日，西班牙流感[47]夺去了他妻子和腹中胎儿的生命，三天后，他也屈服于凶残的病魔离开了人世。而他的去世，几乎成了对维也纳结局的一个隐喻。

维也纳，埃尔斯勒巷 20 号
第一次世界大战期间，克劳兹一家落户维也纳郊外的席津区，就居住在这栋房屋的一层
安妮·科恩－索拉尔提供

维也纳的生活原本非常平静，利奥回忆说，“直到的里雅斯特从奥匈帝国的‘奴役’中获得了所谓的‘解放’。”对一个亲历过一战的人而言，他如此中立冷漠的态度不同寻常。哈布斯堡王朝时代的犹太族群[48]在大都会[49]维也纳的席津区将自己塑造成了自豪的国际公民。被隔离在这里的利奥真的了解先后被战争和革命淹没了的帝国首都吗？还是始终只在席津的结界中隔岸观火？让我们听一听他与罗伯特·平卡斯－威腾（Robert Pircs-Witten）[50]的一次对话：“一到维也纳，故乡的里雅斯特的价值体系就完全失效了。因此，最富有的犹太人始终处于一种矛盾状态，他们感觉自己既得到了社会的接纳，同时又被排除在外……而我则是彻头彻尾的归化主义者，那时的我或许是一个持不可知论[51]的传统理性主义[52]者，我不得不承认，那只是为了能够更好地融入社会。”[45]不过，岌岌可危的奥匈帝国突然崩塌（对此，他幻想自己并未受到任何影响），是否还是对于塑造利奥·卡斯泰利的未来起到了某些作用？他是典型的空想家[53]——一个与现实脱节的梦想家——在这个令他舒适的表象下，是否隐藏着许多错综复杂的难题？

战争爆发前的维也纳风雨飘摇，科柯施卡和勋伯格这样具有先见之明的艺术家们已经明确地表达了他们的异见；施尼茨勒和克劳斯这样的作家则通过提出“自我”是人类终极的避难所为即将笼罩世界的不安找到了出口。帝国首都的生活究竟对我们的主人公产生了怎样的影响？阿图尔·施尼茨勒的小说《通往旷野的路》（*Der Weg ins Freie*）的结尾或许为这个问题提供了答案。“其实一直以来只有一个问题，那就是我们对自己的认识到底有多深。”小说中的人物海因里希（Heinrich）对因混乱不堪而举步维艰的格奥尔格·冯·威尔根特欣（Georg von Wergenthin）解释说：“当自我的每一个层次都清晰可见，我们就同时既有罪又无辜，既懦弱又勇敢，既癫狂又明智。”[46]是否可以将利奥·克劳兹想象成另一个格奥尔格·冯·威尔根特欣呢？

1918 年 10 月 20 日，埃尔斯勒巷。这是返回的里雅斯特前拍摄的最后一张家庭合影。站立着的西尔维娅头戴一只巨大的蝴蝶结发饰，她心

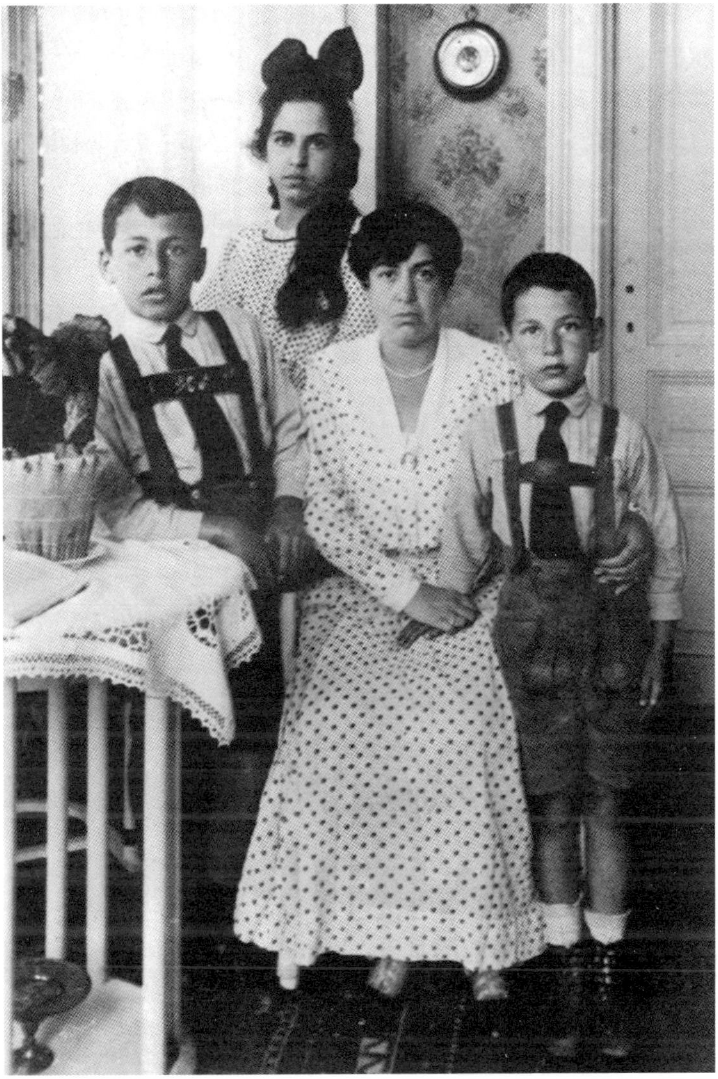

1918 年 10 月，维也纳
返回的里雅斯特前的最后一张家庭合影
从左至右：利奥、西尔维娅、比安卡和吉奥乔 · 克劳兹
让 - 克里斯托弗 · 卡斯泰利提供

不在焉地凝视着镜头后的某处。穿金戴银的比安卡·克劳兹端坐在她的孩子们中间，一脸严肃。她紧搂着小吉奥乔，一手环抱着他的腰，一手攥着他的小手。西尔维娅那天穿着一件黑白波尔卡圆点[54]连衣裙，跟她母亲身上那条裙子的图案一模一样，这是母亲的安排吗？为了方便旅行，兄弟俩是否也必须按照母亲的要求穿上传统的蒂罗尔（Tyrol）[55]服饰——皮裤、领带和白衬衫？脚蹬一双踝靴的吉奥乔站得笔直，他显然是屈服于母亲的威严，一本正经地摆好了姿势，乖巧得宛如一个小模特。而利奥则刻意远离着画面的中心：他双唇微启，胳膊肘倚靠在铺有蕾丝桌布的餐桌上，上身向画面左侧微倾，他已经在与其他人保持距离了。没有微笑，没有摆出一往无前的姿态——完全不打算为拍照装出一副兴高采烈的样子。在离开那座偌大的黄色别墅时，他们离开的还有这个即将覆亡的帝国。我不禁想到，维也纳的四年光阴给克劳兹家的孩子们留下了怎样的记忆、怎样的画面、怎样的问题？为什么西尔维娅的姿势透露出了一种听天由命的忧伤？为什么从利奥的眼中流露出了一丝孤独？

[36] 原文为德语：Gold gab ich für Eisen。

[37] 格哈特·霍普特曼（Gerhart Hauptmann），德国剧作家和诗人，自然主义文学在德国的重要代表，1912 年诺贝尔文学奖获得者。

[38] 奥地利画家，克里姆特的门生，二十世纪早期最重要的具象画家之一。

[39] 原文为德语：Liebsgaben。

[40] 意大利北部城市，特伦蒂诺大区首府。

[41] 1916 年 11 月 22 日。

[42] 产自斯洛文尼亚的一种高级骑术马，是维也纳竞技场上最受欢迎的马种之一。

[43] 原文为俄语：Kukuruzbrot。

[44] 用非咖啡豆的其他物质制作的廉价咖啡替代品。

[45] 第一次世界大战意大利战场的一次决定性战役，于 1918 年 10 月 24 日至 11 月 3 日在意大利维托里奥·维内托爆发，由意大利军队获得胜利告终，标志着一战意大利战线的终结，并进而引发了奥匈帝国的崩溃，两周后，第一次世界大战结束。

[46] 原文为德语：Kunsthalle。

[47] 1918 年秋季开始在全球大量爆发的流行性感冒，至 1920 年春季，在全世界造成约 10 亿人感染，近 4000 万人死亡。因为当时西班牙有 800 万人感染了流感，甚至连西班牙国王也感染了此病，所以被称为西班牙流行性感冒。

[48] 原文为德语：Juden。

[49] 原文为德语：Weltstadt。

[50] 美国艺术评论家、策展人、艺术史学者。

[51] 一种哲学观点，认为形而上学的一些问题，例如是否有来世、天主是否存在等，是不为人知或者根本无法知道的想法或理论。

[52] 理性主义是认为人的理性可以作为知识的来源和检验手段的一种认识论观点。理性主义者认为，真理的标准不是感性的体验，而是通过思考和推理得到的。

[53] 原文为德语：Luftmensch。

[54] 波尔卡圆点一般是同一大小、同一种颜色的圆点以一定的距离均匀地排列而成。波尔卡这个名字，来源于一种名叫波尔卡的东欧音乐，倒不是说这些图案像跳动的音符，而是有一段时间很多波尔卡音乐的唱片封套都是以波尔卡圆点图案来装饰的。

[55] 奥地利西南部的一个州。

维也纳，霍夫堡皇宫（Hofburg Palace）的圣米迦勒宫（Michaelertrakt），哈布斯堡王室的寝宫
克劳兹家的孩子们在维也纳时就曾经领略过这样的皇家风采
不久之后，王朝覆灭，这座宫殿也失去了往日的光辉
意大利阿林纳里国家摄影博物馆藏

① 斯蒂芬·茨威格，《昨日的世界》，260 页。

② 阿图尔·施尼茨勒，《日记，1913—1916》（*Tagebuch, 1913—1916*）（维也纳：Verlag der Österreichischen Akademie de Wissenschafter, 1983 年出版），123 页。

③ 斯蒂芬·茨威格，《昨日的世界》，256—258 页。

④ 克里斯塔·翰莫勒（Christa Hämmerle），《第一次世界大战中的童年》（*Kindheit im Ersten Weltkrieg*）（维也纳、克隆、魏玛：Böhlau Verlag, 1993 年出版），248 页。

⑤ 奥斯卡·科柯施卡，《逝去的海市蜃楼》（*Mirages du Passè*）（巴黎：Gallimard，1966 年出版），31 页。

⑥ 阿图尔·施尼茨勒，《日记，1913—1916》，128 页。

⑦ 茨威格，《昨日的世界》，264—267 页。

⑧ 乔治·克莱恩博士访谈，作者采访，旧金山，2005 年 11 月。

⑨ 阿图尔·施尼茨勒，《日记，1913—1916》，311 页。

⑩ 乌尔里克·魏因齐尔（Ulrich Weinzierl），《霍夫曼斯塔尔：绘画草图》（*Hofmannsthal: Skizzen u einem Bild*）（维也纳：Paul Zsolnay Verlag，2005 年出版）。

⑪ 克里斯托夫·格拉夫·冯·什未林（Christoph Graf von Schwerin），《仿佛一切从未发生：回忆》（*Als Sei Nichts Gewesen: Erinnerungen*）（柏 林：Das Neue Berlin，1997 年出版），344 页。

⑫ 安·亨德利编辑，《克劳德·贝里遇见利奥·卡斯泰利》（巴黎：Renn，1990 年出版），14 页。

⑬ 亨德利编辑，《克劳德·贝里遇见利奥·卡斯泰利》，14 页。

⑭ 翰莫勒，《第一次世界大战中的童年》，46 页。

⑮ 施尼茨勒，《日记，1913—1916》，276 页。

⑯ 乔治·克莱恩博士访谈，作者采访，旧金山，2005 年 11 月 29 日及 30 日。

⑰ 翰莫勒，《第一次世界大战中的童年》，46 页。路德维希·乌兰德（Ludwig Uhland），《好同志》（*Der gut Kamerad*）。原文为德语："Ich hatt' einen Kameraden / einen bessern find'st du nicht. / Die trommel schlug zum Streite, / er ging an meiner Seite / im gleichen Schritt und Tritt. // Eine Kugel kam geflogen, / gilt's mir oder gilt es dir? / Ihn hat es weggerissen, / Er liegt mir vor den Füßen, / als wär's ein Stück von mir. // Will mir die Hand noch reichen, / Derweil ich eben lad: / Kann dir die Hand nicht geben, / Bleib du in ew'gen Leben / Mein guter Kamerad!"。

⑱ 莫琳·希利（Maureen Healy），《为全面战争动员奥地利儿童》（"Mobilizing Austria's Children for Total War"），摘自《维也纳和哈布斯堡王朝的覆灭：全面战争及第一次世界大战的日常生活》（*Vienna and the Fall of the Habsburg Empire: Total War and Everyday Life in World War I*）（剑桥：Cambridge University Press，2004 年出版），211—257 页。

⑲《我们最亲切的皇帝陛下弗朗茨·约瑟夫一世对世界大战中的孩子们的信，1914—1915》（"Der Brief Sr. Majestät unseres allergnädigsten Kaisers Franz Joseph I. an die Kinder in Weltkriege，1914—1915"），摘自翰莫勒，《第一次世界大战中的童年》。

⑳ 同上，334—335 页。

㉑《科诺皮什切观点》（"Den Weisen von Konopischt"），《新自由报》，1914 年 6 月 30 日出版。

㉒《彼得，老兄》（"Peter, du blöder"），原文为德语："Peter, du blöder, mit deinen zwei Buben / Wir machen von euch saure Rüben!"。《你好维也纳！》（"Heil Wien！"），原文为德语："Heil Wien! Heil Berlin! / In 14 Tage / In petersburg drinn!"。

㉓ 皮耶罗·克恩，作者采访，的里雅斯特，2005 年 5 月 2 日。

㉔ 翰莫勒，《第一次世界大战中的童年》，248 页。卡策马赫尔是一名不受欢迎的外国人，他像一只未被阉割的雄猫一样到处交配、产子。

㉕ 斯蒂芬·茨威格，《昨日的世界》，290 页。

㉖ 伯恩哈德·丹斯切尔（Bernhard Denscher），《吾以金易铁：1914—1918 奥地利战争海报》（*Gold gab ich für Eisen: Österreichische Kriegsplakate 1914—1918*）（维也纳：Jugen & Volk，1987 年出版）。

㉗ 翰莫勒，《第一次世界大战中的童年》，81 页。

㉘ 同上，248 页

㉙ 同上，81 页。

㉚《火炬》，404 期（1914 年），第 1 页。参见利奥·卡斯泰利的外孙保罗·里特研究卡尔·克劳斯的精彩论文《反记者：卡尔·克劳斯和世纪末欧洲犹太人的自我塑造》（芝加哥：University of Chicago Press，2008 年出版）。

㉛《在这伟大的时代》（"In dieser grossen Zeit"），摘自《火炬》，414 期，18 页。

㉜ 第一幕，第九场。

㉝ 让-路易·吉耶曼（Jean-Louis Guillemin），《埃贡·席勒：剥了皮的水仙》（*Egon Schiele : Narcisse écorché*）（巴黎：Gallimard，Découvertes，2005 年出版），107 页。

㉞ 原文为德语："Konnt ich auch nicht Waffen tragen / half ich doch die Feinde schlalagen."。

㉟ 阿图尔·施尼茨勒，《日记，1913—1916》，333 页。

㊱ 斯蒂芬·茨威格，《昨日的世界》，334—335 页。

㊲ 翰莫勒，《第一次世界大战中的童年》，81 页。

㊳ 翰莫勒，《第一次世界大战中的童年》，248 页。

㊴ 同上，255—256 页。

㊵ 同上，255—256 页。原文为德语："Du lieber，du heiliger wienerwald，man sieht es dir an，den Wienern war kalt."。

㊶ 乔治·克莱恩博士访谈，作者采访，旧金山，2005 年 11 月 29 日及 30 日。

㊷ 皮耶罗·克恩访谈，作者采访，的里雅斯特，2005 年 5 月 2 日。

㊸ 斯蒂芬·茨威格，《昨日的世界》，330 页。

㊹ 吉耶曼，《埃贡·席勒：剥了皮的水仙》，115 页。

㊺ 罗伯特·平卡斯-威腾，《利奥·卡斯泰利，温柔掠影》（*Leo Castelli : Gentle Snapshots*）（苏黎世：Bruno Bischofberger，1982 年出版），13—14 页。

㊻ 阿图尔·施尼茨勒，《通往旷野的路》（*Der Weg ins Freie*）（海德堡：C. Winter，1989 年出版）。

6—给皇帝添一撇假胡子

奥地利的军官们正在准备离开……一道红光闪过，照亮了整片天空，提醒我们匆忙撤退的奥地利人正在炸毁他们的兵工厂。此后的两天里，的里雅斯特不属于任何一个国家。[①]

——安娜·法诺（Anna Fano）

1918 年秋。战争结束了。克劳兹一家回到了他们在的里雅斯特博纳罗蒂路上的家。房子还是原来那栋房子，城市还是原来那座城市，国家却不再是原来那个国家了。每天都有一些奥匈帝国残存的遗迹被抹去。西尔维娅、利奥、吉奥乔 · 克劳兹和其他的里雅斯特人一同见证了一系列具有象征意味的特殊举动：一条条道路被重新命名，一座座雕塑遭到移除。维也纳路（Via Vienna）成了菲尔齐路（Via Filzi）[1]，莱比锡广场（Piazza Lipsia）成了维托里奥 · 维内托广场（Piazza Vittorio Veneto），交易所广场（Piazza della Borsa）上的海王星喷泉（Fountain of Neptune）被拆除了，自由广场（Piazza Libertà）上象征奥地利统治的纪念碑如今被迁移到了圣儒斯定（San Giusto）[2]；茜茜公主和马克西米利安大公的塑像则被挪到了米拉马尔城堡（Castello di Miramare）的庭院中；不久，奥地利克朗也被意大利里拉取代了。

"战争的最后一周，"安娜 · 法诺写道，"土耳其步保加利亚的后尘请求休战……城外传来一些风声，虽然含糊不清，但也已经提供了足够的信息。你能感觉到空气中发生的变化。1918 年 10 月 29 日的夜晚，震耳欲聋的叫声和歌声催我来到了窗前，学生们声嘶力竭地唱着：'在罗塞蒂（Rossetti）[3]的故乡，只能说意大利语！'所有人都心潮澎湃起来，我也不例外。我们感到一切苦难都结束了。奥地利投降了。10 月 30 日，城市的上空逐渐出现了意大利国旗，在奥地利警卫面前迎风飘扬。他们已经接到了撤离这座城市的命令。我在大广场上目睹了市政厅前升起意大利国旗的一幕。有生之年，我很少有参与集体狂欢的热情，这是为数不多的一次。我感到自己是人群中活生生的一分子。在自由和喜悦的感召下，我与其他人一同歌唱起来：'意大利的的里雅斯特万岁！[4]'。的里雅斯特人民急切地向地平线上不停张望，期盼意大利的舰队早些到来……"

"11 月 2 日，引擎的轰鸣声让我不得不抬头仰望天空。意大利的飞机正在向地面投撒传单，提醒人们明天就是他们登陆的日子。一名飞行员违反了纪律，擅自在城中降落，民众激动地将他高高举起。大广场上，

的里雅斯特，米开朗基罗路（Via Michelangelo）20号，克劳兹家的第一栋别墅，弗朗西斯科·蒙特内罗（Francesco Montenero）提供

人们欢庆着意大利的登陆……佩蒂蒂·迪·罗雷托（Petitti di Roreto）将军宣布：‘我以意大利国王的名义正式接管的里雅斯特城！’我仿佛从无尽的绝望中走了出来，从长久的疾病中得到了康复，那些日子留给我的感受是全身上下沸腾着的欢愉。琳琅满目的商店张灯结彩，欢欣雀跃的人们会在路上亲吻身边经过的同胞。阅兵的队伍在街道中行进，从来自意大利的军官面前走过，我们则将这一切看在眼中，百感交集。没过多久，人群中响起了这样一首歌：‘的里雅斯特的青年妇女们／都在动情地歌唱／哦意大利，哦我亲爱的祖国，您让我们获得了自由！’在我们眼中，战争当真结束了。它已经夺去了一千万条生命，毁掉了超过两千万健全的身躯。”②

1919年6月1日，的里雅斯特人迎来了第一个国庆假期[5]，街道中挂满了意大利国旗。奥斯塔公爵（Duke d'Aosta）在佩蒂蒂·迪·罗雷托将军的陪同下，检阅了在海湾处集结的意大利陆军，而后驾马带领威武雄壮的仪仗队穿过了城市的街道。与此同时，大广场上空正在进行着飞机特技表演。1921年3月20日，星期日，的里雅斯特城为威尼斯－朱利亚地区正式并入意大利王国举行了极为隆重的庆祝仪式。大广场上人声鼎沸；拥挤的人群占据了广场的每个角落，每一尊塑像、每一座喷泉和每一个屋顶上都爬满了人，无数面三色旗[6]迎风飘扬。海湾中的军舰升起了五彩缤纷的万国旗。聚集在广场上的民众，有的穿着深色制服；有的身穿佩有肩章和全套徽章的白色军服，戴着装饰有鸵鸟羽毛的军帽；有的则身着礼服、头顶礼帽。将军们、上将们、大臣们和其他要员们，都灵、那不勒斯、威尼斯、博洛尼亚和佛罗伦萨的市长们，以及半岛上的每一位政府官员几乎都为这一盛事前来庆贺，并加入了游行的队伍——只有国王没能到场，但也差人送来了诚挚的祝福。拉涅利（Ranieri）大臣、索莱里（Soleri）大臣、众议院副议长德·贝莱尼尼（de Berenini）和佩蒂蒂·迪·罗雷托将军出席了在大教堂中举行的正式典礼，并在威尔第剧院（Verdi Theater）观看了盛大的演出，这让的里雅斯特人倍感荣耀。许多人都感到，从这一刻开始，的里雅斯特已经成为意大利半岛上最伟大的城市之一。③这座城市回到了意大利的怀抱，从今往后，从这里到维也纳的车程将由十个小时变为二十个小时——这是一种倒退的进步！当意大利人欢欣雀跃的时候，奥地利人却悲痛欲绝。《新自由报》如此评论："没有任何一次战败如今天这般惨烈。从这一刻开始，第一次世界大战丧失了它的全部意义。"④

1918年，手握实权的的里雅斯特商业银行的行长、42岁的埃内斯托·克劳兹已经是的里雅斯特最具影响力的公民之一了。这家银行为工业家和银行家的合作提供清算服务和金融资源，营运资本达800万里拉。敢想敢干的企业家埃内斯托·克劳兹深谙社交之道，并将它作为扩大自身影响力的工具。他在包括阜姆第一水稻脱壳及淀粉厂（Prima Pilatura Fiumana di Riso e Fabbrica d'Amido）、亚得里亚联合保险公司（Riunione Adriatica di Sicurtà）、工商及金融业联合会（Soc. An. Commerciale Industriale e Finaziaria）、的里雅斯特林业联合会（Soc. An. Forestale Triestina）等十九家机构担任董事。[5]他热衷于追求专业上的优势，在今天完全可以被称作一位工作狂。休息的时候他也根本闲不下来，每周日，他都要与埃科诺莫男爵（Baron Economo）一同骑马。过去，他在匈牙利就总在家族的土地上纵横驰骋。他热爱音乐，时常会去欣赏音乐会和歌剧，虽然他的音乐知识完全来自自学，但他却天生具备很好的判断力和理解力。与埃内斯托走得很近的邻居阿尔贝托·弗兰克伏特（Alberto Frankfuter）是奥地利劳埃德（LLoyd Austriaco）公司的总裁。拥有上百艘轮船的奥地利劳埃德公司是世界最大的航运公司之一，它不仅让的里雅斯特的大名在地中海和黑海家喻户晓，甚至传播到了印度、中国和日本。

尽管如此，埃内斯托·克劳兹依然不得不面对各种错综复杂的难题，他极力抗争的社会差异就是其中之一。对此他的子女们虽不甚明了，但也有所察觉。“我们与卡斯泰利表亲们存在着很大的社会差异。”乔治·克莱恩回忆说，“他们并不穷，但与我们却处于两个完全不同的阶级。除了表姨丽娅（Lea），卡斯泰利家的亲戚从不来看望我们——舅舅圭多不来，他的妻子阿梅利亚（Amelia）舅妈跟我们的社会出身完全不同，举止极其粗鲁；我的外公外婆不来，因为外公眼睛看不见，不太方便出门。我们经常邀请来家里玩的是莱克纳（Lekner）一家和莱克纳夫人的姐妹康蒂（Conti）一家，我父亲还经常会邀请他来的里雅斯特出差的客户住在家里，像是萨格勒布（Zagreb）或维也纳的银行家什么的。刚到的里雅斯特时，父亲只是一介无名小卒，他后来成功地在银行界开创出一番辉煌的事业，并在这座城市的精英阶层赢得了一席之地，他越来越看中这个。工作上，所有贸易、工业和航运界的大亨都对他以礼相待，但要在社会层面得到他们的认可就是另外一回事了！在我印象中，我父母从没接到过任何来自于贵族圈子的邀约，也没有被布伦纳或埃科诺莫这样的顶级社会名流邀请到家中做过客——歧视是明显存在的。我母亲的个性一定是我家遭到歧视的症结所在，因为她没接受过什么教育，思想保守，而且常常郁郁寡欢；她每周会打几次桥牌，但不爱运动，除了跟家人待在一起，她做什么都不自在。”⑥在不稳定的社会、文化和政治环境下，埃内斯托·克劳兹决定让孩子们进入一所大型的意大利公立中学就读，而不像卡斯泰利家的上一代那样去念奥地利私立学校。

1919 年 1 月 2 日，市立但丁高级中学（Ginnasio Superiore Comunale Dante Alighieri）校长巴乔·齐廖托（Baccio Ziliotto）教授主持了学校重新成立的庆典⑦。他在佩蒂蒂将军、副市长多利亚（Doria）和无数名身着意大利皇家军队制服的校友们的见证下郑重致辞，然后他为一尊但丁半身像揭开了蒙布。在这座雕像的底座上，有一句用“庄严的意大利语”镌刻的铭文：“他的学生们将永远在此铭记这位意大利最伟大的先知。”⑧在佩蒂蒂将军的演讲中，他鼓励学生们要热爱自己伟大的祖国，并随时准备好为她的和平和荣誉而战。但丁高中拥有一支高素质的教师团队，其中包括马里诺·德·松博特海伊（Marino de Szombathely）、詹尼·司徒帕里克（Giani Stuparich）和阿尔多·莫波格（Aldo Morpurgo）[7]。松博特海伊发表过关于的里雅斯特方言和希腊诗歌的学术论文，主教意大利语、拉丁语和希腊语，也开设德语和哲学的课程。詹尼·司徒帕里克是在战争中丧生的诗人卡洛·司徒帕里克（Carlo Stuparich）的兄弟，他立志要缅怀逝去的手足，于是便会在文学课上分享卡洛的诗歌。对于这所中学其他在维也纳或格拉茨（Graz）历练过的教师们来说，在这里教书显然大材小用了，无奈的里雅斯特还没有一座可以聘请他们的大学。上高中二年级时，利奥·克劳兹十二岁，是一个穿着及膝短裤和水兵领衬衫的男孩，聪明、敏感、幽默而得体。

“姓：克劳兹；名：利奥；出生日期：1907 年 9 月 4 日；出生地：的里雅斯特；国籍：（未填写）；宗教信仰：犹太教；母语：意大利语；父亲名：埃内斯托；父亲职业：银行行长。”⑨这些简明扼要的信息和他每个学期的成绩都被保留在了他的在校记录中，而对他的评价，除了“表现良好”之外别无他言。事实上，在被简称为“但丁”的这所中学里，利奥·克劳兹成绩平平，而且学期之间的起伏很大。这个正值青春期的少年刚刚经历了母亲的家族家道中落等一系列家庭变故和政治风波，这样的学业表现并不出人意料。多亏了他在维也纳上学的经历、奥匈帝国的熏陶和父亲家只会说德语的亲属，他的德语成绩总是名列前茅。不过，他最喜欢的科目似乎是历史、地理和体育，对意大利语和拉丁语则缺乏热情，对数学更是不感兴趣。十分满分的话，他通常只能拿到五六分。

利奥不喜欢中学的教育。“这里对我进行了一些基础教育，”他回忆说，“但我真的太无聊了，所以上课的时候就在课桌下面偷偷看书，而且只看那些我感兴趣的书。我从不按照教学大纲上的内容学习。不用说你也知道，我的成绩一定只算不尽如人意。”1923 年，十五岁的利奥在升入五年级时成绩一落千丈。他的数学只拿到了四分（上一年是六分），所以不得不在 9 月参加补考。出于恐惧，这个正值青春期的男孩没有告诉任何人，自己偷偷参加了补考，结果却只得了一个四分。不及格[8]的成绩简直如同晴天霹雳，他必须留级一年。当父母接到了利奥的成绩单，他曾试图寻找借口，但学业上的失败和谎言让父亲怒不可遏。乔治·克莱恩将这一事件解读为“利奥的受难期”——

> 他吃了不少苦，这可能是他人生中最艰难的时刻了。一家人都为此颜面尽失，几乎到了痛不欲生的地步。利奥因此产生了深深的自卑感——噢，但这并没有持续多久！——后来父母给他请了一位数学家教，他也开始在运动上有所斩获，风波就慢慢过去了。但无论如何，这件事在我家始终带有一种传奇色彩！[10]

吉奥乔·沃盖拉（Giorgio Voghera）[9]是他当时在学校的朋友之一。在沃盖拉的印象中，青春期的利奥·克劳兹“与其他人都不一样，绝对是假行家中的实力派。不过他是真心爱这么干，完全不是出于自私，劲头上来的时候甚至不惜伤害自己”。沃盖拉描绘出了一个招人讨厌的学生形象：“上课时他经常举手，老师还没允许他发言，他就已经开始故作高深地喷出各种奇怪的想法，绝大多数都与课堂上正在讨论的问题毫不相干，而且基本都是含糊而错误的。我们的老师们还守旧地遵循着维

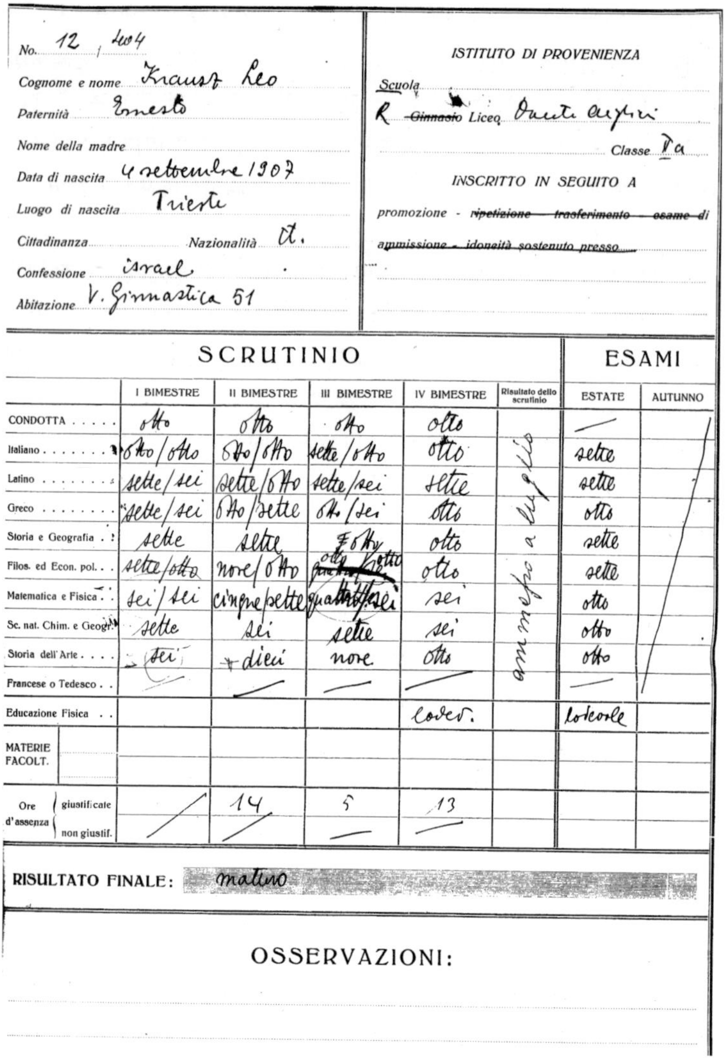

No. 12 / 404

Cognome e nome: Kraus Leo

Paternità: Ernesto

Nome della madre

Data di nascita: 4 settembre 1907

Luogo di nascita: Trieste

Cittadinanza — Nazionalità: it.

Confessione: israel.

Abitazione: V. Ginnastica 51

ISTITUTO DI PROVENIENZA

Scuola: R. ~~Ginnasio~~ Liceo Dante Alighieri

Classe: Va

INSCRITTO IN SEGUITO A

promozione - ~~ripetizione — trasferimento — esame di ammissione - idoneità sostenuto presso~~

SCRUTINIO	I BIMESTRE	II BIMESTRE	III BIMESTRE	IV BIMESTRE	Risultato dello scrutinio	ESAMI ESTATE	ESAMI AUTUNNO
CONDOTTA	otto	otto	otto	otto	ammesso a luglio	—	
Italiano	otto/otto	otto/otto	sette/otto	otto		sette	
Latino	sette/sei	sette/otto	sette/sei	sette		sette	
Greco	sette/sei	otto/sette	otto/sei	otto		otto	
Storia e Geografia	sette	sette	otto	otto		sette	
Filos. ed Econ. pol.	sette/otto	nove/otto	[illegible]/otto	otto		sette	
Matematica e Fisica	sei/sei	cinque/sette	quattro/sei	sei		otto	
Sc. nat. Chim. e Geogr.	sette	sei	sette	sei		otto	
Storia dell'Arte	sei	dieci	nove	otto		otto	
Francese o Tedesco		—	—	—		—	
Educazione Fisica				lodev.		lodevole	
MATERIE FACOLT.							
Ore d'assenza giustificate	—	14	5	13			
Ore d'assenza non giustif.	—	—	—	—			

RISULTATO FINALE: maturo

OSSERVAZIONI:

利奥 1922—1923 学年的成绩单，现存于的里雅斯特但丁高级中学
安妮·科恩－索拉尔提供

也纳过去的思维方式，他们命令他保持安静，有时候对他特别凶，但他从不放在心上，一直我行我素，直到老师们给了他一个不及格，但给他朋友们的分数却都还不错，他们当然既没他聪明也没他复习得好。他具备成为一名成功演说家的全部天赋，而他也肆无忌惮地利用着这些天赋。除此之外，他还是一个非常聪明的男孩，讨人喜欢，为人大方，从没炫耀过自己的家庭（他的父亲是位举足轻重的银行家）。”[11]利奥·克劳兹的表弟皮耶罗·克恩证实了利奥年少时的这个特征：“我只听到过一次有人用反犹太种族的言论攻击利奥，那是从他一个特伦托来的老师嘴里冒出来的，不过估计那次是利奥的错，谁让他天生就‘什么都懂’呢！”[12]可即便“仅此一次”，在一颗易受外界影响的心灵成长的过程中，都能激起久久无法平复的涟漪！

克劳兹一家生活在一幢奥地利式的别墅中，在仆人们的簇拥下过着资产阶级的生活。三个孩子的同学多是斯洛文尼亚劳工的孩子，也有的与沃盖拉一样，是关心政治的意大利人和其他社会主义知识分子的孩子，但小克劳兹们并没有给同学们留下纨绔子弟的印象。他们是如何做到的呢？让我们再来听听乔治·克莱恩的说法：“我们肯定属于学校里最有钱的那批孩子。班上坐在我前面的那个男孩，总是奇怪地抓挠他的后背和颈部，后来我发现那是因为他身上有好多蟑螂。一次，只有那一次，一个学生在操场上向我扔过石块，嘴里还嚷着侮辱的话，因为我是有钱人、奥地利人、犹太人！”曼利奥·马拉博维奇·马拉博塔（Manlio Malabovitch Malabotta）、哈姆·沃尔夫（Hajm Wolf）［人称瓦莱里奥（Valerio）］、卡茨·萨切尔多蒂（Katz Sacerdoti）、保罗·科尔比·科尔布（Paolo Colbi Kolb）、保罗·梅达尼奇·梅达尼（Paolo Medanich Medani）、米洛斯拉沃·库海尔志·库切利（Miroslavo Kuhelj Cuchelli）——从利奥这些同学的名字中就不难发现，这座城市脆弱的文化平衡源自种族的多样性。

克劳兹通过为孩子们聘请家教来弥补公立学校的缺失，保证他们接受的教育与的里雅斯特精英阶层的地位相称。他们的众多私教课程包括

1920 年，的里雅斯特
十三岁的利奥在位于米开朗基罗路的自家花园里
安妮·科恩－索拉尔提供

钢琴课、网球课、马术课和滑雪课，但最重要的还是法语课和英语课。原因正如罗伯托·巴兹伦恰如其分的解读：“那时，任何人只要懂得几门外语，就拥有了整个世界。”[13]会说匈牙利语、德语、意大利语、克罗地亚语、法语和英语的埃内斯托·克劳兹淋漓尽致地证明了这一点，他甚至还通晓一些意第绪语，能说出“halomot！（废话！）”这样的词。来自瑞士的女家庭教师阿黛勒·布歇（Adèle Buache）负责法语的教学。她每周去克劳兹家两次，先给西尔维娅和利奥上课，再单独给小吉奥乔上课。“她高高的衣领让她看上去非常严谨得体。”利奥回忆说，“作为一名瑞士人，她的思想相当的开放。她让我在十四五岁的年纪就开始阅读像阿纳托尔·法朗士（Anatole France）[10] 这样出色的大家之作，还有几部名著的法语译本，例如《战争与和平》（*War and Peace*）[11]。就这样，在《新文学》（*Nouvelles Littéraitres*）和布歇小姐的帮助下，我能够轻松地阅读法语文学了。”⑭在语法和文学的学习上，吉奥乔研读的是莫里哀（Molière）[12] 的《资产阶级绅士》（*Le Bourgeois gentilhomme*），而利奥和西尔维娅则阅读拉·封丹的寓言故事和龙萨（Ronsard）[13] 的诗歌。虽然看上去是位“典型的老处女”，布歇小姐却成功地实现了她的目标，克劳兹家的三个孩子能够自如地运用法语了。

罗西（Rossi）夫人是的里雅斯特为数不多的英国人之一。孩子们每周两次去她的住处学习英语，阅读莎士比亚（Shakespeare）[14] 和狄更斯（Dickens）[15] 的作品。几年时间，三个孩子的英语就都非常熟练了。1925 年罗西夫人退休时，一个年轻的爱尔兰人接管了孩子们的英语课，他的名字是斯坦尼斯洛斯·乔伊斯（Stanislaus Joyce），他的兄弟 [16] 几年前在贝利兹学院教过英文。而卡利加里斯（Caligaris）夫人为西尔维娅和利奥开设的钢琴课则没能维持多久，收效甚微。“他们恨透钢琴了。”他们的弟弟直言不讳地证实了这一点。

克劳兹家的孩子们过着无忧无虑的幸福生活。1919 年夏天，他们同蓬泰科尔沃（Pontecorvo）一家在佛罗伦萨附近的瓦隆布罗萨（Vallombrosa）度过了两个星期，住在巴廖尼酒店（Baglioni Hotel）。9 月 4 日生日那天，利奥惊喜地收到了一尊属于他自己的但丁半身像，但不得不与吉奥乔同睡一张大床则让他有些扫兴，因为利奥长大了。他的弟弟回忆说：“（我们的关系）时好时坏，利奥十六七岁的时候，我十二岁，他对我特别不屑一顾。有时候，他会辅导我做家庭作业，特别是意大利文学的作业，有一两次他干脆替我做了。他曾努力激发我对文学的热情，逼我读英文版的《人猿泰山》（*Tarzan of the Apes*）[17]，还总向我介绍外国的作家。不过他自己还没有定性，总的来说比较消极。但他非常有运动细胞，人也很聪明，而且接受了很好的教育，就算不是特别出众，但也对

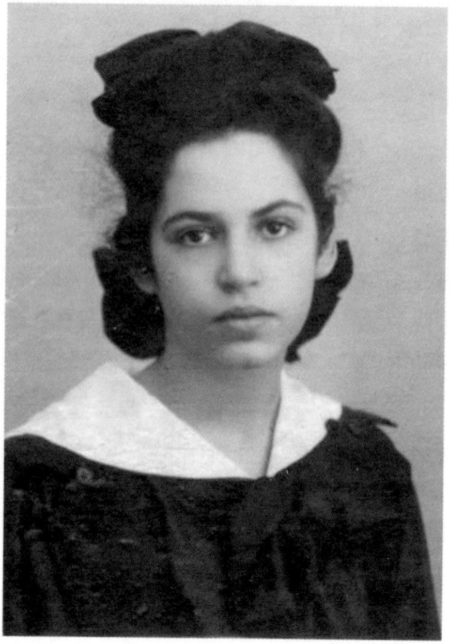

利奥的姐姐，14 岁的家庭摄影师西尔维娅·克劳兹
罗伯特·里特提供

文学和音乐有了不少了解。最重要的是，他很擅长社交，这点比我强太多了。”⑮

“西尔维娅摄、利奥摄、克劳兹摄”[18]。西尔维娅·克劳兹是一位专注而热情的家庭摄影师。早年间，几乎每一次外出游玩她都会拍下照片，有时也会请她的弟弟和父亲（偶尔）帮忙拍摄几个镜头。她对每一张照片都会进行整理归类，仔细地加以注释，并放入不计其数的相册中。她自己的照片无处不在，这或许揭示了在她摄影爱好的背后是每一位青春期少女都不能免俗的自我欣赏：在一张 1920 年 8 月拍摄于库马约尔（Courmayeur）[19]雪山顶峰的照片中，马背上的西尔维娅在登山的过程中被倾盆大雨淋成了落汤鸡；在一张摄于的里雅斯特家中的照片里，西尔维娅穿着一件深色的海军领连衣裙，脸上挂着迷人的微笑，与朋友艾玛（Emma）和吉尼亚（Genia）在她的卧室摆起了姿势；在格里尼亚诺

[1] 法比奥·菲尔齐（Fabio Filzi），收复失地的意大利爱国将领。

[2] 即圣儒斯定主教座堂（Cattedrale di San Giusto），供奉圣儒斯定，是天主教的里雅斯特教区的主教座堂，位于意大利东北部城市的里雅斯特。

[3] 多梅尼科·罗塞蒂·德·斯坎德（Domenico Rossetti De Scander），意大利学者、文化赞助人和爱国主义者。

[4] 原文为意大利语：Viva Trieste italiana！。

[5] 1946年以前，意大利的国庆日都是6月的第一个周日，纪念宪法《阿尔贝蒂诺宪章》（Statuto Albertino）的颁布。

[6] 意大利国旗。

[7] 三位都是的里雅斯特犹太知识分子。

[8] 原文为意大利语：Respinto。

[9] 意大利作家，以其二十世纪末在的里雅斯特创作的小说和散文著称。

[10] 法国诗人，畅销小说作家。

[11] 俄国文豪列夫·托尔斯泰最重要的小说作品之一。

[12] 法国剧作家、演员、诗人，法语及至世界文坛最伟大的写作者之一。

[13] 法国诗人，十六世纪的法国"诗歌王子"。

[14] 威廉·莎士比亚（William Shakespeare）被普遍认为是全世界最伟 大的英语写作者和戏剧家。

[15] 英国作家和社会批评家，被认为是维多利亚时期（Victorian Eva）最伟大的小说家。

[16] 詹姆斯·乔伊斯。

[17] 美国作家埃德加·赖斯·巴勒斯（Edgar Rice Buraghs）的小说。

[18] 西尔维娅为照片添加的文字原文为："Fóto Silvia, fóto Leo, fóto Krausz"。并不是正规的意大利语、德语或匈牙利语。

[19] 意大利北部市镇，坐落于勃朗峰（Mont Blac）以南。

（Grignano）海滩上[20]，西尔维娅假扮成堕落天使的模样，她的长发湿湿地搭在了黑色的游泳衣上；在她家别墅的花园里，西尔维娅穿着白色的短裙和保守的女式衬衫，显得那样严谨而得体；在西尔维娅与朋友在卡纳泽伊（Canazei）拍摄的那张合影旁，她留下了"在伞下"[21]的标注；在"敬圣塞尔沃洛的矿井的字迹旁"[22]，西尔维娅就着一只瓢喝起了水；准备登上玛莎·华盛顿号（Marsha Washington）时，一头短发的西尔维娅穿着一条系带的查尔斯顿舞（Charleston）[23]裙；与父亲"克劳兹"同游埃斯特庄园（Villa d'Este）[24]时，西尔维娅身着白色的蕾丝晚礼服，裙子上令人费解地绣着几个字母"OLSO"。

那些与朋友和表兄妹们结伴同游的旅行为克劳兹家的孩子们提供了在五花八门的世界中探索的机会。由于通晓外语，他们能够很好地理解自身深厚而复杂的文化背景。皮耶罗·克恩对的里雅斯特微妙的语言使用规则是这样回忆的："利奥同他的母亲说方言，那是一种高雅化了的本地话，我们都说这种方言。一些爱'摆架子'的人则说'官方语言'（意大利语），比如多弗莱（Dorflè）一家，他们请了一位罗马来的女家庭教师，不过我们总是取笑他们。"⑯除了在家时说的里雅斯特的方言，克劳兹家的孩子们还与在匈牙利的克劳兹祖母说德语。在卡斯泰利外祖父母和克劳兹祖母之间，他们获得了一种立体化的家庭体验——两种语言，两个世界。"在我的童年和青年时代，两种文化融合在了一起，"乔治·克莱恩提道，"我相信它们确实在很大程度上影响了我的成长，我至今都能感受得到。当我从一件事情切换到另一件事情，几乎完全不需要适应的过程。"⑰

在乌迪内路（Via Udine）上的一栋永远乱七八糟的房子里，住着和蔼可亲的外婆[25]和外公[26]，安东尼塔和贾科莫·卡斯泰利。又矮又胖的外婆，总会为圣诞节和复活节准备好火鸡肉冻。自从贾科莫 1920 年失明之后，老两口过得就不太好。而战后由于德国拖欠了著名的伦敦"贷款"[27]，卡斯泰利与卡斯泰利公司也宣告倒闭，这无疑是一次雪上加霜的打击。他俩只能依靠儿子圭多和女婿埃内斯托·克劳兹的接济维持生活，与卡洛、克恩一家、阿图罗和丽娅·卡斯泰利一同居住在一栋大房子里。每周日，克劳兹家的三个孩子都会去看望他们的外祖父母，这让吉奥乔非常开心。“我特别爱听外公外婆谈论政治，他们会对俾斯麦（Bismark）[28]犯下的每一桩错误加以指责。”[18]可利奥对家庭的这一方面则丝毫不感兴趣，他爱听歌剧，而外公的弟弟卡洛收藏的歌剧唱片数量惊人，所以他每次都会直奔卡洛而去。克劳兹家的孩子们还会在乌迪内路的这栋大房子里见到卡斯泰利家的表兄妹们。一次，克劳兹家的三个孩子发现他们的表弟皮耶罗正得意洋洋地戴着一顶美国海军帽，于是就开始嘲笑他是“臭老美！”[29]，但当“抢劫博拉菲奥银行”（l'assalto alla Banca Bolaffio）一开始，之前的不快马上就被抛到了脑后，那是他们最喜爱的游戏之一。黑帮老大布拉伊科（Braico）由年纪最大的利奥扮演，帮他一起实施犯罪的左膀右臂永远都是皮耶罗和吉奥乔，无一例外，而表弟朱利奥·列维－卡斯泰利尼则只能充当惨遭他们杀害的博拉菲奥（Bolaffio）。[19]

1929 年，的里雅斯特，奥匈帝国的优雅
利奥的表弟皮耶罗·克恩及弟弟吉奥乔·克劳兹此时都是 24 岁的年纪
皮耶罗·克恩提供

希克洛什的克劳兹奶奶[30]家则完全是另一个世界。在官方文书中，安东尼娅被呼为“利波德·克劳兹（Lipot Krausz）[31]的遗孀”。她个子很高，秀丽端庄，杏眼、盘头，一袭黑色连衣裙上搭配着修长的项链。二十四岁就成了寡妇的她是一个能干的女人。一个人拉扯着四个子女，还要管理家族产业，根本无暇顾及自己的美貌。那时，被唤作“艾尔诺”的埃内斯托·埃弗拉伊姆六岁，艾尔玛·米丽娅姆五岁、乳名“吉嘉（Giga）”的西吉斯蒙德·伊赛·施穆尔四岁、何塞菲娜·雅亿两岁。她出售了一部分土地，顺利地将孩子们抚养成人；她的葡萄园产出的白葡萄酒进入了布达佩斯的市场，甚至远销到了维也纳；她一直不辞辛劳地工作，直到七十岁去世。乔治是这样回忆的：“我们都害怕奶奶。她是个不怒自威的女强人，但也做得一手好菜，她能张罗一大帮佣人做出非常复杂的菜肴。她做苹果卷[32]的时候，会把四到五张长桌拼在一起，再把铺满整张台面的面团擀得薄如纸片。她做的鱼丸冻，用的是多瑙河里的鲤鱼，整个制作过程长达数日。她每年都会给我们送来一桶贡第尔自产的葡萄酒，味道特别好。”[20]虽然卖掉了一部分土地，家族在克罗地亚边境的农田依旧广阔无边，而且被安东尼娅打理得井井有条。安东尼娅还在这里养猪，这令她的孙子孙女颇感意外，因为谨遵犹太教规的祖母根本不食猪肉。

每年夏天，克劳兹家的三个孩子都会在匈牙利与祖母度过一个月的时间，直到她过世为止。“大房子、乡村和自由”，这些时光一直属于利奥最快乐的童年记忆。[21]“贡第尔的房产，”利奥的弟弟补充道，“从希克洛什城驾马车前往需要半个小时，路上经过祖母的葡萄园时能看见附近唯一一处真正的景点：一个巨大的十字架，据说是某个塞尔维亚国王墓地的标志。他是在与土耳其的一场战斗中丧生的。这里吸引了许多塞尔维亚和斯洛文尼亚人前来参拜，他们在这里冥想，并举行感人的仪式。父亲告诉我们，这里埋葬的其实并不是什么国王，而是一位生活在十六或十七世纪的塞尔维亚将军。”[22]

埃内斯托·克劳兹似乎很爱替孩子们揭穿匈牙利的民间传说。当他为了彰显自己的成功，从呼特浩特（Hütterhot）男爵手中买下了体育馆路（Via Ginnastica）上那座宏伟的庄园时，他对自己的处境是否也那么清晰明了？他是否意识到了险恶的政治环境和自己如履薄冰的职业前景？即便的里雅斯特已经并入了意大利王国，过不了多久，克劳兹一家又会再次面临流离失所的危机。“其实，我小时候经常搬家。”利奥后来轻描淡写地承认过这一点。那个夏天，从维也纳回到的里雅斯特还不足三年的埃内斯托、比安卡、西尔维娅、利奥和吉奥乔就带着佣人们搬离了博纳罗蒂路，住进了体育馆路上的那座巨大的庄园，两幢房子相距不到两百米。在别墅的一层，精美绝伦的门厅连通着由建筑师古斯塔沃·普利策(Gustavo Pulitzer）装潢一新的待客空间：一个供重要场合使用的餐厅、一个图书室和两个会客室，每一间都富丽堂皇。二层除了容纳一家人平日用餐，还设有三间大卧室（一间是父母的，一间是西尔维娅的，还有一间是利奥和吉奥乔的）和一个梳妆室。三层有一间宽敞的客卧和乔治口中的“几间小卧室”，以及管家、厨师和两个女佣的房间。庄园中当然还设有一间门房、一个车库和一个网球场。

的里雅斯特，体育馆路 18 号
克劳兹家的新别墅要比旧宅更加雄伟
弗朗西斯科·蒙特内罗提供

据乔治·克莱恩说，他与哥哥共用的那个房间是“很有来头”的。

> 那是一位皇室成员过去经常下榻的屋子，它是正方形的（5米×5米），宽敞而规整。屋顶上的壁画尤为令人难忘，它出自当地画师朱塞佩·加特利（Giuseppe Gatteri）之手，他在的里雅斯特为好多家咖啡馆绘制过装饰画。画面的中央是三十多岁的弗朗茨·约瑟夫皇帝，他身着奥地利军队统帅的红白制服，在茜茜公主的陪伴下端坐在马背上。他们的周围环绕着哈布斯堡家族纹章和由黑白菱形构成的巴伐利亚维特尔斯巴赫（Wittelsbach）[33]家族纹章。天花板的四角绘有其他皇室成员的形象，也都骑着马。就在搬进这栋别墅之前的几天，我父亲找来一位画师对这幅壁画进行了修改。他没动皇后，只对皇帝做了一番伪装。他画了一顶黑色的宽檐帽盖住了皇帝的军帽，用一身黑色的西装遮住了他精美的军装，还在他的脸上添上了一撇又粗又丑的黑胡子！㉓

在意大利的领土上，体育馆路的这幢别墅俨然是一块盘结着奥地利情怀的飞地，在很多方面都显得太过招摇了。它过去的主人与皇室关系密切，因此这里频繁出入着各类皇亲国戚，而他们通常都会住在那间因屋顶壁画而闻名的卧室里。埃内斯托·克劳兹尽可能去淡化这座房子与皇室的联系，他不仅修改了壁画，还给它起了一个新的名字——“比安卡别墅（Villa Bianca）”，行之有效地用妻子的名字给这里打上了意大利的标签。这一具有杜尚（Duchamp）[34]意味的举动，几乎可以肯定是担心被人看作是奥地利人[35]的埃内斯托·克劳兹采取的防范措施之一。人们很容易将它看作是预示家中长子未来职业的一个征兆。被修改了的皇帝着实“让利奥吓了一跳”。一个正值青春期的少年，每晚睡前都要凝视这位被添了一撇假胡子的皇帝，这会对他产生什么样的影响呢？无论利奥的感受如何，这种掩饰都是徒劳的。“尽管这些尝试值得赞许，”乔治·克莱恩评价道，“战后的头几年，我们对意大利的忠诚还是在持续减退！”

在这座巨大的庄园中，克劳兹家的孩子们通过外语课程和其他学习手段被塑造成了对的里雅斯特精英阶层俯首帖耳的新奥地利人，而这座城市中的许多人却陷入了痛苦的幻灭。“男人们逐渐返回家园。”安娜·法诺写道，“战争中，他们曾互为敌我，许多都已经成为有钱人了。男人们无论老少，全都无所事事，只能对彼此报以同情的目光……战争结束了。意大利其他地区的无业游民都来到了这里。明亮的商店中人头攒动。厌倦了穿着破衣烂衫的女孩们看到什么就买什么，无论有没有钱都没关系，反正也已经债台高筑了。‘你看见了吗？现在流行水手服了！’……‘社会主义青年俱乐部（Young Socialists Club）’的聚会相当活跃……此时此刻，举国上下忧心忡忡。战争的胜利带来的狂喜很快就消失了，取而代之的主要是由失业造成的普遍不满。到处都有工人在组织罢工，对抗近来当权的法西斯党。每隔一阵子，街道上就会发生冲突。一天，我正准备离开办公室时突然遭遇了机枪扫射，所有人都逃到门后躲了起来。整个的里雅斯特都充斥着不安。这真的是我们梦寐以求的那个意大利吗？”㉔

[20] 的里雅斯特东部海滩。

[21] 原文为意大利语：Sotto l'ombrello。

[22] 原文为意大利语：alla mina di San Servolo，圣塞尔沃洛是威尼斯潟湖中的一座岛屿。

[23] 美国二十世纪二三十年代流行的一种摇摆舞，以南卡罗来纳州查尔斯顿城命名。

[24] 建造于十六世纪的一座别墅，地处罗马附近的蒂沃利（Tivoli），世界文化遗产。

[25] 原文为意大利语：Nonna。

[26] 原文为意大利语：Nonno。

[27] 一战后战胜国于 1921 年 5 月制定的“伦敦赔款方案”（“London Schedule of Payment”），要求同盟国偿还高达 1320 亿帝国马克的赔款。

[28] 奥托·冯·俾斯麦（Otto von Bismarck），德意志帝国的首任宰相。

[29] 的里雅斯特方言：Cogo Americano！。

[30] 原文为德语：Großmutter。

[31] 即利奥波德·克劳兹。

[32] 原文为德语：Apfelstrudel，一种传统维也纳甜品。

[33] 德国古老的王公世家，巴伐利亚王室，茜茜公主的家族，曾经在德意志境内的几个公国和其他一些欧洲国家建立过几个王朝，对巴伐利亚进行了长达 700 多年的统治。

[34] 马塞尔·杜尚（Marcel Duchamp），美籍法裔画家、雕塑家、国际象棋玩家与作家，二十世纪实验艺术的先驱，被誉为“现代艺术的守护神”。其作品对第二次世界大战前的西方艺术有着重要的影响，达达主义及超现实主义的代表人物之一。

[35] 原文为的里雅斯特方言：austriacanto。

① 安娜·法诺（Anna Fano），《吉奥乔与我》（*Giorgio e io*）（威尼斯：Marsilio，2005年出版），71页。

② 同上。

③《的里雅斯特，百年历史》（*Trieste, Cent'anni di storia*），第二卷（1915年—1922年）（的里雅斯特：Publisport，1998年出版），208—210页。

④《新自由报》，1918年11月2日；参见安吉洛·艾拉与克劳迪奥·马格利斯，《的里雅斯特：边界身份》（都灵：Einaudi，1982年出版），109页。

⑤ 还包括的里雅斯特阿芬杜利商业联合会（Soc. An. Triestina di Commercio Afenduli）、的里雅斯特机械工业联合会（Soc. An. Triestina per l'Industria Meccanica）、科苏里克金融协会（Soc. Finanziaria Cosulich）、魏思工业用油协会（Soc. Industriale dell'Olio Weiss）。参见《意大利联合银行历史档案——意大利商业银行文化遗产》（*Archivio Storico di Banca Intesa, Patrimonio Banca Commerciale Italiana*），意大利商业银行中央董事会（Direzione Centrale della BCI），"总经理个人档案"（"Carte di singoli Direttori Centrali"），"乔瓦尼马拉戈迪（Giovanni Malagodi）档案"，5号索引，《埃内斯托·克劳兹》分册。

⑥ 乔治·克莱恩博士访谈，作者采访，旧金山，2005年11月29日及30日。

⑦ 参见的里雅斯特但丁高中（Liceo Dante）简介，82页。

⑧ 原文为意大利语："genio tutelare vollero qui gli alunni il sommo vate d'italia."。

⑨ 但丁高中档案，感谢奥古斯托·德贝纳尔迪（Augusto Debernardi）。

⑩ 乔治·克莱恩博士访谈，作者采访，旧金山，2005年11月29日及30日。

⑪ 伦佐·奇戈伊（Renzo Cigoi），《有关古老的犹太的里雅斯特的四个问题，吉奥乔·沃盖拉采访》（*Quatrocente domande a un vecchio ebreo triestino, colloqui con Giorgio Voghera*）（罗马：Semar，1996年出版），181—183页。

⑫ 皮耶罗·克恩访谈，作者采访，的里雅斯特，2005年5月2日。

⑬ 安·亨德利编辑，《克劳德·贝里遇见利奥·卡斯泰利》（巴黎：Renn，1990年出版），15页。

⑭ 安·亨德利编辑，《克劳德·贝里遇见利奥·卡斯泰利》，14页。

⑮ 乔治·克莱恩博士访谈，与安妮·科恩-索拉尔的通信，2007年3月7日。

⑯ 皮耶罗·克恩访谈，作者采访，的里雅斯特，2005年8月20日。

⑰ 乔治·克莱恩博士访谈，与安妮·科恩-索拉尔的通信，2007年3月7日。

⑱ 皮耶罗·克恩，《关于利奥的回忆》（*Recordi per Leo*）（未出版的回忆录），s.d.

⑲ 乔治·克莱恩博士访谈，作者采访，旧金山，2005年11月29日及30日。

⑳ 亨德利编辑，《克劳德·贝里遇见利奥·卡斯泰利》，13页。

㉑ 同上，14页。

㉒ 乔治·克莱恩博士访谈，作者采访，旧金山，2005年11月29日及30日。

㉓ 乔治·克莱恩博士访谈，作者采访，旧金山，2005年11月29日及30日。

㉔ 法诺，《吉奥乔与我》，75—79页，81—96页。

7—势不可挡的埃内斯托·克劳兹

——谁会赢得阜姆？——我们！

——谁会赢得阜姆？——我们！

——谁会赢得阜姆？——我们！

——哎呀！哎呀！啊啦啦！①

——加布里埃尔·邓南遮（Gabriele d'Annunzio）[1]的追随者之歌

阜姆和的里雅斯特同处于亚得里亚海沿岸，彼此相距一小时的车程。这座城市的大街小巷插满了意大利国旗，上面写有“不意大利毋宁死”[2]的格言。1919年9月12日，人类历史上极为癫狂的一次政治实验在这里拉开了序幕，并持续了近一年半之久。诗人加布里埃尔·邓南遮用他心目中的英雄——诗人吉多·卡瓦尔康蒂（Guido Cavalcanti）（1250–1300年）[3]圭多·圭尼泽利（Guido Guinizzelli）[4]（1235—1276年），当然还有但丁的诗句武装起自己，野心勃勃地投入了政治和暴力的世界。在一群身着黑衫的“勇敢者”[5]（坚定的民族主义者、寻求冒险的辍学者、受“指挥官”[6]史诗蛊惑的学生，以及活动家、无政府主义者、无政府工团主义者[7]，乃至共济会）的支持下，邓南遮撕毁了将阜姆割让给南斯拉夫并改名为里耶卡（Rijeka）的《凡尔赛条约》（Treaty of Versailles）。他宣称意大利在第一次世界大战中取得的胜利不过是一次“残缺的胜利”，并强硬地通过武装起义吞并了阜姆。这一举措只是他宏图大略的开始，他的最终目标是在罗马发动游行，并发动一次世界性的革命。

在他的《凯纳德宪章》（*Charter of Carnaro*）中，这位起义诗人宣布：一个彰显“人类精神的王国”即将到来。基于对某种奥尔弗斯（Orpheus）信仰[8]的崇拜，他激进地提出了一部规定了男女平等（包括女性从事任何工作的权利）、最低工资、残障和失业救济，以及养老金的宪法。“我最亲爱的妈妈，”一位年轻的美国红十字会（Red Cross）志愿者在1919年9月21日写道，“当时我有两个选择，一个是去政府机关，一个是去军队。作为组织中唯一的女性和仅有的护士，我选择了加入由邓南遮领导的军队。他是天之骄子。我很清楚他为什么能够俘获每一个接近他的人——因为他散发着一种迷人的魅力。只要他一开口，就能轻松点燃整支军队的热情。当飞行员们喊出他们著名的口号——‘哎呀！哎呀！啊啦啦！’[9]‘勇敢者’们就会在空中挥舞着拳头回答——‘我们’！我感到无比的震撼。对待这项事业，他们就是如此这般豪情万丈、鞠躬尽瘁、矢志不渝。”②

埃内斯托·克劳兹非常熟悉阜姆这座开埠于1870年的匈牙利自由

港：那里是他第一个站稳了脚跟的城市，是他银行生涯的开始，是他在移居的里雅斯特前学会了克罗地亚语的地方。正因如此，他对阜姆的情况相当了解。邓南遮惊天动地的实验刚一结束，克劳兹就接管了阜姆的公共记录[10]和交易信息。与他保持通信的除了实力雄厚的科苏里克有限公司（Cosulich S. P. A.）[11]总裁兼董事、总经理奥斯卡·科苏里克（Oscar Cosulich）和他的副手莫斯奇诺（Moschoni）博士，还有意大利王国财政部的内阁首长伊吉诺·布罗基（Igino Brocchoi）。当科苏里克急切地向他询问阜姆的股价时，克劳兹有些不大自然地回复说他还“没能计算出阜姆克朗或南斯拉夫克朗的货币价值，这是由于两国间的汇率存在波动，阜姆方面正在对此进行确认”。他继而仓忙地补充道：“明天一早我会努力与阜姆支行取得联系，查明情况。看起来，我们的政府似乎并没有介入。他们对阜姆政府的财政计划已经有所了解，但确切目的尚未可知。意大利方面提供的财务援助应该可以让汇率达到十二里拉兑换一百阜姆克朗的预期。”③

克劳兹主宰着一张巨大的网络，它覆盖了阜姆、的里雅斯特、维也纳和布达佩斯的企业间合并、收购和借贷等一切事务。他对这些业务的熟悉程度无人能及，似乎是这个职位的不二人选。为了从奥地利政府或匈牙利银行获得更为优惠的贷款利率，的里雅斯特最具规模的公司都希望能够与他见上一面。“但愿我们的港口和铁路建设给奥地利的视察官齐默尔曼（Zimmermann）留下了良好的印象，从而对奥地利贷款的利率起到积极作用。”莫斯奇诺博士在写给克劳兹的一封信中透露了他的紧张情绪，接着他又绕回到了另一个克劳兹能够左右的问题上来——阜姆银行业的现状。因为阜姆是科苏里克有限公司的市场，所以莫斯奇诺想要了解阜姆会“对匈牙利采取怎样的借贷管理规定”。“是会沿用针对意大利省级地区的那套规定呢？”他问道，“还是有另外一套系统（也就是清算系统）呢？”④

汇率严重波动，社会矛盾愈演愈烈，法西斯主义的魔影日渐呈现出遮天蔽日的势头。即便如此，承担起执掌意大利商业银行命运的重任却让埃内斯托·克劳兹这位永远专业乐观的银行家如鱼得水。跻身的里雅斯特上层社会的荣誉还是让他冲昏了头脑。但凡与提升社会地位没有直接关联的事情，他都不再像过去那般明察秋毫了。权力让他安然地度过了几年美妙的时光。他马不停蹄地工作、旅行、积累了越来越多的财富，也取得了所有资产阶级应当获得的成功。并不是说他没有遭遇任何真正意义上的挑战。1904 年，维也纳银行联盟（Wiener Bankverein）接管了的里雅斯特商业银行。可即便是在战后，这家支行在城中仍具有举足轻重的地位。科苏里克有限公司和雅各布·布伦纳之子（Figli di Jacob Brunner）是的里雅斯特最重要的两家公司，盘根错节的共同利益将它们联系在了一起。的里雅斯特商业银行在这两家公司的合并案中就起到了尤为关键的作用[5]。控制着这家银行的一方是维也纳的银行界（联合银行和维也纳银行联盟），另一方是的里雅斯特最具影响力的几个家族，两个世界的关系随时都有转向对立的可能，而这家银行既是双方共同的担保，也是他们相互要挟的工具，因此需要一个极具外交手腕的核心管理层。

战争结束后，的里雅斯特被极为严重的汇率波动所困扰：奥地利克朗变得一文不值，里拉也遭遇了暴跌，政府却没有出台任何限制投机的措施。这座城市过去长期接受着奥匈帝国的经济支持，意大利的统治造成了突如其来的贫穷与随之而来的不安。“的里雅斯特人全在抱怨生活成本每天都在以令人眩晕的速度向上攀升……这座城市能够感应到意大利经济的每一丝震动，甚至能像地震仪一般先一步作出反应。”[6]当经济形势如自由落体一般垂直下落，失业率持续走高，很快，这座曾经造福一方的自由港就不再是一个神话了。多瑙河流域的市场曾经是的里雅斯特的命脉，如今，奥匈帝国已经魂飞魄散，内陆地区被奥地利、匈牙利、南斯拉夫和克罗地亚四国瓜分，这让的里雅斯特港在经济上功能尽丧，整座城市陷入瘫痪。近乎绝望的意大利政府焦急地将最具权威的经济学家和金融学家从朱利亚地区邀请到巴黎，与当地的意大利外交人员会面，希望组建起一支工作组，好夺回多瑙河流域的市场。

的里雅斯特银行是朱利亚地区仅存的几个经济堡垒之一。但当罗马官僚开始接手这个地区的政治和经济大权，的里雅斯特的精英阶层很快就意识到他们的未来已经不再掌握在自己的手中。早在《拉巴洛条约》（Treaty of Rapallo）[12]将奥匈帝国的这座自由口岸割让给意大利王国之前，意大利政府就决心要让的里雅斯特与它的过去一刀两断，并要以最快的速度消除奥匈帝国的银行对"深度意大利化的[13]的里雅斯特"施加的一切控制。⑦1919年2月2日，意大利财政大臣博纳尔多·斯特林格尔（Bonaldo Stringher）在致的里雅斯特武装部队最高统帅圭多·瑟奇（Guido Segre）的一封信中直言不讳地写道："我们完全不赞成允许外国银行（继续经营）……因为它们可能会造成一定的威胁……无论如何，的里雅斯特银行（Triesteine Bank）要收归意大利所有。"⑧很快，意大利商业银行提供的资金就涌入了的里雅斯特的重要企业，而为了加速的里雅斯特商业银行的意大利化进程，几个坚定的意大利民族主义者接到任命，成为这家银行的董事。⑨

来自罗马的势力认为的里雅斯特在很大程度上有同情奥匈帝国的嫌疑，提决定通过一套专为这座城市制定的政治和经济政策来实行统治。埃内斯托·克劳兹是否因此感到困扰？作为在二十世纪之初在"奥匈帝国的金融大军"中掌权的一名高级将领，他是否意识到自己的处境此时已经到了岌岌可危的地步？他是否觉察到，意大利政府的经济政策会逐渐将他削弱为一个越来越边缘化的角色，任人摆布？不知深浅、有勇无谋，丝毫不具政治眼光——在那几年因一时疏忽酿成大错的克劳兹不得不去承担这些指控。否则还能怎么解释从罗马空降来的官员除了在维也纳、布达佩斯、阜姆和的里雅斯特需要有人出面谈判的时候利用他一下之外，从未对他给予过任何特殊的关照呢？"希望您已经收到我那份关于在阜姆建立信用系统[14]的文件了。"他曾焦急地致信在的里雅斯特举足轻重的国务委员兼财政大臣首席顾问乌基诺·布罗基（Ugino Brocchi），"我已经将它递交给财政部了，但财政部的决定可能会与我们期待中的结果完全不同，万一如此的话，就真的回天无力了。所以我才冒昧地恳请您亲自看一看这份提案。"⑩意大利的政治形势已经病入膏肓，这在所有人看来都是一个不争的事实，而这位谨慎行事的模范银行家内心深处又是怎样认为的呢？

邓南遮对阜姆的统治虽然极为短暂，却充斥着浓重的爱国主义情绪。它预示了即将笼罩全国的紧张局势，法西斯主义就是在这里登上了历史的舞台。“国家中心”是斯洛文尼亚人在的里雅斯特的社会、政治和文化中枢，1920 年 7 月 13 日，法西斯分子将“国家中心”总部所在的巴尔干酒店（Balkan Hotel）付之一炬，而警方竟默许了这样的罪行。社会党人阿尔多·奥伯多弗（Aldo Oberdorfer）第一个从中看出了一场不可避免的灾难。“这一事件就算没有让停战的可能彻底破灭，也至少将它推迟了数十年，消除民族分歧就更无从谈起了。”他写道，“如今以的里雅斯特为中心的斯洛文尼亚民族统一主义对和平构成的威胁与过去在该地区肆虐的意大利民族统一主义如出一辙。这就是这个事件留给我们的深刻教训。我们自收回的里雅斯特之初就力求建立的民族自由机制是意大利人和斯洛文尼亚人在朱利亚地区和平共处的唯一希望……而法西斯主义的疯狂却会将它吞噬。”⑪预感不祥的斯洛文尼亚诗人斯雷科·科索维尔（Srečko Kosovel）曾预言道：

> 首当其冲的是恐惧，恐惧：站在
> 混乱的中心，黑夜的中心
> 寻找出路，却感到
> 不，根本无处可逃，根本无法得救⑫

在这样的环境下，市长佩蒂蒂·迪·罗拉托（Pettiti di Rorato）的承诺在民众眼中只是他为竞选编造出来的花言巧语。“斯洛文尼亚人！在意大利这个充分自由的国家，你们会得到与其他公民相同的权利，这里将开设更多教授你们民族语言的学校，并远远超过奥地利统治时期的数量。”像弗朗西斯科·琼塔（Francesco Giunta）[15] 这样的法西斯分子认为他们的行为只是在回应蓄意激怒他们的“布尔什维克（Bolshevik）[16] 和颠

[1] 意大利著名诗人、小说家、剧作家、民族主义者。早年的创作具有现实主义倾向，后来写作唯美主义作品。邓南遮同时也是著名的法西斯分子，是墨索里尼的主要支持者之一，1919 年曾率军占领阜姆。

[2] 原文为意大利语：Italia o morte。

[3] 意大利诗人，在思想上对他的朋友但丁具有影响。

[4] 意大利诗人，十三世纪意大利新体诗（Dolce Stil Novo）的创造者。

[5] 原文为意大利语：arditi，他们是第一次世界大战意大利皇家军队的精锐突击队。

[6] 原文为意大利语：Comandante，指邓南遮。

[7] 工会运动中的无政府主义者，一种社会主义的机会主义派别。

[8] 又译为“俄耳甫斯教”。出现在古希腊的以奥尔弗斯（俄耳甫斯）命名的秘传宗教派别。信仰者相信灵魂轮回，认为按照人在世上的生活方式，灵魂可以得到永恒的福祉或遭受永恒的痛苦。

[9] 第一次世界大战期间邓南遮最先用来激励意大利飞行员的战斗口号，而后被意大利法西斯采用，成为统一的战斗口号。“啊啦啦”（Arara）是希腊神话中战场上的呐喊女神。

[10] 破产或与信用有关的诉讼中作为被告等方面的信息，或由于欠债不还，被讨债机构追讨的信息。

[11] 意大利著名航运公司，1903 年成立于的里雅斯特。

[12] 1922 年 4 月 16 日由德国魏玛政府与俄罗斯苏维埃在意大利利古里亚省拉巴洛签署的条约。两国借此宣布放弃在《布列斯特 - 立陶夫斯克条约》及一战后向对方提出的领土和金钱要求。而且，两国同意在外交上恢复正常化并将在今后“友好合作，在经济上互惠互利”。

[13] 原文为意大利语：italianissime。

[14] 原文为意大利语：Stablimento fiumane de credito。

[15] 烧毁巴尔干酒店行动的指挥者。

[16] “布尔什维克”是俄文“多数派”的音译，它是列宁创建的俄国无产阶级政党。

覆分子”[13]。对政府而言，即便他们承认巴尔干酒店纵火案这样的事件是“冤冤相报的连锁反应”，却也将原因归结为“恶意挑衅”的结果。几个月后，法西斯分子先后纵火烧毁了商业咖啡馆（Caffè Commercio）和由伊尼亚齐奥·西洛（Ignazio Silone）[17]领导的社会党报《工人报》（*Il Lavoratore*）。总而言之，的里雅斯特人民目睹了从第一次世界大战结束到第二次世界大战开始前意大利一步步沦丧的过程。

1920年秋，法西斯分子在威尼斯－朱利亚地区采取行动，以“与布尔什维克主义斗争到底”为借口，对社会党人和斯拉夫少数民族[18]采取了新一轮行动。9月20日，贝尼托·墨索里尼（Benito Mussolini）[19]选择在加里波第占领罗马五十周年[20]的纪念日在的里雅斯特发表一次演说。“啊，的里雅斯特人民，我认为你们不属于那些还不能知道全部真相的意大利人，因为在我眼中，你们是最优秀的意大利公民。今天，你们的激情再次证明了你们的杰出……今天，在意大利实现统一后的整整五十周年，的里雅斯特成为一座属于意大利的城市，布伦纳山口（Brunner Pass）飘起了三色国旗。稍加思考你们就会理解，飞舞在布伦纳上空的国旗对意大利乃至整个欧洲都具有极其重大的历史意义。这意味着德国人再也无法肆无忌惮地觊觎我们的土地。现在，我们和敌人之间有冰山作为阻隔。我们英勇无畏的山区人民正在那里向黑山（Monte Nero）[21]发动进攻。他们曾经在奥尔蒂加拉山[22]（Monte Ortigara）战役[23]中抛头颅、洒热血，在他们的旗帜上写着‘一夫当关，万夫莫开’的豪言壮语。（掌声雷动）而的里雅斯特回归意大利最为重大的意义是，它证明我们已经取得了巨大的胜利。”[14]

墨索里尼在波黎得亚玛·罗赛蒂剧院（Politeama Rossetti）的演讲也极具魅惑力。他极力唤醒民众对罗马昔日光辉的记忆，针对的同样还是社会党人和斯拉夫民族造成的威胁。“那些指责我们是反动政府的人实在可笑，更可笑的是，他们中的一部分人其实是从的里雅斯特移民或叛逃到国外的。如果世界上有这样一个国家，在那里，人民拥有最大限度的自由；在那里，自由象征着全体公民神圣而不可侵犯的家园，那么这个国家就非意大利莫属……的里雅斯特在回到祖国的怀抱前必须接受整肃；在民族和社会清洗之后，必须将这里的国外社会党势力和斯拉夫余毒通通消灭。”[15] 1921 年 2 月 6 日，“领袖”[24] 重返波黎得亚玛·罗赛蒂剧院，这一次，他详细阐述了自己的外交策略。他坚持认为意大利人必须“以自己的种族和历史为荣……要对那些相信外国的月亮比自家圆的悲观主义者进行批判”。

此后的四年，墨索里尼发表了许多次演讲，最终，意大利参众两院以压倒性的投票赋予了他至高无上的权力，让他成为这个国家合法的独裁者。代表罗维戈市（Rovigo）的社会党人贾科莫·马提奥蒂（Giacomo Matteotti）是议会中为数不多的几名敢于正面抨击政府的议员之一。自从他遭到刺杀，意大利的暴政愈演愈烈，一切反对的声音都遭到了系统化的定罪和处理。1925 年 10 月，政府强迫意大利工业家联合会（General Confederation of Italian Industry，简称 Confindustria）的全体代表签署了一份文件，确定了法西斯工会对受雇员工的唯一代表权。不久，他们又被迫同意了政府颁布的“就业规定”。作为“政府首脑和法西斯主义‘领袖’”的墨索里尼通过“极具法西斯性质的[25] 法律”让“非法变为合法”，使得恐怖持续升级。共济会在各地的分会一一遭到查封，反对党派一律被迫解散，持反对意见的报刊被禁，保护结社和新闻自由的法律遭到废除，法西斯工会实现了全面垄断，这一切为独裁统治铺就了如钢铁般坚固的基石。[16]

11 月 26 日，的里雅斯特商业银行的管理层会见了法西斯党的高级官员卢佩蒂纳（Lupetina）上尉，以及负责法西斯公共事业和私有企业工会组织的高级官员利韦拉尼（Liverani）上尉和基亚雷利（Chiarelli）上尉。不久前刚刚解散的银行业联合会负责人朱利奥·坎贝尔（Giulio Camber）和加斯托内·斯拉泰伯（Gastone Slataper）向的里雅斯特商业银行的员工做出了如下声明：“致银行全体雇员：意大利银行业联合总会（General Banking Confederation of Italy）的里雅斯特分会已由的里雅斯特警署依照城市及地区法律中的第 3 条于 1925 年 11 月 21 日晚七时整予以关闭……

但我们仍希望你们保留自己组织工会的权利。”[17] 1925 年 11 月 30 日，法西斯工会在但丁堂（Dante Hall）[26] 接见了的里雅斯特商业银行的全体员工。

“的里雅斯特商业银行雇员的争端得到了妥善解决。”此次接见结束后，《小报》的一名记者这样写道，“雇员们在他们工作的地方集聚一堂，听取法西斯组织宣讲新的决议，包括对劳动合同的处理办法……自从的里雅斯特商业银行的管理层解除了与员工的劳动合同，双方的关系变得紧张起来。前工会主席斯拉泰伯（Slataper）做了发言……巴塔利亚里尼（Battagliarini）主张对员工无条件加入法西斯工会进行投票。代表法西斯工会联盟（Federation of Fascist Trade Unions）接见全体员工的利韦拉尼听取了斯拉泰伯的意见，他不了解斯拉泰伯的背景，也没有妄加评价，而是宣布法西斯工会旨在‘汇聚所有对法西斯主义的新原则坚信不疑的支持者，而不打算吸收那些斗志全无的失败者。如果的里雅斯特商业银行的员工能够早一些意识到究竟发生了什么，他们的处境就会截然不同。法西斯主义将金融视为提升国家实力的重要领域，因此必须继续予以强化，以确保其坚不可摧。无论是银行行长还是普通职员，如果还自恃清高地紧抱着过时的民主思想不放，就无法领会这一理念。因为在这类人眼中，个人和阶级的利益高于国家的利益。（掌声）在这些原则的引领下，我们会维护好的里雅斯特商业银行员工的利益，并对过去的问题既往不咎。’”[18]

这是埃内斯托·克劳兹职业生涯中苦不堪言的一个时期：他遭遇了战后货币震荡的混乱局面，亲自督导了从奥地利克朗到意大利里拉的转换；他不得不去面对空降到核心管理层的法西斯工会；除此之外，他面临的挑战还有 1929 年爆发的全球经济危机。然而，最近在咫尺却回天乏术的难题是的里雅斯特的萧条和随之而来的苦难：这座曾经在奥匈帝国位列前三的伟大都市如今被削弱成了一个日渐衰落的偏远小城。它远离腹地、停滞不前，再也无法挣脱泥沼，重拾昔日的光辉。十五年前，二十六岁的克劳兹利用了内陆地区与这座城市的自由港、亚得里亚关税、市场及工业密不可分的联系，从而激发了这里的金融潜力，而他也从此成为屹立于银行界的一座高峰；如今的他却力不从心，只能眼睁睁地看着的里雅斯特港毁于一旦。维也纳资本一度引以为傲的名片不复存在了，而他自己的职业前景也危在旦夕。不过，让我们先放慢脚步。面对这一波未平一波又起的不幸，埃内斯托·克劳兹始终保持着他的优雅和谨慎——连他的子女对他所经历的苦难都丝毫没有察觉。

一个神经衰弱的母亲和一个工作狂的父亲，一个从不谈论政治、艺术或文学的家庭，一个对孩子的个人兴趣毫不关心，只寄希望于把他们塑造成这座城市的精英阶层的家庭，一幢回荡着国家的虚伪和凶险之声的别墅，一座注定走向边缘和衰落的城市，一个义无反顾地投入法西斯主义怀抱的国家，一块即将陷落在第二次世界大战中的陆地，年轻的利奥无法摆脱这一切的一切，但却发展起了独立的自我意识。在夸张、谎言、失败、不安和妄自尊大中，他为日后的发展打下了基础。他认同尼采（Nietzsch）[27] 的自我培养方式，于是通过各种各样的体育运动考验着自己的身体素质——游泳、滑雪、网球、骑马和登山——并如饥似渴地读完了欧洲文学史上的绝大多数杰出的作品。1925 年冬末，他患上了猩红热。在长达两个月的隔离期间，他不得不搬去了家里的三楼，由一名专职护士照顾饮食起居，弟弟吉奥乔则负责满足这位病人的阅读需求。每天，护士都会准时接到利奥的书单，吉奥乔就会跑到本波拉德（Ben Porad）书店购买这些书籍。“那时候，利奥每天至少能读一本书！我给他买过超过十五本阿纳托尔·法朗士（Anatole France）、托尔斯泰（Tolstoy）、陀思妥耶夫斯基（Dostoyevsky）和托马斯·曼（Thomas Mann）[28] 的小说。他对文学的热情极高，又能看懂意大利语、德语、法语和英语四种语言，所以阅读量惊人。他就是在那段时间下决心要去研究文学或历史的。”[19]

利奥对世界各地文学的热情从未有所减弱；即便在病愈之后，他仍在课堂的书桌下悄悄地滋养着这个兴趣，并定期到圣尼克洛路（Via S. Niccolò）拜访翁贝尔托·萨巴。利奥后来回忆：

> 的里雅斯特城中央有一家书店[29]，书店老板才智过人。我在那里买书，在书籍的选择上非常随意。我想成为一个文艺复兴人，还要有一副强壮的体魄……伟大的建筑师莱昂·巴蒂斯塔·阿尔伯蒂（Leon Battista Alberti）[30]是我的一位楷模。听说他能把石块扔得高过佛罗伦萨的乔托钟楼（Campanile de Giotto），这让我钦佩不已。我想变得非常强壮，于是参加了许多体育运动，以登山和滑雪为主。同时我还希望自己博学多才，能够上知天文，下知地理，所以我必须开发自己的学习方式，不能指望学校，最让我受不了的就是学校。我做梦都想成为博古通今的文艺复兴人，却苦于没有找到实现这一梦想的途径。⑳

的里雅斯特是一座“完全出于经济目的建立的城市”，早已被剥夺了原本的文化传统，这里的“作家（被看成是）非法移民”，文学不存在于“文坛”，而是隐藏在“办公室、银行、书店内室、咖啡馆和小旅馆”中的一项“暗自滋生的勾当”。几年前，在的里雅斯特的作家中出现了一种崇尚“反抗和破坏社会规范”的风潮，让这座城市成为现代主义的重要阵地之一。对于这样一座城市而言，这是一次令人震惊的飞跃。是什么样的魔法将这个“不幸被剥夺了文化传统的城市”幻化成了一座“诗歌之都”？甚至还有人为这片曾经“唯利是图的诗歌沙漠创作了一种字体”。在奥地利金融界摸爬滚打的商人埃托雷·施米茨（Ettore Schmitz）以伊塔洛·斯韦沃的名字重获新生，竟成为意大利文化界的希望；打那以后，萨巴书店的货架上出现了许多重要的作品；贝利兹学院的那位爱尔兰教师[31]的几部著作也在那些年得到了出版。㉑如今，的里雅斯特已经完全陷入了法西斯的控制。虽然年轻的利奥还不过是一只书虫，但也已经是一个初露端倪的持不同政见者和一位立志成为文艺复兴通才的少年了。从他对自己深思熟虑的规划中不难发现曾经指引了的里雅斯特作家们的全部要素。

通过大量、细致的阅读，十七岁的利奥·克劳兹悄悄地发展起了将会伴随他一生感悟力。他整日躲在比安卡别墅的三楼，与《幻灭》（*Lost Illusions*）[32]中的吕西安·德·吕邦普雷（Lucien de Rubempré）、《没有

埃内斯托·克劳兹升任的里雅斯特商业银行行长时该行的广告
安妮·科恩-索拉尔提供

个性的人》(*The Man Without Qualities*)[33]中的乌尔里希(Ulrich)、《红与黑》(*The Red and the Black*)[34]中的于连·索雷尔(Julien Sorel)、《情感教育》(*Sentimental Education*)[35]中的弗雷德里克·莫罗(Frédéric Moreau)纠缠不休。在这座唯利是图的城市,这位年轻的欧洲文学爱好者与萨巴、斯韦沃和乔伊斯一样默默无闻。在他们眼中,的里雅斯特似乎只能是一座光怪陆离的城市,同时兼具威胁性、激发性和迷惑性。所有像他们这样的灵魂都会在它的煽动下不顾一切地对自己的身份进行探究。“无聊透顶。”当时的乔伊斯曾这样写道,“没有一个可以与我探讨布鲁姆(Bloom)[36]的活人。我把书里的一两个章节拿给几个人看过,但结果就像是在对牛弹琴……这里温暖的冬天很快就要结束了。虽然有很多不错的戏剧,我却一场都没去看过(我的西装不是让人拿去卖了就是当了,得花600里拉才能再买一套新的)。”[22]几年后,他又抱怨道:“在的里雅斯特,我的崇拜者中只有拉利男爵(Braon Ralli)一人认购了《尤利西斯》。”[23]

[17] 意大利作家和政治家，原系意大利社会党人，后参与创办意大利共产党。

[18] 此处指威尼斯-朱利亚地区的斯拉夫民族，主要包括斯洛文尼亚人和克罗地亚人。

[19] 意大利政治家、记者、国家法西斯党（National Fascist Party）领袖，曾任意大利首相，1925年开始对该国家实施独裁统治。

[20] 意大利是古罗马帝国的核心，进入封建社会后，直到十九世纪中期，仍然处于分裂割据状态。十九世纪五十年代，撒丁王国首相加富尔积极推行"自上而下"的统一政策，经他和加里波第等人努力，1861年3月撒丁国王改号为意大利国王，意大利王国成立，定都佛罗伦萨。意大利王国继续谋求统一。1866年，意大利借普奥战争之机会，收回了威尼斯地区。但罗马及其附近教皇区还依仗法军势力割据一方。1870年普法战争爆发，意大利乘拿破仑三世调回驻罗马法军的机会发起攻击。9月20日，撒丁政府军和加里波第部同时开进历史名城罗马。教皇庇护九世下令军队停止抵抗，放弃世俗权力，避居梵蒂冈。至此，意大利统一大业终于完成。

[21] 尤利安阿尔卑斯山脉在斯洛文尼亚西北部的一座山峰。

[22] 意大利阿齐亚戈高原地区高达2000米的山峰。

[23] 1917年6月第一次世界大战中意大利军队与奥匈帝国军队的一次战斗，意大利方面伤亡惨重。

[24] 原文为意大利语：Il Duce，专用于指代墨索里尼。

[25] 原文为意大利语：fascitissime。

[26] 的里雅斯特商业银行所在地。

[27] 弗里德里希·威廉·尼采（Friedrich Wilhelm Nietzsche），德国哲学家、文化批评家、作曲家、诗人、学者，对西方哲学和现代思想史具有深远的意义。

[28] 德国小说家、社会批评家、慈善家、散文家，诺贝尔文学奖获得者。

[29] 翁贝尔托·萨巴于1919年开始经营的一家古籍书店，起名为古今图书馆（La Libreria Antica e Moderna），并于1929年出版了他的《歌集》。

[30] 文艺复兴早期意大利的人文主义者、作家、艺术家、建筑师、诗人、神父、语言学家和哲学家，是文艺复兴时期的全才型人物，也致力于道德哲学、制图学和密码学方面的研究。

[31] 即詹姆斯·乔伊斯。

[32] 法国现实主义作家奥诺雷·德·巴尔扎克（Honoré de Balzac）所著，是一部集中反映文学艺术商品化及新闻界黑幕的小说，是《人间喜剧》中最有深度，也最能反映时代精神的杰作之一。

[33] 奥地利小说家罗伯特·穆齐尔（Robert Musil）的一部未完成的小说，分三部。小说背景设在奥匈帝国最后的岁月，并没有一个具体的主题，情节经常转入哲学思辨，以及对人类精神和情感的解剖，常被认为是最重要的现代主义小说之一。

[34] 法国著名作家司汤达（Stendhal）的代表作。

[35] 法国伟大的小说家居斯塔夫·福楼拜（Gustave Flaubert）的代表作之一。

[36] 詹姆斯·乔伊斯的小说《尤利西斯》的主人公。

① 原文为意大利语："A chi sara Fiume？ A noi! / A chi sara Fiume？ A noi! / A chi sara Fiume？ A noi! / Eià-Eià-Alalà！"。

② 杰弗里·T. 施纳普（Jeffrey T. Schnapp）编辑，《阜姆观察站：美国红十字会的马德琳·威瑟斯彭·登特·哥里-蒙泰尼里及〈天才报〉主编兼总摄影师弗朗西斯·哥里-蒙泰尼所见和体验的占领期》（*Vedette fiumane: l'occupazione vista e vissuta da Madeleine Witherspoon Dent Gori-Montanelli, crocerossina americana, e da Francesco Gori-Montanelli capo del Genio e del Reparto fotografico*）（威尼斯：Marsilio，2000 年出版），41—42 页。

③ 埃内斯托·克劳兹致奥斯卡·科苏里克书信，1922 年 9 月 22 日，的里雅斯特。《的里雅斯特国家档案》，第 40 册，《布罗基档案》（*Archivio Brocchi, fasc. 40, Archivio di Stato di Treiste*），感谢玛利亚·卡拉·特拉丹（Maria Carla Tradan）和高级档案管理员皮耶保罗·多尔西（Pierpaolo Dorsi）博士。

④"清算系统"是此业务中对借贷进行每日核对的一个部分。

⑤ 安娜·法诺（Anna Fano），《吉奥乔与我》（*Giorgio e io*）（威尼斯：Marsilio，2005 年出版），93 页，以及安东尼奥·康法罗尼尔利（Antonio Confaloniere），《意大利的混合型银行和大工业（1914—1933）》（*Banche miste e grande industria in Italia (1914—1933)*），第一卷（米兰：BCI，1994—1997 年出版），135—144 页。

⑥ 全文参见亚美瑞格·阿波罗尼奥，《从哈布斯堡到墨索里尼：1918—1922 年的威尼斯-朱利亚地区》（戈里齐亚：Istituto Regionale per la Cultura Istriana，2001 年出版），135—144 页。

⑦ 朱利奥·沙比利，《意大利的的里雅斯特：深化与经济宿命》（米兰：Franco Angeli，1990 年出版），31 页。

⑧ 同上，31 页。

⑨ 同上，213 页。

⑩《的里雅斯特国家档案》，第 100 册，《布罗基档案》。

⑪ 阿尔多·奥伯多弗，《的里雅斯特战后社会主义》（*Il socialismo del droppoguerra a Trieste*）（佛罗伦萨，1922 年出版），93 页。

⑫ 斯雷科·科索维尔，《首当其冲的恐惧》（"Uno è l'orrore"），摘自《我的歌》（*Il mio canto, Moj pesem*）（的里雅斯特：It Ramo d'Oro Editore，2002 年出版），12 页。

⑬ 利西奥·博西（Licio Bossi）编辑，《的里雅斯特 1900—1999：百年历史》（*Trieste 1900—1999:Cent'anni di storia*），第二卷（1915—1922）（的里雅斯特，Publisport，1998 年出版），198—199 页。

⑭ 皮埃尔·米尔扎（Pierre Milza），《墨索里尼》（*Mussolini*）（巴黎，Fayard，1999 年出版），242—255 页。

⑮ 同上。

⑯ 皮埃尔·米尔扎，《墨索里尼》，360—366 页。

⑰《小报》，1925 年 11 月 27 日。

⑱《小报》，1925 年 12 月 1 日，及"意大利联合银行历史档案——意大利商业银行文化遗产"，见《的里雅斯特商业银行》2 号索引第 2 分册，《法西斯银行联合总会；1925—1929，仅限于几份日报和两份的里雅斯特商业银行的印刷品》（"Confederazione generale bancaria fascista；1925—1929, Limitatamente ad alcuni giornali quotidiani, e a due stampati della Banca Commerciale Triestina"），感谢阿尔伯特·哥塔雷利（Albert Gottarelli）、罗伯托·孔法洛涅里（Roberto Confalonieri）及弗朗西斯卡·皮诺（Francesca Pino）博士。

⑲ 乔治·克莱恩博士访谈，作者采访，旧金山，2005 年 11 月 29 日及 30 日。

⑳ 安·亨德利编辑，《克劳德·贝里遇见利奥·卡斯泰利》（巴黎：Renn，1990 年出版），15 页。

㉑ 安吉洛·艾拉与克劳迪奥·马格利斯，《的里雅斯特：边界身份》（都灵：Einaudi，1982 年出版），71—74 页。

㉒ 詹姆斯·乔伊斯致弗兰克·巴金（Frank Badgen）书信，的里雅斯特，1920 年 1 月 3 日，摘自《全集》（*Oeuvres Complètes*），第 2 卷（巴黎：Pléiade，1982 年出版），893 页。

㉓ 詹姆斯·乔伊斯致斯坦尼斯洛斯·乔伊斯（Stanislaus Joyce），巴黎，1922 年 3 月 20 日，摘自《全集》，第 2 卷，962 页。

8—法西斯统治下的二十岁

我们是永恒的青春，
我们是未来的征服者，
坚定的思想是我们的武器。
我们沿着海岸线进发，
在通往新帝国的道路上冲锋陷阵；
我们在领袖的指引下行进，
罗马的边界就曾到达过这里。[①]

——少年法西斯主义者之歌

身着黑衫的“小意大利人”[1]在歌曲中将意思表达得非常清楚：招募和培养法西斯主义的人容不得半点柔情，因为这不仅是在向领袖致敬，也是在为建设出一支结构类似于宗教或军事团体的兵强马壮的法西斯党培育新的人种。1925年12月24日出台的一项法令将一长串头衔赋予了墨索里尼：国家元首、总理、外交部长。从此他一人独揽大权，让这个国家在极权统治的道路上越走越远，而这一切都源自民众对“领袖”人格魅力的崇拜。在无处不在的海报中，“从不睡觉”的“领袖”也“从不会犯错”，而他最著名的能力是“保证列车的运行准时准点”[②]。

“我记得当时我对这个粗鄙、愚蠢的政权厌恶至极。”都灵的一名学生维托里奥·福阿（Vittorio Foa）在讲述他加入反法西斯组织“正义和自由”（Giustizia e Libertà）的理由时回忆说，“想在一个如此愚蠢、无聊的国家生存下去，只能变得跟它一样愚蠢。当我意识到要是再不通过改变现状来保持清醒，我也一样会变成白痴，于是选择了在政治上有所作为。”[③]1930年2月，一颗炸弹摧毁了法西斯党报《的里雅斯特人》（*Il Popolo di Trieste*）的编辑部，随后，一系列凶残的报复行动轮番上演。9月5日，由克里斯蒂尼（Cristini）将军主持的军事法庭对这一案件作出了14个长期徒刑和4个死刑的判决；此后的第二天，由56名黑衫党徒组成的行刑队在巴苏维萨（Basovizza）[2]的一个方便处理尸体的天坑处决了弗朗西斯科·华伦锡（Francesco Valenčič）、弗朗西斯科·马鲁希奇（Francesco Marušič）、费迪南德·毕多维克（Ferdinando Bidovec）和兹沃尼米尔·米洛斯（Zvonimir Milos）[3]。然而顽强的“正义和自由”在加布里艾莱·弗斯齐阿迪（Gabriele Foschiatti）、布鲁诺·平凯莱（Bruno Pincherle）和阿莫斯·齐阿鲍夫（Amos Chiabov）的领导下，通过组织的不断扩大将行动升级到了全国范围。

克劳兹一家又过得怎么样呢？他们是否像沃盖拉家和其他激进的社会党人那样开始关心政治？恐怕不会。但身为犹太人，他们起码应该对反犹主义的萌芽有所警觉了吧？1922年，菲利普·坦培拉（Filippo Tempera）[4]谏言墨索里尼将意大利从斯特林格尔（Stringher）和特普利茨（Toeplitz）这样的犹太银行家手中解救出来，称他们是"操控红、黑国际[5]……外交使团、媒体、法庭和学校"④的幕后黑手。克劳兹一家是否读到过这个消息？答案应该是否定的。归根结底，他们是否只是接受了归化的机会主义者，只属于墨守成规的资产阶级呢？利奥的弟弟乔治的确是这样认为的："我父亲加入法西斯党的时间特别特别晚。他是一个保守主义者，反对左翼的政见，不鼓励我和利奥有反法西斯的倾向。当我告诉父亲想去法国生活的时候，他说那里的政权比意大利的还要糟糕。一次，我们在车站偶遇了我的高中同学杜比斯·法尔内斯（Dubis Farnese），他是法西斯党主席的副手，我父亲与他握了手，因而感到特别荣幸。总的来说，我们对政治基本不感兴趣，对意大利也没有什么感情，基本上还是怀念奥地利的统治的。不少漫画都将奥地利人描绘成了对意大利人卑躬屈膝的墙头草。人人都知道我的姨夫维托里奥·列维－卡斯特里尼在第一次世界大战中是为奥地利作战的，但我不记得受到过什么特别针对我们的敌意。"⑤以时间为序，西尔维娅的摄影记录了克劳兹家的孩子们在法西斯主义统治时期的生活。从的里雅斯特到维也纳，从奥皮奇纳（Opicina）[6]到布里俄尼（Brioni）[7]，从库马约尔（Courmayeur）[8]到科尔蒂纳丹佩佐（Cortina d'Ampezzo）[9]，从圣马蒂诺－迪卡斯特罗扎（San Martin di Castrozza）[10]到瓦尔加迪纳（Val Gardena）[11]，从波特夏赫（Pörtschach）[12]到穆贾（Muggia）[13]，他们充实地过着典型大户人家孩子的生活，爱好雪上运动、驾车、登山、游泳、骑马和网球。与他们玩在一起的朋友——赫尔曼·冯·阿尔滕斯（Herrmann von Artens）、伊曼纽尔·迪普莱（Emmanuel Duplaix）、弗兰西·马特杰卡（Franzi Matejka）、西尔维娅·莱克纳（Silvia Lekner）、南多·卡尔达（Nando Calda）、马诺洛·贝里尼（Manolo Belleni）、里纳尔多·德洛尔（Rinaldo Delord）和斯特凡诺·马基·迪·切莱雷（Stefano Macchi di Cellere）——个个都肤色健康、外形出众。姑娘们都戴着钟形帽[14]，身着皮领大衣和低腰百褶裙，梳着几何形状的发型；小伙子们则穿戴着神气的长大衣、剪裁讲究的三件套西装和丝质领带，头上随意斜挂着浅顶的软呢帽子：活脱脱是亚得里亚沿海版的"芬齐·康蒂尼（Fitzi Continis）家的少年"[15]。政府声势浩大的建设项目和公共活动是否招惹到了这些不明就里的富家子弟？这些热爱文学的青年都曾经在维也纳生活过，自幼接受的就是包容开放的教育，他们要如何去适应这里的环境呢？“我实在无法忍受法西斯政权，”利奥后来谈道，“可以说毫无品位，粗鄙不堪。政治对我没有什么影响，我对政治也不感兴趣，但我还是看出了这个政权的局限性，你明白吗？英国和法国都与它为敌，但它们却是我最感兴趣的两个国家。法西斯主义是一场粗俗的、泯灭文化的运动。全国的社会氛围都很压抑，我不相信任何一个有思想的人会想要留在这里！”⑥

“墨索里尼几乎已被奉为神明，他永远一身戎装，再也没穿过平民的衣服”，历史学家亚历山大·施蒂勒（Alexander Stille）写道，“他的名字——‘贝尼托·墨索里尼’已经完全被‘领袖’二字取代了，在报纸

西尔维娅·克劳兹的相册，内容是1928年夏天全家在科尔蒂纳丹佩佐度假的照片
在最上方的那一张里，站在画面最左侧的是利奥，最高处的是西尔维娅
罗伯特·里特提供

上出现的时候还必须使用粗体。大小文章都将他吹捧得样样全能：世界一流的经济学家；研究罗马历史最权威的学者、政治家、飞行员和御马高手；一个充满了男子气概的唐璜；一个深爱着家庭的男人。当墨索里尼虚妄地追逐着重塑古罗马光辉的梦想，慷慨激昂、辞藻华丽的政府宣传也在不断变本加厉。法西斯控制下的公共生活充斥着一个又一个阅兵式。从蹒跚学步的孩子到耄耋之年的老兵，所有人都要涌上街道，为法西斯主义高唱赞歌。"⑦早在 1925 年，公共教育部长皮埃特罗·费德勒（Pietro Fedele）就已经宣布"政府要求所有学校对全体意大利青少年进行法西斯主义教育，无论年级高低，都要理解并适应法西斯主义革命创造的历史环境"。

在这样的环境下，1927 年 9 月 4 日，利奥·克劳兹在的里雅斯特度过了他的二十岁生日。当法西斯主义进入全盛时期，绝大多数的里雅斯特人都将这座城市的威望引以为傲，同时也对"领袖"不切实际的幻想深信不疑。8 月 24 日，"领袖"为"世界最大最快的轮船"萨特尼亚号（Saturnia）主持了起航仪式。这艘巨轮刚刚在科苏里克船厂完工，采用的是圣安德鲁机械厂（Fabbrica Macchine di Sant'Andrea）制造的那台"世界最大的柴油引擎"，功率达到了两千马力。的里雅斯特全城上下张灯结彩，贝尔萨格里（Bersaglieri）码头挤满了超过十万名群众，他们为墨索里尼欢呼，看着他豪情万丈地拥抱了科苏里克家族的每一位成员：安东尼奥（Antonio）、卡里斯特（Callisto）、圭多（Guido）和马里奥（Mario）。为了向他表示敬意，所有商户在下午五点就停止了营业，甚至连斯洛文尼亚语日报《团结报》（*Edinost*）都赞美了这位"为战后的新意大利挥斥方遒、指点江山的意大利伟人"⑧。关于萨特尼亚号的文章登上了全世界最时髦的杂志，巴黎的《时尚》（*Vogue*）就用一整版介绍了她（从的里雅斯特到里约热内卢为期 11 日的）的处女之航。巴西的街头也出现了印有"萨特尼亚号，世界上最大、最快的轮船"[16] 的明信片。

凯旋背后，罗马当局针对占的里雅斯特人口总数四分之一的斯洛文尼亚裔展开了行动——超过四百家机构和企业遭到关闭，资产收归国有，教

西尔维娅·克劳兹1930年的社交活动
去克罗地亚沿海的布里俄尼岛参加扶轮社（Rotary）[17]的聚会，途中西尔维娅悠闲地出现在甲板上

罗伯特·里特提供

西尔维娅·克劳兹1930年的社交活动
在奥地利的波特夏赫驾车出游
罗伯特·里特提供

西尔维娅·克劳兹1930年的社交活动
到访蒙法尔克的科苏里克府
罗伯特·里特提供

师被发配到了其他城市。随着1925年12月出台的一条法令，行政机构开始以“不忠于政府”为由清洗斯洛文尼亚裔的公务人员，一场运动就此开始。1929年，《团结报》被禁，任何学校不得继续教授斯洛文尼亚语，风暴到达了顶点。[9]除此之外，1927年4月7日颁布的一条严苛的法令通过了父姓意大利化的提案，因为的里雅斯特绝大多数人口的姓氏都颇具“异国风情”，这条法令在这里造成了尤为巨大的影响。“许多人明明生活在同一座城市，却不知道该如何去念城市中另一些人的名字。”阿尔多·皮扎加利（Aldo Pizzagalli）在《关于的里雅斯特省姓氏的意大利化》（“Per l'italianità dei cognomi nella provinzia di Trieste”）一文中抗议道，“解决这一问题最简单有效的办法是另辟蹊径，给每个外来姓氏提供一个拉丁语的译名。”[10]

1926年4月3日，教育部长乔瓦尼·秦梯利（Giovanni Gentile） 18
到访的里雅斯特，出席人民大学（Università Popolare）开设的法西斯主义

1938 年 8 月 18 日，的里雅斯特
为了迎接“领袖”来威尼西亚度假，的里雅斯特举行了盛大的庆祝活动
意大利卢斯研究所（Luce Institute）提供

文化课程的启动仪式。几天后，墨索里尼险些遇刺身亡，秦梯利为此做了一次演说。他站在执政官府邸的阳台上，面朝意大利统一广场（Piazza Unità d'Italia）上的三万名听众慷慨陈词：“看到这么多人聚集在执政官府邸，我非常激动。你们来到这里，是出于同一种情感，那便是喜悦和忠诚。在我看来，这完全是一种宗教情感。啊！的里雅斯特人！几天前的那场劫难过后，你们与全体意大利人一样感到释然。啊！的里雅斯特人！那是因为这一连串以失败告终的刺杀反映出了一个不证自明的真理：领袖贝尼托·墨索里尼是一位天降伟人，上苍对他的庇佑，实际上是在保护我们的祖国免于遭受这些卑鄙可憎、荒唐愚蠢的攻击。啊！的里雅斯特人！愿上帝保佑我们的‘领袖’永远安康！”⑪

居住在体育馆路上的利奥·克劳兹眼看就要毕业了，可他私下里还是更痴迷于文学。无论是在家里、学校还是列车上，他都在埋头看书。

他如饥似渴地阅读着卡夫卡[19]、托马斯·曼、弗洛伊德、普鲁斯特[20]、乔伊斯、狄更斯、萨克雷[21]、T. S. 艾略特[22]和赫胥黎[23]的著作，专注地享受着孤独。“我需要一位能够把我从学校解救出来的家庭教师，”他后来解释道，“因为我对学习寻常的科目完全提不起兴趣，所以成绩很差。我的这位老师本身就是一位诗人，文学功底非常深厚。我对外国文学的了解让他大吃一惊，他完全不能理解像我这样的孩子为什么会留级。不过，我对文学这一个领域的兴趣的确让其他一切事物都黯然失色了。我甚至会在上课的时候阅读书籍，根本没有听讲，眼里只有捏在手上的

1928 年，科尔蒂纳丹佩佐
滑雪天赋极高的利奥
让 - 克里斯托弗 · 卡斯泰利提供

[1] 原文为意大利语：Piccole Italiane，此处指由八至十四岁的女孩组成的少年法西斯组织。

[2] 的里雅斯特东北部的一个区域，根据 1910 年的奥地利人口普查，当地 97.6% 的居民使用的是斯洛文尼亚语。

[3] 以上人士全部为斯洛文尼亚裔。

[4] 罗马民族主义期刊《堂吉诃德》（*Don Chisciotte*）的主编。

[5] 指 1864 年创立的第一国际。国际工人联合会自 1872 年海牙代表大会后分化，红色指马克思主义者，黑色指无政府主义者。

[6] 意大利东北部小镇，与斯洛文尼亚接壤。

[7] 克罗地亚伊斯的利亚半岛西岸附近亚得里亚海的岛群。初属奥地利，后属意大利，1947 年后归属克罗地亚。

[8] 阿尔卑斯山脉最高峰勃朗峰东南方的小镇，是意大利境内距勃朗峰最近的一处城镇。

[9] 意大利北部贝卢诺省的一个滑雪胜地。

[10] 意大利北部特伦蒂诺大区普里米耶罗峡谷的一个山间度假村。

[11] 意大利北部南蒂罗尔省的一处峡谷，以滑雪、攀岩和木刻著称。

[12] 奥地利南部克恩顿州的一处有着湖光山色的避暑胜地。

[13] 见 101 页注释 20。

[14] 一种钟形的女帽，二十世纪二十年代至 1933 年流行于美国。由法国设计师卡罗琳·瑞邦（Caroline Reboux）在 1908 年发明。其名称来自法语单词“Cloche”，意为“钟”。

[15] 1970 年由意大利导演维托里奥·德·西卡（Vittorio de Sica）拍摄的改编自吉奥乔·巴萨尼（Giorgio Bassani）的小说《芬齐·康蒂尼家的花园》（*Il giardino dei Finzi-Contini*）的同名电影。电影讲述的是墨索里尼上台后至二战前主人公与犹太家族康蒂尼家的孩子们的故事。

[16] 原文为葡萄牙语：“O Navio Motor ‘Saturnia’, o mais grande e veloz do mundo”。

[17] 国际性的服务组织，成立于 1905 年的芝加哥市，旨在联合商业及专业人士提供人道主义服务，并促进世界的友好、和平。

[18] 意大利新黑格尔唯心主义哲学家，后信奉法西斯主义，自称为“法西斯主义的哲学家”，曾为贝尼托·墨索里尼代笔写作《法西斯的教条》一书。还担任过教育部长。

[19] 奥匈帝国时代的布拉格犹太小说家，被认为是二十世纪文学的代表人物之一。

[20] 马塞尔·普鲁斯特（Marcel Proust），法国意识流文学的先驱与大师，也是二十世纪世界文学史上最伟大的小说家之一。

[21] 威廉·梅克比斯·萨克雷（William Makepeace Thackeray），英国作家，其代表作品是世界名著《名利场》（*Vanity Fair*）。与狄更斯齐名，同为维多利亚时代的代表性小说家。

[22] 托马斯·斯特尔那斯·艾略特（Thomas Stearns Eliot），美国诗人、剧作家和文学批评家，诗歌现代派运动领袖。

[23] 阿道司·赫胥黎（Aldous Leonard Huxley），英格兰作家，祖父是著名生物学家、进化论支持者托马斯·亨利·赫胥黎。

那本书。”⑫1926年6月，在家庭教师的帮助下，利奥取得了“经典教育”[24]的毕业证书。那一年的数据显示，但丁·阿利吉耶里学校（Dante Alighieri School）的学生成功获得毕业证书的比例是100%，而彼特拉克学校（Petrarch School）的比例则是87%。

年轻的利奥·克劳兹风度翩翩、温文尔雅，他善于交际，也爱好运动。他很介意自己的身高——他个子不高，但也向父亲坦言自己“不介意交个女朋友”。很快，他就被安排与著名的精神分析学家埃杜尔多·魏斯见了面，他是弗洛伊德过去在维也纳的一位门生。“我对女孩没有什么吸引力……”少年利奥先开了口。魏斯马上反击道：“你可能不知道原因，但她们知道啊！”显然，一次治疗就足以从这个年轻人的身体里释放出唐璜的潜质了。巴格诺·萨沃亚（Bagno Savoia）[25]、库马约尔和科尔蒂纳丹佩佐都留下了护花使者利奥的身影。先后出现在他身边的有林娜塔·曼恩（Linetta Mann）、西尔维娅·莱克纳、莱昂诺尔·菲尼（Leonor Fini）[26]和其他几位他父亲朋友家的姑娘。

利奥接受了自己身高上的缺陷，转而通过运动来证明自己的强大。他最为突出的成就是成了饱受赞誉的“尤利安阿尔卑斯山脉登山滑雪队”（Gruppo Rocciatori e Sciatori dell'Alpina delle Giulie）的一名登山运动员。海拔9659英尺[27]的矮钟楼山（Campanile Basso）是白云石山脉令人望而却步的一座高峰。1929年7月22日，利奥与维尔吉利奥·内利（Virgilio Neri）、皮耶罗·斯洛柯维奇（Piero Slocovich）和向导米奇卢兹（Micheluzzi）成为全世界第一支从普罗伊斯壁（Preuss Wall）登上矮钟楼山的队伍！在他们之前征服过这座高峰的只有（于1899年8月18日登顶的）卡尔·伯杰（Karl Berger）和奥托·安普费勒（Otto Ampferer），以及（于1911年7月28日登顶的）保罗·普罗伊斯（Paul Preuss），但他们都没有采取这条路线。经验丰富的登山运动员们对这项骄人的战绩给出了5-或4+的高分，各大报刊也争相对他们进行了报道。“我们（使用岩钉）从加尔巴里（Garbari）岩架出发，”米奇卢兹在这家意大利登山俱乐部的内刊中写道，“直接（穿着钉鞋）爬上了布满条纹的黄色岩石，沿波沃利（Povoli）一线一直攀登到了靠近顶峰的一处小平台[28]，然后开始使用双绳[29]攀登。我们以之字形的路线爬过了突出的岩石，抓握点虽小却极为精准，双脚完全无法提供支撑（毫无避免高空坠落的保护措施），直到抵达了安普费勒坡（Ampferer Face）的那处峡谷；接着，我们经由平缓的岩体达了顶峰。可谓历尽千辛。”⑬

1928年，的里雅斯特
一群朋友站在克劳兹家别墅的花园中
后排：举起手的人是利奥，最右侧的是巴西战后著名艺术家格尔达·布雷塔尼（Gerda Bretani）
前排：左起第二位是莱昂诺尔·菲尼，与她挨在一起的是教授、批评家吉洛·多弗莱斯
尤金尼亚·德海恩茨林（Eugênia Deheinzelin）提供

在父亲的敦促下，利奥同意到米兰学习法律：想到将与同样醉心于文学和音乐的朋友“佩皮”·巴硕（“Peppi”Basso）和南索·塞内加各利亚（Nunzio Senigaglia）离开的里雅斯特四年让利奥倍感欣喜。三位志同道合的伙伴经常出入斯卡拉剧院（La Scala），更不会错过托斯卡尼尼（Toscanini）[30]指挥的整部《尼格龙根》（*Nibelungen*）组剧[31]和《名歌手》（*Meistersinger*）[32]的演出。利奥在一户人家租下了一间屋子，房租为每月三十里拉，包含衣物清洗的费用。“我对法律并不是特别感兴趣，只不过想摆脱的里雅斯特到大城市看看。我在米兰有各种各样的朋友，所以过得很开心。头几年我还很刻苦，后来就越来越忽视学业，最后只是勉强毕了业。那时候我参加了很多运动……总是在运动项目结束之后再回去考试。那真是一段美妙的时光。不过不得不说我法律学得只能算是差强人意。”[14]一年一度的长假给了他去探索世界的自由：头两年他在伦敦的海事保险公司格里菲斯（Griffith）、泰特公司（Tate and Co.），以及米兰的罗森伯格 - 克罗尔尼银行（Banca Rosenberg-Colorni）实习（都是通过父亲的关系）；最后一年的几个月假期他则是在野战炮兵部队以少尉军衔服役。

南索的父亲——社会党议员维尔吉利奥·塞内加各利亚（Virgilio Senigaglia）公开反对法西斯主义。米兰还有其他来自的里雅斯特的反法西斯主义者，《工人报》的编辑阿尔多·奥伯多弗（Aldo Oberdorfer）和艾玛诺欧·巴尔泰利尼（Ermanno Bartellini）就为了组织“正义和自由”的秘密集会偷偷潜入了伦巴第大区的首府。这个组织还在卡洛·罗塞利（Carlo Rosselli）的支持下在巴黎印刷反法西斯的宣传册。“法西斯主义企图将自身存在的根本原因与意大利的本质混淆在一起，”罗塞利坚定地说，“宣称它代表了意大利人民的劣根性、潜藏的弱点，还有苦难。在某种程度上，它被看成是一部自传，抒写了这个已经对政治斗争丧失信心、盲目崇拜一致性、在异端邪说中寻求安慰，并渴望获得一个天才领袖的国家的故事……这样一来，与法西斯主义为敌就意味着与某种意大利特有的心态、情感和传统为敌……这场斗争艰苦卓绝……它与阶级差异无关，归根结底是道德和政治教育的问题。”[15]

大儿子在攻读法学学位时成为了登山界的一个传说，此时，埃内斯托·克劳兹也到达了事业的巅峰。“父亲的办公室让我们大开眼界。”乔治·克莱恩回忆道，“它位于银行大楼一层，巨大无比，房间最显著的位置上摆放着意大利国王签字授予父亲的‘司令官’[33]证书。办公室隔壁有两间宽敞的候见室，里面挤满了等着见他的人。父亲的秘书多得像一个芭蕾舞团，她们不停地出出进进，与发号施令的父亲一同构成了一幅象征着权力的画面。”[16]战事平息之后，身兼的里雅斯特商业银行行长和驻瑞典名誉领事的克劳兹“司令官”的确散发出了一个成功者的光辉。作为行长，他在威尼斯－朱利亚地区经济活动的中心控制着牵一发而动全身的利益链条，与这座城市的权力掮客们关系密切，亚得里亚联合保险公司总裁阿诺德·弗里杰西·迪·拉塔尔玛（Arnoldo Frigessi di Rattalma）、忠利保险（Assicurazioni Generali）总裁爱德华多·莫波格（Edoardo Morpurgo）和的里雅斯特劳埃德公司总裁阿尔贝托·弗兰克伏特都名列其中。这些人中除了科苏里克，其他都与埃内斯托·克劳兹一样曾经是奥匈帝国的犹太人。

在罗马，一些精明的的里雅斯特人已在法西斯体制内成功谋得了要职，例如财政部副部长克劳迪奥·苏维克（Claudio Suvich）、财政部私人秘书主任伊吉诺·布罗基（Igino Brocchi）、法西斯党全国委员会委员维托里奥·弗雷斯科（Vittorio Fresco）、从法西斯武装头目晋升为国家部长会议主席秘书长的弗朗西斯科·琼塔[34]（Francesco Giunta）、威尼斯-朱利亚地区法西斯工业联盟（Unione Industriale Fascista della Venezia Giulia）主席布鲁诺·柯恰尼（Bruno Coceani），以及当地的法西斯党联盟书记卡洛·佩鲁希诺（Carlo Perusino）。[17]由于与墨索里尼有直接的联系，他们成为攸关的里雅斯特工业家成败的助力者，也必然会受到不遗余力的巴结：琼塔获得了亚得里亚联合工厂（Cantieri Riuniti dell'Adriatico）总裁的头衔，弗雷斯科成为布伦纳集团（Brunner Group）、SICMAT公司和亚得里亚保险联合会的董事，佩鲁希诺则坐进了的里雅斯特劳埃德公司的董事局。[18]1927年4月30日颁布的《劳动宪章》（Labor Charter）［被正式定名为《对人类进步的独到贡献》（An Original Contribution to the

Evolution of Humanity)］透露了这个政权“维护社会秩序”的基本理念：它将“国家的终极利益凌驾于个人和集体之上”，并且仅在“私有企业同意为法西斯主义的理念和领导人的指示服务时，才为它们提供保障”[19]。换句话说，政府为雇主们提供了一个稳固的市场和拒绝劳工需求的后盾，作为回报，他们要绝对服从政府的统治。埃内斯托·克劳兹成为这一系列新干涉主义政策的直接受害者。[20]

的里雅斯特新的政治经济联盟已经彻底将克劳兹“司令官”排除在外了，对此他要么真的毫无察觉，要么就是在故作镇定。他被罗马政府派至的里雅斯特商业银行缴收权力的引水鱼[35]们团团包围，或许已经是相当明显的事实了。在他们之中，除了塞尔吉奥·萨格雷（Sergio Segre）和卡洛·埃尔梅（Carlo Hermet），还有克劳兹的副手——副行长纳扎里奥·彼得利尼（Nazario Peterlini）。这位执迷不悟的领土收复主义者自然不会放过任何一次宣扬他的信仰绝非异端邪说的机会。“值此继往开来之际，”彼得利尼在致董事长斯卡拉孟加·迪阿尔托蒙特的信中写道，“要维护的里雅斯特商业银行的百年大计，必须首先终止她与维也纳银行联盟的合同……现在看来，这份合同不仅毫无意义，也与当前的形势格格不入。”[21]面对这些变化，埃内斯托·克劳兹能够稳坐江山实属不易。据他的儿子后来回忆，他很清楚“彼得利尼与其他为意大利战斗过的的里雅斯特亲意派一样”，都在觊觎克劳兹的位置。“没人质疑过父亲的才智和能力，”克莱恩补充道，“但就算他从没穿上过军装，但毕竟战时是在维也纳渡过的，归根结底，他就不是一个土生土长的的里雅斯特人！”[22]

为了对的里雅斯特进行意大利化，政府不仅在当地为意大利本土银行设立了分行，还收紧了对工业的控制。自从中断了与内陆的联系，这座自由港的经济就停滞不前，每况愈下，最终导致了一系列连锁反应。1929年爆发的世界金融危机对这个地区的经济无疑是雪上加霜，埃内斯托·克劳兹本就艰难的事业更是乌云压顶。然而直到1938年，意大利的反犹太法令才明确要求开除所有仍在担任公职的犹太人。一场眼看就要席卷整座城市的风暴正在酝酿，而克劳兹“司令官”即将深陷这场风暴的中心。但此刻的他，还在一支“芭蕾舞团”的包围下端坐在两间人满为患的候见室中央。1928年，战后一片欣欣向荣、万物祥和的海市蜃楼上出现了第一道裂纹。由于蒙法尔科内（Monfalcone）船厂连年亏损，江河日下的科苏里克集团申请了一笔6200万里拉的贷款。一年后，阿米尼奥·布伦纳（Arminio Brunner）为了挽救他的纺纱厂又借贷2000万里拉。几个月后，的里雅斯特商业银行也不得不向意大利信贷银行（Credito Italiano）申请贷款。1928年12月21日，布伦纳集团最终宣告破产，负债4300万里拉——一些人将它的惨败形容成一场“不折不扣的灾难，近乎上帝做出的惩罚。”布伦纳集团的破产给的里雅斯特的经济造成的连锁反应波及了布伦纳控股公司（Brunner Holding Company）、的里雅斯特商业银行、科苏里克有限公司，以及由的里雅斯特工厂（Cantieri di Trieste）和圣安德烈机械厂（Fabbrica Macchine Sant'Andrea）组成的的里雅斯特技术工厂（Stabilimento Tecnico Triestino）[23]。危机愈演愈烈，1929年2月22日，的里雅斯特地方行政长官不得不针对形势召开了一次紧急会议。参加会议的除了的里雅斯特商业银行的两位董事——忠利保险总裁爱德华多·莫波格和亚得里亚联合保险公司总裁阿诺德·弗里杰西，还有银行总裁卡米洛·艾拉（Camillo Ara）和行长埃内斯托·克劳兹。为了终止这场灾难，的里雅斯特商业银行被迫在1930年拿出了8亿里拉救市，这笔天文数字的巨款相当于今天的12亿欧元，市值约合17亿美金！

自我蒙蔽和鼠目寸光通常是经济崩溃的症结所在，这次危机是否也不例外？这个地区1926年至1930年相对稳定的金融和工业状况或许是经济形势总体利好的原因——即便经历了1929年的大崩盘，的里雅斯特的企业仍然能获得订单。[24]1932年2月12日，埃内斯托·克劳兹向全体员工发布了一份由董事会全体成员签字认可的声明[36]：

> 昨天的会议上，董事会决定向议会递交并入意大利商业银行的提案。这项决议符合当前的经济形势对合并类似商业机构的需求。服从这一需求意味着放弃我行的独立地位，并要去适应新的合作伙伴提出的成本缩减方案，对此我们虽然深感遗憾，但只能服从。我们最大的

希望是我行的绝大多数员工能在意大利商业银行得到一份工作，为此我们将不遗余力地去争取。至于那些没有得到新工作的员工，我们将竭尽全力协助你们的工会代表为你们解决困难。[25]

而另一方面，意大利商业银行在 1932 年 2 月 10 日的董事会会议纪要中宣布："约 280 名的里雅斯特商业银行员工将遭到解雇……克劳兹行长的合同 1936—1937 年才会到期，我们打算将他调往匈牙利分行，那里正在进行一次深入高层的大规模重组……该行前任行长豪尔米（Halmi）博士是极为宝贵的人才，他必须重回行长之位。目前我们委派至匈牙利的人员都是二级雇员，克劳兹先生是一个特例。他能够说非常流利的匈牙利语，必要时可以临时接替现任行长进入该行。"[26]媒体言简意赅地报道了事件的进展："1932 年 4 月 11 日，周四，的里雅斯特商业银行召开董事会，对 1931 年的预算进行了审核，该行当年的净利润为 141 万 3530.50 里拉。会议还提出了与意大利商业银行合并的建议：对于早已掌握了的里雅斯特商业银行全部股份的意大利商业银行而言，此举不过是在履行一个既成事实罢了。"[27]

奥地利人眼中的匈牙利人、意大利人眼中的奥地利人、罗马人眼中的的里雅斯特人，的里雅斯特两百个名门望族眼中的暴发户、妻子家人眼中的自大狂——由于一系列无法解决的民族、政治和社会因素，埃内斯托 · 克劳兹只能在许多个只对他敞开半扇大门的群体间来回游荡，却从未被其中任何一个完全接纳。对于像达尼诺斯（Naninos）家、弗里杰西·迪·拉塔尔玛家、布伦纳家、特普利茨（Toeplitz）家或斯多克（Stock）家这样在的里雅斯特经济腾飞的年代就已经富甲一方的家族而言，他无疑是姗姗来迟了。的里雅斯特曾经稳坐奥匈帝国经济的中心地位，克劳兹的事业在那时全速前进，在他荣升的里雅斯特商业银行行长的时候所向披靡，但最终却随着维也纳经济的崩溃抛锚失速、分崩离析。这座城市不可调和的利益冲突中蕴含着旧时代的欧洲没能解决的一切矛盾。深处其中的埃内斯托 · 克劳兹，虽然表面上拥有极高的社会地位，对实际情况却知之甚少。他就像象棋棋盘上的一枚小卒，却被假扮成了骏马在欧洲大陆的金融版图上拼杀博弈。

虽然事业如履薄冰，埃内斯托总算还是保住了体面。他深知自己已经举步维艰，因而决心为大儿子的事业铺设一条坦途，于是替他在保险界谋得了一个职位。十八世纪，为了对航运提供保障，保险行业应运而生，并始终在的里雅斯特商界享有得天独厚的优势。保险企业虽然会在国外开设分公司，但总部永远都会留在的里雅斯特，这就是"完整意义上的跨国公司"㉘的雏形。1932年，忠利保险和亚得里亚联合保险公司迫使政府废除了自1912年开始启用的《305法案》（*La Legge 305*）[37]（该法案让人寿保险在意大利成为了一项国家垄断行业），从而可以在原奥匈帝国的领土范围内继续经营。㉙到了1930年，这两家公司的实力已经相当雄厚，以至于再也无法忍受国家对他们的经营活动加以限制，于是建立了一种超脱于法西斯主义国家控制之外的行业寡头统治，开始对整个保险行业加以保护。埃内斯托·克劳兹意识到，儿子的事业必须远离政治动乱和经济危机，他非常精明地选中了保险业。

面对埃内斯托的千思万虑，利奥却完全不领情。二十三岁的他依旧是一个不务正业的纨绔子弟；小到父亲所处的险境，大到宏观政治和经济环境，他都毫无所知。正如他后来回忆的那样，他对局势的认知永远只停留在表面。"那时，我父亲与整座城市的经济事务息息相关。他想在事业上指导我，认为我应该听他的，少走弯路。他在的里雅斯特许多家重要企业中担任董事：几家炼油厂、几家保险公司、几家运输公司，不胜枚举。当时的里雅斯特有两家国际保险业巨头，我父亲是其中一家的董事，说话还算管事。他觉得这是我有可能接受的工作中最有意思的一个了……于是我就进入了那家公司。"㉚

就这样，1930年7月9日，百般不情愿的利奥·克劳兹将一份报名表和简历搁在了忠利保险总部。一周后，他应邀前来完成一份问卷。的里雅斯特猖獗的裙带关系在他的答案中一览无遗。第18题："你有亲属或朋友在高级管理层或董事会任职吗？有担任主管或普通员工的吗？”利奥当然不会提到他自己的父亲，他答道：“高级管理层和董事会成员中我认识萨尔瓦托·贝索（Salvatore Besso）和魏斯博士。”1931年1月7日，利奥正式入职的里雅斯特的忠利保险公司，而他对这份工作自始至终都没有说过一句好话。“真的太无聊了。那里的每一位叔叔都特别友好，所以对我根本就没有任何要求（这么做不对的）。我要做的只是出现在公司里，就算我什么也不做，他们也不觉得该劝我上上心。所以那份工作并不太顺利，我只干了差不多一年，其间我依旧痴迷于阅读和文学。”[31]

埃内斯托·克劳兹一方面为儿子懒散的态度恼羞成怒，一方面也为自己在的里雅斯特尚不可知的未来深感担忧，于是开始筹划将利奥送往国外。“我认为一个在保险业初出茅庐的人不应该一开始就在的里雅斯特的总部工作。”忠利保险布加勒斯特分公司总裁马克斯·萨尼埃莱维奇（Max Sanielevici）在致信的里雅斯特的一位名叫苏尔芬纳（Sulfina）的同事时写道，“相信与我们共事至少一年之后，他在的里雅斯特受训[38]的经历才会变得更有意义。无论如何，我将听候您进一步的指示。”[32]不过，埃内斯托·克劳兹还是无法接受利奥一年后就会回国的可能。1931年1月10日，在写给“声名赫赫的‘大军官’[39]大人、的里雅斯特忠利保险公司总裁、劳动骑士勋章[40]获得者爱德华多·莫波格”的信中，他谄媚道：“有幸供职于全世界最具声望的保险公司，想必犬子定不会辜负这份荣誉。”

与此同时，苏尔芬纳提出了这样的要求：“老克劳兹先生想知道克劳兹公子的薪水大约会是多少。虽然这只能是一个估计，但也需要明确一下。请问他的待遇是否与贵公司之前向德韦内德蒂（Debenedetti）先生提供的待遇（每月1000里拉，住宿费用由公司承担）一样？我在上一封信中向您提过，克劳兹先生希望一切听从您的安排。我个人认为，如果您能让这位公子不必操心食宿，而且慷慨地开出每月1000里拉的工资，克劳兹先生将会非常满意，并为此对您感激不尽。”[33]经历了无数次

ASSICURAZIONI GENERALI - TRIESTE
SOCIETÀ ANONIMA ISTITUITA NELL'ANNO 1831
Capitale Sociale interamente versato L. 60.000.000

AMMINISTRAZIONE

DOMANDA D'IMPIEGO
Registrato sotto il N. ......

All'On. Direzione delle „Assicurazioni Generali"
TRIESTE

Il sottoscritto, desiderando di ottenere un impiego presso codesta Compagnia, fornisce qui appresso le richieste indicazioni convalidandole con i documenti allegati alla presente.

Il sottoscritto stesso dichiara di assoggettarsi, per il caso di sua assunzione, incondizionatamente alle norme vigenti per il personale addetto agli Uffici di ......

Domande della Direzione:	Risposte dell'aspirante:
1. Qual'è il vostro nome e quali sono i vostri titoli?	1. Leo Krausz laureando in legge
2. Dove ed in qual giorno, mese ed anno siete nato?	2. Trieste, 4 settembre 1907
3. Qual'è l'attuale vostro stato di salute? Quali malattie avete avuto?	3. Ottimo. Scarlattina, appendicite.
4. a) Quale è il nome, il domicilio, la professione di vostro padre? (Secondo i casi queste indicazioni sono da fornirsi rispetto alla madre avente la patria potestà, oppure rispetto al tutore).	4. a) Ernesto, direttore Banca Commerciale Triestina, Trieste
b) Che età hanno i vostri genitori?	b) padre 53 madre 45
c) Se i genitori non sono più in vita, a quale età e di quale malattia sono morti?	c) ——

利奥在忠利保险公司应聘时填写的申请表
安妮·科恩-索拉尔提供

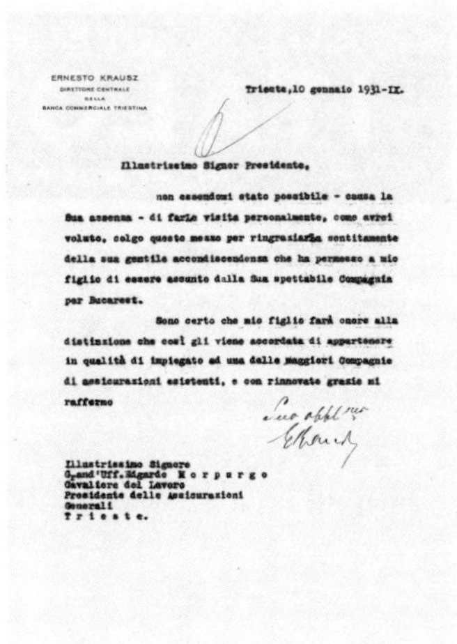

ERNESTO KRAUSZ
DIRETTORE CENTRALE
DELLA
BANCA COMMERCIALE TRIESTINA

Trieste,10 gennaio 1931-IX.

Illustrissimo Signor Presidente,

non essendomi stato possibile - causa la Sua assenza - di farLe visita personalmente, come avrei voluto, colgo questo mezzo per ringraziarLa sentitamente della sua gentile accondiscendenza che ha permesso a mio figlio di essere assunto dalla Sua spettabile Compagnia per Bucarest.

Sono certo che mio figlio farà onore alla distinzione che così gli viene accordata di appartenere in qualità di impiegato ad una delle maggiori Compagnie di assicurazioni esistenti, e con rinnovate grazie mi raffermo

Suo obbl.mo
E. Krausz

Illustrissimo Signore
Grand'Uff. Edgardo Morpurgo
Cavaliere del Lavoro
Presidente delle Assicurazioni Generali
Trieste.

埃内斯托·克劳兹写给忠利保险公司总裁爱德华多·莫波格的书信，感谢他对儿子前途的照顾
安妮·科恩-索拉尔提供

关于居住证件、工资和住宿问题的谈判和无数次延期之后（利奥到达布加勒斯特的时间最初确定在了 1931 年 1 月，但之后一再推迟），罗马尼亚人的耐心和兴趣逐渐消耗殆尽。

出手挽回局面的还是身在的里雅斯特的苏尔芬纳，他解释道：“克劳兹博士[41]已经在为顺利获得罗马尼亚的居住证件采取必要的措施了，而且随时都可以出发。”不过他接着说，“由于公司频繁有员工休假，近半年来他获得了不少工作经验。我们认为最好让他继续替补休假员工的空缺，暂时先不要调离。出于这样的原因，我相信您不会反对延期两至三个月再让小克劳兹博士到布加勒斯特忠利保险公司赴任。在此期间，当事人可以利用他在我司额外获得的时间完成培训。无论如何，最迟到明年秋天，克劳兹博士一定可以随时听候贵司差遣了。”㉞

试想当时剑拔弩张的局势：的里雅斯特危机四起，的里雅斯特商业

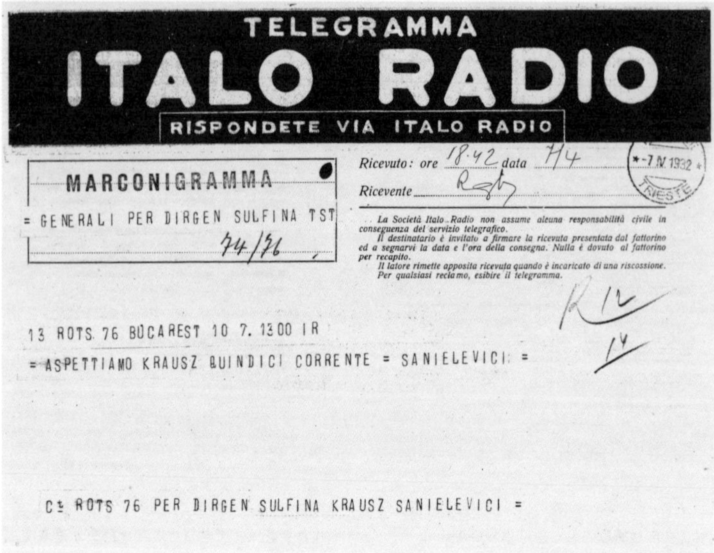

TELEGRAMMA
ITALO RADIO
RISPONDETE VIA ITALO RADIO

MARCONIGRAMMA
= GENERALI PER DIRGEN SULFINA TST
74/76

Ricevuto: ore 18.42 data 7/4
Ricevente

La Società Italo Radio non assume alcuna responsabilità civile in conseguenza del servizio telegrafico.
Il destinatario è invitato a firmare la ricevuta presentata dal fattorino ed a segnarvi la data e l'ora della consegna. Nulla è dovuto al fattorino per recapito.
Il latore rimette apposita ricevuta quando è incaricato di una riscossione.
Per qualsiasi reclamo, esibire il telegramma.

-7 IV 1932 TRIESTE

13 ROTS 76 BUCAREST 10 7 1300 IR
= ASPETTIAMO KRAUSZ QUINDICI CORRENTE = SANIELEVICI =

C≡ ROTS 76 PER DIRGEN SULFINA KRAUSZ SANIELEVICI =

1932 年 4 月
要求利奥前往布加勒斯特赴任的电报
安妮・科恩－索拉尔提供

银行朝不保夕，埃内斯托・克劳兹被迫调往布达佩斯，利奥却依旧两耳不闻窗外事，一心只读圣贤书！“父亲发现情况不妙，一天我们谈到了这个话题。我对他说这真的不是我想干的工作，能不能让我回去搞学术，认真地研究文学。我精通外语，我觉得我可以做一些这方面的事情。能说这么多门外语的人并不多见，但我能，所以或许我可以成为一名英国文学教授，或者从事类似的工作。我一直想做一些更有创造性的工作，但可以将研究文学作为开始。然后我父亲说：‘好吧，我同意。不过你能不能给我个面子再坚持一年。我打算送你出国，出了国你可能就觉得有意思了，想法可能就变了。’我父亲……有点简单粗暴，但他确实明察秋毫……我只好说：‘好吧，听您的。’”㉟

1932 年 4 月 2 日，苏尔芬纳终于获得了解脱，他总算可以写信告诉萨尼埃莱维奇：“利奥·克劳兹博士在每各个部门都实习过一段时间，已经了解了各个部门的运作方式，这对他今后在忠利保险的发展具有重要的意义。他在的里雅斯特的实习期业已结束（实不相瞒，实习结果远远超过我们的期待），可在您方便时立即前往贵司上任。”布加勒斯特方面不久就发来了回复：“期待克劳兹本月 15 日到任——萨尼埃莱维奇。”4 月 30 日，利奥·克劳兹终于在父母奔赴布达佩斯的前几天离开了的里雅斯特，踏上前往布加勒斯特的旅程。这距离当初计划的时间已经推迟了将近两年之久。虽然小克劳兹先生表面上并不如意，但他并没有虚度在忠利保险公司的时光。不过，他从这里学到的知识——如何在全球经济的语境下像一个“完整意义上的跨国公司”那样做生意——直到三十五年之后才发挥出了全部的价值。

[24] 原文为意大利语：maturità classica。作为秦梯利的教育改革的一部分，获得“经典教育”证书的高中毕业生可以在大学中选择任何感兴趣的专业就读。

[25] 意大利西北部的一处海滨度假村。

[26] 阿根廷超现实主义艺术家，因母亲是的里雅斯特人，从小在的里雅斯特长大。

[27] 约 2883 米。

[28] 原文为意大利语：pulpito，布道坛，此处指一块周围是悬崖峭壁的平台。

[29] 登山时使用的一种绳索，比单绳细，一般同时用两根，坠落危险较小时也可单根使用，主要用于登山和必须靠绳索下降的长路线攀岩。

[30] 阿尔图罗·托斯卡尼尼（Arturo Toscanini），意大利指挥家，十九世纪末至二十世纪最重要的音乐家之一，对音乐的记忆力超群，以专注和追求完美的演出细节著称。

[31] 即《尼伯龙根的指环》(*Der Ring Des Nibelungen*)，是德国音乐家瓦格纳作曲及编剧的一部大型乐剧，由四部歌剧组成。

[32] 即《纽伦堡的名歌手》（*Die Meistersinger von Nürnberg*），是由理查德·瓦格纳所作之三幕歌剧，亦是当今世上最流行及最长的歌剧，通常需要五小时完成。

[33] 原文为意大利语：Commendatore，此处指意大利的一种荣誉勋位。

[34] 第一章中提到的指挥烧毁巴尔干酒店的法西斯分子。

[35] 一种寄生在鲨鱼周围，摄食寄生物和丢弃的残余食物的鱼，形容专门在他人周围不劳而获汲取利益的人。

[36] 原文为意大利语：communiqué。

[37] 全称为《1912 年 4 月 4 日 305 法案》（*La Legge 305 del 4 aprile 1912*）。原文错写为“Lege giolittiana”。意大利的历史上并无这样一条以时任首相乔瓦尼·乔利蒂（Giovanni Giolitti）命名的法案，但《1912 年 4 月 4 日 305 法案》最终将保险变为国家垄断则有案可查。

[38] 原文为意大利语：tirocinio。

[39] 原文为意大利语：Grand' Uff，此处指意大利的一种荣誉勋位，高于埃内斯托·克劳兹被授予的“司令官”勋位。

[40] 原文为意大利语：Cavaliere del Lavoro，此处指意大利共和国总统授予在农业、工业、商业、手工业、贷款和保险业做出过突出贡献的意大利公民的荣誉称号。

[41] 意大利法律教育体系中的“法学博士”（Dottore in giurisprudenza），其实是一个学制为四至五年的法学硕士学位，完成这个学位之后才能攻读普通意义上的法学博士学位，意大利语为Dottore di ricercar。

① 原文为意大利语："Siamo l'eterna gioventù / Che conquista l'avvenire / Di ferro armato di pensier. / Per le vie del Nuovo Impero / Che si dilunga nel mar；/ Marceremo come Duce vuole；/ Come Roma già chiamo." 摘自亚历山大·施蒂勒（Alexander Stille），《仁慈和背叛：法西斯统治下的五个犹太家庭》（*Benevolence and Betrayal: Five Jewish Families under Fascism*）（纽约：Summit Books，1991 年出版），44 页。

② 参见皮埃尔·米尔扎及瑟奇·伯恩斯坦（Serge Berstein），《意大利法西斯主义 1919—1945》（*Le Fascisme italien 1919—1945*（巴黎：Editions du Seuil，1980 年出版），195 页。

③ 施蒂勒，《仁慈和背叛：法西斯统治下的五个犹太家庭》，98 页。

④ 伦佐·德·菲利斯（Renzo de Felice），《法西斯主义统治下的意大利犹太人》（*Storia degli ebrei italiani sotto il fascismo*）（米兰：Einaudi，1987 年出版），78 页，以及玛丽-安·马塔德·博努奇（Marie-Ann Martard-Bonucci），《法西斯控制下的意大利和对犹太人的迫害》（*L'Italie fasciste et la persécution des juifs*）（巴黎：Perrin，2007 年出版）。

⑤ 乔治·克莱恩博士访谈，作者采访，2005 年 11 月 29 日及 30 日。

⑥ 利奥·卡斯泰利访谈，保罗·卡明斯（Paul Cummings）采访，1969 年 5 月 14 日，美国艺术档案馆，华盛顿哥伦比亚特区。

⑦ 施蒂勒，《仁慈和背叛：法西斯统治下的五个犹太家庭》，98 页。

⑧《的里雅斯特 1900—1999：百年历史》（*Trieste 1990—1999*），第 3 卷（1923—1930）（的里雅斯特：Publisport，1998 年出版），165 页。

⑨ 参见 R.J.B. 博斯沃思（R.J.B. Bosworth），《墨索里尼的意大利：法西斯独裁统治下的生涯，1915—1945》（*Mussolini's Italy: Life Under the Fascist Dictatorship, 1915—1945*）（纽约：Penguin，2006 年出版），154—158 页。

⑩《小报》（1926 年 10 月 2 日），摘自《的里雅斯特：1900—1999》，第 3 卷，128 页。

⑪《小报》（1926 年 10 月 2 日），摘自《的里雅斯特：1900—1999》，第 3 卷，122 页。

⑫ 利奥·卡斯泰利访谈，保罗·卡明斯采访，美国艺术档案馆。

⑬《攀登白云石山脉的二十天》（"Vingt jours d'escalade sur les Dolomites"），摘自意大利登山俱乐部"尤利安阿尔卑斯山脉登山及滑雪队"内刊，的里雅斯特版《尤利安阿尔卑斯山脉》（*Alpi Giulie*），创刊 31 年，1930 年 7 月，第二期，337 页。感谢伦佐·赞博内利（Renzo Zambonelli）及奥古斯托·德贝纳尔迪。

⑭ 利奥·卡斯泰利，保罗·卡明斯采访，美国艺术档案馆。

⑮ 乔瓦尼·费洛（Giovanni Ferro），《反法西斯之都米兰》（*Milano capitale dell'antifascismo*）（米兰：Mursia，1985 年出版），80 页。

⑯ 乔治·克莱恩博士访谈，作者采访，旧金山，2005 年 11 月 29 日及 30 日。

⑰ 参见《的里雅斯特 1900—1999》，第三卷，74—75 页。

⑱ 亚美利哥·阿波罗尼奥（Amerigo Apollonio），《威尼斯-朱利亚与法西斯主义，1922—1935：墨索里尼独裁统治巩固时代的后哈布斯堡社会》（*Venezia-Giulia e fascismo, 1922—1935: Una società post-asburgica negli anni del consolidamento della dittatura mussoliniana*）（戈里齐亚：Istituto Regionale Culturale Istriana, Libreria Editrice Gorgiana：2011 年出版），221—231 页，以及《1918 年至 1945 年的的里雅斯特储蓄银行》（"La Cassa di Risparmio a Trieste tra il 1918 e il 1945"），摘自《的里雅斯特储蓄银行，1842—2002 年》（*La Cassa di Risparmio a Trieste 1842—2002*），147—189 页；另见安东尼奥·孔法洛涅里（Anotonio Confalonieri），《意大利的混合类型银行和大工业 1914—1933》（*Banche miste e grande industria in Italia* 1914—1933），第一卷（米兰：意大利商业银行，1994—1997 年出版），376-378 页；阿尔弗雷多·德阿莫（Alfredo d'Amore），《的里雅斯特商业银行的最后时光》（*Gli ultimi anni della Banca Commerciale Triestina*），圣心天主教大学（Università Cattolica del Sacro Cuore），米兰，商业和经济学院，1991—1992 学年（未发表的论文）。

⑲ 皮埃尔·米尔扎，《墨索里尼》（巴黎，Fayard，1999 年出版），395 页。

⑳ 米尔扎及伯恩斯坦，《意大利法西斯主义 1919—1945》，233 页。

㉑ 朱利奥·沙比利，《意大利的的里雅斯特：深化与经济宿命》（米兰：Franco Angeli，1990 年出版），36 页。

㉒ 乔治·克莱恩博士访谈，作者采访，旧金山，2005 年 11 月 29 日及 30 日。

㉓ 参见亚美利哥·阿波罗尼奥，《威尼斯-朱利亚与法西斯主义，1922—1935：墨索里尼独裁统治巩固时代的后哈布斯堡社会》，227 页；阿尔弗雷多·德阿莫，《的里雅斯特商业银行的最后时光》。

㉔ 同上。

㉕ “意大利联合银行历史档案——意大利商业银行文化遗产”，见《的里雅斯特商业银行》5号索引第8分册第4卷。《的里雅斯特商业银行员工并入意大利商业银行机密文件》，1931—1933年，附说明一份，仅限的里雅斯特商业银行内部（员工）传阅；另参见圣心天主教大学阿尔弗雷多·德阿莫的论文。

㉖ “意大利联合银行历史档案——意大利商业银行文化遗产”，意大利商业银行董事会会议记录(verbali del Consiglio di Amministrazione della BCI)(UCA，13卷，152—160页)。

㉗ 同上。

㉘ 安吉洛·艾拉与克劳迪奥·马格利斯，《的里雅斯特：边界身份》（都灵：Einaudi，1982年出版），130页。

㉙ 阿波罗尼奥，《威尼斯－朱利亚与法西斯主义，1922—1935：墨索里尼独裁统治巩固时代的后哈布斯堡社会》，131—132页。

㉚ 利奥·卡斯泰利访谈，保罗·卡明斯采访，纽约，1969年5月14日，美国艺术档案馆，华盛顿哥伦比亚特区。

㉛ 同上。

㉜ 利奥·克劳兹文献，忠利保险公司。

㉝ 1911年1月9日信件，忠利保险公司档案。

㉞ 1911年1月15日信件，忠利保险公司档案。

㉟ 利奥·卡斯泰利，保罗·卡明斯采访，纽约，1969年5月14日。

9—布加勒斯特：初碰前卫艺术

布加勒斯特不仅是一座都城，还是一个会聚之地，是人们经商、抗议或乞讨的广场；这里不乏毛遂自荐者——过去为的是能够侍奉亲王，现在为的是谋求一份公职。人人倾其所有，只为换回西方世界的思想和规范。①

——保罗·毛杭（Paul Morand）[1]

原名塞缪尔·罗森斯多克（Samuel Rosenstock）的特里斯唐·查拉（Tristan Tzara）[2]是土生土长的布加勒斯特人。1932年，虽然距达达主义正式结束已经过去了近十个年头，但查拉在这座城市播撒的种子仍在抽枝发芽。1915年9月，查拉离开了罗马尼亚的首都，从那时起，他便将影响力带到了整个欧洲——苏黎世、柏林、巴黎、巴塞罗那，而布加勒斯特也没有将他遗忘。作家卡米尔·彼德雷斯库（Camil Petrescu）在1933年出版的《普洛克路斯忒斯之床》[3]（*Patul lui Procust*）②中描述了一场极具颠覆意味和轰动效应的开幕仪式："整个沙龙中（展墙上包裹着驼色的粗麻布，并以一种小管状的锌灯打亮墙面，营造出一种类似于剧场脚光的效果）摆放的都是低矮的美式安乐椅，每一把都由一整块黑黄相间的木材雕刻而成。一切都散发着一种即兴发挥的随意感和一种戏剧舞台的装饰效果。"而展览中的绘画作品则"用长射线和同心圆构成的几何形状"③预示着世界末日的降临。

同样是在这个神奇的夜晚，在这场由先锋派杂志《当代》（*Contimporanul*）主办，现代艺术收藏家、与众不同的土地主、无政府主义的支持者亚历山德鲁·波格丹－皮特什蒂（Alexandru Bogdan-Pitesti）出资的活动上，批评家都铎·维阿奴（Tudor Vianu）记录下了现场音乐营造出的氛围："沙龙中人满为患，宾客们全都躁动不安，刹那间，一串鼓点……让人们平静了下来，同时也疏解了沙龙的晦涩感。灯光迸发而出射向舞台，照亮了司仪身后的一个全部由黑鬼乐手组成的爵士乐队。弦乐声、警笛声、鼓声……各种音色交织在一起，仿佛一大群色彩斑斓的蝴蝶扑面而来，令人神魂颠倒。这是展览策划者们预先设计好的开场吗？事实上，因为爵士乐队的存在，这场活动变得不只是一场带有戏剧效果的开幕，更是一场在真正意义上践行了现代主义的仪式，完美地诠释了达达主义的真谛。"④是啊，在这场沙龙中负责设施功能美学的艺术家不是别人，正是在柏林接触过构成主义[4]的赫尔曼·马克西（Herman Maxy）[5]和在苏黎世参与了达达主义[6]运动的马塞尔·扬科（Marcel Janco）[7]。

1930 年，罗马尼亚，阿拉德
卡洛国王（中）在马诺里·沙皮拉（Manole Schapira）（右）的陪伴下视察沙皮拉的列车厂
多米尼克·马丁-罗维特（Dominique Martin-Rovet）及珍妮·罗维特（Jeanine Rovet）提供

利奥·克劳兹（终于）在布加勒斯特安顿了下来。这座城市与笼罩在墨索里尼阴影下的的里雅斯特完全不同。即便布加勒斯特与的里雅斯特同样偏居一隅、俗艳花哨且民族众多，也因此不同于一般意义上的一国之都，但这座布满了肮脏筒子楼的城市同时还拥有众多立体主义建筑，也始终孕育着大量新兴艺术的因子。战争结束以来，随着特兰西瓦尼亚（Transylvania）、比萨拉比亚（Bessarabia）和布科维纳（Bukovina）的并入，大罗马尼亚逐渐形成，成千上万的匈牙利人、德国人、乌克兰人和俄裔犹太人如潮水般涌来，城市的人口总数增长到了原来的三倍。由于罗马尼亚拥有丰富的自然资源（石油、银、铅、金），首都布加勒斯特在二十世纪三十年代一度物阜民丰。世界各地的建筑风格在这里得到了淋漓尽致的展现，巧夺天工的建筑典范层出不穷，这说明“罗马尼亚的艺术家、作家和后来加入的建筑设计师们……都在用态度和实际行动表达着他们的渴望，愿能为海纳百川的罗马尼亚添砖加瓦”。⑤ 每天，登博维察河（Dambovitza）沿岸都布满了兜售古籍的书商和贩卖地毯的织工，而不远处的胜利大道（Calea Victoriei）就是这座城市最优雅忙碌的街道，那里的公共建筑、奢华宅邸和色彩斑斓的橱窗令人目不暇接。在这里，“拥挤的人群……如岩浆一般缓慢行进。”萨沙·帕纳（Sasha Pana）[8]写道，“我好不容易才挤过人群……橱窗里陈列着一盘盘（令人垂涎欲滴的）煮鲟鱼和一罐罐黑色的鱼子酱……还有一些叫不上名字的美味佳肴。而报纸上谈论的却是人们忍饥挨饿的惨状和有人不堪其苦而自杀的悲剧。”⑥

当精英阶层在卡普萨餐厅（Capsa）和欧泰莱斯特阿奴露天餐厅（Terasa Otelesteanu）享用午餐的时候，位于巴拉提埃路（Baratiei Street）靠近中心市场（Piata Mare）的蓝领阶层酒吧——“埃纳凯奶吧”（Laptaria lui Enache）[9]成了现代主义者的据点。“在过去的四年中，”帕纳说，“每一位离经叛道者都来到过这里，他们都属于那个无法磨灭的时代。他们围绕在诗人斯蒂芬·罗尔（Stephan Roll）[10]周围，这就是最初的罗马尼亚文坛，其中或许不乏来自别国的作家。”⑦这里是杂志《一》（*Unu*）的诞生地，它完整地记录了罗马尼亚先锋派走向超现实主义的历程。在特里斯唐·查拉和马塞尔·扬科于1912年创办了《符号》（*Simbolul*）杂志之后，一大批先锋派期刊如雨后春笋一般涌现在了二十世纪二十年代的布加勒斯特，其中包括《当代》（*Contimporanul*）、《整体》（*Integral*）、《75马力》（75 HP）、《点》（*Point*）、《一》和《厄尔姆兹》（*Urmuz*）。它们全都成为罗马尼亚人、俄罗斯人、荷兰人、法国人和德国人发表激进宣言的讲坛。这些期刊中，达达主义、风格派（De Stijl）[11]、构成主义、德国表现主义和俄国未来主义轮番登场，而社会活动家则透过文字呼吁人们“将街道作为美学和道德教育的课堂”⑧。

直到1933年，罗马尼亚的艺术家和知识分子都始终在与维也纳、柏林、巴黎和阿姆斯特丹的文化界保持同步。不仅如此，康斯坦丁·布朗库西（Constantin Brancusi）[12]、特里斯唐·查拉、马塞尔·扬科和维克托·布罗纳（Victor Brauner）[13] 等人甚至发起了欧洲近二十年来极为轰动的几次文化运动。特里斯唐·查拉，是一位才华横溢的犹太移民，他给罗马尼亚注入了来自异域的活力，并让布加勒斯特成为欧洲先锋派运动的头号重镇。他不断周游列国，在世界各地都受到了拥戴，正如路易·阿拉贡（Louis Aragon）[14] 早先的一段文字所描述的那样："我们刚走进艾米尔·奥吉尔街（Rue Emile Augier）的沙龙，一位又黑又小的男士就从隔壁的房间推门而出，他向前疾走三步，然后停了下来……我撞见的那个人就是特里斯唐……这位在照片里戴着童装手套的男人就是我们邀请来巴黎的煽动家。他和雅克·瓦谢（Jacques Vaché）[15] 长得很像，他的诗歌常被认为与兰波（Rimbaud）[16] 的诗歌有关，而这已经足够说明一些问题了。他身材消瘦，手肘紧贴在身体两侧，他伸出手臂，纤细的双手微微张开，像一只在日光下惶恐不安的夜莺，一绺不听话的黑发总是滑落下来，遮住他的眼睛……他的语速……极慢，而且总是说错，罗马尼亚口音也很重：我记得他说'达达'时发出的是两个短脆的音节，西奥多·弗兰克尔（Théodore Fraenkel）[17] 把我们这里的读音教给了他。"⑨查拉打破桎梏、挑战权威的威力无人能及，他激起的浪潮席卷了整个欧洲：从科隆的马克斯·恩斯特（Max Ernst）[18] 和奥托·弗伦德里希（Otto Freundlich）[19]，巴塞罗那的弗朗西斯·毕卡比亚（Francis Picabia）[20]，到魏玛的构成主义和包豪斯[21][科内利斯·范·伊斯特伦（Cornelis Van Eesteren）[22]、库尔特·施维特斯（Kurt Schwitters）[23]、埃尔·李西茨（El Lissitsky）[24]、拉斯洛·莫霍利-纳吉（Lazslo Moholy–Nagy）、汉斯·阿尔普（Hans Arp）[25]、范·杜斯堡（Van Doesburg）]；从雨果·巴尔（Hugo Ball）[26]、亚瑟·克莱文（Arthur Cravan）[27]、马塞尔·杜尚、曼·雷（Man Ray）[28] 到巴黎超现实主义的克勒维尔（Crevel）[29]、阿拉贡和布勒东（Breton）[30] 等。

就是在这样的环境下，利奥开始了他在布加勒斯特的四年时光。经历过墨索里尼独裁统治下狂轰滥炸的宣传攻势，这位年轻的保险人最渴望的莫过于卡洛二世（Carol II）[31] 执政时清明开放的社会氛围了——这非常有助于他潜心研究文学。在忠利保险公司任职期间，克劳兹在萨尼埃莱维奇手下工作，负责整个欧洲的人寿保险销售业务——白天他百无

[1] 法国作家，被认为是早期现代主义和意象主义的代表人物之一。

[2] 达达主义运动创始人之一。

[3] 原文为罗马尼亚语：Patul lui Procust。普洛克路斯忒斯 (Procrustes) 是古希腊神话中的一个强盗。他开设黑店，特意设置了两张铁床，一长一短，强迫旅客躺在铁床上，身短者睡长床，强拉其躯体使之与床齐；身长者睡短床，他则用利斧把旅客伸出来的腿脚截短，以此劫掠旅客。“普洛克路斯忒斯之床”的意思与中文中的“削足适履”近似。

[4] 1913 年最早出现于俄国的艺术理念，认为艺术不应当是自主产生的，而应该得到构成。它对包括包豪斯和荷兰风格派在内的二十世纪的现代艺术运动产生了深远的影响。

[5] 罗马尼亚犹太画家、艺术教授。

[6] 二十世纪的欧洲前卫艺术运动。因反抗第一次世界大战应运而生的达达主义反对任何逻辑、理性、美学和现代资本主义社会，转而去表达荒唐、非理性的对资产阶级的抗议。

[7] 罗马尼亚犹太视觉艺术家，达达主义的缔造者之一，东欧构成主义的重要代表人物之一。

[8] 原名亚历山大·宾德 (Alexandru Binder)，罗马尼亚先锋派诗人、小说家。

[9] 由笔名为斯蒂芬·罗尔 (Stephan Roll) 的格奥尔基·迪努 (Gheorghe Dinu) 的父亲埃纳凯·迪努 (Enache Dinu) 于 1920 年开设的酒吧，是当时布加勒斯特先锋派作家的聚集地。1931 年 10 月 26 日，酒吧搬离原址，但至今仍在营业。

[10] 原名格奥尔基·迪努 (Gheorghe Dinu)，罗马尼亚诗人、编辑、电影批评家和激进的共产主义者。

[11] 也称新造型主义 (Neoplasticism)，1917 年出现于荷兰莱顿的艺术运动，崇尚纯粹的抽象以及对基本颜色和形状的运用。

[12] 在法国成名的罗马尼亚雕塑家、画家和摄影师。

[13] 罗马尼亚超现实主义犹太雕塑家、画家。

[14] 法国作家，先后参与达达主义和超现实主义运动，曾在巴塞罗那创办达达主义期刊《391》。

[15] 法国画家，超现实主义的奠基人之一，经常佩戴单片眼镜，24 岁时因过量吞食鸦片去世。

[16] 法国诗人让·尼古拉·阿蒂尔·兰波 (Jean Nicolas Arthur Rimbaud)，早期象征主义诗歌的代表人物，超现实主义诗歌的鼻祖。

[17] 法国作家、医生，参与了巴黎的达达主义运动。

[18] 德国画家、雕塑家、平面设计师和诗人。达达主义和超现实主义运动的主要领导者之一。

[19] 德国犹太画家和雕塑家，第一代抽象主义艺术家。

[20] 法国先锋派画家、诗人，在法国和美国都是达达主义运动早期的代表人物。

[21] 德国魏玛市的“公立包豪斯学校”(Staatliches Bauhaus) 的简称，是世界上第一所完全为发展现代设计教育而建立的学院。

[22] 荷兰建筑设计师和城市规划师。

[23] 德国艺术家，从事许多类型和媒介的艺术创作，实践过达达主义、超现实主义、构成主义、诗歌、声音、绘画、雕塑、平面设计、装置艺术等多种媒介形式。

[24] 俄国艺术家、设计师、摄影师、建筑师，俄国先锋艺术的代表人物之一。

[25] 德裔法国雕塑家、画家、诗人。

[26] 德国诗人、作家，苏黎世达达主义运动的发起者之一。

[27] 瑞士拳击运动员、诗人、达达主义和超现实主义的传奇人物和偶像。

[28] 美国视觉艺术家，参与了达达主义和超现实主义运动，主要事业在巴黎。

[29] 勒内·克勒维尔 (René Crevel)，法国超现实主义作家。

[30] 安德烈·布勒东 (André Breton)，法国诗人和评论家，超现实主义创始人之一。

[31] 1940 年 9 月被迫退位的罗马尼亚国王。

聊赖地荒废着生命，夜晚则忙于交际。通过父亲的关系，他成为阿尔贝托·达戈斯蒂诺（Alberto d'Agostino）等人的座上宾。达戈斯蒂诺是意大利商业银行的行长，也是埃内斯托·克劳兹过去在的里雅斯特的同事。很快，年轻的克劳兹就出现在了布加勒斯特的几个顶级交际圈中，还成为富甲一方的上层资产阶级犹太家族——沙皮拉一家的常客。“他们家很有书卷气，也懂得法国文化，因为法国对罗马尼亚的影响很大。”他粗略地回忆道，“家里有很棒的藏书，你能在那里找到任何一本法语名著。”[⑩]沙皮拉家的外孙女玛丽伊芙·鲁戈对家族的社会地位做过更为详尽的叙述：“两次世界大战之间，罗马尼亚存在着三个阶级：贵族阶级、农民阶级和为数不多的中产阶级。中产阶级由教师、医生、一些成功的商人和一小部分相当富有的犹太人组成。因为犹太人控制的工业占有很大的比重，在银行领域更是如此，所以财力最为雄厚的那部分犹太人在任何地方都能够被接纳，即便是这个对犹太人深恶痛绝的反犹国家也不例外。当外公的铁路帝国得到了充分扩张，贵族阶级自然将他视如己出。皇宫举办的每一场重要晚宴、舞会和酒会都会邀请他和外婆出席。过了一段时间，他成为卡洛国王的财务顾问……跟欧洲的任何一座城市相比，布加勒斯特的奢华之气都毫不逊色。新年前夜，外公举办了一场60人的派对，每位来宾都配有一名贴身男仆，每个餐盘旁边都摆放着一份购自卡地亚（Cartier）[32]的礼物：女士们得到的是金质的化妆镜，男士们得到的则是金质的香烟盒。”[⑪]

精明的商人米哈伊·沙皮拉是罗马尼亚的一位大人物。1919年，他就已经积累了足够的资金，“在比邻奥地利的小镇阿拉德（Arad）建造了自己的工厂。这是全国第一家专门生产列车车厢的工厂，凭借这家工厂，米哈伊开始实现他成为一名铁路大亨的人生梦想。作为罗马尼亚数一数二的实业家，他从不怀疑自己的权威，他在旗下最大的公司——艾斯特拉列车厂（Astra Vagoane）指挥下属时是如此，在家中统领全局时也是如此。三十多岁时，他几乎已经完全秃顶了，这个样子反倒很适合他。他长着一张长脸，炯炯有神的黑色双眸下方有一对明显的眼袋，鹰钩鼻下挂着一撇小胡子，总之是一副东方帕夏[33]的模样。”

他的家位于维克托·伊曼纽尔街（Strada Victor Emmanuel）8号，隔壁是德国大使馆。他的妻子玛丽安（Marianne）出身于维也纳的书香门第，为人知书达理。除了两个女儿伊芙（Eve）和伊莲娜，与他们一同生活的还有成群结队的佣人。他的法式大宅“四周环绕着两米半高的铁栅栏；院门口有一间不大的警卫室，有人全天在此把守。半弧形的车道通向一个装有精美锻铁格栅的法式玻璃大门；屋内满是来自法国和意大利的壁毯，来自奥比松（Aubusson）[34]的地毯、古董和绘画；铺有桃红色和黄褐色大理石地面的门厅宽敞开阔，足够举行一场舞会，楼梯下的空间也大得能塞下整支演奏舞曲的交响乐团。餐厅可以容纳二十名宾客，长长的餐桌上铺着蕾丝或绣花的桌布，两端用鲜花进行装饰，男主人米哈伊·沙皮拉和女主人玛丽安相对而坐。吊灯的光芒照在玛丽安金红色的发髻上，闪闪发亮；她黑色的双眸注视着正俯下身来为宾客们端上一碟碟盛有灰白色鱼子酱的管家米尔恰（Mircea）。她总是要负责提醒斗嘴的女儿们保持安静。伊芙可能在跟妹妹（伊莲娜）抱怨，如果她生活在巴黎，根本不可能穿一条这么无聊的裙子参加午宴。接着，伊莲娜可能提醒了伊芙她永远无法通过中学毕业会考的事。‘亲爱的们[35]，’我的外婆低声说道，‘这一次咱们能不能不吵了？’”[12]

利奥·克劳兹在这种酌金馔玉的生活中如鱼得水。一开始，他追求过姐妹俩中较为外向却也稍显肤浅的姐姐伊芙。布加勒斯特不乏长相具有些许异国情调和东方神韵的美人，样貌水准“可以与苏丹的后宫一较高低”[13]，而伊芙则被公认为全城最漂亮的女人。据她的女儿说，“伊芙·沙皮拉身材娇小、性感婀娜。她鹅蛋脸，高颧骨，乌黑的双眸下长着宽大的鼻子和嘴。她的衣服都购自巴黎的巴度（Patou）、夏帕瑞丽（Schiaparelli）和浪凡（Lanvin）[36]专卖店；她的发型每天都有专人打理；她精美的珠宝首饰则来自父亲的馈赠。她不厌其烦地精心设计和安排自己的每一次出现，只求能够美得像一颗在黑丝绒上熠熠生辉的珍珠”[14]。在对这位尤物展开追求未果之后，利奥将注意力转移到了妹妹伊莲娜身上。她风趣、高雅，而且一心想要离开罗马尼亚。当一家人在巴黎、维也纳或威尼斯度假时，姐姐总是一头钻进商店，而伊莲娜则只会把时间花在博物馆里。

“在布加勒斯特的日子真的很快乐。”许多年后伊莲娜回忆道，“那时我还是个孩子，总趴在窗前看吉卜赛人和他们兜售的那些五彩斑斓的巨大花束，我喜欢把他们叫过来买花，吉卜赛男人们就会趁机推销他们装在巨大背包里的酸奶，真的很好吃。下午三点多，头顶大筐的农民会带来热腾腾的玉米棒子。窗外还停着几架马车，马的身上装饰着印有彩条的丝带、鲜花和其他饰品。车夫们信奉的是俄国的一支教派，他们中有一些是禁欲的苦行者，另一些（我们称作‘俄国农夫’[37]的）是穿着深色丝绒长袍的阉人，他们腰系白粉蓝三色的丝质宽腰带，围巾的两端飘落在身体两侧。我们家的生活非常奢侈，我们也都娇纵惯了，但教养上则始终容不得半点含糊……例如，新结识的朋友如果想要继续来往，必须在初次见面之后的一周内登门递上名片。这简直可笑。如果你想追求一个女孩，必须先通过拜访她的父母表达出自己的意愿。于是利奥就来到我家，我父母留他用了晚餐。我觉得生活过于沉闷，那时唯一的愿望就是结婚。我从小就坚信某天会出现一个能够把我带走的陌生人。我遇见了利奥，他跟任何人都不一样。他不会在罗马尼亚久留，总有一天会离开这里，而我则为了远走高飞不惜一切代价，所以就嫁给了他。”⑮

即便家人因为她的个子不高（这对利奥来说正合适！），都亲切地叫她“小老鼠”，即便她对倾倒众生的姐姐心存敌意，但伊莲娜的确是一个美丽、练达、优雅、富有的女子。不仅如此，利奥还发现她性感撩人、固执任性、变幻莫测、求知若渴；她与姐姐一样是鹅蛋脸，黑色的眉眼妩媚动人，在一身夏帕瑞丽时装的映衬下更是引人侧目。但与姐姐不同的是，她憎恶家庭赋予她的社会地位和周遭传统保守的社会环境。对她而言，利奥是能助她逃离的完美伙伴，是她摆脱沙皮拉家族、布加勒斯特和罗马尼亚的关键人物。她对故土从未有过半点留恋，甚至对母语的态度都不屑一顾。不仅如此，作为一名资深的欧洲旅行家，她十七岁时就已经能在巴黎、威尼斯［“我们住在那里的怡东酒店（Excelsior Hotel）[38]”］、罗马和维也纳（她母亲的故乡）自在地生活了，并通过“阅读、观看戏

1930 年，布加勒斯特
利奥未来的岳父，令人敬畏的米哈伊·沙皮拉，一位具有东方帕夏风范的商人
玛丽伊芙·鲁戈提供

剧和参观博物馆”在欧洲各地提升了个人修养。跟其他受过良好教育的罗马尼亚人一样，她说着一口地道的法语，而这无疑更让“年轻的克劳兹先生”对她钟爱有加。

1933 年 10 月 7 日，利奥·克劳兹与伊莲娜·沙皮拉在布加勒斯特市政厅举行了婚礼。两个月后的圣诞假期，两个家庭在克劳兹家位于布达佩斯兔子街（Nyúl Utca）20 号的公寓中正式会面。“父母亲对待利奥婚姻的态度非常复杂。”乔治·克莱恩回忆道，“伊莲娜家的家业比我们要大得多，社会地位更高得不是一星半点！我们特别担心自己会失礼，唯恐够不到他们家的门槛。他们抵达之前，家里人个个诚惶诚恐，都被社会地位上的差距搞得站也不是坐也不是。应该站在什么位置迎接他们呢？怎么迎接呢？更糟的是，沙皮拉先生总要显出自己的派头和高人一等的架势。永远都得有人专门招呼他！一天，伊莲娜着凉了，我把自己的外套披在了她的肩上，动作特别生硬！但她却十分优雅地感谢了我。”[16]虽然两家的结盟对彼此都大有裨益，可是随着时间的推移，双方都想要占得上风，这点我们之后会再细细道来。很显然，对于一位月入1000里拉，住着（多亏了父亲不厌其烦地讨价还价才得到的）公费住房的保险公司雇员而言，利奥·克劳兹的确算是“攀上了高枝”。弟弟吉奥乔对小两口在布加勒斯特的公寓津津乐道：“特别豪华，特别优雅，有好几个佣人，服务特别周到！”[17]过去在的里雅斯特运筹帷幄的埃内斯托·克劳兹如今只是在布达佩斯的意大利商业银行的一个副行长，再也没有以前的社会影响力了。

父亲在匈牙利备受煎熬，而沙皮拉家族的最新成员利奥却享受着上流社会的奢华生活。“我们没有什么计划。”他后来承认，伊莲娜则进一步阐述道：“我们就像两个对生活毫无概念的小孩，想要搬进一栋高级公寓，装潢摆设得够现代，像我们在法国杂志里见到过的那种。我们还想购买一流画家的作品，可是钱不够，买不起架上作品，只买得起素描，买了一张毕加索（Picasso）的画和一张马蒂斯（Matisse）的素描，他们都是那个时代非常重要的艺术家。买画的目的不是为了装点房间，而是一种文化情愫。”[18]从此，利奥·克劳兹夫妇经常驾驶着他们的名贵汽车出现在圣莫里茨、威尼斯和维也纳，或穿梭于罗马尼亚各地，寻找着他们的艺术宝藏。奥拉瑞（Olari）、霍雷祖（Horezu）等小村庄都出现了他们的身影，他们还曾经从蒂米什瓦拉（Timisoara）[39]出发，沿瓦拉几亚（Wallachia）[40]的喀尔巴阡山脉（Carpathians）[41]一路寻找一种用传承了上千年的传统技法制成的彩陶。那些饱经沧桑的盘子和罐子上绘制着赭色和闪彩绿色的螺旋形太阳图案，它们成了利奥和伊莲娜的心头好。“在农民家扫货时，你一眼就能发现它们；你不必出价太高，可在他们看来已经很多了！”[19]那种看起来完全不像椅子的十八世纪手绘椅也是他们搜寻的对象。他们对塞凯伊（Széklely）[42]的民间艺术、锡盖图·马尔马切伊（Sighetu Marmatiei）[43]的木雕门框和奥尔特尼亚（Oltenia）[44]的修道院壁画的热情，以及他们第一次购买的那张马蒂斯的素描，无疑是他们迈入收藏家行列的第一步。颠覆传统、拒绝保守、渴望突破，永无止境的好奇和充满童心的幽默感——这对年轻的夫妇身上散发着十足的达达主义气息。与此同时，希特勒自 1933 年 1 月 30 日开始在德国执掌大权，并于 4 月 11 日查封了包豪斯学院。在阿尔贝托·达戈斯蒂诺的帮助下[20]，意大利银行（Banca d'Italia）的布加勒斯特分行雇用了利奥，并承诺很快就会将他调往巴黎。于是，在 1935 年年中，利奥和伊莲娜·克劳兹终于踏上了前往法国首都的旅程。

1933 年，布加勒斯特
17 岁的伊莲娜·沙皮拉，与利奥订婚时拍摄的照片
索拿本德画廊提供

1933 年，维也纳
伊芙・沙皮拉的婚礼上，米哈伊・沙皮拉（后排左起第二位）站在他的七位兄弟姐妹中间
多米尼克・马丁－罗维特及珍妮・罗维特提供

32 法国一家设计生产并销售珠宝和手表的奢侈品集团，创办于 1847 的巴黎。

33 伊斯兰教国家高级官吏称谓。

34 奥比松是法国中部利穆赞大区克勒兹省的一个市镇，当地的挂毯和地毯自十四世纪以来就举世闻名，其制作工艺被列入人类非物质文化遗产。

35 原文为法语：Chéries。

36 三家都是巴黎的高级时装店。

37 原文为俄语：Muzhik。

38 威尼斯丽都岛上的奢华五星级酒店。

39 罗马尼亚西部城市。

40 古国名，今罗马尼亚。位于巴尔干半岛东北部，介于喀尔巴阡山脉和多瑙河之间。

41 欧洲中部山系的东段部分，绵延约 1500 公里，穿过斯洛伐克、波兰、乌克兰和罗马尼亚。

42 在东喀尔巴阡山脉地区生活的匈牙利部落。

43 罗马尼亚北部城市。

44 罗马尼亚西南部的一个地区。

布加勒斯特
维克托·伊曼纽尔街8号的沙皮拉府
安妮·科恩-索拉尔提供

① 保罗·毛杭（Paul Morand），《布加勒斯特》（*Bucarest*）（巴黎：Plon，1965年出版），291页。

② 卡米尔·彼德雷斯库（Camil Petrescu），《普洛克路斯忒斯之床》（*Patul lui Procust*）（布加勒斯特：1933年出版）。

③ 伊万娜·维拉修（Ioana Vlasiu），《布加勒斯特》，摘自蒂莫西·O. 本森（Timothy O. Benson）《中欧的先锋派：交流和改变1910—1930》（*Central European Avant-Gardes: Exchange and Transformation 1910—1930*）（剑桥，Mass.: MIT Press，2002年出版），248—254页。

④ 同上。

⑤ 卢米尼察·马其顿（Luminita Machedon）及厄尼·斯科夫汉姆（Ernie Scoffham），《罗马尼亚现代主义：布加勒斯特的建筑，1920—1940》（*Romanian Modernism: The Architecture of Bucharest, 1920—1940*）（剑桥，Mass.: MIT Press，1999年出版），33页。

⑥ 萨沙·帕纳（Sasha Pana），摘自维拉修的《布加勒斯特》，251页。

⑦ 述于1928年，同上。

⑧ 史蒂芬·A. 曼斯巴赫（Steven A. Mansbech），《东欧的现代艺术：从波罗的海到巴尔干半岛》（*Modern Art in Eastern Europe: From the Baltic to the Balkans*）（剑桥：Cambridge UP，1999年出版），260页，注释50；另见《中欧的先锋派1910—1930：交流和改变1910—1930》（*Avant garden! in Mitteleuropa 1910—1930, Transformation und Austausch*），蒂莫西·O. 本森及莫妮卡·科尔（Monika Król）编辑（莱比锡：E. A. Seemann，2002年出版）。

⑨ 路易·阿拉贡（Louis Aragon），《当代文学史项目》（"Projet d'histoire littéraire contemporaine"），摘自《二合字母》（*Digraphe*）（巴黎：Gallimard，1994年出版）；另见弗朗西斯·布尤（François Buot），《特里斯唐·查拉，达达主义革命之父》（*Tristan Tzara, l'homme qui inventa la Révolution Dada*）（巴黎：Grasset，即将出版）。

⑩ 利奥·卡斯泰利访谈，保罗·卡明斯采访，纽约，1969年5月14日，美国艺术档案馆（Archives of American Art），华盛顿哥伦比亚特区。

⑪ 玛丽伊芙·鲁戈，未出版的回忆录。

⑫ 同上。

⑬ 瓦尔德克伯爵夫人（Countess Waldeck），《布加勒斯特雅典娜宫》（*Athenee Palace Bucharest*）（伦敦：Robert M. McBride，1942年出版）。

⑭ 鲁戈，未出版的回忆录。

⑮ 伊莲娜·索拿本德访谈，作者采访，纽约，2005年11月25日。

⑯ 乔治·克莱恩博士访谈，作者采访，旧金山，2005年11月29日、30日。

⑰ 同上。

⑱ 伊莲娜·索拿本德访谈，作者采访，纽约，2005年11月25日及2006年。

⑲ 利奥·卡斯泰利访谈，保罗·卡明斯采访，美国艺术档案馆。

⑳《意大利商业银行》（*Banca Commerciale Italiana*），意大利商业银行历史档案，22页。

10—从讷伊[1]到旺多姆广场

世间仅此一地。你可能去过伦敦、阿姆斯特丹、马德里或维也纳，但哪里都比不上巴黎。这里应有尽有。对于一位二十多岁、银行里还有55000磅存款的小伙子而言，这里简直具有一种魔力，让他绝对不会想要离开，也根本无法离开……而这座被大都市环绕的奢华小镇就像是一个被施了魔法的小屋。①

——路易-塞巴斯蒂安·梅谢尔（Louis-Sébastien Mercier）[2]

1932年6月，保罗·瓦莱里（Paul Valéry）[3]依照传统在巴黎杰森·德·萨伊公立中学（Lycée Janson de Sailly）颁发学术奖项的典礼上致辞。“你们恰好生活在一个异彩纷呈的历史时刻，”他告诫学生们，“但这不是休养生息的太平盛世，精彩永远都会与麻烦相伴而来。人类从未同时具有过如此之大的能力和如此之深的困惑；如此之强的焦虑和如此之多的消遣；如此广博的知识和如此未知的将来。”②即便巴黎风情万种，但在三十世纪30年代初，这里却是一座危机四伏的城市；从1928年到1938年，持续的通货膨胀让法郎的价值打了对折，而对情况知之甚少的政府却毫无防备，根本无法应对。在回忆画廊经历的那场磨难时，艺术商人丹尼尔·亨利·康维勒（Daniel Henry Kahnweiler）[4]证实，1929年的大崩盘导致“生意惨淡了七年之久”，也确认了——那种一切都丧失了价值的恶劣感受……我们什么都卖不掉……在画廊连着坐上好几天，却连一个鬼影都没有见到。如果我不必为画家们的生计负责，日子可能会相对好过一些。可我不想抛弃他们……就是在那时，我和一群朋友成立了一个我们称之为‘艺术互助辛迪加’的组织。每个人每月都拿出一些钱，画廊会把钱分给画家……再留出一小部分维持经营……1936年之前，我们就是这样养活了那些画家”③。

经济危机对巴黎造成的影响折射出它给整个国家带去的那场更为深重的灾难。深层次的结构性缺陷让欧洲上下苦不堪言，正如一位经济学家所言，它体现了“两个世界的决裂：一个是二十世纪的世界，在这里，二十世纪二十年代的经济繁荣让生产主义[5]大行其道，另一个是十九世纪的世界，在那里，压缩工资和降低成本才是真理”。④令人不满的不仅是经济：因为希特勒上台而跃跃欲试的法国右翼对第三共和国的“首相华尔兹”（1934年至1938年共更换了七次首相）大加嘲讽，并于1934年2月6日采取行动，企图攻占国会，暴乱造成了15人死亡，1500人受伤。六天后，来自社会党和共产党的激进分子发动了大规模的全面罢工和示威。这场行动巩固了觉醒中的左翼势力，并为“人民阵线”[6]在两年后的诞生奠定了基础。

法国政府聘请了一位具有古典气质的公共教育和文化部长——让·扎伊（Jean Zay）。他在位于格勒纳勒路（Rue de Grenelle）的办公室里挂上了勃纳尔（Bonnard）[7]的原作⑤，后来还通过各类组织［如会员众多的博物馆之友协会（Association of the Friends of Museums）］，让博物馆和剧院融入了人民大众的日常生活。随着大众文化的出现，马赛尔·卡尔内（Marcel Carné）[8]和让·雷诺阿（Jean Renoir）[9]拍摄的邪典电影[10]——《人面兽心》（*La Bête humaine*）、《马赛曲》（*La Marseillaise*）、《大幻影》（*Grand Illusion*）、《天色破晓》（*Le jour se lève*）、《生活属于我们》（*La vie est à nous*）——以及像米歇尔·摩根（Michèle Morgan）和让·迦本（Jean Gabin）这样扮演过巴黎郊区蓝领阶层的演员们激发了主流观众的想象力。这时，希特勒在慕尼黑举办了批判先锋派画家的"堕落艺术"（Entartete Kunst）展，称"他们居心叵测，会腐化整个雅利安民族"；与此同时，包豪斯学院的一部分教员正在移居美国，其中，莫霍利-纳吉（Moholy-Nagy）[11]在芝加哥创办了新包豪斯学院（New Bauhaus），约瑟夫·艾伯斯（Josef Albers）[12]则加入了黑山学院（Black Mountain College）[13]。

虽然经济的震荡在艺术世界掀起了惊涛骇浪，二十世纪三十年代却成为文学发展的一个黄金时代；法国涌现出了一大批编辑和作家，他们通过出版、游历和批判，缔造了他们那个时代的历史。不到五年的时间，塞利纳（Céline）[14]、马尔罗（Malraux）[15]和萨特（Sartre）[16]就出版了二十世纪极为重要的四部作品：《长夜行》（*Journey to the End of Night*）、《希望》（*Man's Hope*）、《恶心》（*Nausea*）和《墙》（*The Wall*）。1935年，在阿姆斯特丹-普莱耶（Amsterdam-Pleyel）[17]的反法西斯大会上，各个流派的文学界人士、左翼政党和欧洲的艺术家们齐聚一堂，共襄义举。6月23日，安德烈·纪德（André Gide）[18]、安德烈·马尔罗、路易·阿拉贡和保罗·尼赞（Paul Nizan）[19]与阿道司·赫胥黎，E.M.福斯特（E. M. Forster）[20]及伊萨克·巴别尔（Isaac Babel）[21]在互助宫（Palais de la Mutualitéw）[22]内并肩而立。当《国际歌》（"Internationale"）的曲调响起，他们挥舞着高举的双拳向台下激动的人群致意。此后的五天中，各持政见的国内外作家时而唇枪舌剑，时而侃侃而谈；只有过于反动的

[1] 塞纳河畔讷伊（Neuilly-sur-Seine），法国巴黎西北郊的一个市镇，号称"第一富人区"，居住着众多政要和富商。

[2] 法国作家、剧作家。

[3] 法国诗人、散文家、哲学家，先后获得十二次诺贝尔文学奖提名。

[4] 出生于德国的艺术史学家、艺术收藏家，二十世纪法国艺术最为重要的经营者之一，是巴黎最初代理毕加索、巴洛克和其他立体主义艺术家的画廊主之一。

[5] 生产主义（Productivism）认为显著的经济生产率的增长是人类组织存在的目的，相信产量必定越高越好。

[6] 1935年法国社会党、法国激进社会党、法国共产党和各大工会组织全国规模的反法西斯示威，并起草了统一左翼各党派行动的共同纲领，"人民阵线"遂宣告诞生。这部纲领要求取缔法西斯组织，保障人民民主权利，将法兰西银行和军事工业收归国有，提高工人工资，设立国家失业基金，对富人增税，在国际上建立集体安全制度。

[7] 皮耶·勃纳尔(Pierre Bonnard)，法国画家、雕塑家，后印象主义先锋派画家团体纳比派（Les Nabis）的代表人物之一。

[8] 法国著名电影导演，二十世纪三十年代诗意现实主义流派的代表人物。

[9] 法国著名电影导演、剧作家、演员、制片人和作家，诗意现实主义电影大师，著名画家皮埃尔－奥古斯特·雷诺阿（Pierre-Auguste Renoir）之子。

[10] 指某种在小圈子内被支持者喜爱及推崇的电影，其拍摄手法独特、题材诡异、剑走偏锋、风格异常、带有强烈的个人观点、富有争议性，通常是低成本制作，不以市场为主导的影片。简而言之，就是属于非主流领域却能在特定的年轻群体中大受欢迎的电影作品。

[11] 拉兹洛·莫霍利－纳吉（László Moholy-Nagy），匈牙利画家、摄影师、包豪斯学院教授。

[12] 德裔美籍艺术家、教育家，影响了大批美国近现代艺术家。

[13] 1933年创立于美国北卡罗来纳州黑山镇的一所学校，其将艺术作为文科教育的核心。

[14] 路易－费迪南·塞利纳（Louis-Ferdinand Celine，1894—1961年），法国小说家、政治宣传册作者和医生，真名路易－费迪南·德图什（Louis-Ferdinand Destouches）。他的文风开了法国现代主义文学的先河。

[15] 安德烈·马尔罗（André Malraux），法国小说家、艺术理论家，法国最重要的文学奖龚古尔奖（Prix Goncourt）获得者，戴高乐时期被任命为法国文化事务部部长。

[16] 让－保罗·萨特（Jean-Paul Sartre），法国二十世纪最重要的哲学家之一，法国存在主义的主要代表人物，西方社会主义最积极的鼓吹者之一，诺贝尔文学奖获得者。

[17] 世界反战及反法西斯委员会（World Committee against War and Fascism），1933年由在巴黎普莱耶音乐厅（Salle Pleyel）成立的欧洲工人反法西斯联盟（The European Workers' Anti-Fascist Union）和在阿姆斯特丹成立的世界委员会（World Committee）合并而成的国际反法西斯组织。

[18] 法国著名作家，诺贝尔文学奖获得者。

[19] 法国哲学家、作家，让－保罗·萨特的朋友，法国共产党员。

[20] 爱德华·摩根·福斯特（Edward Morgan Forster），英国作家，代表作有《看得见风景的房间》（*A Room with a View*）和《霍华德庄园》（*Howards End*）。

[21] 苏联籍犹太作家、短篇小说家。代表作是短篇小说集《骑兵军》，其中以《我的第一只鹅》最为著名。

[22] 位于巴黎市中心的一座历史悠久的会议中心。1935年6月21日至25日，第一届"国际作家文化保护大会"（the International Congress of Writers for the Defense of Culture）在此举行，开幕当天到场人数达3000人。

蒙泰朗（Montherlant）[23] 没能获准参加大会。德高望重的亨利·巴比塞（Henri Barbusse）[24] 缓慢庄重地吟诵了高尔基（Gorky）[25] 从莫斯科发来的问候；优秀的前超现实主义作家阿拉贡为纪念几天前刚刚自杀的勒内·克勒维尔做了发言；布勒东的演讲稿 [26] 力图唤起与会者对被苏联关押的维克托·谢尔盖（Victor Serge）[27] 的支持，却收效甚微。⑥

几个月后，作家、艺术家和知识分子为了挽救西班牙共和军的命运在法国开展了大规模动员。保罗·尼赞在《今晚》（*Ce Soir*）[28] 报道了民兵组织总部哥伦布酒店（Hotel Colón）的陷落，与此同时，安德烈·马尔罗为拍摄他的影片《希望》（*Hope*）组织了一支飞行队，记录下了"特鲁埃尔山峦"[29] 中发生的战斗 [30]。1937 年，毕加索受政府委托布置了世界博览会（International Exposition）的西班牙馆：他用一幅黑白的壁画描绘了支持佛朗哥（Franco）[31] 的军队几天前刚刚在格尔尼卡（Guernica）制造的那场屠杀 [32]。

从此，先锋派的活动在欧洲的法西斯国家开始遭到监管和审查。内容交织着文学、哲学和视觉艺术的众多先锋派期刊记录了这场运动的后半段在美学与社会层面上发生的转变。在《造型艺术》（*Plastique*）杂志中，塞萨尔·多梅拉（César Domela）[33] 和汉斯·阿尔普（Hans Arp）[34] 持续推动着非具象艺术的开展，并介绍了他们的一个兼具达达主义和构成主义元素的社会项目；在《路灯》（*Les Réverbères*）杂志中，米歇尔·塔培耶（Michel Tapié）[35] 和诺埃尔·阿尔诺（Noël Arnaud）[36] 试图通过组织聚会、出版书籍、制作录音重振达达主义的雄风；《二十世纪》（*XXe siècle*）杂志为康定斯基（Kandinsky）[37] 发表关于具体艺术（concrete art）[38] 的文章提供了平台；克里斯蒂安·塞沃斯（Christian Zervos）[39] 则给《艺术书籍》（*Cahiers d'art*）杂志定下了多元化的基调。"我们不是要复兴达达主义，"让·凡·赫克伦（Jean Van Heeckeren）[40] 解释道，"达达主义从未消亡……只是被超现实主义的灵台遮住了而已。一旦正确地理解了达达主义，就会明白它意味着一次彻底的解放。"⑦这些言论和感悟对利奥和伊莲娜造成了极为深远的影响。此刻，他们正流连于一间间美术馆和画廊，并在一个由保罗·克利（Paul Klee）[41]和康定斯基的抽象艺术、米罗 (Miró)[42]的超现实主义和令塔培耶忠贞不贰的达达主义框定的区域内塑造出了自己的品位。

搭乘东方快车（Oriental Express）[43]的卧铺包厢从布加勒斯特抵达巴黎的克劳兹夫妇似乎根本无法体会法国社会的经济困境和政治危机。在米哈伊·沙皮拉的资助下，他们搬进了位于富裕的塞纳河畔讷伊的一间大户型公寓。除了标配的家庭服务人员（两个女仆、一个厨师、一个洗衣女工），他们还聘用了一个司机和一位由利奥的弟弟吉奥乔在米兰找到的意大利管家[44]。任何能够住进巴黎西区这片近郊的人家都绝非等闲之辈。另一位来自包豪斯的避难者——瓦西里·康定斯基就是他们的邻居。康定斯基喜爱观察在塞纳河上缓缓驶过的驳船，它们顺流而下，途中会经过雅克·杜塞（Jacques Doucet）[45]在圣詹姆士路（Rue St.James）上的那间“工作室”；早在十五年前，杜塞就买下了他的第一件瑰宝《亚威农少女》（*Ladies of Avignon*）[46]，并在那里构建起他著名的艺术收藏。当时巴黎室内装饰领域最受瞩目的新星勒内·德劳因受托为克劳兹家（装饰艺术风格）的公寓进行装潢设计。那时，德劳因在《今日建筑》（*Architecture d'aujourd'hui*）杂志担任“装饰”和“展览”栏目的编辑，由他本人设计的铝制家具正要参加“装饰艺术沙龙”（Salon des Artistes Décorateurs）的展出。不出所料，克劳兹夫妇在巴黎最初的日子果然是这样度过的：在银行工作的利奥总是伺机开溜，好与妻子一同对城中的美术馆、画廊、古董店、书店、戏剧厅和国家歌剧院进行“检阅”。

他们欣赏了季洛杜（Giraudoux）[47]的《昂丁娜》（*Ondine*），为这部话剧担任布景设计的是帕维尔·切尔利塔切夫（Pavel Tchelitchew）[48]。他们观看了在那些年举办的一些展览：圣艾蒂安画廊（Galerie Saint-Etienne）的科柯施卡展、康维勒画廊的马松（Masson）[49]展、文化之家（Maison de la Culture）[50]的米罗展、皮埃尔画廊（Galerie Pierre）的多梅拉展、伯恩海姆－青年（Bernheim-Jeune）画廊的塞尚（Cézanne）[51]展。在 1937 年的世界博览会上，他们从毕加索的《格尔尼卡》和考尔德（Calder）[52]的

[23] 亨利·德·蒙泰朗（Henry de Montherlant），法国散文家、小说家和剧作家，著名的纳粹支持者。

[24] 法国作家，法国共产党员，爱因斯坦一生的挚友。

[25] 马克西姆·高尔基（Maxim Gorky），苏联作家、诗人、评论家、政论家和学者。

[26] 布勒东因掌掴苏联犹太作家伊利亚·爱伦堡（Ilya Ehrenburg）遭到大会禁言，他的演讲稿是由超现实主义诗人保尔·艾吕雅（Paul Eluard）代为朗读的。

[27] 苏联作家，马克思主义革命者，但因反对斯大林的统治而被判入狱。

[28] 法国共产党于1937年创办的一份晚报。

[29] 原文为西班牙语：Sierra de Teruel，也是该片的西班牙语片名。

[30] 西班牙内战中的一场战役，战争双方是西班牙共和军和德国、意大利支持下的佛朗哥领导的叛军。

[31] 弗朗西斯科·佛朗哥（Francisco Franco），西班牙内战期间推翻民主共和国的民族主义军队领袖，内战结束后，成为终身国家元首。第二次世界大战期间，他取缔其他一切政党，实行法西斯独裁统治。后在西班牙施行法西斯主义的独裁统治长达30多年。

[32] 西班牙内战中，纳粹德国受弗朗西斯科·佛朗哥之邀对西班牙共和国所辖的格尔尼卡城进行了人类历史上第一次地毯式轰炸。

[33] 荷兰风格派艺术家。

[34] 即让·阿尔普（Jean Arp），德裔法国艺术家、诗人。

[35] 在国际上非常活跃的法国评论家、策展人和艺术收藏家。

[36] 法国作家、出版人，收藏家，几乎收藏过二十世纪每一位先锋派艺术家的作品，也是《路灯》杂志的创办人之一。

[37] 瓦西里·康定斯基（Wassily Kandinsky），出生于俄罗斯的画家和美术理论家，抽象艺术的先驱，"蓝骑士"画派的创办人之一。

[38] 1930年由荷兰艺术家特奥·凡·杜斯伯格（Theo van Doesburg）开创的几何抽象艺术流派。

[39] 希腊裔法国艺术史学家、批评家、收藏家、作家和出版人，他是《艺术书籍》杂志的出版人，同时也经营着一家画廊。

[40] 法国达达主义画家，弗朗西斯·皮卡比亚（Francis Picabia）的追随者。

[41] 瑞士裔德国艺术家，受表现主义、立体主义和超现实主义影响，建立了自己的艺术风格。

[42] 胡安·米罗（Joan Miró），西班牙加泰罗尼亚画家、雕塑家、陶艺家、版画家，超现实主义的代表人物。

[43] 横贯欧洲大陆的长途列车，主要行驶在巴黎至伊斯坦布尔一线，以极度奢华著称。

[44] 原文为意大利语：majordomo。

[45] 法国时装设计师、艺术收藏家。

[46] 毕加索于1907年创作的一幅大型油画，原名为《亚威农妓院》，是毕加索极其重要的一张立体主义作品，1924年被雅克·杜塞购买，现藏于纽约现代艺术博物馆。

[47] 让·季洛杜（Jean Giraudoux），法国文学家、剧作家。

[48] 出生于俄国的超现实主义画家、布景设计师和戏剧服装设计师。

[49] 安德烈·马松（André Masson），法国艺术家，曾参与立体主义和超现实主义运动，是自动绘画（Automatic Drawing）最具热情的实践者之一。

[50] 由担任文化部部长的安德烈·马尔罗在全国建立的文化推广普及机构。

[51] 法国著名的后印象派画家。

[52] 亚历山大·考尔德（Alexander Calder），美国著名雕塑家、艺术家，动态雕塑的发明者。

1939 年前后，巴黎，旺多姆广场，勒内 · 德劳因画廊成立期间
摄影：罗杰 – 维奥莱特（Roger-Viollet）

喷泉[53]间走过，参观了马莱 – 史蒂文斯（Mallet-Stevens）[54]的“光芒宫殿”（Palace of Light）[55]，也爱上了“网球场”（Jeu de Paume）[56]专为外国艺术流派（康定斯基和克利）设置的 14 号展厅。最后，在圣奥诺雷市郊路（Faubourg St.-Honoré）上的美术画廊（Galerie des Beaux-Arts）举办的“超现实主义国际展”（International Exhibition of Surrealism）令他们欣喜不已。他们欣赏马克斯·恩斯特、安德烈·马松、曼·雷和库尔特·塞利格曼（Kurt Seligmann）[57]的作品，对达利（Dalí）[58]那件极尽张扬的《下雨的出租车》（*Rainy Taxi*）更是推崇备至——那是一辆货真价实的黑色出租车，停放在画廊的院门口，车内下着人工暴雨，透过车窗可以窥见那令人不安的诡异场面：一个假人斜靠在车内，周围爬满了活生生的蜗牛。

位于塞纳河路（Rue de Seine）的格拉迪瓦（Gradiva）画廊在 1927

年 5 月举办的开幕仪式是最受伊莲娜认可的艺术活动之一。安德烈·布勒东是这家画廊的经理，马塞尔·杜尚则是它的设计师。携玛丽-洛尔·德·诺瓦耶（Marie-Laure de Noailles）[59]出席的勒内·马格里特（René Magritte）[60]记得在活动上见到过“一把包裹着常春藤的椅子和一辆堆满了红色丝绒靠垫的独轮手推车，坐在里面相当的舒适”⑧。一位身着薇欧奈（Vionnet）[61]金丝礼服的模特闲适地坐在奥斯卡·多明戈斯（Oscar Dominguez）[62]的那辆独轮手推车上，与沃尔夫冈·帕伦（Wolfgang Paalen）[63]的那把惊为天人的常青藤椅一同被记录在了曼·雷为《哈珀市集》（*Harper's Bazaar*）[64]杂志拍摄的照片中。超现实主义打破了艺术与设计、艺术与文学的边界，这让利奥与伊莲娜心动不已：他们欣赏

1937 年，巴黎
夏帕瑞丽根据考克托的一张素描为秋冬系列设计的一款上衣

萨尔瓦多·达利装有龙虾听筒的情色电话和酷似梅·韦斯特（Mae West）[65]嘴唇的沙发；艾尔莎·夏帕瑞丽（Elsa Schiaparelli）[66]根据考克托（Cocteau）[67]的一张素描为1937年秋冬系列设计的一款上衣，衣襟上女人的侧脸和倾泻至右侧衣袖的金色秀发均出自莱萨基（Lesage）[68]的绣工之手；还有梅拉·奥本海姆（Méret Oppenheim）[69]的那副印有红色血管纹路的"剥皮"手套。"我爱去气氛轻松愉快的地方。"伊莲娜回忆起他们在巴黎度过的美好时光时说，"我们经常在爱丽舍宫旁边的一家餐厅吃饭，在那能看见模特们穿着刚刚登上过《时尚》和《哈珀》杂志的时髦礼服出现。这里的生活跟布加勒斯特相比太不一样了！"⑨

即便克劳兹夫妇已经通过文学、时尚和室内设计接触到了艺术的世界，也与超现实主义者们一样偏爱挑衅和另类的元素，但真正带领他们进入巴黎创意圈的却是儿时的几位朋友。勒内·德劳因的妻子奥尔加·托马西安（Olga Tomasian）是伊莲娜在布加勒斯特的朋友，莱昂诺尔·菲尼则是利奥在的里雅斯特的旧交。除此之外，伊莲娜的个人财富让她有幸与玛丽-洛尔·德·诺瓦耶、温莎公爵夫人[70]、加拉·达利（Gala Dalí）[71]和黛西·法罗（Daisy Fellowes）[72]一样，成为艾尔莎·夏帕瑞丽的客户。正如历史学家迪莉斯·布拉姆（Dilys Blum）所言："只要被夏帕瑞丽打扮一番，无论漂亮与否，都能获得自信和时尚。夏帕瑞丽的时尚哲学与古典神话的渊源很深，特别是奥维德（Ovid）[73]和皮格马利翁（Pygmalion）的神话[74]，而故事中神奇的转型与蜕变，也是超现实主义者们探索的主题。"⑩当罗马尼亚大家族的女继承人，二十三岁的伊莲娜穿戴上夏帕瑞丽的"蝴蝶裙""骷髅裙""猴子靴"或"鞋帽"，洒上同样出自这位设计师之手的"睡眠香水"，她是否还是感到自己的个性和独立无法得到彰显？她会不会已经开始为自己设计一场蜕变了呢？

这时，双方家庭传来的消息令他们坐立难安。1934年12月3日，姓氏的意大利化成为一条强制执行的皇家法令。次年的1月9日，有人在的里雅斯特的城市登记簿中这样写道："特此批准克劳兹家族在姓氏'克劳兹'之后加上'卡斯泰利'，并将带有连字符号的'克劳兹-卡斯泰利’作为姓氏。”[11] 1938年夏，墨索里尼突然宣布采取反犹政策，这令本以为事不关己的犹太族群措手不及。法西斯施加的压力越来越大：当时身在米兰的医学院学生吉奥乔就接到了来自“法西斯主义大学团”（Gruppo Universitario Fascista）的命令，要他身着规定的衣服参加墨索里尼即将召开的一场群众大会。（他在的里雅斯特的表弟皮耶罗·克恩也接到了同样的信件。）“我系着一条蓝色的围巾，穿着黑色的衬衫和紫色的袜子，”他回忆说，“活像一个小丑！”[12]

在布达佩斯，埃内斯托·克劳兹在他任职的意资银行接到了意大利商业银行总部的通知：“根据统一指示的要求，银行员工不得在任何私营企业的董事会中任职，因此将不会批准他继续担任的里雅斯特林业联合会的董事。”通知还命令他“辞去在的里雅斯特阿芬杜利商业联合会（Soc. An. Triestina de Comm., Afenduli）和魏思工业用油协会（Soc. Industriale dell'Olio Ignazio Weiss）担任的副总裁及董事的职务”。[13]几个月内，（他自1928年至1935年供职的）阜姆第一水稻脱壳及淀粉厂、（1932年供职的）亚得里亚联合保险公司、（1930年至1933年供职的）工商及金融业联合会、（1928年至1935年供职的）的里雅斯特林业联合会、（1930年至1935年供职的）的里雅斯特阿芬杜利商业联合会、（1922年至1934年供职的）的里雅斯特机械工业联合会、（1930—1934年供职的）科苏里克金融协会和（1930年至1935年供职的）魏思工业用油协会都一一将他从董事会中除名。[14]

最终，“埃内斯托·克劳兹–卡斯泰利司令官”与“罗伯特·阿德勒（Robert Adler）[75]司令官”和“圭多·施瓦茨（Gurdo Scharz）[76]骑士军官”都被勒令辞去温加罗–意大利银行（Banca Ungaro-Italiana）的董事职务。一份官方公告虚伪地表达了银行的歉意：“这些同事本应得到嘉奖。一直以来，他们都在用辛勤的汗水和无尽的支持表达对企业的忠诚。遗憾的是，我们不得不与他们解除合作关系。”[15] 1936年7月，西尔维娅在布达佩斯嫁给了一位匈牙利天主教徒米克洛什·里特（Miklos Reitter）。在布加勒斯特，政权的态度越发强硬起来，机智过人的米哈伊·沙皮拉开始悄无声息地转移资金，在美国买厂置业。

与此同时，刚刚改姓“克劳兹－卡斯泰利”的利奥在意大利银行的巴黎总部勉强地开展着自己的工作。例如在1937年，上级要求由他带头进行一次市场调查，研究在法国国内供应币种为意大利里拉的旅行支票是否有利可图。他首先要获得在巴黎开设一家意大利旅行社的执照，并成立公司；然后找到合适的店面，位于沙托丹路（Rue de Châteaudun）51号的联合大厦（Riunione）底商就很合适；再草拟出一套临时运营预算，需要涵盖房租、证照费、一名经理和两名员工的工资，以及宣传费用。一切妥当之后，利奥与意大利上级萨切尔多蒂（Sacerdoti）教授开会商讨开展这个项目的最佳方案。意大利银行档案中留存着的一份报告清晰地记录了当时的情况：“克劳兹博士（报告原文）认为，由于巴黎的每家银行和旅行社实际上都在销售意大利里拉，一些意大利商店和公司也提供相应的服务，在巴黎为旅行者提供里拉的市场已经饱和。销售里拉的佣金为3.5%，其中一半都将支付给包销机构。其他省份的情况有所不同……萨切尔多蒂教授注意到，包销商无意在巴黎以外的地区开展此项业务……”会议记录最后写道，“本地缺乏有意向旅行者销售里拉的包销机构，且只有当销售总额达到400万至500万里拉时，才能收回开展此项业务的成本。这个数额对巴黎以外的地区似乎过高。因此，拉斯旅行社（Ufficio Turistico della Ras）在巴黎的业务能否开展，取决于联合[16]愿意同国家外汇研究所（Istituto Nazionale per i Cambi con l'Estero，简称Istcambi）保持怎样的关系，从而实现向旅行者销售里拉的计划。”[17]

即便伊莲娜的房子美轮美奂，即便她时常与书为伴［福楼拜[77]、巴尔扎克[78]、莫泊桑[79]］，也会走访画廊、美术馆和设计师，抑郁症仍在慢慢地将她吞噬。二十岁出头的她亭亭玉立，却孤僻自闭，还忍受着神经衰弱带来的痛苦。“我在巴黎其实并不快乐，”许多年后她解释说，“我总觉得自己被边缘化了，与周围格格不入，只是一个外人，没有属于自己的家；我迷失了。我们并没有什么与法国人接触的机会；他们的生活圈都很封闭。而艺术家呢，他们对艺术的兴趣浓厚，但对我们这样的人就是另外一回事了，我们根本就是从外星来的。那个世界让我感到恐惧，或许是我自己的原因。”[18]我们该如何解释那些年他们夫妻关系的变化呢？被排斥在巴黎上流社会之外的伊莲娜不得不在家庭中扮演起传统妻子的角色，她消极地为自己寻找出口，但却徒劳无功，并最终迷失了方向。那时的利奥对她没有关心，没有理解，更没有伸出援手。“有时候，为了让自己高兴起来，”伊莲娜继续说，“我会去夏帕瑞丽买帽子……我一个人郁郁寡欢又无所事事的时候，会让司机埃内斯托·弗拉塔（Ernesto Fratta）载我去布洛涅森林（Bois de Boulogne）[80]散心。路上，我会在车里啜泣，好在车窗是茶色的，所以没人能看见我的失态。埃内斯托帮我保守着秘密。另外，我的父母非常想能抱上外孙，于是我告诉自己我得要个孩子，这是规矩。”[19]

1937年出生的妮娜（Nina）几乎是被女家庭教师一手带大的。夫妻俩一回到巴黎关系就开始疏远，不过这个过程非常缓慢，并没有伤害到那条存在于这两个同谋之间的根本纽带。“我们虽然生活在同一个屋檐下，但从不干涉对方。不能说我们相处得不好，只是都很年轻，也都有了别的感情，”伊莲娜实事求是地解释道。在讷伊时，她与妮娜的儿科医生有过一段婚外情，而利奥则搬去了位于左岸[81]的圣日耳曼德佩区（St.-Germain-des-Prés），在大学路（Rue del'Université）80号一楼的一间公寓中居住。“各走各的路。”他评价道。他出去约会，享受一个人无忧无虑的生活。“利奥的舞跳得绝了。”他的表弟皮耶罗·克恩说，“我还清楚地记得他和一个漂亮的奥地利贵族跳探戈和华尔兹舞的场面，明眼人一看就知道她爱上他了。”[20]而伊莲娜呢，即便她开始了一段新的关系，却还是无法获得内心的平静。“我觉得整个宇宙都快要崩塌了。”她回忆说，“我清楚地感到一切都将发生变化。”

1939年初的政治、经济、社会环境和利奥的个人生活全都荒唐至极，而他却在这时找到了未来的方向！三十而立的他只是一名普普通通的银行员工，有一个18个月大的女儿和一段失败的婚姻。战争一触即发，经济也随时都有可能崩溃，身处异乡的他是如何在艺术商业领域脱颖而出的呢？利奥·克劳兹饱读诗书、妙语连珠、温文尔雅，但也是个举止轻佻的花花公子，这样的他是如何将自己塑造成艺术商人利奥·卡斯泰利的呢？他已经被工作中无聊的行政事务束缚了八年之久，他的家庭生活已经破碎得七零八落，在整个欧洲命悬一线的时候，他是如何另辟蹊径，并在十八年后终于在事业上实现了自己的价值？他必须具备胆识、运气和在不知不觉中寻求机会的强烈本能！他在位于旺多姆广场（Place Vendôme）的利兹酒店（Ritz）[82] 和夏帕瑞丽专卖店中间找到了一个理想的店面，从而开始了与勒内·德劳因的合作。布勒东的格拉迪瓦画廊此刻已经不复存在，他们的画廊接过了它的衣钵，继续经营混合了装饰艺术和视觉艺术的原创作品。事实上，女儿与女婿分居让米哈伊·沙皮拉悲痛不已，他试图挽救这段每况愈下的婚姻，于是借给利奥 50 万法郎。1939 年 3 月 2 日，利奥用这笔钱开设了一家有限责任公司——其中，卡斯泰利占股 98%，德劳因占股 2%。在股权比例如此悬殊的情况下，我们不禁要问：公司为什么叫德劳因而不是卡斯泰利呢？是因为利奥在维也纳时养成了清心寡欲[83] 的行事作风？还是因为持意大利护照的他需要一个法国人来充当门面？这一点我们日后再来细细分解。

利奥·卡斯泰利回忆了他蜕变过程中的那些独一无二的瞬间。明明是在刀尖上舞蹈，他却总能出神入化地淡化它可悲的时代背景，将这段职业生涯中的短暂插曲描绘成一个精彩的传奇：“我跟莱昂诺尔·菲尼在的里雅斯特就认识，差不多算是儿时的朋友。那时她在超现实主义团体中的表现极为活跃。她发现了我在做的项目，后来达利、马克斯·恩斯特、切尔利塔切夫等人也知道了我们的这块地方，就一窝蜂地为我们的第一个展览做起了策划，方案五花八门。他们后来展出了镶嵌板、家具、物件，各种各样的东西。德劳因也做了家具。由于我是古董方面的专家，就选择了一些奇形怪状的古董家具，桌椅之类的——你会从这些与众不同的东西中发现超现实主义的设计。这是我的专长。4 月份时，画廊还没有完工，连灯都还没装好，我们就展出了切尔利塔切夫刚刚完成的一幅大作，名叫《现象》（*Phenomena*）。我们用蜡烛为作品照明，这就是我们的第一个展览，在那之后第二个展览就开始了。哎！那可真是包罗万象。莱昂诺尔·菲尼和伯曼（Berman）[84]制作了两只不同寻常的彩绘柜子。莱昂诺尔·菲尼那只柜子的柜门酷似天鹅，仿佛是两位天鹅仙子。伯曼的那套柜子则是暗黑的风格，如同一片荒野，类似于卡纳莱托（Canaletto）[85]——更像瓜尔迪（Guardi）[86]作品里描绘的那类东西，你知道的，就是浪漫主义的风景，很好看。接着，梅拉·奥本海姆设计了一张桌子，桌腿像是某种动物或鸟类的腿，桌上还放着一把手持化妆镜，上面满是一缕一缕的毛发。莱昂诺尔·菲尼设计了带有各种纹章图案的长镶嵌板。展览上有我挑的那一整组古董家具，还有德劳因的现代家具。我们举办了盛大的开幕仪式。这是我们在那里举办的第一场正式展览，但同时也是最后一个。后来战争就爆发了。夏天，我们都离开巴黎到外地避暑，9月份回来时，战争已经爆发，德劳因也参军去了。"[21]政治事件和他们的关注之间存在着一条奇怪的鸿沟，后来被问及此事时，伊莲娜用自己的方式描述道："展览的开幕仪式引起了很大的争议，但我们完全不管那些——战争跟我们有什么关系呢？根本就不重要。我们在做的事情才是真正重要的，而且也有趣得多！"[22]在那场声势浩大的开幕仪式留下的纪念品中，有一张设计精美的白色请柬。莱昂诺尔·菲尼用红色的线条在上面一气呵成地勾勒出了一个由五位丘比特托举着的涡形花样。

R. 德劳因　　　　L. 卡斯泰利

诚邀您拨冗出席他们的

装饰艺术画廊

的开幕仪式

将于1939年7月5日，

周三下午4时至晚9时举行

勒内·德劳因画廊

旺多姆广场17号

巴黎

请柬结尾处还周到地提示活动伴有一场“鸡尾酒会”。展览得到了外国媒体的一致好评。“巴黎的上流社会都应邀参加了这场须凭请柬出席的开幕仪式，”马塞尔·扎哈尔（Marcel Zahar）在《工作室》（*The Studio*）杂志中写道，“这似乎让那群有趣的超现实主义艺术家的作品显得高贵起来了。艺术家们在墙板和彩绘碗橱这样的装饰品上施展出的才华令人欣喜。展览不仅呈现了原创与优雅，还暗示了今后画家与装潢设计师之间可能会开展更多的合作。”[23] 1939 年 9 月 1 日，《哈珀市集》刊登了时尚摄影师霍宁根 - 华内（Hoyningen-Huene）[87] 拍摄的一组照片，并附上了这样的说明：“德劳因与卡斯泰利站在旺多姆广场的新画廊中，标新立异的器物与石破天惊的画作出现在了一起。莱昂诺尔·菲尼、尤金·伯曼、马克斯·恩斯特、梅拉·奥本海姆等艺术家正在那里开创着

巴黎
勒内·德劳因画廊开幕仪式的邀请函
让 - 克劳德·德劳因提供

现代装饰的新篇章。左图，靠在尤金·伯曼橱柜上的模特展示的是艾力克斯（Alix）[88]的黑色真丝汗布晚宴裙，配以褶皱的塔夫绸胸衣和一个在身后撑起了整个蓬松裙摆的蝴蝶结。下图，靠在莱昂诺尔·菲尼的天使橱柜上的模特展示的是夏帕瑞丽的黑色绉绸刺绣晚宴裙，小坎肩的底部隆起，像一个饰有粉色波纹绸蝴蝶结的暖手袋。"[24]在杂志的下一页，站在马克斯·恩斯特的画作《家中的天使》（*L'Ange du Foyer*）前的模特展示的是"曼波彻（Mainbocher）[89]的罗马彩条罗缎丝绸裙和手套"。这张出现在最后的照片令人过目不忘，身着晚礼服的模特如修女一般严肃克制，她孤傲冷漠的目光摄人心魄。她戴着手套，裸露着上臂，平静如水地向身后的那只颤抖、咆哮、张牙舞爪的超现实主义怪兽伸出了右手，而它正捶胸顿足地跳起那支阴森恐怖的死亡之舞。

1939 年 7 月，巴黎
在勒内·德劳因画廊的那场传奇展览上，一位模特正为《哈珀市集》9 月刊在马克斯·恩斯特的画作《家中的天使》前展示一件曼波彻品牌的礼服
安妮·科恩－索拉尔提供

53 考尔德为 1937 年巴黎世界博览会西班牙馆定制的作品《水银喷泉》(*Mecury Fountain*)。作品以流注的水银冲击着连在旋转杆上的金属板，是考尔德第一件真正的“动态雕塑”作品。

54 罗伯特·马莱-史蒂文斯 (Robert Mallet-Stevens)，法国著名的建筑师和设计师。

55 罗伯特·马莱-史蒂文斯为 1937 年巴黎世界博览会设计的一座建筑，与“和平宫殿”(Palace of Peace) 分别被置于世博会中轴线上的两端。

56 即国立网球场现代美术馆 (Galerie nationale du Jeu de Paume)，是巴黎的一座现代美术馆，位于杜伊勒里花园西北角。

57 瑞士裔美国超现实主义画家和雕刻家。

58 萨尔瓦多·达利 (Salvador Dalí)，是著名的西班牙加泰罗尼亚画家，因为其超现实主义作品而闻名。

59 法国人，二十世纪最具魄力和影响力的艺术收藏家之一。

60 比利时的超现实主义画家，画风带有明显的符号语言。

61 1922 由法国时装设计师玛德琳·薇欧奈 (Madeleine Vionnet) 在巴黎创办的时装品牌。

62 西班牙超现实主义艺术家。

63 奥地利裔墨西哥超现实主义画家、雕塑家和艺术哲学家。

64 美国时尚杂志，创刊于 1867 年，中国版《时尚芭莎》的母刊。

65 二十世纪三十年代好莱坞艳星，人称“银幕妖女”。

66 意大利传奇设计师，1935 在巴黎创办了时装品牌“夏帕瑞丽”。

67 让·考克托 (Jean Cocteau)，法国作家、设计师、剧作家、艺术家和电影导演，先锋派艺术的重要参与者。

68 世界著名的刺绣工坊梅森·莱萨基 (Maison Lesage) 的前身。

69 出生于德国的瑞士超现实主义艺术家和摄影师。

70 沃丽丝·辛普森 (Wallis Simpson)，美国人，三度结婚。英国国王爱德华八世为了娶她为妻，让位于其弟乔治六世，后改称为温莎公爵，沃丽丝也因此获得了“温莎公爵夫人”的头衔。

71 萨尔瓦多·达利之妻。

72 巴黎社交名媛。

73 古罗马诗人，代表作《变形记》取材于古希腊古罗马神话，共包括 250 多个神话故事，是古希腊古罗马神话的大汇集。

74 希腊神话中的塞浦路斯国王，善雕刻。他不喜欢塞浦路斯的凡间女子，决定永不结婚。他用神奇的技艺雕刻了一座美丽的象牙少女像，在夜以继日的工作中，皮格马利翁把全部的精力、全部的热情、全部的爱恋都赋予了这座雕像。他像对待自己的妻子那样爱抚她，装扮她，为她起名加拉泰亚，并向神乞求让她成为自己的妻子。爱神阿芙洛狄忒被他打动，赐予雕像生命，并让他们结为夫妻。

75 出生于奥地利的美国发明家，犹太人，声感电视遥控器的发明者。

76 原文为意大利语：Cav. Uff.，此处指意大利的一种荣誉勋位，低于埃内斯托·克劳兹被授予的“司令官”勋位。

77 古斯塔夫·福楼拜 (Gustave Flaubert)，法国小说家，该国现实主义文学极为重要的领军人物。

78 奥诺留·巴尔扎克 (Honoré de Balzac)，法国小说家、剧作家，代表作为描绘了后拿破仑时代人间百态的《人间喜剧》(*Le comédie humaine*)。

79 居伊·莫泊桑 (Guy de Maupassant)，法国作家，短篇小说大师。

80 巴黎市西侧的一个森林公园。

81 巴黎市塞纳河南岸地区。

82 世界最奢侈的酒店之一，创办于 1898 年，位于旺多姆广场 15 号。

83 原文为德语：Luftmensch。

84 尤金·伯曼 (Eugene Berman)，出生于俄罗斯的新浪漫主义及超现实主义画家。

85 十八世纪意大利风景画家，以描绘威尼斯的风景著称。

86 十八世纪意大利风景画家，被认为是印象主义的先导。

87 乔治·霍宁根-华内 (George Hoyningen-Huene)，俄罗斯出生的德美混血摄影师，二十世纪二十至三十年代的时尚摄影鼻祖。

88 格雷夫人 (Madame Grès) 的别称，法国著名的定制时装设计师和戏剧服装设计师。

89 由美国定制时装设计师曼恩·波彻 (Main Bocher) 于 1929 年创办的时装品牌。

① 梅谢尔，《巴黎的桌子》（“Tableau de Paris”），引自《巴黎的创造力：一步一个脚印》（*L'Invention de Paris : Il n'y a pas de pas perdus*）（巴黎，Seuil，2002年出版）。

② 保罗·瓦莱里，《讲历史》（“Discours de l'Histoire”）（1932年7月13日），摘自《作品集》（*Œuvre*），第一卷（巴黎：Gallimard，1957年出版），1136页。

③ 丹尼尔·亨利·康维勒与弗朗西斯·克雷米厄（Francis Crémieux），《我的画廊和画家》（*My Galleries and Painters*），海伦·韦弗（Helen Weaver）译（波士顿：MFA Publications，2003年出版），103—104页。

④ 雅克·马赛（Jacques Marseille），引自达尼埃尔·塔达科夫斯基（Danielle Tartakowsky），《人民阵线：生活属于我们》（*Le front populaire, la vie està nous*）（巴黎：Gallimard，1996年出版），16页。

⑤ 皮埃尔·吉拉德（Pierre Girard），《部长的品位》（“Le goût du ministre”），摘自《人民战线与艺术，向让·扎伊致敬》（*Le front populaire et l'art, hommage à Jean Zay*）（奥尔良：Musée des Beaux Arts，1995年出版），67—72页。

⑥ 安妮·科恩-索拉尔，《萨特1905—1980》（*Sartre 1905–1980*）（巴黎：Gallimard，1985年出版），214页。

⑦ 米歇尔·吉罗（Michel Giroud），《先锋派期刊的运动》（“Le mouvement des revues d'avant-garde”），摘自《巴黎-巴黎，1937-1957》（*Paris-Paris, 1937–1957*）（巴黎：Centre Georges Pompidou 及 Gallimard，1992年出版），261—269页。

⑧ 吉斯莲·伍德（Ghislaine Wood），《营造“梦幻般的现实”》（“Making ‘the Fantastic Real’”），摘自《超现实的事物：超现实主义与设计》（*Surreal Things: Surrealism and Design*）（伦敦：Victoria and Albert Museum，2007年出版），2—15页。

⑨ 伊莲娜·索拿本德访谈，作者采访，纽约，2005年11月25日。

⑩ 迪莉斯·布拉姆，《时尚与超现实主义》（“Fashion and Surrealism”），摘自《超现实事物》（*Surreal Things*），139—159页。

⑪ 的里雅斯特城市档案。

⑫ 乔治·克莱恩博士访谈，记者采访，旧金山，2005年11月29日、30日。

⑬ “意大利联合银行历史档案——意大利商业银行文化遗产”，《意大利商业银行中央董事会》，《总经理个人档案》，《乔瓦尼·马拉戈迪档案》，5号索引，《埃内斯托·克劳兹》分册。

⑭ 同上。

⑮ “意大利联合银行历史档案——意大利商业银行文化遗产”，《意大利商业银行外事处秘书》（*Servizio Estero della BCI. Segretaria*），42号索引，第1分册。

⑯ 即亚得里亚联合保险公司，的里雅斯特最大的两家保险公司之一。

⑰《意大利商业银行档案》（*Archives of the Banca Commerciale Italiana*），米兰。

⑱ 伊莲娜·索拿本德访谈，作者采访，纽约，2005年11月25日。

⑲ 同上。

⑳ 皮耶罗·克恩访谈，作者采访，的里雅斯特，2005年5月2日。

㉑ 利奥·卡斯泰利访谈，保罗·卡明斯采访，美国艺术档案馆，华盛顿哥伦比亚特区。

㉒ 伊莲娜·索拿本德访谈，作者采访，纽约，2006年11月25日。

㉓ 马塞尔·扎哈尔，《德劳因画廊》（“Galerie Drouin”），摘自《工作室》（*The Studio*）118期（1939年10月）：179-180页。

㉔《巴黎开幕报道》（“From the Paris Openings”），摘自《哈珀市集》（*Harper's Bazaar*）（1939年9月1日）：64—67页。

11—跌宕起伏、惊心动魄，举家逃往美国

直到上船那天，直到我们从两列头戴钢盔、手持斯登（Sten）冲锋枪的机动警卫间穿过，我才开始认清形势……这绝不是什么独行侠的历险，更像是一群罪犯在接受流放……宪兵口中的这群“盲流”中，不乏安德烈·布列东和维克托·谢尔盖这样的文人。①

——克劳德·列维-斯特劳斯（Claude Lévi-Strauss）[1]

“犹太人面临的威胁只会有增无减，我建议您尽快离开。”，1938年初，德国驻罗马尼亚大使直言不讳地对他的朋友米哈伊·沙皮拉提醒道。沙皮拉清楚这意味着什么。匆忙离开势必会造成巨大的经济损失，但沙皮拉依然决定马上离开这个国家，刻不容缓。当时，玛丽安和伊芙在伦敦生活，伊莲娜则住在巴黎。沙皮拉变卖了房产和工厂，转移了资金，先与家人在西欧汇合，继而又在戛纳购置了一套别墅，一家人就这样搬到了蔚蓝海岸（Côte d'Azur）[2]。

第二次世界大战之前，欧洲严峻的局势对利奥的影响几乎可以忽略不计，但事实上，自1918年起情况就在持续恶化，每天都有新的恐慌被制造出来，只要不是充耳不闻、视而不见，任何人都能感受得到。协约国将希望寄托在了《凡尔赛条约》上，期待通过摧毁德国换来和平与稳定，即便如此，世界性的危机还是占据了整个二十世纪三十年代，接连不断的政治和经济风波让每一位欧洲公民都深受其害。一方面，苏维埃政权激起了千百万共产主义革命者和支持者对无国界的世界工人大团结的渴望，并自称为“新人类”的家园，宣称已经将贫穷、孤独和痛苦彻底消灭。②另一方面，由于法西斯主义在德国和意大利的兴起，愈演愈烈的民族主义浪潮滋生出的扩张主义得到了希特勒和墨索里尼的疯狂推崇。1938年2月，许士尼格（Schuschnigg）[3]决心在3月13日举行一次全民公投，来重申国家的独立，但3月11日至13日发生的“德奥合并”[4]却彻底击碎了他的计划。吞并奥地利后，德国独裁者便将手伸向了捷克斯洛伐克[5]，而英法政府却希望能够通过9月签署的《慕尼黑协定》（Munich Pact）[6]维持和平，他们已经将苏台德区（Sudetenland）割让给了德国，以为这样就能保住捷克其余领土的安全。

希特勒的疯狂进犯并没有就此止步：仅五个月后，纳粹军队便进入了布拉格。德国独裁者再次挑衅，让法国和英国的“政治侏儒”意识到他们对和平的企盼已经落空。最具洞察力的评论员保罗·尼赞认为慕尼黑的勾兑“是欧洲这个外表光鲜明亮的剧院在后台过道里上演的一出悬疑剧”③，其他细心的观察者也不理解达拉第（Daladier）[7]和张伯伦

（Chamberlain）[8] 为什么会接受希特勒开出的条件。1939 年 4 月，曾以和平使者的身份出现在慕尼黑的墨索里尼下令入侵阿尔巴尼亚；此后不到两个月，他就与希特勒打着防御的幌子签署了“钢铁条约”（Pact of Steel）[9]。很快，自诩“分歧调解员”的斯大林（Stalin）就不顾意识形态的对立，在 8 月 23 日签署了《苏德互不侵犯条约》（Nazi-Soviet Non-aggression Pact）——这与其他国家姑息养奸的行为一样，都源自彻头彻尾的冷漠和自私。最终，波兰也步奥地利和捷克斯洛伐克的后尘，在 9 月 1 日遭到了纳粹的侵略。面对不断升级的恶劣行径，英法按照惯例向德国发出了并无实际意义的最后通牒，而后便立即对其宣战。

“格兰德酒店（Grand Hotel）位于大西洋边的拉波勒海滩（La Baule）[10] 上。那天，酒店里的空气异常紧张，但我们却毫无头绪。”伊莲娜说，“我正迷惑不解，有人让我去看张贴在村子里的告示：那是一封宣战书。我懵掉了，于是打电话给父亲，他告诉我哪儿也别去，因为我所在的地方很安全——因为周围没有什么工厂或军事基地。我们本以为这样的一个度假小镇应该是最安全的地方了，没想到这里竟被设为了攻击的目标！”④在那场大获全胜的超现实主义展览之后，这是伊莲娜·卡斯泰利与家人度过的第一个假期。在拉波勒莱潘（La Baule les-Pins）[11] 的格兰德酒店，她从未如此迫切地需要过父亲，并再次听从了这位一家之主的指挥。接下来的两年中，沙皮拉将引领他时而不可一世的女婿从纳粹的倒行逆施中逃脱，并将他护送到大西洋彼岸的太平乐土。在这难以想象的艰难时刻，在这盘由草菅人命的无耻之徒操控的棋局上，沙皮拉家族、克劳兹家族和卡斯泰利家族的其他成员又将如何自处呢？ 1938 年颁布的反犹太法夺走了父亲埃内斯托最后的荣誉，它是否也让身为意大利公民的利奥·卡斯泰利感到了恐慌？希特勒为墨索里尼的到访召集了声势浩大的群众集会，为了取悦希特勒，罗马也举行了盛况空前的庆祝游行，看到这些活动的照片在报纸上出现，利奥究竟作何感想？他又如何评价德国和奥地利自 11 月的“水晶之夜”（Kristallnacht）[12] 以来对犹太人进行的迫害呢？利奥既不关心政治，也与苦难无关，不谙世事、乳臭未干、娇生惯养的他直接把自己交到了岳父手中。

"'假战'(Phony War)[13]期间，我们期待战争会真的爆发。"利奥回忆说。诚然，1939年9月至1940年9月，克拉科夫(Kraków)[14]和华沙相继沦陷，苏联入侵芬兰，忙于应付北部战线的德军分身乏术，因此法国边境几乎平安无事。一场大战悬而未决。人们奇怪的期待感，报刊上混乱无序、语无伦次的报道，以及新近发生的一系列连锁事件，一切都与上一次战争截然不同！面对随之而来的莫名不安，每个人都有自己的表达方式。"1939年11月26日，星期日。虽然我羞于承认这一点，但我已经在期待这场战争早些结束了。"二等兵让-保罗·萨特写道："战争令我焦躁不安，这与1938年和1939年的和平岁月对我的作用如出一辙……一开始，所有与我一同参军的兄弟们都巴不得能早些离家……那时候人们说，战争会持续六年……可突然又出现了战争不会太长的说法。"⑤在米哈伊·沙皮拉的劝说下，利奥与伊莲娜·卡斯泰利夫妇终于同意离开巴黎。在退避到戛纳的伊莎贝拉别墅(Villa Isabelle)之前，他们在巴黎做了短暂的停留，把讷伊和左岸的家具保管妥当之后才离开。"1939年冬天的巴黎有些反常。"作家保罗·尼赞的妻子回忆道，"人们沉湎于那些迷信却毫无意义的行为，不知所谓地重复着第一次世界大战时的一些举动。我看见有人给窗户画上了格子，那是在模仿1917年为了防止轰炸震裂玻璃贴在窗上的封条……'街区队长'兢兢业业地坚守着他们的岗位，小孩子们则把无用的防毒面具当成了玩具。全城的人都在编织！报纸上说：'举国上下都在编织。'士兵们写信央求家人不要再送围巾了！因为围巾已经多到了他们都不知该如何处置的地步！……士兵们闲极无聊，都懒洋洋地打着瞌睡。"⑥

这是利奥·卡斯泰利最后一次穿过巴黎的街道，很快，这座被迅速抽空了的首都就会迎来新的占领者。像奥托·阿贝茨(Otto Abetz)[15]、卡尔·艾普坦(Karl Epting)[16]、卡尔-海因茨·布雷默(Karl-Heinz Bremer)[17]、格哈德·海勒(Gerhard Heller)[18]和恩斯特·荣格尔(Ernst Jünger)[19]这样的亲法纳粹军官将会厚颜无耻地享用这座他们梦寐以求的城市和属于它的文化。他们开开心心地住进了位于协和广场和旺多姆广场之间的利兹酒店和克里雍(Crillon)[20]酒店，在银塔餐厅(Tour d'Argent)[21]和乔治五世酒店（Hotel George V）[22]中炊金馔玉。与此同时，城市的面貌也开始变得像另类戏剧中奇奇怪怪的舞台布景。“周日：今天我去了玛德琳（Madeleine）[23]两次，那里的台阶被黄杨木的叶子染成了绿色。”“自认为很有良知的德国美学家”⑦荣格尔在日记中写道，“早餐和午餐都是在普吕尼耶（Prunier）[24]吃的。这座城市像是一座我熟悉的花园，虽然荒芜萧瑟，但街头巷尾还是依稀可辨。”⑧

1940年，戛纳
米哈伊·沙皮拉的伊莎贝拉别墅，在法国遭到占领之后，这里是米哈伊家族亲友前往美国之前的避难所
玛丽伊芙·鲁戈提供

1940年5月，德军占领了丹麦和挪威，并终于在结束了纳尔维克战役（Battle of Narvik）[25]后展开了对法国、比利时和荷兰的进攻。5月15日，色当陷落，6月10日，法国政府被速战速决的德军吓得从巴黎仓皇出逃，意大利这才向法国和英国宣战。一夜之间，身处敌国的意大利犹太人利奥发现自己已经羊落虎口；更糟的是，意大利也给他打上了"投敌叛国"的标签。米哈伊·沙皮拉在戛纳置办的产业伊莎贝拉别墅成了家人和朋友们的避难所。初到法国时，利奥夫妇就将这幢海边别墅看作一个远离尘嚣的世外桃源。伊莲娜的外甥女玛丽伊芙·鲁戈记得他们在戛纳附近螺旋状的盘山路上驾车疾驰的情形，沙皮拉的司机会不停地变换挡位，而坐在他旁边的利奥则"优雅得跟个假人似的，手中的香烟在他玳瑁做成的烟嘴上闪着火光"。她还回忆说："通常，利奥要么在读书，要么在跟客人们交谈，但每次我走进房间的时候，都会听到他愉快地对我说'你好，玛丽伊芙'[26]。尽管他是我认识的男人中穿着最得体的，他却完全不介意弄皱衣服，总是驮着妮娜和我在花园里玩耍。"⑨

6月14日，同样是在这幢别墅中，一家人听闻了巴黎沦陷的消息。突然间，"假战"已经换上了真枪实弹。沙皮拉当即决定：他们必须马上离开法国。鲁戈解释道："由于他是犹太人，也是罗马尼亚最富有的商人之一，希特勒最想捉拿的要犯名单上就有米哈伊的名字，所以离开法国去一个更为中立的国家变得迫在眉睫。"⑩即便沙皮拉为这么快就要计划第二次出逃而气恼，他还是第二天一早就拿定了主意，他们唯一的希望在大西洋的对岸，最好的结果是去美国。他把九名家人分配在了两辆汽车中，带上宠物狗皮奇纳（Piccina），向比亚里茨（Biarritz）[27]和西班牙边境赶去：此后的两天两夜，他们在地狱般的环境中颠沛流离，见识了战机队从空中飞过时遮天蔽日的场面，也目睹了沿途民众的惊恐和不安。他们没有可以落脚的栖身之所，更不能住旅馆或酒店，连一间餐厅都没有去过。6月16日，德国军队在沙皮拉一家抵达比亚里茨的时候渡过了卢瓦尔河（Loire）[28]。"我们痛苦到了极点，总觉得德国人下一分钟就要来了，却不知道该往哪个方向去。⑪利奥回忆说。为了替家人们探路，沙皮拉独自一人徒步穿越了西班牙边境。"我们到达边境后，

[1] 法国作家、哲学家、人类学家，结构主义人类学创始人和法兰西科学院院士。

[2] 法国东南部地中海沿岸，是聚集了贵族名流的一处度假胜地，戛纳就位于这个区域。

[3] 库尔特·许士尼格（Kurt Schuschnigg），奥地利政治家，1934 年起担任奥地利第一共和国总理。

[4] 原文为德语 Anschluss，本义为联合或政治联盟，此处特指纳粹德国吞并奥地利第一共和国的事件。

[5] 已于 1993 年 1 月 1 日起解体，演变为了两个独立国家——捷克共和国和斯洛伐克共和国。

[6] 全称《关于捷克斯洛伐克割让苏台德领土给德国的协定》，是 1938 年 9 月 29 日英国、法国、纳粹德国、意大利四国首脑张伯伦（Chamberlain）（英国首相）、达拉第（Daladier）（法国总理）、希特勒（德国总理）、墨索里尼（意大利首相）在慕尼黑会议上签订的条约。英、法两国为避免战争爆发，牺牲捷克斯洛伐克的利益，将位于该国境内的苏台德区割让给纳粹德国。

[7] 爱德华·达拉第（Edouard Daladier），法国政治家、总理，1938 年代表法国与希特勒签署了《慕尼黑协定》。

[8] 内维尔·张伯伦（Neville Chamberlain），英国政治家、英国首相，由于在第二次世界大战前夕对希特勒纳粹德国实行绥靖政策而备受谴责。

[9] 1939 年 5 月 22 日德意两国签订的《德意友好同盟条约》，象征了德意同盟的建立。

[10] 法国西部的滨海度假胜地，号称“欧洲最美丽的海滩”。

[11] 拉波勒东部地区。

[12] 1938 年 11 月 9 日至 10 日凌晨，在纳粹的怂恿和操纵下，德国各地的希特勒青年团、盖世太保和党卫军化装成平民走上街头，他们疯狂挥舞棍棒，对犹太人的住宅、商店、会堂进行打、砸、抢、烧。这一夜，犹太人遭受了巨大的灾难，约 267 间犹太会堂、超过 7000 间犹太商店、29 家百货公司遭到纵火或损毁。奥地利也有 94 间犹太会堂遭到破坏。许多犹太人的窗户在当晚被打破，破碎的玻璃在月光的照射下有如水晶般发光。所以，有德国人讽刺地称之为“水晶之夜”，它标志着纳粹对犹太人有组织的屠杀的开始。

[13] 自 1939 年 9 月开始到 1940 年 4 月之间，英法虽然因为德国对波兰的入侵而宣战，可是两方并没有实际上的军事冲突，西欧人称之为“假战”。

[14] 波兰南部的旧都，第二大城市。

[15] 主要纳粹乙级战犯之一，纳粹德国高级外交官。

[16] 德国语言学家，曾在德国驻巴黎大使馆担任文化顾问。

[17] 德国历史学家。

[18] 德国出版商和翻译，在巴黎期间主管纳粹占领当局的文学政策。

[19] 德国军官、作家、思想家。

[20] 克里雍大饭店（Hôtel de Crillon）是巴黎的一座古老的奢华五星级酒店，位于协和广场 10 号（北侧），香榭丽舍大街东端。

[21] 创办于 1582 年的一家高级法式餐厅，位于巴黎第五区，2006 年以前一直是米其林三星餐厅。

[22] 落成于 1928 年的奢华五星级酒店，现为四季品牌酒店。

[23] 巴黎第八区的一座教堂，位于协和广场和旺多姆广场之间。

[24] 位于协和广场玛德琳教堂附近的一家星级法式餐厅，以昂贵的鱼子酱闻名。

[25] 二战中挪威战役中的重要一战，是纳粹德军与英、法、挪、瑞（典）军队发生在挪威纳尔维克港的战斗，以德军继续控制纳尔维克港告终。

[26] 原文为法语：Bonjour，Mariève。

[27] 法国西南部位于大西洋沿岸的海滨城市。

[28] 法国最长的河流，发源于塞文山脉，流程 1020 公里，先向北、西北，后向西注入比斯开湾，两岸有闻名世界的卢瓦尔城堡群。

都拥抱了父亲，哭着与他告别，觉得有可能再也见不到彼此了。”伊莲娜说。几小时后，米哈伊·沙皮拉回来了：情况比他们想象的要复杂得多；错误的情报已经将他们置于险境；佛朗哥将军刚刚组建的政府已经与当地其他法西斯政权沆瀣一气，随时都有捉拿他们的可能。眼下最好的打算莫过于返回戛纳从长计议。就这样，一家人回到了伊莎贝拉别墅，这时传来了贝当元帅（Marshal Pétain）[29]被任命为国家元首的消息；6月18日，戴高乐将军（General de Gaulle）[30]发起了抵抗运动[31]；22日，法国与德国签署了停战协议；7月1日，维希（Vichy）政府[32]宣告成立。

1940年夏天，勒内·德劳因的儿子让-克劳德·德劳因（Jean-Claude Drouin）与父母也来到了伊莎贝拉别墅避难。“我们到达时正值夏季。那天早上，碎石子路被踩得嘎吱作响。园子里种着橙子树，必须爬下一片断崖才能上船，可我们一点儿都不觉得有趣，因为战争已经来了。”对于那段往事，让-克劳德还记忆犹新，“我七岁生日那天，上楼去见还没有起床的伊莲娜，她几乎从不下楼吃饭。伊莲娜给了我几样礼物，但她看上去是那样难以接近：她有一种奇异的魅力，既坚强又睿智，在我心目中，这位身材瘦削、美丽动人、镇定自若、举止高贵的女人就像是一个皇后。利奥悉心地照料着她，不过他们的婚姻最后还是失败了。别墅里还有妮娜和陪她说英语的女家庭教师弗朗西丝（Frances）。妮娜非常、非常漂亮，留着一头金色的长发。当有人问起她的年纪，她会回答：‘我四年了。’[33]”[12]增员后的沙皮拉一家把别墅挤得水泄不通，在为“失败的消息震惊不已”之后，所有人都被“1940年夏天那种难以言说的情绪”[13]所笼罩。“合作，”历史学家罗伯特·O.帕克斯顿（Robert O. Paxton）写道，“不是德国人的要求，而是由法国人主动提出来的，有一些人是出于对德国的认同，也有的只是因为老奸巨猾。合作是法国人的提议……是贝当政权为了与德国建立真正的同谋关系采取的一种姿态。”[14]“把法国拴在德国的货车上”，希特勒一声令下，1940年7月，伊莎贝拉别墅的住客们果然得到了法国开始对犹太人采取措施的消息。几周后，他们听闻德军对伦敦进行了第一次空袭，并且入侵了罗马尼亚。“房子里住着许多人，”伊莲娜回忆说，“不知道我们在那么拥挤的环境下是怎么生活的，但因为彼此相守相爱，气氛倒是很轻松。那里就是我们的窝。”⑮那些日子，利奥花了很多时间去关怀小妮娜，他经常用滑板车载着她去莱昂诺尔·菲尼的工作室做客，还请莱昂诺尔为小姑娘绘制了肖像。

那几周，时刻保持警醒的沙皮拉则在忙着制订计划。他绝不能让第二次离开的尝试再次落空，于是动用了自己的关系网，他不惜重金，想尽办法搞到美洲国家的签证，而且多多益善：巴西、墨西哥、加拿大、阿根廷、美国和古巴。跟之前一样，他先带着一份边境通行证独自启程。最终，家人们在他如有神助的朋友亨利·马尔瓦尔男爵（Baron Henry Malval）的领导下来到美国。据伊莲娜回忆，那是“一位相当神秘的人物。我们离开之后，他和他的外甥把别墅变成了抵抗势力的避风港，而他却遭人告发，后来被捕入狱，饱受折磨”。1940 年 12 月，法国开始出现自发组织起来的爱国团体，“抵抗”一词也约定俗成地成为法国抵抗运动的简称，这时，利奥与整个沙皮拉家族在沙皮拉和马尔瓦尔的共同努力下，终于带着厚厚的一叠签证从伊莎贝拉别墅出发，离开戛纳前往马赛港。

法国的迅速落败令美国大惊失色。1940 年 6 月，“自由德国的美国之友”（American Friends of German Freedom）[34] 主席雷茵霍尔德·尼布尔（Reinhold Niebuhr）博士 [35] 在纽约市的康莫德酒店（Commodore Hotel）向聚集在那里的 200 名要人解读了美国面临的威胁，并在会上进行了筹款。第一夫人埃莉诺·罗斯福（Eleanor Roosevelt）成功说服丈夫为身处险境的难民们提供入境签证。在《新共和》（*The New Republic*）杂志编辑委员会任职的美国记者瓦瑞安·福莱（Varian Fry）[36] 那年三十二岁，他自愿作为“紧急营救委员会”（Emergency Rescue Committee）[37] 的代表前往法国，秘密帮助一大批反对纳粹的知识分子和政客离开法国。他目睹了柏林在 1935 年对犹太人的迫害，因而不想“放弃这个机会，从这片即将淹没整个法国的火海中多挽救出几条生命”。1940 年 8 月 13 日，福莱抵达马赛后，不顾美国外交使团的警告，在法国左翼青年丹尼尔·本内迪特（Daniel Bénédite）的帮助下安排了一次秘密逃亡。得到帮助的人士全部都因为贝当在6月22日签署的那份停战协议中的第19条命悬一线："法国政府不得窝藏任何一个在法国领土居住的德国或外国公民，必须按照帝国[38]的要求予以引渡。"⑯

在被占领的法国，谁是第一批被认定"有扰乱公共秩序嫌疑"的"行政拘留犯"呢？答案是安德烈·布勒东与妻子杰奎琳·朗巴（Jacqueline Lamba）[39]，以及维克托·谢尔盖。那时，他们与马克斯·恩斯特、维克托·布罗纳、安德烈·马松、林飞龙（Wifredo Lam）[40]和奥斯卡·多明戈斯等其他在马赛避难的超现实主义者开始在"燃烧的狼"（Au Brûleur de Loups）聚会。这是一家位于叙弗朗总督路（Rue du Bailli de Suffren）尽头的咖啡馆，就在老海港的对面。因为距离《南方笔记》（*Cahiers du Sud*）[41]杂志社不远，这里成为艺术家的据点。他们中有一些人住在被谢尔盖命名为"渴望签证城堡"（Château Espère-Visa）的艾尔－贝尔别墅（Villa Air-Bel）。每个周日，那里都与"燃烧的狼"一样群英荟萃。在等待签证的日子里，他们非常别出心裁地创造了一副包含32张卡片的游戏纸牌，其中，火焰（"爱"）取代了红桃，黑星（"梦"）取代了方块，红轮（"革命"）取代了梅花，钥匙孔（"知识"）取代了黑桃！⑰在几个月的漫长等待后，这批避难者终于来到了美国。向他们提供过帮助的，除了美国大财阀的女继承人玛丽·杰恩·戈尔德（Mary Jayne Gold）[42]和佩吉·古根海姆（Peggy Guggenheim）[43]，还有将位于蒙特东（Montredon）[44]的宅邸作为中转站供他们使用的伯爵夫人莉莉·帕斯特雷（Lily Pastré）[45]。"想要离开法国，"伯纳德·诺埃尔（Bernard Nöel）[46]写道："你要先取得一份有效的护照、一个目的地的签证、所有中转国家的过境签证和一个离开法国的出境签证。这些证件都必须相互关联，缺一不可，全部集齐之后才可以去购买船票；不过，有些航次开船的间隔很长，等你订到舱位的时候，有的签证已经过期了。这时你就必须从头再来一次，重新在领事馆排队、等待、告求，直到花光了身上所有的钱——因为需要耗费重金才能办完全部手续。"⑱除了勇气、想象力和毅力，马赛港上那群被迫流亡的难民没有任何资源，而等待着他们的却是如同障碍赛一般让人精疲力竭的不确定性和复杂诡秘的官僚体制。安娜·西格斯（Anna Seghers）[47]

的小说《中转》（*Transit*）的主人公就曾就曾带着同情和不安叙述道：

> 我幻想着自己已经吃过午饭了，在一家最便宜的咖啡馆门前坐下。代用咖啡苦得要命，糖精又甜得掉牙，不过依然让那时的我感到满足……我眼前的这些人都是难民中的先行者，他们高举着破烂的旗帜和破碎的信仰从各个国家纷至沓来。为了逃亡，他们已经跑遍了整个欧洲，而如今，面对两排房屋中间的那条无辜地泛着波光的狭长水道，他们的智慧山穷水尽。写在石板上的船号并无实际意义，只代表了一线渺茫的希望。这些船号刚被写上，很快又会被擦掉，因为某条海峡刚被埋下了水雷，或者又有一个港口遭到了轰炸。死亡依旧耀武扬威地挥舞着那面万字旗[48]步步逼近。站在咖啡馆的柜台边，我听见周围充斥着各种奇怪的语言，仿佛矗立在柜台两侧的是巴别塔（Tower of Babel）[49]上的立柱。不过，有一些词语总是会反复出现，它们带有某种相似的韵律。慢慢地，我终于弄明白了它们的意思："古巴签证"和"马提尼克（Martinique）[50]""奥兰（Oran）[51]"和"葡萄牙""泰国"和"卡萨布兰卡（Casablanca）[52]""中转"和"三英里海域[53]"……刹那间，周围人声鼎沸，那感觉像是所有人都突然念起了经文，根本听不出他们说的是什么。原来是奥兰再也不允许法国以外的公民入境了……至于我们呢，西班牙不允许我们入境……葡萄牙不再接受任何入境申请……一艘船将会过境马提尼克……你可以从那里去往古巴……但那里还是法国的领土……无论如何，我们终将会从这里离开。[19]

此时，维希法国正在频繁地抓捕外国公民，并将他们送往［距离普罗旺斯的艾克斯市（Aix-en-Provence）不远的］米勒（Milles）集中营。这条消息令所有非法籍人士终日焦躁不安，随时都担心会被审讯，或者会有警察破门而入。1940 年 12 月 4 日到访马赛的贝当元帅得到了大张旗鼓的欢迎："整座城市的街道两旁、阳台上和屋顶上都挤满了豪情万丈的市民。军团大厦（Legion）位于加纳比耶尔大街（Canebière），在它的外立面上出现了一个 25 英尺[54]高的贝当。不过，他的肖像其实无处不在：商店的橱窗里、人们的衣领上、教室的墙面上，不仅如此，每个

1939 年，马赛，艾尔－贝尔别墅
佩吉·古根海姆、维克托·布罗纳与等待美国签证的安德烈·布勒东及其女儿奥布
奥布·艾利维特－布勒东（Aube Elléouët-Breton）提供

学龄儿童都必须学会合唱那首《元帅，我们来了！》（“Marshal, here we are!”）[55]”[⑳]。《中转》的主人公描述了那个充斥着恐吓、担忧、危险和绝望的诡异时刻：“我在‘燃烧的狼’中的一张桌子前坐下，周围的人都神情激动，只因为中午有一辆带有纳粹党徽的汽车从加纳比耶尔大街上飞驰而过。坐在里面的很有可能是正在某家大饭店与来自西班牙、意大利和维希政府的代表们议事的某个委员。但大伙的反应就跟恶魔本人坐在车里似的，好像他马上就要把这些漏网之鱼都关进铁丝网里一样。因为之后的几天都没有船只计划启航，我觉得他们都急得快要去跳海了。”[㉑]

六个月后，卡夫卡（Kafka）[56]的朋友，医生兼作家恩斯特·魏思（Ernst Weiss）[57]在听闻纳粹挺进巴黎的消息后，在位于圣杰曼大道（Boulevard St.-Germain）德翁（Odéon）地铁站附近的旅馆房间内结束了自己的生命。这一天是 1940 年 6 月 14 日。此后不久，德国犹太作家沃尔特·哈森克勒费尔（Walter Hasenclever）[58]在米勒集中营中丧生。与他类似的还有许许多多“受到纳粹政权迫害的难民和反法西斯主义者，他们在死去之前一直都是法国的眼中钉。这个国家虽然收留了他们，却不准许他们工作，他们只能在极端的贫困中苟延残喘……当德国军队在 1940 年 5 月入侵西欧，他们莫名其妙地以‘敌国侨民’的身份被送进了集中营……‘我们是流亡者，我们是丧家犬，我们是人人喊打的过街老鼠，我们还有存在的权利吗？……我们的思想和我们文字——我们的诗人从未得到过族人的理解——我们要说的话，在那架从地狱驶来的幽灵列车靠近的一刻，全都灰飞烟灭。’”[㉒]

在维希法国，利奥·卡斯泰利是一个背负着好几项罪名的“嫌疑犯”：外国人、犹太人、投敌叛国者。不过，他同时也是高贵而优越的。在沙皮拉提供的签证、护照和船票的保障下，他从不需要为安全担忧。在这举家逃亡的危急关头，恐慌在所难免，但他毕竟是一名水准极高的登山运动员啊。虽然一直养尊处优，他对风险却并不陌生。正如伊莲娜回忆的那样：“马赛城被挤得水泄不通，所以全家都提前一天上了船。但开

1941 年 8 月 31 日，马赛
加纳比耶尔大道上列队游行的士兵经过一张巨大的贝当将军像
摄影：L.B. 鲁皮（J. B. Luppi）

船时间到了，船却没有起锚，因为负责护照审核的官员还没有放行，我们都被传唤了。我们每一个人都很可疑：女家庭教师是英国人，利奥是意大利人，我是罗马尼亚人，妮娜还是在维也纳出生的！一名警察要带走弗朗西丝，宣称她是绝对走不了的。所有人都绝望了，但过了一个小时，这名警官又带着批准她离开的文书回来了。在弗朗西丝之后被叫去确认身份的人是利奥，这让他们陷入了更深的绝望——这时，一名身着法西斯制服的军官突然走了进来。”这位伊莲娜口中“非常要好的朋友”不是别人，正是利奥过去在布加勒斯特的上司和担保他去意大利银行巴黎分行工作的阿尔贝托·达戈斯蒂诺。此时已官至上将的他径直走向了护照审核办公室。“简直幸运得不可思议——我们能够离开都是他的功劳”㉓，说到这里，伊莲娜露出了微笑。

就这样，一家人得以继续逃亡：马赛、奥兰、乌季达（Oujda）[59]、卡萨布兰卡。在这个时节乘船旅行通常会令人苦不堪言，但沙皮拉一家却能苦中作乐。“几乎没有什么食物。但我没怎么挨饿，因为所有人都会让我先吃。”妮娜·森德尔（Nina Sundell）[60] 回忆说，“母亲教我阅读，她为我写书，还绘制了插画，图文并茂，非常精美，其中有一些讲的是小矮人的故事。”㉔文学也一如既往地陪伴着他们。在乌季达等待摩洛哥签证的时候，伊莲娜开始阅读沙可（Charcot）[61] 的著作。他们在卡萨布兰卡停留了近两个月之久。一天，在一家咖啡馆，一个男人走到利奥和伊莲娜跟前，他亮了亮证件，便命令他们跟他去一趟警察局。到了以后，他直截了当地要求他们出示护照，并冷静地翻看起来。“你们刚才在咖啡馆里谈论美金，”他突然开了口，“为什么？”“因为我们希望能去美国。”利奥回答。“运气够好的哈！”警察露出了诡异的笑容。他花了很长时间对他们进行了彻底的审讯，并让他们承诺再也不会在公共场合谈论美金，而后才把护照交还给他们。“他发现我们只是年少无知，”伊莲娜说，“于是就放我们走了。”㉕

卡斯泰利证实了这一判断：“那会儿是 12 月，有许多几乎无法解决的问题摆在我们面前，可我们却还不知天高地厚地想去马拉喀什（Marrakech）[62] 过圣诞。回来后，我们得知一条叫‘科米利亚斯侯爵’（Marques de Comillas）号的西班牙船将从西班牙北部的比戈（Vigo）出发。要搭乘这条船，意味着我们必须冒着暴风雪横渡直布罗陀海峡（Strait of Gibraltar）[63]，并要跨越整个西班牙。我们刚好赶在开船之前到达了比戈！”㉖在这百转千回之中，他们偶然与的里雅斯特人里卡多·博诺莫（Ricardo Bonomo）相遇了。过去他是利奥在忠利保险公司的同事，现在是一名意大利间谍，但缘分让他爱上了妮娜的女家庭教师弗朗西丝。他总为她带来巧克力，并帮助他们获得了签证，还告诉他们要绕开哪些

[29] 菲利普·贝当(Philippe Pétain),法国将领、政治家,二战中法国战败后,出任维希政府总理,成为纳粹德国的傀儡。

[30] 夏尔·戴高乐(Charles de Gaulle),法国军事家、政治家、外交家、作家,法兰西第五共和国的创建者,并被选举为法国的第18任总统。

[31] 第二次世界大战期间在戴高乐的领导下,法国民众为抵抗纳粹德国对法国的占领和维希政权的统治而组织的抵抗运动。

[32] 第二次世界大战期间纳粹德国占领下的法国傀儡政府。1940年6月德国侵占巴黎后,以贝当为首的法国政府向德国投降,7月迁至法国中南部的维希,故名维希政府。

[33] 英文原文为"I have 4 years",法文原文为"Je suis 4 ans",都不是回答年龄的正确表达方式,故认定此处是孩子年幼时的一种错误说法。

[34] 在纽约成立的反法西斯组织。

[35] 美国神学家,德国移民,他最举世闻名的作为是试图将基督教信仰和现代政治外交联系起来,为现代"正义战争"思想做了很大贡献。

[36] 美国记者,在法国维希政权时代组织了对反纳粹及犹太人士的营救行动,帮助2000至4000人逃离了纳粹德国并躲过了大屠杀。

[37] 在纽约成立的战争营救组织。

[38] 纳粹德国自称为"德意志第三帝国"。

[39] 法国画家,超现实主义运动的参与者之一。

[40] 古巴华裔超现实主义画家。

[41] 1925年于马赛创立的法国文学杂志。

[42] 美国大家族女继承人,在第二次世界大战期间帮助众多欧洲犹太人和知识分子逃往美国。

[43] 美国纽约著名矿业大王及纽约古根海姆博物馆的创始人所罗门·古根海姆(Solomon Guggenheim)的侄女,二十世纪最重要的艺术收藏家之一。

[44] 法国西南部的一个市镇。

[45] 法国让·帕斯特雷(Jean Pastré)伯爵的夫人,艺术收藏家,二战期间在马赛的帕斯特雷城堡中庇护了许多犹太艺术家。

[46] 法国作家、诗人、历史学家、艺术评论家。

[47] 德国犹太作家,以描写她在二战期间的道德体验著称。

[48] 红底白心的纳粹党旗上嵌有纳粹党徽万字符"卐"。

[49]《圣经·旧约·创世记》宣称,人类曾联合起来兴建能通往天堂的高塔;为了阻止人类的计划,上帝让人类说不同的语言,使人类相互之间不能沟通,计划因此失败,人类自此各散东西。

[50] 中美洲加勒比海上的小岛,法国殖民地。

[51] 阿尔及利亚第二大城市和重要港口。

[52] 摩洛哥第一大城市、重要港口和商业金融中心。

[53] 国际法规定国家领土外三英里海域之内为国家领海。

[54] 约7.62米。

[55] 一首专为菲利普·贝当创作的法国歌曲,在维希时期是地位仅次于《马赛曲》("La Marseillaise")的颂歌之一。

[56] 弗兰兹·卡夫卡(Franz Kafka),捷克犹太小说家,生活于奥匈帝国统治下的布拉格。

[57] 奥地利犹太作家。

[58] 德国犹太诗人、剧作家。

[59] 摩洛哥东部港口城市。

[60] 即卡斯泰利与伊莲娜·索拿本德的女儿。

[61] 让-马丁·沙可(Jean-Martin Charcot),法国神经学家,现代神经病学的奠基人,被称为神经病学之父,对心理学的影响也相当巨大,是西格蒙德·弗洛伊德的老师。

[62] 摩洛哥西南部的历史名城。

[63] 沟通了地中海与大西洋的一条海峡,位于西班牙最南部和非洲西北部之间,是欧洲大陆和非洲大陆的分隔线。

检查站。接着是更加漫长而复杂的旅程：两周后，这艘老船经丹吉尔（Tangiers）[64]和直布罗陀海峡到达了古巴。在米哈伊·沙皮拉、马尔瓦尔男爵、阿尔贝托·达戈斯蒂诺和里卡多·博诺莫的保护和帮助下，沙皮拉–卡斯泰利一家历尽艰难险阻，终于在 1941 年 3 月 12 日抵达了纽约港。每年的这一天，弗朗西丝都会雷打不动地打电话给利奥，来纪念这个特别的日子。当轮船向埃利斯岛（Ellis Island）驶去，曼哈顿岛上密密麻麻的摩天大楼逐一显现，斜靠在栏杆上的卡斯泰利向这座岛城望去，各式各样的画面开始在他脑海中闪现——其中包括温尼托（Winnetou），一位美国人闻所未闻的“美洲印第安人”，他是利奥儿时最喜欢的一部德语系列小说的主人公。“小时候我曾经幻想过来纽约。”很久以后他解释道，“我坚信那里一定有印第安人，因为我在卡尔·麦（Karl May）[65]的书里读到过他们的历险故事，那是卡尔·麦‘创造’出的美国印第安人。”[27]

“到达纽约的一幕实在令人难忘。”大约与他们同时靠岸的皮埃尔·拉德万尼（Pierre Radványi）[66]写道：“雾气萦绕，雾笛长鸣。突然，天际线在阳光的映衬下显现了出来。那场面如梦如幻。雾笛声还没有停止，我们就聚集在了船头，望向曼哈顿岛。那时大约是早上 8 点。因为当局知道这艘船上有移民，所以警官们上船时带了一位暗中观察的医生。接着，我们便在埃利斯岛上接受了隔离检疫。我们必须通过一间大厅，要向那里管事的上校证明自己，除了舟车劳顿绝对没有别的毛病。”[28]妮娜·森德尔还清楚地记得最初（即将）踏上美国国土那些片段：“埃利斯岛上有热水，什么都是白色的，白色的牛奶、白色的毛巾、白色的土豆泥、白色的面包和白色的花椰菜。”[29]而伊莲则“担心美国是一个没有文化的国家。这就是为什么我们坚持要带满满一大箱书来的原因。但这里并不像我们想象中的那样无药可救”！她补充道：“刚好相反，一开始，这个国家对我们具有很强的魅力。那时妮娜才四岁，每个人对她都很友好。唯一惹人讨厌的是埃利斯岛上的工作人员，他们不停地喊：‘快点，快点，快点！’透过窗上的铁栏杆，我们能看到哈德森河上动人的景色。除了晚上他们会不加提示就擅自切断照明，这里的一切都很文明。过了几天，一名巡查员提出可以带我们进纽约，我们四个就这样亲眼见识了这座城市。这位巡查员还在梅西百货（Macy's）[67] 给妮娜买了一个娃娃！回到埃利斯岛后，还有更多盘查在等待着我们。虽说为我们当翻译的女家庭教师是英国人，但却听不懂他们的美国口音。于是他们找来了一位能说意第绪语的美国翻译，他说的话我们能听得懂。通关后，我们就搬进了父亲在旅馆订好的两个房间。”[30]

当沙皮拉一家正准备在埃利斯岛度过他们抵达美国后的第一个夜晚，不久前刚从欧洲移居纽约的超现实主义作家尼古拉斯·卡拉斯（Nicolas Calas）[68] 正要在现代艺术博物馆四层的预览室（Preview Room）中进行一场讲座，主题是“伊俄卡斯忒[69] 的命运和绘画的未来：超现实主义、绘画及对传统的颠覆”（the fate of Jocasta and the future of painting: Surrealism, painting and iconoclasm）。[31]几天后，利奥刚刚安顿妥当，就迫不及待地独自出了门。他第一次来到了现代艺术博物馆。对于包括他在内的绝大多数欧洲人来说，五十三街（Fifty-third Street）上这座位于第五大道（Fifth Avenue）和第六大道（Sixth Avenue）之间的建筑简直就是一个圣地。来到这里，他们才能有幸一睹许多欧洲杰作的真容。其中，出于种种原因从未在法国展出过的《亚威农少女》[32]，自 1939 年 5 月 10 日起就在 MoMA 馆与纽约的观众见面了。博物馆馆长阿尔弗雷德·巴尔在为展览图录撰写的文章中，将这件作品盛赞为“一次极具突破和超前性的试验，是二十世纪早期绘画转型过程中最为重要的标志……我们这个时代最具影响力的艺术家在这张作品中最为有力地展现了他离经叛道的旷世奇才”[33]。同样是在 MoMA，初来乍到的参观者们还可以欣赏到梅拉·奥本海姆的《皮毛茶杯、茶托和调羹》（*Fur-Covered Cup, Saucer, and Spoon*）[70] 和达利的画作《记忆的永恒》（*The Persistence of Memory*）[71] 中弯曲的时钟。“这座设计现代的建筑坐落在城市中心的一个雕塑公园中，来者不拒，令欧洲人如痴如醉。”支持超现实主义的法国记者多洛雷斯·瓦内蒂（Dolorès Vanetti）写道，“与我们习以为常的任何一家博物馆截然不同的是，MoMA 对这个时代的艺术给予了认可。”[34]

大都会（Metropolitan）[72]、惠特尼（Whitney）[73]、非具象绘画美

术馆（Museum of Non-Objective Painting）［后更名为古根海姆博物馆（Guggenheim）[74]］和 MoMA——在这座城市的四大博物馆中，有三家基本上都只专注于欧洲艺术，许多画廊的情况也与之类似，朱利安·列维（Julien Levy）[75]、皮埃尔·马蒂斯（Pierre Matisse）[76]、卡尔·尼伦多夫（Karl Nierendorf）[77] 和科特·瓦伦丁（Curt Valentin）[78] 画廊都是如此。但这里的画廊界与巴黎相比可以说是（伊莲娜口中的）“一片沙漠”，（在利奥眼中）还“非常狭隘”，几乎对所有本土艺术家都视而不见。抽象表现主义的后继者口才极佳的巴尼特·纽曼（Barnett Newman）[79] 曾直言不讳地说：“1940 年，我们中的一些人一觉醒来之后发现自己毫无希望——发现绘画并不真的存在。”[35]阿道夫·戈特利布（Adolph Gottlieb）[80] 也回忆道：“在二十世纪四十年代，有一部分画家在创作的时候是彻底绝望的。当时的环境糟透了，以至于我觉得自己什么都可以尝试，画得多荒唐都无所谓。”[36]卡斯泰利初到纽约时，巴黎那场稍纵即逝的展览成为笼罩在他头顶的一道光环，他自然而然地接触到了同样展出过切尔利塔切夫、达利、菲尼、恩斯特和伯曼的朱利安·列维。列维不仅与这些艺术家们有过合作，还进入了他们的社交圈。[37]“1941 年我刚到纽约的时候，每个人都知道我在巴黎的那段短暂的经历。朱利安·列维认识我。达利认识我。马克斯·恩斯特认识我。”卡斯泰利回忆说，“在他们眼中，我是一个挺有意思的人，虽然当时还不能为他们做什么，但却是他们的同类。”[38]在欧洲度过了人生中绝大部分时间的佩吉·古根海姆曾在伦敦开设过一家画廊，1941 年 7 月，她与新任丈夫马克斯·恩斯特一同来到了纽约。“我还记得去佩吉家的经历。”卡斯泰利说，“我在那见到了一张巨幅的波洛克——《母狼》（*She-Wolf*）[81]。那时她就已经在谈论波洛克了……确实让我很受震撼。当时的我对艺术的认识还非常有限，尤其是对还在不断发展的美国艺术，真的只能算是入门级。记得我当时就十分欣赏这些艺术家，还把他们与超现实主义运动联系在了一起。”[39]此后的几个月中，一大批超现实主义者涌入纽约，加入了杜尚、利比西茨（Lipchitz）[82]、马松、马塔（Matta）[83]、达利、蒙德里安（Mondrian）[84] 等欧洲移民的行列。

除了探索这座城市，利奥和伊莲娜还试图在哥伦比亚大学（Columbia

University）继续他们的学业。伊莲娜读的是心理学，利奥选择的则是经济史，主要的研究方向是文艺复兴时期的重商主义[85]和让·博丹（Jean Bodin）[86]的学说。“我觉得可以重新考虑教书。这时候我的兴趣已经转移了。我的求知欲很强，想做的不再是研究文学或者艺术，而是历史。因为我有法律学位，他们给了我大学本科的全部学分，这样我就可以从硕士和博士学位开始读起。我对历史的兴趣也许源自我对战争原因的疑问——是因为更换了国王或总统，还是由于经济因素呢？我自然很快就更倾向于第二种假设，于是我没有继续在哥伦比亚大学学习历史，而是研究起了经济。我的时间全都是在博物馆、艺术圈和经济系里度过的。”[40] 1941 年底，一家人搬进了现在自称迈克尔·施特拉特（Michael

1939 年，滨海自由城（Ville-franche sur Mer）
玛丽安与米哈伊·沙皮拉夫妇（中）与女儿伊芙和伊莲娜（右）在法国的蔚蓝海岸欣赏风景
多米尼克·马丁－罗维特及珍妮·罗维特提供

Strate）的米哈伊·沙皮拉在东七十七街（East Seventy-seventh Street）4号新购置的一座褐石住宅[87]。一度旧病复发的伊莲娜在哥伦比亚大学结识了同学迈克尔·索拿本德，并从此摆脱了抑郁症的阴霾。他是一位喜欢法国的美国人，志趣高雅。他说自己跟她一样，都是"政治流亡者"，只不过他"是从布法罗（Buffalo）[88]逃出来的"罢了。1958年，索拿本德成为她的第二任丈夫。

一开始，这个流亡家庭还固守着过去留下的一些习惯，妮娜·森德尔对此记忆犹新。政治上："我们有一条狗，训练得非常好。弗朗西丝总会在他鼻子上面放一块方糖，如果她说'这是希特勒做的'，他就不吃。但如果说'这是美国人做的'，他就会把糖吃掉。"饮食上："在威林酒店（Weylin Hotel）[89]吃薄饼、培根和枫树糖浆的时候，全家只有我一个人爱吃！我们总是会去匈牙利餐厅，所有人都很怀念匈牙利的食物，尤其是匈牙利红烩牛肉和奥地利薄饼[90]。"文学上："迈克尔和利奥会背诵但丁的作品；玛丽安则对拉封丹的作品和赛维尼夫人（Madame de Sévigné）[91]的书信非常熟悉。"[41]

1942年3月，卡斯泰利志愿参军。是什么原因让这位资历尚浅的画廊主、经验丰富的登山家和精通多国语言的饱学之士加入了美军？在接下来的几年中，即将成为卡斯泰利中士的他接受了各种形式的洗礼和考验。同所有新兵一样，他在布拉格堡（Fort Bragg）接受了高强度的魔鬼训练；在理查德营（Camp Richard）获得了特别的情报训练，在设计精妙的仿真环境和虚拟情景中学习了如何更好地运用他对欧洲的了解和语言上的优势；为了执行在法国的一项任务，他在军事情报局（Military Intelligence Service）接受了训练，但任务却因时机不佳被迫取消；为了罗马尼亚的一次行动，他在华盛顿加入了一个50人的行动组——成员中有四分之三是军官，其余的都是像利奥这样的新兵。1944年12月，在不知不觉之中，他竟再次踏上了布加勒斯特的土地。

[64] 摩洛哥北部港口城市。

[65] 德国作家，多部美国西部历险小说的作者。

[66] 安娜·西格斯与匈牙利作家、学者拉斯洛·拉德万尼（László Radványi）的儿子。

[67] 美国著名的连锁百货公司，其旗舰店位于纽约市海诺德广场（Herald Square），1924 年梅西百货公司在第七大道开张时曾被宣传为“世界最大的商店”。

[68] 希腊裔美国诗人和艺术评论家，1940 年第一批前往美国的超现实主义流亡者之一。

[69] 古希腊神话中因遭到诅咒弑父娶母的俄狄浦斯（Oedipus）之母。

[70] 又名《物品》（*Object*），奥本海姆 1936 年创作的超现实主义作品。

[71] 达利 1931 年创作的布面油画作品。

[72] 即大都会艺术博物馆（Metropolitan Museum of Art）成立于 1870 年，是美国最大的艺术博物馆，也是世界著名博物馆。

[73] 即惠特尼美国艺术博物馆（Whitney Museum of American Art），1931 年成立于纽约曼哈顿的上东区。

[74] 非具象绘画美术馆是所罗门·R. 古根海姆（Solomon R.Guggenheim）基金会于 1939 年成立的第一家博物馆，并于 1952 年更名为所罗门·R. 古根海姆博物馆。

[75] 美国画商，1931 年在纽约创办其同名画廊，主要展出超现实主义者、先锋派艺术家和美国摄影师的作品。

[76] 出生在法国的美国艺术商人，是法国画家亨利·马蒂斯最小的儿子。他在纽约开设的皮埃尔·马蒂斯画廊一直经营到 1989 年他去世时才关闭。

[77] 德裔美国银行家、收藏家、画商，曾在科隆和柏林开设画廊，1937 年在纽约创办了同名画廊。

[78] 德裔美国犹太画商，1937 年移民美国，并在纽约开设了巴寇兹画廊（Bucholz gallery）。

[79] 美国画家，抽象表现主义的代表人物之一，色域绘画的先驱。

[80] 美国抽象表现主义画家、雕塑家、版画家。

[81] 波洛克创作于 1943 年的布面油画作品。

[82] 雅克·利比西茨（Jacques Lipchitz），美国立体主义雕塑家，出生于立陶宛的一个犹太家庭。

[83] 罗贝托·马塔（Roberto Matta），智利最著名的画家之一，超现实主义者，移民美国后成为二十世纪抽象表现主义的开创者之一。

[84] 彼埃·蒙德里安（Piet Cornelies Mondrian），荷兰画家，风格派艺术家和非具象绘画的创始者之一。

[85] 原文为：Mercantilism，一种以增加本国出口为目的而设计的国家经济政策，盛行于十六至十八世纪的现代欧洲。

[86] 法国政治思想家、法学家，近代资产阶级主权学说的创始人，近代西方最著名的宪政专家。

[87] 原文为：Brownstone，指运用褐色的砖石以及红砖建造的建筑，兴起于欧洲，兴盛于美国纽约。这类建筑得名于建筑材料——赤褐色砂石，多属于联排式住宅，与相邻住宅共用一面墙，由此形成长排的房屋建筑，成为纽约许多街区的风景线。

[88] 又称水牛城，是美国纽约州的港口城市和仅次于纽约市的第二大城市。

[89] 位于纽约市东五十四街的一家成立于 1921 年的酒店，现已改做办公楼。

[90] 原文为奥地利语：palatschinken。

[91] 法国贵族，以其风趣生动的书信写作著称。

① 克劳德·列维-斯特劳斯（Claude Lévi-Strauss），《悲惨的热带》（*Tristes Tropiques*），约翰·韦特曼（John Weightman）和多琳·韦特曼（Doreen Weightman）翻译（纽约：Atheneum，1974年出版），24—25页。

② 保罗·尼赞，《今日俄国》（*Russie d'aujourd'hui*）（1935年8月）。

③ 保罗·尼赞，《今晚》，1938年11月3日。

④ 伊莲娜·索拿本德，作者采访，纽约，2005年11月25日。

⑤ 让-保罗·萨特，《假战笔记》（*Carnets de la drôle de guerre*）（巴黎：Gallimard，1996年出版），235—236页。

⑥ 安妮·科恩-索拉尔，《非共产主义者保罗·尼赞》（*Paul Nizan, communiste impossible*）（巴黎：Grasset，1980年出版），254页。

⑦ 热拉尔·卢瓦索（Gérard Loiseaux），《失败者和合作者的文学》（*La littérature de la défaite et de la collaboration*）（巴黎：La Sorbonne，1984年出版）。

⑧ 恩斯特·荣格尔，《首部巴黎日记，1941—1943》（*Premier journal parisien, 1941—1943*）（巴黎：Christian Bourgois，1980年出版），15页。

⑨ 玛丽伊芙·鲁戈，未出版的回忆录。

⑩ 同上。

⑪ 安·亨德利编辑，《克劳德·贝里遇见利奥·卡斯泰利》（巴黎：Renn，1990年出版），19—20页。

⑫ 让-克劳德·德劳因访谈，作者采访，图尔，2005年12月22日。

⑬ 罗伯特·O.帕克斯顿（Robert O. Paxton），《维希法国》（*Vichy France*）（修订版，纽约：Columbia University Press，2001年出版），45页。

⑭ 同上，41页。

⑮ 伊莲娜·索拿本德访谈，作者采访，纽约，2005年11月25日。

⑯ 伯纳德·诺埃尔（Bernard Noël），《马赛—纽约，1940—1945，一次超现实主义的连接》（*Marseille-New York 1940—1945: Une liaison surréaliste*）（马赛：André Dimanche，1985年出版），14—22页。

⑰ 艾格尼丝·安格利维埃尔·德·拉·博梅尔（Agnes Angliviel de la Beaumelle）《超现实主义者的分散，马赛》（"La dispersion des Surréalistes: Marseille"），摘自《巴黎-巴黎，1937—1957》（*Paris-Paris 1937—1957*）（巴黎：Centre Georges Pompidou and Gallimard，1992年出版），32页。

⑱ 伯纳德·诺埃尔，《马赛—纽约，1940—1945，一次超现实主义的连接》，25—26页。

⑲ 安娜·西格斯（Anna Seghers），《中转》（*Transit*），詹姆斯·A.高尔斯顿（James A. Galston）（波士顿：Little, Brown，1944年出版），72页、43页、55—56页。

⑳ 诺埃尔，《马赛—纽约，1940—1945，一次超现实主义的连接》，12页。

㉑ 西格斯，《中转》，167—168页。

㉒ 克里斯塔·沃尔夫（Christa Wolf），《后记》（"Postface"），摘自西格斯，《中转》，362—363页。

㉓ 伊莲娜·索拿本德访谈，作者采访，纽约，2005年11月25日。

㉔ 妮娜·森德尔访谈，作者采访，纽约，2006年2月7日。

㉕ 亨德利编辑，《克劳德·贝里遇见利奥·卡斯泰利》，19—20页。

㉖ 同上，19—20页。

㉗ 利奥·卡斯泰利访谈，作者采访，1991年11月24日。

㉘ 诺埃尔，《马赛—纽约，1940—1945，一次超现实主义的连接》，56—57页。

㉙ 妮娜·森德尔访谈，作者采访，纽约，2006年2月7日。

㉚ 妮娜·森德尔访谈，作者采访，纽约，2005年11月12日。

㉛ 现代艺术博物馆档案（Museum of Modern Art Archives），博物馆早期历史（Early Museum History），第10盒，22号文件。

㉜ 1916年，这幅作品在安德烈·萨尔蒙（André Salmon）为安廷沙龙（salon d'Antin）策划的展览上曾短暂地出现过，1924年雅克·杜塞在安德烈·布勒东的建议下将这张作品收入囊中。雅克·杜塞原本想要将《亚威农少女》和其他一些绘画一同捐献给卢浮宫，但负责法国博物馆购买和受赠事务的国家博物馆（Musées Nationaux）收藏委员会却拒绝了这件作品。另一方面，定期到巴黎参观私人收藏的MoMA馆长康格·古德伊尔（Conger Goodyear）却在1929年8月的一天见到了这张画。三天后，他致信感谢杜塞的邀请，并补充说："希望将来能有幸在美国见到您。我们或许能在您的指导下发起一次展览，史无前例地展示美与现代相互调和的可能性。"1935年夏天，在雅

克·杜塞过世几年之后，阿尔弗雷德·巴尔到巴黎为他在1936年的展览"立体主义与抽象艺术"（*Cubism and Abstract Art*）借作品。他与杜塞夫人进行了会面，但对方拒绝出借《亚威农少女》。1937年9月，杜塞夫人决定卖掉包括《亚威农少女》在内的5幅毕加索的画作。纽约商人雅克·塞利格曼（Jaques Seligmman）以15万法郎购得此画。《亚威农少女》就在1937年10月9日从勒阿弗尔（Le Havre）搭乘"诺曼底号"（La Normandie）轮船离开了法国。

㉝ 参见埃莱娜·泽克尔（Hélène Seckel），《亚威农少女历史时间轴上的要素》（"Eléments pour une Chronologie de l'histoire des Demoiselles d'Avignon"），摘自《亚威农少女导览》，第一卷（巴黎：Musée Picasso, Paris，1988年出版）。

㉞ 多洛雷斯·瓦内蒂访谈，作者采访，1996年1月27日。

㉟《杰克逊·波洛克：关于一位艺术家的专题讨论会，第一部分》（"Jackson Pollock: An Artist's Symposium, Part 1"），摘自《艺术新闻》（*ARTnews*）（1967年4月），29期；多尔·阿什顿（Dore Ashton）在《城市与视觉艺术》（"The City and the Visual Arts"）中引用，见伦纳德·沃洛克（Leonard Wallock）编辑，《纽约，世界文化之都1940—1965》（*New York, Culture Capital of the World 1940—1965*）（纽约：Rizzoli, 1988年出版），123—155页。

㊱ 同上。

㊲ 朱利安·列维，《画廊回忆录》（*Memoir of an Art Gallery*）（纽约：Putnam，1977年出版）。

㊳ 利奥·卡斯泰利访谈，保罗·卡明斯采访，纽约，1969年5月14日，美国艺术档案馆，华盛顿哥伦比亚特区。

㊴ 同上。

㊵ 亨德利编辑，《克劳德·贝里遇见利奥·卡斯泰利》，21—23页。

㊶ 妮娜·森德尔访谈，作者采访，纽约，2006年2月7日。

12—重回布加勒斯特：冷战之霜初结

虽然罗马尼亚是一片充满了悲剧意味的土地，但在布加勒斯特发生的事情却往往有皆大欢喜的结局。作为一国之都的它始终随波逐流，从不强求，因而也与愤怒造成的脆弱毫不相干。正因如此，这座城市总能在它曲折多舛的命运中保持乐观。[①]

——保罗·毛杭

1945 年 5 月。卡斯泰利中士与他的司机从布加勒斯特驱车前往布达佩斯。在这 643 公里的旅途中，他的脑海中都浮现了什么？他们开往摩尔达维亚（Moldavia）[1] 方向去的路，经过大雾（Paclele Mari）泥火山[2]，朝贝尔卡（Berca）[3] 行进，这里奇特的泥火山地貌与灰绿色的月球表面毫无二致。此时的他在思考着什么？他们越过布泽乌（Buzău）隐匿在千峰百嶂之中的山峦[4]，看到了坐落于喀尔巴阡山脉的达鲁修道院（Mănăstirea Dealu）[5]。这里曾在遥远的中世纪遭到君士坦丁堡普世牧首[6] 尼丰（Nifon）[7] 的诅咒，他要让瓦拉几亚（Wallachia）和该国的大公——拉杜大帝（Radu cel Mare）[8] 永世不得翻身。它是否让利奥想到了什么？戈沃拉（Govora）、独木（Dintr-un Lemn）、比斯特里察（Bristrita）、霍雷祖（Horezu）——当他们经过星罗棋布在沃尔恰县（Vâlcea）[9] 的这一座座修道院，又是什么占据了他的思绪？为了感谢上苍让他们免于遭受土耳其人的荼毒，十八世纪的瓦拉几亚大公们命人以拜占庭（Byzantine）[10]、意大利文艺复兴和巴洛克这三种风格建造了这些蔚为壮观的建筑。他是不是想起了像马太·巴萨拉布（Matei Basarab）[11] 和君士坦丁·勃兰科韦努（Constantin Brâncoveanu）[12] 这样传奇而开明的人文主义君主呢？

在从布加勒斯特到特尔戈维什特（Târgovişte）、勒姆尼库沃尔恰（Râmnicu Vâlcea）、蒂米什瓦拉（Timişoara）、塞格德（Szeged）、凯奇凯梅特（Kecskemét）、大克勒什（Nagykőrös），并最终通往布达佩斯的漫漫长路上，当他们经过撒克逊（Saxon）[13] 村落中那些用茅草遮顶的蓝色房屋、特兰西瓦尼亚南部的中世纪堡垒和巴纳特（Banat）[14] 高耸入云的巴洛克建筑，卡斯泰利中士都在想些什么？布达佩斯自 1944 年圣诞起就开始遭到围困[15]，直到 1945 年 2 月才被苏联解放，城中的惨烈程度在整个第二次世界大战中都实属罕见。当他们驶入奥匈帝国曾经绚丽夺目的都城[16]，他又想起了什么？他对父母、姐姐、外甥和姐夫在此前数月的悲惨遭遇了解多少？觉得他们是死是活？关于犹太人在卖国贼霍尔蒂（Horthy）[17] 独裁统治下经历的不幸，他从美国战略服务局（Office of Strategic Services，简称 OSS）在布加勒斯特的总部了解过多少？他安全地生活在大西洋彼岸的那个国度，并通过参军入伍、为国效力来表达自己

1945 年 1 月 -2 月，布达佩斯
利奥·克劳兹在看望姐姐西尔维娅·里特时发现这座城市已经被战争彻底摧毁
摄影：叶甫盖尼·哈尔岱（Yevgeny Khaldei）

对这个国家价值观的认同。在如今的他看来，与故人重逢将会是怎样的场面？每每想到这一幕，他的内心是乐观的、急切的，还是不安的呢？

“一个美丽的 5 月的上午，利奥在布达佩斯现身了。”西尔维娅的儿子罗伯特·里特回忆道，“他身穿美军制服，神采奕奕地坐在一辆军用吉普车上，旁边还有一位司机。他把外套披在了我的肩上，我骄傲得像阿塔班（Artaban）[18] 一样绕着整个街区炫耀了起来。那时我八岁，刚经历了一场可怕的战争。犹太人受尽了凌辱，我们遭到追杀，还被迫戴上了黄星。他来时，情况正在好转。在漫长的寒冬和无尽的战争过后，终于出现了一丝曙光。即便仍旧没有多少食物，即便一切都还百废待兴，即便父亲还被关在战俘营里，那天对我来说都是一个特别的日子。利奥给了我一只四色圆珠笔，我从来都没有见过这样的东西。因为没有电，要进到我们居住的大楼必须用手摇响门铃，管理员才会用一根绳索拉开大门。那天，因为管理员没有听到铃声，我‘卡普[19]！卡普！’地喊个不停，他才把门打开——那是匈牙利语‘大门’的意思。利奥不会说匈牙利语，还当我在用德语喊‘坏了！坏了！’，于是他问：‘已经坏了吗？’他以为是刚送给我的那支笔坏了，语气中充满了无尽的温情。”

“利奥巴奇[20]（利奥舅舅）和母亲有说不完的话。他很高兴，母亲也一样；气氛特别融洽，而我也为自己有一个这么好的舅舅感到开心！他问我想要什么美国的东西，我想都没想就说：‘口香糖和巧克力！’几个月后，我们收到了一个素净的圆形硬纸盒，里面装着二十包‘黄箭’口香糖（Juicy Fruit）和十五条‘星河’巧克力（Milky Way）。母亲把盒子锁进了门口的柜子里，每天掰一块‘星河’给我，我则像对待圣主一般每吃一口都回味再三。后来我和父母在吉奥乔舅舅的帮助下，于 1948 年 2 月 22 日降落在了纽约机场，距离这次见面还不到三年。”②

多瑙河西岸的布达（Buda）[21]有一片族裔复杂的居民区，名叫“玫瑰山”（Rozsadomb）。在这里，风景如画的园林中暗藏着一座座建造于二十世纪三十年代的深宅大院；除了以硫黄温泉著称的费尔希维兹（Felhévíz），“玫瑰山”还是“陵墓”[22]的所在地。那是一座建造于十六世纪的八角形建筑，有一个精美的蓝灰色穹顶，土耳其伊斯兰教托钵僧人居尔·巴巴（Gü Baba）[23]就长眠于此。站在山上放眼望去，能够看到多瑙河对岸的佩斯（Pest）和盘踞在大教堂[24]身后的“乡村别墅”（Országház）。这座富丽堂皇的新哥特式建筑是匈牙利议会的所在地，它犹如一只巨大的黑红色蜘蛛威严地耸立在城市的边缘。里特一家就住在这样一座“玫瑰山”上，在他们位于高劳什街（Garas Utca）24a 号的公寓中，克劳兹家阔别已久的长子利奥和长女西尔维娅重逢了。十五年前，父亲为他们提供了锦衣玉食的生活，时过境迁，他们都要对彼此诉说些什么？西尔维娅与弟弟没有把时间浪费在忧伤惆怅或闲聊叙旧上。二十世纪二十年代，西尔维娅是的里雅斯特数一数二的美人（而的里雅斯特姑娘又是全意大利最漂亮的），如今的她年近四十却风韵犹存、温润热情。然而，此时此刻与美国情报特工利奥·卡斯泰利相对而坐的已经不再是那个乌发褐眸、风风火火、性感撩人的年轻女子了，她是匈牙利公民西尔维娅·里特。在她身边站着一个只会说匈牙利语的八岁男孩，他们周围弥漫着丈夫入狱和父母双亲刚刚惨死的阴影。1933 年圣诞，在与这间公寓仅数街之隔的兔子街 20 号里，为了招待专程来布达佩斯为利奥和伊莲娜庆祝新婚的沙皮拉家族，克劳兹一家为异常隆重的仪式摆出了家中最好的瓷器。两年半后，在 1936 年的 7 月，克劳兹一家又为了西尔维娅和米克洛什·里特的婚礼在这幢房子里大操大办了一回。

这就是那份用华丽的哥特体书写出的婚礼公告。[3]当时，这位千金小姐兼业余摄影师无忧无虑，她刚从维也纳大学的艺术史系毕业，就嫁给了在的里雅斯特通过一位朋友结识的米克洛什。

Krausz-Castelli Ernő és neje szül.
Castelli Bianca örömmel tudatják, hogy
Silvia leányuk folyó év julius 5.-én
Reitter Miklós urral házasságot köt.

Ifjabb Eördögh Virgilné szül.
Fischhoff Gizella örömmel tudatja, hogy
fia Reitter Miklós folyó év julius 5.-én
Krausz-Castelli Silvia kisasszonnyal
házasságot köt.

Budapest, 1936. junius havában.

Gratuláció 12 órakor
II. Nyul-utca 20.

V. Aulich utca 5.

西尔维娅与米克洛什·里特的婚礼公告
罗伯特·里特提供

转眼已是 1945 年 5 月，利奥和西尔维娅在里特家位于高劳什街的公寓中交换着各自掌握的信息。他们一会儿说着标准的意大利语，一会儿又说起了的里雅斯特方言。西尔维娅讲述了 1944 年 8 月他们与埃内斯托、比安卡和米克洛什的母亲齐赛拉（Gizella）一同从布达搬去佩斯的经过。他们曾躲在米克洛什位于偶像街（Balvany Utca）的办公楼中，那是仅存的几座可供犹太人避难的建筑之一。那时，犹太人必须佩戴黄星，只有米克洛什一个人会为全家外出采购和打探消息。“犹太人”[25]——传单上的这三个大字刺眼地传达着箭十字党（Arrow Cross）的命令，在匈牙利负责将成千上万犹太人遣送至奥斯维辛集中营的正是这支法西斯政党。几个月后，由于藏匿的地点不再安全，一家人必须另寻栖来之处。西尔维娅、米克洛什和儿子罗伯特临时借住在勉为其难收留了他们的约瑟夫·维雄陶伊（Josef Visontaï）家。“您会知道的，我儿子绝不会捅出什么篓子，光是吊在门上悠来荡去就够他玩一整天的了！”西尔维娅对犹豫不决的维雄陶伊夫人做出保证。但这于事无补：箭十字党正在有计划有步骤地清理这座城市中的犹太人，眼下正是风声最紧的时候。几个月后，箭十字党针对窝藏犹太人的基督徒采取了越发强硬的措施（在当时，这项罪名足以处死），顶不住压力的约瑟夫·维雄陶伊将里特一家赶出了家门。像热锅上的蚂蚁一般寻觅了许久之后，他们在布达找到了一栋可以栖身的空房子，离贝拉·巴托克街（Bela Bartok Utca）上的盖勒特酒店（Gellert Hotel）不远。

1944 年圣诞到 1945 年 2 月 12 日的围城期间形势最为危急。里特一家与另外四十户人家躲藏在一个污秽不堪的地窖里，每人每天只能靠一碗土豆或白芸豆充饥。一位邻居教会了他们如何用一杯油和一盒火柴做出一盏灯；还有一位做牙医的邻居成了这里的护士，为孩子们带来了药品和绷带。有时长夜漫漫，西尔维娅会拿出一本皮草封面的精装书来，那是她母亲留下的菜谱。睡前，她会与儿子一起阅读他们最喜欢的那些菜肴：“‘猫耳朵’[26]：鸡蛋 3 个、糖 3 茶匙、牛奶 3 杯、面粉 3 汤匙、盐适量、酵母 1 包……‘奥地利薄饼’……‘鲜杏圆子’[27]……”渐渐地，他们成为解读外界音乐、声响和噪音的专家。像睡眠呼吸骤停时发出的

[1] 历史上属于罗马尼亚领土的一部分，曾与瓦拉几亚合并组成罗马尼亚。1940 年加入苏联，南部和罗马尼亚接壤，北部和乌克兰相邻，1991 年脱离苏联改称摩尔多瓦共和国（Republica Moldova）。

[2] 布加勒斯特北部贝尔卡镇附近的一处泥火山。

[3] 位于布泽乌县山谷中的一个市镇。

[4] 布泽乌山位于罗马尼亚东部的布泽乌县境内，属于喀尔巴阡山脉东部的一部分山脉。

[5] 位于罗马尼亚南部登博维察县（Dâmbovița）内的一座中世纪的修道院，埋葬了下文中提到的拉杜四世（Radu IV）。

[6] 东正教的总主教，是东正教会名义上地位最高的神职人员，所辖教区位于君士坦丁堡（今伊斯坦布尔）。

[7] 即尼丰二世（Nifon II），三度担任君士坦丁堡普世牧首，因得到拉杜四世的支持曾担任瓦拉几亚（今罗马尼亚）教会的教首，但最终因反对大公姐姐的婚事而与其反目，并离开了瓦拉几亚。

[8] 中世纪统治瓦拉几亚的大公拉杜四世。

[9] 罗马尼亚西南部的一个县。

[10] 拜占庭帝国的建筑形式，以罗马建筑为基础发展而成，突出特点是圆形的屋顶。

[11] 十七世纪中叶统治瓦拉几亚的大公。

[12] 十七世纪末至十八世纪初统治瓦拉几亚的大公。

[13] 日耳曼人的一支，有一部分居住在特兰西瓦尼亚和摩尔达维亚地区。

[14] 罗马尼亚、塞尔维亚和匈牙利三国接壤的中欧地区。

[15] 第二次世界大战结束前，苏联红军围攻匈牙利首都布达佩斯的战役，围攻开始于 1944 年 12 月 29 日，苏联红军包围了当时由德意志国防军及匈牙利军防守的布达佩斯，守军在 1945 年 2 月 13 日无条件投降。布达佩斯战役是第二次世界大战中最血腥的围城战之一。

[16] 奥匈帝国是一个双元帝国，有两个首都：维也纳（奥地利首都）和布达佩斯（匈牙利首都）。

[17] 米克洛什·霍尔蒂（Miklós Horthy），匈牙利海军上将和政治家，从一战结束到 1944 年都担任匈牙利王国摄政官，与德国纳粹关系密切。

[18]《圣经》新约《马太福音》中第四位本应参拜圣子的圣人。他一直在四处奔波寻找圣子，到死都未能如愿，但由于途中一直乐善好施，得到了上帝的认可。

[19] 原文为匈牙利语：Kaput。

[20] 原文为匈牙利语：Bacsi。

[21] 匈牙利王国的旧都，布达佩斯在多瑙河以西的一部分地区。

[22] 原文为土耳其语：Türbe。

[23] 奥斯曼帝国时期著名的伊斯兰教托钵僧、诗人，他在当时是苏丹苏莱曼一世的重要随臣。居尔·巴巴在匈牙利有“玫瑰之父”的美名，这很大程度上是指托钵僧在当时崇高的社会地位和他对真主神秘知识的深切理解。

[24] 1905 年完工的罗马天主教堂圣伊什特万大教堂（St. Stephen's Basilica）。

[25] 原文为匈牙利语：ZSIDÓK。

[26] 原文为法语：Oreillettes，原义为“小耳朵”，是一种又薄又脆的油炸甜面食，酷似中国的“猫耳朵”。

[27] 原文为德语：Aprikosenknödel。

那种长而不连贯的呼吸声的是德军的斯图卡（Stuka）轰炸机；持续的隆隆声是俄国的战斗机；尖锐的哨声是示意危险已经结束的防空警报。[4]

西尔维娅讲述了米姬（Miki）和小罗伯特在布达终获解放后的第一次外出。那时，花园里的树木刚刚开始抽芽。他们回到家时，发现苏联士兵正在院子里盘问楼内体格健全的男性；里特意识到自己会被带走（这是苏联为了削弱当地平民所采取的一种手段），于是对儿子喊道："告诉妈妈厨房的凳子下面藏着钱！"解放后，西尔维娅曾为了要回她的公寓，多次冒着 3 月刺骨的严寒徒步跨越整座城市。每次她都带着小罗伯特，只求能够打消苏联士兵对她施暴的念头。整个城市只剩下一片断壁残垣。除了一座小木桥，所有连接布达和佩斯的道路都已被炸毁。玛吉特街（Margit Utca）上满目疮痍，树木被烧成了木炭，房屋只留下了一具骨架，支离破碎的阳台和墙壁都摇摇欲坠。[5]西尔维娅来来回回地诉说着她寻找父母下落的经过。埃内斯托和比安卡躲藏在一个公寓的瓷器柜中。在横渡多瑙河之前，他们像逃犯一样每天靠一勺番茄酱过活，坚持了两周；但比安卡却由于太过虚弱溺水身亡。停火数周之后，西尔维娅在一家医院找到了埃内斯托，可他在几天后也身故了。

由于克劳兹家族对他们的犹太身份讳莫如深，那天，利奥和西尔维娅并没有过多地触碰这一禁忌。他们避开了曾经佩戴黄星的话题，也刻意没有提及家族消失在集中营中的人数和姓名（例如 1943 年夏天被送往奥斯维辛的米克洛什·弗罗因德和他的妻子雷妮）。尘封许久之后，当生活在纽约的花甲老人罗伯特·里特决定打破沉默，家族的这段过往才得以重见天日。他皈依了犹太教，并在《黄星》（*Yellow Star*）一书中用优美的文字诉说了家族的故事，字里行间流淌着极其浓烈的情感。"'他们说犹太人每次外出的时候都得戴着黄星，夫人。'她说。母亲看了看我，故作镇定地笑了起来，那过于紧张的假笑声音刺耳，令我不禁感到难堪。女佣说得没错，那个秋季和随之而来的冬季，家里人离开寓所的时候，都会穿上一件衣领上缝着一颗星星的大衣，没有一天例外。这些星星都是附近的一位女裁缝自己从黄布上剪下来的，由于是纯手工制作，每只都不大一样。不过，它们具有的意义却完全相同。它们意味着耻辱。父母和我，我们一家都是天主教徒，但我们对自己的犹太血统也非常清楚。在这种意识下成长起来的人都带有某种分裂的人格，骄傲笃定地信仰着后天选择的宗教，但对与生俱来的种族却保持神秘、遮遮掩掩、绝口不提。所以，即便我们戴着黄星，那年家里却依旧摆放着一棵圣诞树，个头还不小，就立在一间被父亲称作'图书馆'的屋子门口。这间屋子与它的名字极为相称，珍藏着一套套无聊、生涩且令人望而却步的书籍。一天，祖父（克劳兹）来我家摆弄那棵圣诞树。他似乎很紧张这棵树，生怕装点得不好，但我当时并不理解……现在回想起来，我才明白他那天的紧张从何而来。但那棵 1943 年 12 月的圣诞树，无论如何用心装点，又怎么可能会符合他的期待呢？"[⑥]透过孩子的双眼，我们看到了另一个埃内斯托·克劳兹：他们在匈牙利开始了新的生活，而在的里雅斯特遭受的重创已经在他身上留下了深深的伤痕。

一段沉寂了超过半个世纪的记忆勾勒出了埃内斯托·克劳兹的最后一幅肖像："外公的个子不高，但健硕挺拔。他衣着考究，穿戴的都是用昂贵的布料量身定制的服装。每次见面和告别时他都会亲吻我的脸颊，他又短又硬的八字胡总会蹭得我生疼。他永远从容不迫，即便我那时还小，也能感觉到我们之间有很多相似之处，并希望长大以后能像他那样活得自尊而体面……一直以来，他在基督世界都是一位刚正不阿、受人尊敬的成功人士，然而，他的生命却是在贫穷和耻辱中结束的……我们去医院看望他时，得知了他所经历的苦难，第二天，他就因无力对抗足部一块弹片伤的感染与世长辞。"[⑦]在希克洛什的城市档案中，我们发现埃内斯托·克劳兹曾在 1941 年 7 月 10 日申请在市立公墓中建造一座家族陵墓。26 日，他的申请书与设计师绘制的效果图得到了官方的批准。这个白手起家的男人为自己的一生做出了规划，不知道他的最后一个计划——建造起这座陵墓——是否得以实现？当比安卡的尸骨逐渐在多瑙河的波涛中消逝，埃内斯托的遗体也被葬入了一块普普通通的坟墓。[⑧]

接着，利奥讲述了他自己的故事。他诉说了一家从法国出逃的经过和其中的诸多曲折。他提起等不及与匈牙利表哥见面的妮娜，聊到了纽约，还特别谈起他近来在布加勒斯特和卡普萨咖啡馆的经历，并引用了保罗·毛杭的名句：“卡普萨是这座城市地理和精神的中心。它集四项功能于一身：酒店、甜品店、餐厅和咖啡馆。想象一下，欧洲名副其实的四个荣光：富瓦约（Foyot）餐厅、拉姆菲梅耶尔（Rumpelmayer）的甜品店、威尼斯的弗洛里安咖啡馆（Caffè Florian）和维也纳的萨凯尔酒店（Sacher Hotel）都聚集在这个看似普普通通、破破烂烂的建筑中！”[⑨]而后，他又用纪尧姆·阿波利奈尔（Guillaume Apollinaire）[28]对罗马尼亚特色的总结逗笑了西尔维娅：“布加勒斯特是一座美丽的城市，西方和东方似乎交汇于此。严格说来，我们在地理上仍处于欧洲；但当我们看到了在街上漫步着土耳其人、塞尔维亚人和其他马其顿民族肤色各异的人种，并接触到这里的某些习俗，就会感到自己已经身处亚洲了。可是，这里竟然还是会被一些人认定为一个拉丁国家。”[⑩]利奥谈到了让罗马尼亚成为兵家必争之地的自然资源。他说罗马尼亚从 1940 年 10 月就开始与纳粹合作，又在 1944 年 8 月彻底转向，追随了加入苏联的大潮。他提到了那场滑稽的政治闹剧：停战后，年轻的迈克尔国王（King Michael）[29]一坐回王位，就罢免了有拥护纳粹嫌疑的扬·安东内斯库元帅（Marshal Ion Antonescu）[30]，并先后任用了康斯坦丁·瑟奈泰斯特将军（General Constantin Sănătescu）（只坚持了不到一个月）和尼古拉·勒代斯库将军（General Nicolae Rădescu）[31]。利奥介绍了美国在布加勒斯特的维和使命和他们年轻有为的领导者弗兰克·威斯纳（Frank Wisner）[32]。他提到了国务院在布加勒斯特的代表波顿·贝瑞（Burton Berry）[33]，他热心机智、知书达理，为罗马尼亚国王与该国政府的沟通立下了汗马功劳 。他告诉西尔维娅，同盟国已经开始收复被纳粹占领的土地，战争的势头出现了极大的扭转。

利奥着重跟西尔维娅介绍了他的顶头上司，盟国管制委员会（Allied Control Commission）的美国代表科特兰·凡·R. 斯凯勒将军（General Cortlandt Van R. Schuyler）[34]。利奥上任时恰逢一段惊心动魄的历史时期，他的第一份工作就是在 1944 年 12 月到 1945 年 1 月担任斯凯勒将军的随行翻译。美国和罗马尼亚在石油矿藏丰富的普洛耶什蒂（Ploesti）[35]创办了一家石油公司，黎加·杰奥尔杰斯（Rica Georgescu）是公司的负责人。利奥贴身口译了斯凯勒与杰奥尔杰斯的几次紧急通话。按照利奥的解释，苏联恬不知耻地没收了美国的设备，并将它们带回了国！杰奥尔杰斯请求美国出面干预，斯凯勒向盟国管制委员会的苏联主席维诺格拉多夫将军（General Vinogradov）提出抗议，但却徒劳无功。“战利品！”维诺格拉多夫简短地回复道。几天之后，面对美国大使埃夫里尔·哈里曼（Averell Harriman）[36]的不满，莫洛托夫（Molotov）[37]也代表莫斯科给出了同样的回应："战利品！"利奥说，苏联总是试图掩盖不可告人的秘密，他们拒绝合作，迫使管制委员会的美国代表不得不从罗马尼亚方面获取情报。就这样，利奥既客观公正又不乏讽刺幽默地讲述了他在罗马尼亚的奇遇。⑪

利奥还参与了斯凯勒同首相勒代斯库的谈判。勒代斯库是一名雷厉风行的军官，在政治上追求独立，上任之前不久还因谴责安东内斯库对纳粹的支持被关进了集中营。勒代斯库的联合政府中有来自共产党、社会民主党和农民党（Peasants' Party）的成员。即便这些人拒绝承认苏联正在通过当地的共产党暗中左右罗马尼亚的内部事务，斯凯勒还是对此深信不疑。更令当地全体美方人员沮丧的是，即便他们中的每一个人都曾焦急地致电华盛顿，试图提醒战争部和国务院注意苏联的叵测居心，但似乎完全没有得到重视。⑫利奥坚持认为，美方在罗马尼亚没有任何地位和话语权。1945 年初埃夫里尔·哈里曼访问布加勒斯特时，斯凯勒、贝利和当地的其他美国官员都极力敦促他打消罗斯福（Roosevelt）[38]总统对苏联的乐观态度：苏联人企图控制罗马尼亚，他们不是美国的朋友。但哈里曼却没能说服罗斯福总统，他的失败给 1945 年召开的雅尔塔会议（Yalta Conference）[39]埋下了极大的隐患。假如罗斯福总统听取了哈里曼的意见，事态的发展可能会大相径庭，美国或许就可以让自由选举在罗马尼亚得到推行。⑬然而事与愿违，共产党对罗马尼亚的控制已成事实，美国只得勉强接受。

没过多久利奥就被调离了岗位：斯凯勒将军认为他的军衔过低，不宜知晓如此敏感的政治对话。但临别时将军还是对他进行了一番指点："保持联系，多听多看！"利奥先暂时住在一座宫殿里，后来又搬进了一幢奢华的别墅，那里曾是一位罗马尼亚实业家的宅邸。他无奈地看着苏联一手遮天，深感自己的工作荒谬可笑、毫无意义。他衣食无忧、出入自由，安全上也有保障，虚妄地期盼着那份要求前纳粹占领国实行公开选举的《雅尔塔协定》能够得到尊重。但仅几周后，利奥就眼睁睁地看着苏联人践踏了协定，对雅尔塔会议进行了一番嘲弄。利奥说，共产党不支持对前纳粹党徒过于心慈手软的勒代斯库，但他也承认勒代斯库"确实未（对他们）采取什么实质性的措施，也并没有施行任何政治清洗"。利奥说到了目中无人的苏联外交部副部长维辛斯基（Vyshinsky），他曾三番五次地威胁罗马尼亚国王，并要求联合政府"立即下台"。他威胁国王必须在两个小时之内解散勒代斯库的政府，并任命一位新的首相，还叫嚣国王若不就范："我们便无法保证一个自由的罗马尼亚能够继续存在下去！"利奥详细叙述了维辛斯基是如何在国王面前拍案而起并夺门而出的，他摔门的时候用力过猛，把国王办公室的墙面震出了一道裂纹。他告诉西尔维娅，国王被逼无奈，只好默许了由民族民主阵线（National Democratic Front）[40]领袖彼得鲁·格罗查（Petru Groza）[41]出任首相。

利奥继而描述了布加勒斯特在2月和3月的气氛，这里俨然成了各大政治阵营的竞技场。两位罗马尼亚共产党领袖——安娜·波克尔（Ana Pauker）[42]和格奥尔基·乔治乌-德治（Gheorghe Gheorghiu-Dej）[43]指挥了几次大规模的示威游行；勒代斯库通过广播谴责示威者"在外国势力的操纵下已经丧失了对国家和上帝的敬畏"。但苏联当局封锁了他的这次讲话，而苏联秘密警察NKVD[44]也开始进行严密的镇压。此后，针对示威者的反示威游行开始涌现："马纽（Maniu）[45]万岁！""打倒共产党！""打倒帕特拉施卡奴（Pătrăşcanu）[46]！""我们不需要红军！"布加勒斯特城上空飘满了传单："我们刚从一个残暴的统治中获得解放，决不能再次误入歧途！"简而言之，按照利奥的说法，这个国家在短暂的缓和之后已经迅速进入了一个充满猜忌的时代，内战一触即发。国王、尤利乌·马纽和迪努·布勒蒂亚努（Dinu Brătianu）[47] 表示，他们都为"英美没能出面对罗马尼亚近期发生的事件进行干预而深感痛心"。美国人的爱莫能助或袖手旁观已经到了令人无法容忍的地步。

卡斯泰利中士在布加勒斯特的任务还要持续将近一年，到 1946 年 3 月才会结束。在这一年中，他越来越不受到 NKVD 的欢迎，甚至连人身安全都受到了威胁。1944 年 9 月 12 日，罗马尼亚与同盟国签署了一份停战协定，其中的第十八条这样写道："在和平共识达成之前，即将成立的盟国管制委员会（Allied Control Commission）将在代表盟国的盟军（苏联）高级司令部［Allied (Soviet) High Command］的总体指挥下，对现行条款的执行情况进行监督和管理。"冷战学者们近来发现，斯大林和丘吉尔曾签署过一份秘密协议，这证实了冷战开始的标志并不（像过去认为的那样）是 1945 年 7 月的波茨坦会议 [48]，也不是那年 2 月的雅尔塔会议，时间要再往前推几个月——早在 1944 年 10 月 5 日的那个夜晚，斯大林和丘吉尔就在莫斯科对罗马尼亚和希腊的领土进行了瓜分。

丘吉尔认为"做交易……的时候到了"，便对苏联独裁者建议道："来商讨一下我们在巴尔干的事务吧。我们在那里都有各自的利益、使团和特工，就不要在小事上纠缠不清了。单就苏联和英国而言，如果你们对罗马尼亚有 90% 的支配权，我们在希腊事务上有 90% 的话语权，南斯拉夫各占一半，您意下如何？"这位英国首相在他的回忆录中写道。

> 我在半张纸上写下了——
>
> 罗马尼亚
>
> | | |
> |---|---|
> | 俄国 | 90% |
> | 其他 | 10% |
>
> 希腊
>
> | | |
> |---|---|
> | 英国（应美国要求） | 90% |
> | 俄国 | 10% |

南斯拉夫	50%—50%
匈牙利	50%—50%
保加利亚	
俄国	75%
其他	25%

当他的意见正在被翻译成俄语的时候，斯大林终于理解了丘吉尔的意思，他犹豫了片刻，接着“拿起他的蓝色铅笔在那张纸上打了一个大勾，又递了回来”。自此，按照丘吉尔的总结，“提笔落笔之间，一切就都尘埃落定了”⑭。

随着这些秘密档案得到公开，当我们了解了这场交易的内幕，哈里曼、斯凯勒、贝利和其他美国官员的震惊和失望便不难想象了。这项秘密的英苏协定愚弄了他们，并将他们变成了盟国管制委员会中手无实权的傀儡。“必须承认，我们为在罗马尼亚建立一个自由民主的政府所做的努力从一开始就注定不会有结果。”斯凯勒将军后来悲观地写道，“我们根本不可能撼动苏联的霸主地位。然而，为了维护国家的斗志和领导人的公开表态，为了恪守我们发自内心的承诺，建立起一个和平且热爱自由的战后世界，我们别无选择，只能竭尽全力……我想，我们得到了几个教训：就像很多人说的那样，与苏联的谈判即便再富有成果，也只能依靠强大的军事实力去加以落实。”⑮按照一些人的理解，罗斯福总统对于苏联的天真的乐观是美国政府在东欧“不作为”的原因。无论如何，FDR[49]从战争伊始就认定苏联人“极其友好，他们没有吞噬欧洲和整个世界的野心……对于侵略也没有任何疯狂的执念”⑯。

1945年4月罗斯福去世之后，自学成才的哈利·杜鲁门（Harry Truman）[50]出人意料地坐进了总统办公室。他很了解“苏联人在盟国管制委员会一手遮天，从不征求英国和美国成员的意见。罗马尼亚政府是共产党控制下的少数派政府，据（斯凯勒将军）估计，共产党员的数量在总人口中的比例不到10%。斯凯勒称，绝大多数罗马尼亚人既不支持他们的政府也不想接受任何形式的共产主义。然而，共产党为了全面控制政府机构不择手段，由年轻的迈克尔国王和其他多数党领袖领导的反对派则逐渐丧失了权力”⑰。

在苏联控制下的布加勒斯特停留的最后六个月中，卡斯泰利重新发现了卡普萨咖啡馆和胜利大道（Calea Victoriei）的魅力。在这两个地方，“人们从食物到政治再到爱情，无话不谈”；他见到过“在主路上跟福特汽车并驾齐驱的牛车、随意跨上路缘逆向行驶的出租车、背着铜质货架兜售奶酪[51]的小贩；他听过这里的都主教[52]像拜占庭壁画上的牧师们那样用重重的鼻音吟诵出他的礼拜念词，唯一不同的是，他的声音是从一小块白色的六边形陶瓷，也就是收音机里传出来的”。在此之前的几个月，他就已经为希腊王后伊丽莎白（Queen Elizabeth of Greece）[53]口中的这座迷人的“混搭之城”深深折服，他不仅拜倒在了几位美丽动人的罗马尼亚女士的石榴裙下，还爱上了这个国家“东拼西凑的历史、修修补补的首都和神经质的幽默”。卡斯泰利一生都无法忘记在布加勒斯特度过的那段光怪陆离的时光，还幽默地拿埃尔热（Hergé）[54]的卡通连环画《丁丁历险记：奥托卡王的权杖》（*The Adventures of Tintin: The Sceptre of Ottokar*）[55]与它相比。

离开布加勒斯特之后，卡斯泰利在维也纳、布达佩斯和巴黎都各停留了一段时间；在这几座风雨飘摇的都城，他见证了1945年欧洲的现状，也弄清了经济复苏的必要条件。他与勒内·德劳因曾就法国市场的现状促膝长谈，也目睹了配给制下百姓艰难的生活。很快，食物、原材料和资本的短缺就让欧洲人痛心疾首。1947年，美国对欧洲大陆的出口额是进口额的八倍。在欧洲的每一个国家，放弃信仰、清除异己和清算旧账占据了人们的精力，让他们总是不断在向后看。而知识分子间的争论则围绕着一个纠缠不清的问题：“我们到底是如何走到这一步的？”法国对贝当和拉瓦尔（Laval）[56]的审判和德国的纽伦堡审判[57]都做出了死刑和无期徒刑的判决。与此同时，欧洲上下都迫切地需要一批能够建立新的社会秩序并让国家回归稳定的新领袖。1945 年秋，博学多才的知识分子萨特因为创办《现代》（*Les Temps Modernes*）杂志并倡导负责任的文学而受到瞩目。他曾写道：“上个世纪，每一个资产阶级出身的作家都受到过‘不负责任’的诱惑，这在文学界是一个传统。在某些情况下，还存在着另一种可能，可它带来结果却是死亡……我们的职业赋予了我们一种责任……我们必须着眼于这个时代的未来……时代跟人生是一样的，最能代表未来的就是当下。”⑱

珍妮特·弗兰纳（Janet Flanner）[58] 是《纽约客》杂志（*The New Yorker*）[59] 的撰稿人。在返回纽约的飞机上，利奥·卡斯泰利细细品味

1944 年，布加勒斯特
身着 OSS 制服的利奥，时任盟国管制委员会美国代表科特兰·凡·R. 斯凯勒将军的贴身翻译
让 - 克里斯托弗·卡斯泰利提供

着她在专栏《巴黎来信》(*Letter from Paris*)中的一段辛辣点评:"在过去那个所谓的'法式的欧洲',巴黎是文明和智慧的首都。如今,第二场由德国发起的战争瘟疫已经平息,不仅巴黎,整个欧洲都获得了解放。既然如此,将这座城市看成是曾经那个巴黎的遗迹似乎合情合理。巴黎的气氛并不欢快,这里躁动不安、急不可耐、蛮横暴躁,这应该是一座城市还在康复之中的表现……在对电影如饥似渴的巴黎,第一个登陆的美国新片是《忠勇之家》(*Mrs. Miniver*)[60]。为了帮助从拉文斯布吕克(Ravensbrück)集中营中获救的那些身心俱损的妇女,首映典礼被改成了一场盛大的慈善募捐,给这部原本阳光温情的影片平添了一抹阴郁。除此之外,解放后唯一能够看到的美国大片就是查理·卓别林(Charlie Chaplin)的《大独裁者》(*The Great Dictator*)[61]了。距它初次上映已过去了整整四年,可巴黎人还是觉得它一点都不好笑。"⑲

[28] 法国著名诗人、小说家、剧作家和文艺评论家。

[29] 米哈伊一世(Mihai I),罗马尼亚的最后一任国王。

[30] 米哈伊一世在位期间罗马尼亚的法西斯独裁者、首相,二战后被处以极刑,但于2006年得到布加勒斯特地方法院的平反昭雪。

[31] 以上两位将军都被米哈伊一世任命为总理和内政部长。

[32] 美国军官,二战后担任美军在欧洲东南部的战略服务局负责人。

[33] 美国外交官,中东艺术及器物收藏家。

[34] 美军四星上将,曾任欧洲盟军最高司令部参谋长。

[35] 罗马尼亚南部城市,石油工业中心。

[36] 美国富豪,银行家、船王、外交官,曾在罗斯福任职期间担任美国驻苏联大使。

[37] 维亚切斯拉夫·米哈伊洛维奇·莫洛托夫(Vyacheslav Mikhaylovich Molotov),时任苏联人民委员会第一副主席。

[38] 富兰克林·德拉诺·罗斯福(Franklin Delano Roosevelt),美国第32任总统,美国历史上唯一连任超过两届(连任四届,病逝于第四届任期中)的总统,是迄今为止在任时间最长的美国总统。

[39] 1945年2月4日至2月11日,美、英、苏三国在黑海北部克里木半岛的雅尔塔皇宫内举行的一次关于制定战后世界新秩序和列强利益分配问题的一次关键性的首脑会议。

[40] 1944 年 10 月，在罗马尼亚共产党领导下，罗马尼亚共产党、社会民主党、国家农民党、国家自由党和由格罗查领导的农民阵线共同组成的一个共产主义阵营。

[41] 罗马尼亚农民阵线创始人及领袖，曾出任罗马尼亚王国首相，后任罗马尼亚人民共和国部长会议主席。

[42] 罗马尼亚共产主义者领袖，第二次世界大战后成为罗马尼亚共产党非正式领袖，曾出任罗马尼亚外交部部长。

[43] 罗马尼亚共产主义者领袖，曾与彼得鲁·格罗查一同强迫罗马尼亚国王退位。

[44] 内务人民委员部（Narodnyy Komissariat Vnutrennikh Del），苏联在斯大林时代的警察机构。

[45] 尤利乌·马纽（Iuliu Maniu），罗马尼亚民族农民党领导人，三度出任罗马尼亚首相，曾发动政变，推翻扬·安东内斯库政府，但共产党掌权后因间谍罪和叛国罪被捕，死于狱中。

[46] 卢克莱修·帕特拉施卡奴（Lucrețiu Pătrășcanu），罗马尼亚共产党主要领袖之一。

[47] 罗马尼亚民族自由党领袖，曾向布加勒斯特的英美外交人员抗议共产党的统治。

[48] 1945 年 7 月 17 日到 1945 年 8 月 2 日，美、英、苏三国首脑在柏林近郊的波茨坦举行了战时的第三次会晤，商讨战后对德国的处置和对欧洲的安排，以及争取苏联尽早对日作战。

[49] 罗斯福总统名字首字母的缩写。

[50] 美国民主党政治家，第 32 任副总统，随后接替因病逝世的富兰克林·D. 罗斯福总统，成为第 33 任美国总统，是美国历史上第 9 位没有大学学位的总统。

[51] 原文为罗马尼亚语：brânză。

[52] 基督教教会的一种职衔。受到罗马帝国的行省制度影响，各行省的行政中心都会的教区主教往往会因地利而成为当地教会的领袖，而这些都会的主教就称为都主教。

[53] 罗马尼亚的一位公主，因嫁给希腊国王乔治二世而成为希腊王后。

[54] 比利时著名漫画家乔治·勒米（Georges Rem）的笔名。

[55] 1938 年开始连载的一部漫画，故事的舞台是在一个东欧小国——西尔达维亚，影射了二战爆发前夕纳粹德国对其他国家的吞并行为。

[56] 皮埃尔·拉瓦尔（Pierre Laval），法国政治家，曾任第三共和国总理，维希政权时期任部长理事会副主席，为贝当服务。

[57] 1945 年 11 月 21 日至 1946 年 10 月 1 日间，由第二次世界大战战胜国对欧洲轴心国的军事、政治和经济领袖进行数十次军事审判。由于审判主要在德国纽伦堡进行，故总称为纽伦堡审判。

[58] 美国作家，《纽约客》杂志在巴黎的特约记者。

[59]《纽约客》是一份内容严肃的杂志，1925 年创刊，每周一期，刊登新闻、小说和评论。它精于透析文化动脉，在政治、文学、艺术各领域中充当思潮流行的先驱角色。

[60] 米高梅公司出品的一部战争影片，由威廉·惠勒（William Wyler）执导，葛丽亚·嘉逊（Greer Garson）、沃尔特·皮金（Walter Pidgeon）等主演。该片以第二次世界大战为背景，讲述了英国伦敦郊外的一户中产阶级家庭在战争中如何保卫家园的故事。

[61] 由查理·卓别林导演，宝莲·高黛（Paulette Goddard）主演的一部电影，于 1940 年首映。这是查理·卓别林的第一部有声电影。影片假借第二次世界大战的背景，刻画了一个残酷迫害犹太人，企图统治全世界的大独裁者。卓别林在人物造型上非常明显地仿照法西斯头子希特勒，并通过表演对这个人物进行辛辣的讽刺。

① 保罗·毛杭,《布加勒斯特》(巴黎:Plon, 1965年出版),291页。

② 罗伯特·里特访谈,作者采访,纽约,2006年1月5日及2007年11月11日。

③ 罗伯特·里特档案。

④ 参见罗伯特·里特,《黄星》(*Yellow Star*)(2004年出版)及访谈;作者采访,纽约,2007年11月11日及18日。

⑤ 克里斯蒂安·乌恩格瓦利(Krisztian Ungvary),《布达佩斯围城战:第二次世界大战中的100天》(*The Siege of Budapest: 100 Days in World War II*)(纽黑文和伦敦:Yale University Press, 2002年出版)。

⑥ 罗伯特·里特,《黄星》。

⑦ 同上。

⑧ 参见拉兹洛·卡尔扎伊(Lazslo Karzai)博士和朱迪思·莫尔纳(Judith Molar)博士在巴兰尼亚州的佩奇(Pécs)市《城市档案》(*Municipal Archives*)中找到的5808/1941号文件。

⑨ 毛杭,《布加勒斯特》,291页。

⑩ 纪尧姆·阿波利奈尔,《1100码》(*Les onze mille verges*)(巴黎:Régine Desforges, 1970年出版)。

⑪ 罗伯特·里特访谈,作者采访,纽约,2006年1月5日。

⑫ 林恩·埃瑟里奇·戴维斯(Lynn Etheridge Davis),《冷战开始:美苏在东欧的冲突》(*The Cold War Begins: Soviet-American Conflict over Eastern Europe*)(新泽西州普林斯顿:Princeton University Press, 1974年出版),256—266页。

⑬ W.埃夫里尔·哈里曼及埃利·阿贝尔(Elie Abel),《派往丘吉尔和斯大林的特使1941—1946》(*Special Envoy to Churchill and Stalin 1941—1946*)(纽约:Random House, 1975年出版),529页。

⑭ 约瑟夫·M.西拉库萨(Joseph M. Siracusa),《从华盛顿的视角看斯大林和丘吉尔瓜分欧洲的一夜》("The Night Stalin and Churchill Divided Europe: The View from Washington"),《政治评论》(*The Review of Politics*),总43期,第6期(1981年7月):381—409页。

⑮ 科特兰·凡·R.斯凯勒,《罗马尼亚的观点》("The View from Romania"),摘自《冷战源起的见证者》(*Witnesses to the Origins of the Cold War*),托马斯·哈蒙德(Thomas Hammond)编辑(西雅图及伦敦:University of Washington Press, 1982年出版),123-160页。

⑯ 哈蒙德,《冷战源起的见证者》,287页。另见约翰·刘易斯·加迪斯(John Lewis Gaddis),《美国与冷战的起源1941—1947》(*The United States and the Origins of the Cold War 1941—1947*)(纽约:Columbia University Press, 1972年出版);保罗·D.昆兰(Paul D. Quinlan),《罗马尼亚的冲突:英美的罗马尼亚政策,1938—1947》(*Clash over Romania: British and American Policies towards Romania 1938—1947*)(洛杉矶:American Romanian Academy of Arts and Sciences, 1977年出版);莉莉安娜·萨尤(Liliana Saiu),《两大阵营与罗马尼亚1944—1946》(*The Great Powers and Romania 1944—1946*)(纽约:Columbia University Press, East European Monographs, 1992年出版);爱德华·马克(Eduard Mark),《罗马尼亚的战略服务局1944—1946》("The OSS in Romania 1944—1946"),摘自《情报与国土安全》(*Intelligence and National Security*),总9期,第2期(1944年4月):320—344页;蒂姆·韦纳(Tim Weiner),《灰烬之后:CIA历史》(*The History of the CIA*)(纽约:Doubleday, 2007年出版)。

⑰ 哈利·S.杜鲁门,《回忆录》(*Memoirs*)(纽约:Doubleday, 1955年出版),253页。

⑱《现代》(1945年9月1日)。

⑲《1945年5月24日》("On May 24, 1945"),珍妮特·弗兰纳,《巴黎日记》(*Paris Journal*)(纽约:Harcourt, Brace, Jovanovich, 1988年出版),30—31页。

Part Ⅱ.

蜕变年代

1946—1956

13—旷工去 MoMA

父亲对美国忠心耿耿；参军的经历将他美国化了。他加入了民主党，也愿意成为这个国家的公民。父亲是人文主义的信仰者；他是启蒙时代的继承人。[①]

——妮娜·森德尔

在部队服役的经历让卡斯泰利中士成了一名美国公民。1946 年初从欧洲返回纽约后，他搬回了岳父在东七十七街 4 号的联排住宅，住进了这幢铺满了大理石的房子的四层。他开始上班，工作地点是——岳父的工厂！此时，米哈伊・沙皮拉已经换上了一个更美式的名字——迈克尔・施特拉特，不过他仍旧是位有求必应的一家之主。他把妻子和两个女儿都安顿进了这幢联排住宅，每人一层。卡斯泰利离开后，家里发生了巨大的变化，最先是女儿妮娜，此时的她已经九岁了。“大人们带我去博物馆，后来我长大了，就开始一个人去。我恨学校。”后来她回忆说，“其他孩子嘲笑我跟他们不一样——我会根据裙子来搭配内裤——所以我每年都要换一所学校。我在学校很不自在，因为美国人对知识分子其实是蛮有敌意的，也不喜欢早熟的孩子。”②卡斯泰利成为纽约州詹姆士敦小镇一家针织厂的经理，并迈入了他人生中最为错位的一个十年。虽然名义上要去办公室工作，但他很快就习惯了在午饭之前偷偷消失，先溜进一家咖啡馆，再偷偷潜入曼哈顿的节奏。他常去五十七街逛画廊，或是一头扎进五十三街，在 MoMA 旷起工来，把针织厂的事务抛到九霄云外！私人生活方面，即便他仍与伊莲娜合住在沙皮拉家的房子里，他们的关系却已经分崩离析。卡斯泰利是个长不大的男孩，他眉毛乌黑、目光如炬，有一副性感撩人的嘴唇，穿戴着英国花呢的西装、平整得无可挑剔的衬衫和精致的领带，年近四十却魅力四射。米哈伊・沙皮拉只认同资产阶级的婚姻观，他对婚姻的理解几乎完全是巴尔扎克式[1]的。他完全搞不懂这个眼里只有书和博物馆的另类女婿，也没有办法对他进行归类……说白了，这个女婿根本就是一无是处、无可救药！

伊芙・沙皮拉的女儿、卡斯泰利夫妇的外甥女玛丽伊芙・鲁戈介绍了这座房子在那些年的组织架构：“卡斯泰利一家被安排在了四层，护士、妈妈和我住在三层。其他楼层则被租出去了。这个由外公构建的社会运转得并不成功。举一个典型的例子：一次我来到四层，利奥把我引向了一张新画，‘你觉得它怎么样？’他问。为了给他留下一个好印象，我拼命解释为什么我喜欢蒙德里安的《白上白》（*White*

1946 年，纽约，利奥从罗马尼亚回国时拍摄的照片
让 - 克里斯托弗 · 卡斯泰利提供

on White）[2]，又为什么无法理解杰克逊 · 波洛克。就算是对卡斯泰利一家，我仍感到必须得懂得说话之道才能持续受到欢迎。最后，我游荡到了妮娜的房间。她要么是在阅读，要么正忙着做功课，或者在跟格伦迪（Grundy）小姐玩一种只能两个人玩的游戏。我一个人站在那里，摸了一会儿她的狗——面条（Noodle），然后就离开了。经过客厅的时候，大人们挥着手与我告别：'真高兴见到你，亲爱的。明天一定再来玩啊。'我回到我家在三层的公寓，护士买东西去了，母亲待在她位于走廊尽头的房间里，甚至都没有察觉到我离开过。许多年后，伊莲娜对我说：'我们经常能听见伊芙在楼下冲你大喊大叫。我们为你感到难过。我们想让你知道我们有多爱你，但你永远小心翼翼，还很害羞、紧张，我们总是不知道该如何接近你。'卡斯泰利家充斥着阳春白雪的知识分子气息，在他们看来，一心扑在钱上的人俗不可耐。妮娜从小到大都觉得

外公乏味无趣、胸无点墨。每个周日，我俩都要奉命与他在麦迪逊大道（Madison Avenue）的一家叫珑骧（Longchamps）的餐厅共进午餐。除此之外，她都唯恐避之不及。”[③]

此后的十年中，卡斯泰利始终都在这个井然有序的资产阶级家庭和那个由他自己逐步树立起来的独立人格之间来回穿行；他探索着这座城市，也精心地谋划着一场蜕变。他魅力四射、志趣高雅，也善于交际、发问、倾听和探究，可在这些表象之下的他，是一个年过不惑却仍旧依附于岳父的男人。他的蜕变发生在 1946 年至 1956 年，恰巧与纽约艺术界的变革同时进行。一如他的人生轨迹（的里雅斯特、维也纳、布加勒斯特、巴黎）在二十世纪头三十年就追随着欧洲艺术运动的兴起和衰落：从意大利的未来主义到奥地利的表现主义，从罗马尼亚的达达主义到席卷全球的超现实主义；卡斯泰利与纽约的艺术一同成长，从一名观察者进化成了一位领导者，也在这个过程中成为它的产物。在导致冷战爆发的欧洲新秩序建立之时，他曾经穿着美军制服作为 OSS 的军官被带到布加勒斯特，成为一名特工；如今，当艺术世界掀起了移民美国的浪潮，卡斯泰利也回到了大西洋彼岸的纽约。

在他开放式的婚姻生活之外，卡斯泰利将热情倾注在了一项不那么公开的爱好上，那便是他自身的艺术教育。滋养着这项爱好的是他对 MoMA 和博物馆馆长小阿尔弗雷德 · H. 巴尔的热爱。巴尔“是一位出众的学者，他对现代艺术起源和发展的理解非常全面，或许比任何人的理解都要完善”。卡斯泰利后来评价道：“我是一位勤勉的参观者，因而结识阿尔弗雷德 · 巴尔就成了我人生中极为重要的一个时刻。”[④] 1941 年 3 月，第一次踏入 MoMA 的经历就让他发生了巨大的转变。对此，他极尽浓墨重彩地介绍道：“我惊奇地发现，我在来到这里之前根本就不知道什么是艺术。”[⑤]这里的永久馆藏让初次到访的他“大开眼界”。他接着说：“我眼花缭乱。阿尔弗雷德 · 巴尔在这里打开了一部欧洲艺术的百科全书，这在当时是任何一家欧洲博物馆都无法企及的成就。法国超现实主义与德国表现主义和俄国超现实主义挂在一起。不像法国，这里将收藏的一大批法国印象派（Impressionism）的画作与许多其他国家的艺术家（例如德国表现主义艺术家）的作品一同展出。正是这些法国人闻所未闻的艺术家引领了印象派之后的诸多艺术潮流。博物馆的规划相当用心，参观者可以在这里追溯任何一次美学运动的前因后果，而分析的思路则与欧洲的博物馆完全不同。”⑥

在“他的”博物馆里，对艺术一知半解的卡斯泰利带着零敲碎打积累下来的知识在一间间展厅中徜徉，他如饥似渴地沉浸在巴尔的伟大计划中，有条不紊地构建着自己的感知。过去，在命悬一线的欧洲，他与勒内·德劳因就曾将装饰艺术与纯艺术糅进了同一场展览，而今身在纽约的他，自然会对 MoMA 跨领域展览的愿景有认同感。在这里，传统绘画和雕塑的展区没有与设计、建筑、电影和摄影的展区分隔开来。在欧洲，卡斯泰利就是一位兼具强烈求知欲和鉴赏力的学者和读者；在这里，博物馆制作严谨得近乎科学刊物的展览图录——《立体主义和抽象艺术》（*Cubism and Abstract Art*）、《绝妙的艺术，达达主义、超现实主义》（*Fantastic Art, Dada, Surrealism*）、《毕加索：毕加索艺术的四十年》（*Picasso: Forty Years of His Art*）[3]——字里行间喷涌而出的教育使命感令他激动不已。过去，他与伊莲娜共同发掘出了对美的原始冲动；现在，他赞叹这间机构的双重角色：既是美术馆[4]（体现在它的永久收藏上）又是艺术中心[5]（体现在它层出不穷的新展览）。这里的“新”不仅仅限于艺术层面，作品的呈现方式同样引人入胜，博物馆通过不对称和低于视线高度的布展，既强调了作品之间的历史联系，也激发了观者对艺术的参与感，可谓艺术展示史上的一次革命。

简而言之，卡斯泰利全盘接受了巴尔对现代艺术做出的定义。虽然这部“欧洲艺术的百科全书”几乎没有在二十世纪三十年代给秉持孤立主义的纽约艺术世界带来任何影响，但它却成了卡斯泰利的圣经。这种通过视觉和空间进行的叙事让他的艺术史观从德国和奥地利的理论体系中获得了释放。MoMA 让观众们通过实际体验欧洲在最为辉煌的几十年中出现的绘画、雕塑、家具、装饰品、照片、电影和建筑作品去了解欧洲的文化，这样的尝试为什么会对卡斯泰利这位欧洲古人类[6]的后代产生如此巨大的影响呢？在卡斯泰利蜕变的关键时期，巴尔对塞尚、毕加索、马蒂斯、布朗库西、达利、马格里特、杜尚、莫霍利－纳吉、康定斯基、李西茨基（Lissitzky）[7]、艾伯斯等一大批艺术家的作品进行的叙述，实际上是对他自身人生经历的充分整合：这是他在美式实用主义的影响下对欧洲各类前卫艺术进行的一次集中呈现。“欧洲人对巴尔最大的印象，”卡斯泰利说，“是他年纪轻轻就已学富五车、功成名就了。”⑦三十九岁的卡斯泰利只举办过一次展览，还只能算是一个门外汉，而只大他五岁的阿尔弗雷德·巴尔却已经是一个博物馆王国的缔造者了。

二十五岁时，在瓦萨学院（Vassar College）[8]担任助理教授的巴尔踏上了他为期一年的欧洲之旅。他在英格兰、荷兰、俄国、波兰、捷克斯洛伐克、奥地利、德国、瑞士和法国的首都邂逅了遍布在那里的欧洲现代主义先锋艺术，对欧洲的艺术世界进行了全面的研究。在那次游历之后，仅仅过去了五六年时间，欧洲的一切就都在纳粹的摧残下毁于一旦。他在第一段旅程结束的时候写道：“新与旧的反差，哪里的都不如荷兰来得强烈和刺激。”巴尔欣赏荷兰几家博物馆的做法，决心将现代主义引入美国。但一些人“认为公立博物馆除了可以偶尔为一些刚刚去世的艺术家举办纪念展外，理应对现代艺术淡然处之”。巴尔对他们不置可否的态度感到失望，也意识到“不可能在目前美国的任何一家博物馆复制荷兰的经验”。一番谴责之后，他抱怨道：“美国的博物馆会接受这样的作品吗？……在美国人看来，展示当代优秀作品的方案得以成功实施并不会是一个令人愉快的消息，或许还是一个挑战。”⑧

从巴尔初识欧洲的先锋艺术到试图将它引向大洋彼岸，相隔不过一年的时间。1929 年 11 月，作为新成立的纽约现代艺术博物馆的馆长，巴尔推出了他的第一个展览。“对现代艺术运动的热情，哪里都不如纽约那样高涨。”他写道，“但在当今世界所有伟大的城市中，只有纽约仍旧缺少一个公共艺术空间，来展出现代流派开创者和大师们的作品。对这样一座美国大都会而言，没有建立这样的机构实属异常。”⑨很快，巴尔就根据他在欧洲的见闻为 MoMA 绘制出了一张蓝图。此后的十年中，这位年轻的馆长同迂腐守旧的诋毁者们进行了艰苦卓绝的斗争。他与媒体和美术馆中的各个派系交涉、协商，只为分毫不差地实现他的计划——以百科全书的高度呈现欧洲艺术、教育公众，并通过“引导公众”来改变纽约市的文化生态。不过，该如何在一座现代艺术博物馆中安放美国的艺术依旧是一个难题。在一段几乎与他们完全无关的历史中，应该让他们出现在什么样的位置？“在多年针锋相对的争论过后，美国与其他任何国家一样，都向法国现代艺术低下了头。”那时，一位充满敌意的纽约评论人士写道，“我们对它的崇拜已经到了近乎荒唐的地步。无论是什么，只要顶着巴黎的光环，我们就毫不怀疑地奉若神明，连某些被严重过

1946 年，纽约，MoMA
从左至右：马赛尔·杜尚、阿尔弗雷德·H. 巴尔、西德尼·詹尼斯为洛-勒温艺术竞赛（Loew-Lewin Competition）担任评委
MoMA 提供

誉的二流艺术家也是如此。在这一过程中，我们忽视了其他国家的艺术，在某种程度上还包括我们自己的艺术。”[10]这种不安很快也影响到了卡斯泰利。对包括他在内的全体政治流亡者而言，MoMA 代表了纽约首屈一指的文化空间，而在这里完全见不到本土艺术的踪迹的确是一个无法辩驳的事实。

1941 年卡斯泰利初到美国时，就已经意识到 MoMA 对欧洲艺术家的热情远远超过一家普通博物馆该有的程度。巴尔在马赛时曾与瓦瑞安·福莱有过密切的接触，为了帮助艺术家们前往纽约，他找到了为他们报销路费的方法。他邀请一些人来美国讲座，请另一些人来做展览，把 MoMA 变成了欧洲流亡者的天堂。这与社会研究新学院（The New School for Social Research）在学术界的地位非常相似。“正如我有幸亲眼所见的那样，”尼古拉斯·卡拉斯（Nicolas Calas）[9]心怀感激地向阿尔弗雷德·巴尔写道，“MoMA 正尽其所能帮助欧洲艺术家移居美国……艺术家和知识分子要想在美国立足，最大的困难是要与受过教育的公众建立联系。如果我们的作为不能为人所知，就如同一个作家找不到出版机构一样，几乎是不可能有出路的。”[11]1941 年，卡斯泰利或许已经在 MoMA 听过萨尔瓦多·达利在“今天的超现实主义”（Surrealism Today）中的发言和彼埃·蒙德里安在“新现实主义”（A New Realism）中阐述的理念，也可能还参加过这里的其他讲座。他对这座博物馆的展览同样具有极高的热情，例如“理解现代艺术”（Understanding Modern Art）、“保罗·克利”（Paul Klee）、“胡安·米罗”（Juan Miró）和“萨尔瓦多·达利”（Salvador Dalí）。一年后，在帕维尔·切尔利塔切夫的一场展览上，他再一次见到了那张《现象》。在旺多姆广场的画廊开张前，曾在烛光下展出过的正是这幅画作！

1946 年从欧洲返回纽约后不久，卡斯泰利就极具象征意味地向 MoMA 捐赠了他的一件私人收藏——戈尔基（Gorky）[10]的一幅素描。新任展览总监门罗·惠勒（Monroe Wheeler）接受了这份馈赠——此时，由某些董事会成员发起的声讨已经彻底击垮了原本不屈不挠的首任馆长。

他们认为巴尔过于亲欧、做派过于知识分子，也过于激进，而他则选择明哲保身，将大权交给了勒内·德·哈农库特（René d'Harnoncourt）[11]，并改任典藏总监。年轻优雅的多萝西·米勒（Dorothy Miller）[12]成了他的女助手，她原本就与本土艺术家关系甚好，如今与卡斯泰利的交往也愈加频繁起来。此后的十年间，卡斯泰利不仅成为阿尔弗雷德·巴尔最忠诚的门徒，也成为 MoMA 最热心的支持者。他在巴黎和纽约都有生意，无意间进入的圈子中就有巴尔的熟人，但他却始终不敢直接同巴尔说话。巴尔坚定不移地推进着一项在任何时代都无比艰难的使命，在卡斯泰利眼中，他是一位“只可远观”的伟大人物。小阿尔弗雷德·H. 巴尔和利奥·卡斯泰利，一个是苦行牧师的儿子，是常春藤盟校最为出色的学者，是为推广欧洲艺术和开展公共教育开疆破土的功臣；一个是在社会阶梯上攀爬的奥匈帝国银行家的儿子，是自学成才、自知不足、大器晚成的文化至上主义者。到目前为止，他们还是两条尚未相交的直线，而他们日后的相遇必将意味深长。

卡斯泰利从欧洲回到美国，恰逢超现实主义浪潮退去后纽约画派（New York School）兴起的关键时期。当艺术家和经营者们来了又去，画家们成了画廊间相互较量的棋子，本土艺术圈不断重新洗牌，而他则在最近的距离观察着一切，并孜孜不倦地做出分析。在他缺席的时间里，纽约发生了翻天覆地的变化：新的地盘、新的势力、新的期刊、新的咖啡馆、新的习俗、新的画廊空间，以及像贝蒂·帕森斯（Betty Parsons）[13]、查尔斯·伊根（Charles Egan）[14]和萨姆·库兹（Sam Kootz）[15]这样最先开始为“巴黎的覆灭和纽约原创时代的来临”⑫洋洋得意的新人。当背井离乡的超现实主义者们逐渐回到各自的祖国，有人终于如释重负，但这些外来人口早已在纽约的艺术世界留下了自己的印记。艺术家们依旧去八街的雪松酒馆（Cedar Tavern）喝咖啡，就像超现实主义者们还跟他们坐在一起似的。在纽约，超现实主义者的画廊、他们的习惯、他们的语言、他们的圈子、他们的势利、他们的杂志和他们极高的知名度让这个流派的艺术家们（以安德烈·布勒东为首）常常被看作是一群“入侵者”。早在 1913 年，当杜尚和布朗库西等第一批欧洲现代派艺术家的作品在

“军械库艺术展”（Armory Show）[16] 上得到展出，对比之下，垃圾箱画派（Ashcan）[17] 成员罗伯特·亨利（Robert Henry）和乔治·贝洛斯（George Bellows）等人的画作马上显得平庸而过时。在这些人眼中，他们的“侵犯性”与当下的超现实主义者们如出一辙。

一些像威廉·巴齐奥蒂（William Baziotes）[18] 这样的画家意识到流亡艺术家有其存在的好处：“能看到他们在工作室之外是怎么当艺术家的，这简直太棒了。我可以观察他们的反应、他们的态度、他们的生活方式，最重要的是能看到他们挥洒天赋的那种自信。”⑬马塔经常走访马瑟韦尔（Motherwell）[19]、戈尔基、巴齐奥蒂、罗斯科（Rothko）[20] 和布萨（Busa）[21] 的工作室，每周日还在他位于九街的空间组织超现实主义游戏 [22] 的聚会。在他的促成下，这些艺术家开始尝试前所未有的集体创作。⑭即便偶尔有人感到“双方的理念水火不能相容”，即便对马瑟韦尔不屑一顾的布勒东总傲慢称他为“小哲学家”[23]，即便对精神自动主义（psychic automatism）[24] 的认识不当促发了误解、矛盾和好恶掺半的情绪，流亡艺术家和（至少一些）美国艺术家间还是出现了团结协作的势头。然而，马塔带来的超现实主义解药并不能缓解美国的症状，倍感压抑的艺术家们“随时都有可能爆炸”⑮。因为就算纽约画派的出现符合冷战的需要⑯，数十年来都只能充当二等公民的美国艺术家依旧是一个弱势群体。为了获得认可，他们与庸俗和无知进行的那场持久战仍在继续。

卡斯泰利是欧洲传统精神的继承者，一生都对各行各业的开创者们心怀敬意，因而势必会舍我其谁地参与到这场战争中来。在此后的十年中，他通过各种各样的方式对这个蓬勃发展的艺术世界给予协助和促进。他广伸援手、合纵连横，作为中间人、顾问、独立策展人、收藏家、代理人和万金油——绝大多数都是幕后角色——无私地为各种类型的开拓和创新做着贡献，并乐此不疲。不久之后，他会成为纽约艺术圈中的及时雨，成为事情出了岔子之后你可以随时打电话求助的那位热心大哥，成为一个跑堂的、一个往来于新旧世界之间的信差。但眼下的他还在学习。

[1] 巴尔扎克笔下的许多段婚姻都是出于政治和财产目的进行的联姻，服从社会法则和习俗，婚姻的关注点不是爱情，而是身份、金钱。

[2] 此处可能是口误，该作品应为俄国画家卡西米尔·马列维奇（Kazimir Malevich）在 1918 年创作的至上主义（Suprematism）名作《至上主义构图：白上白》（*Supremacist Composition: White on White*）。

[3] 以上三部图录是巴尔分别为 MoMA 于 1936、1937 和 1939—1940 年举办的三场展览编纂的。

[4] 原文为德语：Kunstmuseum，指拥有艺术收藏的艺术展览机构。

[5] 原文为德语：Kunsthalle，指不设固定馆藏的艺术展览机构。

[6] 原文为拉丁语：Homo Europi，指在欧洲大陆出现的能直立行走的古人类。

[7] 埃尔·李西茨基（El Lissitzky），俄国先锋派运动中的重要艺术家、设计师和摄影师，马列维奇的门生，曾为苏联创作过许多宣传作品。

[8] 美国纽约州的一所著名的文理学院，创办于 1861 年，原是一所女校，肯尼迪总统夫人杰奎琳就毕业于此。

[9] 希腊裔美国诗人、艺术评论家。

[10] 阿希尔·戈尔基（Arshile Gorky），亚美尼亚裔美国画家，对抽象表现主义运动具有极为重要的影响。

[11] 美国艺术策展人，1949 年至 1967 年任 MoMA 馆长。

[12] 多萝西·坎宁·米勒（Dorothy Canning Miller），美国艺术策展人，二十世纪美国现代艺术最具影响力的人物之一。

[13] 美国艺术家、艺术商人和收藏家，推动了早期的抽象表现主义运动。

[14] 纽约查尔斯·伊根画廊的创办人，展出过德·库宁、斯特拉、艾伯斯、罗斯科、保罗·克利等人的作品。

[15] 即塞缪尔·M. 库兹（Samuel M. Kootz），艺术商人、作家，他开办的库兹画廊是第一个推广抽象表现主义的画廊之一。

[16] 1913 年由美国画家及雕塑家联合会举办的一次国际现代艺术展，在纽约、芝加哥和波士顿三个城市举行，是美国历史上的第一次现代艺术展。因为展览的首站设在纽约的六十九团军械库，因此得名“军械库艺术展”。

[17] 美国二十世纪初反学院派的画派，由于爱描绘贫穷、肮脏的城市，所以被讥讽为垃圾箱画派。

[18] 美国画家，受超现实主义影响，对抽象表现主义的发展具有贡献。

[19] 罗伯特·马瑟韦尔（Robert Motherwell），美国画家、版画家、编辑，纽约画派最年轻的参与者之一。

[20] 马克·罗斯科（Mark Rothko），美国极其重要的抽象画家，生于俄国，10 岁移居美国。

[21] 彼得·布萨（Peter Busa），美国画家，纽约画派成员。

[22] 对超现实主义而言，游戏不仅是一种娱乐形式，也是一个重要的探索方式。游戏的意图是去除理性主义的约束，让概念得以在一个更为自由和随机的状态下发展。游戏的目的是打破原有的思维模式，从而创造一种全新的结果。超现实主义游戏中最著名的包括室内游戏《精致的尸体》（*Exquisite Corpse*）、《平行拼贴》（*Paralle Collage*）等。

[23] 原文为法语：le petit philosophe。马瑟韦尔毕业于斯坦福大学哲学系并在哈佛大学哲学系获得了博士学位。

[24] 安德烈·布勒东对超现实主义的定义，他认为精神自动主义是一种纯粹的状态。在这种状态下，人可以通过语言或任何方式表达思想的实际运作，而无需受到理性的控制，也不必考虑美学和道德的制约。

通晓文学和艺术的卡斯泰利缺乏的是安全感和决断性，正因如此，他在阿尔弗雷德·巴尔之外还追随着另外一位导师，那是他在这十年中的第二个维吉尔（Virgil）[25]。虽然在欧洲艺术领域他可以完全仰仗巴尔，但在美国艺术方面，他需要的却是克莱门特·格林伯格的帮助。“我开始自学美国艺术，但却没有什么进展。”卡斯泰利承认，“克莱门特·格林伯格知道我的兴趣所在，他对我说：‘我会负责向你展示这里正在发生的一切，让你看看年轻的美国艺术家们都在做些什么。’”[⑰] 1947年，在阿希尔·戈尔基连襟家的姊妹V.V. 朗肯（V. V. Rankine）于康涅狄格州举办的一场派对上，格林伯格将卡斯泰利介绍给了戈尔基。与米哈伊离婚后，玛丽安·沙皮拉与画家约翰·格拉汉姆（John Graham）[26]的恋情也对卡斯泰利起到了很大的帮助作用：格拉汉姆把他介绍给了罗伯特·马瑟韦尔。当卡斯泰利还是个爱做白日梦的孩子时，他极强的社交天赋就已经展露无遗了。如今八面玲珑的他，通过环环相扣的熟人关系建立起了自己的关系网络。通过佩吉·古根海姆，他第一次接触到了波洛克的作品；通过格林伯格，他结识了戈尔基；通过戈尔基，他最终与波洛克不期而遇。1969年，在与艺术史学者芭芭拉·罗丝回忆当时颇为活跃的艺术参与者时，卡斯泰利曾将马塔和马瑟韦尔形容为他的中间人和“桥梁”。“马瑟韦尔的确是我的联络人，他是我在美国的第一个朋友，确切地说，他是我在美国艺术圈找到的第一个兼具文学素养和表达能力的朋友……毫不含糊地说，他起到了桥梁的作用。虽然不是刻意为之，但他的我行我素和所作所为的确塑造了我，为此我感激不尽。”[⑱]

在那之后的五十年中，画廊主卡斯泰利的交际网始终都是他的秘密武器，许多人对它最初的形成进行了深入细致的探究。当时，马塔恰好在他的朋友戈尔基自杀前后去了欧洲[27]。“马塔离开后，我对超现实主义失去了兴趣，转而热衷于纽约当下正在发生的艺术运动。”卡斯泰利回忆说，“而这正是我涉足纽约艺术的开始。这些艺术家们只要发现有人真的对他们感兴趣，就会紧紧抓住不放，与超现实主义者在巴黎抓住我不放时的情况是一样的。他们认为出现了一个伙伴，这样做没什么不对的。我并不知道自己到底要做些什么。格林伯格知道我和德劳因过去开办的那家画廊，所以他觉得没准我是就那个可以跟他们一起做点事情的人。”[19]这是假装出来的被动还是出于善意的顺从？格林伯格向卡斯泰利介绍了由他一手发掘的新锐艺术家，一批初出茅庐的未来大师——首先是德·库宁（de Kooning）[28]，接着是保罗·雷斯卡（Paul Resika）[29]。不过，卡斯泰利也承认我“与格林伯格的关系从不亲近……我将他视为前辈。我十分欣赏他的视觉感受力。直到很久以后我才开始觉得他太过专注于一种艺术而忽略了其他的可能性，我们的意见才有了这样或那样的分歧。”[20]

“佩吉和马塔都在1947年秋天前后离开了纽约。”他继续说道，“佩吉当时的工作非常有意思，只可惜她走了。她在‘本世纪的艺术’（Art of This Century）[30]中展出了巴齐奥蒂（Baziotes）[31]和波洛克的作品，给马瑟韦尔做的展览更是精彩。她具备成为主导这场运动的核心人物的全部素质。但后来她离开了，贝蒂·帕森斯和萨姆·库兹的画廊接管了这些画家。接着杜丹辛（Dudensing）[32]也离开了。当然了，皮埃尔·马蒂斯还在。”[21]战后，艺术商业的格局还未确定，变化是唯一的常态，纽约的艺术家们也缺少一个能为他们提供支持的坚实基础。一天，萨姆·库兹给卡斯泰利带去了一个非常特别的提议：“他说：‘我还没告诉过别人。我就要离开了，我建议你拿下我现在的那个空间。’也就是说，1948年那会儿，人人都理所当然地认为我应该开一家画廊。可我又等了整整九年才这么做，你想想吧。反正当时我没有接受。接着他找了西德尼·詹尼斯，詹尼斯接下了那个空间。库兹过去的作风就是东一榔头西一棒子。接下画廊的最初几年，詹尼斯始终犹豫不决，他真的不知道该在这里做些什么。他对古典艺术很有兴趣，也有一些偏爱的艺术家，比如莱热（Léger）[33]。我与西德尼曾经极其频繁地见面，每周都至少会一起吃两到三次午餐。我们一起探讨问题、制订计划、开展项目，诸如此类，即便最终得以实现的并不多。”[22]

虽然并不急于成为一个经营者，但卡斯泰利已经是一位收藏家了——他承认自己疯狂地爱着艺术，但却不名一文，说话间眼中闪烁出了一丝光芒："钱再少我都想花在艺术上。我买下了那两张克利、一张蒙德里安。那张 2000 美金的蒙德里安是我跟弟弟借钱买的，后来不得不把它转卖给了巴尔的摩的一位医生，卖了 8000 美金。几年之后，这张画以 45 万美金再次转手，那位医生还抱怨他要价低了。"[23]在他最初入手的作品中，还有一张戈尔基的素描——《总结》(*Summation*)[34]。他从朱利安·列维那买下这张画的经过颇为有趣："我记得这张素描还没有装框，就平铺在地上，而我就这么爱上了它。我以 900 美金买下了它，每月分期支付 100 美金。"[24] 1949 年，在德劳因变卖他画廊的时候，卡斯泰利再一次扩大了自己的收藏。他购买了几张非常出色的杜布菲(Dubuffet)[35]，其中就有那张著名的《出租车》(*Taxi*)[36]，还有一张康定斯基、一件佩夫斯纳[37]和一张莱热。后来，他为了贴补其他项目的开销，逐渐以低价售出了这些作品。[25]他在财务上始终都是拆了东墙补西墙的状态。后来，他跟伊莲娜一起从西德尼·詹尼斯那里买到了四张波洛克［包括这位艺术家最后一张布面油画《香气》(*Scent*)[38]］，而后又再次买入了两张横构图的作品。许多年后，卡斯泰利依旧会兴致盎然地细数他在艺术品价格飞涨的镀金时代到来之前立下的骄人战绩："你想想看，我买《香气》花了 3000 美金，这在当时对我来说可是一大笔钱！我的老朋友乔·普利策(Joe Pulitzer)住在城外的乡村。一天我北上去探望他，四下找了半天才见到他人。'哎呀，乔，这地方可真大。你真够走运的！''咳！'他说，'这可花了我不少钱呢。'于是我说：'是嘛，多少钱呀？ 30 万？''还多，还多！''35 万？'他说：'差不多吧。'所以他至少花了 35 万美金。现在呢，要是那幅画还归我的话，估计得值个 300 万美金了！"[26]

卡斯泰利乐此不疲地在五十七街的画廊间穿梭，他观察、发问、购买、寻找、欢欣雀跃，但他最终进入艺术圈的入场券却来自他经营人际关系的惊人天赋。卡斯泰利是为交际而生的。爱好呼朋唤友、锦衣玉食的他深谙交友之道。他风度翩翩、幽默风趣、慷慨大方，是聚会上最引人注目的灵魂人物。除此之外，他还拥有一件无价之宝：他岳父在七十七街的那幢美丽的房子。"我在我家四楼大宴宾客的时候，艺术圈的每一个人都会参加。我还记得有一次，应该是在圣诞节前后，朱利安·列维喝得烂醉，倒在了点着真蜡烛的圣诞树里。那可真是惨不忍睹！”[27]卡斯泰利还很有品位，“我们的家具非常简单——伊姆斯（Eames）[39]的家具和几张简单的沙发。餐厅里放着一张维多利亚风格的圆桌。我更换家具的时候买了新的餐桌，当时一位特别要好的朋友比尔·德·库宁[40]说：‘我能要那张桌子吗？我喜欢。’于是我就把那张桌子给他了。”[28]卡斯泰利引以为傲的公寓里挂着一张极为精彩的康定斯基，颜色是深普鲁士蓝的，还有克利、蒙德里安、波洛克的作品，每人都不止一张，除此之外，还有戈尔基的那张素描。这里与任何一间高雅的巴黎住宅相比都毫不逊色。沙皮拉家这栋面朝中央公园的房子距离大都会艺术博物馆仅数街之隔，这里也成为到访纽约的欧洲人士都会稍作停留的一个去处。“我记得汉斯·阿尔普（Hans Arp）[41]来过。”妮娜·森德尔提醒父亲说，“我印象里你没有收藏过他的作品，但我记得他来过。”利奥接着补充道：“这倒让我想起了那时的一位朋友——弗雷德里克·基斯勒（Frederick Kiesler）[42]。他是一位建筑师，也是画家，是个全才。他对阿尔普有过这样的评价：‘这是阿尔普，不是阿尔特[43]。’基斯勒个子非常矮小，他生龙活虎的，什么新鲜事都要参与，也愿意接触年轻人。”妮娜接着说：“我还记得你跟母亲对超现实主义者的态度通常都比较尖锐，但他们中有不少人都经常会在这里出现。我记得见过马克斯·恩斯特、马塔和许尔森贝克（Huelsenbeck）[44]，他们都不太聪明。”“可不是嘛，许尔森贝克，那个德国达达主义艺术家，”利奥接续说道，“可真的有点爱掉书袋。”[29]

随着“马歇尔计划”（Marshall Plan）[45]的第一批援助抵达欧洲，对杜鲁门顶礼膜拜的卡斯泰利对他的新祖国也产生了越发强烈的感情。“我一来到美国就意识到这是一片艺术的乐土，在我看来，欧洲已经停滞不前。在战后的文化迁移完成之后，是美国给欧洲注入了新的信心……否则我想欧洲恐怕会一蹶不振下去。”[30]在这样的背景下，卡斯泰利通过下面几个阶段完成了他的人生蜕变：狂热的收藏家、见习艺术发烧友、横跨大西洋的摆渡者、独立策展人，最终，他如有神助地成为美国的画坛教父！

[25] 古罗马诗人，被公认为第一个近代意义上的作家。但丁在《神曲》中以维吉尔为他的老师和带路人。文艺复兴以后，许多用史诗体裁写作的欧洲著名诗人，如塔索、卡蒙斯、弥尔顿等都以维吉尔的史诗作为他们的范本。

[26] 乌克兰裔美国现代主义艺术家、具象画家，是波洛克、德·库宁和戈尔基的导师。

[27] 马塔与戈尔基之妻的婚外情被认为是戈尔基自杀的原因之一。

[28] 威廉·德·库宁（Willem De Kooning），荷兰裔美国抽象表现主义艺术家，纽约画派的参与者之一。

[29] 美国本土艺术家，抽象表现主义画家汉斯·霍夫曼的学生。

[30] 1942 年佩吉·古根海姆于纽约创办的一家画廊。

[31] 威廉·巴齐奥蒂（William Baziotes），美国画家，受超现实主义影响，抽象表现主义运动的参与者之一。

[32] 瓦伦丁·杜丹辛（Valentine Dudensing），美国艺术商人，在对收藏家和美术馆传播现代艺术方面具有重要贡献。

[33] 费尔南德·莱热，法国画家、雕塑家、电影人，是最早的立体主义运动领袖之一。

[34] 戈尔基 1947 年创作的一张纸本素描，现藏于 MoMA。

[35] 让·杜布菲（Jean Dubuffet），法国画家、雕塑家，是“原生艺术”（Art Brut）一词的创造者。

[36] 并未查到杜布菲在 40 年代有这样一件重要作品，或为其 1946 年创作的一件厚涂布面油画《旅行俱乐部》（*Touring Club*）。

[37] 安托万·佩夫斯纳（Antoine Pevsner），生于俄国的雕塑家，构成主义艺术家，被认为是二十世纪雕塑的先驱。

[38] 波洛克 1955 年创作的人生中最后两件作品之一。

[39] 查尔斯（Charles）和蕾·伊姆斯（Ray Eames）是美国的设计师夫妇，他们对现代建筑和家具设计历史的发展有极高的贡献。

[40] 即威廉·德·库宁。

[41] 德裔法国画家、雕塑家、诗人，达达主义运动的发起者之一，超现实主义运动的代表人物。

[42] 弗雷德里克·约翰·基斯勒（Frederick John Kiesler），出生于维也纳的美国建筑师、理论家、艺术家，最负盛名的作品是位于耶路撒冷的圣书之龛（Shrine of the Book）。

[43] 英文 art 的中文读音为“阿尔特”。

[44] 理查德·许尔森贝克（Richard Huelsenbeck），德国心理分析学家、诗人、作家和鼓手，达达主义运动的主要发起者之一。

[45] 第二次世界大战结束后美国对被战争破坏的西欧各国进行经济援助、协助重建的计划，对欧洲国家的发展和世界政治格局产生了深远的影响。该计划于 1947 年 4 月正式启动，并整整持续了 4 个财政年度之久。在这段时期内，西欧各国通过参加经济合作发展组织总共接受了美国包括金融、技术、设备等各种形式的援助合计 131.5 亿美元。

① 妮娜·森德尔访谈，作者采访，纽约，2007年2月7日。

② 同上。

③ 玛丽伊芙·鲁戈，未出版的回忆录。

④ 安·亨德利编辑，《克劳德·贝里遇见利奥·卡斯泰利》（巴黎：Renn，1990年出版），22页。

⑤ 沙朗·赞恩（Sharon Zane）访谈，1991年10月24日，"口述历史项目"（Oral History Project），现代艺术博物馆档案，纽约。

⑥ 利奥·卡斯泰利访谈，作者采访，纽约，1995年11月5日。

⑦ 利奥·卡斯泰利访谈，作者采访，纽约，1991年10月24日。

⑧《荷兰来信》（"Dutch Letter"），摘自《艺术》（*Arts*），1928年1月。

⑨ 参见《定义现代艺术：小阿尔弗雷德·H. 巴尔选集》（*Defining Modern Art: Selected Writings of Alfred H. Barr, Jr.*），欧文·桑德勒（Irving Sandler）编辑（纽约：Harry N. Abrams，1986年出版），69—76页。

⑩ 劳埃德·古德里奇（Lloyd Goodrich），《一座现代艺术博物馆》（"A Museum of Modern Art"），摘自《民族》周刊（*The Nation*）（1929年12月4日）：665页。

⑪《尼古拉斯·卡拉斯致阿尔弗雷德·巴尔》（"Nicolas Calas to Alfred Barr"），1941年1月27日，现代艺术博物馆档案，尼古拉斯·卡拉斯文献（Nicolas Calas Papers），11号文件盒9号文件夹。

⑫ 萨缪尔·库兹，《重磅新闻获得澄清：库兹先生针对热议话题阐述了他的观点》（"Bombshell Clarified: Mr. Kootz Elaborates His Point of View, Pointing Up Issues in the Controversy"），摘自《纽约时报》（*New York Times*），1941年10月5日，X9版。

⑬ 同上。

⑭ 玛缇卡·萨温（Martica Sawin），《流亡中的超现实主义和纽约画派的萌芽》（*Surrealism in Exile and the Beginning of the New York School*）（剑桥，Mass.: MIT Press，1995年出版）。

⑮ 迪克兰·塔什吉安（Dickran Tashjian），《一群疯子：超现实主义和美国先锋派》（*A Boatload of Madmen: Surrealism and the American Avant-Garde*）（纽约：Thames and Hudson，1995年出版）。

⑯ 重点参见赛尔热·居尔博特（Serge Guilbaut），《美国如何从法国窃取了现代艺术》（*Comment New York a 'volé' l'art moderne à Paris*）（巴黎：Jacqueline Chambon，1987年出版）；然而，这种纯粹的意识形态和地缘政治分析忽略了这些艺术家也是社会背景的产物。

⑰ 利奥·卡斯泰利访谈，作者采访，纽约，1995年11月5日。

⑱ 利奥·卡斯泰利访谈，芭芭拉·罗丝采访，纽约，1969年7月，美国艺术档案馆，华盛顿哥伦比亚特区。

⑲ 利奥·卡斯泰利访谈，保罗·卡明斯采访，纽约，1969年5月22日，美国艺术档案馆，华盛顿哥伦比亚特区。

⑳ 同上。

㉑ 同上。

㉒ 同上。

㉓ 亨德利编辑，《克劳德·贝里遇见利奥·卡斯泰利》（巴黎：Renn，1990年出版），83页。

㉔ 利奥·卡斯泰利访谈，作者采访，纽约，1995年11月5日。

㉕ 亨德利编辑，《克劳德·贝里遇见利奥·卡斯泰利》（巴黎：Renn，1990年出版），83页。

㉖ 利奥·卡斯泰利访谈，杰弗里·波特采访，纽约，1982年10月21日，波洛克–克拉斯纳故居和研究中心，斯普林斯，纽约州。

㉗ 利奥·卡斯泰利访谈，卡明斯采访，美国艺术档案馆。

㉘ 同上。

㉙ 利奥·卡斯泰利与妮娜·森德尔，安德鲁·德尔克（Andrew Decker）访谈，纽约，1997年5月22日、9月2日，美国艺术档案馆，华盛顿哥伦比亚特区。

㉚ 亨德利编辑，《克劳德·贝里遇见利奥·卡斯泰利》（巴黎：Renn，1990年出版），82页。

14—通往新世界的摆渡者

德劳因从 1945 年起就开始展出康定斯基的作品……他的确意识到了他的价值。但他在巴黎的生意开展得很不顺利。一开始，他先给我送来了一捆油画，里面有一张康定斯基和几张同类型的作品。[①]

——利奥·卡斯泰利

1944 年 12 月 13 日，七十八岁的瓦西里·康定斯基在巴黎逝世，并在他的工作室里留下了堆积如山的油画、水彩和素描作品。他为自己塑造的画家兼理论家的形象早已深入人心："如果命运给了我足够的时间，我就能发现一种全新的国际语言，它将会永远存在、永不过时。"他曾在 1912 年出版的《关于艺术的精神层面》(*Concerning the Spiritual in Art*) 中自负地写道："这种语言便是绘画……那么，我们是不是必须彻底抛弃一切有形的事物，只在抽象的范畴内作画呢？"然而，康定斯基始终都没能获得他所渴望的认可。他望穿秋水也没等来一个有能力帮他缓解财务困难的法国画商，而他的创作自离开画室，就流散到了几家没有能力为它带去足够关注的小画廊［珍妮·布赫尔画廊 (Jeanne Bucher) 和素描画廊 (L'Esquisse)］手中。美国的情况则明显要好很多，古根海姆家族和阿尔伯特·E. 加拉廷 (Albert E. Gallatin) [1] 等多位藏家很早就开始关注他的创作了。不过，康定斯基在 1936 年 MoMA 的展览"立体主义与抽象艺术"(Cubism and Abstract Art) 上与阿尔弗雷德·巴尔产生了过节。康定斯基被馆长在展览图录中流露出的怠慢激怒，于是写下了一封长信表示抗议。②

丈夫刚刚过世三个月，妮娜·康定斯基 (Nina Kandinsky) 就接手了丈夫生前的一切事务，并与德劳因进行了书信联系。德国占领期间，巴黎的画廊所剩无几，德劳因的画廊就是其中之一。1945 年 6 月，她将"用于举办回顾展的十二张布面油画和三张纸板油画"送到了这位画商手中，并在此后的三年中又如法炮制了三次。"康定斯基的展览'巴黎时期'(Parisian Period) [2] 今天下午在德劳因的画廊开幕了，效果惊人。"亨利-皮埃尔·罗谢 (Henri-Pierre Roché) [3] 在写给古根海姆基金会 (Guggenheim Foundation) 的负责人、女男爵希拉·里贝 (Hilla Rebay) [4] 的信中说。里贝收藏了大量康定斯基的布面油画作品，其中一张当时正在巴黎的德劳因画廊展出。后来，罗谢再次致信女男爵："您那张在德劳因画廊（的'巴黎时期'）展出过的康定斯基的作品出现在最重要的展厅里，它被挂在了位置最好的那面展墙的正中央：人们都对它赞赏有加。这真是一个完美的选择……应该发生的一切迟早都会发生，不是在这里，也会在别处，但总会恰如其分地去到它应在的位置。时间会纠正一切……您

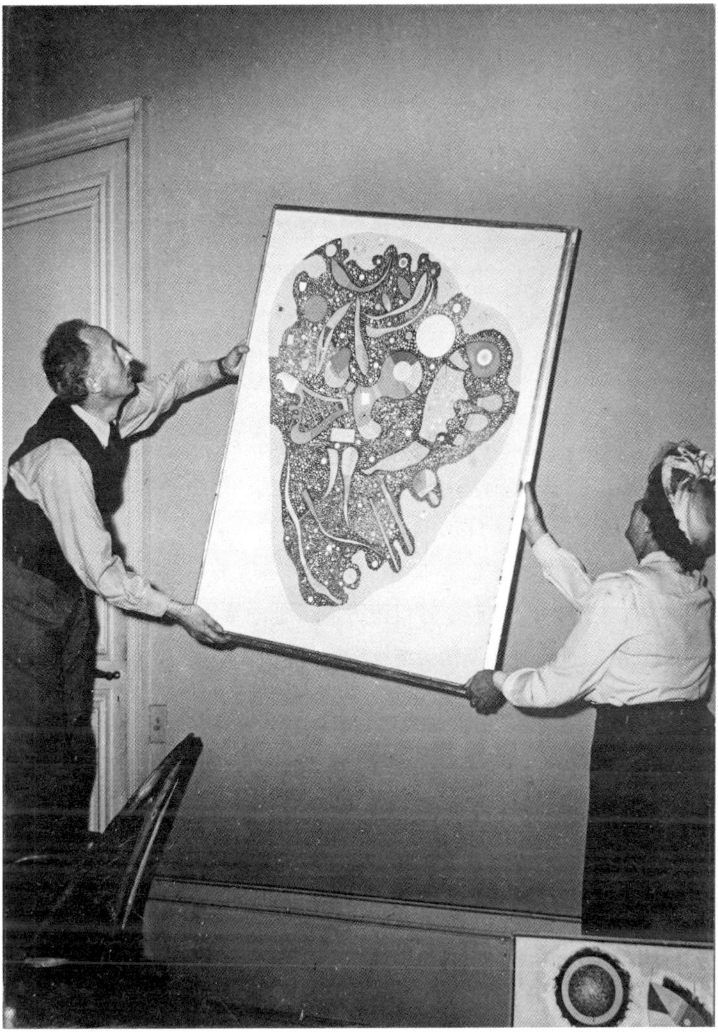

巴黎
妮娜·康定斯基与勒内·德劳因
蓬皮杜中心提供

那座千呼万唤始出来的博物馆即刻就要动工了⁵，这是多么令人振奋的消息啊！它必将会在纽约和整个世界大放异彩。为了去看这座博物馆，去纽约旅游的人数都必然会有所增加。您在欧洲目前无需采取任何行动。”[③]德劳因为康定斯基举办的一系列水准一流的展览必定非常符合罗谢和一直以来都在美国支持这位艺术家的德国画商卡尔·尼伦多夫的心意；但战后的巴黎百废待兴，市场仍旧极度匮乏，这促使德劳因最终将成卷的作品托付给了一位频繁往返于巴黎和纽约的飞行员朋友。他知道值得信赖的卡斯泰利一定会到机场领取这些画作，一一装裱，再“把它们带到女男爵面前，而她则会对康定斯基的创作进行系统性的收藏”[④]。

另一方面，1936年起就在美国生活的卡尔·尼伦多夫早在战前就开始在这里努力为康定斯基寻找市场，在他纽约的画廊仓库中也早已积累了一定数量的作品。可在1947年春季的一次欧洲之行中，尼伦多夫与这位艺术家的遗孀见了面。“为了获得几件康定斯基的晚期作品，我与妮娜·康定斯基撕破了脸，吵得很厉害。”他向希拉·里贝汇报道，“价格定得奇高，而且她还坚信会继续涨价，至少能够涨到与毕加索的作品售价齐平的高度。塞沃斯告诉我，妮娜曾对他宣称，康定斯基理应比毕加索受到更多的关注，这种说法几乎是对逝者的一种亵渎……康定斯基近来的成功已经让她晕头转向了。她觉得这是与法国媒体对抗多年之后取得的最终胜利，局面已经得到了彻底的扭转。”[⑤]这是一段从开始就注定不会有结果的关系！在战后惨淡萧条、人人自危的环境中，艺术商人们效仿法国知识分子，不断思考如何重振他们过去曾经树起的“品牌”。德劳因精致的展览是暗无天日的市场中为数不多的亮点。“长久的饥饿必然会导致瘫痪。”尼伦多夫观察到，“在巴黎，你也同样会感受到那种不确定性。政治危机此起彼伏、货币汇率摇摆不定……罢工时有发生。谁都不知道最后会发生什么。罗马和整个意大利都带给了我同样的感受：欧洲正面临着一场深重得超乎想象的危机……在艺术上也是如此。意大利曾经是欧洲文化的中心，可如今全国上下都找不出一个有地位或有个性的艺术家来。巴黎也不似过去那样能够启迪人心了。卢浮宫的展厅已经让往来其间的参观者们心生厌倦……这里出现了一种确凿无疑的末世

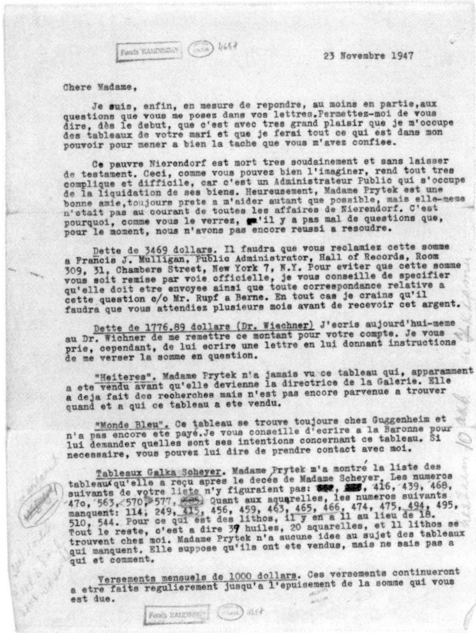
23 Novembre 1947

Chere Madame,

Je suis, enfin, en mesure de repondre, au moins en partie,aux questions que vous me posez dans vos lettres.Permettez-moi de vous dire, dès le debut, que c'est avec tres grand plaisir que je m'occupe des tableaux de votre mari et que je ferai tout ce qui est dans mon pouvoir pour mener a bien la tache que vous m'avez confiee.

Ce pauvre Nierendorf est mort tres soudainement et sans laisser de testament. Ceci, comme vous pouvez bien l'imaginer, rend tout tres complique et difficile, car c'est un Administrateur Public qui s'occupe de la liquidation de ses biens. Heureusement, Madame Prytek est une bonne amie,toujours prete a m'aider autant que possible, mais elle-meme n'etait pas au courant de toutes les affaires de Nierendorf. C'est pourquoi, comme vous le verrez, qu'il y a pas mal de questions que, pour le moment, nous n'avons pas encore reussi a resoudre.

Dette de 3469 dollars. Il faudra que vous reclamiez cette somme a Francis J. Mulligan, Public Administrator, Hall of Records, Room 309, 31, Chambers Street, New York 7, N.Y. Pour eviter que cette somme vous soit remise par voie officielle, je vous conseille de specifier qu'elle doit etre envoyee ainsi que toute correspondance relative a cette question c/o Mr. Rupf a Berne. En tout cas je crains qu'il faudra que vous attendiez plusieurs mois avant de recevoir cet argent.

Dette de 1776.89 dollars (Dr. Wiechner) J'ecris aujourd'hui-meme au Dr. Wichner de me remettre ce montant pour votre compte. Je vous prie, cependant, de lui ecrire une lettre en lui donnant instructions de me verser la somme en question.

"Heiteres". Madame Prytek n'a jamais vu ce tableau qui, apparamment a ete vendu avant qu'elle devienne la directrice de la Galerie. Elle a deja fait des recherches mais n'est pas encore parvenue a trouver quand et a qui ce tableau a ete vendu.

"Monde Bleu". Ce tableau se trouve toujours chez Guggenheim et n'a pas encore ete payé.Je vous conseille d'ecrire a la Baronne pour lui demander quelles sont ses intentions concernant ce tableau. Si necessaire, vous pouvez lui dire de prendre contact avec moi.

Tableaux Galka Scheyer. Madame Prytek m'a montré la liste des tableaux qu'elle a reçu apres le decés de Madame Scheyer. Les numeros suivants de votre liste n'y figuraient pas: [illegible], [illegible], 416, 439, 468, 47o, 563, 570, 577, [illegible]. Quant aux aquarelles, les numeros suivants manquent: 114, 249, 415, 456, 459, 463, 465, 466, 474, 475, 494, 495, 510, 544. Pour ce qui est des lithos, il y en a 11 au lieu de 18. Tout le reste, c'est a dire 39 huiles, 20 aquarelles, et 11 lithos se trouvent chez moi. Madame Prytek n'a aucune idee au sujet des tableaux qui manquent. Elle suppose qu'ils ont ete vendus, mais ne sais pas a qui et comment.

Versements mensuels de 1000 dollars. Ces versements continueront a etre faits regulierement jusqu'a l'epuisement de la somme qui vous est due.

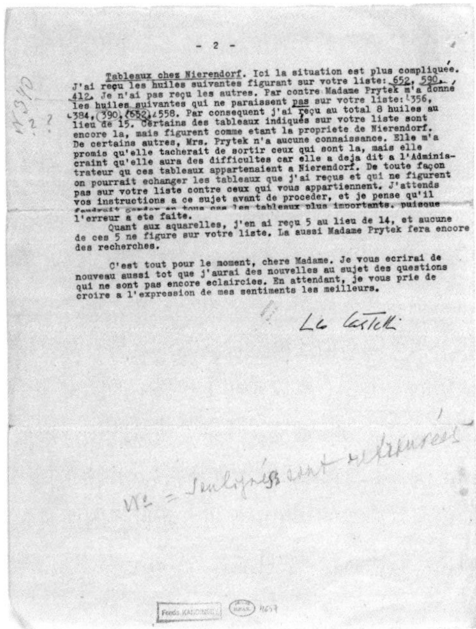
\- 2 -

Tableaux chez Nierendorf. Ici la situation est plus compliquée. J'ai reçu les huiles suivantes figurant sur votre liste: 652, 590, 412. Je n'ai pas reçu les autres. Par contre Madame Prytek m'a donné les huiles suivantes qui ne paraissent pas sur votre liste: 356, 384, 390, 652, 558. Par consequent j'ai reçu au total 8 huiles au lieu de 15. Certains des tableaux indiqués sur votre liste sont encore la, mais figurent comme etant la propriete de Nierendorf. De certains autres, Mrs. Prytek n'a aucune connaissance. Elle m'a promis qu'elle tacherait de sortir ceux qui sont la, mais elle craint qu'elle aura des difficultes car elle a deja dit a l'Administrateur qu ces tableaux appartenaient a Nierendorf. De toute façon on pourrait echanger les tableaux que j'ai reçus et qui ne figurent pas sur votre liste contre ceux qui vous appartiennent. J'attends vos instructions a ce sujet avant de proceder, et je pense qu'il faudrait garder en tous cas les tableaux plus importants, puisque l'erreur a ete faite.

Quant aux aquarelles, j'en ai reçu 5 au lieu de 14, et aucune de ces 5 ne figure sur votre liste. La aussi Madame Prytek fera encore des recherches.

C'est tout pour le moment, chere Madame. Je vous ecrirai de nouveau aussi tot que j'aurai des nouvelles au sujet des questions qui ne sont pas encore eclaircies. En attendant, je vous prie de croire a l'expression de mes sentiments les meilleurs.

1947 年 11 月 23 日，纽约
利奥・卡斯泰利致信妮娜・康定斯基
蓬皮杜中心提供

感……巴黎上空乌云压顶，衰退之气扑面而来。春光下，城市前卫的布局和生机勃发的公园动人依旧，但缔造出这一切的人文精神如今却丧失了曾经的创造力……这里的教堂、宫殿和各类建筑看上去全都突兀古怪、了无生气……这里的展览……都过时、乏味，简而言之就是无趣……任何情况下，我都不建议您购买艺术，一是因为没有好的艺术；二是无论什么都贵得要命"[⑥]。

1947 年 10 月 25 日，卡斯泰利正在准备接收德劳因寄来的头几卷康定斯基的作品，卡尔·尼伦多夫却因心脏病发猝然倒毙。妮娜·康定斯基想要追回存放在这位德国画商那里的作品，并开始在德劳因的建议下向卡斯泰利寻求帮助。卡斯泰利挺身而出，面对康定斯基夫人的第一次征询，卡斯泰利以一段极其优雅的开场白给出了他乐观而无畏的答复："首先，您能将丈夫的画作托付给我，令我倍感荣幸。我必将竭尽全力完成您交托的使命。"[⑦]。德劳因从巴黎寄来的布面油画，加上他从尼伦多夫的画廊索回的那批作品，卡斯泰利很快就发现自己手中掌握了约一百张康定斯基的画作，并将它们存入了岳父家楼下的地窖中。他的使命是让这位抽象艺术大师在新世界获得像模像样的欢迎。

等等，让我们先看一看康定斯基 1940 年到 1944 年到过的地方。他的地理轨迹串连起了一系列荼毒了整个欧洲大陆的政治事件："苏联驱逐了他。德国拒绝了他。自 1936 年起，西班牙出现了几位对他的作品兴趣浓厚的批评家，但这个国家后来却陷入了佛朗哥的独裁统治。康定斯基本人极为欣赏的意大利在政治上也不光彩。放眼欧洲，只有法国、瑞士和英国对他还算宽容。除此之外，就只剩下在商业上给予过他最大认可的美国和一座仅存在于想象中的国度——中国了，但那里对于年迈的他而言又过于遥远。"[⑧]康定斯基的创作形成于莫斯科、慕尼黑、柏林和巴黎，承载着导致欧洲先锋派运动覆灭的每一次社会灾难和个人不幸。作为康定斯基的毕生创作进入新世界的摆渡人，卡斯泰利是否清楚他所肩负起的使命究竟意味着什么？

“可怜的尼伦多夫走得过于突然，连遗嘱都没有留下。”他致信妮娜·康定斯基，“可想而知，这让他身后的各项事务都变得异常复杂、棘手，况且还有一家信托公司正在清算他的资产。所幸，普莱泰克（Prytek）夫人与我关系甚好，也一直都在尽力帮忙，可哪怕是她，也未曾想到尼伦多夫的生意会如此庞大。正因如此，我们才留下了一些至今都无法解决的问题……亲爱的夫人，以上就是目前我要跟您汇报的全部情况。如有任何新的进展，我会再次来信。”[9]接手尼伦多夫“纷乱如麻”的文件、承受美国官方为了收缴遗产税而施加的压力，还要考虑因焦虑突发神经衰弱的画廊经理普莱泰克夫人本就虚弱的身体状况，卡斯泰利着实是选择了一座难于攀登的险峰。现在，他不仅要同债权人周旋，还要安抚画家失去耐心的遗孀；不仅要拨开康定斯基与尼伦多夫合约中的重重迷雾，更要去组织展览和搜寻客户。

1948年5月10日，为了消除康定斯基夫人的疑虑，卡斯泰利写道：“可以确认的是，以下康定斯基创作的布面油画和水彩作品目前都在我手中：五十五张布面（创作于1923年至1938年）、二十九张水彩和水粉（创作于1922年至1936年），以及三件石版画（共十一张）。”在11月10日发出的一封电报中，他汇报道：“昨日收到四十四张油彩、二十二张水彩和十一张石版画。清单会发给勒内句号（电报原文如此）会处理您信中提到的其他作品祝好利奥·卡斯泰利。（电报原文如此）”通过对作品进行排序、确认日期、估算价格，并用他优美而修长的奥匈帝国书写体罗列出长长的清单，卡斯泰利在混乱中厘出了头绪。但他得到的回报却是毫无耐心的指责，这与德劳因和尼伦多夫过去经历的情况如出一辙。“我强烈要求，您向我出具一封承托证明。”她咄咄逼人，“这是很严肃的问题。X博士（书信原文如此）刚刚回来，他告诉我您承诺过会给我出具一份详细的书面证明。我再说一遍，我想知道哪些作品是由里贝女男爵购买的，而她又会在什么时间付款；幸亏我当初是以瑞士法郎做的定价，近来法国法郎大跌特跌。”[10]卡斯泰利不得不在回信中用最为宽慰的言语安抚道：“女男爵承诺的付款时间是……1月。所以您不必担忧。1月您将收到画款3万3375瑞士法郎。您是可以完全信任我的。”[11]

次年2月中旬，卡斯泰利确认："女男爵几天前支付了画款。这样一来，我就可以偿还欠您的2万2750瑞士法郎了，钱款将汇到您提供的地址。您希望我以法郎还是美金汇款？是否希望我在汇款单上提及您的姓名？请您告知。此外，出于种种原因，我想以四笔金额分期付款：7500，5000，5000和5000，付款期为一个月左右，尾款将在1949年3月底前付清。"⑫在此后的六个月中，卡斯泰利曾四次"代表"妮娜·康定斯基秘密出行，将钱款存进一个很有可能位于瑞士银行的户头。他在1949年3月4日写道："亲爱的夫人，我的第一次旅行刚刚结束。一切进展顺利。我很可能马上就会再次启程，无论如何我都会与您保持沟通。我会把詹尼斯需要的作品留给他的，这一点毫无疑问。"他在3月22日和4月22日的信件中谈到了此后的行程，并最终向妮娜·康定斯基汇报道："事情已全部解决。"⑬

归还妮娜·康定斯基的欠款后，卡斯泰利的下一个目标是马上着手寻找一个能够将康定斯基的作品呈现给潜在藏家的空间。西德尼·詹尼斯成为他的第一选择。詹尼斯后来回忆道："画廊刚开业的时候，但凡有展览利奥就都会来。那时，他对我们展出的艺术家很感兴趣。妮娜·康定斯基跟他很熟，因为她丈夫在欧洲不再受到关注了，于是她把许多作品给了利奥。在这个基础上，我们为康定斯基做了一次展览。我们通过利奥向妮娜借了许多作品，为了帮助我们拿到这些作品，他做了不少工作……没有什么人知道利奥其实是个画商。他为康定斯基夫人卖画的方式与十到十五年前加尔卡·沙耶尔（Galka Scheyer）[6]为康定斯基、克利和雅弗林斯基（Jawlenskys）[7]卖画的手法是一样的。"⑭虽然一开始对是否举办这场展览有所保留，艺术家的遗孀最终还是做出了让步，展览成功开幕。"西德尼·詹尼斯画廊举办的这场展览精彩极了。您允许他做展览的决定是正确的。"⑮卡斯泰利兴高采烈地奉承着他神经质的女主子。除了巴尔的摩的一位藏家以1200美金买下了一张画作，詹尼斯自己也收藏了两张。后来，卡斯泰利又找到了一位新的客户，于是去信询问遗孀"是否愿意出售那张创作于1933年的584号作品——《光，构成》（*Leichte, Bildung*）……这张作品在借展期间遇到了一位买家。如果您同意出售这张作品，请回信告知我您的底价。”[16]

在几个月顺畅而富有成效的合作之后，几张尼伦多夫声称在战争中已经“损坏”或“烧毁”了的油画却接二连三地浮出水面，出现在了其他纽约画廊的图录中，这让艺术家遗孀和她的代理人之间的关系变得紧张起来。后来，几张素描也以同样的方式复活了，妮娜·康定斯基对卡斯泰利凶相毕露；当怀疑和猜忌取代了客套的寒暄，她的来信中出现了一种新的口吻：“我极其严肃地要求您必须找到这些作品。我猜您是把它们交给某位分享佣金的代理商了，或者您会不会是忘了自己已经卖掉了这些作品？这些都是重要的素描作品，而非那种可能会被随意搁置的小草稿。因此我才希望您尽快找到它们。这个包豪斯展又是什么？是谁组织的？完全没有向我提供展览图录和任何信息。”[17]她出言不逊。从这一刻开始到合作结束，他们的通信全都在就作品丢失的问题纠缠不清：卡斯泰利将精力集中在追踪那些再次出现的画作上，而妮娜·康定斯基却只关注那些始终下落不明的作品。“所有作品目前都在莱普斯（Leps）处，以下几张除外：《在蓝色的世界里》（*Im Blau*）、《弗伦奇李奇特斯·沃拉普腾》（*Verenchleichtes Volupten*）和《感动的，黑色》（*Berührte, Schwarz*）在西德尼·詹尼斯的几位客户手中；《蓝顶》（*Spitzenblau*）正随包豪斯展在美国巡回展出；《两个动作》（*Zwei Bewegungen*）、《轻砖》（*Leichter Block*）、《梦境》（*Verträumt*）、《来自深处》（*Aus der Tiefe*）和《四个部分》（*Vier Teile*）我还没能找到。我会继续寻找并将告知您最新的进展。”[18]

即便卡斯泰利心怀善意地对妮娜·康定斯基进行着安抚，他们的关系却未能得到改善。虽然他依旧扮演着侍臣的角色，但也开始逐渐失去耐心：

> 您12月16日的来信着实让我吓了一跳。托运公司10月16日就取走了《损伤之中》（*Im Schaden*），我还以为您早就已经收到这幅画了。我去电询问时，他们说要等其他作品到齐后一并运输。我向他们下达了立即运输的指令。《蓝顶》（书信原文中错拼为Spitzenbass）

还在随包豪斯展在全国巡回展出。这张作品是从西德尼·詹尼斯那借走的，他收回作品之后便会返还给您。至于那五张水彩，目前我已经弄清了《梦境》这一张的下落。我认真通读了您过去的来信，发现，“1948年2月6日，女男爵购买了六张作品，其中《梦境》是从德劳因那买入的。”这样一来，这张作品目前应该位于女男爵在古根海姆博物馆的私人收藏中。您一定是忘记了那笔交易。如果您能翻阅一下自己的文件并确认这笔交易的存在，我将不胜感激。另外四张水彩则始终没能找到，我不明白它们怎么可能会凭空消失。您曾非常慷慨地提出要赠予我一张康定斯基的作品，用来感谢我这些年来提供的服务，而我只好非常遗憾地谢绝这件礼物了。至于我在过去的六年中对这些作品的花费，我自然也不会再要求您进行偿付。不过，请允许我提醒您，若不是我及时采取行动，尼伦多夫手中的那些作品早就已经落入信托公司手中了，直到今天还会在他们的控制之下。当时我承担了不小的风险，如今如果这部分资产要接受裁定的话，我仍有可能需要面对非常严重的后果。您可以问问您的律师斯莱弗（Slaff）先生，他会告诉您我所说的都是实情。我为您提供的帮助是难以用金钱去衡量的。最后，我想提醒您，若没有我，康定斯基不会有一大批非常重要的作品被卖到美国；为了销售这些作品，我已经做了大量的工作，却没有得到一分钱的回报。我从不自吹自擂，今天说这些只是想让您明白，您损失的那四幅水彩，总价为5310瑞士法郎的70%，也就是3721瑞士法郎，与我的付出相较起来其实完全不值一提。[19]

于公于私，卡斯泰利都从未表现得如此坚定自信，这说明他对自身的能力已经有了相当大的把握。但康定斯基夫人却寸步不让：“我们还是弄丢了三幅画……你去问问托运公司吧……无论如何，你还是收了我30%的佣金啊，只不过这完全合情合理，我们之前也是这么约定的。你付我那十张油画和水彩的画款时不就以保管费用为由扣下了30%吗？所以我才让你从我丈夫的作品中挑点什么作为康定斯基的礼物。三张水彩也算是一份大礼了。”[20]卡斯泰利丝毫没有耽搁，马上进行了还击：

亲爱的夫人，我相信……您一定已经收到了《在蓝色的世界里》。那批作品是1月12日搭乘“美国记者”号（American Reporter）离港的，万一您仍未收到作品，T运输公司（T Transport）在巴黎的办事人员应该可以向您提供物流的具体信息。我让詹尼斯去了解《蓝顶》的情况，他授权我给包豪斯展的组织者去信，要求他们马上交还作品。我不认为我把1930年的520号作品《遐想》（Reverie）和1932年的480号作品《梦境》搞混了。我从来也没有拿到过这张作品，如果有什么被搞混了的话，那一定是您在1948年第一次写信给我的时候造成的误会。不管怎么说，《梦境》现在是女男爵的收藏，我无论如何也没有能力将它索回。所以，丢失的水彩共有五张。您将其中三张作为对我服务的报酬，我深表感谢。反之，为了补偿您丢失的那两张水彩（虽然我认为其中有一张并不是我的责任），我愿意将我自己拥有的一张康定斯基的布面作品，1931年的544号作品《稳定》（*Stabil*）赠送给您。我认为它的价值高于那两张水彩。这样一来，我希望整个事件能够得到彻底的解决，我可真没少为它头疼。利奥·卡斯泰利谨上。[21]

两年半后，妮娜·康定斯基才打破了漫长的沉默，同意收下这张《稳定》：“距离上一次见您已经过了相当长的一段时间。您来巴黎时我曾尝试致电，却未能联系上您。《陆续》（*Nacheinander*）和《福特哈弗》（*Futterhaff*）这两幅画目前由我的律师斯莱弗先生保管。现在我总算可以把它们拿回来了。因此，我希望您能将您手中的两张作品——《稳定》和1927年的399号作品《蓝顶》与斯莱弗先生手中的两张作品在保价50%之后一并寄还给我。画一运出就马上写信通知我。”[22]但她的回复为时已晚。“很可惜，”卡斯泰利回复她说，“关于《稳定》，我曾写过两封信给您，但过了将近两年都没有得到任何答复。我推测您是对那张作品不感兴趣，所以已经在今年4月11日以850美金将它卖给了本地的一家画廊——新画廊（New Gallery）。请告知我应该将这笔钱款汇往何处。我刚刚与斯莱弗先生通过电话，请他将手中两张画作与《蓝顶》（书信原文中错拼成Spitzbau）一并运出。希望近期能有机会到巴黎，也希望这么多年过去后能再见到您。”

被前电子时代低下的沟通效率所累，这段八年前由德劳因极力促成的关系就这样结束在了失衡和苦涩之中。政治曾经让康定斯基从莫斯科颠沛流离到慕尼黑，从慕尼黑回到莫斯科，从莫斯科到柏林，又从柏林去了巴黎。1948 年到 1953 年，卡斯泰利历尽千辛万苦，逾越了政治上的障碍，终于为那一捆捆被送到他手中的绘画找回了它们应当受到的尊重。他为康定斯基的创作争取到了前所未有的关注，也让美国公众意识到，康定斯基与米罗和克利具有同样崇高的艺术地位。而他通过努力获得的经济收益却被如数汇向了欧洲。是卡斯泰利让康定斯基的作品出现在了巴尔的摩美术馆（Baltimore Museum of Art）、现代艺术博物馆、菲利普收藏馆（Phillips Collection）、西德尼·詹尼斯画廊、新画廊和达文林画廊（Davlyn Gallery）；通过将《逃生梯》（*The Escape Ladder*）（1940 年）卖给海伦·艾奇逊（Helen Acheson）、将《夺目的紫罗兰》（*Dominant Violet*）（1934 年）卖给马克·古德森（Mark Goodson）、将《穿透性的绿》（Penetrating Green）（1938 年）卖给赛迪·梅（Saidie May）、将《关系》（*Relations*）（1934 年）卖给戴维·劳埃德·克里格（David Lloyd Kreeger），他在私人收藏领域也为康定斯基谋得了一席之地。而他最大的功劳，是将数量庞大的康定斯基原作呈现在了女男爵希拉·里贝面前。她不仅是德劳因在美国为康定斯基收获的第一位忠实买家，还是非具象绘画美术馆馆藏的掌管者。他卖给里贝的康定斯基充栋盈车，以至于后来古根海姆基金会的理事们不得不通过投票决定出售其中的一部分作品，成交数量之大在博物馆史上实属罕见：1964 年，伦敦的苏富比公司拍卖其中的五十五张油画，1971 年，又有十三张油画和三十三张水彩在帕克-伯内特（Parke-Bernet）公司[8]受到了相同的处置！[23]

卡斯泰利也许注定无法满足这位寸步不让的遗孀，但他却以康定斯基代理人的身份在纽约的美术馆和画廊界站稳了脚跟，也建立起了他基于个人关系网的销售模式。而这看似不可能奏效的模式正是这位未来画廊主的制胜法宝之一。或许，除了艺术，他真的没有别的选择。“他对我们画廊没有任何经济上的图谋，也不从我这赚钱。他所做的事都是出于爱和信仰。”[24]詹尼斯解释道。回首那些年的过往，卡斯泰利说：“我已经有了作为一名个体画商的经验，但开设画廊似乎还不大可行，因为我缺少资金——也可能是缺少勇气——谁知道呢？”[25]此时，卡斯泰利依旧扮演着吃力不讨好的次要角色，只能忍受随之而来的限制和委屈，但无论如何，一个通往新世界的艺术“摆渡者”即将诞生。

[1] 美国艺术评论家、收藏家、策展人和艺术家，被认为是“二十世纪美国文化最重要的人物之一”，是非具象艺术、抽象艺术尤其是立体主义最重要的支持者。

[2] 勒内·德劳因画廊 1949 年 6 月举办的展览“康定斯基，巴黎时期 1934—1944”（*Kandinsky, époque parisienne 1934—1944*）。

[3] 法国作家，深入参与了巴黎的先锋艺术和达达主义运动。

[4] 二十世纪早期的美国抽象艺术家，所罗门·R. 古根海姆博物馆的联合创始人和第一任馆长。

[5] 希拉·里贝 1943 年就邀请了建筑设计大师弗兰克·劳埃德·赖特（Frank Lloyd Wright）为非具象绘画美术馆设计一座新的建筑，但直到 1956 年才破土动工，1959 年才完全建设完毕并对公众开放。

[6] 德裔美国画家、艺术收藏家和艺术商人，她是由里昂耐尔·费宁格（Lyonel Feininger）、瓦西里·康定斯基、保罗·克利和阿历克塞·冯·雅弗林斯基（Alexej von Jawlensky）组成的“蓝色四人组”（Die Blaue Vier）的创始人。

[7] 阿历克塞·冯·雅弗林斯基，活跃在德国的俄国表现主义画家，“蓝骑士”画派的代表人物。

[8] 曾经是美国最大的艺术拍卖公司，1964 年被创立于英国的苏富比拍卖公司收购。

① 利奥·卡斯泰利访谈，安德鲁·德尔克采访，纽约，1997年5月22日，美国艺术档案馆，华盛顿哥伦比亚特区。

② 克里斯蒂安·德鲁安（Christian Derouet），《康定斯基在巴黎1934—1944》（"Kandinsky in Paris 1934—1944"），摘自《康定斯基在巴黎1934—1944》（*Kandinsky in Paris 1934–1944*）（纽约：Solomon R. Guggenheim Museum，1985年出版），59页。

③《致希拉·里贝》（"Letter to Hilla Rebay"），1949年5月2日，摘自琼·M. 卢卡奇（Joan M. Lukach），《希拉·里贝：求索艺术的精神》（*Hilla Rebay: In Search of the Spirit in Art*）（纽约：George Braziller，1983年出版），259页。

④ 安·亨德利编辑，《克劳德·贝里遇见利奥·卡斯泰利》（巴黎：Renn，1990年出版），82页。

⑤《致希拉·里贝》，1947年5月22日，摘自卢卡奇，《希拉·里贝：求索艺术的精神》，244页。

⑥《致希拉·里贝》，1947年5月15日，摘自卢卡奇，《希拉·里贝：求索艺术的精神》，242—243页。

⑦ 康定斯基图书馆（Bibliothèque Kandinsky），乔治·蓬皮杜中心（Centre Georges Pompidou），巴黎，康定斯基基金会（Fonds Kandinsky）。

⑧ 德鲁安，《康定斯基在巴黎1934—1944》，摘自《康定斯基在巴黎1934—1944》，22页。

⑨ 康定斯基图书馆，1947年11月23日书信。

⑩ 康定斯基图书馆，1948年11月30日书信。

⑪ 康定斯基图书馆，1948年12月13日书信。

⑫ 康定斯基图书馆，1949年2月13日书信。

⑬ 康定斯基图书馆，1949年3月4日、25日和4月25日书信。

⑭ 西德尼·詹尼斯访谈，保罗·卡明斯采访，纽约，1972年9月26日，美国艺术档案，华盛顿哥伦比亚特区。

⑮ 康定斯基图书馆，1948年12月13日书信。

⑯ 康定斯基图书馆，1948年5月23日书信。

⑰ 康定斯基图书馆，日期不明书信。

⑱ 康定斯基图书馆，1948年8月21日书信。

⑲ 康定斯基图书馆，1952年12月26日书信。

⑳ 康定斯基图书馆，1953年1月25日书信。

㉑ 康定斯基图书馆，1953年2月16日书信。

㉒ 康定斯基图书馆，1955年11月11日书信。

㉓ 托马斯·M. 梅瑟（Thomas M. Messer），《介绍》（"Introduction"），摘自《所罗门·R. 古根海姆博物馆收藏的瓦西里·康定斯基1866—1944》（*Wassily Kandinsky 1866–1944 in the Collection of the Solomon R. Guggenheim Museum*）（纽约：Solomon R. Guggenheim Museum，1972年出版），11—12页。

㉔ 西德尼·詹尼斯访谈.，保罗·卡明斯采访，美国艺术档案。

㉕ 安·亨德利编辑，《克劳德·贝里遇见利奥·卡斯泰利》，84页。

15—“我宁愿不会这一招”

一种建立在欧洲文化之巅的美国文化正在形成。这种精神上的同盟关系必须，也必将持续下去。它就像一座闪耀的灯塔，也像是一盏明灯，牢牢地吸引着法国人的目光。

最优秀的教师都被吸引到了美国，这里也已经具备了建立顶级艺术收藏的财力。从青年画家创作的强度来看，这个国家终有一天会产生一种属于自己的表达方式。①

——费尔南德·莱热

“几个星期前的一个周日，两位眼光独到的美国前卫绘画批评家——克莱门特·格林伯格（近来受到越来越多认可的美国抽象艺术‘极端分子’最早的支持者之一）和迈耶尔·夏皮罗（Meyer Schapiro）[1]（哥伦比亚大学艺术史教授，拜占庭图像学和现代表现主义等不同领域的著名权威）出现在了格林威治村（Greenwich Village），他们爬上既陡峭又有些摇晃的楼梯，钻进了几间不通热水的公寓。这次安息日[2]之行的成果——出自二十三位艺术家之手的二十三幅绘画——刚刚被挂进了库兹画廊（Kootz Gallery）的展厅（展出至5月15日），而这无疑是我所经历过的最成功且最具煽动性的青年艺术展之一。”这时，策展人、收藏家、商人和批评家已经聚集在了美国艺术家的周围，而在他们眼中，十九世纪无畏于贫穷的法国艺术家过的日子依旧是艺术家最佳的生活方式。“参展的艺术家中，有大约三分之二都不满三十岁，”托马斯·B. 赫斯（Thomas B. Hess）[3]继续写道，“也许正是因为他们都还年轻，才能不被社会粗暴地强加给他们的生活压垮。颤颤巍巍的楼梯和不通热水的公寓没有任何夸张修辞的成分，它们都是真实存在的。它们与一切因环境昏暗造成的不适、阴冷和经济上的不安全感正以最具萨特意味[4]的方式时刻伴随着这些艺术家们。除了十九世纪的巴黎，能让艺术家的处境如此艰难的也只剩下我们自鸣得意的现代文明了。可以想见，正是这种艰难和担心被忽视的压力造就了这个群体，他们看上去似乎与印象派的盖尔波瓦咖啡馆（Café Guerbois）[5]中那群‘波希米亚人’一样无忧无虑、自信潇洒。克莱门特·格林伯格曾将这些年轻的纽约客们与魏尔伦（Verlaine）[6]笔下‘被诅咒的诗人（Poètes maudits）’[7]进行过一番比较。不过，他们的处境虽然相似，结果却大相径庭。”②

二十世纪四十年代末，纽约媒体的态度逐渐有所软化，对本土艺术的态度也开始不再像过去那样尖刻了。1943年，克莱门特·格林伯格这样写道：“十年来，我们在每一届惠特尼年鉴展（Whitney Annual）[8]上都会惊奇地发现：绝大多数已经得到认可的艺术家都具备非常优秀的绘画、素描和雕塑能力，但他们的作品却奇差无比。”③1944年，他再次炮轰惠特尼年鉴展，称其“从未如此令人沮丧”，并坚持“美国艺术与美国文学一样，似乎都在经历一场倒退"④。然而，仅仅过了四年，他的口气就发生了变化。"像毕加索、布拉克（Braque）[9]和莱热这样的伟大艺术家在创作上都出现了急转直下的趋势，如果这样的情况真的存在，原因只有一个，那就是欧洲已经失去了能够保证他们充分施展才干的社会前提。"他在1948年3月写道，"而另一方面，随着阿希尔·戈尔基、杰克逊·波洛克和戴维·史密斯（David Smith）[10]这样充满能量和内涵的艺术新星的出现，美国艺术的水准在过去五年中已经得到了显著的提升。一旦人们发现了这一点，便会得出一个过去想都不敢想的结论——当工业生产和政治实力的重心发生了转移，西方艺术发展的先决条件终于来到了美国。"⑤在格林伯格之后，其他批评家们也不得不承认，进入50年代之后，纽约的艺术世界迎来了一次复兴。

在这片美学工地上，艺术家、批评家和商人们释放出了魔法般的能量。作为一名开蒙了的业余爱好者、不入流的收藏家、代理人和策展人，利奥·卡斯泰利穿梭于上城与下城、纽约与东汉普顿（East Hampton）[11]、美国与欧洲之间，游走于画廊、博物馆、工作室和咖啡馆，他打通关系、沟通交际、参与协作，大事小情样样精通。他以策展人的身份策划并组织展览，但使用的一直都是别人的画廊，也从不承担任何财务风险。过去担任德劳因副手的经历让他深谙这一角色的利与弊，而此刻的他正在詹尼斯、库兹、肖（Thaw）[12]、普洛亚尔特（Ployardt）[13]和科普雷（Copley）[14]的画廊中大展身手。

巧到不可思议的是，在1948年的6月，当西德尼·詹尼斯为了展出欧洲艺术在纽约开办了自己的画廊，佩吉·古根海姆正在威尼斯双年展（Venice Biennale）[15]上向欧洲介绍着杰克逊·波洛克的作品。从创作《哥特式》（*Gothic*）的1944年到创作《夏日》（*Summertime*）的1948年，波洛克已经扬帆起航，全力驶向了一片崭新的艺术视野。那些年，他开始将画布平铺在地面，从静态的传统架上绘画进入了一种更为肢体性的动态创作阶段。1948年4月，德·库宁在查尔斯·埃根画廊举办的第一场个展为他吸引到了广泛的关注。而杰克逊·波洛克纤柔、炫目的创作动态则引起了另外一些人的共鸣；他的成功证明，哥特式教堂激发出的浓烈情感足以跨越大西洋的阻隔，用纯粹、暴力和能量俘虏整个世界。那年 6 月，因战争停办了整整六年的威尼斯双年展重磅回归，佩吉·古根海姆在那里掀起了一场轩然大波。那是一届“令人难忘的双年展”，批评家恩佐·迪·马蒂诺（Enzo Di Martino）写道：“我们第一次接触到了波洛克的绘画，它们都是开疆破土、史无前例的杰作……年轻的意大利画家们受到了极大的震撼，他们的创作也随之出现了变化。”⑥

然而，纽约画商们为波洛克这样的艺术家寻找买家的过程却并不轻松。二十世纪五十年代，因为收藏家和艺术市场尚未与新一代的艺术家和批评家产生共鸣，艺术商业始终都不景气。艺术商人于是向批评家寻求帮助，特别需要他们为新的艺术运动梳理出概念，这在过去是从未有过的情况。1949 年 9 月，在哈罗德·罗森伯格（Harold Rosenberg）[16] 的背书下，萨姆·库兹画廊展出了被哲学家奥特加·伊·加塞特（Ortega y Gasset）[17] 定义为“关注自身内部主观感受 [18]”的艺术家的作品；几年后，库兹又聘请克莱门特·格林伯格和迈耶尔·夏皮罗去东村（East Village）的那些肮脏破旧、颤颤巍巍的画室发掘艺术新星。在那之后，大都会艺术博物馆也开始展出当代艺术，这对一个长期无视本土艺术的机构而言是一次前所未有的转变。然而这场名为“今日美国绘画”（*American Painting Today*）的展览并没有得到本土艺术家的认可，还遭到了 18 个人的联合抵制。他们致信馆长罗兰·雷德蒙德（Roland Redmond），诟病保守的甄选委员会是“臭名昭著的前卫艺术之敌”。《先驱论坛报》（*New York Herald Tribune*）刊发了一篇关于这“暴怒的十八罗汉（Irascible Eighteen）”[19] 的社论，其他报刊上也慢慢出现了关于这一事件的报道。在这 18 名反抗者中，有 15 铭出现在了《生活》（*Life*）杂志中，他们面对镜头怒目而视，以示反抗：中间坐着的几位成员［罗斯科、纽曼、斯塔莫斯（Stamos）[20]、恩斯特（Ernst）[21]、布鲁克斯（Brooks）[22]］组成了一个金字塔形，其他几位男性成员［汤姆林（Tomlin）[23]、马瑟韦尔、斯蒂尔（Still）[24]、波洛克、巴齐奥蒂、普赛特－达特（Pousette-Dart）[25]、莱因哈特（Reinhardt）[26]、戈特利布（Gottlieb）[27]、德·库宁］环绕在周围，

[1] 美国艺术史学家和批评家。

[2] Sabnath，犹太教的主要节日之一，犹太人谨守安息日为圣日，不许工作。

[3]《艺术新闻》杂志编辑，引文的作者，德·库宁最早的拥护者之一，抽象表现主义不可或缺的倡导者和重要的艺术批评家。

[4] 萨特的作品曾形象地描绘过污秽简陋的生活环境。

[5] 十九世纪巴黎的艺术家、作家和艺术爱好者们定期开展讨论的地点，以马奈为中心，汇聚了众多印象派画家，形成了与资产阶级相对的“波希米亚”群体。

[6] 保尔·魏尔伦（Paul Verlaine），十九世纪最伟大的诗人之一，象征主义诗人的领头人。

[7] 指生活和艺术脱离社会或反对社会的作家或艺术家，在魏尔伦的选集《被诅咒的诗人们》（*Les Poètes maudits*）中被用于指代与他一样与传统对抗、饱受非议并被批评家们忽视的诗人，他们多耽于毒品、酒精、暴力和犯罪，有些年纪轻轻就死于非命。

[8] 惠特尼美术馆举办的美国当代艺术展，开始于1932年，1973年起改以双年展的形式举办。

[9] 乔治·布拉克（George Braque），二十世纪法国重要的艺术家，野兽派的参与者，主导了立体主义的发展。

[10] 美国雕刻家，最早创作金属焊接雕刻的美国人之一。

[11] 美国纽约州的高档度假胜地，人称“美国最美乡村”，距曼哈顿岛仅有2到3个小时的车程，美国东海岸许多富豪和名人都居住于此。

[12] 尤金·V. 肖（Eugene V. Thaw），美国艺术收藏家、商人和作家，美国艺术商人联合会（Art Dealers Association of America）创始人之一，1950年在纽约创办了他的画廊E.V. 肖（E.V. Thaw & Co.）。

[13] 约翰·普洛亚尔特（John Ployardt），美国迪士尼动画设计师和解说员，1948年与他的连襟科普雷共同在洛杉矶开办了推广超现实主义艺术的画廊科普雷画廊（Copley Galleries）。

[14] 威廉·N. 科普雷（William N. Copley），美国画家、作家、画廊主、收藏家、赞助人、出版人和艺术企业家。

[15] 起始于1894年的国际当代视觉艺术展，每两年举办一次，分为国家馆和主题馆两大部分，展览时间通常为六个月左右，是极为重要的艺术盛事。

[16] 美国作家、教育家、哲学家和艺术批评家，抽象表现主义的前身——“行动绘画”（Action Painting）概念的缔造者。

[17] 何塞·奥特加·伊·加塞特（José Ortega y Gasset），西班牙二十世纪极为重要的思想家、文学家，其思想和政治理念影响了西班牙的知识分子，对传播学的发展也起到了至关重要的作用。

[18] 主体内在性（Introspective），在心理分析学中用于形容在主体自身内部产生的反应，取自加塞特发表的一篇文章《艺术的观点》（“On the Points of View of the Arts”）。文章中，加塞特总结了西方艺术的历史：“首先出现的是绘画，其次是感受，最后是思想。”对于加塞特而言，这种发展说明艺术家和所绘对象的关系发生了一系列根本性的改变——艺术家的注意力一开始“集中于永恒的现实，而后是主观的感受，最后是产生于自身内部的主观感受”。

[19] 1950年，“暴怒的十八罗汉”联名向大都会艺术博物馆馆长抛出一封公开信，拒绝承认展览“今日美国绘画”及附属的竞赛单元。

[20] 塞奥佐罗斯·斯塔莫斯（Theodoros Stamos），希腊裔美国画家，“暴怒的十八罗汉”中最年轻的一位。

[21] 吉米·恩斯特（Jimmy Ernst），出生于德国的美国抽象表现主义画家。

[22] 詹姆斯·布鲁克斯（James Brooks），美国壁画家、抽象画家，洛根艺术奖（Logan Medal of the Arts）得主。

[23] 布莱德利·沃克·汤姆林（Bradley Walker Tomlin），美国纽约画派的抽象表现主义艺术家之一。

[24] 克莱福特·斯蒂尔（Clyfford Still），美国抽象表现主义早期的重要代表人物之一。因其先于杰克逊·波洛克和马克·罗斯科开始创作抽象绘画，被认为是抽象表现主义运动的奠基人。

[25] 理查德·普赛特-达特（Richard Pousette-Dart），美国画家、雕塑家和艺术摄影师，纽约画派的创立者之一。

[26] 阿德·莱因哈特（Ad Reinhardt），活跃在纽约的抽象画家，纽约画派的成员，他的写作和演讲对观念艺术、极少主义和单色绘画具有重要的影响。

[27] 阿道夫·戈特利布（Adolph Gottlieb），美国抽象表现主义画家、雕塑家、版画家。

1950 年 11 月 24 日，纽约
在抵制大都会艺术博物馆的展览“今日美国绘画”的 18 名反抗者中，有 15 名出现在了《生活》杂志中，他们面对镜头怒目而视，以示反抗
摄影：妮娜·林恩（Nina Leen）

唯一的一名女性——赫达·斯特恩（Hedda Sterne）[28] 则立于这个金字塔的顶点。

卡斯泰利渴望将美国艺术从泥沼中解救出来，他向詹尼斯提出了皮埃尔·马蒂斯曾经有过的一个想法。在卡斯泰利的打磨下，这个想法已经更加明确和系统化了，也势必会造成更大的影响：他们或许可以通过在巴黎与纽约之间——更为确切地说是在纽约与巴黎之间——架起一座擂台，来提升美国艺术家的地位。“我们决定由利奥来选美国的，由我来选法国的。”詹尼斯说，“利奥的功劳不小，他为杰克逊·波洛克和罗斯科这样的画家提供了强有力的支持。”⑦“这种比较实在有趣，但同时也很有道理。”卡斯泰利补充道，“不过，我因为这次尝试遭到了激烈的批评。尤其是查尔斯·伊根，我把这个纯粹的沙文主义者激怒了。开幕当晚，他对我说这是一个荒谬的想法，法国艺术和美国艺术根本不具有任何可比性。而巴尔呢，他对美国画家基本不买账，安于冷眼旁观，也同样没有什么热情！”⑧不过“我想在我的第一个展览中强调一个概念，那就是美国绘画与欧洲绘画同样优秀，可以与伟大的欧洲名作平起平坐。所以我才会……让波洛克与兰斯考伊（Lanskoy）[29]、克兰（Kline）[30]与苏拉热（Soulages）[31]、德·库宁与杜布菲、戈尔基与马塔、罗斯科与德·斯达尔（de Staël）[32]、戴维·史密斯与莱热、库隆（Coulon）[33]与卡瓦隆（Cavallon）[34]一较高下。这是我一直以来都想要证明的，而且从没有人这么做过。像詹尼斯就从未让他的欧洲大师与美国画家一同展出过。所以说，这是史无前例的一次突破”⑨。这场“史无前例”的展览[35]被一次又一次地进行了复制：此后的五年中，多家画廊都举办了自己的美欧艺术竞技展，从侧面证明了卡斯泰利策略的正确性，其中包括菲戈（Feigl）画廊[36]的“现代欧洲和美国艺术发现”（*Modern Europeans and Americans: Discoveries*）、多丽丝·梅尔泽画廊（Doris Meltzer）[37]的“美国艺术与欧洲艺术：绘画与雕塑”（*Americans and Europeans: Paintings, Sculpture*）、方尖碑画廊（Obelisk）[38]的“富于灵感的美国和法国艺术家”（*Inspired Artists from France and America*）和现代画廊（Galerie Moderne）的“当代美国艺术家、当代欧洲艺术家”（*Contemporary Americans, Contemporary Europeans*）。

《艺术新闻》杂志严肃地评论道：“展览‘美法青年画家’通过将这两个国家的代表人物结对展出，汇聚了众多当代青年艺术家的佳作，也展现了他们创作方向的一致性……揭示了艺术创造无处不在的真理。因为展览囊括了两个国家一部分最优秀的艺术家，所以许多展品本身就是杰出的传世之作，而这与展览的教育意义并不冲突。”⑩在那个特殊的时期，这场展览为纽约人注入了一剂强心针。二战结束以来，一直在用批判性的眼光对彼此进行观察的美法两国艺术家，终于在全新的文化格局中互换了角色。在耶鲁大学演讲时，萨特赞扬了美国青年小说家对法国文学的振兴作用，他语惊四座：“德国的占领让法国知识分子愈发着迷于美式生活的暴力感、急速扩张的能力和能动性。美国小说的影响力源自它对叙事技巧的革命……我们对于这类讲述谋杀和强奸的故事本身并不存在病态的迷恋，而是在寻找重振写作艺术的他山之石。我们早已被传统和文化所压垮，却不自知。没有历史积淀的美国小说家们用野蛮和粗暴闯出了一片难能可贵的天空……而未加雕琢的才华和无意识的天性却在我们手中变得那样刻意……很快，第一批创作于纳粹占领时期的法国小说就要在美国问世了。我们会把从这里学到的东西还给你们。我们已经对它们进行了消化和梳理，并按照法国人的口味进行了调整，变得不那么立竿见影，但也不那么简单粗暴了。在这种持续的交流中，一些国家从另一些国家找回了他们自己发明之后又抛弃了的东西。而这些外来的书籍或许也会让你们再一次重温‘老’福克纳（Faulkner）[39]笔下那不朽的青春魅力。”[⑪]一如萨特利用福克纳和多斯·帕索斯（Dos Passos）[40]对阿尔贝·加缪（Albert Camus）[41]的影响来鼓吹加缪（以及自己）的作品，卡斯泰利也在通过将杜布菲与德·库宁、罗斯科与德·斯达尔进行对比，在国籍的标签之外寻找着盟友和同谋。

几个月后，卡斯泰利延伸了自己作为大西洋上的中间人的角色，实现了另一次观念上的飞跃：与其去偏爱那些与法国艺术展开对抗的欧洲和美国艺术家，他对一种愈发无法被拿来进行比较的美国前卫艺术产生了浓厚的兴趣。他两个月内先后在纽约（詹尼斯画廊）和巴黎［法兰西画廊（Galerie de France）］举办的那场展览就是证明[42]。“美国抽象艺术的成就在 1950 年冬天到达了‘顶峰’。”比利时批评家米歇尔·赛弗（Michel Seuphor）[43]从纽约回国后写道，“我全面地探查了美国纽约的艺术现状，没有错过任何一个可能藏匿信息的角落，因而我可以说，新一代美国画家的确正在获得越来越多的理解，他们的语言非常纯粹，也非常粗暴……这种五六年前才刚刚出现的绘画形式已经锋芒毕露了……如今，绝大多数美国人……都认为他们的画家丝毫不逊色于我们的画家。有一些人甚至宣称他们要好过气息奄奄的欧洲出产的画家，旧世界的时代即将过去。”[⑫]大西洋两岸，批评家和艺术家的观点日趋一致，赛弗的评论符合每一位从纽约归来的欧洲人的感受。继莱热之后，雅克·利普切茨（Jacques Lipchitz）[44]也真切地感受到了纽约的魅力：“我在纽约的创作

1951 年，纽约，西德尼・詹尼斯画廊
利奥・卡斯泰利策划的展览“美法青年画家”现场
卡罗尔・詹尼斯（Carrou Janis）提供

比在任何地方都要多。我再也没有离开那里。我不清楚那里的空气有什么特别，有什么令人激动的能量，反正你若不保持亢奋的工作就会被它烧成灰烬——我找不到别的语言来形容。”⑬的确是这样的，战争结束了，超现实主义者们离开了，他们投下的巨大阴影也不复存在了，纽约的艺术家们从未如此斗志昂扬。

“无论天气怎样，我记忆中的五十七街总是阳光灿烂。这是为什么呢？”赛弗写道，“是因为西德尼・詹尼斯的微笑吗？是因为说话永远只有一个声调的维顿伯恩（Wittenborn）[45]吗？是伊根晦涩的幽默吗？还是麦迪逊大道拐角处的库兹热诚的欢迎呢？在这条画廊街两侧有非常宽阔的人行便道，为每个人都提供了空间。”在对纽约艺术世界细致入微的探索中，赛弗很快就发现了卡斯泰利在詹尼斯画廊的作为。他在文章中赞扬了那场美法绘画之间的较量，并搭配了精彩的图片。在一张照片中，杜布菲和德·库宁创作的肖像画出现在了同一面墙上，杜布菲的作品尺幅较小，被挂在了高处，与右下方的那张德·库宁的《女人》（*Woman*）相比，显得很不起眼。同样，入口处的那张罗斯科的锋芒盖过了挂在它右侧的尼古拉斯·德·斯达尔；克兰狂野的笔触如暴风雨般摧毁了苏拉热的平静；波洛克滴落的颜料、圆圈，以及各种弯曲的线条让兰斯考伊笔下的图形黯然失色。赛弗这篇名为《巴黎—纽约 1951》（"Paris—New York 1951"）的长篇报道精确地捕捉到了卡斯泰利刻意营造出的火药味——这是两座艺术之都的碰撞，其中的一座日渐衰落，而另一座则势头正盛。然而，赛弗并没有提到卡斯泰利的名字，原因不言而喻——此时站在台前的人是詹尼斯，卡斯泰利则屈居于幕后。可在七年之后，利奥·卡斯泰利却成为一个所有人都在谈论的人物。

此时此刻，卡斯泰利被出生在美国的本土艺术家们深深吸引，他始终警醒、敏锐，尽量不错过任何一场讲座、会议和座谈。虽然卡斯泰利只是这场艺术变革中的一名普普通通的参与者，但他很快就发现自己来到了一个交叉路口，有无数条道路摆在眼前。在旧金山的一场由乔治·博厄斯（George Boas）[46]、马塞尔·杜尚、达律斯·米约（Darius Milhaud）[47]、弗兰克·劳埃德·赖特（Frank Lloyd Wright）[48]、马克·托贝（Mark Tobey）[49]参与的专题研讨会上，人类学家葛瑞利·贝特森（Gregory Bateson）断言："我认为文化将会经历一场变革——它最根本的前提将会发生改变。以维庸（Villon）[50]的创作为例，他已经向十九世纪科学导致的文化僵化提出了抗议……维庸的作品、马塔的作品、马克斯·恩斯特的作品、杜尚的'裸女'[51]、画面闪烁的蒙德里安的作品——全都在对运动过程和动态进行阐述。""艺术作品是独立于艺术家之外的，这一点没有得到充分的强调。"杜尚插话道，"作品是独立的存在，而碰巧创作了它们的艺术家类似于不对其负有责任的载体。任何艺术家都不可能随时随地宣称：'我是一个天才。我会画出一幅杰作。'"[14]艺术本身就具有魔力，卡斯泰利着迷于这个概念，于是为即将发生的一场观念之战默默做起了准备。

一年后的纽约，他在导师阿尔弗雷德·巴尔主持的一场辩论中兴奋地发现，纽曼、德·库宁、霍夫曼（Hoffman）[52]、黑尔（Hare）[53]、戈特利布和马瑟韦尔也在探讨类似的问题。“艺术家真的是一个群体吗？”纽曼问道，“如果真的是，那么这个群体存在的理由又是什么？”“我不认为它有存在的理由。”黑尔打断道，“艺术家总是孤独的。艺术家的工作是独立或超前于他所在的社会的，极少处于既定的范围之内。”“为什么我们要创造出一个群体呢？人人都应尽其所能地与众不同。”汉斯·霍夫曼加入了讨论，“我们之间唯一的共同点是都有去创造的欲望……对我而言，‘传承’似乎始终是个说不通的概念。在我看来，法美两国青年画家的区别就是法国画家具有一种文化上的传承，而今日的美国画家在创作时则毫无可以参照的基准。法国人基于文化传承进行创作——他们所有的作品都能给人这种感受。”对此，德·库宁补充道：“我同意传统是现世的一个部分。刚才讨论的问题是说，法国艺术家在描绘一个对象的时候会进行某种特殊的处理。他们会运用一种特别的‘套路’，让绘画看上去像是‘完成了’的作品。可是我宁愿不会这一招。”⑮众所周知，巴尔很晚才对美国艺术的崛起有所认识，可如今，连他都在青年策展人彼得·布莱克（Peter Blake）的影响下发生了转变。他承认：“比较之下，第二次世界大战之后的绘画精神似乎更加大胆……在美国和西欧各地，许多年富力强的青年艺术家和才华横溢的老艺术家都决定再次出发，去进行新的探索和尝试。”⑯

1949年夏天，《生活》杂志对波洛克进行了一次专题报道，文章的标题相当引人入胜——《他是美国最伟大的在世艺术家吗？》（“Is He the Greatest Living Painter in the United States？”），并用一整版刊登了他的一张照片。从那以后，纽约艺术家的形象在公众的想象中就变得越发鲜活、丰满起来。“走进波洛克的工作室，就像进入了另外一个世界。”罗伯特·古德诺（Robert Goodnough）[54]对汉斯·纳穆斯（Hans Namuth）[55]镜头下在画布前起舞的波洛克进行了介绍，“在这里，艺术家对思想和情感的专注都发挥到了极致。”⑰米歇尔·赛弗也忍不住用一篇短文为他在巴黎的读者介绍了他心目中的几位新角儿。“波洛克脾气暴躁。这个苦命的人正经受着什么样的压力？怎样的苦痛正侵蚀着他的心灵？我只见他开心过一次，那是在一部关于他的电影上映的时候。影片中，他的画布平放在地上，他在蓝天下作画，像极了一个正在地里插秧、播种、除草的农民。马瑟韦尔看上去非常友好，可是，他真的那么友好吗？他很有教养——可能过于有教养了。些许放纵并不会破坏他绘画的精致。多变、率真、热情的德·库宁，每天都会陷入新的焦虑，只有绘画能让他得到解脱。他在第四大道（Fourth Avenue）有一间位于二楼的工作室，屋里乱糟糟的，几乎完全融入了这条街道的市井之气。”[18]

战后文化版图上的标记变换了位置，文化力量的迁移也得到了批评家们的认同，利奥·卡斯泰利始终不曾停下脚步，他频繁往返于曼哈顿、东汉普顿和巴黎，在收藏家、经理人、艺术爱好者和策展人之间自如地切换着身份；他对欧洲艺术的兴趣变成了对美国画家新鲜却持久的迷恋；他经历了从超现实主义到抽象艺术再到抽象表现主义的转变。他告别了与德劳因的合作和失败的旺多姆画廊，开始在蒸蒸日上的西德尼·詹尼斯画廊施展他的才干。他以多个身份穿梭于多个工作地点、多个住处、多个基准点和多个广泛分布的资源。他参与了许多活动，每一次所处的位置都在由外围向中心移动。同时，他还扮演着许多角色：业余玩家、没有固定职业的欧洲人、没钱的收藏家、女友众多的丈夫。随着时间的推移，他几乎无处不在了，巴黎、纽约、东汉普顿，到处都留下了他的身影。他与艺术家、批评家、知识分子、收藏家、策展人和艺术商人们并肩而立，始终都是一个渴望当上将军的好士兵。

在卡斯泰利的人生之路上，德劳因一度与他携手同行，詹尼斯则是他此程的旅伴。正是在与詹尼斯共事期间，卡斯泰利为纽约的转型做出了贡献，同时也完成了自身的蜕变。“德劳因和塔培耶是唯一能够认清现实，并知道应该在危机中寻找出路的人。但我还是无法说服他们与美国合作。傲慢让他们坚信只有欧洲人才能在美学上做出飞跃。事实上，欧洲已经被贫穷吞噬了，在经济上回天乏术。德劳因已经穷到不得不卖掉自己的公寓，住进了画廊的地下室里。”[19]与卡斯泰利一样，赛弗也无

1960 年夏，威尼斯
与西德尼・詹尼斯在第三十届威尼斯双年展
摄影：弗吉尼亚・多尔奇（Virginia Dortch）

法对美国和欧洲明显的对比视而不见，他指出："纽约是一块锐利的金属。在最具锋芒的时候，它像是一颗拥有千万个切面的钻石，有时我们会从中看到月亮的光辉……这座城市中的一切都是开放、通俗、亲切的……在纽约，各个艺术群体间不存在敌对的关系，这一点与巴黎完全不同；他们不设置门槛，也不标榜教条。这里没有泾渭分明的边界：所有艺术家都相互认识，也时常见面。不是说这里没有竞争，只是不那么凶残罢了。每个人都有自己的位置，而在地球上，任何一个位置都可以被认为是世界的顶端。"[20]因为与德劳因的联系，饱经风霜的欧洲大陆始终让他牵肠挂肚；在大西洋对岸的纽约，他在沙皮拉家族的地位依然不值一提。在这两点之间，纽约文化界的任何一次微小的震动都逃不过卡斯泰利的眼睛，他总会谨慎而有计划地做出反应，并逐渐建立了属于自己的一方天地。再过几个月，就到他该从幕后走向台前的时候了。

[28] 美国画家，虽然她与超现实主义和抽象表现主义的关系密切，但她的作品却坚持独立于任何风格和潮流之外。

[29] 安德烈·兰斯考伊（André Lanskoy），活跃在法国的俄罗斯画家、版画家。

[30] 弗朗茨·克兰（Franz Kline），美国抽象表现主义画家，为此次展览设计了海报。

[31] 皮埃尔·苏拉热（Pierre Soulages），法国画家、雕刻家、雕塑家。

[32] 尼古拉斯·德·斯达尔（Nicolas de Staël），俄裔法国画家、雕塑家，也参与拼贴、插图和织物的创作。

[33] 让－米歇尔·库隆（Jean-Michel Coulon），法国画家，巴黎画派成员，艺术生命中的大部分时间都在秘密作画。

[34] 吉奥乔·卡瓦隆（Giorgio Cavallon），又称乔治·卡瓦隆，出生于意大利的美国画家，抽象表现主义最早的实践者之一，“美国抽象艺术家”（American Abstract Artist）团体的创始人之一。

[35] 西德尼·詹尼斯画廊 1950 年 10 月举办的展览“美法青年画家”（*Youna Painters in the united Stutes and France*）。

[36] 捷克犹太画商雨果·菲戈（Hugo Feigl）博士移民美国后于 1942 年在纽约开办的画廊。

[37] 美国艺术家、画商多丽丝·梅尔泽在纽约开办的画廊。

[38] 位于美国首都华盛顿特区的一家画廊，曾举办过吉米·恩斯特等艺术家的展览。

[39] 威廉·福克纳（William Faulkner），美国文学史上最具影响力的作家之一，意识流文学在美国的代表人物，1949 年诺贝尔文学奖得主。

[40] 约翰·多斯·帕索斯（John Dos Passos），美国小说家和艺术家。

[41] 法国作家、哲学家，存在主义文学、“荒诞哲学”的代表人物，诺贝尔文学奖得主。

[42] 1951 年卡斯泰利与詹尼斯共同策划的展览“美国前卫艺术”（*American Vanguard*），展出了全体抽象表现主义代表人物的作品。

[43] 比利时画家、作家、文学杂志创办人。

[44] 法裔美国立体主义雕塑家。

[45] 乔治·维顿伯恩（George Wittenborn），德裔美国知识分子、书店和画廊主。他 1941 年起在五十七街开设的书店曾是纽约知识分子聚集的重要场所。

[46] 约翰·霍普金斯大学（Johns Hopkins University）哲学教授。

[47] 法国作曲家。

[48] 美国优秀的建筑家、室内设计师、作家和教育家，工艺美术运动（The Arts & Crafts Movement）美国派的主要代表人物。

[49] 马克·乔治·托贝（Mark George Tobey），美国画家，其作品的最终呈现与抽象表现主义类似，但创作动机完全不同。

[50] 雅克·维庸（Jacques Villon），法国立体主义画家、版画家。

[51]《下楼梯的裸女 2 号》（*Nude Descending a Staircase, No. 2*），1912 年。

[52] 汉斯·霍夫曼（Hans Hoffman），出生于德国的美国抽象表现主义画家。

[53] 戴维·黑尔（David Hare），美国超现实主义艺术家，以其雕塑作品闻名，也有许多摄影和绘画创作。

[54] 美国抽象表现主义画家。

[55] 出生于德国的美国摄影师，擅长肖像摄影，拍摄了包括波洛克在内的许多艺术家的肖像。

①《巴黎—纽约，纽约—巴黎》（1941年创作），摘自费尔南德·莱热（Fernand Léger），《我的旅行》（*Mes Voyages*）（巴黎：L'Ecole des Lettres），55—56页；《法国日报》（*Les Lettres Françaises*）专访（1946年4月12日）。

②《年轻纽约客掠影》（"Seeing the Young New Yorkers"），摘自《艺术新闻》（*ARTnews*）（1950年5月）：23页。

③ 克莱门特·格林伯格，《批评文集》（*The Collected Essays and Criticism*），第一卷，《理解和判断1939—1944》（*Perceptions and Judgments 1939—1944*），约翰·奥布莱恩（John O'Brian）编辑（芝加哥：University of Chicago Press，1986年出版），133页。

④ 同上，171页。

⑤《立体主义的衰落》（"Decline of Cubism"），摘自《党派评论》（*Partisan Review*）第3期（1948年出版）：369页。

⑥ 恩佐·迪·马蒂诺，《威尼斯双年展》（*La Biennale di Venezia*）（米兰：Mondadori，1995年出版）。

⑦ 西德尼·詹尼斯访谈，保罗·卡明斯采访，纽约，1972年9月26日，美国艺术档案，华盛顿哥伦比亚特区。

⑧ 利奥·卡斯泰利，丹尼尔·科迪埃（Daniel Cordier）及伊莲娜·索拿本德，《画廊的作用》（"Le rôle des galeries"），阿尔弗雷德·帕克芒（Alfred Pacquement）采访，1976年8月，摘自《巴黎—纽约，1908—1968》（Paris-New York, 1908—1968）（巴黎：Gallimard/Centre Georges Pompidou，1991年出版），271—277页。

⑨ 埃米尔·德·安东尼（Emile de Antonio）与米奇·图奇曼（Mitch Tuchman），《画家作画：一部秉笔直书的现代艺术现场史，1940—1970》（*Painters Painting: A Candid History of the Modern Art Scene, 1940—1970*）（纽约：Abbeville Press，1984年出版），90页。

⑩《艺术新闻》（*ARTnews*）杂志（1950年5月刊）：47页。

⑪ 耶鲁大学讲座，1946年1月，安妮·科恩-索拉尔档案。

⑫《巴黎—纽约》（"Paris-New York"），摘自《今日的艺术》（*Art d'aujourd'hui*）杂志（1951年3月17日）：4—12页。

⑬ 雅克·利普切茨访谈，采访，1946年，现代艺术档案博物馆。

⑭《现代艺术西方圆桌会议》（"The Western Round Table on Modern Art"），旧金山，1949年4月8—10日，摘自《美国现代艺术家，第一部分》（*Modern Artists in America, First series*）（纽约：Wittenborn Schultz，1951年出版），25—38页。

⑮《35工作室艺术家会议》（"Artists' Sessions at Studio 35"），纽约，1950年4月21—23日，摘自《美国现代艺术家，第一部分》，10—21页。

⑯《戈尔基、德·库宁、波洛克》（"Gorky, de Kooning, Pollock"），摘自《艺术新闻》（1950年夏季刊）。

⑰《作画中的波洛克》（"Pollock Paints a Picture"），摘自《艺术新闻》（1950年夏季刊）。

⑱ 米歇尔·赛弗，《巴黎—纽约1951》，摘自《今日的艺术》杂志（1951年6月刊）。

⑲ 利奥·卡斯泰利，作者采访，1995年11月5日。

⑳ 赛弗，《巴黎—纽约1951》。

16—是最佳人选，还是只会跳探戈而已？

在我心目中，伟大的画家具有一种无与伦比的威严——这是一种英雄崇拜，而这种崇拜在欧洲要比在这里来得普遍。美国人对艺术家和作家似乎没有特别大的兴趣，这一点是我没有想到的……就我自己而言，我是多么希望与这些人朝夕相处，去体验他们的生活啊。[①]

——利奥·卡斯泰利

迈克·洛（Mike Loew）[1]：这恰恰是表现主义画家的软肋，不讲构图。

米尔顿·雷斯尼克（Milton Resnick）[2]：看着我的眼睛，告诉我平衡构图不是直接从（脏字）包豪斯那里学来的。

路德维希·桑德（Ludwig Sander）[3]：我们都需要蒙德里安的训练方法。

迈克尔·戈德堡（Michael Goldberg）[4]：你说话别跟你那的大学生似的，成熟点行吗？凭什么（脏字）说所有要素都必须协调。

罗伯特·劳申伯格：为什么艺术家要被排除在艺术作品之外？艺术家与几何一样重要，应当具有同样的地位。

艾斯特班·维森特（Esteban Vicente）[5]：我同意！但这算是弱点吗？难道不是表现主义者用行动推翻了几何吗？

梅赛德斯·麦特尔（Mercedes Matter）[6]：我们还需要这么来来回回说下去吗？塞尚从未将他的构图几何化，他的画幅和比例永远都是不固定的，是可以前后移动的。空间是有弹性的。

乔治·卡瓦隆（George Cavallon）[7]：是的。他总是留有开放的构图，由空间来决定画面比例。

麦特尔：你是说，在引用了这么多名家高论之后，我们还是存在着巨大的分歧。我们谈论的到底是构图还是比例？

哈利·霍尔茨曼（Harry Holtzman）[8]：你们这些表现主义者说得好像蒙德里安根本就没出生过。你们认得清自己吗？你们还活在十九世纪，还在做艺术的时候对人性抱有不切实际的幻想。

维森特：首先，你是一个人，其次才是一个画家。

雷斯尼克：就说到这吧。别再把存在主义扯进来了！②

1950年7月20日，东八街（East Eighth Street）39号，“俱乐部”（The Club）。抽象主义和表现主义的艺术家们正在尝试以一种从旧世界流传下来的方式，在无休止的讨论中对自己作出定义。[③]在严酷的文化环境下，为了改变各自为战的状态，同时让各自的权利得到申张，他们在1949年秋天创立了“俱乐部”。在创始会员中，只有利奥、伊莲娜·卡斯泰利和画商查尔斯·伊根不是艺术家。在这个群体中，有像弗朗茨·克兰、威廉·德·库宁、阿德·莱因哈特、杰克·特沃科夫（Jack Tworkov）[9]和罗伯特·劳申伯格这样成名在即的艺术家；也有像列文·埃尔科普利（Lewin Alcopley）[10]、吉奥乔（乔治）·卡瓦隆、伊布拉姆·拉索（Ibram Lassaw）[11]、兰德斯·莱维丁（Landes Lewitin）[12]、康拉德·马卡-雷里（Conrad Marca-Relli）[13]、菲利普·帕维亚（Philip Pavia）[14]、米尔顿·雷斯尼克和路德维希·桑德这样名气稍小、距离成功还有一段距离的艺术家；也有基本就不可能会成功的人。“1947年，”《地平线》（*Horizon*）杂志写道，“克莱门特·格林伯格曾在文章中说，美国艺术的命运掌握在三十四街（Thirty-fourth Street）以南的‘年轻人’手中，‘他们基本上都没有超过四十岁，住在不通热水的公寓里，收入只够勉强糊口而已。’他说只有少数狂热的艺术爱好者才知道他们的名字……而这群艺术迷仿佛生活在旧石器时代的欧洲，与美国的社会格格不入。”[④]

批评家、记者、哲学家和音乐家是纽约下城艺术家的朋友，当他们接受了格林伯格的观点，便决定共同加入这场运动。这在美国是史无前例的，其影响力不亚于一次革命。虽然过程并不轻松，但没过多久，一个原本只有少数精英才了解的群体得到了更为广泛的认知。“当时，艺术家们全都处于绝望之中，他们真的太孤立了。”伊莲娜解释道，“没有观众，什么都没有。要生存下来很难，可他们还是坚持着，感觉完全是在为自己创作。”按照路德维希·桑德的说法，“从某种程度上说，我们与包厘街（Bowery）上的流浪汉[15]真的没什么两样。那肯定是这样啊，那年头，很多我们的人都会在下午去彼此的工作室串门。”他们开始在一个成员的仓库改建房里聚会。“那里特小特简陋，放着一架钢琴。”伊莲娜介绍道，“第一个到的人要打扫屋子，清理烟灰缸——负责做清洁。因为我通常都是第一个到的，所以必须得在其他人到齐之前打扫完毕。”“每个人都有自己的工作。”画家艾斯特班·维森特补充道，“比如德·库宁有一次就刷了一百到两百个杯子！”⑤

在这种孤立的状态下，一个团体要生存下去必须要有纪律作为约束。当成员间的认同感逐渐形成，就需要遵守严格的规章、履行相应的义务。桑德解释道：“我们确实制定了一些需要共同遵守的规定，比如墙上不

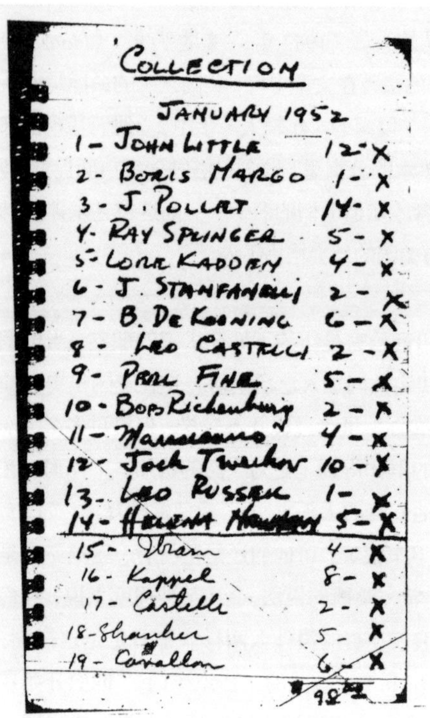

1952 年 1 月，纽约
“俱乐部”会员应缴会费，利奥和伊莲娜的应付金额分别为 8 美金和 17 美金

许张贴任何图像，不许制定宣言；我们聚在一起不是出于美学上的认同，而是社会身份的认同。"⑥欧内斯廷·拉索（Ernestine Lassaw）[16] 回忆说："菲利普·帕维亚是图书管理员，他负责保管书籍并制定活动计划。我过去帮他写过周五小组讨论的邀请卡。有一些成员不希望有女性加入，但伊莱恩·德·库宁（Elaine de Kooning）[17] 和梅赛德斯·麦特尔强烈要求入会，我们就接纳了她们。"⑦这一点得到了伊莲娜的确认："外人是非常不受欢迎的……如果有人想要加入，必须找到一名愿意为他力排众议的创始成员作担保。他们总会询问马卡－雷里的意见，而他每次都会说'我们对这个人一点兴趣都没有！''俱乐部'拒绝了很多人的申请，因为外面的世界最好永远留在外面。"那一张张用打字机敲出的小卡片上，信息少之又少，这很符合这个极端排他的秘密社团的精神——不给闯入者任何可乘之机：

星期三　　圆桌论坛
5月9日　　讨论议题由会员选出
晚9：30　　仅限会员——请提前预约，外来人员禁止入内！

星期五　　研讨会
5月11日　　克莱门特·格林伯格
晚9：30　　请提前预约，每位会员限携一名友人出席！

东八街39号
纽约州纽约市

但这并不意味着，其他那些更为开放的社团遇到的问题就不会在这里出现了：

“俱乐部”的各位成员

请在这个季度结束之前缴纳您1950年的会费。“俱乐部”需要这笔资金去支付目前和日后的开销。若不是迫在眉睫，我们定不会致信向您催款。您可将会费交给三位财务委员中的任何一位：

兰德斯·莱维丁	菲利普·帕维亚	路德维希·桑德
韦弗利路（Waverly Place） 117号 纽约市	第六大道 473号 纽约市	东十街（E 10 Str.） 84号 纽约市

谢谢。[8]

虽然每周三的会议仅限会员出席，每周五的时间却是向访客和外部演讲者开放的，因此关于“俱乐部”的传说很快就在曲高和寡的纽约知识分子圈中流传了开来。会员数量持续增长，反映出的当然是社会对这个群体越来越深的痴迷：短短五年间，原本只有十五人的会员名单扩大了十倍。虽说这个组织并非始终其乐融融，但它的成长的确是自然发展起来的。“常有人来介绍本人或者其他人的作品，或者分享他对当下某个展览的看法。”伊莲娜回忆道，“其他时间，我们会放电影，或请约翰·凯奇（John Cage）[18]或莫尔顿·费尔德曼（Morton Feldman）[19]这样的作曲家来演奏钢琴。然后我们会讨论之前的电影或讲座，气氛会变得非常热烈甚至非常激烈。我们会一人出一点钱，去楼下的雪松酒馆（Cedar Tavern）买威士忌。所有人都喝醉了才会回家……几乎每个在纽约稍作停留的外国人都会来‘俱乐部’看看。莫霍利-纳吉来过，佩夫斯纳来过，加博（Gabo）[20]也来过，甚至最后还留了下来。在来做讲座的人中，我记得马克·罗斯科，印象更深的是约瑟夫·康奈尔（Joseph Cornell）[21]，他带来了D.W.格里菲斯（D. W. Griffith）[22]的一部默片——

《破碎的百合花》(*Broken Lilies*)[23](采访原文);可是观众们哄堂大笑,这让他很不高兴——他觉得自己被羞辱了!"⑨其他在"俱乐部"做过演讲的名人包括哲学家夫妇汉娜·阿伦特(Hannah Arendt)[24]和海因里希·布吕赫(Heinrich Blücher)[25],来对存在主义和政治信仰的属性进行探讨的纽约大学(NYU)教授威廉·巴雷特(William Barrett)[26]和福特汉姆大学(Fordham University)[27]的福林神父(Father Flynn),尝试从形式的角度探讨艺术的批评家克莱门特·格林伯格和托马斯·B.赫斯,从更具社会性的角度出发的哈罗德·罗森伯格和迈耶尔·夏皮罗,参与过圆桌会议——"职业艺术家的问题"讨论的约翰·费伦(John Ferren)[28]、莱昂内耳·阿贝尔(Lionel Abel)[29]、约翰·凯奇和埃德温·丹贝(Edwin Denby)[30],以及介绍了蒙德里安的艺术评论家哈利·霍尔茨曼(Harry Holtzman)[31]。

"俱乐部"在成立后的六年中取得了耀眼夺目的成功,但在那之前,美国艺术家已经与对艺术充满敌意的国人进行了长期的斗争,经历过无数次失败与否定。这是一个坚决主张禁欲的社会,金钱与权力的庸俗价值主宰着这个国家。在这里,画家与雕塑家的形象一直是多余而无用的。在这里,《时代》周刊会用"像极了儿童绘制的葛底斯堡战役(Battle of Gettysburg)等线地形图"来形容波洛克的作品!直到二十世纪五十年代,美国艺术家才开始在自觉或不自觉的状态下直面一个自十九世纪起就存在的挑战——在这样的一个社会中寻找自我。为了摆脱被边缘化的痛苦,托马斯·伊肯斯(Thomas Eakins)[32]、罗伯特·亨利(Robert Henri)[33]、约翰·斯隆(John Sloan)[34]、托马斯·哈特·本顿(Thomas Hart Benton)[35]等艺术家进行了艰苦卓绝的斗争,但大多没有取得成功。

不仅如此,这场战争其实还存在两个战场。五十年代,美国艺术家的另一个斗争目标是从伟大但令人窒息的欧洲解放出来,摆脱那个他们始终都在学习,也始终在被比较的欧洲范本。"我们虽然身在纽约,但全都活在毕加索的时代。"画家尼克·卡罗内(Nick Carone)[36]解释道,"所有人都疯狂地崇拜毕加索、马蒂斯和布拉克。为了保住自己的美国本色,

[1] 即迈克尔·洛（Michael Loew），出生于纽约的抽象表现主义画家。

[2] 美国画家，参与过抽象表现主义运动，其抽象绘画以巨大的体量和重量著称。

[3] 出生于纽约的美国抽象画家，受蒙德里安的影响极大。

[4] 美国抽象表现主义画家，教师，以其动作绘画、抽象绘画和静物画著称。

[5] 出生于西班牙的美国画家，纽约画派第一代抽象表现主义成员之一。

[6] 美国画家，纽约素描绘画及雕塑工作室学院的创办人之一。

[7] 即吉奥乔·卡瓦隆。

[8] 美国艺术家，“美国抽象艺术家”创始成员之一。

[9] 出生于波兰的美国抽象表现主义画家。

[10] 阿尔弗雷德·列文·埃尔科普利（Alfred Lewin Alcopley），德裔美国药物学家，画家，纽约画派成员。

[11] 俄裔美国雕塑家，以其非具象的黄铜雕塑著名。

[12] 美国视觉艺术家。

[13] 美国抽象表现主义早期画家。

[14] 美国画家、雕塑家，与抽象表现主义运动的关系最为紧密。

[15] 包厘街是纽约曼哈顿南部的一条街道，处于这座城市的贫困地区，街道上出没着众多酒鬼和流浪汉。

[16] 伊布拉姆·拉索之妻，“俱乐部”创始之初的活动地点就是她在纽约一手操持下改造的仓库住宅。

[17] 美国抽象表现主义和具象表现主义画家，曾任《艺术新闻》杂志编辑，威廉·德·库宁之妻。

[18] 约翰·米尔顿·凯奇（John Milton Cage），美国先锋派古典音乐作曲家。

[19] 美国作曲家，不确定性音乐（Indeterminacy）先锋，该音乐风格的发展与纽约画派的实验有关。

[20] 瑙鲁·加博（Naum Gabo），俄裔美国构成主义雕塑家，动态艺术先锋。

[21] 美国艺术家和雕塑家，美国最伟大的超现实主义实践者之一，先锋派实验电影导演。

[22] 戴维·瓦克·格里菲斯（David Wark Griffith），美国电影导演、作家、制作人，现代电影技术的推动者。

[23] 应为格里菲斯 1919 年的爱情影片《残花泪》（*Broken Blossoms*）。

[24] 出生于德国的美国犹太哲学家。她拒绝“哲学家”的标签，坚持称自己为政治理论学者。

[25] 德国诗人和哲学家。

[26] 威廉·克里斯托弗·巴雷特（William Christopher Barrett），纽约大学哲学系教授。

[27] 一所位于美国纽约市的世界知名私立研究型大学，前身是成立于 1841 年的纽约天主教会区的圣约翰学院（St. John's College）。

[28] 美国抽象艺术家，在法国获得了认可。

[29] 美国犹太剧作家、散文家、戏剧评论家和翻译家。

[30] 美国舞蹈评论家、诗人、小说家、翻译家。

[31] 美国抽象画家、教师及研究蒙德里安创作的权威专家。

[32] 美国现实主义画家、摄影师、雕塑家和艺术教育家，垃圾箱画派（Ashcan School）成员。

[33] 美国现实主义画家、教师，垃圾箱画派成员。

[34] 约翰·弗伦奇·斯隆（John French Sloan），美国画家、蚀刻家，垃圾箱画派成员。

[35] 美国画家，壁画家，地方主义艺术运动先驱。

[36] 即尼古拉斯·卡罗内（Nicolas Carone），美国早期抽象表现主义艺术家。

我们只好不停地阅读梅尔维尔（Melville）[37]和其他本地作家的作品。”[⑩]因此，五十年代美国艺术家们必须同时在两个语境下对自身进行定义——一个是美国社会，另一个是欧洲文明。卡斯泰利这样的人似乎应该被看作是一个靠不住的盟友才对：他对美国人来说太欧洲了，对曼哈顿人来说太东汉普顿了，对“下城的流浪汉们”来说太上城了。所以他才会遭到那么多的污蔑，受到不友好的对待，有时还会被人背地里叫成“红酒烩公鸡”[38]。一群处境艰难的艺术家组成了这个相当同质化的社会。平心而论，卡斯泰利的确是这里的异类。除了都相信艺术的魔力，他与其他人还有什么共同点呢？为了得到他们的信任，他必须表达出足够的诚意：提供奢侈的圣诞贺卡，对“九街展”（Ninth Street Show）进行赞助，连续两年邀请德·库宁一家到伊莲娜在五十年代购买的一座度假小屋消夏，那里是他们在东汉普顿的家。

“利奥·卡斯泰利是‘俱乐部’的创始成员之一，”路德维希·桑德坚称，“但从史蒂文森（Stevenson）[39]第一次参加竞选开始，菲利普·帕维亚就开始拒绝承认这一事实。”他指的是艾德莱·史蒂文森初次竞选总统的时候。“我印象里，他认为卡斯泰利要把‘俱乐部’搞成一个‘史蒂文森艺术家支持者协会’，于是满腹牢骚。他不管这究竟意味着什么，事实上，这对我们根本没有造成什么影响。他觉得利奥从他们手中夺走了对‘俱乐部’的控制权，并把它交给了马瑟韦尔那一伙人。”其实，“俱乐部”中有许多位艺术家都在 1952 年为这位民主党总统候选人设计过海报，也装饰过科莫多尔酒店（Commodore Hotel）[40]的宴会厅。不过，卡斯泰利对史蒂文森的鼎力支持的确值得深思。面对共产党的威胁，共和党的反应像是一只惊弓之鸟。即便卡斯泰利曾在八年前以最近的距离目睹了苏联对罗马尼亚的控制，但任何一个善于思辨的灵魂都无法苟同共和党政府以约瑟夫·麦卡锡（Joseph McCarthy）[41]运动为代表的反智举措。“我们应该如何抵御共产主义自外而内的威胁呢？”1952 年 9 月 12 日，在新墨西哥州亚伯科基市的国民警卫队军械库（National Guard Armory），史蒂文森在演讲中问道，“这个问题只有一个合理的答案，那就是去提升自由世界的力量，增进彼此间的团结……努力、耐心地为自由世界积累雄厚的实力……正是在这个方针的指引下，我们抑制住了苏联的野心，或许还避免了第三次世界大战，从而拯救了这个世界。杜鲁门主义、马歇尔计划（Marshal Plan）和《北大西洋公约》（*North Atlantic Pact*）在欧洲成功约束了苏联的势力。我可以非常严肃地说，只有朝着这个方向继续前进，我们才能让苏联控制下的国家最终获得独立。这绝非易事，但我们必须正视这个苦涩的事实。”[11]虽然史蒂文森的论述未能改变美国选民的心意，但在卡斯泰利这个年轻的欧洲移民听来却是极具说服力的。

虽然发生过一些不快，但“卡斯泰利是喜欢‘俱乐部’的。”德·库宁夫妇的密友欧内斯廷·拉索证实道，“他对艺术家们很感兴趣，每场聚会都会参加，尤其喜欢跳舞：他就是这样与艺术家打成一片的。”不过她接着挑剔地说：“他是个卖领带的商人，他拥有一个工厂！其实更多的

1月1日，纽约
利奥与伊莲娜·卡斯泰利夫妇在家中举办酒会
摄影：彼得·斯塔克波尔（Peter Stackpole）

时候，来参加讲座的是他妻子，而不是他。利奥·卡斯泰利没有艺术背景。每年圣诞节我们都是在利奥家过的，他会给所有人准备礼物：每位男士都会得到一条领带！”⑫卡斯泰利对自己遭到的非议心知肚明：“我这样一个没有特定兴趣的欧洲人竟然对他们产生了兴趣，让他们觉得很奇怪，于是他们猜测这种兴趣一定出于某种经济上的目的。实际上，我所做的事情跟钱没有一点关系。虽然他们不理解我，我却深深地欣赏着他们。”伊莲娜·卡斯泰利哭笑不得地回忆了他们与其他会员间悬殊的贫富差距：“我们是……比他们有钱的艺术爱好者。记得有一年，我们给每个人都准备了一张沃尔斯（Wols）[42]的水彩作为圣诞贺卡！”画家艾斯特班·维森特仅仅将卡斯泰利夫妇介绍为是“这个群体的赞助人”，不知道他的判断是否也来自这种差距。当然，财富永远都是相对而言的。“当时我们全都穷得叮当响——卡斯泰利自己也没什么钱——但他一直都在扮演那种仗义疏财的角色。”⑬

“俱乐部”的故事似乎与在十八世纪晚期催生了英国皇家美术学院（Royal Academy of Arts）[43]的几家艺术辛迪加[44]的历史非常类似。它或多或少都是一个由个体自发联合而成的草根组织，因此具有这类群体与生俱来的全部隐患和可能性。维森特宣称：“在这之前，我从未见过这个国家的作家和画家有过任何形式的联系。”“‘俱乐部’创立后的第一个月美好得像一场梦。”欧内斯廷的丈夫，雕塑家伊布拉姆·拉索回忆道，“每一位会员都在尽力打扫和粉刷会场、策划展览。没有人逃避职责，甚至都不用别人来告诉他们需要做什么。只要看到不足之处，就会有人自告奋勇地担负起相应的工作。这是我最神奇的一次经历。我们几乎是自然而然地结合在了一起。”⑭“‘俱乐部’非常棒。”桑德补充道，“这里让许多人受益匪浅。我们都开始对自身进行评估。”杰克·特沃科夫比桑德还要激动：“‘俱乐部’的确非同凡响。一开始我羞于承认自己喜欢这里，也对在这里交谈有过顾虑。当时我觉得‘俱乐部’要么会被看成是一个‘波希米亚’团体，要么就会被认为是一个自我吹捧的小圈子。不过现在我很确定自己喜欢待在这里……它给了我一种很强的认同感……我理解这里的每一个人，无论他们有多么不善言辞。我包容这里每一个人的缺点，也在学着去欣赏他们的优点。比较起来，外面的人多么无趣啊。”[15]伊莲娜·卡斯泰利认为‘俱乐部’是“一个伟大的创举，它让人们更加关注艺术家本身，他们的英雄气质胜过了他们的作品。”不应当被忽视的一点是，在这份由伊莲娜和利奥共同参与的事业中，她正扮演着一个越来越重要的角色。无论是什么撕裂了他们的婚姻，“俱乐部”聚起的都不仅仅是艺术家和知识分子，还有这对分崩离析的夫妻。因此，她对“俱乐部”的钟爱比利奥更加顺理成章：她越来越活跃，享受着知识分子的身份，对艺术家和他们的目标有着真切的同感，并且能够分毫不差地表述出他们痛苦挣扎的意义。

“俱乐部”的故事发生在一个非常特定的地理范围之内：南至八街、北至九街、东至百老汇大道（Broadway）、西至大学路（University Place）的一个正方形的区域。“俱乐部”最重要的意义是它讲述了这个区域的历史。这里在五十年代初还只是一个非常阴暗沉闷的东村一隅。会员们自掏腰包，攒够了500美元的“钥匙费”[45]，租下了东八街39号的一间仓库改建房。在此后的六年中，他们每周都会花上三个夜晚与身份各异但志同道合的朋友们（批评家、画廊主、美术馆策展人、音乐家和哲学家）一同为这个群体寻找最贴切的定义，就像是在参与一场超长版的精神分析。“我们相互支持。”马卡－雷里回忆道，“有像波洛克这样已经有所建树的老艺术家，也有像德·库宁这样的正在走向成功的艺术家；有在上城的画廊举办过展览的艺术家，也有从未展出过任何作品的年轻艺术家。”

不过，他们终究不是那种永远一团和气的兄弟姐妹，果真那样的话，反而与这个团体存在的目的相互矛盾了。“俱乐部”还是艺术圈中一切潜在纷争的角斗场。虽然不是人人都能认同此类纷争存在的意义，冲突还是持续不断地上演着，派系间的紧张关系还激发出了一些有意义的火花。杰克逊·波洛克大部分时间都住在斯普林斯（东汉普顿的一个小村庄），他与支持他的克莱门特·格林伯格都很少出现在“俱乐部”里。波洛克很少参加“俱乐部”的活动，不仅是因为他总是不在纽约，也是因为他不喜欢知识分子之间的辩论。一次，极少出现的他，刚一在“俱乐部”现身，“立刻成了其他人攻击的对象”，他迅速夺门而出，口中嘟囔着：“我才不需要什么俱乐部呢。”[16]并不是他过于偏执，即便是在这样一个艺术的乐园，也存在派系和冲突。波洛克的支持者认为“俱乐部”是敌方的阵营——是由《艺术新闻》新任编辑托马斯·B.赫斯挂帅的“德·库宁阵营”的领地。“赫斯玩的是一场权力的游戏。”马卡－雷里回忆道，“为了不让杰克逊独占鳌头，他强推德·库宁上位，可谓费尽心机。”[17]不久后，马瑟韦尔和他的伙伴罗斯科、戈特利布和纽曼就组成了另外一个帮派，取名“包厘街的流浪汉”。在康拉德·马卡－雷里和其他人看来，他们代表的是“另一类艺术家……一些已经成名，并在加入‘俱乐部’前就已经被上城的画廊代理了的人。是他们给‘俱乐部’带来了小组讨论和嘉宾演讲的环节，一切都变得更加公开，也更为正式了。”[18]马瑟韦尔受到的批评最多，因为他总是披着被超现实主义者们打磨得光鲜亮丽的尚智主义[46]外衣，因为他受到打击之后的一蹶不振[47]，还因为他与德·库宁阵营一样，都出于嫉妒对波洛克故作轻蔑！

1951年5月，“俱乐部”决定举办一场群展。“一天，我在去工作室的路上在九街遇到了马卡－雷里，过去他的工作室就在那里。”桑德说，“当时街上有一栋被公示为危楼的建筑，原本开在这里的一家大商店已经被清空了。马卡－雷里看着这栋房子对我说，你知道吗，如果我们租下那里办个展览，效果一定好……那里挑高极高，纵深也够，又开阔，我们觉得真应该搞个展览。我们开了一次会，在这场只允许创始会员参加的会上，利奥自告奋勇来负责这场展览。理论上每个人都要交给他五美元用于开销。我们是需要接电的啊。我知道真的给了他五美元的人少之又少，我是其中之一。”[19]在桑德的鼓动下，他们租下了东九街60号的那个被弃置了的古董商店，粉刷一新后，在里面竖起了用来分隔展厅的隔断，并最终获得了美国社会一直以来都拒绝给予他们的关注。他们当中的确有一些人已经在上城的画廊做过展览，也已经为媒体熟知，但这又如何！如今，这个由艺术家、批评家、几个画商和一些同道中人构成的组织终于宣告了他们作为一个团体的存在。展览无序而混乱地展出了九十几件作品，并由弗朗茨·克兰设计了海报。当萨姆·库兹禁止他代理的艺术家参加这场展览时，戈特利布和巴齐奥蒂等人选择了服从，但以马瑟韦尔为代表的另一群人则违抗了他的命令。

有传闻称，卡斯泰利即便不是这场展览的核心，也扮演了非常重要的角色。不过各种版本的说法层出不穷，也一直存在着争议。事实是否像一些人所说的那样：是他出钱支付了租金、协调了各项工作、参与了布展，并调停了艺术家之间的分歧？本次展览的九十几件作品共出自六十四位艺术家之手。作为一名上城画廊的自由策展人，卡斯泰利当然具备组织一场展览的实操经验，可想在挂出这些作品的同时“谁”都不得罪，又谈何容易呢？维森特很确定地说：“卡斯泰利的作用纯粹只是资金上的。其实也没有多少钱，因为那两个月除了我们根本没有人会付房租给他们。所以我估计也就四十来美金吧；除此之外没有别的开销了。这就是他的全部工作。后来在布展的过程中，卡斯泰利曾经想要介入，可我们自然是不会让他插手的。”[20]在另一些人的回忆中，卡斯泰利的介入却更具安抚效果。“挂画那天，我快要疯了。”马卡-雷里回忆说，“我们全都站在那里看着那些作品，这时利奥开始安排它们的位置。我说挂画应该是我们艺术家负责的，就气哄哄地走了。一个小时后我回来，利奥已经在一面大墙上挂好了波洛克、德·库宁和克兰的作品，而我的画挂在另外一面墙上。我说挺好的。”[21]受到质疑的卡斯泰利也承认，挂画的事需要处理得相当谨慎：“为这个展览挂画！我得挂了差不多二十遍！每次我刚觉得挂好了，就会有艺术家出来抱怨我给他的位置不好！”不过，还是可以看出卡斯泰利对波洛克明显的偏爱。即便由于地方不够，只能将画竖过来挂，他也执意将《1号，1949》[48]挂在了唯一的一面大墙上，并给它安排了最好的位置。[22]

1951年5月21日，展览开幕当天，街上拉起了横幅，二层的窗外挂出了一盏灯。刚六点钟，参观者就络绎不绝地到达了，让这场展览的成功变得确定无疑。“大腕们全都来了！”桑德回忆道，“出租车排起了长龙，每次都有五六辆车同时停在门前落客。下车的人都身着礼服，我也搞不清楚他们是谁，那时候我认识的人不多。我记得利奥·卡斯泰利竟

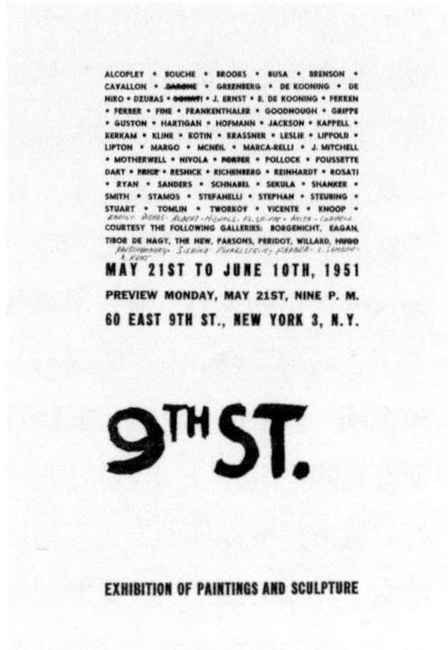

“九街展”海报，有利奥亲笔修改的字迹
MoMA 提供

1951 年 5 月，纽约
“九街展”现场效果

然不认识伯莎·舍费尔（Bertha Schaefer）[49]，这倒让我有点意外——我还以为利奥什么人都认识呢！那天到场的人数实在惊人。我觉得这激发了我们对自己的热情。在我们看来，展览的成功对于我们自己的意义远大于其他。最后似乎只卖掉了一件作品。”的确，这群东村艺术家原本只出没在满是跳蚤的下城街区，那天，他们仿佛从特洛伊木马中一跃而出，成为这座城市的焦点，俘获了那些从未涉足东村的名流富豪的心，从而抹去了上城与下城、中产阶级与“波希米亚人”之间的界限。当晚，阿尔弗雷德·巴尔在多萝西·米勒的陪伴下出席了展览。“他激动不已。”卡斯泰利回忆道，“他把我拉到一边，说：‘咱们去一个安静点的地方，你好给我解释解释你是怎么实现这个壮举的。’我把巴尔带到雪松酒馆，给他看了作品的照片，接着他把每个艺术家的名字都写在了作品背后。他承认，当中绝大多数名字他从来都没听过。当然了，他知道波洛克、克兰、德·库宁等人，不过据我所知，当时除了波洛克，没有任何一个人的作品进入过美术馆的收藏。”[23]这一天，通过参与“九街展”，卡斯泰利扭转了他与巴尔的关系：现在轮到他将最新获取的美国当代艺术资讯分享给阿尔弗雷德·巴尔了，他将本土艺术圈的一切介绍给了此前对这些一无所知的 MoMA 馆长。如果说，美国人巴尔开创了对欧洲艺术的叙述，并指引了卡斯泰利这位大器晚成的门生，如今，欧洲人卡斯泰利正迅速成长为一名导师，他将带领开蒙更晚的阿尔弗雷德·巴尔领略全新的美国画家精神。

《纽约时报》评价了这场“非比寻常的展览”，托马斯·赫斯也在《艺术新闻》中提到，“纽约的先锋派们”“了不起地”聚在了一起，并对当时的场面进行了一番总结。“空气中弥漫着杂乱无章的快感，还有困惑，并穿插着一些充满了成就感的瞬间。这里的一切反映出这场巨型展览在组织上毫无章法，正如一名主办者所言，它‘就这么自己长出来了’。一些作品是由艺术家自行选择的，另一些则是由（一个）会员代表小组选定的；一些作品入选的理由是‘那谁’是‘特好一人’，另一些入选的原因是‘那谁’‘帮了特别大的忙’，还有几幅的入选毫无道理可言……可是这种无所谓的随意和热情却让纽约城及其周边的——更准确地说，是格林尼治村的——现代主义抽象绘画得到了恰如其分、充满活力的呈现。除了有来自德·库宁、波洛克、弗朗茨·克兰、特沃科夫、霍夫曼、克卡姆（Kerkam）[50]、维森特、布鲁克斯、马瑟韦尔、麦尼尔（McNeil）[51]、卡瓦隆、莱因哈特，以及雕塑家戴维·史密斯和皮特·格里珀（Peter Grippe）[52]的权威性发言，展览更吸引专业人士的是出现了大量不知名的画家，其中尤为引人注目的是雷斯尼克、E. 德·库宁（E. de Kooning）[53]、德·尼罗（De Niro）[54]、费伯（Ferber）[55]和桑德。”㉔

“俱乐部”的实验一直持续到了 1955 年，直到嫉妒和内讧破坏了艺术家间的团结。“巴尼特·纽曼正在尝试复杂且具有突破性的创作，后来还做了一场展览。”伊莲娜评论道，“‘俱乐部’中的每一位艺术家都

1950 年，纽约，鸡尾酒会
与巴内特·纽曼（左）和罗伯特·劳申伯格（中）
让-克里斯托弗·卡斯泰利提供

来看了展；他作品中的纯粹让他们感受到了威胁，他们对待他的态度就开始变得非常卑劣。在我看来，那场展览十分出色，也深深地打动了我。艺术家有时会非常残酷、善妒。德·库宁反感纽曼的严谨，于是发动所有人针对他。从此‘俱乐部’开始瓦解。那时它变得太有名了，连跟艺术世界毫不沾边的普通民众都想要看一看这里发生了什么，听一听我们谈论了什么。最后的结果就是有五十位艺术家和五百个自命不凡的插画师、建筑师、出版人、设计师和各色人等都想加入进来。”[25]

天意弄人，正当卡斯泰利因为“九街展”在纽约声名鹊起，破产的勒内·德劳因关掉了他在旺多姆广场的画廊。不过，卡斯泰利究竟在“俱乐部”的历史中发挥了什么样作用？毫无疑问的是，他向挤在特洛伊木马里的艺术家们提供了经济和精神上的双重支持。卡斯泰利拥有尊重艺术和文化的家族传统，身为来自欧洲的资产阶级和上城的社会名流，他不像寻常美国人那样用鄙夷的目光看待美国的艺术家，而敢于作为一名有教养的欧洲人去欣赏他们。即便他有一连串错综复杂的身份——赞助人、享乐主义者、策展人、生意人、外贸商人、探戈舞者——那一天，卡斯泰利无可争议地成为纽约新锐艺术家心目中的风云人物。

[37] 十九世纪美国最重要的小说家、散文家和诗人，被誉为“美国的莎士比亚”。

[38] 原文为法语“coq au vin”，法国经典名菜。

[39] 艾德莱·史蒂文森（Adlai Stevenson），美国政治家，1952 年和 1956 年先后两次竞选总统，但都败给了美国第 34 任总统德怀特·戴维·艾森豪威尔（Dwight David Eisenhower）。

[40] 1919 年成立于曼哈顿中心的一座豪华酒店。

[41] 约瑟夫·雷芒德·麦卡锡（Joseph Raymond McCarthy），美国共和党政治家，参议员，反共产主义者，自二十世纪五十年代起，成为冷战时代美国反共的代表人物，并在美国煽动反共运动。

[42] 在法国极为活跃的德国画家、摄影师阿尔弗雷德·奥多·沃尔夫冈·舒尔茨（Alfred Otto Wolfgang Schulze）的笔名，抒情抽象主义先驱，塔希主义（Tachisme）运动最有影响力的艺术家之一。

[43] 1768 年由国王乔治三世创办的英国最古老的艺术院校，学校成立的动机有二：一是以展出当代作品的方式，让专业艺术批评家的声音推动艺术与设计的发展，提高艺术家的专业地位，让他们有机会推销自己的作品；二是为了推动国家的艺术教育，培养公众对艺术的兴趣与鉴赏能力。

[44] 指 1761 年为展览当代艺术家作品而成立的大不列颠艺术家协会（Society of Artists of Great Britain）和艺术家自由协会（Free Society of Artists）等松散的艺术团体。

[45] key money，指在租金低于市场价的情况下，旧租户向新租户收取的转让金。

[46] Intellectualism，指对理智和智慧的运用、发展和练习，也指一切知识分子的行为，在哲学层面上与理性主义（rationalism）近似，认为人的行为应当遵从于理智的思考和推理。

[47] 马瑟韦尔在二十世纪五十年代中期曾经经历过一段低潮，他极少参与展览，并且毁掉了很多过去的作品。

[48] 波洛克 1949 年创作的一件布面珐琅及金属颜料作品，为横构图。

[49] 美国犹太女室内设计师，1944 年在纽约开设了伯莎·舍费尔当代艺术画廊（Bertha Schaefer Gallery of Comtemporary Art），代理了威廉·梅尔顿·哈尔西（William Melton Halsey）等艺术家。

[50] 厄尔·卡维斯·克卡姆（Earl Cavis Kerkam），美国现代主义静物、人物和肖像画家，活跃在法国和纽约。

[51] 乔治·麦尼尔（George McNeil），美国抽象表现主义画家。

[52] 美国超现实主义雕塑家、版画家、画家。

[53] 伊莱恩·德·库宁（Elaine de Kooning），美国抽象表现主义和具象表现主义艺术家威廉·德·库宁之妻。

[54] 罗伯特·亨利·德·尼罗（Robert Henry De Niro），美国抽象表现主义画家，演员小罗伯特·德·尼罗的父亲。

[55] 赫伯特·费伯（Herbert Ferber），美国抽象表现主义雕塑家、画家。

① 利奥·卡斯泰利访谈，保罗·卡明斯（Paul Cummings）采访，1969年5月22日，美国艺术档案馆，华盛顿哥伦比亚特区。

② 娜塔莉·埃德加（Natalie Edgar），《没有围墙的俱乐部：菲利普·帕维亚日记选》（*Club Without Walls: Selections from the Journals of Philip Pavia*）（纽约：Midmarch Arts Press, 2007年出版），79—80页。

③ 对"俱乐部"所做的详细研究，参见布鲁斯·阿特舒勒（Bruce Altshuler）极具信息量和启发性的研究，尤其是摘自《展览中的前卫艺术，二十世纪的新艺术》（*The Avant-Garde in Exhibition: New Art in the 20th Century*）（纽约：Harry N. Abrams，1994年出版）156—173页的《下城，第九街展，纽约，1951年5月21日—6月10日》（"Downtown, Ninth Street Show, New York, May 21-June 10, 1951"）；另见欧文·桑德勒，《美国绘画的伟大胜利：抽象表现主义史》（*The Triumph of American Painting: A History of Abstract Expressionism*）（纽约：Harper & Row，1976年出版）及《"俱乐部"：纽约画派的艺术家如何找到他们最初的受众——他们自己》（"The Club: How the Artists of the New York School Found Their First Audience—Themselves"），摘自《艺术论坛》杂志（1965年9月刊），27—31页；以及弗莱德·W.麦克达拉（Fred W. McDarrah），《照片中的艺术家世界》（*The Artist's World in Pictures*）（纽约：Dutton，1961年出版）。除非特别说明，所有采访都取自布鲁斯·阿特舒勒慷慨提供的录音资料。

④《地平线》（1947年出版），引自多尔·阿什顿（Dore Ashton），《城市与视觉艺术》（"The City and the Visual Arts"），摘自伦纳德·沃洛克（Leonard Wallock）编辑，《纽约：世界文化之都，1940—1965》（*New York: Culture Capital of the World, 1940—1965*）（纽约：Rizzoli，1988年出版），135页。

⑤ 艾斯特班·维森特访谈，欧文·桑德勒采访，布里奇汉普顿，纽约州，1968年8月26日，美国艺术档案馆，华盛顿哥伦比亚特区。

⑥ 路德维希·桑德访谈，保罗·卡明斯采访，1969年2月4日—12日，美国艺术档案馆，华盛顿哥伦比亚特区。

⑦ 欧内斯廷·拉索访谈，作者采访，斯普林斯，纽约州，2006年2月25日。

⑧ 安妮·科恩－索拉尔档案。

⑨ 伊莲娜·索拿本德访谈，作者采访，纽约，2005年11月26日。她似乎将《残花泪》（*Broken Blossoms*）和《枯萎的百合》（*The Faded Lilies*）这两部格里菲斯电影的名称合二为一了。

⑩ 尼克·卡罗内访谈，保罗·卡明斯采访，纽约，1968年5月11日—17日。

⑪ 美国艺术档案馆，华盛顿哥伦比亚特区，11号档案，艾德莱·E.史蒂文森，《艾德莱·E.史蒂文森重要演讲》（*Major Campaign Speeches of Adlai E. Stevenson*）（纽约：Random House，1953年出版），126—128页。

⑫ 欧内斯廷·拉索访谈，作者采访，斯普林斯，纽约州，2006年2月25日。

⑬ 欧内斯廷·拉索访谈，欧文·桑德勒采访，布里奇汉普顿，纽约州，1968年8月26日，美国艺术档案馆。

⑭ 伊布拉姆·拉索访谈，欧文·桑德勒采访，布里奇汉普顿，纽约州，1968年8月26日，美国艺术档案馆，华盛顿哥伦比亚特区。

⑮ 杰克·特沃科夫，《对我绘画的解读》（"Notes on My Painting"），摘自《美国艺术》（*Art in America*）61期（1973年9—10月刊）：66—69页。

⑯ 史蒂文·奈菲（Steven Naifeh）与格里高利·史密斯（Gregory Smith），《杰克逊·波洛克：一段美国传说》（*Jackson Pollock: An American Saga*）（纽约：Clarkson Potter，1989年出版），658页。

⑰ 同上。

⑱ 同上，637页。

⑲ 康拉德·马卡－雷里访谈，多萝西·赛克勒（Dorothy Seckler）采访，纽约，1965年6月10日，美国艺术档案馆，华盛顿哥伦比亚特区。

⑳ 艾斯特班·维森特访谈，欧文·桑德勒采访，美国艺术档案馆，华盛顿哥伦比亚特区。

㉑ 康拉德·马卡－雷里访谈，多萝西·赛克勒采访，纽约，1965年6月10日，美国艺术档案馆，华盛顿哥伦比亚特区。

㉒ 阿特舒勒，《下城，九街展》（*Downtown, Ninth Street Show*），161页。

㉓ 亨德利，《克劳德·贝里遇见利奥·卡斯泰利》，85页。

㉔《艺术新闻》，1951年（原文错写为1950年）夏季刊。

㉕ 伊莲娜·索拿本德访谈，作者采访，纽约，2005年11月25日。

17—从波洛克到德·库宁：画廊成立在即

我认为终于到了该开画廊的时候了，原因特别平淡无奇，就是我得自食其力，而且我很清楚自己除了这个没有其他的谋生手段；如果想日后付得起房租、买得起食物，我就必须严肃地对待这件事了。①

——利奥·卡斯泰利

“那是 1952 年的夏天，我刚满十六岁。我去利奥和伊莲娜在东汉普顿耶利哥巷（Jericho Lane）的家里吃过几次晚饭。德 · 库宁和他的妻子在，伊莲娜的母亲玛丽安在，她已经改嫁给了约翰·格拉汉姆，迈克尔·索拿本德也在，几年后他娶了伊莲娜为妻，还有其他一些人。”卡斯泰利的外甥罗伯特 · 里特回忆道，“所有人都以模仿电视节目主持人油滑的陈词滥调为乐。他们嘲笑美国在那个年代的生涩稚嫩，每个人都在模仿这件事上力争超越其他人，水准越来越高，直到其中一位客人慷慨激昂地喊出了‘从东海岸到西海岸！’众人哄堂大笑。”[2]这间自由自在的消夏小屋离纽约不远，在这里，电视中播放的大众文化为讽刺和挖苦提供了充

1953 年夏，东汉普顿，耶利哥巷
伊莱恩与威廉 · 德 · 库宁夫妇在卡斯泰利家的门廊上临时搭建的工作室
摄影：汉斯 · 纳穆斯

足的材料，同样遭到鄙视的还有安乐祥和、虚伪做作、理想化了的美国家庭形象。约瑟夫·麦卡锡认为国务院落入了共产党人的控制，在此前的两年中，他愤怒的咆哮占据了每一个美国人的政治生活。在罗森伯格（Rosenberg）夫妇[1]遭到处决后的一段时间里，麦卡锡在全国制造了充斥着怀疑和审讯的白色恐怖。“这是一场得到法律批准的私刑杀戮。”萨特在1953年6月抗议道，“它血染了整个国家，赤裸裸地揭露了《北大西洋公约》的一败涂地和美国在西方世界领导地位的彻底丧失……美国已经显露出了极其严重的问题……如果欧洲每一个角落都发出了‘小心！美国有狂犬病！’的呼喊，不必大惊小怪……我们必须赶在也被她咬中感染之前斩断与她的联系。”③

在耶利哥巷这栋迷人的木瓦小屋中，利奥·卡斯泰利夫妇与客人们若不是在嘲弄平庸乏味的电视节目，就是在享受阿默甘西特（Amagansett）[2]海滩和杰奥尔吉卡湾（Georgica Pond）[3]的魅力。他们时而在阿卡波那克溪（Accabonac Creek）和巴塞罗那角（Barcelona Point）观赏成群的飞鸟，时而在虱子角（Louse Point）清澈见底的海水中游泳。自十九世纪起，这块水域就吸引了托马斯·莫兰（Thomas Moran）[4]、柴尔德·哈萨姆（Childe Hassam）[5]和奥古斯塔斯·圣-高登斯（Augustus Saint-Gaudens）[6]等艺术家在此定居。马瑟韦尔请法国建筑设计师皮埃尔·查里奥（Pierre Charreau）改造了他在这里的房子，正是他诱使卡斯泰利夫妇进入了这片距纽约城仅三小时车程，但尚未遭到破坏的天堂；杰克逊·波洛克和李·克拉斯纳（Lee Krasner）[7]在1945年就已经移居到了东汉普顿，紧随其后的是康拉德·马卡-雷里、弗朗茨·克兰和哈罗德·罗森伯格。卡斯泰利夫妇在“俱乐部”建立起了与德·库宁和他的妻子伊莱恩的感情，他们喜欢与彼此相处，并连续两年都在夏天邀请这对夫妇来东汉普顿做客。德·库宁是波洛克的竞争对手，此时的他正身处困境。他创作的速度之慢是出了名的：此前整整一年半的时间，他都在与《女人》（*Woman*）纠缠不休，直到迈耶尔·夏皮罗走访他工作室的时候，才终于说服了他将其视作一件完成了的作品。卡斯泰利夫妇给门廊安装了隔板，营造出一个独立的空间，并把它打造成了一个工作室。然而，德·库宁在那个夏天依然没有进行多少创作。不仅如此，与新汉普顿的暴发户们比邻而居也让这对赤贫的艺术家夫妇感到屈辱——一位邻居看到身着工作服的德·库宁骑在自行车上，便错把这位抽象表现主义艺术家当成了一名普通的工人，还叫他转告他的“老板”让那只该死的狗别再叫了！

德·库宁对他的代理人查尔斯·伊根不满，于是向卡斯泰利诉苦。“他们全都想去詹尼斯那，”卡斯泰利解释说，“因为一流的立体主义画家、马塞尔·杜尚、莱热、克利和蒙德里安都在那里展出，所以它是最好的画廊。于是我说，你说得对，我会跟西德尼谈一谈。我对西德尼说，‘你看，你总抱怨拿不到好的作品，要不你签下德·库宁吧？他对伊根不满意。’西德尼知道德·库宁的作品和他的概念，这件事就这么办成了。”④作为艺术家和画商的中间人，卡斯泰利迅速成为纽约艺术生态中不可或缺的一环——可能还根本没有任何竞争对手。随着时间的推移，当他与波洛克的关系越走越近，他的角色也变得越来越重要。自从来到纽约，卡斯泰利与妻子一直虔诚地追随着波洛克创作的每一个阶段，他们会参加他的每一场展览，甚至还购买了他的一些作品。慢慢地，他们与约翰·格拉汉姆和玛丽安·沙皮拉都成为波洛克和克拉斯纳在纽约和东汉普顿的朋友。“波洛克是一个非常杰出的人。”卡斯泰利说，“我还记得在斯普林斯度过的那些美妙的夜晚，李总会为我们准备特别丰盛的晚餐。有时候他的情绪很好，心情舒畅，晚上我们在他家会过得非常愉快，谈论的话题都是成熟而深刻的。他对自己非常有信心，极其确定自己是一位出色的画家。对这一点他深信不疑，并且要不断重申——他的表达从不虚张声势，但却总是义正辞严。有时他也会来看望我们，但过量饮酒已经把他糟蹋得不成人样了，经常吓着我们。他会在屋子里到处乱窜。伊莲娜只好躲到他不会经过的地方藏起来。一次，他开着他的福特 A 型汽车（Model A Ford）撞向了我家车道上的拉里·里弗斯（Larry Rivers）[8] 雕塑。他没真的撞上，但是他确实想撞来着。他讨厌那件作品！”⑤

杰克逊·波洛克与李·克拉斯纳住在壁炉路（Fireplace Road）上，1952年夏天对他来说并不是一段特别快乐的时光。克拉斯纳确实没有办法让他远离酒精，而他发起酒疯时也变得越来越肆无忌惮。三年前，《生活》杂志用一个挑起了极大争议的问题——"他是美国最伟大的在世艺术家吗？"——将他推向了风口浪尖。美国的艺术家从未受到过这样的关注，这不仅让公众对他产生了过度的认可，也惹得其他艺术家们妒火中烧。波洛克有过衣食无忧的日子，但到了1950年夏天，他开始在冷静清醒和酒后失智间不停地循环往复，生活也因起起伏伏的事业变得脆弱而混乱。当佩吉·古根海姆在1947年离开纽约，他失去的不仅是一位可以依靠的买家，还有一份名声在外的月薪[9]。没有了它，他的财务稳定便无从谈起。他的新代理人贝蒂·帕森斯与他签订了一份可以续签的年度合同，但这段关系却很快就不了了之了：帕森斯过于消极被动，波洛克过于喜怒无常，他在1950年12月的展览也销售惨淡。他应该与谁签约呢？伊根？库兹？蒂博尔·德·纳吉（Tibor de Nagy）[10]？格蕾丝·博根尼希特（Grace Borgenicht）[11]？与德·库宁一样，波洛克也咨询了卡斯泰利的建议。"比尔[12]一加入詹尼斯画廊，杰克逊就来对我说：'你都把比尔弄进那家画廊了，我也要去。'于是我接着又去跟詹尼斯谈，詹尼斯说：'唉，我有多喜欢杰克逊的创作你是知道的。他真的是个好画家。但他也真是个不容易相处的角色啊。他永远醉着，我觉得我根本就对付不了他。'我就说：'对呀，你知道他是个难得的好画家，所以你只能忍受他的缺点，就是这么简单。'他犹豫了一会儿，但后来他说那好吧，就签下了杰克逊。"⑥

就这样，杰克逊加入了克兰、戈尔基、巴齐奥蒂，以及德·库宁的行列，开始在西德尼·詹尼斯画廊展出他的作品。这是李·克拉斯纳替他做出的选择，还是真如卡斯泰利所言，是杰克逊听从了他的建议的结果？答案并不重要，在那仅有的几年时间里，真正重要的是这段画商与画家的缘分。波洛克在詹尼斯画廊的第一个展览被安排在了1952年的11月。整个夏天，他都在亢奋地为展览做着准备。那时，卡斯泰利家成了当时最杰出的两位画家相互斗法的舞台，轮番上演着他们难以解释也

1950 年，东汉普顿，斯普林斯
杰克逊·波洛克与他众多传奇汽车中的一辆
摄影：汉斯·纳穆斯

[1]犹太夫妇裘利斯·罗森伯格（Julius Rosenberg）与埃瑟尔·罗森伯格（Ethel Rosenberg）是美国冷战时期的共产主义人士，1951年被控替苏联人窃取核机密，两年后遭到处决，是美国冷战时期最具争议的间谍案。

[2]东汉普顿的一处度假胜地，许多名流都在这里拥有住宅。

[3]东汉普顿西侧的一处富人云集的海湾，美国前总统克林顿的一处“夏季白宫”就设于此。

[4]出生于英国的美国风景画家、版画家。

[5]弗雷德里克·柴尔德·哈萨姆（Fredrick Childe Hassam），美国印象派画家。

[6]美国雕塑家，“美国文艺复兴”（American Renaissance）时期的代表人物。

[7]杰克逊·波洛克之妻，美国抽象表现主义画家，是为数不多的在MoMA办过回顾展的女性画家之一。

[8]美国艺术家、音乐家、电影导演。

[9]古根海姆从1943年夏天起每月向波洛克支付150美金，用以购买他的作品。

[10]1950年在纽约创立蒂博尔·德·纳吉画廊的两位合伙人之一，另一位是约翰尼·梅尔斯（Johnny Myers）。他们代理的艺术家包括卡尔·安德烈（Carl Andre）、拉里·里弗斯等重要艺术家，该画廊也是艺术家和诗人们聚集的一个沙龙。

[11]美国画家、画廊主，她1951年创立于纽约的格蕾丝·博根尼希特画廊致力于推出美国本土的年轻艺术家。

[12]指德·库宁。

不再需要加以掩饰的敌意。在“俱乐部”存在的六年中，他们在每一次对抗中积累下的怨气，似乎都在这里获得了释放。“他与德·库宁的关系非常奇怪，交杂着友谊和忌妒。”卡斯泰利说，“那是两个人之间的一种竞争。偶尔他出现在了雪松酒馆，两个人就会打起来。”[7]波洛克每隔一段时间就会毫无预兆地出现在卡斯泰利家门前，就算有时候他已经喝得酩酊大醉、举止粗鲁、完全不受欢迎，但也非得要去看看德·库宁夫妇。卡斯泰利家的一次聚会让马瑟韦尔久久难以忘怀。那天，波洛克喝醉了。“午夜时分，我和妻子决定回家。我们感觉到了一股火药味，就不想再待下去了，因为波洛克看上去非常危险。”[8]关于这对宿敌的脾气，要数伊莲娜的分析最为精妙：“波洛克更真实、更天然，而德·库宁呢，他感觉受到了威胁，便想尽办法追赶和攻击波洛克，声称他自己才是真正的非具象画家。我个人认为他这样做有失公平，而且不管怎么说，我更欣赏的人还是波洛克。我告诉德·库宁，在我看来，波洛克的绘画要比他的有趣，也更自由，更具有大师风范。我这样说过几次，德·库宁就不高兴了。”[9]

卡斯泰利夫妇乐于倾听、心态开放，还能给人安全感。久而久之，他们在曼哈顿和东汉普顿的居所就成为少数艺术家情绪波动时的避风港。“那时我买下了《香气》。”卡斯泰利说，“一天，杰克逊来看我。他的状态非常差，觉得自己真的再也画不出画了。然后在那幅画前坐了很长很长时间，就那样呆呆地看着它，一动不动——我感觉他难过极了——那幅画显然让他非常不安。”[10] 1956年8月，身在罗马的卡斯泰利夫妇在无能为力的绝望中获悉了那场夺取波洛克性命的车祸。“我们两周前还见过他。”伊莲娜说，“我们想不通。他常常谈到自杀，但这不是自杀——或许这也算是自杀吧，因为他心底始终埋藏着自我毁灭的因子。”[11]

到这个时候，卡斯泰利家已经成为更多艺术家、批评家、画商、收藏家和策展人聚会的场所了；对他们来说，这里是位于公共生活和私人生活、朋友关系和工作关系之间的一条可以相互渗透的边界。卡斯泰利夫妇在艺术界的重要性已经变得显而易见了，以至于开办一家属于自己的画廊成为了利奥理应要做的一件事情。但无论是否理所应当，这家画廊的诞生还是伴随着争议，包括伊莲娜口中“与德·库宁发生的一次极其激烈的争吵。”“利奥该做的、不该做的，他什么事都要发表意见。他说一旦利奥开了画廊，必须给要他办个展览。我告诉他，‘这我可不确定。你为什么觉得利奥会给你办展览呢？我想他应该另有计划。’我还补充说，在我看来利奥对尚未发生的事情的兴趣要远大于已经瓜熟蒂落的事情。”[12]这真可谓是最有先见之明的洞见了！

在五十岁的年纪，一个长期处于幕后的人何以突然出现在了台前？是什么把一个原本清心寡欲的人变成了一个实践家？不可或缺的必要条件很多，但似乎哪一个都不是决定性的因素：多年来在“俱乐部”的定期出现；对詹尼斯的辅佐，对康定斯基的代理，对阿尔弗雷德·巴尔品位和学识的景仰，以及师从克莱门特·格林伯格的经历；他在说服德劳因与美国合作时频繁进行的法国之旅；他的艰难岁月；他为了将美国艺术家提升到与欧洲艺术家相同的地位进行过的那些具有创新精神的尝试；除此之外，还有他一生对艺术家和他们创造出的符号价值的痴迷。“利奥有时候很难打交道。”他的前妻解释道，“除了他敬重的人，他不随便与人合作；经济因素根本不在他的考虑范围之内。他永远都不自信，需要不断获得肯定，而我反倒觉得这是他的可爱之处。”[13]卡斯泰利一开始就遭遇了来自两个方面的攻击，先是德·库宁的威逼恫吓，紧接着是詹尼斯本能的恼羞成怒。“西德尼开始（对原本的合作模式）感到厌倦。”卡斯泰利承认道，“无论如何，他开的都是一家画廊，开销是很大的，什么钱都得由他来出——他要负责支付日常开销、宣传，凡此种种。他没有理由要跟别人分享利润。过去天真烂漫的日子似乎一去不复返了。除此之外，詹尼斯还有两个儿子要照顾，这也让他觉得他赚到的钱应该全都留给家人。”[14]

卡斯泰利继续做了一段中间人的工作，为詹尼斯组织了另一场达达主义的展览，当时勒内·德劳因刚刚在维斯康蒂街（Rue Visconti）开设了一个小型的空间，他到访纽约时，卡斯泰利还将杜尚介绍给了这位老朋友。但在那之后不久，卡斯泰利就飞到了巴黎，去思考未来的方向。他已经决定要与美国的艺术家们共同进退了，毫无疑问，这些英雄就是卡斯泰利致力于服务的对象。“我和詹尼斯有一个在欧洲开办分店的计划，由我去推广美国的绘画，这个想法已经存在一段时间了。”他接着说，“这是一个足以改变我人生的计划。但我苦于没有资金，而他似乎也没有足够的兴趣为我提供资金。1955 年，我去了欧洲，在那里寻找开办一家画廊的可能。”

卡斯泰利失去了詹尼斯的支持，于是向阿尔弗雷德·巴尔寻求帮助。考虑到卡斯泰利蹩脚的写作能力，年轻的批评家列奥·施坦伯格（Leo Steinberg）[13] 替他执笔写下了下面的这封信。“亲爱的阿尔弗雷德，”他写道，

> 这是我的一个初步方案，估计您会发现很多不足，敬请您不吝赐教并提出建议。我可能在下周一或周二致电征询您的反馈，请您原谅我的唐突。您的帮助十分宝贵，我将不胜感激。若给您造成了任何负担，我深感抱歉。

巴黎画廊计划概述：

> 1. 美国艺术近年来已步入成熟期。许多美国人都认为我们的领导地位正在得到确立。连欧洲人都开始对美国绘画和雕塑的重要性产生越来越强的认识；但他们的认识还不够清晰，也还没有形成体系。
>
> 2. 由于长期的思维定式，巴黎作为艺术世界的中心和源头，仍享有至高无上的地位。正因如此，虽然它为富于创造性的艺术提供灵感的功能正在逐渐削弱——也有可能只是暂时现象——新兴的美国力量已经填补了这个空缺，但却几乎没有人注意到这个事实。美国公众自身往往就不愿意对美国艺术给予充分的肯定，也不乐于支持没有获得欧洲认可的美国艺术家；当许多来自欧洲的新面孔——大多是模仿我

国艺术潮流的弱化版本——一旦出现在了我们的博物馆和画廊中，很快就会获得成功，可当我们在欧洲推广美国艺术的时候，最好的结果也只能是“赢得了尊重”[14]。至少到目前为止，没有什么欧洲画廊已经或有意愿对美国的艺术家进行支持。

3. 这种不正常的局面造成了两种不利的影响。

a) 理应获得国际认可的一流艺术家没有得到肯定。

b) 欧洲被剥夺了从当代艺术丰富的创造力中获得活力的机会。

4. 因此我们提议在巴黎开设一家画廊，它将为艺术世界做出三大贡献。

a) 强调美国正在经历一次极为重要且富于冒险精神的艺术运动。

b) 从印象派至今，美国往往比法国更先注意到那些初露头角的优秀艺术家。美国式的判断力将帮助我们发掘欧洲艺术的沧海遗珠。

c) 我们确信美国在展览的手段上也领先于欧洲。通过对展览赋予发展性的主题，如拼贴的历史脉络、户外金属雕塑作品等，可以推广美国的展览技术。

5. 因此，欧洲的艺术家在画廊策划的展览中将与我们自己的艺术家获得相同的比重。必须吸纳他们加入的理由还有：

a) 这个计划的目的正是通过近距离的比较，证明我们的艺术家与欧洲同时代的艺术家具有同样的水准。

b) 美国和欧洲艺术家的作品都能得到展出，这应当会消除任何文化外交[15]的猜疑。

c) 通过经营欧洲艺术家的作品，画廊将非常有希望在约两年后实现收支平衡。

6. 许多经过精心策划的展览将在欧洲其他城市的博物馆和画廊中巡回展出。而到目前为止，由于物流费用高昂，这些机构展出我们的艺术家作品的愿望极少能够得到满足。以巴黎作为作品的输送中心不仅将消除这一障碍，还会让美国艺术的潜在市场得到进一步延伸。[卡斯泰利（或巴尔）在左侧的空白处打了一个问号。]

7. 我已经在专家的协助下进行了详细的估算，创办画廊和第一年运营所需的费用为5万5000美元。第二年所需的财务支持还无法预测。不过就算进展比预想中慢，上述金额的一半，或许更少，就应该足够画廊在经营满两年时实现收支平衡了。［利奥在左侧的空白处手写道："此处需要（无法辨认）补充细节并进行探讨。"］

8. 个人履历：过去二十年持续活跃在法国和美国的现代艺术领域；是巴黎旺多姆广场17号的勒内·德劳因画廊在1938年至1949年的创始合伙人。

战时曾在美军服役，后担任德劳因画廊在美国的代理人；"艺术家俱乐部"在1949年的联合创始人。这个极为低调的组织为美国的前卫艺术家营造了前所未有的团结局面，也向他们提供了许多帮助。

1951年组织并策划了约有六十位艺术家参加的"九街展"。或许从那时起，美国艺术家受到的关注就得到了大幅提升。展览还发掘了一大批具有发展前景的艺术新星。（卡斯泰利在左侧的空白处手写道："只介绍了我的艺术活动。或许还应提及其他经历。"）

参与策划和布置的展览不计其数，包括西德尼·詹尼斯画廊的美法艺术展和美国艺术家群展，后者在詹尼斯画廊展出后，又在巴黎得到了展出，回国后还在美国进行了巡回展出。（卡斯泰利在左侧的空白处手写道："需附展览名录。"）

9. 参考材料。

10. 展览计划：

a) 欧洲大师精选展：野兽派、立体主义、马蒂斯、蒙德里安、克利等

b) 杰克逊·波洛克

c) 蒙德里安：巴黎首展

d) 美国艺术家群展：德·库宁、斯蒂尔、罗斯科、克兰、汤姆林、古斯顿（Guston）[16]

e) 布朗库西

f) 美国艺术先行者：马林（Marin）[17]、斯特拉、卡莱斯（Carles）[18]、法宁格（Feininger）[19]、戴维斯（Davis）[20]、麦克唐纳-莱特（Macdonald-Wright）[21]、霍夫曼（Hofmann）[22]、托贝、戈尔基

g）冈萨雷斯（Gonzales）[23]

h）威廉·德·库宁

i）拼贴：从毕加索和布拉克到马瑟韦尔、维森特、马卡-雷里等美国艺术家的演变

j）美国金属雕塑：戴维·史密斯、戴维·黑尔、费伯、利波尔德（Lippold）[24]、罗萨克（Roszak）[25]、利普顿（Lipton）[26]，当然还有考尔德（Calder）[27]

k）后续展览：曾参与“美国艺术家群展”的艺术家个展；各种类型的美国及欧洲青年艺术家个展或群展；其他可能：佩夫斯纳（Pevsner）[28]、基斯勒、杜布菲等⑮

过了整整一个半月之后，巴尔才终于给出了令卡斯泰利失望的答复。“亲爱的利奥，”他写道，“你在10月26日的来信和所附的巴黎画廊计划概述我已收到。你能原谅我这么迟才给你回信，真的非常体贴。我忙坏了，不过如果我在你的概述里发现了任何严重的问题，我一定早就给你打电话指出了。我认为这是一份出色的计划，如果基金会有这方面的意愿，我一定会非常乐于赞助这个项目的。今天早上我试过给你打电话，但是运气不好，你不在。因为今天下午我要去做评审，只好给你写下了这封信。祝你好运！真诚的小阿尔弗雷德·H. 巴尔。”⑯出于礼貌，他冷淡地在附笔中补充道：“我能留下这份概述吗？”面对巴尔甚至不屑于加以掩饰的拒绝，卡斯泰利不知该何去何从。

“历史长河中，”卡斯泰利曾对我说，“存在着经济和文化同时蓬勃发展的时代，法国和荷兰就有这样的例子。在这样的时代里，艺术的发展不可避免，也会出现围绕着几个中心形成的精英阶层。世界上任何一个重要的大都市都经历过这样的时代。美国也曾进入过一段快速的增长期，而我们则成功地利用了当时健康的经济环境。”⑰尽管卡斯泰利恰逢利好的经济环境，他的故事还是告诉我们了一个事在人为的道理。一如充分利用了蒙特圣萨维诺的免税特权，为了城市的繁荣不辞辛劳地在周

边地区播撒培育的卡斯泰利兄弟；一如在的里雅斯特利用玛利亚·特蕾西亚的优惠政策和她遍布全球的船队，开创了国际咖啡贸易的卡斯泰利和卡斯泰利公司；在二十世纪五十年代即将过去的纽约，利奥·卡斯泰利仿佛也追随着某种原始的召唤，将女儿的房间改成了一间临时画廊，并成为他心目中的英雄——美国的画家们——最坚定的支持者。对于他们的伟大，他从未有过丝毫怀疑，而这份伟大很快就会引发爆炸性的轰动，并将在这个世界留下永恒的印记。

[13] 出生于俄国的艺术批评家、美术史学者，后加入了美国国籍。

[14] 原文为法语：“succès d'estime”。

[15] 文化外交指主权国家以维护本国文化利益及实现国家对外文化战略目标为目的，在一定的对外文化政策指导下，借助文化手段来进行的外交活动。它与一般的文化交往不同之处，在于它突出了政府的主导作用和其政治目的。

[16] 菲利普·古斯顿（Philip Guston），美国画家、版画家，参与过抽象表现主义运动，并开启了新表现主义绘画。

[17] 约翰·马林（John Marin），美国早期现代主义艺术家，以抽象的风景和水彩作品著称。

[18] 阿瑟·毕杰·卡莱斯（Arthur Beecher Carles），美国现代主义画家。

[19] 莱昂内耳·查尔斯·法宁格（Lyonel Charles Feininger），德裔美国画家，重要的表现主义大师。

[20] 斯图尔特·戴维斯（Stuart Davis），美国早期现代主义画家，垃圾箱画派成员。

[21] 斯坦顿·麦克唐纳·莱特（Stanton Macdonald-Wrigh），美国现代主义画家，色彩交响主义的创始人之一。

[22] 汉斯·霍夫曼（Hans Hofmann），出生于德国的美国抽象表现主义画家。

[23] 胡里奥·冈萨雷斯（Julio Gonzales），加泰罗尼亚立体主义雕塑家，画家，发展了铸铁在现代雕塑中的运用。

[24] 理查德·利波尔德（Richard Lippold），美国雕塑家，以采用金属线和杆制作几何抽象雕塑而闻名。

[25] 西奥多·罗萨克（Theodore Roszak），波兰裔美国雕塑家、画家，1950年与其他9位雕塑家和“暴怒的十八罗汉”联名向MoMA馆长罗兰·雷德蒙德发出公开信，拒绝承认展览“今日美国绘画”，并抵制其竞赛单元。

[26] 西摩尔·利普顿（Seymour Lipton），美国抽象表现主义雕塑家，以其金属雕塑著称，也是联名签署致MoMA馆长公开信的雕塑家之一。

[27] 亚历山大·考尔德（Alexander Calder），美国著名雕塑家、艺术家，动态雕塑（mobile）的发明者。

[28] 出生于俄国的犹太雕塑家，20世纪的雕塑先锋，构成主义的缔造者之一。

① 利奥·卡斯泰利访谈，保罗·卡明斯（Paul Cummings）采访，1969年5月22日，美国艺术档案馆，华盛顿哥伦比亚特区。

② 罗伯特·里特访谈，作者采访，纽约，2007年10月12日。

③ 让-保罗·萨特，《感染了瘟疫的动物》（“Les animaux malades de la peste”），《解放报》（*Libération*）（1953年6月22日刊），摘自由米歇尔·龚达（Michel Contat）和米歇尔·里巴尔卡（Michel Rybalka）编辑出版的《萨特文集》（*Les Ecrits de Sartre*）（巴黎：Gallimard，1970年出版），704—708页。

④ 利奥·卡斯泰利访谈，杰夫里·波特（Jeffery Potter）采访，1982年10月21日，波洛克-克拉斯纳基金会（Pollock-Krasner Foundation）。

⑤ 同上。

⑥ 同上。

⑦ 同上。

⑧ 参见马克·史蒂文斯（Mark Stevens）与安娜莱恩·斯旺（Annalyn Swan）著，《德·库宁：一位美国大师》（纽约：Alfred A. Knopf，2005年出版），185页。

⑨ 伊莲娜·索拿本德访谈，作者采访，纽约，2005年11月25日。

⑩ 利奥·卡斯泰利访谈，杰夫里·波特采访，1982年10月21日，波洛克-克拉斯纳基金会。

⑪ 伊莲娜·索拿本德访谈，作者采访，纽约，2005年11月25日。

⑫ 同上。

⑬ 同上。

⑭ 利奥·卡斯泰利访谈，保罗·卡明斯采访，美国艺术档案馆。

⑮ 现代艺术博物馆档案，小阿尔弗雷德·H. 巴尔文献，2181号。

⑯ 同上。

⑰ 利奥·卡斯泰利访谈，作者采访，纽约，1995年11月5日。

Part Ⅲ .

不折不扣的美国艺术领袖

1957—1998

18—磁铁般的纽约

整个美国对我的吸引力都不及纽约。纽约像是一块磁铁，是我儿时的一个梦。①

——利奥·卡斯泰利

诗歌日渐衰落
绘画竿头直上
我们怨声载道
这就是 1950 年。②

——弗兰克·奥哈拉（Frank O'Hara）[1]

1952年的3月、4月和5月，二十五岁的天才诗人弗兰克·奥哈拉在“俱乐部”的三场夜间朗诵会让卡斯泰利夫妇久久难忘。[3]这位哈佛大学（Harvard University）和密歇根大学（University of Michigan）安娜堡（Ann Arbor）本校的新毕业生六个月前才刚刚来到纽约，之后便迅速蹿红。他是一位痴迷于俄国和法国诗歌的诗人，也是一位钢琴家。他与曾经徜徉在巴黎街巷的布勒东、桑德拉尔（Cendrars）[2]和阿波利奈尔一样，总是在纽约街头四处游荡；他对世间万物都有无尽的好奇，不仅对艺术，他对电影、舞蹈和当代音乐也都具有浓厚的兴趣；他还是一个爱撒酒疯的酒鬼，既风流又健谈。弗兰克·奥哈拉是纽约文化活动家的典型代表，他着迷于这座汇聚着无数艺术潮流的都市。他兼具拳击手的外形和电影明星的微笑。他的魅力不仅让他成了横跨美术和文学界的桥梁，也成了沟通美国战后第一和第二代画家的使者。作为《艺术新闻》杂志的批评家和MoMA的正式员工，他无视辈分、知识或文化上的界限，不仅燃起了“俱乐部”的活力，也成为二十世纪五十年代纽约每一家沙龙都趋之若鹜的座上宾。他用一首诗抒发了自己对这座城市的热情：

在纽约熔化了的街道上
上帝张贴出宣告我死亡的公告。
我爱这座令人毛骨悚然的城市。
它满是沟壑，像一部侦探小说
嘈杂、膨胀、污渍斑斑
合上了敏锐、冷酷、乌黑的双眼……
我穿街走巷，保持警觉的同时，也产生了幻觉
街道在我身边展开又落下，如同阵阵脚步声……
地铁飞驰上一段坡道
俯瞰着东河（East River）和高塔！
几尊宣礼塔！一座桥。我迷失了。
再也回不到那片房子
污垢满盈。[4]

各个门类的艺术家都汇聚在了纽约这座全国首屈一指的大都会中，形成了前所未有的团结。在纽约，奥哈拉比任何人都更具诗意，他对这种团结作出了最为动人的表达。创作者之间的协作正为这座城市注入新的活力，诗人、作曲家、舞者和批评家为画家和雕塑家戴上了王冠——过去在巴黎，他们就曾按照波希米亚主义的伟大传统做出过相同的选择：当时，波德莱尔宣告德拉克洛瓦（Delacroix）[3]的时代已经到来，左拉（Zola）[4]则认定塞尚就是他们的精神领袖。在那之前，有关美国身份认同的一切要素（先驱精神、清教徒的信仰和对商业价值的追求）都在排斥被视为二等公民的艺术家群体。⑤“没有人能在自己的故乡成为先知！”[5]——长久以来，美国的画家们都哀叹于他们的弃儿身份，同时也不理解为何作家能够享有他们所没有的名望；然而，除了沃尔特·惠特曼（Walt Whitman）[6]曾在1886年为遭到宾夕法尼亚美术学院（Pennsylvania Academy of the Fine Arts）辞退的托马斯·伊肯斯鸣过不平，几乎没有任何作家曾为画家进行过辩护，甚至没有对他们表示过支持。⑥如今，在50年代末的纽约，冷战之风肆虐，诗人弗兰克·奥哈拉却甘愿退到他推崇的画家和雕塑家身后；他不仅与拉里·里弗斯、格蕾丝·哈蒂根（Grace Hartigan）[7]、诺曼·布拉姆（Norman Bluhm）[8]、简·弗莱里奇（Jane Freilicher）[9]、戴维·史密斯、阿尔·莱斯利寻求过创作上的合作，还抒发了呼吁团结一致的心声，用颂诗、挽歌、十四行诗和歌谣表达着自己对他们的赞许。他把自己看得很低，只是他们微不足道的支持者。他曾毫不掩饰地对拉里·里弗斯宣告：

你在为不会写作发愁吗?
别担心。这是上天的恩赐
是绘画不愿意放手
让你做别的事情
哪里有什么诗人
一坐在提香面前，就能抽出
他作诗的小本子开始
吟起诗来？别抱怨了，我的朋友，

1958 年，纽约
拉里·里弗斯（左）与弗兰克·奥哈拉在创作《石头》（*Stones*）
摄影：汉斯·纳穆斯

你会做的事，我只能叫得出名字而已。⑦

弗兰克·奥哈拉在纽约新文化圈的崛起，反映了一场正在酝酿的巨大变革。出于对艺术家“英雄”的无限敬仰，卡斯泰利夫妇以收藏家、赞助人和朋友的身份观察并推动了这场变革。在接下来的四年中，利奥和伊莲娜·卡斯泰利用他们各自的方式在这个接纳了他们的国度中呵护着这里的艺术；一部荡气回肠的文化史诗刚刚拉开序幕，而他们终将成为其中引领艺术风尚的潮流缔造者。

1957 年 1 月 16 日，阿尔图罗·托斯卡尼尼（Arturo Toscanini）[10] 与世长辞。这位意大利指挥家宁愿接受放逐，也不愿为一场法西斯歌曲演奏会担任指挥。出现在美国报刊上的一封封讣告温情地回忆了他的事迹：在“今天为托斯卡尼尼大师的勇敢喝彩的新闻工作者中，有谁敢承认我们其实并不鼓励我们自己的艺术家成为第二个托斯卡尼尼呢？”反抗权威的志士、记者 I.F. 斯通（I. F. Stone）[11] 写道：“我们教导我们的艺术家不要和政治扯上关系，说这样更为安全稳妥。从这个意义上讲，不与政治扯上关系意味着脱离生活，做一个不完整的人；当看到有人遭受了不公平的待遇时，要扭过头去；如果看到了焚尸炉，要假装听不到里面的尖叫声；要与世无争……举国上下麻木不仁……我们的国家本应是一座能够以个人良知抵御国家权力的堡垒……若是麦卡锡主义死灰复燃了呢？”⑧

激进的奥哈拉与斯通一样有决心改变这个现状，他与朋友们创造了一种新的话语类型，那是建立在资本主义主流文化边缘的另一种文化。即便国内规模最大的 135 家企业已经在他身边的这座城市落户安家，这里也已经成为全球独占鳌头的消费市场的中心，他依旧坚持在各类发言中不断挑战社会和经济中保守的正统观念，无论发言的主题是否明确与政治有关。早年间世世代代全力追求利润的纽约商人们不甘被看作是庸俗的暴发户。在他们的努力下，这座城市拥有了一大批值得骄傲的博物馆、音乐厅、剧院，甚至还出现了几家经营当代艺术的画廊。在既追求财富又渴望获得文化熏陶的人眼中，它们的存在让这座都市散发出了最令人无法抗拒的魅力，直到今天也依旧如此。

1957 年 2 月 3 日，托斯卡尼尼去世两周之后，利奥·卡斯泰利在纽约创办了自己的画廊。他没花几个小时就将自己的公寓重新安排妥当，腾空了一个 L 形的起居室，并征用了正在拉德克里夫（Radcliffe）[12] 求学的女儿妮娜的房间，把它改成了一间展厅。卡斯泰利制定的日程像军队作息时刻表那样精确：把家具拖到地下室、把墙刷成白色、在天花板上安设轨道照明、分发请柬、在建筑外墙上挂出铜质的牌匾（上面低调地刻着“利奥·卡斯泰利，东七十七街 4 号”），最后一项尤为重要，那就是挂画！在拖延了整整十六年之后，他在不容争议的必要性面前终于开设了自己的画廊。卡斯泰利一旦下定决心，画廊就立即在仓促之间开了张，一如十八年前，在 1939 年初的巴黎，他在最不具备天时地利的情况下，在旺多姆广场开办画廊的经历。就在这样的一个清晨，在沙皮拉家在位于纽约的联排住宅中，卡斯泰利将客厅的家具存入房子的另外一层，随后，这位艺术票友蜕变成了一名真正的画商。他或许把开设画廊的决定看得非常实际，而这恰恰证明了他从事这个行当的天赋，以及他潜意识中对于风险的偏爱——这正是一个登山家无畏于深渊的胆魄。

1957 年 2 月 1 日，一场席卷了纽约的暴风雪让东北航空（Northeast Airlines）一架几分钟前刚刚从拉瓜迪亚（LaGuardia）[13] 起飞的 DC-6 型客机在赖克斯岛（Rikers Island）[14] 坠毁，二十二名乘客遇难，市长罗伯特·F. 瓦格纳（Robert F. Wagner）悲痛万分。惨剧发生后的第三天，纽约的街道仍因堆积的脏雪阻塞不畅，参加卡斯泰利第一个展览开幕的宾客们就这样来到了第五大道和七十七街路口的那栋白色的四层经典联排住宅。当他们乘坐又窄又晃的电梯来到顶层，这部嘎吱作响的电梯带来的不适与城市的悲凉相较显得那样不值一提。画廊主的用意在入口处就得到了清晰的呈现：这是一次波洛克与德劳内（Delaunay）[15] 的对话——二十世纪五十年代最优秀的滴画作品与塔顶被留在了画外的埃菲尔铁塔展开了对决。卡斯泰利 1950 年在西德尼·詹尼斯画廊进行的那场大西洋两岸的对话得到了新的延续，抽象也获得了两种截然不同的诠释：两张几乎与墙面等高的绝世之作是整个空间的主角，其他小尺幅的作品则相互呼应，让展览的叙事变得完整而丰满——有代表美国艺术的马斯登·哈特利（Marsden Hartley）[16]、德·库宁和戴维·史密斯，也有代表欧洲艺术的蒙德里安、皮卡比亚（Picabia）[17]、莱热、贾科梅蒂（Giacometti）[18]和凡·杜斯伯格（van Doesberg）[19]。

“利奥的第一场展览格调很高！他从自己的私人收藏中选择了一些进行展出，也有借展的作品，其中几张就来自西德尼·詹尼斯。展览散发出了一种魔力，有一种说不清的感觉。简·奥斯汀（Jane Austen）[20]有一句名言，‘派对上什么都有可能发生。’那天，利奥组织聚会的天赋和他朴素的优雅也得到了淋漓尽致的发挥。”⑨芭芭拉·雅各布森生动地回忆着利奥的第一场开幕。后来，她和丈夫约翰（John）成为卡斯泰利画廊的第一批客户和他最要好的朋友。在她的“导师”——表姊妹哈里特·彼得斯（Harriet Peters）[21]的带领下，这位家境富有、求知若渴、年轻优雅的史密斯学院（Smith）[22]毕业生在画廊的海洋中探寻着以任何媒介呈现的艺术珍宝。⑩因此，唐纳德（Donald）和哈里特·彼得斯会与雅各布森夫妇相约在卡斯泰利的开幕现场见面就再自然不过了。

关于卡斯泰利迈入画廊界的第一步，没有人比他自己谈论得更加充分。他发表过的声明不计其数，但都迷雾重重，除了为数不多的几个细节，几乎没有透露任何重要的信息；他的叙述展现了他巧言令色、滴水不漏的语言技巧，后来的事实证明，这正是他的标志性特色之一。下面，我们就来看看卡斯泰利与制作人克劳德·贝里（Claude Berri）[23]的一次谈话：

> 卡斯泰利：画廊的第一场展览美极了。它还是基于我对美国和欧洲的艺术家进行比较的想法展开的……
>
> 贝里：你是在宣告自己的意图——“我，利奥·卡斯泰利，要开

一家画廊，展出的是绘画。”

卡斯泰利：不，不是普通的绘画，而是我眼中最优秀的艺术家画过的最好的作品。我想说，1957年2月1日[24]开幕的这场展览取得了巨大的成功。⑪

人们不得不承认利奥·卡斯泰利的一丝不苟和他对卓越的不懈追求。他是一个收藏家，一个活力四射的花花公子，时而充当掮客，时而扮演侍臣，由于错综复杂的环境，他长期屈居幕后，直到五十岁时才终于自立门户。这个整洁优雅的男人会成为二十世纪下半叶最伟大的画廊主，是不是具有什么特殊的能耐？如果个人魅力也算是一种能耐的话，那么是的。卡斯泰利有高高的额头、整齐油亮的黑发，简洁干练的动作和无可挑剔的衣着。虽然身高不高（五尺五寸[25]），但他在多年的业余生涯中，已经练就了能够手持鸡尾酒杯游刃有余地寒暄交际的能力。首场展览的开幕活动上，他那一套旧世界的人情练达迸发出了令人眼花缭乱的效果。他将优雅精致发挥到了极致，在人前走过时永远面带微笑，不管是男人还是女人、艺术家还是收藏家、批评家还是策展人，没有人能够抗拒他的魅力。他慷慨、健谈，又细心、体贴，不会给任何一只高脚杯留下未被斟满的机会，总能让任何一点虚荣心得到满足；他掌控着全局，如同开屏的孔雀一般，尽情施展着个性和财富散发出的魅力。而这与他的事业企图并不冲突，他展示最精彩的美国和欧洲绘画，邀请时髦的上流社会[26]随他一起登上艺术的顶峰，而他则收获了人们无上的感激。综合一切因素，利奥当之无愧地在1957年2月3日完成了对自己的一次超越！而这一切才刚刚开始。

“卡斯泰利的魔力”尘封已久，它一旦喷涌而出，便受到了世人的瞩目。然而，风光背后却是危机四伏。开幕后没几天，欢欣雀跃的卡斯泰利就向伊莲娜宣布，画廊卖掉了第一件作品，一张蒙德里安。即便如此，他对女色的贪恋和财务上的依赖却让妻子脆弱的神经不堪重负；二十五年来，他们的婚姻关系一直都很开放，如今却开始急速恶化起来。伊莲娜是一个年轻尽职的妻子，虽然羞涩、内敛，却也从容、安逸，但她却越

[1] 美国作家、诗人和批评家，纽约现代艺术博物馆策展人，在纽约的艺术世界具有很高的地位。

[2] 布莱斯·桑德拉尔（Blaise Cendrars），出生于瑞士的法国小说家、诗人，对欧洲现代主义运动产生过重要影响。

[3] 欧仁·德拉克洛瓦（Eugène Delacroix），法国浪漫主义艺术家，早期开始就被认为是法国浪漫主义画派的代表人物。

[4] 爱弥尔·左拉（Émile Zola），法国小说家、剧作家、记者，自然主义文学流派最为著名的实践者。

[5] 原文为拉丁语 "nemo propheta in patria!"，来源于圣经《路加福音》4:24，引申为再出色的人都无法在自己的家乡得到承认。

[6] 美国诗人、作家、记者、人文主义者，参与了文学从超验主义到现实主义的转变。

[7] 美国第二代抽象表现主义画家。

[8] 美国抽象表现主义画家，行动绘画艺术家。

[9] 美国具象风景画家。

[10] 意大利著名指挥家，对音乐的记忆力超群，以专注和追求完美的演出细节著称。

[11] 伊西多尔·范斯坦·斯通（Isidor Feinstein Stone），美国新闻调查记者、作家，父母为俄国犹太移民。

[12] 拉德克里夫学院（Radcliffe College），位于马萨诸塞州的著名女子文理学院，是与男校哈佛大学同一级别的女校。

[13] 拉瓜迪亚机场，位于纽约市皇后区的一个小型机场。

[14] 拉瓜迪亚机场北面的一个岛屿。

[15] 罗伯特·德劳内（Robert Delaunay），法国画家，参与开创了强调纯粹的抽象和明亮的色彩的俄耳甫斯主义。

[16] 美国现代主义画家、诗人、作家。

[17] 弗朗西斯·皮卡比亚（Francis Picabia），法国先锋派画家，参与了立体主义、达达主义和超现实主义运动。

[18] 阿尔贝托·贾科梅蒂，瑞士雕塑大师、画家，参与过超现实主义、表现主义、立体主义和形式主义运动。

[19] 西奥·凡·杜斯伯格（Theo van Doesberg），荷兰艺术家，风格派运动的创始人和领导者，作品涵盖绘画、写作、诗歌和建筑。

[20] 英国小说家，《傲慢与偏见》（*Pride and Prejudice*）、《理智与情感》（*Sence and Sensibility*）的作者。

[21] 哈里特·彼得斯及丈夫唐纳德·彼得斯（Dondd petes）是萨姆·库兹画廊的投资人，哈里特曾在卡斯泰利画廊做志愿工作，还在唐纳德去世之后嫁给了她在工作中结识的艺术家艾斯特班·维森特。

[22] 史密斯学院（Smith College），位于马萨诸塞州，是顶尖的女子文理学院之一，创建于 1871 年。

[23] 法国电影导演、制作人、作家、演员，奥斯卡最佳短片奖得主。

[24] 卡斯泰利画廊开业的日期存在着多种说法，作者认为是 1957 年 2 月 3 日，卡斯泰利在这段与克劳德·贝里对话中透露的日期是 2 月 1 日，画廊官网上公布的日期则是 2 月 10 日。

[25] 约 165 厘米。

[26] 原文为法语：beau monde。

来越无法忍受丈夫五花八门的自恋举动，并最终积郁成疾。卡斯泰利对埃米尔·德·安东尼说："抽象表现主义是当时最重要的艺术运动，而我真的不知道自己能做些什么。我过去积攒下了一些欧洲绘画，但大多都是为了收藏，并非出于经营的目的。"⑫在这段关于自我形象的回忆中，他奇怪地隐去了陪伴在侧的妻子。即便这份收藏彰显出的是他们完全一致的高雅品位，那也是属于他们两个人的收藏啊。几年之后成为画廊二把手的伊万·卡普（Ivan Karp）回忆道："他们有几件一流的杜布菲，1946、1947 年的作品，很有感染力。他们有几件贾科梅蒂。他们有三张波洛克。都是极其出色的作品。他们有几件德·库宁。对我来说这些都是了不起的收藏，很深刻、很复杂，也很完整……是最高品质的收藏。"⑬但正如卡普确认的那样，如果没有伊莲娜的个人财富，这些收藏根本就不会存在。

"伊莲娜永远都带着小狗比奇娜（Piccina）待在展厅后面。她穿着一件黑色的小连衣裙，魅力十足，风情万种。她羞涩、聪明、与众不同。"⑭芭芭拉·雅各布森回忆道："她是画廊的奠基人之一。"伊万·卡普说："她极富个性，是一位敏感细腻的女性。"所有人都确定这家画廊是夫妻二人共同开创的事业——甚至连卡斯泰利本人都在被直接问及此事时说："哦，对，伊莲娜也参与了。不过从战争结束到我把画廊开起来那会儿，我们的关系一直都不太好。"⑮

在画廊成立的最初几个月中，卡斯泰利继续对最优秀的欧美艺术家进行比较的计划碰壁了。他为包括乔恩·许勒尔（Jon Schueler）[27]、诺曼·布拉姆、保罗·布拉克（Paul Brach）[28]和玛丽索尔（Marisol）[29]在内的一批第二代抽象表现主义艺术家举办了个展，却只推出了克劳德·韦泽（Claude Viseux）[30]和霍里亚·达米安（Horia Damian）[31]这两位二流的欧洲艺术家。几个月后的展览"先驱 1910—1950"（*Pioneers 1910–1950*）是他的最后一次尝试，他将波洛克一人与德劳内、杜布菲、贾科梅蒂、康定斯基、莱热、米罗、皮卡比亚和施维特斯放在了天平的两端，从而对历史进行了概括。在那之后，卡斯泰利在不断扩张的美国艺术漩涡中越陷越深，不得不切断他与巴黎的纽带。[16] 5月6日，囊括了布拉姆、巴德（Budd）[32]、朱巴斯（Dzubas）[33]、琼斯（Johns）[34]、莱斯利、路易斯（Louis）[35]、玛丽索尔、奥特曼（Ortman）[36]、劳申伯格和萨韦利（Savelli）[37] 的展览“新作”（*New Work*）开幕，除此之外，卡斯泰利画廊的第一年再无建树。但在此之前，卡斯泰利职业生涯中具有决定性意义的几次著名的奇迹开始显现。

加尔文·汤姆金斯在《异乎寻常》（*Off the Wall*）[38] 中详尽地记叙了全因机缘巧合发生在纽约的一次邂逅。那是1957年4月的一个周日，两位正在探寻艺术新风格的欧洲政治流亡者——利奥和伊莲娜·卡斯泰利遇到了两位刚从南方来到纽约的美国画家，他们刚好也在埋头寻找一种与抽象表现主义不同的风格。这就是卡斯泰利夫妇与罗伯特·劳申伯格和贾斯培·琼斯的初次相逢。“利奥会开一家画廊，但是他不会展览你的作品。”1952年夏天，伊莲娜曾直截了当地告诉德·库宁，“因为他要的是新的东西！”这对画廊主和这对艺术家具有相同追求，或许注定会在茫茫人海中相遇，但又有谁能料到他们会在艺术世界掀起一波又一波的惊涛骇浪呢?

与弗兰克·奥哈拉一样，罗伯特·劳申伯格也没能抵御纽约的诱惑，于是在1949年来到了这座城市。在黑山学院接受了包豪斯大师约瑟夫·艾伯斯的训练之后，他在巴黎的朱利安学院（Académie Julian）[39] 进行了短暂的学习，继而游历了非洲北部地区。此后，这位年轻的得克萨斯人带着他的勇气、幽默、才华、气度和一颗赤子之心，来到了纽约这座绚烂夺目的世界艺术之都。除了劳申伯格，几乎没有人能从五十年代末纷乱的市井生活中发现诗意：被拆除的房檐、动物标本、坑坑洼洼的垃圾桶、破碎的镜子、灯泡，以及各种废弃物，全都在他的“混合艺术”（Combines）中获得了全新的面貌。劳申伯格是一位如饥似渴、睿智开明、与人为善、兴致高昂的漫游者，他不断地出现在纽约的大街小巷，以人类学家进行实地考察的执着与专注，记录着他的“观测结果”。他痴迷于“只能在这座城市找到的那种始终存在却毫无逻辑的并置”[17]，无所畏惧地投身于这座城市的混沌之中，追寻求索。

后来他说：“能够在街上捡到联合爱迪生（Con Edison）[18]的木料或者发现任何能够在作品中运用的物件都会让我感到非常富足。事实上，有时我甚至会为自己在纽约游客似的生活状态感到尴尬……我敬畏这里的画家；我是说，我初来乍到，而这里的艺术家创作出的作品优秀得令人难以置信。我至今还认为比尔·德·库宁是世界上最优秀的画家之一。但我发现我与许多雪松酒馆里的艺术家都难以沟通……抽象表现主义者们那种自以为是的劲头总是让我讨厌，因为当时我所关注的与他们恰恰相反。我正努力让绘画的意象、材料和意义能够客观公正地记录我的观察，也就是这座城市带给我的兴奋，而不是我自说自话的想象。”[19]他的言论与法国人类学家克劳德·列维–施特劳斯（Claude Lévi-Straus）[40]的感受惊人地相似，而列维–施特劳斯的实际体验也打乱、取代并彻底推翻了他过去对纽约的成见。怀抱着对“一座城市”和“一个超级现代化的大都会”的期待，列维–施特劳斯来到了“一个小村庄聚合体……这里在平面和空间上都极为混乱”[20]。他任由自己在各种运动与对立运动、潮起与潮落间随波逐流，观察着这座城市的文化并置，体验着他居住的格林尼治村的“工会组织和政治气氛”与上东区（Upper East Side）的“纽约贵族阶层”生活；他喜欢“现代生活方式和近乎古代的生活方式并存”的那种“令人难以置信的复杂画面”，比如见到“戴着羽毛头饰、穿着装饰着彩珠的鹿皮上衣的印第安人手持派克笔在纽约公共图书馆（New York Public Library）的美式建筑中记笔记的情景”。[21]

与弗兰克·奥哈拉一样，劳申伯格的作品对社会的批判也是从侧面切入的，没有那么直接。他说，“虽然我个人对种族问题和各种残暴的行动是有自己的立场的”[22]，但在艺术创作中，他信奉的是一种渐进主义。他解释道，“我从不认为这些问题在政治上会有任何简单的答案，能够直接得到解决，至少我做不到。但一个人如果始终坚持自我，不忘初心，只要情感足够充沛，长此以往，他所坚持的东西就会慢慢得以表达。这种表达是循序渐进的，不是一张《格尔尼卡》就能够说明的……”与奥

1957 年，纽约
罗伯特·劳申伯格在他的工作室中，周围摆满了他的“混合艺术”作品
他对这个时期的看法是：“没有人在乎我的创作。”
罗伯特·劳申伯格遗产

哈拉一样，劳申伯格也将成为文化界关注的焦点：他的第一批支持者不是战后的画家群体，而是两位作曲家和一位编舞——约翰·凯奇、莫尔顿·费尔德曼和摩斯·肯宁汉（Merce Cunningham）[41]。劳申伯格与“抽表圈”[42]的那场交锋发生在 1953 年的一天。当时的场面非常紧张，劳申伯格带着王者一般的微笑和不屈不挠的韧劲敲响了威廉·德·库宁家的大门，向他索要一张画稿，接着用橡皮将它擦得一干二净。咄咄逼人、意义重大——这不仅是在抹去前人留下的痕迹，还是一个近似于弑父的象征——劳申伯格通过这个举动宣告了自己的诞生。

1954 年，贾斯培·琼斯也刚刚来到纽约。晚上，他会到马尔博罗

[27] 美国抽象表现主义画家。

[28] 美国抽象表现主义画家、教师和教育家。

[29] 玛丽索尔·埃斯科巴（Marisol Escobar），活跃在纽约的法国女雕塑家。

[30] 法国雕塑家、画家。

[31] 罗马尼亚画家和雕塑家。

[32] 戴维·巴德（David Budd），美国抽象画家，以大体量的单色绘画著称。

[33] 弗里德尔·朱巴斯（Friedel Dzubas），出生于德国的美国抽象画家，色域绘画的代表人物之一。

[34] 贾斯培·琼斯（Jasper Johns），美国抽象表现主义画家、雕塑家、版画家，在新达达主义和波普艺术运动中也扮演了重要角色。

[35] 莫里斯·路易斯（Morris Louis），美国画家，色域绘画最早的实践者之一。

[36] 乔治·厄尔·奥特曼（George Earl Ortman），美国画家、版画家、雕塑家，参与了新达达主义、波普艺术、极少主义等艺术运动。

[37] 安杰洛·萨韦利（Angelo Savelli），意大利画家，以其白色绘画著称。

[38]《异乎寻常：罗伯特·劳申伯格和我们这个时代的艺术世界》（*Off the Wall: Robert Rauschenberg and the Art World of Our Time*）。汤姆金斯为劳申伯格所作传记（哈姆斯沃思：Penguin，1980 年出版），其中标题“Off the Wall”在英文中既有“异乎寻常”之意，又与劳申伯格的作品脱离墙面存在的特点双关。

[39] 法国画家鲁道夫·朱利安（Rodolphe Julian）1867 年于巴黎创办的一所私立绘画和雕塑学院。

[40] 法国人类学家、人种学家，出生于一个犹太家庭。其研究对结构主义理论和结构主义人类学的发展具有重要的意义。二战时他曾在纽约的社会研究新学院任职。

[41] 美国舞蹈家、编导，领导美国现代舞发展超过半个世纪之久。

[42] 抽象表现主义团体的简称。

书店（Marlboro）上夜班，好维持自己画画的爱好。在劳申伯格的劝说下，他成为一名职业艺术家，并开始进行自己的探索。他们一同谋得了一个为百货商店设计橱窗的工作，并为这个行当奠定了受人尊重的传统，后来还得到了沃霍尔的继承；后来，他们采取了布拉克和毕加索在巴黎时的做法，在曼哈顿下城的珍珠街（Pearl Street）租下了两间仓库改建房（位于同一栋建筑的上下层），并在那里齐头并进。埃米尔·德·安东尼（Emile de Antonio）是一位英文教师兼业余音乐制作人，同时也是约翰·凯奇的朋友，他不仅回忆了两位艺术家在日常生活中的深切情谊，也提到了他们当时遭受到的孤立。“我们总是在探讨画家和绘画，也会聊吃的喝的。我们玩牌、喝酒。一次，为了给鲍勃找到一家画廊，贾普（Jap）[43]用鸭肉和野生大米做了一顿晚饭。我带了瓶杰克·丹尼（Jack Daniel's）的威士忌，还从上城邀请了朋友——康泰纳仕（Condé Nast）[44]的几名编辑和几位收藏家。鲍勃把那几张‘混合艺术’的大画搬来给玛莎·杰克逊（Martha Jackson）看，她在上城有一家画廊。可是她手里握着酒杯睡着了，根本就没有看见。当一张‘混合艺术’经过她身旁的时候，她正昏昏欲睡地打着小呼噜。我把她叫醒了。我认识的绝大多数画商都懒得思考，他们贪婪、盲目，想要与画家建立的是那种复杂而夸张的主人与奴仆的关系……那时，因为我更喜欢鲍勃和贾普的画，许多第二代抽象表现主义艺术家都对此感到不解和愤怒。他们指责我是无政府主义者和达达主义者，说我是来搞破坏的。也许我的确是一个无政府主义者；但劳申伯格和琼斯正在创造一种新而美的艺术，这是无法改变的事实。纽约从不对过去造成威胁，只会让即将变成昨天的当下感到不安。”㉓

劳申伯格近来独自对那段峥嵘岁月进行了回忆，语气中带着他特有的嘲讽：“没人在意（贾斯培的）创作，也没人在意我的创作。于是我们就成立了一个只有两个会员的俱乐部。我们过得很快乐……我们聚在一起的原因是我们俩做的都不是抽象表现主义。而我们这个只有两个人的团体竟成了抽象表现主义的威胁！”㉔“贾斯培家永远干净、洁白、井井有条。”他们共同的朋友瑞秋·罗森布拉姆（Rachel Rosenblum）补充道，

“鲍勃家到处都是东西，色彩丰富、混乱而无序。”这种存在于两个空间和两种个性之间的互补让所有人为之动容。劳申伯格首先承认自己为朋友的那片天地着迷：“我太羡慕（贾斯培的）使用的材料了：他那有热的蜂蜡，味道特别好闻。我家跟马路是一个味的。”[25]

卡斯泰利的首场展览开幕一个月后，在画廊帮忙的一位助手，青年画家伊尔泽·戈茨（Ilse Goetz）把他拽到了犹太博物馆（Jewish Museum），来参观刚刚在那里开幕的一场非比寻常的展览。这是“纪念犹太博物馆新馆落成十周年的三场系列展”中的第一场，博物馆馆长写道：“该展旨在展望未来而非回顾过去……之所以说这场新展超越了（博物馆过去的）边界，是因为它对艺术家的选择不分种族和信仰，既有基督教徒也有犹太人。”[26]虽然展览打破了陈规，可还是收获了不少来自保守人士的支持：参展的二十三名后表现主义艺术家是由专攻拜占庭艺术的哥伦比亚大学教授迈耶尔·夏皮罗选出的，展览图录的序言则是由艺术史学者、文艺复兴专家列奥·施坦伯格执笔的。“没有必要假装这二十三名纽约青年画家的创作容易理解。他们的确不好理解。”施坦伯格坦言，“几乎无一例外，他们全都不妥协、不迁就，故意让作品晦涩难懂……而我们注定要开始对他们进行探讨……追求奢华物质享受的人不会从这里获得满足……内容与恰当的形式从未如此割裂；我们受邀在此直视这段裂痕，去感受存在于两个对立面间的那不可调和的分歧……犹太博物馆展出这些画作或许是与惯例的一种告别……有人说，犹太民族与现代主义艺术家间的交集可能正在消失，即便如此，我仍能够感受到它的存在。犹太民族和现代艺术都是放弃的大师，它们都放弃过一切赖以生存的支柱。犹太民族后来成为一个抽象的民族，它证明了没有任何一样东西是不可或缺的。而艺术也做到了这一点。”[27]无论利奥·卡斯泰利如何加以掩饰，施坦伯格对犹太人民族特性的描述一定像一面镜子那样，撩动了他的某根神经。[28]

据贾斯培·琼斯说，他和劳申伯格在犹太博物馆参展的经过一开始相当混乱。“艾伦·卡普罗（Alan Kaprow）[45]推荐了我们，”琼斯解释道，

“还把一位姓里希特（Richter）的先生带到了珍珠街，我和鲍勃的工作室就在那里。鲍勃和我还以为会见到达达主义的那位汉斯·里希特（Hans Richter）[46]，不过我觉得这一位里希特先生是在北卡罗来纳州或佐治亚州经营桃园的。他说他正在为犹太博物馆的一个展览挑选作品，想要三四张我的画，还说如果地方够用，他希望这些作品全都能够得到展出，否则的话就少展出一张。他选了一张鲍勃的画，画面上伸出了一个架子，架子上站着一只山羊。要想把那件作品挪到上城，必须先把上面的山羊给卸下来。后来在一个周日的上午，鲍勃叫我跟他一起去趟博物馆，帮他重新组装他的作品。我们来到了一间偌大的展厅，墙边靠着许多画，一组人明显正在筛选作品呢。我看到自己的画放在了被拒绝的作品当中。帮鲍勃装完山羊之后，我去找了里希特先生，对他说我不知道自己的作品是被送来接受评审的，还要求他把我的画送回工作室去。他说他认为我应该找迈耶尔·夏皮罗谈我作品的问题，我回答我什么也不想说了。可他朝着展厅的另一头喊：‘夏皮罗博士，贾斯培·琼斯想要和你聊聊他的作品。’一位很和气的先生向我转过身来，他看上去体贴周到，于是我说：‘夏皮罗博士，看这意思我是得和您聊一聊我的作品了，但其实我没什么好说的。’里希特先生对夏皮罗说他想给他看看我的另外一张作品，还说之前没能在我们所在的这间巨大的展厅里找到合适的地方挂它。于是我们被带到了一个类似于走廊的地方，他们把我的《配有石膏模的标靶》（*Target with Plaster Casts*，以下简称《标靶》）[47] 从一个清洁间里拽了出来。我气坏了，回到了展厅，劳申伯格正在弄几盏电灯，那是他那张画的一部分，我告诉他我要走了。里希特先生从走廊里走进来说：‘夏皮罗博士认为你的《标靶》应该参展，不过我的同事们说如果展出它的话我一定会失业的。如果我们遮掉几格，你不觉得你的作品会显得更神秘吗？’我说我对增加神秘感没有兴趣，就离开了。过了一两天，一个什么博士，我忘了叫什么了，打电话来说他想来工作室选一张作品参展。这个人温文尔雅，对佛学很感兴趣。他选了我的《绿色标靶》（*Green Target*）”[48]。㉙让我们进行一个非常有趣的反事实试验，设想如果琼斯的《绿色标靶》没有入选这个具有开创性意义的展览，艺术世界将会何去何从？

“利奥从犹太博物馆的展览回来以后，”伊莲娜说，“我问他见到什么有趣的东西没有。‘展览我不好说，’他回答，‘不过的确有一张绿色的画。我不是很理解，但真的是太喜欢了。我完全被它迷住了，根本不能去想别的。’”[30]余下的故事就是老生常谈了，也是一段总是被重提的历史。故事的核心内容是这样的：在那次博物馆之行几天后，画家保罗·布拉克和作曲家莫尔顿·费尔德曼像往常那样邀请卡斯泰利夫妇走访一位青年艺术家的工作室，这位艺术家就是罗伯特·劳申伯格。这对收藏家夫妇对劳申伯格并不陌生：1951 年 5 月，利奥就曾在“九街展”上挂过他的一张作品，他们也曾为他 1955 年圣诞在查尔斯·伊根画廊举办的“红展”（*Red Show*）激动不已——但这两次相遇并没有带来什么结果。寒暄过后，劳申伯格问他的客人们要不要来点喝的，要不要加冰。“加冰！”卡斯泰利回答道。“那你们得稍微等我一会儿，因为我和邻居贾斯培·琼斯合用的那台冰箱放在他家里！”“你是说贾斯培·琼斯吗？”卡斯泰利兴奋起来，“是画犹太博物馆里的那张绿画的人吗？我能跟你一起去吗？”卡斯泰利是这样对克劳德·贝里描述这次不期而遇的：

卡斯泰利：我们来到他在楼下的工作室，眼前的一幕让我震惊。他画的旗帜，红的、白的和蓝的，都是单色的，还有一张纯白的；他画的标靶，顶部放着石膏模；他画的字母、数字；所有作品都是用一种我不知道的技法画成的——热蜡画法（Encaustic）[49]。

贝里：是一见钟情吗？

卡斯泰利：是的，彻头彻尾、全心全意，那是一种我从未体验过，后来也极少有过的感觉。我问他：“你想加入我的画廊吗？”他只简简单单地回答说：“想。”那时他二十七岁，劳申伯格是他的导师，他们已经是很多年的朋友了……当时经营画廊并不容易，总共也没有几家。其中贝蒂·帕森斯的那家就非常好，她展览的是波洛克、巴尼特·纽曼和罗斯科的作品。[31]

关于这次相遇，伊莲娜有她自己的版本："贾斯培的家是另一个世界。那里有很多奇怪的画，描绘的是我们前所未见的主题，那些由数字和字母构成的画作，无论形式还是材质都十分完美。它们仿佛很遥远，与我们的生活无关，即便只有 4 英寸见方[50]，也像纪念碑一样雄伟。那里放着 1954 年的那张国旗，那是他画的第一张国旗，我买了下来。贾斯培和鲍勃就像是太阳和月亮：两颗当代之星。琼斯的创作离奇古怪，劳申伯格的创作神秘莫测。"利奥对伊莲娜的看法给出了通俗易懂的解读，他补充道"贾斯培是安格尔，而鲍勃是德拉克洛瓦。"㉜

"贾斯培很高兴，这自不必说。"伊莲娜继续说道，"也不是说鲍勃就不高兴了。只是我们都沉迷于贾斯培的创作，对鲍勃则有些忽视。利奥马上就注意到了这一点。贾斯培有一组白色的系列绘画，美极了，是用热蜡画法绘制的白色数字……这时候，劳申伯格已经回到楼上去了，在那里等我们答复是否会给他办展览。我们回到楼上之后，利奥说：'你的朋友真的是非常有趣，这你是知道的；我们会给你和贾斯培·琼斯各做一个展览。''对，你俩都做。'我确认道，'你的展览会按计划举行的。'但那会儿已经 5 月了，春天就要过去了，可利奥还是想先做贾斯培的展览！"㉝

重温这段偶遇，不禁让我想起了格特鲁德·斯坦（Gertrude Stein）[51]和毕加索所在的巴黎。他们一个来自旧金山，另一个来自马拉加，都被 1900 年的世界博览会吸引到了巴黎，在卢森堡花园（Jardin du Luxembourg）附近具有精致资产阶级情调的弗勒吕斯街（Rue de Fleurus）[52]和蒙马特（Montmartre）独具另类波希米亚风情的拉维尼昂路（Rue Ravignan）[53]之间打开了一条通路。在连接着第五大道上的联排住宅所代表的东区世界和不通热水的改建阁楼所代表的东村世界之间同样存在着一条通道，在这里，纽约成为五十七年前的巴黎，越来越多身世复杂奇异的移民都将这里作为目的地和中心，而它兼容并蓄的潜力才只露出了冰山一角。欧洲的画廊、美国的艺术家、欧洲的批评家、美国的收藏家和美术馆馆长：所有人都汇聚于此，随时准备采取行动，或者听候发落。他们或多或少都感受到了卡斯泰利独一无二的魔力。那是一服效果惊人的催化剂，将会促发一场前所未有的化学反应，而反应结果则是这些参与反应的元素从未想象过的。

[43] 贾普是对贾斯培·琼斯的昵称，鲍勃是对罗伯特·劳申伯格的昵称。

[44] 1908年成立于纽约的国际期刊出版集团，旗下刊物涵盖《纽约客》《时尚》《GQ》等知名杂志。

[45] 美国艺术家，行为艺术的概念的开创者。

[46] 德国艺术家，实验电影导演和制片人。

[47] 贾斯培·琼斯1955年创作的一件热蜡画拼贴作品，后被卡斯泰利夫妇收藏。

[48] 琼斯1955年创作的一件热蜡画拼贴作品，现收藏于MOMA。

[49] 古希腊流传下来的绘画技法，将颜料溶入热蜂蜡中，再涂抹在木版或画布等平面上作画。

[50] 约10厘米见方。

[51] 犹太小说家、诗人、剧作家和艺术收藏家，出生于美国，1903年移居巴黎，并在巴黎举办沙龙，汇聚了毕加索、马蒂斯、海明威等现代主义艺术和文学大师。

[52] 格特鲁德·斯坦与兄长列奥·斯坦（Leo Stein）在巴黎的住所位于弗勒吕斯街27号，他们在那里建立了自己的艺术收藏。

[53] 毕加索的工作室位于拉维尼昂路13号名为洗濯船（Le Bateau-Lavoir）的一栋建筑中，毕加索的《亚威农少女》就创作于此。这里曾是马蒂斯、莫蒂里安尼（Modigliani）、布拉克等一众艺术大师与知识分子、演员和艺术商人的聚集地，在现代主义艺术运动中扮演着重要的角色。

① 利奥·卡斯泰利访谈，作者采访，纽约，1995年11月5日。

② 摘自（与拉里·里弗斯合作的）《石头》(*Stones*)，选自理查德·J. 格雷(Richard J. Gray)，《美国文学史》(*A History of American Literature*)（马萨诸塞州马尔登：Blackwell, 2004年出版），643页。

③ 3月7日，题为"一群青年画家"(A Group of Young Painters)的第一场座谈会的讨论主题是抽象表现主义，参会的有简·弗赖利彻(Jane Freilicher)、格蕾丝·哈蒂根(Grace Hartiga)、拉里·里弗斯、阿尔·莱斯利(Al Leslie)、琼·米切尔(Joan Mitchell)和唯一一名作家奥哈拉。作为诗人的奥哈拉在帕维亚眼中比批评家要安全一些。此前，一场关于塞尚与波德莱尔(Baudelaire)及马拉美(Mallarmé)的关系的辩论已经勾勒出了法国传统中艺术家和诗人的利害关系。奥哈拉当时写道："你知道我是如何/看待画家的。有时我想只有诗歌/能够描绘他们。"在4月11日的第二场座谈会上，奥哈拉追溯了当代诗歌的传统，是要"专注于诗歌和绘画的意象"。当晚，他将诗歌定义为一种"能够让语言中的能量获得释放，从沉默的虚无中解脱"的事物，这与托马斯·赫斯对抽象表现主义的解释非常相似。5月14日的第三场座谈会的标题是"新诗"(New Poetry)。参见布拉德·戈克(Brad Gooch)，《城市诗人：弗兰克·奥哈拉的一生和各个阶段》(*City Poet: The Life and Times of Frank O'Hara*)（纽约：Alfred A. Knopf, 1993年出版），214—217页。

④《致纽约的山峦》("To the Mountains in New York")，摘自《弗兰克·奥哈拉诗选》(*The Collected Poems of Frank O'Hara*)，唐纳德·艾伦(Donald Allen)编辑（伯克利：University of California Press, 1995年出版），198—199页。

⑤ 参见安妮·科恩-索拉尔，《美国绘画：美国艺术家的崛起，1867年的巴黎至1948年的纽约》(*Painting American: The Rise of American Artists, Paris 1867—New York 1948*)（纽约：Alfred A. Knopf, 2001年出版）。

⑥ 惠特曼曾表示："伊肯斯不是画家，他是一股力量。"

⑦《致拉里·里弗斯》(*To Larry Rivers*)，《弗兰克·奥哈拉诗选》，128页。

⑧ I.F. 斯通，《凶险的50年代》(*The Haunted Fifties*)（波士顿：Little, Brown, 1989年出版），178—182页。

⑨ 芭芭拉·雅各布森访谈，作者采访，纽约，2006年2月4日。

⑩ 哈里特·彼得斯和丈夫唐纳德(Donald)是纽约值得尊敬的收藏家夫妇。

⑪ 安·亨德利编辑，《克劳德·贝里遇见利奥·卡斯泰利》（巴黎：Renn, 1990年出版），89页。

⑫ 埃米尔·德·安东尼(Emile de Antonio)与米奇·塔奇曼(Mitch Tuchman)，《画家的绘画：现代艺术界的真实历史，1940—1970》(*Painters Painting: A Candid History of the Modern Art Scene*)（纽约：Abbeville Press, 1984年出版），18—19页。

⑬ 伊万·卡普访谈，保罗·卡明斯采访，纽约，1969年3月12日，美国艺术档案馆，华盛顿哥伦比亚特区。

⑭ 芭芭拉·雅各布森访谈，作者采访，纽约，2007年12月13日。

⑮ 利奥·卡斯泰利访谈，保罗·卡明斯采访，纽约，1969年5月22日，美国艺术档案馆，华盛顿哥伦比亚特区。

⑯ 唯一的例外是1961年4月的"伊夫·克莱因：单色画"(*Yves Klein: Monochromes*)。

⑰ 罗伯特·劳申伯格访谈，多萝西·赛克勒采访，纽约，1965年6月10日，美国艺术档案馆，华盛顿哥伦比亚特区。

⑱ 当地的电力公司。

⑲ 罗伯特·劳申伯格访谈，多萝西·赛克勒采访，纽约，1965年6月10日，美国艺术档案馆，华盛顿哥伦比亚特区。

⑳ 克劳德·列维-施特劳斯，《远观》(*The View from Afar*)，约阿希姆·内格罗舍尔(Joachim Neugroschel)和菲比·霍斯(Phoebe Hoss)翻译（纽约：Basic Books, 1985年出版），258—259页。

㉑ 同上，260页、266—267页。

㉒ 德·安东尼与图奇曼(Mitch Tuchman)，《画家作画：一部秉笔直书的现代艺术现场史，1940—1970》，18—19页。

㉓《罗伯特·劳申伯格：工作中的男人》(*Robert Rauschenberg: Man at Work*)，BBC及RM Arts与古根海姆博物馆及Ovation公司联合制作；克里斯·格兰伦德(Chris Granlund)导演（芝加哥：Home Vision Arts, 1997年播出）

㉔ 同上。

㉕ 同上。

㉖《前言》("Foreword")，"第二代纽约画派艺术家"(*Artists of the New York School, Second Generation*)展览图录（纽约：Jewish Museum of the Jewish Theological Seminary of America, 1957年出版）。

㉗《序言》(“Introduction”),“第二代纽约画派艺术家”(*Artists of the New York School, Second Generation*)展览图录，4—8页。

㉘ 贾斯培·琼斯，作者采访，萨伦市，康涅狄格州，2008年4月28日。

㉙ 同上。

㉚ 伊莲娜·索拿本德，作者采访，纽约，1991年10月24日。

㉛ 亨德利编辑，《克劳德·贝里遇见利奥·卡斯泰利》，90页。

㉜ 伊莲娜·索拿本德，作者采访，科尔托纳，2005年8月14日。

㉝ 伊莲娜·索拿本德，作者采访，纽约，2005年11月25日。

19—试射成功，一鸣惊人：贾斯培的奇迹

我很年轻，这对我具有极其重大的意义，因为它发生的时间刚好是每个年轻人成长的关键时期……我认为，因为我缺少……嗯，认识我的人（几乎没有人知道我的存在，也没人见过我的作品），但所有人都想看看利奥到底要干什么（因为利奥是一位有名气的收藏家，这在某种程度上是由于他与艺术家和詹尼斯都有来往。），所以才热闹了一阵。[①]

——贾斯培·琼斯

利奥·卡斯泰利画廊

东七十七街 4 号　　　　供您即刻发布

纽约州第 21 国会选区[1]　　1958 年 1 月 20 日至 1958 年 2 月 8 日

BU 8–8343

贾斯培·琼斯——绘画

贾斯培·琼斯二十七年前出生在南卡罗来纳州。这是他的首场个展。他的创作对象是简单的视觉符号：标靶、从 1 到 9 的数字，或由 A 至 Z 的字母，以及美国国旗。他不断重复这些主题，以大小不一的尺幅忠实地对它们进行着再现；他运用的材料多种多样：热蜡、色粉、拼贴……正如最近的一份展评所言，"他优雅的匠人技艺赋予了这些绘画一种额外的凄美之感，是那种无人问津、千篇一律的形象被转化为讨人喜爱的手工制品后显露出的酸楚"[②]。

卡斯泰利客观公正地用一篇记叙性的新闻稿宣告了艺术新星贾斯培·琼斯的登场。曾几何时，抽象表现主义用肆意挥洒的颜料闯进了艺术的世界，并最终结束了欧洲长达数十年的统治地位。波洛克激进而具有启示性地摆脱了架上绘画的限制，纽曼从抽象中获得了纯粹、罗斯科发展了抽象表现主义[2]，德·库宁对形态进行了扭曲，而在这一切之后，琼斯对具象的回归又意味着什么呢？这些需要高超的技艺才能完成的优雅精致、晦涩难懂且具有讽刺意味的作品用意何在？这家在一年之内刚刚展出过波洛克晚期滴画作品的画廊如今挂着的却全部都是美国国旗、标靶、数字和字母。在这些作品中，有一部分的顶部装有奇怪的雕塑（例如被割下的面具或人体的局部），另一部分则是拼贴和热蜡画的混合体：那层性感而黏稠的半透明颜料似乎并没有完全附着在画布之上，它始终给人一种流动的感受，会让观者产生触碰的冲动，而它包裹的则是艺术家对美国国旗上的四十八颗星星和十三根条纹一丝不苟的描摹。在波洛克之后，琼斯的创作仅仅意味着一次回归，还是同抽象表现主义的彻底决裂？

1958 年 1 月—2 月，纽约，利奥·卡斯泰利画廊
利奥为贾斯培·琼斯举办的第一场展览就一鸣惊人
摄影：鲁迪·布克哈特（Rudy Burckhardt）摄

“贾斯培作品中的元素像一块块挨在一起的燧石，只要相互摩擦就会燃起一团火焰，而这或许正是它们的意义所在。但琼斯声称，他从没听说过击石取火的故事。他只是找到了这些元素，并让它们各归其位罢了。”与艺术家本人详细讨论过后，列奥·施坦伯格在一篇文章中写道，“四年前，在他的首场个展上出现的这些美国国旗、标靶、数字和字母的变体如今已经名声大噪……他的作品能够同时收获喜爱和惊愕，最主要的原因是他描绘的对象。它们的‘平凡无奇’到达了前所未有的程度，似乎自古以来从未有人描绘过如此乏味的主题。他选择了人们最不感兴趣的对象，这么做的用意何在？为了显得与众不同？……他在 1958 年展出的作品主题如此独特，以至于引发了狂轰滥炸式的批评。即便接受形式主义[3]的灌输已经长达半个世纪之久，事实证明，人们仍然无法从形式

主义的角度去看待它们。”[3]另一方面，“要解释这些作品的迷人之处，应当考虑一下它们是如何用一种令人放松的方式重新调整人们的审美习惯和实际反应的。”罗伯特·罗森布拉姆（Robert Rosenblum）[4]在《艺术》（*Arts*）[5]中指出，“与所有真正的艺术创新一样，琼斯的作品用发现的喜悦刺激了人们的心灵和双眼。”[4]费尔菲尔德·波特（Fairfield Porter）[6]则在《艺术新闻》中将这种效果描述为一种酷似自然力的巨大能量，他写道：“一看到琼斯的作品就无法移开双眼：它们让人们重新体验到艺术本身，感受到它在还没有被赋予任何意义或功能之前的魅力”[5]

新一代的艺术家造就了新一代的批评家。众多像罗森布拉姆、施坦伯格和波特这样的青年学者们聚集在了一起，他们从那个由美国战后批评家和艺术家（格林伯格、罗森伯格等人）组成的群体中脱离了出来，支持着卡斯泰利旗下的艺术家。可以想象，抽象表现主义者们会因此对他们产生多么深的怨恨！艾斯特班·维森特曾在离开卡斯泰利画廊时怒气冲冲地呼号道：“如果这也叫绘画，那我也别画下去了！”[6]此后的几年中，卡斯泰利始终被指责成是抽象表现主义的掘墓者。无论如何，贾斯培·琼斯的展览一炮打响了卡斯泰利的求新之路，完美地践行了他要培养一流艺术新星的壮志豪言。让我们听听艺术家本人是怎么说的：“我想这为利奥指明了方向。我觉得展览的成功把他推向了他从未想过的高度。如果回头看看他过去展览的东西，就会发现他修正了……不能说是修正，只是没有按照原本的目标继续行进。他得到了另外一种结果。某些偶然发生的事件将他引向了一片新的天地，而我也起到了一定的作用。”[7]

毋庸置疑的是，卡斯泰利的意外成功得益于纽约艺术世界的两位重量级人物。养兵千日，用兵一时。卡斯泰利刚一出手，《艺术新闻》杂志的编辑托马斯·赫斯和 MoMA 馆长阿尔弗雷德·巴尔就被琼斯的作品深深吸引。托马斯·赫斯甚至在布展还没有完成之前，就在拜访卡斯泰利时迷上了地上摆着的几幅琼斯的作品。他向卡斯泰利询问是否可以借用《带有四张面孔的标靶》（*Target with Four Faces*）[7]，并在几天后将它刊登在了杂志 1 月刊的封面上，这是他从未对任何一位不知名的艺术家采取过的姿态。得分。开幕后的那个周六，阿尔弗雷德·巴尔离开了他位于九十六街和麦迪逊大道路口的公寓，像往常那样准备沿第五大道步行穿过四十三个街区到博物馆上班。半路上，他在位于七十七街的那栋联排住宅前停下了脚步，走上楼梯，来到了位于四层的卡斯泰利画廊。他观看了展览，时而走到作品跟前，时而又会离远一些，然后再次靠近，接着他说想借用一下电话。他打给了助手多萝西·米勒，让她马上赶过来。而后，他当即决定为 MoMA 买下四件作品［为了购买其中一件有可能会惹毛几位理事会成员的作品，他还争取到了菲利普·约翰逊（Philip Johnson）[8] 的支持］，这又是一次史无前例的突破。再得一分。余下的就是一则道听途说的逸闻了，但画廊主在其中扮演了一个十分重要的角色：几天之后，赫斯、巴尔、约翰逊、罗森布拉姆、施坦伯格和米勒纷纷以文化和商业代理人的身份前来参拜贾斯培的神迹，而卡斯泰利也在一夜之间赢得了潮流缔造者的美名。如果说是卡斯泰利一手栽培了琼斯，反之也同样成立！

在艺术史中，能与卡斯泰利邂逅琼斯的作品相提并论的意外发现少之又少。到底是什么让卡斯泰利从玩票的花花公子和经济不能独立的富家女婿飞速蜕变成了一位画廊教父？也许有人会不由自主地将他的成功归结为机遇、敏锐的眼光和欲望偶然结合的产物，但这种说法忽视了另外一些因素，一些早在琼斯的第一场展览之前就已经存在，并在展览之后持续发挥着作用的因素。十六年来，卡斯泰利始终在纽约的外围跑道上滑行，用心地关注着潮流，并陆陆续续地贡献出了自己的力量，他守望着、等待着，这段经历让他积攒下了贯穿于整个艺术世界的人脉，而这是匆忙加入这个圈子的人绝不可能具备的资源。后来，当他一旦发现了理想中的机会，便迅速出击，甚至在还没有使出浑身解数之前就已经收获了许多自愿上钩的追随者。卡斯泰利的过人之处还包括他对商业惯例的革新。后来，他开始向艺术家提供财务管理上的支持，以三年、四年甚至五年为期，每月定期向他们支付工资，让他们不必操心与创作无关的琐事。他勇敢的指出：“这与过去的法国出版家为他们的作者做的工作是一样的。”不过，关于艺术家工资制度的起源，贾斯培·琼斯小心翼翼地提出了一个与卡斯泰利不尽相同的说法：“利奥并没有预付给我工资。有一次，利奥欠了我一大笔画款，而我又没有什么需要用钱的地方。我就让他留下那笔钱，每月付给我 1000 美金就可以了。他一直这么给我开支，后来我还欠了他 2000 美金。欠利奥的钱让我很不自在，这种情况后来再也没有发生过。”⑧

即便来龙去脉颇具争议，这一做法还是收到了非常好的效果。贾斯培·琼斯将美国艺术家的地位作为了一种创作上的主题和变奏：即便用间接的语言重新进行了洗牌，他描绘的对象始终是那些代表了清教徒和庸俗者的标志（国旗、标靶、地图、字母和数字）——它们都是这个一度唾弃艺术家的社会中最为常见的符号。通过这样的方式，他用自己的创作向整个美国社会发起了挑衅。他的作品是一场感官上的盛宴，彰显了他精湛的技艺，诡谲地将美国腹地的手工技艺与一种巴黎味道结合在了一起，仿佛是欧洲大师们（塞尚、莫奈、杜尚）的博大精深破除了美国本土文化中无可救药的狭隘和封闭。卡斯泰利接收到的是这样一条若隐若现的讯息吗？让他为之动容的是这位新达达主义者发起的挑衅吗？是他的欧洲风范吗？还是他作品中安格尔式的精致呢？由“俱乐部”的辩论开创出的崭新时代，收藏家、作家、作曲家和视觉艺术家们的团结一致；以及卡斯泰利对艺术家英雄们的尊重：如今，这些改变已经在这座高楼林立的城市中蔓延开来，正在瓦解美国艺术家数十年来遭受的孤立和排挤。

卡斯泰利向琼斯提供了一个覆盖文化和商业的关系网络，以及在国内外获得广泛报道的机会。几个月内，琼斯的创作就在全世界进行了巡回展出——扎布里斯基画廊（Zabriskie Gallery）[9]、伯尔尼、米兰、巴黎、伦敦、南卡罗来纳州、内布拉斯加州、俄亥俄州、史密斯学院、佛罗里达州的罗林斯学院（Rollins College）[10]、洛杉矶。他还在纽约为这位艺术家找到了第一批收藏者——本·海勒（Ben Heller）[11]、罗伯特·斯库尔（Robert Scull）[12]、唐纳德·皮特斯（Donald Peters）先生、罗伯特·罗森布拉姆、列奥・施坦伯格、H.W. 格拉斯沃尔（H. W. Glaswall）夫人和迈克尔・索拿本德。“一个朋友……问我为什么没有给你的三张作品分别拍照，而是让它们出现在了同一张照片里，想知道我是不是有什么特别的用意。”出于关心，阿尔弗雷德・巴尔致信琼斯，“我……想要强调的是我们一共买下了三张你的作品……你一定知道，因为购买了三张来自于同一位艺术家的作品，博物馆和我本人都受到了非议，更何况您还名不见经传。我想《要闻》（*Bulletin*）[13] 恰恰强调了我们这一具有争议性的举动，而不是在对它进行弱化。”⑨

冒险、垄断、承诺：卡斯泰利不禁让人想起了保罗・丢朗－吕厄（Paul Durand-Ruel）[14] 对马奈、莫奈和修拉（Seurat）[15] 工作室的探访。即便他知道会债台高筑，即便这些艺术家没有得到法国观众的喜爱，丢朗－吕厄也立刻决定要成为他们的独家代理人。勇气、胆量、奉献：是这些特点让卡斯泰利把握住了这个极为关键的时刻，一飞冲天，将其他画商远远甩在了身后。当他蜕变为一名干劲十足的企业家，他新创办的画廊也一跃成为全世界最优秀的画廊之一。但这一切是如何做到的呢？这些促使他走向成功的必要因素不仅仅是天性使然，也是后天培养的结果，尤其如社会学家雷蒙德・莫林（Raymonde Moulin）[16] 所言：“他将对前所未见之物的敬畏与一种能将新奇感转化为必要性的历史学解读结合在了一起”⑩卡斯泰利在米尔顿・埃斯特罗（Milton Esterow）[17] 对他进行的采访中确认了这一说法：“某种程度上，秘诀是要了解过去的艺术。对艺术史的研究让我弄清了潮流的更替和变化是周期性的……我认识每一个（抽象表现主义艺术家），也知道他们在做什么。他们占据人们的视野已经有一段时间了，所以我感到一种全新的艺术潮流即将出现。我有意地关注起了抽象表现主义之外的艺术，接着就与劳申伯格和琼斯不期而遇了。”⑪

只要有贾斯培在场，或是在与贾斯培说话的时候，卡斯泰利就会变成另外一个人。只要陪在贾斯培的左右，这位画廊主便会一改往日健谈的作风，像是服用了镇静剂一般，生怕刺激到这位分外敏感的艺术家的

1960 年，纽约
利奥与贾斯培·琼斯
摄影：鲍勃·阿德尔曼（Bob Adelman）

神经。也许这是让一个自恋的人能够去照顾另外一个自恋的人的负向能力[18]的表现。所有人都感受得到，在这两个人中间，存在着一条世所罕见且毫无附加条件的纽带，让他们彼此关爱、尊重和欣赏。为什么卡斯泰利与琼斯的关系会显得如此与众不同呢？这是我时常会思考的一个问题。是因为贾斯培的艺术吗？是因为他巨大而迅速的成功吗？还是只因为他古怪的个性呢？琼斯的第一场展览是一只测风气球，但它却上升到了无法想象的高度，在那之后，也就是他们初次相遇的几个月后，卡斯泰利便与整个世界分享了他的“一见钟情”[19]。

列奥·施坦伯格是琼斯最早的支持者之一。这位移居纽约前曾在柏林和伦敦生活过的欧洲青年知识分子出生于莫斯科，他的父亲是列宁的首席法律顾问。他曾为犹太博物馆的那场著名展览的图录写过文章，正是在那里，卡斯泰利被《绿色标靶》的魅力俘获，并为它魂牵梦绕。在施坦伯格之后出现的是罗伯特·罗森布拉姆，他曾对琼斯的作品进行了最具洞见的解读。此外还有弗兰克·奥哈拉，他写下过一首献给琼斯的诗：

根　是一段可以接受的连接
赭色　除了在某种程度上意味着——梦
发生意志动摇的地方　一颗螺丝被擦亮了
整整两扇百叶窗　你看见了
我走进门　雨伞
除了有一个孔 你还看见一个滑梯　向上
两个蓝　是的，风儿呢喃
它滑下、吞下　它是雪
哪里　你胸前的口袋　例外
那规则　不管那头野兽何时行动
一头狮子　对午餐和晚餐是一样的
双头　你的沉重令人激动
遵命　把出租车开到天上[20]去
哪去　去哪　又一个阑尾
把这段旅程终止　在东河路上（East River Drive）
飞驰到下城的贾普家　开吃
后来一大波邀请　一个中国酒吧
做了的事　没做　等雨等了很久
你在沙发底下　吃着咳嗽药水
我是说牛轧糖　你现在在哪
谁的手　在苍白的胡萨托尼克（Housatonic）背后　我
等过　在等　将等
又有什么好玩的　大北国酒店（Great Northern Hotel）
一个脚掌　在雪里很实在
透过袜子上的一个洞去温暖　天空[12]

最终，广大公众也了解了这位来自南方的青年艺术家的创作。他在媒体面前不会自来熟，也不大开朗，却在几年之内成为了备受追捧的偶像。他个子很高，有蓝色的眼眸，俊美、绅士，体贴入微，能够让人放下戒备。他善于聆听、观察，能够连续好几分钟都不开口说话，时常会给同他说话的人造成尴尬。接着他会爆发出拉伯雷（Rabelais）[21]式的大笑，持续很久都停不下来。他鄙视人群、荣誉和一切充斥着自大色彩的事物，更愿意跟孩子、学生和其他能用真诚打动他的人相处。他博览群书，是一个真正的知识分子。他懂得去质疑、去追寻，去挑战。

1958年3月4日，卡斯泰利为劳申伯格举办了第一场展览。这个在伊莲娜的催促下做出的决定，远没有他要为琼斯办展览时来得痛快。他在同一天对两个艺术家做出了相同的承诺，但对劳申伯格却始终不大情愿。“一天，我刚好在画廊的办公室。”她回忆说，“除了我，谁都没在，连经理伊尔泽·戈茨都出去了，只有我一个人。突然，劳申伯格走了进来，他既紧张又焦虑。‘我来问问你们还给不给我做展览了，因为我还是搞不懂，我想知道你们为什么已经在给贾斯培做展览了，却不给我做。什么时候做我的？’‘下个季度，肯定会做的。’我回答，同时绞尽脑汁地在想应该跟这个人说些什么。我脱口而出：‘你懂的，你比他大，我们要为你的展览做更多准备。贾斯培的展览安排在这个季度末。’他这才冷静下来，我补充道：‘你要是不信，我可以让利奥给你打电话，把我刚才说的再跟你说一遍，不过你完全可以相信我。’我们之所以会成为这么要好的朋友，就是因为我对他进行过很多鼓励。这很可悲，因为他的创作极其重要，也非常有趣，对这一点我坚信不疑，我相信利奥也是这么想的。但利奥的喜好更加古典，而我则偏向浪漫主义或表现主义一些。”⑬

“南方文艺复兴”（The Southern Renaissance）是约翰·凯奇创造出来的一种说法，用来描述这两位艺术家和他们从事地下创作的那几年对艺术界造成的直接影响。他们俩的确都来自南方，但贾斯培·琼斯在作品中对热蜡炉火纯青的运用、对绘画对象的痴迷、思辨性的构思、无穷无

[1] 1980 年以前，纽约州的第 21 国会选区为纽约的曼哈顿上城地区和布朗克斯区。

[2] 原文错写为 abstract colorism，抽象色彩主义。

[3] 指通过分析和比较作品的形式和风格来理解作品，在绘画中强调作品的颜色、线条、形状、肌理等视觉可见的组成部分，而不考虑任何象征意义和历史或文化背景。

[4] 美国艺术史学者、策展人。

[5] 1926 年创办于纽约的一本艺术杂志，原名为《艺术文摘》(*Arts Digest*)，《艺术杂志》(*Arts Magazine*) 的前身。

[6] 美国画家和艺术批评家。

[7] 贾斯培·琼斯 1955 年创作的热蜡画拼贴作品，后由收藏家罗伯特·斯库尔 (Robert Scull) 捐赠给 MoMA。

[8] 美国建筑设计大师，曾任 MoMA 建筑部主任。

[9] 由维吉尼亚·扎布里斯基 (Virginia Zabriskie) 1954 年于纽约创办的画廊。

[10] 一所男女混校的私立文理学院，创立于 1885 年。

[11] 美国艺术收藏家、房地产商、纺织大亨。

[12] 美国艺术收藏家、出租车公司继承人，以其世界知名的波普和极少艺术收藏著称。

[13] 纽约现代艺术博物馆从 1933 年至 1963 年出版的一份记录博物馆活动的期刊。

[14] 法国艺术商人，经营印象派和巴比松画派 (Barbizon School) 的作品，是现代艺术史上最先开始为艺术家支付工资和举办个展的画商之一。

[15] 法国印象派画家，点彩派的创始人。

[16] 法国艺术史学者，专门从事艺术社会学的研究。

[17]《艺术新闻》杂志出版人、编辑。

[18] 原文为：negative capability，是由英国浪漫派诗人济慈提出的一个短语，指（以莎士比亚为首的）伟大的诗人们不惜以思想的混乱和迷失为代价去追求艺术之美的视野，诗人和哲学家借用这个说法来描述超越对人的已知能力的预设去认识、思考和行动的能力。

[19] 原文为法语：coup de foudre。

[20] 原文为：driving the taxi into the ai，猜测这个 ai 本应是 air，意为“天空”，为了要呼应前面的 ai-ai（遵命），才写为 ai。

[21] 文艺复兴时期的法国人文主义作家，具有夸张、讽刺、粗俗、幽默的创作特点。

尽的哲学迷宫和令人不安的诘问都与劳申伯格在"混合艺术"中那种信马由缰的激情、不断增加的堆积物、无处不在的肢体动态、丰富的创意和未加雕琢的都市诗意形成了极其鲜明的对比。"安格尔和德拉克洛瓦。"千真万确!"在我看来,劳申伯格最近在利奥·卡斯泰利画廊的展览中有两三张极为出色的作品。"⑭列奥·施坦伯格后来写道。与贾斯培·琼斯不同的是,劳申伯格的作品已经在"九街展"、伊根画廊、贝蒂·帕森斯画廊和斯泰布尔画廊(Stable Gallery)[22]露过面了——但那张污渍斑斑的《床》,以及运用在"混合艺术"中的动物标本和其他捡拾来的物品,让他的作品显得过于桀骜不驯了,只有施坦伯格这样极具说服力的赞美者才有可能平息其他批评家的炮火。可即便是施坦伯格也没能说服阿尔弗雷德·巴尔。这一次,他什么都没有买。

耐心、顽强、狡猾的卡斯泰利用尽浑身解数去动摇巴尔,不断向他推荐这位得克萨斯青年的作品。从一份 MoMA 的内部备忘录中可以一窥这位画商多管齐下的游说技巧:"卡斯泰利先生来电。为了满足您想看一下劳申伯格作品的愿望,"巴尔的秘书这样写道,"即那张上面站着一只山鸡的作品[23],他提供了几种方案供您选择:1. 如果您和玛加(Marga)[24]愿意赏光,请您在周五晚间(8:00—8:30)到劳申伯格府上与(雅各布·)贾维斯[(Jacob)Javis]参议员及[收藏家哈里特与唐纳德·]彼得斯夫妇共进晚餐,享用从他在得克萨斯的家人用干冰急送来的得克萨斯火鸡。玛加已经告诉卡斯泰利您要去参加其他酒会了,所以他预计您会拒绝这个方案。2. 劳申伯格可以与您约一个您方便的时间在他的工作室接待您。3. 卡斯泰利可以把那件作品带到画廊,方便您随时去看。(我猜那只火鸡会被用到劳申伯格的画里,给您吃的则会是颜料。)玛丽。"⑮无论卡斯泰利如何劝说,劳申伯格的作品还是过了很久才进入 MoMA 的收藏。事实上,这场展览目前最为重要的结果是让卡斯泰利结识了新近活跃在纽约艺术圈的艾伦·所罗门(Alan Soloman)[25]。这位康奈尔大学(Cornell University)的艺术史教授继施坦伯格和罗森布拉姆之后,成为利奥最为亲近的朋友之一,也成了这家画廊的一位支柱型的人物,更为卡斯泰利在 1964 年实现的一项标志性的成就立下了汗马功劳。

1958 年：从任何一个角度来看都是硕果累累一年！不过，画廊幕后的故事却不如人前来得光鲜。自 1933 年结婚以来，卡斯泰利夫妇已经尝遍了世间任何一种可能的婚姻形式：在布加勒斯特和讷伊的传统婚姻之后，他们一度分居——她留在讷伊，他则在维也纳城中生活——其间，他们的“官方爱情”与“意外爱情”同时存在［这里借用了萨特与波伏娃（Beauvoir）[26] 描述他们生活方式的术语］；1939 年至 1940 年举家逃亡期间，他们迫于战争团聚在了一起；来到纽约之后，他们为了利益继续维系着婚姻，并为了保全面子，始终一同居住在沙皮拉的联排住宅的二层；他在军队服役时，他们又经历了一段跨越大西洋的分居（当他穿上戎装，她则在纽约“过起了自己的生活”）；最后在 1946 年至 1956 年的纽约，他们维持了一段权宜婚姻。相同的文化背景将他们捆绑在了一起，而拆散他们的，一方面是利奥对女色的贪恋和他一出又一出明目张胆的婚外情，另一方面是伊莲娜的抑郁，她无法阻止丈夫的不忠，因而渴望在公共领域获得身份上的认同。除了共同的经济利益和社交圈里的面子，他们的婚姻之所以能够得以延续，还因为一份不应遭到贬低的真挚友谊。

在迈克尔·施特拉特这样一位巴尔扎克式的人物眼中，金钱和权力随时都能润滑情感上的摩擦。在巴黎时，他就已经试图通过资助女婿在旺多姆广场的画廊来修补这桩破碎的婚姻了。一次，他偶然在街上碰见女儿，便表达了对她形单影只的担忧：“那么你丈夫怎么样了？哦，你俩出问题了？他不会是赌博了吧？”而在利奥和伊莲娜的女儿妮娜看来，父母的状况再清楚不过了：“利奥参军之后，我们就与外婆住到了一起，伊莲娜再也不是任何人的陪衬了。她开始去上学，结识了迈克尔·索拿本德，而迈克尔则做起了他认为一个父亲应该做的事情：他给我买玩具，带我去博物馆，她也变得不一样了。”⑯

即便他们曾经海誓山盟，也曾经欲说还休；即便聚少离多造成了伤害，但他们也始终在为眼前的利益和外表的光鲜装模作样；即便他们曾相伴从一个国家漂泊到另一个国家（罗马尼亚、法国、美国），即便他们经历过政治的动荡和战争的肆虐，即便利奥对沙皮拉家族存在着巨大的经济依赖，也不得不做出越来越多的让步，无论如何，卡斯泰利的第一段婚姻还是跌跌撞撞地走过了四分之一个世纪。然而，1959 年的一天，在他们就要吃完午饭的时候，伊莲娜再也无法忍受丈夫的被动攻击型人格和他的沉默了，终于怒不可遏。她不愿再继续这样下去了，于是猛然扯掉了桌布，掀翻了满桌的东西。伊莲娜的朋友罗伯特·平卡斯－威滕（Robert Pincus-Witten）[27] 还记得伊莲娜是如何描述这场不可思议的离婚风波的。"是伊莲娜把利奥给甩了，是这样的。但是她是怎么做到的呢？南方由来已久的《吉姆·克劳法》（*Jim Crow Laws*）[28] 似乎有这样一个功能，只要你人身自由，是白人，年满 21 岁，并且还在佐治亚州拥有土地，就可以休掉丈夫。伊莲娜飞到亚特兰大——土地购买合同和离婚协议已经在那里等着她了。她买了地，离了婚，在去机场的路上又把那块土地给卖掉了，当天就回到了纽约。那晚，她在东七十七街 4 号的房子里为利奥准备了晚餐。吃饭时，利奥开始怨这怨那。'够了，利奥。我再也不是你的妻子了，我今天跟你离婚了。'"[17]很快，她就在那年的 5 月嫁给了迈克尔·索拿本德。那是一场双喜临门的婚礼，女儿与母亲同时出嫁，妮娜的新郎是迈克尔·森德尔（Michael Sundell）。

"伊莲娜在 1959 年初离开了我。那时她得了一种抑郁症。"卡斯泰利后来解释道，"尽管我们始终都是朋友，但在夫妻关系上，我们许多年来一直相处得不好。婚姻里，友谊根本帮不上忙。不过她一直参与着画廊的事务，并且十分投入。可以说，每次我们遇到困难，她都非常帮忙……她对我很有耐心，因为我在很多方面都挺坏的。后来她患上抑郁症跟身体不好有关，可能还有各种各样的原因吧。后来她就这么离开了。唉，我有许多别人无法忍受的缺点，但她原本并不是那么介意的。我要说的是，我们归根结底是朋友的关系，可是她还是有一点不能接受。所以她只好选择离开，也这么做了。""与利奥离婚，"罗伯特·里特乐观地评价道，"伊莲娜用一个不忠的丈夫换来了一个朋友、一个同谋和一生的合作伙伴。"

于是，利奥·卡斯泰利离开了七十七街的公寓。他搬去了下城，每天回上城上班。现在他独自管理自己的财务，也自己应付艺术家的事务，不过伊莲娜和迈克尔・索拿本德依旧参与着画廊的工作，悉心地呵护着利奥的未来。他们发现若不给利奥请个助手，他就无法发挥应有的作用，于是邀请了《村声报》（*Village Voice*）[29] 风头正劲的青年艺术批评家伊万・卡普共进午餐。“迈克尔・索拿本德在玛莎・杰克逊画廊听过我对塔皮埃斯（Tàpies）[30] 的介绍。”伊万・卡普回忆说，“当时，我正在给一群临时到访的女士做关于他的讲解。他问我，‘你知道利奥・卡斯泰利吗？’‘当然了，他常来这家画廊，也是唯一一个去过汉莎画廊（Hansa Gallery）[31] 的人。[32] 他做的每一场展览我都看过。’几天后，我与利奥和伊莲娜在斯坦霍普酒店（Stanhope Hotel）[33] 吃了午饭。”[⑱]他们当场就决定聘请卡普担任卡斯泰利的助手，来“帮助可怜的利奥，他几乎对做生意一窍不通”[⑲]。后来，施特拉特卖掉了七十七街 4 号的整栋房子，但卡斯泰利却租下了二层的公寓，并在 1959 年 10 月将那里变成了他的新画廊。

1959 年秋，卡斯泰利拥有了一支真正的职业团队，他成为一名决策者，终于进入了成功画廊主的行列。在后来成为《美国艺术》（*Art in America*）杂志 [34] 著名编辑的贝特西・贝克（Betsy Baker）[35] 看来，这是卡斯泰利职业生涯的转折点。“第一阶段是一个缓慢的开始，卡斯泰利从 50 年代的艺术家中进行了选择，组建起了一支非常综合的阵营。第二阶段发生在 60 年代。正是在这个时期，他凭借贾斯培和鲍勃一飞冲天。”[⑳]他在纽约实现了如此惊天动地的突破，以至于让一些人对他的成功质疑。那么，他成功的秘诀究竟是什么呢？是他的人脉？他的魅力？还是他的胆量呢？甚至还可以联想到他的犹太血统、他那蚀刻着一次又一次流亡的家族历史，以及他穿梭于不同的社会阶层、往来于文化和商业世界时获得的专业经验。我们是否应该对商人卡斯泰利兄弟进行一番回忆？为了垄断纸张和烟酒，他们频繁地在瓦尔迪基亚纳各地循环往复，并在这个过程中为蒙特圣萨维诺城带回了大量财富。是否应该想起的里雅斯特的卡斯泰利家族？在的里雅斯特的黄金时代，他们为了扩张咖啡贸易和市场占有率把商船发往了世界各地。最重要的是，我们是否应该想起利奥・克劳兹？早在二十世纪三十年代，年纪轻轻的他就开始代表忠利保险公司在全球销售人寿保险了。桥梁、掮客、中间人：即便是在极度恶劣的历史环境中，利奥也能随遇而安，不知疲倦地培养着他的务实和厚积薄发的创造力，他的诀窍是什么呢？他出奇制胜的根源又是什么呢？列奥·施坦伯格似乎提供了一个无懈可击的答案："是他具有国际属性——不，他是五湖四海的中枢。伊根、帕森斯、沃德、贝拉米（Bellamy）[36]经营的画廊都是美国画廊，在利奥·卡斯泰利看来，他们或多或少都受到了地域的局限。他们对世界没有任何概念，不是歌德所说的那种'世界公民'[37]。"[㉑]即便卡斯泰利试图掩盖祖上就是犹太贸易商人和代理人的事实，但国际视野显然是他成功的一大要素。

[22] 曾任克里斯丁·迪奥助手的埃莉诺·沃德（Eleanor Ward）1953年于纽约创办的画廊，安迪·沃霍尔和赛·托姆布雷（Cy Wombly）的第一个个展都是在这家画廊举办的。斯泰布尔画廊展出劳申伯格的作品时，劳申伯格还在这家画廊任看门人。

[23] 劳申伯格于1955年创作的《卫星》（*Satellite*），现藏于惠特尼美术馆。

[24] 玛格丽特·斯科拉里·巴尔（Margaret Scolari Barr），意大利艺术史学者，阿尔弗雷德·巴尔之妻。

[25] 艺术批评家、策展人，曾任纽约犹太美术馆馆长和康奈尔大学的安德鲁·迪克森·怀特美术馆（Andrew Dickson White Museum of Art）首任馆长。

[26] 西蒙娜·德·波伏娃（Simone de Beauvoir），法国作家、知识分子、存在主义哲学家、政治家和女权主义者。她与萨特长达51年的开放性感情关系为人熟知。

[27] 美国艺术史学者、艺术批评家和策展人。

[28] 美国南方各州对有色人种实施种族隔离政策的法律。

[29] 创办于1955年的一份纽约本地周报，被誉为美国最著名的另类周刊。

[30] 西班牙著名画家、雕塑家和艺术理论大师。

[31] 1952年由一群新兴艺术家在曼哈顿下城的十街（10th Street）联合创办的画廊，1959年关闭。

[32] 此处也许是与曼哈顿上城的其他画廊主相比。

[33] 曼哈顿第五大道上的一座奢华的公寓酒店，坐落于大都会艺术博物馆的正对面。

[34] 创立于1913年的一本专注报道美国当代艺术的月刊。

[35] 伊丽莎白·C.贝克（Elizabeth C. Baker），《美国艺术》杂志长达34年的主编。

[36] 理查德·贝拉米（Richard Bellamy），格林画廊（Green Gallery）的创始人。

[37] 原文为德语：Weltbürger。

① 贾斯培·琼斯访谈，沙朗·赞恩采访，1991年8月23日，“口述历史项目”，现代艺术博物馆档案，纽约。

②《卡斯泰利画廊文献》(*Castelli Gallery Papers*)，美国艺术档案馆，华盛顿哥伦比亚特区。

③ 列奥·施坦伯格，《其他标准：与二十世纪艺术交锋》(*Other Criteria: Confrontations with 20th Century Art*)（芝加哥：University of Chicago Press，2007年出版）19、21、22页。

④ 罗伯特·罗森布拉姆，《本月回顾》(“Month in Review”)，摘自《艺术杂志》(1958年1月刊)：55页。

⑤ 费尔菲尔德·波特，《艺术新闻》(1958年1月刊）20页。

⑥ 列奥·施坦伯格访谈，作者采访，2008年1月10日，纽约。

⑦ 贾斯培·琼斯访谈，沙朗·赞恩采访，1991年8月23日，“口述历史项目”，现代艺术博物馆档案。

⑧ 贾斯培·琼斯访谈，作者采访，萨伦市，康涅狄格州，2008年4月28日。

⑨ 阿尔弗雷德·巴尔致贾斯培·琼斯书信，1959年8月27日，由迈克尔·克里克顿（Michael Crichton）摘录于《贾斯培·琼斯》(*Jasper Johns*)（纽约：H. N. Abrams/The Whitney Museum of American Art，1994年出版），67—68页。

⑩ 雷蒙德·莫林，《艺术家、机构和市场》(*L'artiste, l'institution et le marché*)（巴黎：Flammarion，1992年出版），50页。

⑪ 利奥·卡斯泰利访谈，米尔顿·埃斯特罗采访，《艺术新闻》(1991年4月刊)，73—77页。

⑫《看上去是你的东西》(“What Appears to Be Yours”)，摘自弗兰克·奥哈拉，《蒂博尔·德·纳吉版弗兰克·奥哈拉诗集，1952—1966》(*Frank O'Hara: Poems from the Tibor de Nagy Editions, 1952–1966*)（纽约：Tibor de Nagy Editions，2006年出版），68页。

⑬ 伊莲娜·索拿本德访谈，作者采访，纽约，2005年11月25日。

⑭《致希尔顿·克拉默书信》(“Letter to Hilton Kramer”)，《艺术》杂志，摘自列奥·施坦伯格，《邂逅劳申伯格》(*Encounters with Rauschenberg*)（芝加哥：University of Chicago Press，2000年），6页。

⑮ 内部信件，绘画及雕塑中心，现代艺术博物馆档案。

⑯ 妮娜·森德尔访谈，作者采访，2006年2月，纽约。

⑰ 罗伯特·平卡斯－威滕向作者提供的档案。

⑱ 伊万·卡普访谈，作者采访，纽约，2007年4月19日。

⑲ 伊莲娜·索拿本德访谈，作者采访，纽约，2006年2月27日。

⑳ 贝特西·贝克访谈，作者采访，纽约，2009年1月26日。

㉑ 列奥·施坦伯格访谈，作者采访，纽约，2008年1月10日。

20—新风骤起：“一周发现一个天才！”

卡斯泰利全力以赴地维护着画廊的先锋地位，没有任何一颗艺术新星能够逃脱他的法眼。幽默感极强的伊万·卡普说：“我们也该再去发现一个天才了！上次发现天才都是两周以前的事了！”①

——列奥·施坦伯格

1958年至1981年，纽约州纽约市的卡斯泰利画廊以惊人的速度先后在国内外发现、展出、推广并销售的艺术家包括：贾斯培·琼斯、罗伯特·劳申伯格、弗兰克·斯特拉、赛·托姆布雷（Cy Tombly）[1]、莉·邦特科（Lee Bontecou）[2]、罗伊·利希滕斯坦（Roy Lichtenstein）[3]、约翰·张伯伦（John Chamberlain）[4]、安迪·沃霍尔、詹姆斯·罗森奎斯特、唐纳德·贾德（Donald Judd）[5]、克里斯托（Christo）[6]、爱德华·希金斯（Edward Higgins）[7]、罗伯特·莫里斯（Robert Morris）[8]、约瑟夫·科苏斯（Joseph Kosuth）[9]、丹·弗雷文（Dan Flavin）[10]、布鲁斯·瑙曼（Bruce Nauman）[11]、基斯·索尼尔（Keith Sonnier）[12]、理查德·塞拉（Richard Serra）[13]、理查德·阿茨希瓦格（Richard Artschwager）[14]、埃德·拉斯查（Ed Ruscha）[15]、克莱斯·奥登伯格（Claes Oldenburg）[16]、劳伦斯·韦纳（Lawrence Weiner）[17]、埃斯沃兹·凯利、汉纳·达博文（Hanne Darboven）[18]、肯尼斯·诺兰德（Kenneth Noland）[19]、詹姆斯·特瑞尔（James Turrell）[20]、朱利安·施纳贝尔（Julian Schnabel）[21]和戴维·萨勒（David Salle）[22]等。这份成绩单尚未包括群展和知名度较低的艺术家个展，也未包括建筑、摄影、素描和版画的展览；既没有算上利奥·卡斯泰利策划的音乐会和书籍，也没有算上他对音乐、电影和影像的制作；既没有介绍新空间的揭幕、与其他画廊的合作、对机构的资助［例如摩斯·肯宁汉（Merce Cunningham）[23]的舞蹈公司、纽约工作室学院（New York Studio School）[24]和拯救威尼斯协会（Save Venice）[25]］，也没有介绍以英语、法语、意大利语、德语、西班牙语或罗马尼亚语进行的无数次采访；既没有提及卡斯泰利为了拜访其他画商、重要巡回展的策展人和博物馆官员，在纽约和洛杉矶、芝加哥、明尼阿波利斯、堪萨斯城、圣路易斯、休斯敦、迈阿密、巴黎、威尼斯、米兰、阿姆斯特丹、伦敦以及科隆之间的频繁往来；也没有提及他在家人、朋友和情人身上投入的时间。利奥·卡斯泰利用这二十余年，发掘了一批与抽象表现主义分道扬镳的代表人物，继而推动了波普艺术、极少主义和观念艺术的发展。二十多年间，他与最优秀的美国当代艺术家们并肩而立，按照掌门人和苦行僧的标准经营着他的事业，在艺术世界掀起了“创新的旋风”[②]。他的观察者们总是追得上气不接下气，老得猜测他接下来又会做些什么。

他步履不停的动力究竟来自何处？他是在执行一个战略计划吗？还是在凤凰涅槃的无限循环中全神贯注地工作？他是否对权力和聚光灯有所贪恋？还是纯粹痴醉于美学？他追逐的究竟是什么？是什么看不见也摸不着的动力让他的事业引擎始终保持如此高效的运转？打什么样的比方，用什么样的公式，才能贴切地描述出他那些年永无休止的状态呢？“对手们对他的评价或许是正确的。”埃米尔·德·安东尼认为：“他迷恋权力，他迷恋金钱，但他最爱的还是工作，也做得很出色。他对他经历过的历史有着非常深刻的认识。当工作变得越来越多，他便选择开设更新更大的画廊空间。”③比尔·埃利希（Bill Ehrlich）[26]那时还是哈佛大学建筑系的学生，也是画廊最年轻的客户之一，在他看来答案显而易见：“我不知道他的成功有多少运气的成分，又有多少得益于他的远见，但……（这个问题）追问下去是没有意义的，因为事实摆在眼前，他就是成功地将一连串重要的艺术家收入麾下了，你总不能说他每一次都是走运吧。”④金融家唐纳德·马龙（Donald Marron）也是一位收藏家，他从生意人的角度对这个谜团做出了解答：“利奥看出新的时代即将到来，他认出了一些将对未来产生深远影响的参与者，继而为他们营造了一个可以健康成长的氛围。我不知道他在财务上是怎么运作的，不过他的确为发现和成功创造了环境。”⑤1959 年，东七十七街 4 号二层的新空间开业；1970 年，东七十七街 4 号一层的卡斯泰利图像社（Castelli Graphics）成立；1968 年，西一〇八街的“仓库”对外开放，用于展示超大型作品；1971 年，西百老汇大道（West Broadway）420 号[27]的空间取代了东七十七街 4 号的空间；1980 年，格林街（Greene Street）142 号的空间开业……他在这个独特的业态中缔造了一个名副其实的连锁企业！按照今天的说法，他创造了一个品牌。

在这股创新风暴的中心，伫立着一个身材瘦小却永远一丝不苟的男人。他素雅的衣装全都是由米兰的裁缝精工细作而成（传统的灰色定制西服搭配纯色的爱马仕领带是他的标志性着装）；午餐和晚餐吃得都简单而精致（罗马蛋花汤[28]、柠檬奶油肉片[29]和一份沙拉）；在纽约永远只去同一家意大利餐厅。他的感恩节是与朱迪·汤姆金斯（Judy

Tomkins）[30] 在思尼登斯兰丁（Snedens Landing）[31] 度过的；圣诞节期间他住在圣马丁岛上的拉萨玛娜酒店（La Samanna），那里离贾斯培家不远；暑假则去了法国南部的卡斯特拉哈斯（Castellaras）。那段时间，他临睡前会一遍又一遍地阅读欧洲的经典文学：但丁、歌德、拉·封丹、托尔斯泰、托马斯·曼恩、福楼拜、普鲁斯特、巴尔扎克。他永远忠于自我，始终优雅如一（意大利人管这叫"风度翩翩"[32]），卡斯泰利就像一个世家出身的巫师，用神秘的魔法放飞了美国艺术高远的宿命。

年轻的艺术商人伊万·卡普出生于布鲁克林，他为人友好、热情、善于发问和激励他人，同时还很幽默。1959 年 10 月，伊莲娜和迈克尔·索拿本德聘请他来担任利奥的门徒和守护者，在那之后的十年间，他始终扮演着桑科·潘萨（Sancho Panza）[33] 的角色，陪伴在卡斯泰利左右。他个子很高，头发是橙红色的；他善于交际，积极乐观的性格能够感染他人。"我没有具体的职位，就是为利奥工作。"卡普后来解释说，"我负责迎来送往，就像是一块靠垫，多难对付的人我都能安抚。有时利奥会躲进角落的办公室里，来画廊的人都只能先见我，而我会热情地招待他们。有不断提问的收藏家，也有想要向我展示作品幻灯片的艺术家——如果作品的确出色，我就会拿给利奥看。我做的是初选的工作，替他过滤掉各路'妖魔鬼怪'。每周六上午，利奥还会跟我一起去走访三到四间工作室。"⑥收藏家温·克拉马斯基（Wynn Kramarsky）[34] 从第三方的角度对画廊运作方式的介绍很有意思："我与画廊的接触多是通过伊万，因为在我看来，伊万远比利奥更像是一个生意人。虽然我也喜欢同利奥交谈，但是伊万总是更有空理我。五十年代那会儿，我没有什么钱，虽然常去画廊，但除了在 1958 年买下了一张琼斯的素描，我再也没给过他别的生意——可是我每次去都会见他，我们彼此欣赏，总能够聊上很久。"⑦

在画廊的历史中，发掘莉·邦特科是一个标志性的事件。让我们听一听卡普的回忆："画廊主迪克·贝拉米（Dick Bellamy）[35] 告诉我他在下东区（Lower East Side）最靠南的 B 大街（Avenue B）或 C 大街（Avenue C）发现了一间工作室。迪克说，那里的街区还保留着中世纪的形态，他

[1] 美国画家、雕塑家、摄影师，以将潦草书写、素描、涂鸦和油画相结合的大尺幅作品著称。

[2] 美国雕塑家、版画家，纽约艺术界的先锋人物。

[3] 美国著名的波普艺术家。

[4] 美国雕塑家，因其利用钢铁机械碎片进行的创作举世闻名。

[5] 美国著名的极少主义艺术家、理论家。

[6] 克里斯托·弗拉迪米洛夫·贾瓦切夫（Christo Vladimirov Javacheff）和让娜－克劳德（Jeanna-Claude）夫妇，一对创造环境艺术的美国艺术家伉俪，1994 年前他们的作品只署名“克里斯托”。

[7] 美国雕塑家，以小型的金属和石材的抽象雕塑著称。

[8] 美国雕塑家、观念艺术家和作家，极少主义艺术最重要的理论家之一，对行为艺术、大地艺术、装置艺术等都具有推动作用。

[9] 美国观念艺术家。

[10] 美国极少主义艺术家，以用商业荧光灯具制作雕塑和装置著称。

[11] 美国艺术家，创作涵盖雕塑、摄影、霓虹灯、影像、绘画、版画和行为。

[12] 美国后极少主义艺术家，主要围绕行为、影像和灯光进行创作，最先将灯光运用于雕塑作品的艺术家之一。

[13] 美国极少主义雕塑家、影像艺术家，以用钢板制作的巨型雕塑作品著称。

[14] 美国画家、插画家和雕塑家，其创作与波普艺术、观念艺术和极少艺术有关，但在风格上自成一派。

[15] 爱德华·拉斯查（Edward Ruscha），美国波普艺术家，运用绘画、版画、摄影和电影进行创作。

[16] 美国雕塑家，其公共装置作品将日常用品进行放大，并为人熟知。

[17] 美国二十世纪六十年代观念艺术运动的核心人物之一，其创作多以印刷文本的形态出现。

[18] 德国观念艺术家，以其由手写字母表组成的大型极少主义艺术装置著称。

[19] 美国画家，参与过抽象表现主义运动和极少主义运动，色域绘画最著名的实践者之一。

[20] 美国艺术家，主要运用光和空间进行创作。

[21] 美国画家、电影导演，他在破碎的陶盘上创作的大型作品《盘子画》和导演作品《潜水钟与蝴蝶》（*The Diving Bell and the Butterfly*）为他赢得了媒体的关注。

[22] 美国后现代画家、版画家、舞台设计师。

[23] 美国舞蹈家、编舞家，引领美国现代舞蹈发展逾 50 年，频繁与跨门类的艺术家进行合作，于 1953 年在黑山学院任教时创办摩斯·肯宁汉舞蹈公司（Merce Cunningman Dance Company）。

[24] 全称为“纽约素描绘画及雕塑工作室学院”（New York Studio School of Drawing, Painting and Sculpture），是 1963 年由一群不满于传统美术教育的学生和他们的老师梅赛德斯·麦特尔在纽约创办的艺术学院。

[25] 一家致力于修复威尼斯艺术遗产的机构，创办于 1971 年，总部在美国纽约。

[26] 威廉·埃利希（William Ehrlich），纽约珠宝设计师。

[27] 1900 年落成的一栋建筑，是苏荷第一座画廊专用楼，1971 年至二十世纪九十年代都是索拿本德画廊和卡斯泰利画廊所在地。

[28] 原文为意大利语：stracciatella alla romana。

[29] 原文为意大利语：piccata al limone。

[30] 美国摄影师，作家加尔文·汤姆金斯的第二任妻子。

[31] 纽约州洛克兰郡的一个村庄。

[32] 原文为意大利语：con garbo，意为“带着优雅”。

[33] 西班牙小说《堂吉诃德》（*Don Quixote*）中的人物，主人公堂吉诃德的仆人。

[34] 沃纳·克拉马斯基（Werner Kramarsky），美国最早收藏当代纸本作品的收藏家。

[35] 即格林画廊的创办者理查德·贝拉米。

此行的目的是拜访一个女孩。她住在一座改建住宅的顶层，下楼的时候，他经过了一扇开着的门，里面是一间工作室。因为楼内没有暖气，所有人都将门敞着，好用一楼洗衣房发出的热气取暖。于是迪克望向门内，发现了一些不可思议的装置，就像帐篷似的。他对我说，如果哪天我也到那栋楼里去的话，一定要想办法去看看这些东西。我第一次去是在寒冬腊月，那天非常冷，整栋楼都被洗衣房里的机器震得直颤。我敲响了这间工作室的门，一个非常清秀的小女孩来到了门前。我对她说：‘我想找在这里工作的艺术家，应该是一位姓邦特科的小姐，我记得是。她在家吗？她是你母亲吗？’她说：‘不，不。我就是邦特科小姐。’我觉得她像是一个十四岁的小女孩，非常柔弱，有精致的脸庞和金色飘逸的长发。我记得我走进了工作室，看到了那些帐篷状的结构和上面生猛的孔洞，它们与这个小女孩形成了强烈的对比，那场面极为震撼。亲眼见到这些东西和精致、苍白、娇小的邦特科小姐之后，我一星期都寝食难安。

“那时，我每次走访工作室归来都会跟卡斯泰利和已经成为索拿本

1960 年，纽约，东七十七街 4 号的招待会上，
利奥（左）与伊万·卡普（右）及背景中的贾斯培·琼斯
摄影：鲍勃·阿德尔曼

德夫人的伊莲娜汇报，告诉他们我在下城见了什么人，某个艺术家看上去不错之类的。一天，我们一行人——利奥、我、迈克尔·索拿本德和伊莲娜——来到邦特科小姐的工作室。她说话特别轻声细语，声音小到了很难听清楚的程度，而且几乎不谈论自己的艺术；她从不把自己的工作称为艺术，只说那是她做的东西，大概就是这样吧。我们都为她的作品感到震惊，因为它们具有一种骇人的独特气质，在那个环境中更是如此。迈克尔·索拿本德的感受最为强烈。他说它们具有一种强大的逻辑，比他多年来见到过的其他作品都更站得住脚。利奥大胆地将那些作品请到画廊展出。与我们见过的任何事物相比，它们都算得上是真正的异类。"

"它们被运到画廊那天，我们正坐在画廊尽头的办公室里同两位美术馆官员说话。其中的一位是当时在康奈尔大学工作的艾伦·所罗门，另一位是上城一家博物馆的策展人。两名收发室的工人说：'我们收到那些东西[36]了。你们想搁在哪？'我意识到是邦特科的作品到了。画廊的展厅是如此精致，我觉得无论我还是卡斯泰利都真不知道该把它们放在哪里才好。我还没有发话，工人已经把那两件作品搬了进来，而在这样的环境中，它们竟呈现出了完全不同的面貌。它们是可以被展出的。它们的意义非常明确，也释放着'物'的能量。这两件作品进入展厅之后，在七分钟内就被办公室里坐着的那两位博物馆官员买走了。我们是当场成交的，连一场展览、一点宣传都还没做！"[⑧]

若没有长斯泰利的魔力，这一切或许都不会发生。不过，就算他的成绩很大程度上是后天努力的结果，他也一定得到了上天的眷顾。通过一位更为人熟知的艺术家的经历，我们可以更加清晰地了解卡斯泰利"踏破铁鞋无觅处，得来全不费工夫"的奇遇——他就是一直被卡斯泰利介绍为他发现的第二个奇迹的弗兰克·斯特拉。他们的邂逅发生在1959年9月。"我记得最早跟我提到这位青年艺术家的人是罗伯特·罗森布拉姆。那几天，他刚刚看过了斯特拉的作品，觉得斯特拉有可能会出人头地，便让我一定要去看一看。于是，我第二天就动身去了斯特拉的工作室……弗兰克刚满二十三岁，不久前才完成他在普林斯顿大学的学业。

我很难描述看到他当时正在创作的那些巨幅的黑色绘画（一根根被粗线隔开的黑色条纹）时感受到的震撼……斯特拉粗犷豪迈的抽象对我产生了异乎寻常的效果。后来我意识到，斯特拉绘画中的条纹其实是受到了贾斯培·琼斯国旗中的条纹的启发——这一点得到了斯特拉的确认。我没有丝毫犹豫，立即邀请他加入我的画廊。"⑨

卡斯泰利继续说道："说不清是草率还是明智，我刚见过他没几天，就对多萝西·米勒提到了这位令我魂牵梦绕的年轻的画家，我问她是不是也想看一看，我们就这么去了。她看了斯特拉的作品后说：'我必须让这个年轻人参加我的展览。'——当时她正在筹备'十四个美国人'或'十六个美国人'[37]中一场的展览，还缺几位艺术家。"时年五十五岁的米勒是 MoMA 的首席策展人，也许也是那个时代对美国艺术贡献最大的女性，只是没有得到足够的认可。"我说这太荒唐了。"利奥接着说，"谁都不认识他。他才二十三岁。无论怎么说，参加你展览的那些人以前都是做过展览的，也都具有知名度的，你不能这么对待一个年轻人。'对了，'我对她说，'我计划画廊下一个展览就做这几张黑色的画。''那我怎么办？'她说，'别担心，你会找到其他可以展览的作品的，而我却非他不可。'我的确找到了其他可以展出的作品，而她也得到了斯特拉。"后来，卡斯泰利的发现吸引了米勒的上司阿尔弗雷德·巴尔。巴尔冷漠的金主们永远没有他来得敏锐，而这正是他值得尊敬的地方。"理事会或者其他决策者认为购买斯特拉的那幅作品非常荒唐，他们嫌它太大，价格就更别提了（我记得大概是 900 美金）。他们说那张画太大，而美术馆没有那么多地方来放一张如此愚蠢的作品。据我所知，当时巴尔威胁说如果理事会不采纳他的意见，他就会辞职。于是他们就买下了那张斯特拉，打那以后，MoMA 有许多许多年都没有再买过他的作品。"⑩

卡斯泰利画廊与 MoMA 耐人寻味的冲突就这样埋下了纷争的种子，至少在"利奥福音"中是这样记载的，可这与多萝西·米勒的回忆相差甚远。米勒曾对琳·泽勒万斯基（Lynn Zelevansky）[38]讲述了这样的一个故事："斯特拉在普林斯顿的老师威廉·C. 塞茨（William C. Seitz）[39]教授是第一个向米勒介绍斯特拉的……后来，在1958年9月的一次午餐中，卡斯泰利告诉米勒他打算去斯特拉的工作室，于是他们决定一同前往。米勒记起了这个缺了两颗门牙的男青年，他非常瘦，巴掌大的工作室里有一大堆背面朝外倚靠在墙边的作品。为了向他们展示这些作品，斯特拉不得不拎着画框把画抬到屋外，在走廊里调过来之后再拿进去：'就像在跳芭蕾。'几天后，米勒把巴尔带到了斯特拉的画室，巴尔对他燃起了极大的热情。"[11]弗兰克·斯特拉则又提供了另外一个版本：米勒曾在蒂博尔·德·纳吉画廊的一个群展上见过他的作品，后来在卡斯泰利的敦促下，他们一同走访了斯特拉的工作室。那时卡斯泰利提出要为他办第一场个展，米勒也答应在"十六个美国人"中给他一个席位。[12]无论事情的经过究竟如何，单是有这么多各执一词的版本存在，就足以说明纽约艺术界疯狂捕捉艺术新星的浪潮有多么狂热了。"利奥十分痛苦，因为他想成为第一个展出斯特拉的人，却被多萝西·米勒抢了先。"与任何一方都不存在利害关系的列奥·施坦伯格说，"于是他发动了当时已经身为'老大师'的贾斯培和鲍勃去普林斯顿游说斯特拉，让他拒绝参加MoMA的展览！"[13]这怎么可能呢！

与斯特拉见面一个月后，卡斯泰利为赛·托姆布雷做了展览。托姆布雷与贾斯培和劳申伯格一样，都来自南方。即便他的绘画在一些人看来非常抽象，但他对痕迹、伤疤、刮擦的独特运用和对历史的深刻认识却给观者带去了感官上的刺激，且隐喻良多。他已经在意大利获得了认可，因此是一位相对独立的艺术家。由于他已经足够成熟，卡斯泰利无法再充当他的缔造者了，而他也始终都在与这位画廊主保持着距离。"应该替伊莲娜说一句公道话。"托姆布雷近来发声，言语中对那位画廊教父带有一丝轻蔑，"她的眼光很准。利奥有傻兮兮的一面，也有非常真诚的一面。"[14]正如托姆布雷言下之意，在前夫创办画廊的头几年，处处都能见到伊莲娜·索拿本德的身影。从一开始的波洛克和德·库宁，到后来的邦特科，她与艺术家始终都有非常融洽的私人关系，走访工作室的次数也仅次于伊万·卡普。后来登场的艺术家是罗伊·利希滕斯坦。一天，他把五张油画重重地堆在了东七十七街4号的门厅里。这个场面与他备受争议的艺术都具有极强的连环画感。“我说：”卡普回忆道，“‘这是什么啊？’他说：‘呃，卡普罗先生给您打过电话。我是利希滕斯坦，我想让您看看这些画。’我说：‘你不能这么干的，知道吗？’可让我极为震惊的是，漠然有人能够把卡通和商业元素发扬光大成这个样子，它们是如此冰冷、漠然、粗暴，具有压倒一切的力量，言语已经无法表达我的感受了。于是我说：‘呃，好吧，我想让卡斯泰利看看这些画。它们挺打动我的。’我们留下了其中的四张给利奥看，他的反应也不小。我们都震惊了。我们想，好吧，咱们先把这些画收起来，过几天再拿出来看看感觉如何。后来，我们一致认为利希滕斯坦的创作充满了智慧，而且具有很强的原创性。”[15]索拿本德夫妇参观了利希滕斯坦的工作室，此后，卡斯泰利不顾“老大师”贾斯培和鲍勃的反对，坚决地展出了他的作品。

起初，安迪·沃霍尔是以藏家的身份出现在卡斯泰利画廊的。当时，他以 350 美金买下了一张琼斯的素描，然后就看到了靠在墙边的一张利希滕斯坦的作品。“他发出了一个奇怪的声响，音量并不大，似乎是一声惊诧的‘哦！’，就是那种他总是会发出的声音。”卡普讲述道，“直到现在，他在感受震惊的时候还会这样。‘我自己也在做这样的作品！’他说，‘这些画放在这是要干吗呀！这是谁的作品啊？’他真的被惊呆了，也被吓傻了。接着，他问我愿不愿意去他的工作室看看他画的东西。我说：‘你是想说你的创作也有类似的形象吗？’他说：‘是的，其实我也在用卡通和商业元素作为主题，但是跟他不一样，真的，跟他非常不一样。你要来看看吗？’”于是，卡普率先走访了沃霍尔的工作室：“我去过沃霍尔在莱克星顿大街上（Lexington Avenue）的那栋粉蓝色的房子。那是一栋四层的房子，他全买下来了，我看到门铃上只有他一个人的名字的时候还吃了一惊。我走了进去，屋内光线昏暗，只有客厅开着一盏非常明亮的灯，还装饰着精致典雅的家具和赏心悦目的绘画，主要都是超现实主义风格的作品。可是画廊当时正准备推出利希滕斯坦，我们觉得如果同时推出两位创作上相差无几的艺术家会出现两败俱伤的局面。”[16]幸而伊莲娜也去了沃霍尔的工作室：“我给安迪打了电话，并在他为母亲朱莉亚（Julia）买下的那栋房子里见了面。他正在画广告图，非常漂亮，房子里塞满了各种精美绝伦的物品，包括混凝纸[40]做的大狗等等。他非常害羞。后来我们聊了聊，他给我看了他的邮票、他照着航空邮票和可乐瓶画的油画，还有许多鞋子的素描，我都喜欢得不得了，觉得非常有趣。他说他没有朋友，所以后来我又给他打过电话，还常相约一起散步。我们去过四十二街（Forty-second Street），那里当时破烂不堪，跟现在很不一样；街上的房子并不十分破旧，只是没有得到良好的维护。那里的报摊出售极其下流的色情读物，在好多卖女士内衣的情趣商店里，顾客有男有女……我建议利奥留下罗伊和安迪两个人！"[17]于是，伊莲娜巧妙地为利奥提供了让两个艺术家和平共处的可能，在她看来，他们共同的兴趣会让双方都受益良多，因而不该相互惧怕。伊莲娜在伊万·卡普等人的帮助下向卡斯泰利推荐过的波普艺术家还有很多，詹姆斯·罗森奎斯特就是其中之一。"罗森奎斯特画过一些巨大的广告牌。"她说，"他在城里的住处有趣极了，刚好坐落在好几条街的交叉路口，周围没有其他建筑，所以他家的视野非常开阔，能看到车灯、房顶的霓虹灯招牌和周围飞过的直升机。我第一次去时，他告诉我拿着这么大的刷子在高空作业是很不容易的。他从来都看不到整体，无法充分掌握所绘对象的全貌。我想，难怪他作品中的形象永远都是碎片化的。他把自己看成是一个广告画家，不认为他的作品能够得到展出。一切都是心血来潮的，而这种心血来潮的特质渗透到了他的绘画当中。这正是我欣赏他的原因：他的生活和他的艺术是如此密不可分。"[18]但这一次，伊莲娜对罗森奎斯特的热情遭到了卡斯泰利的否定。他认为罗森奎斯特"过于接近超现实主义和马格里特了，真的不太能够被纳入"[19]他的艺术家阵营。这时，迪克·贝拉米决定在格林画廊（Green Gallery）展出罗森奎斯特的作品。

如果卡斯泰利的首要目标是在艺术侦察员们的大力协助之下发掘新星，那么他的第二大目标就是把他的艺术家们送进博物馆的殿堂。MoMA 的创立是由三位女性——艾比·洛克菲勒（Abby Rockefeller）[41]、丽兹·布里斯（Lizzie Bliss）[42]和玛丽·昆·苏利文（Mary Quinn Sullivan）[43]的欧洲艺术收藏奠定的。自 1929 年创办以来，这家博物馆始终存在这样的一个问题：如何在这里呈现美国的艺术。起初，美国艺术无论以什么

弗兰克·斯特拉，卡斯泰利的第二个奇迹，正在创作他最负盛名的条纹绘画
摄影：乌戈·穆拉斯

1966 年纽约
利奥与画廊主霍利·所罗门（Holly Solomon）和艺术家罗伊·利希滕斯坦在一场酒会上
摄影：鲍勃·阿德尔曼

[36] 原文为：dose tings，伊万·卡普模仿工人的口音。

[37] 多萝西·米勒从二十世纪四十年代末到六十年代初策划了六场“美国人”（Amenicans）当代艺术展，共向美国的博物馆观众介绍了九十位艺术家。斯特拉参加的是 1959 年的“十六个美国人”展。

[38] 美国艺术策展人，曾任职于 MoMA，后先后担任过洛杉矶郡美术馆（Los Angeles County Museum of Art）的馆长和匹兹堡的卡内基美术馆（Carnegie Museum of Art）的馆长。

[39] 第一个获得普林斯顿大学现代艺术学博士的艺术史学者，抽象表现主义的支持者，后在 MoMA 担任策展人。

[40] 原文为：papier-mâché，一种用纸片或纸浆，辅以胶水制成的材料。

[41] 艾比·奥尔德里奇·洛克菲勒（Abby Aldrich Rockefeller），纽约社会名流、慈善家，小约翰·D. 洛克菲勒（John D. Rockefeller Jr.）之妻，洛克菲勒家族最重要的女性成员之一，MoMA 的奠基人之一。

[42] 丽兹·普拉莫·布里斯（Lizzie Plummer Bliss），美国艺术收藏家和赞助人，MoMA 的奠基人之一。

[43] 美国艺术收藏家，收藏现代艺术的先锋，MoMA 的创始理事会成员。

样的形式出现，都处于欧洲艺术的阴影之下。MoMA 杰出的永久馆藏和临时展览，以及阿尔弗雷德·巴尔开创的延伸性教育项目都让这座博物馆成为纽约首屈一指的二十世纪欧洲艺术圣地。巴尔的计划是要展出欧洲现代主义艺术中的杰作，尽管他已经对此做过非常清楚的说明，却还是遭到了“无视美国艺术”的严厉批判。这座博物馆自 1942 年发起的“美国人”展已经开始对当时的情况进行修正，但不可能马上药到病除。由于博物馆在欧洲艺术和美国艺术的权力之争中一开始过于偏向于欧洲，扭转的过程更加需要循序渐进。在凡·高、毕加索、马蒂斯、杜尚、德·基里科（de Chirico）[44]、达利、马格里特等大师杰作的光芒下，达雷尔·奥斯丁（Darrel Austin）[45]、海曼·布卢姆（Hyman Bloom）[46]、雷蒙德·布雷宁（Raymond Breinin）[47]、里克·勒布伦（Rico Lebrun）[48]和克努德·梅里尔德（Knud Merrild）[49]的作品在 MoMA 的展墙上显得无精打采。如何能够有效地对这两个群体加以辨识，而不单单以是油画还是水彩来进行区分？什么样的美国人才能与如此声名显赫的欧洲人分庭抗礼？如何才能让他们的作品具有存在的合理性？又要怎样做才能让它们与这里的其他馆藏交相辉映呢？几年之内，卡斯泰利就会给出答案。

多萝西·米勒 1959 年的展览“十六个美国人”囊括了琼斯、劳申伯格、斯特拉、埃斯沃兹·凯利、路易斯·内维尔森（Louise Nevelson）[50]和另外十一位艺术家。外界普遍认为，即便——或许也正是因为——每一位艺术家都获得了独立的空间，这场展览毫无章法可言，整体效果不如局部出彩。“我不能想象这里的任何一张绘画出现在自己的生活里，雕塑也没好到哪里去。”约翰·卡纳代（John Canaday）[51]在《纽约时报》中轻蔑地写道，还称他们“是十六个大多注定会被遗忘的人”。罗伯特·科茨（Robert Coates）[52]在《纽约客》杂志中的评价则要善意得多，他认为这场展览“虽然混乱却别具一格”。《纽约先驱论坛报》（*New York Herald Tribune*）的艾米莉·格瑙尔（Emily Genauer）[53]从来都不看好多萝西·米勒，她认为斯特拉“无聊到难以形容的程度”。始终忠于抽象表现主义的克莱门特·格林伯格则对《民族》周刊抱怨起了展览的主办者，他说：“无论他是什么人（原文如此），他似乎完全没有个人品位。”然而 MoMA 却力排众议，坚持买下了斯特拉的《理性与污秽的结合》[54]（*The Marriage of Reason and Squalor*），这让卡斯泰利增加了一条可以夸耀的资本，他再一次将旗下艺术家的作品送入了现代艺术的至圣所[55]。他没有浪费任何时间，立即进入了宏图大略的第三个阶段：向满腹狐疑的公众解释他的艺术家为什么理应进入 MoMA 的收藏。“对画廊最重要的人，”他后来解释道，“是一个我从未展出过的艺术家——马塞尔·杜尚。他对（我旗下的）所有青年画家都具有极其重要的影响。没有受到杜尚影响的画家根本不属于这里。”[20]他大胆地总结出一种延续性，追本溯源地将贾斯培·琼斯认定为杜尚的接班人，而弗兰克·斯特拉则是琼斯的接班人。如此一来，他行之有效地将艺术史引入了东七十七街 4 号的大门。

卡斯泰利从很早开始，就崇拜 MoMA 的欧洲艺术收藏；后来，他通过“俱乐部”拉近了与阿尔弗莱德·巴尔的距离。在 1951 年的“九街展”上，他意外地成了巴尔的维吉尔，至少也算得上是一个精明可靠的顾问。凭借强大的预知能力，卡斯泰利能够对美国艺术新星的出现做出预测，并抢在任何竞争对手之前把他们呈现在巴尔面前。1958 年的卡斯泰利已经是一名画廊主了，他与巴尔富有成果的关系进入了一个新的阶段：最先发挥作用的是贾斯培·琼斯和弗兰克·斯特拉，卡斯泰利在这个时期的选择似乎与巴尔和米勒的品位不谋而合。此后他们有过一段摩擦，那时劳申伯格更加饱含激情的作品引起了许多人的不快，也没能赢得美术馆官员们的认可。一片痴心的卡斯泰利不在乎别人的眼光，他对阿尔弗雷德·巴尔软磨硬泡、穷追不舍（对多萝西·米勒的手段更是有过之而无不及），只为保证劳申伯格的作品能够恰如其分地出现在 MoMA 的永久馆藏中——在他看来，这是至高无上的美学荣耀；要想让一个美国艺术家摆脱地域局限和默默无闻的状态，让他理应获得尊重的作品被公认为大写的“艺术”，并受到非专业人士的广泛认可，这是唯一的一条出路。

正如前文提到的那样，1959 年 1 月，卡斯泰利想要邀请巴尔到劳申伯格家中赴宴，好让他在创作环境中[56]感受一下他的作品，结果徒劳无功。几个月后，这位画廊主再次出击。多萝西·米勒写道："亲爱的阿尔弗雷德，利奥·卡斯泰利说他也许会为劳申伯格那张由四个部分组成的拼贴绘画《赌注》（*The Wager*）[57] 找到一个捐赠者，""不过这位买家也有可能会想要自己留下这件作品。他问我博物馆是否愿意接受这一捐赠，我告诉他这需要与博物馆委员会进行讨论，而且我认为《魔术师》（*The Magician*）对我们来说或许是更为理想的选择。接着我问他是否能为《魔术师》[58] 找到一个捐赠者，他说他一定可以。这件作品的价格是 2250 美金。"[21]两周后，在根本没有任何捐赠者的情况下，卡斯泰利对他们的对话置若罔闻，径自将《魔术师》送到了 MoMA，并附上了一张收款函：

> 利奥·卡斯泰利公司，1960 年 1 月 6 日
>
> MoMA 财务部
>
> 劳申伯格：《魔术师》，1959 年，混合艺术：2500 美金
>
> 扣除 10% 的美术馆折扣 250 美金后，总金额为 2250 美金[22]

他言之凿凿地承诺会为作品找到一位捐赠人，那时的他真是这样想的吗？卡斯泰利坚信美术馆的收藏带来的声誉资本要远远大于普通藏家的购买。从他本末倒置的期待中我们不难发现这一信念发挥的作用，而这也解释了他用力过猛的原因。障眼法失败之后，拒绝放弃的卡斯泰利继续向多萝西·米勒发起攻势。"亲爱的多萝西，"不出一个月，他就在信中写道，"我附上了鲍勃的画 [《寓言》（*Allegory*）] 的照片，我在电话里跟你提过这件作品。它尺幅很大，约有 10 英尺宽 6 英尺高 [59]。这么做的目的纯粹是为了勾起你的兴致让你不得不到他的工作室一探究竟。"[23]多萝西·米勒没能抵御卡斯泰利的"狂轰滥炸"，即便已经开始怀疑卡斯泰利还会得寸进尺地做出不靠谱的承诺，她仍然征求了巴尔的同意，想要为博物馆得到这件作品："卡斯泰利已经为劳申伯格的最新作品《寓言》找到了一个现成的捐赠者。据卡斯泰利和这位捐赠者说，这是劳申伯格至今为止最为出色的一件杰作。它包括一把雨伞的局部和一大块被压扁了的金属。可惜的是，它足有十英尺宽。"她继续写道，俨然

成了卡斯泰利的同谋，"利奥觉得他最终还是能够为《魔术师》找到捐赠者的，但眼下他手里的这位买家更想捐出的作品是《寓言》，因为他觉得这是一件更重要的作品。如果您觉得从照片上看这张画还算不错，我会找一天晚上到劳申伯格在下城的工作室看一看原作。D."㉔

即便卡斯泰利行事大胆，奇招出尽，令人难以招架，他的努力还是落空了。几个月后，MoMA 退回了《魔术师》——并非由于利奥的引诱没能奏效，而是如米勒所言，即便"委员会投票通过了（对它的）购买，我们还是没能在过去的一年中筹集足够的资金，而这件作品的所有者卡斯泰利夫人[60]也不再愿意出售这件作品了。"㉕。吃一堑长一智的巴尔和米勒不可能再次落入卡斯泰利的圈套，而他自己对此显然心知肚明。两年后，他从较晚加入绘画与雕塑部的比尔·塞茨（Bill Seitz）[61]身上看到了机会，于是开始向他发起推销劳申伯格的攻势。塞茨在一份递交给巴尔和米勒的备忘录中写道："利奥·卡斯泰利为我们留住了劳申伯格1959年的作品（致敬摩斯·肯宁汉）《奖杯》（*Trophy*）[62]的优先购买权。"，"价格与他从科迪尔－沃伦（Cordier-Warren）画廊[63]买入时的金额一样，是6000美金。在我看来，这是劳申伯格在那个时期的一件优秀的代表作。如果我们不感兴趣，利奥希望可以尽快知晓情况，这样他就可以让本·海勒决定是否购买这件作品了！"㉖事实证明，卡斯泰利将会再次失手；在备忘录的空白处，米勒草草写下了一条不能被推翻的判决："ABH[64]不是特别喜欢这件作品。"

即便屡战屡败，卡斯泰利还是为艺术世界带来了一项重要的革新：他在市场和博物馆——即商业代理人（画廊主）和文化权威（策展人和馆长）间建立起了有效的联系。通过这个做法，他完美地诠释了企业家型的画商角色。社会学家雷蒙德·莫林写道："他对突如其来的发现（奇迹）和不断采取边缘政策[65]的偏爱完全符合美学价值不断变化的紧迫性。"获得别人没有的信息，是他令人赞叹的制胜之道中的第二个法宝。他自1941年形成的人脉让他拥有了一个无可比拟的情报网，为他提供了"别人不会得到的内部消息和提示"㉗。在这个方兴未艾的艺术世界，收藏家无从进入艺术家、批评家和画商们的沟通管道，信息不对称的情况十分严重。卡斯泰利之所以能够成就那些伟大的艺术奇迹，主要原因是他始终在与正确的人保持联系：他在伊尔泽·戈茨的帮助下发现了贾斯培·琼斯；在迪克·贝拉米、伊莲娜·索拿本德和伊万·卡普的帮助下发现了莉·邦特科；又因为罗伯特·罗森布拉姆、约翰尼·梅尔斯（Johnny Myers）[66] 和比尔·塞茨成功地推出了弗兰克·斯特拉。

但在画廊成立之初风头正劲的那几年，卡斯泰利遭遇到了一个真正的障碍：1961 年，索拿本德夫妇决定移居欧洲。卡斯泰利记得，那时"画廊还没开办多久"。虽然利奥对他们的离开并非始料未及，但还是体会到了伤痛。"我恨了他们几年。"他接着说，"那是一定的啊，我们有许许多多共同的朋友。她曾经是鲍勃（特别是鲍勃）、贾斯培和罗伊非常要好的朋友，现在也是。我们有那么多共同的友谊，都是从最开始一同建立起来的。所以他们的离开让情况变得很糟。总要考虑这个人和那个人还是不是朋友了，有点像在拔河。"但他们最终却和好如初："经过了

二十世纪六十年代，意大利
利奥与赛·托姆布雷
罗伯特·劳申伯格工作室提供

一段时间，我们就言归于好了。就像你看到的那样，现在我们是非常要好的朋友，赴汤蹈火也在所不辞。她在欧洲取得了令人难以置信的成绩。”[28] 回顾过去我们不难发现，即便卡斯泰利的确因为索拿本德夫妇移居欧洲心怀怨恨，但在当时的艺术世界，他已经是一个无法回避的角色了，他经营了四年的画廊也成为一个真正的纽约文化中心。假以时日，他的第一任妻子将会创办起这家画廊在海外的前哨，继续为卡斯泰利扩大他在国际上的影响力。从那时起，卡斯泰利当之无愧地成为歌德口中的“世界公民”。无论婚姻发生了怎样的变故，他和伊莲娜始终都是朋友。那段鲜为人知也无人能懂的共同经历让他们相互尊重，情比金坚，永远都是彼此独一无二的拍档。

44 乔治·德·基里科（Giorgio de Chirico），意大利艺术家、作家，对超现实主义影响深远的形而上学画派（scuola metafisica）的创始人。

45 美国人物和风景画家。

46 出生于拉脱维亚的美国画家，波士顿表现主义流派的重要人物。

47 出生于俄国的美国画家和设计师。

48 出生于意大利的美国画家和雕塑家。

49 出生于丹麦的美国立体主义画家。

50 美国雕塑家，以其巨大的单色墙上木雕和户外雕塑著称。

51 美国最优秀的艺术批评家、作家和艺术史学者。

52 美国作家，长期担任《纽约客》的艺术评论员，“抽象表现主义”的说法是他最先提出的。

53 美国艺术批评家，为多家媒体撰稿，曾荣获普利策批评奖。

54 斯特拉 1959 年创作的一件布面珐琅漆作品。

55 原文为拉丁语：sanctum sanctorum，至圣所，原指犹太教中上帝居住的圣所最内层的位置，现在多形容最为神圣的地方。

56 原文为拉丁语：in situ，意为“在现场、在原处”。

57 劳申伯格 1957—1959 年创作的“混合艺术”作品，现收藏于杜塞尔多夫的北莱茵 - 威斯特法伦艺术品收藏馆（Kunstsammlung Nordrh ein-Westfalen）。

58 劳申伯格 1959 年创作的“混合艺术”作品，现为索拿本德私人收藏。

59 约 3 米宽，1.8 米高。

60 指伊莲娜·索拿本德。

61 即上文提到的威廉·C. 塞茨。

62 劳申伯格 1959 年创作的“混合艺术”作品《奖杯 I（致摩斯·肯尼汉）》[*Trophy I (for Merce Cunningham)*]，现收藏于苏黎世美术馆。

63 丹尼尔·科迪尔与米歇尔·沃伦（Michel Warren）于 1960 年在纽约创办的画廊。

64 阿尔弗雷德·H. 巴尔的缩写。

65 指企图通过不断接近危机边缘的冒险举动，获得期待的结果的行为。在冷战时期，指近乎到达了发动战争的边缘，从而说服对方屈服的一种战略术语。

66 蒂博尔·德·纳吉画廊的两位合伙人之一，为弗兰克·斯特拉举办第一场个展的并不是利奥·卡斯泰利，而是约翰尼·梅尔斯。

① 列奥·施坦伯格访谈，作者采访，纽约，2008年1月10日。

② 这一说法取自雷蒙德·莫林的《艺术家、机构和市场》（巴黎：Flammarion，1992年出版），49页。

③ 埃米尔·德·安东尼与米奇·图奇曼，《画家作画：一部秉笔直书的现代艺术现场史，1940—1970》（纽约：Abbeville Press，1984年出版），34页。

④ 比尔·埃利希访谈，作者采访，纽约，2009年2月6日。

⑤ 唐纳德·马龙访谈，作者采访，纽约，2008年1月28日。

⑥ 伊万·卡普访谈，作者采访，纽约，2007年4月19日。

⑦ 温·克拉马斯基访谈，作者采访，纽约，2009年2月3日。

⑧ 伊万·卡普访谈，保罗·卡明斯采访，纽约，1969年3月12日，美国艺术档案馆，华盛顿哥伦比亚特区。

⑨ 安·亨德利编辑，《克劳德·贝里遇见利奥·卡斯泰利》（巴黎：Renn，1990年出版），98页。

⑩ 利奥·卡斯泰利访谈，保罗·卡明斯采访，美国艺术档案馆。

⑪ 琳·泽勒万斯基，《多萝西·米勒的"美国人"，1942—1963》（"Dorothy Miller's 'Americans'，1942—1963"），摘自《现代艺术研究4》（*Studies in Modern Art 4*）（纽约：Museum of Modern Art，1994年出版）。

⑫ 弗兰克·斯特拉访谈，西德尼·蒂利姆与艾伦·所罗门采访，纽约，1969年，美国艺术档案馆，华盛顿哥伦比亚特区。

⑬ 列奥·施坦伯格访谈，作者采访，纽约，2008年1月10日。

⑭ 赛·托姆布雷访谈，作者采访，"纽约—巴黎"，2003年11月27日。

⑮ 伊万·卡普访谈，保罗·卡明斯采访，纽约，1969年3月12日，美国艺术档案馆，华盛顿哥伦比亚特区。

⑯ 同上。

⑰ 伊莲娜·索拿本德访谈，作者采访，纽约，2005年11月25日。

⑱ 同上。

⑲ 利奥·卡斯泰利访谈，保罗·卡明斯采访，美国艺术档案馆。

⑳ 利奥·卡斯泰利访谈，安德鲁·德尔克采访，纽约，1997年5月22日，美国艺术档案馆，华盛顿哥伦比亚特区。

㉑《多萝西·米勒致阿尔弗雷德·巴尔》（"Dorothy Miller to Alfred Barr"），1959年12月18日，对象文献，现代艺术博物馆绘画与雕塑中心。

㉒《卡斯泰利收款函》（"Castelli Invoice"），对象文献，现代艺术博物馆绘画与雕塑中心。

㉓《利奥·卡斯泰利致多萝西·米勒》（"Leo Castelli to Dorothy Miller"），1960年2月2日，对象文献，现代艺术博物馆绘画与雕塑中心。

㉔ 内部备忘，《多萝西·米勒致阿尔弗雷德·巴尔》（"Dorothy Miller to Alfred Barr"），1960年2月8日，对象文献，现代艺术博物馆绘画与雕塑中心。

㉕ 内部备忘，《多萝西·米勒致阿尔弗雷德·巴尔》，1960年11月2日，对象文献，现代艺术博物馆绘画与雕塑中心。

㉖ 内部备忘，《威廉·C.塞茨致阿尔弗雷德·巴尔及多萝西·米勒》（"William C. Seitz to Alfred Barr and Dorothy Miller"），1962年1月19日，对象文献，现代艺术博物馆绘画与雕塑中心。

㉗ 雷蒙德·莫林，《艺术家、机构和市场》，49页。

㉘ 利奥·卡斯泰利访谈，保罗·卡明斯采访，美国艺术档案馆。

21—所罗门时代

五十年代末和整个六十年代都非常特殊：一个默默无闻的人，完全凭热情就能搞出一番名堂：只要他有胆量！①

——弗兰克·斯特拉

1944 年 1 月，银行家费利克斯·沃伯格（Felix Warburg）的遗孀将他们位于第五大道和九十二街（Ninety-second Street）拐角处的家宅捐给了犹太神学院（Jewish Theological Seminary）。这座雄伟的新哥特式建筑拥有六个楼层和五十个房间，从此，这里便成为犹太仪仗器博物馆（Museum of Jewish Ceremonial Objects）的所在地。随着时间的推移，神学院为了展示犹太民族更为归化的一面，决定对博物馆的使命进行调整，弱化了它对礼拜用品文化的侧重，并赋予它新的定位——“博物馆大家庭的一员”。在迈耶尔·夏皮罗等艺术界人士的引导下，理事会决定启用“犹太博物馆”这一名称，并宣布将在这里为当代艺术举办展览，连非犹太艺术家的作品也会得到展出！后来，在本·海勒、阿尔伯特（Albert）与维拉·利斯特（Vera List）[1] 夫妇这样的当代艺术收藏家的大力支持下，犹太博物馆宣布“将通过着重展出更年轻或尚未获得认可的艺术家的创作，来填补纽约艺术界的空白”。1962 年 7 月，艾伦·所罗门受命担任犹太博物馆的新一任馆长。理事会理性地认为，犹太族群非常适合承担起培植纽约前卫艺术的领导角色，这符合犹太民族推动人类一切精神进步的传统。②

卡斯泰利在 1958 年就结识了这位未来的艾伦·所罗门馆长。索拿本德夫妇移居欧洲之后，卡斯泰利的人生进入了一个新的阶段，而这个阶段最为重要的标志就是他与所罗门的友谊。这既是两个同样深爱艺术且在智力上旗鼓相当的男人之间的友谊，也是两个“被老婆甩了的难兄难弟”之间的友谊，“他们关于女人永远有话要说”③——卡斯泰利很乐于在办公室里培养与所罗门的这份友谊，按照伊万·卡普的说法，“画廊里总是弥漫着某种浪漫的味道，气氛很是暧昧”④。哈佛毕业的艾伦·所罗门出生于布鲁克林，不久前他还在康奈尔大学任教，并且管理着这所学校的博物馆。弗兰克·斯特拉觉得艾伦“人挺不错的，是个典型的学者，很古怪。他拥抱这个伟大的时代，也很爱利奥。他在任何方面都还没有什么建树，但他懂得去经营，也正朝着目标前进”⑤。罗伯特·平卡斯－威腾品评了“他那张查理·布朗（Charlie Brown）[2] 似的圆脸和黑色的短山羊胡”，指出所罗门“外形很出众，很快就成为利奥最亲密的朋友。他比卡斯泰利年轻许多，他们不是一代人，却能在一起讨论文学、艺术和女孩，一聊就是好几个小时，利奥觉得他有趣极了。几年来，他们始终相互帮衬——关系比那还要亲密，简直像是一架双人自行车”⑥。

“一天，艾伦出现了。”卡斯泰利回忆道，“应该是在劳申伯格的展览开幕那天。那时，他看上去是一个非常谦逊的年轻人，留着很短的头发，穿了一件特别小的涤纶西装，是一件成衣。他耳朵不太好，戴着一只助听器。不过他非常活跃，也为画廊里正在发生的事情激动不已。后来他经历了和妻子分居、离婚，还离开了康奈尔大学。他得到在犹太博物馆担任馆长的机会之后，马上就做起了劳申伯格的展览。纽约真的改变了他。”⑦一提起犹太博物馆，我们想到的可能会是贾斯培·琼斯的《绿色标靶》和卡斯泰利 1957 年第一次来到这里时对这幅作品产生的深刻印象。但犹太博物馆还给卡斯泰利带去了一份新的意外大礼：所罗门刚一上任，就举办了一场劳申伯格的回顾展（1963 年）和一场琼斯的回顾展（1964 年）。卡斯泰利曾试图将劳申伯格送进 MoMA，在经历了徒劳无功的痛苦之后，犹太博物馆发生的一切让他倍感安慰。极具讽刺意味的是，犹太博物馆竟然让卡斯泰利这样一个不能坦然面对自己的犹太身份的人交了好运。事实证明，让卡斯泰利画廊得以被载入纽约艺术史册的最大功臣，除了 MoMA，就当属犹太博物馆了！

“重磅炸弹！”年轻的收藏家和策划人克里斯托夫·德·梅尼尔（Christophe de Menil）[3] 刚刚从休斯敦来到纽约，她大肆赞扬了所罗门在犹太博物馆举办的那些展览。“它们非常大胆，皆是原创，水准极高，比 MoMA 的强太多了！”她说，“而这一切都得益于新任馆长的自信，以及他对艺术的爱与热情。”⑧“劳申伯格的回顾展具有无比重要的意义。”平卡斯－威腾评价道，“它遭到了一大批传统博物馆参观者的批判：他们目瞪口呆，以为艾伦把犹太博物馆变成了激进主义的温床。”⑨芭芭拉·雅各布森补充道：“艾伦是造势的行家。一个以展览犹太会堂器物著称的无聊博物馆在他的手中获得了存在的意义。”⑩这一点千真万确。“劳申伯格的第一场展具有爆炸性的威力。”卡斯泰利得意洋洋地说，“你无法想象它造成了多么大的轰动，影响有积极的，也有负面的。由于劳申伯格确实还没到足以举办回顾展的年纪，质疑之声不绝于耳。讽刺的是，他是我画廊里第一个能在美术馆里做大展的艺术家，比许多重要的艺术家还要早，只可惜他们都再也找不到第二个艾伦·所罗门来做这样的事情了。人们对艾伦刮目相看，就是因为他在做这两个展览的时候施展出的盖世英才。艺术圈没有比他能力更强的人了。犹太博物馆对他来说完全是一个新的空间。我看过他在那个庞大的空间里布展，看他胸有成竹地把各种类型的画作挂在展厅各处，看他如何指挥那里的工作人员。别忘了，他完全是一个新人，可他的架势却像是已经在那里工作了许多年似的。”[11]

所罗门制作的展览图录本身就是一个杰作。图录的封面留给了《姓名缩写》（*Monogram*），那是一只矗立在白色背景前的安哥拉山羊，身上套着一个轮胎。翻开内页，所罗门撰写的前言为知识分子的真诚树立了榜样。很显然，他打算在美国和世界艺术史的长远脉络之中对劳申伯格进行探讨，从而系统性地击碎那些轻蔑的批评。但所罗门对劳申伯格和琼斯美学传统的解读与卡斯泰利并不相同。在卡斯泰利眼中，就算不是有意为之，这两位“新达达主义者”也都是杜尚的接班人，跟“自命不凡的学问家”[12]毕加索没有什么渊源。不过按照所罗门的说法，“这两位艺术新星与达达主义者的区别要比他们同达达主义的联系重要得多。达达主义群体对艺术和社会具有明显的负面情绪，实际上，这是他们对美学和政治深感失望的结果。相比之下，劳申伯格和琼斯是在彻底的美学自由下进行创作的，他们完全摆脱了任何政治倾向。劳申伯格创作的根基极其接近毕加索的美学，他们都专注于探讨颜料造成的错觉和现实的碎片带来的冲击之间存在着的那种张力，从这个意义上说，他们更是极为相似的。在创作每一件作品的时候，劳申伯格都像是一个走钢索的人。他凭借扎实的平衡感在美学的钢索上稳步前进，一不小心就会坠入丑陋、粗俗和匠气的深渊。他的胸有成竹则得益于敢想敢干的冒险精神。”[13]

布莱恩·奥多尔第（Brian O'Doherty）在为《纽约时报》撰写的展

1963年，纽约，犹太博物馆
利奥与艾伦·所罗门（最左侧）及收藏家阿尔伯特与维拉·利斯特夫妇在劳申伯格展览的开幕式上

摄影：汉斯·纳穆斯

评中称这场回顾展意义非凡，并将无法进行归类的劳申伯格认定为“目前最优秀的艺术家之一”，“他的创作介于绘画与现成品之间、艺术与生活之间，反映了一个针对现实的混乱本质提出的新问题，而现实自然也包括艺术”[14]。《艺术新闻》认为，这场“异彩纷呈”的展览说明，“在近来出现的这股将生活环境中的现成品运用于油画创作的自由风潮中，劳申伯格是一位领军人物”[15]。《艺术新闻》还刊登了专门介绍劳申伯格的文章《劳申伯格画画》（“Rauschenberg Paints a Picture”），与这本杂志近十年前对波洛克进行的报道《作画中的波洛克》（“Pollock Paints a Picture”）非常相似，这场展览造成的影响之大可见一斑。[16]在举办了劳申伯格回顾展后不到一年，所罗门又对贾斯培·琼斯致以了敬意，对他十多年来的创作成果进行了展示。所罗门用一篇构思巧妙的文章将琼斯介绍成了处于欧洲传统和抽象表现主义之间的一位“老大师”，但同时又与具有“反美学”特征的达达主义存在着明显的差别。所罗门写道，“在为新一代美国艺术家打开局面的道路上，贾斯培·琼斯与罗伯特·劳申伯格都立下了汗马功劳。”“他们处于伟大的第一代美国画家（即抽象表现主义者们）转型的过渡阶段，在一定程度上保留着前辈们自由绘画的技巧。同时，他们又代表了同过去的彻底告别，开始探讨欧洲绘画的传统与为了运用真实物体而采取的一种更为复杂的行为模式之间的关系。”[17]

如此高的关注度和如此巨大的成功往往会招致极强的副作用，或许这是卡斯泰利早就应该面对的情况了。无论如何，像艾伦·所罗门这样打破了在短时间内连办数场重要展览纪录的新角色，必定会在批评家和策展人间引发深深的敌意。在一篇题为《虚构的美国艺术危机》（“The Phony Crisis in American Art”）的文章中，托马斯·赫斯尖锐地发泄了他对所罗门展览策略的不满：“犹太博物馆的做法过于冒进了。现代艺术博物馆神秘的规则的确要求用公平去平衡品位，但要将艺术家们板上钉钉地排定座次又是另外一回事了……美术馆的功能不是去梳理艺术的景观，而是要深入思考艺术的现状。如果沉思能够带来某些洞见，或许这才是适合向公众展示的东西。但有一点需要记住，在艺术中，洞见和作秀是完全不可调和的两个极端。”[18]卡斯泰利非常清楚自己正是这些贬损侧面攻击的对象。“当时，”他说，“人们把我妖魔化成了一个阴谋家，认为我把所罗门据为己有了，说我实际上是在腐蚀整个艺术世界，腐化批评家们。还给列奥·施坦伯格造了谣，说他对贾斯培·琼斯做的重要研究是我花钱资助的。”[19]而实际的情况是，列奥·施坦伯格应一本杂志之邀写下的这篇文章的确是由卡斯泰利安排的。

卡斯泰利为自己塑造的职业形象是一位投身于崇高艺术事业的充满激情的画廊主，而某些杂志强加给他的却是一副邪恶、粗俗的嘴脸。他当然意识到了两者之间的差距，但并不把他人的鄙夷放在心上。自信似乎让他对媒体的恶意攻击自带免疫：“我对自己做的事情具有坚定的信念。只是我快没有耐心了，我不理解为什么人们没有为眼前的景象所倾倒，就是当下发生的这一切……我有一个要去完成的使命，就是去发现最优秀的艺术家、推动伟大的艺术潮流，从而做出自己的贡献。在文艺复兴时期、巴洛克时期、非常严肃地看待艺术的路易十四（Louis XIV）时期，以及十九世纪，都存在一个非常重要的角色，那就是艺术赞助人，我甚至也想扮演这样的角色。我总是感到自己的工作与历史息息相关。即便时过境迁，我至今仍感到自己肩负着某种使命。”[20]当然，要探讨卡斯泰利与过去那些（与画商相对的）伟大的艺术赞助人之间存在的共性，可以将他的画廊向艺术家支付薪金的做法考虑进来。他的这一做法让人想起了曾经的美第奇家族，不仅如此，他还针对纽约的实际情况进行了彻底的革新。在争论他的使命是否具有足够的严肃性时，可以参考以下几点事实：他的助理整理出的画廊文献全都是具有超高品质的文献典范；画廊向公众提供的辅助性资料（文件、照片、幻灯片）也十分丰富。可以确定的是，他将尽力做好这些工作看作是自己的本分。“因为我了解历史，我深知想要推动这个阶段的艺术，必须要有这些资料，推动艺术史的进程也需要这些资料，因此我必须做好文献工作，也必须管理好它们。所以我才会有这样的感受：我不只是来欣赏绘画的——事实上我对这一点的关注得似乎最少——更是来教育公众的。”[21]

那些年，新成立的格林画廊也象征性地经营着一批新生代艺术家，成为了卡斯泰利画廊的伙伴。迪克·贝拉米出色地管理着这家机构，而它的出资人罗伯特·斯库尔则是长斯泰利最早的客户之一。自1950年起，纽约出现了一批白手起家的百万富翁，斯库尔就是一个例子。他的财富来自手下的出租车队“斯库尔天使”（sculls Angels）。连他这样依靠拼搏取得成功的企业主都想要拥有一家画廊，这充分说明了艺术世界在当时的美国社会，具有何等巨大的吸引力。据英国画廊主詹姆斯·麦耶（James Mayor）[4]回忆："六十年代是利奥的辉煌时代。当时的艺术世界有两位无冕之王——贝拉米和卡普。斯库尔想让卡普来经营格林画廊，卡普向他建议了贝拉米，但同时提醒他贝拉米虽然绝顶聪明，但却对生意毫无概念。"[22]弗兰克·斯特拉近来也对当时的状况进行了回忆："一开始只有利奥单兵作战，后来他和格林画廊齐头并进，影响力一直延续到了1965年。在这场游戏中，斯库尔是最重要的玩家。你绝不可能喜欢上斯库尔这个人，他差劲了。他简直就是粗俗的代名词，他的粗俗到达了旁人望尘莫及的程度，而这正是斯库尔如此强大的原因——他是维持艺术世界运转的机制。他是收藏家、画廊主、生意人；他自下而上地控制着利奥。"[23]弗兰克·斯特拉无疑是在暗示斯库尔巨额的现金储备，而他之所以偶尔能胜利奥一筹，正是因为手中充足的现金。

卡普和贝拉米都曾经在一家名叫汉莎的合作制画廊工作过。由于两个人的友谊，这两家画廊也经常相互渗透。"我在1962年发现了罗森奎斯特。"伊万·卡普解释道，"迪克·贝拉米去他工作室看了他的作品，当晚就决定要在格林画廊展出它们。还是在1962年，我们在卡斯泰利画廊给利希滕斯坦办展的时候，迪克·贝拉米恰巧在格林画廊展出罗森奎斯特的作品，两场展览发生在同一个月。我记忆中，这两场同期举办的当代艺术展在纽约艺术圈引起了骚动。"[24]艺术家本人的回忆揭示了卡斯泰利老练的处世之道："我隶属于迪克·贝拉米的格林画廊，可这里随时都有关门的可能。一天，我在一架飞往加利福尼亚州（简称"加州"）的航班上恰好与利奥坐在一起。他非常优雅地对我说：'吉姆，万一你打算离开迪克，请先考虑来我这里。'最后我还是加入了利奥的画廊，我的整个职业生涯都是在那里度过的，一直到他去世。有时他甚至拒绝到我的工作室来，因为他永远都在期待最好的作品。"[25]

利希滕斯坦、罗森奎斯特、沃霍尔和奥登伯格——这四驾马车被一些明显具有共性的主题联系在了一起，包括他们对广告、卡通、大尺幅、重复以及对平凡事物进行放大的兴趣。然而，波普艺术家们进入公共视野的途径却是相当混乱的：利希滕斯坦在卡斯泰利画廊，罗森奎斯特在格林画廊，沃霍尔在斯泰布尔画廊，奥登伯格则在西德尼·詹尼斯画廊。起初，卡斯泰利并不接受波普运动，但当他察觉到了这些艺术家存在的一致性，马上就决定要拉拢他们，各个击破。他像一个爱开玩笑的少年似的兴奋地介绍了他为罗森奎斯特举办的第一场展览“F-111”[5]：“巨幅的绘画顶天立地地填满了画廊的每一面墙壁……它描绘的是一架战机。1964 年正值越南战争时期，这幅作品具有社会、政治和反军国主义的内涵。一架与实物等大的飞机出现在了画廊的墙壁上，这是多么壮观的场面啊！”㉖这种无拘无束的乐趣还出现在了安迪·沃霍尔那场极具挑衅意味的展览上。当时，卡斯泰利在两个相邻的展厅中分别呈现了沃霍尔的《奶牛壁纸》（*Cow Wallpaper*）（不断重复奶牛形象的印花壁纸）和他的《银云》（*Silver Clouds*）（漂浮在展厅中的长方形银色气球）。[6]㉗

1964 年格林画廊关张之后，贝拉米很自然地把机会留给了卡斯泰利，让他签下自己感兴趣的艺术家。卡斯泰利选择了丹·弗雷文、唐纳德·贾德和罗伯特·莫里斯。贝拉米还向他推荐了另外几个名字。“每当他发现了一个有潜质的艺术家，就会带过来让我看。”卡斯泰利解释说，“通过他，我结识了塞拉，还有布鲁斯·瑙曼和基斯·索尼尔。那时，贝拉米在麦迪逊大道上的一间小屋里办公，他会在那里向我展示小件的作品或照片。”㉘如今这已经成为一种广为人知且被证明行之有效的工作模式了。那些年，伊莲娜·索拿本德、伊万·卡普、迪克·贝拉米和其他一些人都为卡斯泰利扮演着侦察员的角色，而这位画廊主则可以从容地洞察全局、高屋建瓴。若有人想要了解卡斯泰利选择艺术家的内在逻辑，他一定会迫不及待地自己给出答案：“我的策略是在每一场浮出水面的艺术运动中签下最重要的几位艺术家。以斯特拉为例，起初他代表了一个看似孤立的现象，但事实上他对另一场艺术运动，也就是极少艺术具有极其深远的影响。”㉙只选择每个类型中的佼佼者——正是这个看似简单的模式，使得卡斯泰利传奇一般的品位和远见在外行人看起来毫无难度。

当旗下的艺术家们在当代艺术运动中掀起了一波又一波惊涛骇浪，卡斯泰利最大的优势似乎是能对这些运动进行观念上的梳理。当他一口咬定“沃霍尔最大的心愿就是加入琼斯和劳申伯格的画廊”[30]，谁又能反驳他呢？当他断言是弗兰克·斯特拉让极少主义成为一场运动，谁又能否认这一点呢？艺术家们聚集在卡斯泰利画廊，似乎的确是出于物以类聚的真理，但同时也因为他具有将艺术家的发展归入历史谱系的权威，他至少能够为他们找到继承沿袭的渊源。在两位新达达主义巨匠“贾斯培和鲍勃”之后，波普艺术、极少艺术和观念艺术家们轮番登场，而卡斯泰利则让五花八门的艺术家们［科苏斯、韦纳、巴里（Barry）[7]、赫伯勒（Huebler）[8]、达博文、格里西（Grisi）[9]］进入了各自的队伍。但他也知道自己的分类存在着一定的局限。当被问到该如何对埃斯沃兹·凯利进行分类时，无所不知的卡斯泰利只是简单地解释道：“事实上，他是一个与众不同的艺术家，既不属于极少主义艺术，也不能被归入纪念碑艺术的范畴……可以说，他不是任何一场大规模运动影响下的产物，他的艺术自成一派。”[31]

卡斯泰利受到的关注、他与斯库尔关系的复杂性，以及这两个角色在社会维度的互动都得到了非常详尽的记录，可谁都没能像汤姆·沃尔夫（Tom Wolfe）[10]那样精彩地刻画出这两个人的本质：

> 贾斯培·琼斯的新展览在东七十七街4号的卡斯泰利画廊开幕了。他的四张巨幅绘画得到了展出，但鲍勃[11]却一张也买不到。原因多种多样，其中之一是有三张已经被预订了，订购方都是博物馆。不过鲍勃的心情并没有受到影响……卡斯泰利画廊是艺术圈的中心所在，尤其是在这样的开幕现场。随便一看就能看出端倪，不过重点不是看画，而是看那些文艺青年。20岁、21岁、22岁、23岁、24岁……光鲜亮丽的文艺小青年们全都倾巢而出，聚集在了这里。
>
> 屋外，鲍勃正站在一群文艺青年中间同卡斯泰利说着话。卡斯泰利年近花甲，身材瘦小的他是纽约执牛耳的前卫艺术画商。鲍勃是利奥最大的客户。利奥永远都是一副欧陆外交官的模样，一口纯正的路

易沙龙口音[12]，没有一丁点意大利味，活脱脱是一个法国人。他说每一个字的时候，嘴边都会带出一个小小的微笑，是那种地中海地区特有的丝绒一般的微笑。他的声音轻柔、顺滑，带着一丝水润，音色介于彼得·洛（Peter Lorre）[13]和法国大使馆一等秘书之间。

“利奥，”鲍勃说，“你还记得你在贾普上一次展览的时候对我说了什么吗？”

“不唔唔唔唔唔唔唔——”

“你跟我说——我粗俗！”——鲍勃说这话时两眼放光，仿佛在期待利奥会认同他的说法，再跟他一起捧腹大笑一番。

“不唔唔唔唔唔，鲍勃——”

“听着，利奥！我有一个新的想法——”

“不唔唔唔唔唔唔，鲍勃，我没有——”

“我要把新的想法告诉你，利奥——”

“不唔唔唔唔唔唔唔唔唔唔，鲍勃，我只是说——”没有人是像利奥·卡斯泰利这样说“不”的。他说出这个词的时候仿佛发出了这门语言中最能让人受用的一个声音。他撅起嘴唇，努成了一个圆润的小O，而那声“不唔唔唔唔唔唔”则像是从他嘴里吐出的一串珍珠，小而完美，如绸缎般洁白……“不唔唔唔唔唔唔唔唔，鲍勃，我只是说，琼斯的事业在那个阶段，不适合——”

“你说的是粗俗，利奥——”

“——任由一位收藏家买光展览上的所有作品——”

“你说这样做粗俗，利奥，不过你知道吗——”

“知道什么，鲍勃？”

“我有一个新的想法要告诉你——你说的是对的！那么做是很粗俗！”此时，鲍勃的双眼像是两座百万瓦特的灯塔，闪耀着真理的光辉；他为自己道出了真相欢欣雀跃。卡斯泰利一脸困惑地望向他，他一生中极少露出如此茫然的表情，可连这一脸惊愕都显得那样高贵。[32]

“精英知识分子和野蛮人”——正是这种皆大欢喜的角色扮演造就了他们极其高效的共生关系。

卡斯泰利画廊将自身定位为多萝西·米勒在MoMA的系列"美国人"展和艾伦·所罗门在犹太博物馆的展览项目的主要合作伙伴，从而以一家纽约文化机构的身份继续扩张着它的计划。画商安吉拉·韦斯特沃特（Angela Westwater）[14]坚称"MoMA是学习的去处，那里有一套非常清晰的审美标准，也是利奥的艺术家们最初昂首阔步走上神坛的地方。与之相比，惠特尼美术馆是（一片）不受外界影响的小天地，古根海姆则聚焦于非具象艺术。"[33]

很快就有更多角色登上了纽约这块竞技场，投身到了一场越发残酷的竞争当中，其中既有新的个人，也有新的机构。比赛的规则已经发生了改变，但卡斯泰利依旧是竞技场上不容争辩的核心人物。罗莎琳德·克劳斯（Rosalind Krauss）[15]就是其中的一位新人。当时的她还是哈佛大学的研究生，刚开始为《艺术论坛》杂志撰写展评。"利奥是一个传奇人物。"近来她回忆道，"我对他心存敬畏。每次我去他那都能学到一些东西。卡斯泰利画廊的展览总是让我想要提笔写点什么。它在一定程度上塑造了我们每一个人，我的艺术教育完全是在那里完成的，因为我相信利奥的判断，这就像你只会把信任的人当成老师一样。利奥对新作品的判断永远不会出错，这就是他的才华所在。"[34]在这些初来乍到的新人中，有一位比所罗门还要年轻，但具有与他同样优秀的教育背景，也同样雄心勃勃的男士。爱煽风点火的他二十七岁，才华横溢；由于祖上曾在安特卫普经营钻石生意，因而过惯了锦衣玉食的生活；他有一张满月似的圆脸，嘴上总叼着一支粗大的雪茄，也拥有一众艺术家朋友。1962年，他来到大都会艺术博物馆担任专职策展人，同时也成为反抗一切传统的斗士。很快，他的风采就开始让其他同侪黯然失色——他，就是亨利·盖尔扎勒（Henry Geldzahler）[16]。"艾伦、亨利和斯库尔——这三个人环绕在利奥周围，形成了一个核心。"弗兰克·斯特拉解释道，"亨利和艾伦一样胸怀大志，只是他在方式上更加有条不紊；他们满腔热忱，与他们相比，任何人都会微不足道。他们唯一的对手是［克莱门特·］格林伯格；他一直在压制他们，总想显得高人一等，非要与他们争个高下。格林伯格应该算是敏锐的了，可他们的出现却让他变得一文不值。利奥和

1959 年 6 月，纽约
安托瓦妮特·福瑞赛克斯·杜·博斯特（托妮）与利奥初见时拍摄的照片
让-克里斯托弗·卡斯泰利提供

格林伯格派系的对立关系是艺术世界的一大事。”长久以来，格林伯格都是以波洛克为代表的前卫艺术的捍卫者，如今他扛起了反波普艺术的大旗，要对抗那些让他深恶痛绝的庸俗文化浊流。“至于阿尔弗雷德（·巴尔），”斯特拉继续说道，“他不想选边站。但是他有权对他看过的绘画做出自己的判断。这就是那些年的秘密。”㉟

……

在那每迈出一步都意义非凡的峥嵘岁月，卡斯泰利的情感生活出现了另一个转折。1962 年夏天，他在东汉普顿遇见了一个年轻的法国女人，比他小二十一岁的安托瓦妮特·福瑞赛克斯·杜·博斯特（Antoinette Fraissex du Bost），她有一个更为人熟知的名字——托妮（Toiny）。她梳着圣女贞德（Joan of Arc）式的短发，戴着精致的珍珠项链，穿着优雅的连衣裙，并且具有让卡斯泰利着迷的美貌和修养，就像是一缕清风，吹进了卡斯泰利的生活。她的外公是查尔斯·哈维兰（Charles Haviland），祖上是利摩日（Limoges）的制瓷大亨[17]。自十九世纪以来，以精工细作闻名的利摩日制瓷行业始终延续着委托艺术家设计图案的传统，并骄傲地成为白宫的瓷器供应方。查尔斯的兄弟保罗·哈维兰（Paul Haviland）是一名律师、摄影师和艺术赞助人，同时也是阿尔弗雷德·斯蒂格里茨[18]的朋友。托妮的另一位长辈卢多维奇·特拉里厄（Ludovic Trarieux）[19]是支持德雷福斯（Dreyfus）[20]的新教教徒，同时也是人权联盟（Ligue des Droits de l'Homme）的创始人之一，曾在法国担任司法部部长。卡斯泰利刚刚脱离沙皮拉家族的势力范围，又在四年之后加入了哈维兰家族的谱系。1963 春，利奥·卡斯泰利与安托瓦妮特·福瑞赛克斯·杜·博斯特在曼哈顿市政厅完婚；9 月，为了迎接他们即将出世的孩子，他负责起了搬家和为婴儿房购置家具的事务。在某种程度上，他终于彻底摆脱了自己的犹太出身。

1963 年 9 月 4 日，卡斯泰利五十六岁生日那天，他像往常一样用整齐划一的大写字体在他小巧的爱马仕笔记本上列出了清单，还用一到两

1 美国犹太艺术收藏家、慈善家夫妇。除了犹太博物馆，他们还对社会研究新学院和麻省理工学院等机构有过资助，并参与创办了纽约的新美术馆。

2 美国著名漫画家查尔斯·舒尔茨画的漫画《花生》(*Peanuts*) 中的主角，小狗史努比 (Snoopy) 的主人。

3 玛丽 - 克里斯托夫·德·梅尼尔 (Marie-Christophe de Menil)，美国珠宝和服装设计师，法裔美国商人、慈善家、艺术赞助人约翰·德·梅尼尔 (John de Menil) 的女儿。

4 创办于 1925 年的伦敦麦耶画廊 (Mayor Gallery) 的继承人，主要在伦敦呈现美国当代艺术家的作品。

5 美国通用动力公司于二十世纪六十年代开发的一款战斗机型，被美国空军采用，参与了越南战争。

6 两件作品都是沃霍尔在 1966 年创作的，都出现在了卡斯泰利画廊 1966 年 4 月举办的大展"壁纸与云"(*Wallpaper and Clouds*) 中。

7 罗伯特·巴里 (Robert Barry)，美国观念艺术家，用不可见的媒介创作了一系列非物质艺术、装置艺术和行为艺术作品。

8 道格拉斯·赫伯勒 (Douglas Huebler)，美国观念艺术家。

9 劳拉·格里西 (Laura Grisi)，意大利视觉艺术家。

10 美国作家、记者。

11 指罗伯特·斯库尔。

12 法国的艺术沙龙最早是在路易十四时期出现的，并在路易十五登基后重新开始，其间最为重要的沙龙展览都是在卢浮宫中进行的。这里说的"路易沙龙口音"应该是巴黎上层知识分子和艺术精英的口音。

13 出生于奥匈帝国的美国犹太演员。

14 纽约画廊主，斯皮罗内·韦斯特沃特 (Sperone Westwater) 画廊的创办人之一，曾任《艺术论坛》杂志主编。

15 罗莎琳德·艾普斯坦·克劳斯 (Rosalind Epstein Krauss)，美国艺术批评家、艺术理论家和哥伦比亚大学教授。

16 活跃于二十世纪末的美国当代艺术的策展人，现代艺术史学者、艺术批评家。

17 哈维兰公司 (Haviland & Co.) 是美国商人戴维·哈维兰 (David Haviland) 于 1842 年在法国中西部城市利摩日创办的著名制瓷企业。

18 美国摄影师、现代艺术的倡导者，1926 年在纽约创办"亲密画廊"(Intimate Gallery)，美国艺术家乔治亚·奥基夫 (Georgia O'Keeffe) 的丈夫。

19 法国共和党政客，国际人权运动的推动者。

20 1894 年法国犹太籍的上尉军官德雷福斯被诬陷犯有叛国罪，被革职并处终身流放，法国右翼势力乘机掀起反犹浪潮。此后不久即真相大白，但法国政府却坚持不愿承认错误，直至 1906 年德雷福斯才被判无罪。德雷福斯事件被全世界视为判决不公的典型，在这一事件中媒体和公共意见发挥了极为重要的作用。

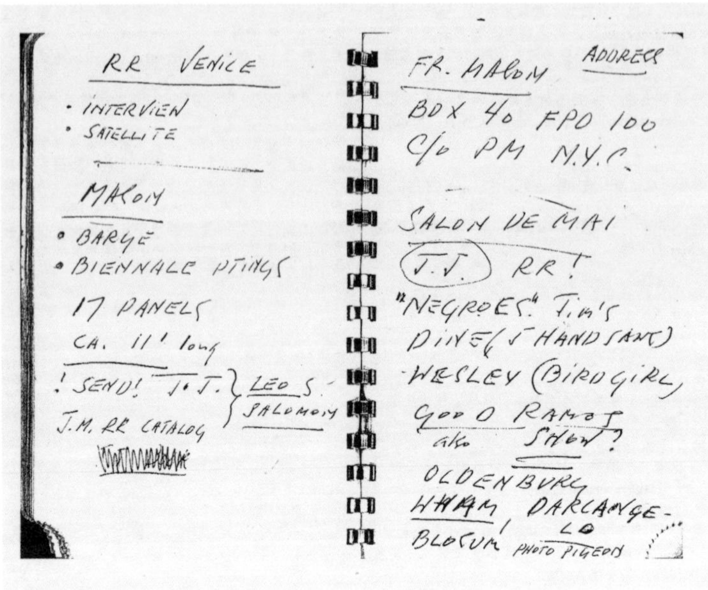

1964 年，“值得纪念的一年”，利奥爱马仕日程簿中的一个跨页

让－克里斯托弗·卡斯泰利提供

个惊叹号对几个事项进行了标注，并对每一个完成了的事项进行了仔细的清点：

——贾科梅蒂 灯

——椅子 索普兄弟（Thorp Bros）[21]

——致电鲍勃·S[22]

——邮局 寄信到东七十七街 4 号

——致谢卡片 基斯勒

——罗伊的画

——R.R[23] 在罗伊之后的展览

——给弗雷德 .W（Fred W.）[24] 发收款函

除了安排家事——找儿科医生、买尿布台和婴儿床垫、给保姆上保险、邮寄让-克里斯托弗的出生证明、准备圣诞贺卡和礼物、支付所得税和西十六街（West Sixteenth Street）23号的房租，凡此种种——卡斯泰利还在他的记事簿里为来年的展览做起了计划："罗伊的画、R.R的画、斯卡皮塔（Scarpitta）[25]的预告、罗伊的账！张伯伦展（伊万负责）、弗兰克、姆布雷、希金斯、斯卡皮塔、J.J[26]、西格尔（Segal）[27]、莉、吉姆·戴恩（Jim Dine）[28]、古根海姆展R.R的画、J.J的铸件。他还详细地制定了自己的关系策略，与收藏家［"——鲍勃·S！维克托[29]！！斯库尔！！！给潘萨写信！马里蒙特（Maremont）[30]、戴维·洛克菲勒（David Rockefeller）[31]、菲利普·约翰逊"］、与媒体［"——《纽约客》、罗伊给《美国艺术》画的封面、ICA[32]的展评、《现代》的文章、《现代》翻译？《艺术论坛》2月刊"］、与同行［"——鲍勃·埃尔肯（Bob Elkon）[33]、欧文·布拉姆（Irving Blum）[34]"、迪克·菲根（Dick Feigen）[35]、詹尼斯周三午餐（12:30），格利姆舍尔（Glimscher）[36]（笔记原文如此）、帕森斯、贝拉米：罗森奎斯特和史密斯"］、与美术馆［"——艾伦：惠特尼展！周六午餐 艾伦-维拉（所罗门和利斯特）、盖尔扎勒、多萝西"］、与批评家［"——列奥的讲座（周二28日）、约翰·罗素（John Russell）[37]"］、与艺术从业者［"——施米拉（Schmela）[38]、舒马赫（Schumacher）[39]、克劳沙尔（Kraushar）[40]"］、与自家画廊［"——伊万，送货、装箱、收款函，布莱恩（Bryan），剪报、目录，《星期日泰晤士报》（*Sunday Times*）给谁？收信人名单"］、以及与欧洲访客们［"——里斯坦尼（Restany）[41]、珍妮（Jeannine）[42]、卡斯泰拉尼（Castellani）[43]、特雷梅因（Tremaine）[44]家、雅各布森，等等！"］。他还计划了去伦敦和巴黎的旅行，进行了与其他画廊的沟通，督导他的艺术家们在欧洲的展览［"——看艾伦周在伦敦R.R展，罗伊新作运到斯德哥尔摩？都灵图录、戴维·西尔韦斯特（David Sylvester）[45]《星期日泰晤士报》、泰特展重新考虑J.J地图、雕塑-金属、数字？罗伊新的女孩、张伯伦、多孔[46]莉的孔洞作品、《鱼雷发射》[47]；画运到巴黎"］。他罗列了索要画册的青年艺术家和批评家，并对决定和答应下来的事项进行了概括：

——安迪!

——旅行支票

艾布拉姆斯（Abrams）[48] 小册子

1 月 15 日

——《溺水女孩》（*Drowning Girl*）[49]

——《尖儿》（*Ace*）[50]

——R.R 在学生会（Stuko）[51] 的那 3 张画

2 张给圣蒂尼（Santini）

1 张把画廊的照片发到伦敦、巴黎

——？？？给基廷（Keating）

——《但丁》（Dante）画框㊱[52]

这一连串的安排和计划不仅证明了他极为高超的组织能力，也体现了他能够不断激励关系网上的其他角色的巨大驱动力。他始终都在努力保护收藏家和艺术家之间的那条纽带，防止它在对美学，生活和财务问题的谈判交涉中受到磨损。他倾其所有地培养着媒体的兴趣，也一直不遗余力地对更加年轻的艺术家进行发掘。他的工作需要一颗在各个层面都保持活跃的心灵，必须既能了解过去，又能放眼未来，既能够吸引美国乃至欧洲的美术馆和其他画廊的注意，又能不辞辛苦地让互不相关的因素产生联系（翻译巴黎的文章，让纽约的读者能够阅读；调整纽约的展览图录，让它能够在伦敦得到出版）。他的笔记体现了他为艺术家在公共视野或新的国度中的每一次露面寻求合作、做出预案并精心策划的能力，也体现了他在任何一种可能的环境中，在任何一块可能的土地上都要增加艺术家曝光度的决心。什么词才能确切地形容出这样一个拥有无限潜能的全才呢？万金油？掌门人？权力掮客？卡斯泰利后来承认：“1964 年，鲍勃在双年展上获奖的那一刻，我总算感到心满意足了——所有付出都得到了回报。”㊲

用这样一张振奋人心的照片来结束对这段峥嵘岁月的回忆再贴切不过了：1963 年 6 月 14 日，国旗日当天，卡斯泰利在华盛顿哥伦比亚特区将贾斯培·琼斯的作品《国旗》（*Flag*）[53] 作为献给白宫的礼物交到了肯尼迪总统（President Kennedy）的手中。这在画廊主为数众多的照片中是非比寻常的一张：个子不高的卡斯泰利手持《国旗》站在高大、放松的肯尼迪旁边，他一反常态，看上去像是一个有点急于求成的推销员。不久前，当我鼓起勇气问起这段过往，琼斯评价道："利奥建议我送一个青铜的《国旗》给肯尼迪总统。我拒绝了这个想法，并说他要送的话就送自己的，于是他真的就这么做了，还是在国旗日当天送出去的。我听说利奥告诉总统这是我的主意。我觉得利奥是希望杰基·肯尼迪（Jackie Kennedy）[54] 对他的画廊产生兴趣。或许他还幻想她会出现在展览的开幕

1963 年 6 月 14 日，国旗日，华盛顿哥伦比亚特区，白宫
利奥将自己收藏的一件贾斯培·琼斯的《国旗》敬献给约翰·F·肯尼迪总统

让 - 克里斯托弗·卡斯泰利提供

现场呢。我告诉约翰·凯奇，我一看到利奥、肯尼迪和那件《国旗》的照片就感到恶心。凯奇说：‘就当它和你的创作动不谋而合了吧。’”[38]当一部分人对卡斯泰利投来钦佩的目光，另一些人则心生怨恨。但他仍旧坚持不懈地发现、呈现、代理并推广着他的艺术家们。毕竟，对这位登峰造极的社交关系专家而言，在这场竞争中胜出的回报是他对艺术的国际霸权。“那时，”弗兰克·斯特拉回忆道，“利奥正试图与杜尚建立联系。当时的美国新闻署（United States Information Agency，简称 USIA）正以巴塞尔和阿姆斯特丹市立美术馆（Stedelijk Museum Amsterdam）[55]作为起点，向整个世界推广罗斯科、波洛克、纽曼和斯蒂尔。与这些人相比，杜尚的力量几乎可以忽略不计。利奥的雄厚实力在于他的国际关系网络胜过了 MoMA 和 USIA；他成功取代了这两家机构。这是一个重要的转折点，在商业上极大地帮助了他的艺术家。”[39]同样是在艾伦·所罗门的通力协作之下，卡斯泰利的“辉煌岁月”将再次进入一个崭新的阶段，势不可挡的他正迈开新的脚步向前进发。

21 创立于 1933 年的纽约古董修复公司。

22 指罗伯特·斯库尔。

23 指罗伯特·劳申伯格。

24 弗雷德里克·R. 威斯曼（Frederick R. Weisman），美国当代艺术收藏家，洛杉矶的弗雷德里克·R. 威斯曼艺术基金会（Frederick R. Weisman Art Foundation）的创办人。

25 萨尔瓦托·斯卡皮塔（Salvatore Scarpitta），美国艺术家，早期使用军需用品制作雕塑形态的墙面作品，晚期则以站立式的雕塑作品描绘运动中的物体。

26 指贾斯培·琼斯。

27 乔治·西格尔（George Segal），美国波普画家、雕塑家。

28 美国波普艺术家。

29 指维克托·冈茨（Victor Ganz），美国企业家、艺术收藏家。

30 阿诺德·马里蒙特（Arnold Maremont），美国艺术收藏家。

31 美国企业家、银行家，收藏家艾比·奥尔德里奇·洛克菲勒之子。

32 当代艺术学会（Institute of Comtemporary Art），1964 年创办于伦敦的一家艺术中心。

33 罗伯特·埃尔肯（Robert Elkon），比利时裔美国现当代艺术画商，1961 年在纽约创办了同名画廊。

34 美国现当代艺术画商、洛杉矶画廊主。

35 指在纽约经营现代主义早期艺术家的画廊主理查德·F. 菲根（Richard F. Feigen）。

36 指阿诺德·“阿尼”·格利姆切（Arnold “Arne” Glimcher），美国画商、电影制作人、导演，佩斯画廊（Pace Gallery）的创始人。

37 出生于英国的美国艺术批评家，曾任《纽约时报》首席艺术批评家。

38 阿尔弗雷德·施米拉（Alfred Schmela），德国画廊主。

39 埃米尔·舒马赫（Emil Schumacher），德国画家，德国战后抽象表现主义艺术家的重要代表。

40 莱昂·克劳沙尔（Leon Kraushar），美国保险经济人、波普艺术收藏家。

41 皮埃尔·里斯坦尼（Pierre Restany），法国著名艺术批评家，巴黎的 J 画廊的创办人。

42 珍妮·德·高德斯密特（Jeannine de Goldschmidt），皮埃尔·里斯坦尼之妻，J 画廊的经营者。

43 恩里克·卡斯泰拉尼（Enrico Castellani），意大利极具影响力的画家，零运动（Zero Movement）的参与者。

44 艾米丽·霍尔·特雷梅因（Emily Hall Tremaine）和老伯顿·G. 特雷梅因（Burton G. Tremaine Sr.），美国重要的现当代艺术收藏家夫妇，实业家。

45 英国艺术批评家、策展人。

46 笔记原文为：poro，应为：porous，意为多孔的。

47 笔记原文写为：Torpedolos，利希滕斯坦 1963 年创作的布面丙烯作品《鱼雷……发射！》（*Torpedo...Los*！）。

48 纽约的哈里·H. 艾布拉姆斯（Harry H. Abrams）出版社。

49 笔记原文写为：Drawing Girl，利希滕斯坦 1963 年创作的油画作品。

50 劳申伯格 1962 年的油画作品。

51 笔记原文写为：StuKo，德语 StudierendenKoven 的缩写，意为学生会，特指包豪斯学院学生会。

52 劳申伯格在 1958—1960 年创作的一系列纸本转印作品，描绘的是但丁《神曲·地狱篇》（Inferno）中的 34 个诗篇。

53 贾斯培·琼斯 1960 年创作的一件青铜浮雕。

54 杰奎琳·肯尼迪（Jacqueline Kennedy），肯尼迪总统夫人。

55 一座收藏展示现当代艺术和设计的世界著名博物馆，最初于 1895 年对外开放。

① 弗兰克·斯特拉访谈，作者采访，纽约，2008年1月28日。

② 马修·以色列（Matthew Israel），《一块吸引潮人的磁铁》（“A Magnet for the With-It-Kids”），摘自《美国艺术》（2007年10月刊），72—83页。

③ 罗伯特·平卡斯－威滕访谈，作者采访，纽约，2008年1月31日。

④ 伊万·卡普访谈，作者采访，纽约，2007年4月26日。

⑤ 弗兰克·斯特拉访谈，作者采访，纽约，2008年1月27日。

⑥ 罗伯特·平卡斯－威腾访谈，作者采访，纽约，2008年1月31日。

⑦ 利奥·卡斯泰利访谈，保罗·卡明斯采访，纽约，1969年6月18日，美国艺术档案馆，华盛顿哥伦比亚特区。

⑧ 克里斯托夫·德·梅尼尔访谈，作者采访，纽约，2008年1月27日。

⑨ 罗伯特·平卡斯－威腾访谈，作者采访，纽约，2008年1月31日。

⑩ 芭芭拉·雅各布森访谈，作者采访，纽约，2008年1月27日。

⑪ 利奥·卡斯泰利访谈，保罗·卡明斯采访，美国艺术档案馆。

⑫ 安·亨德利编辑，《克劳德·贝里遇见利奥·卡斯泰利》（巴黎：Renn，1990年出版），81页。

⑬ 艾伦·所罗门，《罗伯特·劳申伯格》（*Robert Rauschenberg*）（纽约：The Jewish Museum，1963年出版）。

⑭ 布莱恩·奥多尔第，《罗伯特·劳申伯格》（“Robert Rauschenberg”），摘自《纽约时报》，1963年4月28日。

⑮ J.J，《展评与展讯》（“Reviews and Previews”），摘自《艺术新闻》62期，第2册（1963年4月刊）。

⑯ G.R. 斯文森（G. R. Swenson），《劳申伯格画画》，摘自《艺术新闻》62期，第2册（1963年4月刊），43—56页。

⑰ 贾斯培·琼斯回顾展，犹太博物馆，1864年2月16日至4月22日，艾伦·所罗门文献，美国艺术档案馆，华盛顿哥伦比亚特区。

⑱ 托马斯·B. 赫斯，《虚构的美国艺术危机》，摘自《艺术新闻》62期（1963年夏季刊），25—27页。

⑲ 利奥·卡斯泰利访谈，保罗·卡明斯采访，美国艺术档案馆。

⑳ 同上。

㉑ 同上。

㉒ 詹姆斯·麦耶访谈，作者采访，纽约，2008年11月14日。

㉓ 弗兰克·斯特拉访谈，作者采访，纽约，2008年1月28日。

㉔ 伊万·卡普访谈，保罗·卡明斯采访，纽约，1969年3月12日，纽约艺术档案馆，华盛顿哥伦比亚特区。

㉕ 吉姆·罗森奎斯特访谈，作者采访，纽约，2009年1月29日。

㉖ 格蕾丝·格洛克（Grace Glueck），《艺术仪式——开幕之夜》（“Art Rite—Opening Night”），摘自《纽约时报》，1964年12月13日。

㉗ 试图在埃莉诺·沃德的斯泰布尔画廊展出未果后，沃霍尔于1964年11月正式加入了卡斯泰利画廊。

㉘ 亨德利编辑，《克劳德·贝里遇见利奥·卡斯泰利》，51页。

㉙ 同上。

㉚ 同上。

㉛ 同上。

㉜ 汤姆·沃尔夫，《鲍勃和斯派克》（“Bob and Spike”），摘自《泵房帮》（*The Pump House Gang*）（纽约：Farrar，Straus & Giroux，1968年出版），139—160页。

㉝ 安吉拉·韦斯特沃特，作者采访，纽约，2009年1月31日。

㉞ 罗莎琳德·克劳斯访谈，作者采访，巴黎，2008年1月26日。

㉟ 弗兰克·斯特拉访谈，作者采访，纽约，2008年1月28日。

㊱ 让－克里斯托弗·卡斯泰利档案。

㊲ 利奥·卡斯泰利访谈，保罗·卡明斯采访，美国艺术档案馆。

㊳ 贾斯培·琼斯访谈，作者采访，萨伦市，康涅狄格州，2008年4月28日

㊴ 弗兰克·斯特拉访谈，作者采访，纽约，2008年1月28日。

22—“披头士双年展”

整件事都是粗放而自然的，但新闻报道却与实际情况恰恰相反。媒体将它说成是一个骗局，是各方压力的产物，诸如此类……我倒认为美国馆的整场展览办得心无杂念，除了呈现事实之外，别无他物。[①]

——罗伯特·劳申伯格

我厌恶这里的政治游戏，但如果我们已经决定了要玩上一把，那就一定要成为赢家。[③]

——伊莲娜·索拿本德

政治无处不在。就像一个人如果能在竞选中获胜，幕后的故事绝不简单。明争暗斗、运计铺谋，凡此种种，而双年展的获奖也遵循着这样一条常见于政治角斗的法则。[②]

——利奥·卡斯泰利

在整个过程中，我们经历了在领事馆为作品取得参展资格的磨难，也体会了反反复复调整展览的痛苦……我被艺术家们和一桩接一桩乱子搞得焦头烂额。现如今我对任何艺术家和画商都恨之入骨。[④]

——艾伦·所罗门

罗马—纽约轴心连接了新几何主义和现代民间艺术这两个极端，它真实地构成了本届双年展的全貌。[⑤]

——皮埃尔·里斯坦尼

在美国艺术向欧洲成功渗透的过程中，第三十二届威尼斯双年展起到了中转站的关键作用。对它的记叙和分析自然不计其数，然而，罗伯特·劳申伯格是在怎样的条件下折桂“金狮奖”（Golden Lion）的，整个事件的来龙去脉又究竟如何，却从未得到过充分的说明。[⑥]这主要是由于参与各方的目标相互冲突，明争暗斗错综复杂，而时至今日想要洞悉他们的动机和策略又绝非易事。要了解一件事情的本质和意义，必须先剥开包裹在真相之外的那一层层连篇累牍的评论，找到最接近事件本来面目的真实叙述，这个工作与清理器物表面的陈旧油漆非常相似。1964年6月，威尼斯双年展的火炬似乎传递到了新一代艺术家手中，《威尼斯加泽提诺报》（*Il Gazzettino di Venezia*）[1]在一篇题为《披头士双年展》（“The Beatles Biennale”）的报道中对此进行了详尽的解读。[⑦]记者迭戈·瓦莱里（Diego Valeri）坦言：“过去任何一个时代的威尼斯人都不会对今年的威尼斯双年展产生好感。”他还说，明显可以看出如今艺术世界的力量“虽然来自五湖四海，却都梳着披头士乐队的发型，穿着超级时髦的白色运动服”[⑧]。

本质上，这届双年展是三种文化、三段历史和三个国家之间的一场对决：意大利、法国和美国被锁进了一座角斗场，相互厮杀的残酷程度史无前例。因为肯尼迪时代的民主动力和年青的活力，美国的威力势不可挡，它高声宣告着“美国世纪”的到来。深受戴高乐主义[2]戕害的法国人民始终坚信自己在世俗生活中具有的优势地位，并捍卫起了这份不容侵犯的荣誉；过去的殖民帝国早已分崩离析，可他们还仰仗着一位退休将军的荣耀盲目自大、固执己见，因而在对意大利人的不屑和对美国人的不信任间内外交困。[⑨]相比之下，意大利人移居大西洋彼岸的浪潮还在继续，因而与美国人在感情上似乎更为亲近。他们总算找到了一个机会来报复长久以来自视甚高的法国，于是巴不得能与美国人并肩作战。这种说法并非只是振奋人心的口号。不能否认的是，美国动用军事运输送来的九十九张艺术作品在类型上极为丰富。美国人的自信、友善、乐观能够自圆其说，而这是犹豫、将就[3]的意大利人无法企及的优势。法国人对来势汹汹的“罗马—纽约轴心”已经有所察觉，然而，面对它的步步逼近，他们即便充满敌意，却也已经无力对抗。[⑩]

导致这一结果的次要因素是三个国家各不相同的文化特质。以意大利为例，教廷不仅不允许神职人员参观双年展，还禁止他们出入任何一个展览世俗艺术的场所。“威尼斯双年展已经触碰到了我们的底线，”梵蒂冈的《罗马观察家报》（*L'Osservatore Romano*）写道，“它象征着文化全面、彻底的沦丧！他们展览的东西与艺术没有一丝一毫的联系。”美国方面，联邦政府在这一年对各个门类的艺术都提供了史无前例的支持（这是肯尼迪的另外一项政治遗产），而美国的政府官员却普遍对波普艺术心存芥蒂。法国人则始终以一层厚重的自尊[4]作为铠甲，而这正是变节的巴黎画商丹尼尔·科迪尔（Daniel Cordier）[5]控诉的对象。这位自1961年起就开始在巴黎展出劳申伯格作品的画廊主如是说：“不知是出于无知还是自大，欧洲人总觉得自己可以否认一个全新的美学世界的存在……这种逆历史潮流而动的反抗已经变得毫无意义，在威尼斯双年展之后更是如此。”[⑪]在这三种文化的交锋中，卡斯泰利的立场绝无仅有：他是意大利生人、是美国移民、与法国的联系也不容小觑——他是一位能说法语、娶了法国妻子的亲法者，前妻还在巴黎开办了画廊。不仅如此，在全面顺应了美国艺术的潮流之前，卡斯泰利始终自诩为是法国艺术在美国的捍卫者。他对这个夏天即将在威尼斯展开厮杀的三门语言、三种文化和三个传统的了解，无人能出其右。这样看来，他在本届威尼斯双年展上的成功自然也真的无人能及了。

1964年5月20日至6月20日，威尼斯潟湖内上演了一出荡气回肠的大戏，剧中的场景涵盖奇普里亚尼（Cipriani）的酒吧[6]、圣马可广场（Piazza San Marco）上的弗洛里安咖啡馆（Caffè Florian）[7]、格里蒂宫（Gritti Palace）[8]、威尼斯花园（Giardini）[9]以及建在大运河（Grand Canal）上的前美国领事馆。让我们遵循戏剧的标准流程，先逐一介绍一下剧中的人物。

朱利奥·卡洛·阿根（GIULIO CARLO ARGAN）：五十五岁，意大利艺术批评家，展览“美术馆中的今日艺术”（The Art of Today in Museums）策展人、卡斯泰利的反对者

罗伊斯·A. 宾汉姆（LOIS A. BINGHAM）：美国官僚，在华盛顿的美国新闻署主管视觉艺术

利奥·卡斯泰利：五十六岁，出生于的里雅斯特的纽约画廊主、劳申伯格的代理人

吉安·阿尔贝托·戴拉夸（GIAN ALBERTO DELL'ACQUA）：五十九岁，艺术史教授、第三十二届威尼斯双年展秘书长

艾丽丝·丹尼（ALICE DENNEY）：艾伦·所罗门在威尼斯的助手

焦尔达诺·法佐尼（GIORDANO FALZONI）：美国大使馆在罗马的工作人员、艾伦·所罗门在威尼斯的联络人

A.M. 汉马赫（A.M. HAMMACHER）：六十七岁，位于荷兰奥特洛的库勒-穆勒博物馆（Kröller-Müller Museum）馆长，双年展评委会主席

萨姆·亨特（SAM HUNTER）[10]：五十岁，布兰戴斯大学（Brandeis University）11 艺术史教授，双年展上唯一的美国评委

马里奥·马尔坎赞（MARIO MARCAZAN）：六十二岁，意大利艺术批评家，第三十二届威尼斯双年展主席

朱塞佩·马奇里（GIUSEPPE MARCHIORI）：六十三岁，意大利艺术批评家，威尼斯双年展评委，卡斯泰利的支持者

罗伯特·劳申伯格：三十八岁，出生于得克萨斯州的美国艺术家

皮埃尔·里斯坦尼：三十三岁，在巴黎和米兰工作的法国艺术批评家，法国“新现实主义”（New Realism）12 的支持者

艾伦·所罗门：四十四岁，纽约犹太博物馆馆长，美国国家馆展策展人，卡斯泰利的朋友

伊莲娜·索拿本德：四十九岁，卡斯泰利的前妻，画商，利奥·卡斯泰利画廊在巴黎的代理人

第一幕：1964年5月20日，星期三，作品抵达

美国新闻署
威尼斯
新闻办公室
加拉蒂路（Via Galatti）1号
的里雅斯特
99/64号备忘录
美国艺术家作品空降威尼斯双年展

美国展
第三十二届威尼斯双年展
犹太博物馆主办
纽约
由USIA支持
1963年5月28日

5月20日，星期三，上午十点整，一架从新泽西州麦圭尔空军基地（McGuire Air Force Base）起飞的“全球霸主”（Globemaster）号C-124巨型军用运输机降落在了位于阿维亚诺（Aviano）[13]的美国空军基地。

这架“全球霸主”号的任务是将大部分代表美国参加第三十二届国际艺术双年展的作品送抵威尼斯。由于作品的尺幅过大，无法搭乘普通的民用交通工具跨越大西洋，因此才特别动用了军事装备进行运输。出现在卸货现场的有美国展的承办人艾伦·R.所罗门先生，以及美国新闻署驻威尼斯主任杰弗里·格罗夫-史密斯（Geoffrey Groff-Smith）先生。

负责执行此次运输负责的是美国空军（United States Air Force，简称USAF）驻扎在阿维亚诺的第727战斗服务小组。这支出色的队伍凭借高超的技术素养在最短的时间内顺利地完成了任务。

美国在本届双年展中将举办两场展览。其一是由莫里斯·路易斯、肯尼斯·诺兰德、罗伯特·劳申伯格和贾斯培·琼斯组成的“四位开创性画家”（*Four Seminal Painters*），其二是由约翰·张伯伦、克莱斯·奥

登伯格、吉姆·戴恩和弗兰克·斯特拉构成的“四位年青一代的艺术家”（*Four Younger Artists*）。路易斯和诺兰德将在威尼斯花园的美国馆中得到展出，而劳申伯格和琼斯则会与同期举办的第二场展览在大运河上的前美国领事馆中一同出现。（稍后将会对这种怪异的分割方式进行解读。）

这两场展览都旨在展示美国当代最前沿的艺术潮流。第一场主要呈现的是当下艺术趋势的两个重要源头——一种全新的抽象和对现成品重新燃起的热情；第二场探讨的则是几位更年轻的艺术家是如何对这些仍在发展的理念进行挪用，并上升到了创新的高度。这张照片记录了从巨大的“世界霸主”上卸货的一个画面。[12]

对所罗门而言，承办美国馆是一块从天而降的馅饼，即便如此，这场自 1963 年 11 月 7 日开始的威尼斯历险却让他真真切切地体会到了困难和风险。当时，USIA 署长唐纳德·威尔逊（Donald Wilson）在给他的信中写道：

> 美国新闻署已经通过驻意大利办公室，接受了在双年展为美国举办展览的任务。鉴于此次国际文化盛事的重要性，我们认为，美国国家展的策划和开展应当以突显美国当代的艺术成就为目标，并通过生动的事例来展现我国当代艺术家的创作动机和技艺。美国艺术对国际艺术界的领导地位将在这里首次获得承认，正因如此，美国展应聚焦于文化界关注的几个核心。过去的一年中，犹太博物馆推出的优秀当代艺术展览吸引了我们的注意，我们相信您和您的博物馆必定能够按照我们对于展览类型和水准的期待，在威尼斯呈现一场出色的展览。因此，我很荣幸能够代表美国新闻署邀请犹太博物馆为 1964 年的威尼斯国际艺术双年展策划一场展览，从而体现今日美国视觉艺术中最为杰出且重要的方面。您担任犹太博物馆馆长的时间虽然不长，但您上任后很快就为提高美国艺术家的地位和博物馆的声誉做出了卓越的贡献，为此，请您接受我诚挚的敬意。相信通过威尼斯双年展，美国也能像犹太博物馆那样，因为您的才华受益良多。[13]

如果这算是一条命令的话，要完成它当真绝非易事。

面对最高权力开出的一张空白支票，所罗门有拒绝的理由吗？他一抵达威尼斯就听闻了肯尼迪总统遇刺的消息，但一开始，他与本届双年展的首任主席伊塔洛·西西利亚诺（Italo Siciliano）的对话还是在对美国十分有利的氛围中进行的。“从一开始我们就得到了双年展主办方的热烈欢迎和积极配合。”他在一份官方报告中这样写道，“这既得益于美国政府史无前例的参与程度，也是由于他们认为美国将会推出一场振奋人心、充满开拓精神的展览。（需要指出的是，欧洲艺术近些年的衰落已经在威尼斯双年展上有所体现了……这也在一定程度上解释了官方对我们态度积极的原因。）我们向双年展申请更大的展览场地，但园区内已经没有任何可供使用的空间了……我们最终商定征用闲置的美国领事馆。当时，所有人都达成了清晰的口头协议……会谈结束后，我已经请巴里昂斯基（Barjansky）先生作为我们在意大利当地的代表去书面落实这些协

1964 年 5 月，威尼斯
动用军用航空运输到美国馆的参展作品
摄影：乌戈·穆拉斯

定，但至今还没有结果。”[14]即便意大利方面积极配合，所罗门自上任伊始，就感到自己面临着一个极其严峻的挑战：他要如何将这个项目庞大的艺术和政治图谋强塞进这个原本就不充裕的展览空间呢？“回到驻地之后，您的来电缓解了我的焦虑。我真诚地希望，甚至可以说是极度渴望能够对领事馆的空间善加利用。”12 月 9 日，他向在 USIA 负责视觉艺术的罗伊斯·宾汉姆恳求道，“我们的想法是将‘四个老大师’放在领事馆中展出，并在美国馆举办一场年轻艺术家的群展。但我目前能做的就只有乞求上天的保佑了。”[15]事实上，他从威尼斯回到纽约之后列出了全部需要实现的目标，在此之前，他始终没有正式接受任命。12 月 20 日，他才终于向威尔逊给出了答复，称他“乐意接受这项殊荣”，为 USIA 工作，并赞扬“美国政府正式参与这项国际艺术盛事具有重要的历史意义”[16]。不过，他昂扬的斗志并没能持续多久。

此后的几个月中，即便要面对办事拖沓、效率低下的官僚体制，所罗门还是投入了极大的心血，始终在向意大利方面争取更多的预算、场地和待遇。最终，他还是不得不再次致信宾汉姆，指出“财务上的问题一塌糊涂、荒谬至极”。

> 虽然我接到过会迅速得到报销的承诺，但所有花费都是我在自掏腰包（我到目前为止还没有拿回一分钱）……清洁工马上就要不干了，因为她自从在这里工作起就没有得到过任何报酬。这样的事情数不胜数。我不是在向您发泄我对这一切的失望和焦虑……［除了杰夫（Geoff）和埃德（Edd）］USIA 所有参与此事的人员都行为恶劣、举止不端。他们到这里来只是为了领一份薪水、骗吃骗喝，而我和艾丽丝却不得不拿出自己的钱来支付他们庞大的开销……迈克（Mike）的妻子也来了，我甚至不清楚您之前是否见过她，她帮不上什么忙，总是光着身子在露台上晒太阳、弹吉他。她弄丢了几件首饰，迈克说是被偷了，不知道他是不是在怀疑是我偷的。他一直在为晚上没关大门的事情生气。[17]

双年展总算开幕在即，但来自意大利方面的种种异常却像无数块巨石一般阻塞了美国人前进的道路。所罗门抵达威尼斯才没几天，第一个障碍就出现了——马里奥·马尔坎赞接替伊塔洛·西西利亚诺成为双年展的主席。与前任不同的是，马尔坎赞只会照本宣科，但这种谨慎的作风对所罗门却没有一点帮助。马尔坎赞毫不通融，按照他严苛的规则，只有在威尼斯花园围墙内展出的作品才有资格参与金奖的角逐。“我去见了马尔坎赞，”所罗门汇报道，“向他提出了附属场馆中的作品是否能够参选的问题。这次突如其来的交锋让我们陷入了不利的局面。从那以后，双年展的官员们在这个问题上极尽迂回之能事，因为他们既不想

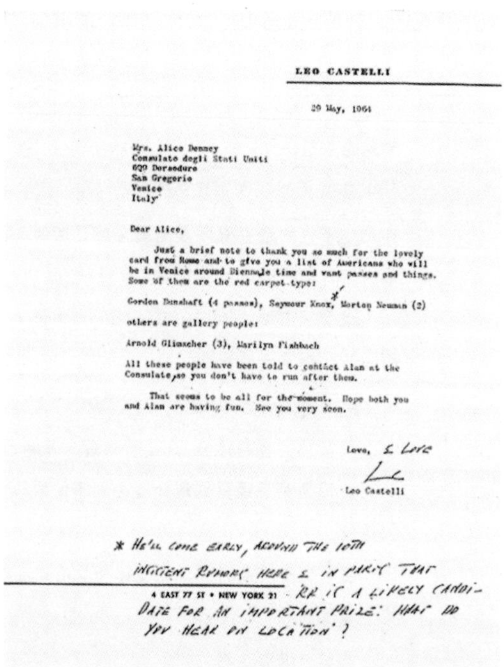

LEO CASTELLI

29 May, 1964

Mrs. Alice Denney
Consulato degli Stati Uniti
629 Dorsoduro
San Gregorio
Venice
Italy

Dear Alice,

Just a brief note to thank you so much for the lovely card from Rome and to give you a list of Americans who will be in Venice around Biennale time and want passes and things. Some of them are the red carpet type:

Gordon Bunshaft (4 passes), Seymour Knox,* Morton Neuman (2)

others are gallery people:

Arnold Glimcher (3), Marilyn Fishbach

All these people have been told to contact Alan at the Consulate, so you don't have to run after them.

That seems to be all for the moment. Hope both you and Alan are having fun. See you very soon.

Love, & Love

Leo Castelli

* HE'LL COME EARLY, AROUND THE 10TH

INSISTENT RUMORS HERE & IN PARIS THAT RR IS A LIKELY CANDIDATE FOR AN IMPORTANT PRIZE: WHAT DO YOU HEAR ON LOCATION?

4 EAST 77 ST • NEW YORK 21

1964 年 5 月 29 日
利奥·卡斯泰利致信艾丽丝·丹尼

暴露自己的政治（和经济）问题，又显然非常渴望美国的参与。他们将武断的决定强加于我们，还不允许我们指出他们的问题。”[18]马尔坎赞在罗马知名批评家朱利奥·卡洛·阿根的支持下恪守着他的派系路线，但所罗门却幸运地得到了双年展秘书长，备受瞩目的吉安·阿尔贝托·戴拉夸的公开声援。为了提前应对有可能出现的批评，戴拉夸在展览图录最重要的一篇文章中抛出了一种很可能引起争议的论调：“今年，我们有幸能在威尼斯双年展上突出展示异彩纷呈的美国艺术。过去一直由MoMA代表的美利坚合众国此次邀请了艾伦·所罗门教授出任美国馆的承办人。由于从大西洋对岸运来参展的作品在数量和体量上都具有相当大的规模，因而无法在面积非常有限的美国馆中得到完整的呈现，只好另外开设一场展览。展览的地点位于威尼斯城中心大运河上的前美国领事馆，方便双年展的观众前往。”[19]但这并没有解决争论的核心问题：在威尼斯花园之外展出的美国艺术作品是否能够参与奖项的角逐?

亲爱的艾丽丝

非常感谢你来自罗马的贴心卡片，写这封短信除了致谢，还想给你列一下大约会在双年展期间去威尼斯的美国人的名单，他们会想参加派对之类的活动。有几位是红毯级的：

戈登·邦夏（Gordon Bunshaft）（3位）、西摩·诺克斯（Seymour Knox）*、姓名无法辨认（2）

其他都是开画廊的人

阿诺德·格利姆切（3）、玛丽莲·菲施巴赫（Marilyn Fischbach）

他们全都已经得到通知要去领事馆联络艾伦，所以你不用费力去找他们。

目前似乎没别的了。希望你和艾伦都过得开心，过几天见。

爱你的

利奥·卡斯泰利

*他先到，会在10日抵达

这里和巴黎始终有传闻说R·R很有希望获得一个重要奖项。有得到场地的消息吗？

第二幕：6月14日，星期日

自利奥·卡斯泰利从纽约来到威尼斯的那一刻起，他就凭借意大利人的直觉按照当地习俗对威尼斯的要人展开了拜访。他的首要目的是“打探风声”[20]，查明威尼斯各界都在打着什么样的算盘。他最先造访了两位长期盟友——该市美术学院[14]的教授、抽象画家朱塞佩·桑托马索（Giuseppe Santomaso）和批评家朱塞佩·马奇里，之后又邀请了罗马批评家朱利奥·卡洛·阿根共进午餐，但后者始终坚持中立。与所罗门的重逢令卡斯泰利激动万分。他对自己的门生在领事馆和威尼斯花园筹办起的两场展览赞叹不已，同样令他惊讶的是所罗门本人的蜕变，所罗门变得精明世故起来，而这正中卡斯泰利下怀！“艾伦过去是个害羞得有些内向的家伙，此时的他变得沉着自信了许多。”卡斯泰利后来评价道，“他做了一个手术，不再需要佩戴助听器，头发也长长了，穿的都是量身定制的衣服。他已经成为一个风度翩翩且极具权威的绅士，还很有交际手腕。整个夏天他都在威尼斯处理双年展的事务，不仅因为他事必躬亲，还因为他喜欢那里。他还能说上一点意大利语了，这是他在工作过程中自学的……所罗门具有办出一场惊天动地、精彩绝伦的展览的能力和动力。”[21]卡斯泰利与所罗门的第一次会面始终围绕着一个根本性的问题：如何在评委会中没有美国人的情况下确保罗伯特·劳申伯格能够突围而出。他们联系了马丁·弗里德曼（Martin Friedman）[15]、比尔·塞茨和詹姆斯·约翰逊·斯威尼（James Johnson Sweeney）[16]，但这三人都拒绝加入评委会。一定还有别的办法！卡斯泰利得知布兰戴斯的一位教授萨姆·亨特正准备出访意大利，便想方设法与他在电话上取得了联系，就这样，亨特在星期日晚上赶到了威尼斯。据所罗门后来回忆，“一场接一场的噩梦，其中就包括没有人愿意来威尼斯担任评委。他们以个人原因作为理由，可那明显都是些微不足道的借口。真正的原因之一（我知道马丁·弗里德曼就是这个情况）是他们不想帮助我去得奖。我知道塞茨也有这样的想法，但他在更大程度上是出于对博物馆[17]的尊重，毕竟 MoMA 过去从来都没得过奖。亨特出现的时候，他根本无法证明自己的清白，以至于意大利的评审们都在猜测他会不会是为了要把美国得奖的事情搞黄而来的。”[22]

一年之前，伊莲娜·索拿本德就开始为劳申伯格的胜出在威尼斯批评界奔走游说。在颁奖前的那段日子，她一直陪在前夫身边，成为他坚实的后盾。[23] 1958 年，卡斯泰利在做完琼斯的展览之后，不到一个月就为劳申伯格办了展览，而坚持让他这么做的人正是伊莲娜本人（卡斯泰利对贾斯培更感兴趣）。自从伊莲娜 1961 年在巴黎开设了画廊，她和迈克尔就击退了无数来自各方的恶意攻击，全身心地投入到向欧洲介绍美国艺术的事业中去了。

第三幕：6 月 15 日，星期一

评委会召集会议：（两位意大利批评家）马科·瓦塞克奇（Marco Valsecchi）和朱塞佩·马奇里、（巴塞尔美术馆馆长）弗朗茨·迈耶尔（Franz Meyer）[18]、（巴西批评家）马利洛·门迪斯（Murillo Mendes）、（波兰批评家）朱利叶斯·斯塔齐因斯基（Julius Starzinski），以及（唯一的美国评审）萨姆·亨特参会，（荷兰奥特洛库勒－穆勒博物馆馆长）A.M. 汉马赫主持了会议。第一轮，劳申伯格获得了七票中的四票，主席弃权，但威尼斯花园外的作品是否有权参评仍旧是一个没有解决的难题。由于美国参展作品的件数极多（来自八位艺术家的九十九件绘画和雕塑），因此不得不破例在两个独立的区域进行展出，而这并未遭到双年展理事会的反对。汉马赫试图获取更多信息来了解这一决定“意义非凡的史前时期”的情况，并要求查阅双年展的理事们与美国大使馆之间的通信。[24]亨特则说服评委会前往美国领事馆观看了那场精彩绝伦的展览——“四位开创性画家”，其中，卡斯泰利画廊的两位巨星——琼斯和劳申伯格——每人都至少展出了二十二张作品！[25]

第四幕：6 月 16 日，星期二

查阅通信的要求遭到拒绝后，汉马赫与双年展主席马尔坎赞进行了沟通，请他做出指示，但这位意大利籍主席拒绝给出意见。马尔坎赞与戴拉夸就接下来的工作该如何开展进行了漫长的讨论。在美国领事馆的展览开幕前的几个小时，所罗门听闻评委会在没有得到上级明确指示的情况下裁定，在威尼斯花园之外展出的作品不能参加金奖的角逐，因而得奖的会是肯尼斯·诺兰德，而不是罗伯特·劳申伯格。领事馆正式开幕的时间定在了傍晚 6：30，美国驻意大利大使弗雷德里克·雷因哈特（Frederick Reinhardt）将作为嘉宾出席。据记者米尔顿·格德尔（Milton Gendel）介绍，开幕式现场聚集了“数百名接到邀请的宾客和大约几千名没有接到邀请的参观者。仪式上供应的酒水几乎一瞬间就被喝光了，但场馆内依旧摩肩接踵了好几个钟头，仿佛电影里暴民聚众闹事的剧照被波普转印在了展厅的墙上”[26]。

第五幕：6 月 17 日，星期三

评委会再一次召集会议。马奇里不辞辛苦地在汉马赫和卡斯泰利之间传递着信息，让后者对任何新的进展都了如指掌。心烦意乱的艾伦·所罗门威胁说如果劳申伯格没能折桂，就要撤走美国送来参展的所有作品。“纽约正在取代巴黎成为世界艺术的中心。”他对媒体宣称，“作为一名艺术史学者，我研究的是法国现代艺术，是从大卫（David）[19]到巴黎画派的伟大传统的专家。我相信，我对当代美国艺术的观察是不带任何国别上的偏见的。”后来，当他被指存在明显的派系偏见时，他回应说自己的“玩笑之言”（已经）在巴黎引发了极大的争议，但据我所知并没有波及威尼斯和欧洲其他国家……如果法国人认为我的言论是在发起挑衅，我希望他们理解我说那些话时完全是站在个人的立场上，而他们也只应该朝我一个人开炮”[27]。索拿本德夫妇认为，艾伦应该杜绝这些会引起敌意的言论。[28]而卡斯泰利却遂心快意，并对所罗门给予了毫无条件的支持。

第六幕：6 月 18 日，星期四

评委会再次召集会议。劳申伯格为了参加摩斯·肯宁汉在凤凰剧院（La Fenice）的演出来到威尼斯；他开怀畅饮，见到谁都会送上一吻。那晚，有人看到他溜着旱冰在圣马可广场上飞驰而过。

第七幕：6 月 19 日，星期五

潟湖区内潮湿闷热。这是评委会的最后一次会面，也是各方势力讨价还价的最后机会。汉马赫对于调换作品好让劳申伯格获奖的解决方案表示接受。所罗门用贡多拉将劳申伯格的三件大型“混合艺术”作品运到了双年展花园中的美国馆内。

[1]《威尼斯加泽提诺报》是意大利北部的一份日报，是意大利最古老的报纸之一，有8个不同的城市版本，威尼斯是其中之一。

[2] 本质上是法国民族主义，也宣扬极权主义和独立自主思想。

[3] 原文为意大利语：arrangiarsi。

[4] 原文为法语：amour propre。

[5] 前法国抵抗组织成员，艺术收藏家历史学家，1959年在巴黎创办了自己的同名画廊。

[6] 朱塞佩·奇普里亚尼（Giuseppe Cipriani）1931年在威尼斯创办的哈利酒吧（Harry's Bar），酒吧著名的客人包括海明威（Hemingway）、卓别林和佩吉·古根海姆。

[7] 成立于1720年，号称世界上最古老的咖啡馆，名流云集。

[8] 位于威尼斯大运河上的一座建筑，原为威尼斯总督格里蒂于1457年建造的一座宫殿，1946年起改建成一座奢华酒店。

[9] 威尼斯双年展的举办地。

[10] 美国艺术史学者、布兰戴斯大学罗斯美术馆创始馆长，教授和策展人。

[11] 美国马萨诸塞州波士顿市的一所私立文理研究型大学，成立于1848年。

[12] 1960年由法国艺术批评家皮埃尔·里斯坦尼和画家伊夫·克莱因创立的艺术运动，与美国的波普艺术运动发生在同一个时代。

[13] 位于意大利弗留利–威尼斯朱利亚大区白云石山脉脚下的一座村庄。

[14] 指威尼斯美术学院（Accademia di Belle Arti di Venezia），桑托马索1957年至1975年在该校任教。

[15] 美国明尼阿波利斯的沃克艺术中心（Walker Art Center）馆长、艺术策展人。

[16] 美国现代艺术策展人、作家，曾任MoMA策展人和所罗门·R. 古根海姆博物馆馆长。

[17] 指MoMA。

[18] 瑞士美术史学者，曾任伯尔尼艺术中心（Kunsthalle Bern）和巴塞尔美术馆（Kunstmuseum Basel）馆长。

[19] 雅克–路易·大卫（Jacques-Louis David），法国著名画家，新古典主义的奠基人。

第八幕：6 月 20 日，星期六

记者保罗·里齐（Paolo Ricci）对官方庆典的报道透露了绝大多数意大利人对劳申伯格摘冠的消遣，他们言语轻佻，全因嗅到了丑闻的腥气。“对奖项归属的讨论是在激烈的争论中顺利地进行的。”他在《威尼斯加泽提诺报》中如此写道，“劳申伯格坐在草地上等着部长来跟他握手，但部长此时正在阿根廷馆，还要经过 14 个国家才能来到美国馆。罗伯特嘴里嚼着一根草，浅色的双眸望向天空，像是个孩子，除了眼周生出了几条皱纹，已经三十八岁的他看上去不过三十岁的模样……他的创作在一个尚处于萌芽期的绘画新时代中堪称典范。美国馆的帐篷近在眼前，而他的作品正在那里接受公众的朝拜。

“劳申伯格先生，您能解释一下什么是波普艺术吗？”

“过去的艺术是现实的升华，而如今的它是扭曲了的现实。正因如此，我们不再需要用绘画来制造假象了……从现实到绘画的升华看似浪漫，实则荒谬。一个艺术家除了利用绘画来制造假象，还有其他的表达方式。你不觉得一个真实的钟表要比一个画出来的钟表更具视觉冲击力吗？……习以为常是艺术的天敌。所以我每天都会以一个崭新的面貌出发……‘波普艺术’是批评家们创造出来的一个标签，但如果波普艺术代表的就是当下的艺术，我绝不相信它正在衰落……是的，威尼斯是一座炎热、潮湿的城市，它像是一只海平面以下的贝壳，让我想起了我的故乡，得克萨斯州……为威尼斯画一张画？那我得把它架在什么颠来簸去的东西上画才行！’这就是劳申伯格，他精妙的幽默向来尖锐辛辣，说什么都像是在半开玩笑地进行讽刺挖苦，他用这种方式逗弄着每一个跟他说话的人。这是他真实的一面吗？”[29]

1964 年 6 月 19 日，威尼斯
为了获得评选资格，劳申伯格的"混合艺术"搭乘贡多拉运抵双年展花园

摄影：乌戈·穆拉斯

由于共和国总理和文化部部长并未出席，将奖杯授予劳申伯格的是公共教育部部长路易吉·吉（Luigi Gui）。被派来祝贺获奖者并与他握手合影的次级官员有：农业部部长马里奥·费拉里·阿格拉迪（Mario Ferrari Aggradi）、一位副部长卡隆（Caron）、地方行政长官德·伯纳特（De Bernart）博士，以及威尼斯市长兼上诉法院院长法瓦雷托·菲斯科（Favaretto Fisco）博士。劳申伯格特地穿上了白色的西服套装和白色的衬衫，还打了一条细长的深色领带。在一群自命不凡、因循守旧、灰色的上衣口袋里插着餐巾的秃顶官员旁边，朴素优雅、朝气蓬勃的他散发着光芒。

中午时分，卡斯泰利在穆拉诺（Murano）岛上为劳申伯格举办了盛大的庆功宴。但第三十二届双年展的风波还远没有结束！法国媒体最先对卡斯泰利发起了猛烈的攻击，美国媒体紧随其后，丝毫没有对他手下留情。“利奥在欧洲对手很快就对他进行了指控。”威尼斯画商阿蒂利奥·科多尼亚托（Attilio Codognato）[20]证实，“马奇里被指为‘美国登陆’威尼斯提供了帮助，是操纵这场阴谋的第三号人物，而威尼斯市的文化顾问佩罗措（Perocchо）几乎被迫辞职。”[30]卡斯泰利因而成了整个“丑闻”的替罪羊。他当然不是什么无辜的池鱼堂燕，甚至还扮演了一个非常活跃的角色。几年前，里斯坦尼回顾了他记忆中卡斯泰利的样子：那时，他的航班刚刚在威尼斯降落。他笑容满面地走了过来，手里拎着一只手提箱，里面装满了艺术家作品的幻灯片。究竟是什么导致了这样的结果？他对艺术家不辞辛苦的投入、他与艾伦的友谊，以及他高超的游说手腕，这些全都是他被人盯住不放的原因。无论旁敲侧击还是指名道姓，所有媒体都在暗示他的行为已经超越了一个画商本不该逾越的界限，说正是他的做法让双年展失去了灵魂。甚至连威尼斯画家吉迪（Guidi）[21]都在接受西尼基金会（Cini Foundation）[22]的颁奖时落井下石。他说他看中西尼奖的原因是它不像双年展的奖项那样“遭到了操纵和出卖”。[31]

“各方的攻击全都集中在利奥·卡斯泰利一个人身上。”德国艺术批评家威利·邦加德（Willi Bongard）说，“他始终都被说成是挑起这整

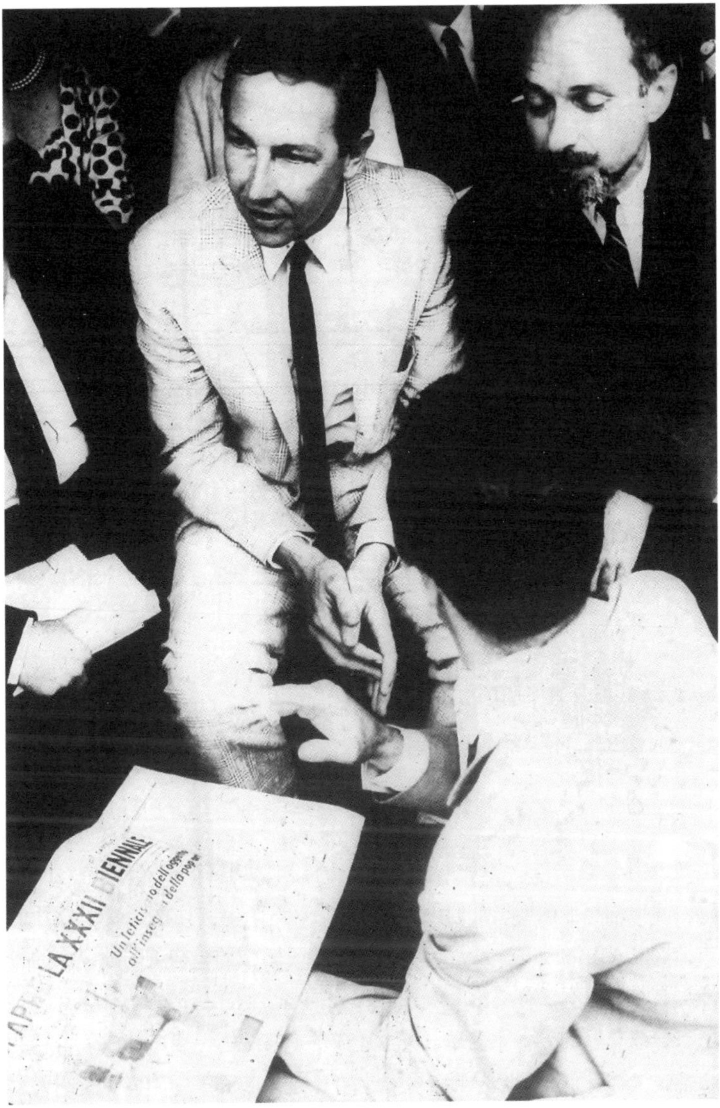

1964 年 6 月 20 日，威尼斯
罗伯特·劳申伯格与美国馆的承办人艾伦·所罗门在颁奖典礼上
摄影：乌戈·穆拉斯

22— “披头士双年展” p. 456——457

1964 年 6 月 20 日，威尼斯
伊莲娜·索拿本德（中）显然非常享受这场颁奖典礼
旗下艺术家荣获金狮奖在很大程度上得益于她在欧洲的宣传工作
摄影：乌戈·穆拉斯

场风波的罪魁祸首。参加双年展的美国艺术家里有一半都出自他的画廊（劳申伯格、琼斯、张伯伦和斯特拉），这个事实让他遭受了猛烈的攻击，也成为他过度干预双年展评选的罪证。按照一些美国批评家的说法，卡斯泰利不仅将艾伦·R. 所罗门安插进了双年展的官方体系、决定了参加双年展的艺术家名单，甚至还成功地将萨姆·亨特变成了自己的亲信。”[32]与此同时，米尔顿·格德尔在《艺术新闻》中谴责“候选人的名单遭到过龌龊[23]的讨论；而为了向评委会施压，卡斯泰利在仓忙间不择手段地组织了游说”[33]。卡斯泰利的其他对手则在美国国内进行煽动，指责他的行为失德。由于他究竟如何失德也许永远都不会有答案，他们便抓住“失德”的结果不放。可以想象，邦加德在写下这段文字的时候该有多么激动："六位评审中，有三位把票投给了劳申伯格。是否有人对他们进行过唆使乃至逼迫，又使用了什么样的手段，永远都不可能水落石出。许多人想要说服我相信他们接受了贿赂，我却认为这是编造出来的谎言，但它充分说明了，在人们眼中，双年展的腐败已经病入膏肓。双年展评委会的决定被丑化成了一个惊世的阴谋，而最为邪恶的猜测恰恰来自法国，这两个事实都是经不起推敲的。可即便是在美国，人们面对这样的结果依然无法单纯地感到欣喜，而是五味杂陈。"㉞

邦加德的说法绝非空穴来风，甚至连一批美国官员都无法为获奖感到高兴，对此事纷纷避而不谈。"彼得·塞尔兹（Peter Selz）[24]……还是那么让人讨厌，他吃不到葡萄就说葡萄是酸的，"所罗门向卡斯泰利吐露，"他向我解释说每一个从威尼斯前往卡塞尔的人都说双年展是有史以来最优秀的国际艺术展。他说纽约传言塞茨没有接受邀请是因为邀请他的电报上署着你的名字……这跟巴尔的说法是一致的，巴尔还说纽约流传着这样一条谣言，说我和 USIA 的那些可怜鬼都是无辜的，我们在威尼斯孤军奋战，是上了你和伊莲娜的当，而这正是鲍勃之所以获奖的原因……依我看，造谣的多半是 MoMA 那些气急败坏、恼羞成怒的家伙。"㉟所罗门经受着来自 MoMA 和格林伯格阵营的背后中伤，自掏腰包的花费也报销无望——难怪他在那个本应充满胜利喜悦的夏天会终日"消沉而沮丧"。㊱

法国批评家们对"伪尼斯双年展"[25]的腐败进行了猛烈的攻击。不必说，若论言语之恶毒，他们自然会拔得头筹。㊲所罗门认为，当《艺术》杂志中出现了"指责美国人暗地里和共产党勾结，联手对付法国人"的言论，这本刊物就创造了"歇斯底里的最高境界"。他以一副胜利者的姿态兴高采烈地说："美国展（至少暂时）戏剧性地为法国对艺术世界长达 150 年的统治画上了一个清晰无误的句号，而这并不是我们刻意为之的结果。"㊳哲学家让-弗朗索瓦·勒维尔（Jean-François Revel）对美国展做出了最为尖刻的批判，他极尽挖苦："美国人不得不动用一切文化沙文主义和艺术仇外主义才勉强将'波普艺术'夸大成了一场革命。

美国人心血来潮的奇思妙想把愚昧推上了一个新的高度，甚至将肯尼斯·诺兰德和弗兰克·斯特拉这样的二流几何抽象画家描述成了具有革命意义的艺术家。他们骄傲地展出了一个叫克莱斯·奥登伯格的毛头小子平庸的作品……贾斯培·琼斯的国旗、数字和美国地图也无聊透顶……美国人像狂热的传教士一般对威尼斯进行了侵略。美国不满于只在双年展花园中的展馆内展出他们的作品，而是为自己的明星举办了一场盛大的回顾展……双年展是一次竞赛，而一旦有人开始在这座城市的其他地方开设附属展馆，这场竞赛就已经陷入了暗箱操作的阴谋。”[39]

就算把全世界的法国批评家加在一起，也无法挫伤欢欣鼓舞、凯旋的劳申伯格。他根本就不在乎！而对利奥·卡斯泰利而言，第三十二届双年展在 1964 年 6 月 20 日星期六的下午就已经尘埃落定了。这位画

1964 年 6 月 20 日，威尼斯
罗伯特·劳申伯格在第三十二届双年展上接过金狮奖
摄影：乌戈·穆拉斯

商回归了他的爱好，也重新拾起了他罗列在爱马仕记事簿里的那一条条待办事项。他再次为夏天做起了无穷无尽的计划，安排起了与一些伟大的欧洲作家们“再次团聚”的日程。正是在这些作家的帮助下，少年卡斯泰利形成了自己的感知。那时他欣赏的大师包括文艺复兴时期伟大的建筑师莱昂·巴蒂斯塔·阿尔伯蒂（Leon Battista Alberti），他投掷的石块能高过佛罗伦萨的乔托钟楼。“阅读，”他写道，“莎士比亚、但丁、亚里士多德、彼得雷尔卡（Petrarca）[26]、拉辛（Racine）[27]、蒙田（Montaigne）[28]、福楼拜、陀思妥耶夫斯基（Dostoyevsky）[29]、普鲁斯特、乔伊斯、艾略特、《圣经》、莫洛亚（Maurois）[30]的普鲁斯特传、《拉鲁斯词典》（*Dictionaries Larousse*）[31]、《哥伦比亚》（*Columbia*）[32]等。”这本记事簿记录了卡斯泰利漫长而成果斐然的一年，在它的最后一页，他记下了正在阅读的一本书——弗朗西斯·哈斯克尔（Francis Haskell）的《赞助人和画家：意大利巴洛克时期的意大利艺术与社会关系研究》（*Patrons and Painters: A Study in the Relations Between Italian Art and Society in Baroque Italy*）。[40]卡斯泰利或许也曾经读到过这样的一段话：“国家、贵族和教廷曾经是艺术主要的赞助者，我们对他们在十八世纪初的做法已经耳熟能详……但是还存在着另外一座威尼斯——一个声名在外的欲望之都，这里聚集了各路游客和艺术爱好者，他们来自精神气质迥然不同的社会。为了满足他们的口味，一种新的艺术应运而生。无论它最终转向了洛可可还是新古典主义，它都远比提埃波罗（Tiepolo）[33]、皮亚泽塔（Piazzetta）[34]和其他历史题材画家的崇高愿景更能紧跟欧洲其他地区的潮流动向。”[41]国际媒体也许与他为敌，他的名字也许已经家喻户晓，但卡斯泰利真正的归宿始终是历史——意义深远的历史，恒久流传的历史。

[20]威尼斯著名的珠宝商人，在纽约结识了利奥·卡斯泰利，并在威尼斯创办了经营波普艺术的莱奥尼画廊。

[21]弗吉尔奥·吉迪（Virgilio Guidi），意大利艺术家、作家。

[22]1951年为纪念吉奥乔·西尼（Giorgio Cini）伯爵在威尼斯创办的一家文化基金会。

[23]原文为拉丁语：ad nauseam。

[24]出生于德国的美国艺术史学者，MoMA策展人。

[25]原文为：Venal Biennale，意为腐败的双年展，Venal又与Venice（威尼斯）双关。

[26]弗朗切斯科·彼得雷尔卡（Francesco Petraca），意大利文艺复兴时期的学者、诗人，最早的人文主义者之一。

[27]让·拉辛（Jean Racine），法国剧作家，十七世纪法国三大剧作家之一，西方文学史上的重要人物。

[28]米歇尔·德·蒙田（Michel de Montaigne），法国文艺复兴时期最为重要的哲学家之一，将随笔散文推广为一种普遍的文学形式。

[29]费奥多尔·陀思妥耶夫斯基（Fyodor Dostoyevsky），俄国小说家、散文家、记者和哲学家。

[30]法国作家，普鲁斯特传记《马塞尔·普鲁斯特的世界》（*The World of Marcel Proust*）的作者。

[31]由法国语法学家、词典学家、百科全书家皮埃尔·拉鲁斯（Pierre Larousse）编纂的词典。

[32]应指最初由哥伦比亚大学于1935年出版的《哥伦比亚百科全书》（*Columbia Encyclopedia*）。

[33]乔瓦尼·巴蒂斯塔·提埃坡罗（Giovanni Battista Tiepolo），威尼斯著名画家。

[34]乔瓦尼·巴蒂斯塔·皮亚泽塔（Giovanni Battista Piazzetta），威尼斯著名画家，只创作宏大历史和宗教题材的作品。

① 罗伯特·劳申伯格访谈，艾伦·所罗门采访，国家教育电视台（National Educational Television），1966 年 2 月 21 日至 22 日，美国艺术档案馆，华盛顿哥伦比亚特区。

② 利奥·卡斯泰利访谈，保罗·卡明斯采访，纽约，1973 年 3 月 2 日，美国艺术档案馆，华盛顿哥伦比亚特区。

③ 摘自加尔文·汤姆金斯，《罗伯特·劳申伯格和我们这个时代的艺术世界》（纽约：Doubleday，1980 年出版），7 页。

④《艾伦·所罗门致罗伊斯·A. 宾汉姆》（"Alan Solomon to Lois A. Bingham"），日期不详，艾伦·所罗门文献，美国艺术档案馆，华盛顿哥伦比亚特区。

⑤ 皮埃尔·里斯坦尼，《第 32 届威尼斯双年展，非常规的双年展》（"XXXII Biennale di Venezia, Biennale della Irregolarità"），《多莫斯》杂志（*Domus*）（1964 年 8 月刊）：27—42 页。

⑥ 在关于这些事件的各种记述中，我选择引述加尔文·汤姆金斯的版本，《威尼斯的那场大秀》（"The Big Show in Venice"），《哈勃的杂货店》230 期（1963 年 4 月刊），98—104 页，收录于《异乎寻常》，7 页。

⑦ 迭戈·瓦莱里（Diego Valeri），《披头士双年展》（"La Biennale dei Beatles"），《威尼斯加泽提诺报》，1964 年 6 月 24 日。

⑧ 同上。

⑨ 按照皮埃尔·布尔迪厄（Pierre Bourdieu）的说法，法国人和美国人长久以来身处一场"两种普世帝国主义（universalist imperialism）之间的斗争"之中。

⑩ 里斯坦尼，《第 32 届威尼斯双年展，非常规的双年展》，27—42 页。

⑪《巴黎—纽约，1908—1968》（巴黎：Gallimard/Centre Georges Pompidou，1991，原文错写为 1992 年出版）。

⑫ 艾伦·所罗门文献，美国艺术档案馆。

⑬《唐纳德·威尔逊致艾伦·所罗门》（"Donald Wilson to Alan Solomon"），1963 年 11 月 7 日，艾伦·所罗门文献，犹太博物馆档案。

⑭ 艾伦·所罗门，《为美国参加第 32 届威尼斯双年展所作报告》（"Report on the American Participation in the XXXII Venice Biennale 1964"），1964 年 6 月至 10 月，美国艺术档案馆，华盛顿哥伦比亚特区。

⑮《艾伦·所罗门致罗伊斯·A. 宾汉姆》，1963 年 12 月 9 日，艾伦·所罗门文献，美国艺术档案馆，华盛顿哥伦比亚特区。

⑯《艾伦·所罗门致唐纳德·威尔逊》（"Alan Solomon to Donald Wilson"），1963 年 12 月 20 日，艾伦·所罗门文献，犹太博物馆档案。

⑰《艾伦·所罗门致罗伊斯·A. 宾汉姆》，日期不详，艾伦·所罗门文献，犹太博物馆档案。

⑱ 艾伦·所罗门，《为美国参加第 32 届威尼斯双年展所作报告》。

⑲ 吉安·阿尔贝托·戴拉夸，《陈述》（"Presentation"），《第 32 届威尼斯双年展》（*XXXII Biennale de Venise*），17—21 页。

⑳ 吉安·恩佐·斯皮罗内（Gian Enzo Sperone）的说法，作者采访，纽约，2008 年 2 月 25 日。

㉑ 利奥·卡斯泰利访谈，保罗·卡明斯采访，美国艺术档案馆。

㉒ 艾伦·所罗门笔记，日期不明，艾伦·所罗门文献，犹太博物馆档案。

㉓ 吉安·恩佐·斯皮罗内的说法，作者采访，纽约，2008 年 2 月 25 日；阿蒂利奥·科多尼亚托（Attilio Codognato），作者采访，威尼斯，2005 年 2 月 24 日。

㉔ 参见彼得·德·鲁特（Peter de Ruiter），《A.M. 汉马赫，生命的本质——艺术》（*A. M. Hammacher, Kunst als levensessentie*）（荷兰巴伦：de Prom，2000 年出版）。

㉕ 萨姆·亨特访谈，作者采访，新泽西州，普林斯顿，2008 年 2 月 25 日。

㉖ 米尔顿·格德尔，《威尼斯花园里的秘密》（"Hugger-Mugger in the Giardini"），《艺术新闻》杂志 63 期（1964 年 9 月）：32—35 页。

㉗ 艾伦·所罗门笔记，日期不详，书写在"第 32 届威尼斯双年展"的信纸上，艾伦·所罗门文献，犹太博物馆档案。

㉘ 1964 年 8 月 3 日，所罗门致信卡斯泰利："我不记得有没有告诉过你，我收到了伊莲娜的一封信。她在信中说，她经过反复的思考，认为我关于巴黎和纽约的言论归根结底并不是一个悲剧性的错误。我不知道他们后来有过什么样的经历，让他们的想法发生了这样的转变；也许你知道些什么，或许可以跟我分享。"艾伦·所罗门文献，犹太博物馆档案。

㉙ 保罗·里齐，《与获奖者劳申伯格的一次简短对话，他解释了何为波普艺术》（"Quelques mots

avec le vainqueur, Rauschenberg qui explique ce qui'est le Pop Art"),《威尼斯加泽提诺报》, 1964 年 6 月 21 日。

㉚ 阿蒂利奥·科多尼亚托访谈，作者采访，威尼斯，2005 年 2 月 25 日。

㉛《艾伦·所罗门致利奥·卡斯泰利》("Alan Solomon to Leo Castelli"), 1964 年 8 月 3 日，艾伦·所罗门文献，犹太博物馆档案

㉜ 威利·邦加德,《劳申伯格在双年展获胜时》("When Rauschenberg Won the Biennale"),《国际画室》(*Studio International*) 杂志 175 期 (1968 年 6 月)：288—289 页。

㉝ 格德尔,《威尼斯花园里的秘密》, 32—35 页。

㉞ 邦加德,《劳申伯格在双年展获胜时》, 288—289 页。

㉟《艾伦·所罗门致利奥·卡斯泰利》, 1974 年 8 月 3 日，艾伦·所罗门文献，犹太博物馆档案。

㊱ 同上。

㊲ 里斯坦尼,《第 32 届威尼斯双年展，非常规的双年展》, 27—42 页。

㊳ 艾伦·所罗门,《为美国参加第 32 届威尼斯双年展所作报告》("Report on the American Participation in the XXXII Venice Biennale 1964"), 1964 年 6 月，艾伦·所罗门文献，犹太博物馆档案。

㊴ 让-弗朗索瓦·勒维尔,《第 32 届威尼斯双年展。民族主义现实主义的胜利》("XXXIIe Biennale de Venise. Triomphe du Réalisme Nationaliste"),《眼》(*L'Oeil*) 杂志 (1964 年 7 月), 2—11 页。

㊵ 利奥·卡斯泰利，爱马仕记事簿，1963 年 9 月 4 日至 1964 年 6 月 30 日，让-克里斯托弗·卡斯泰利档案。

㊶ 弗朗西斯·哈斯克尔,《赞助人和画家：意大利巴洛克时期的意大利艺术与社会关系研究》(纽约：Yale University Press, 1980 年出版), 276 页。

23—无拘无束的少年和邪恶的小魔鬼

伊莲娜在画廊深处的办公室里，低调地发动了一场真正的文化革命……施展着她的智慧、魅力和令人钦佩的政治天赋。①

——格雷戈尔·缪勒（Grégoire Müller）[1]

1964 年，绝大多数欧洲艺术杂志上都出现过伊莲娜·索拿本德宣传劳申伯格的广告
索拿本德画廊提供

一大张黑白照片：雾中的威尼斯。一条贡多拉在圣乔治教堂（San Giorgio Maggiore）穹顶下方的潟湖上漂荡。照片中央被斜着撕开了一条，赫然露出了“劳申伯格”几个大字，最下方还有一行与照片底部平行的文字“伊莲娜·索拿本德画廊，巴黎”。早在 1964 年 5 月，这条包含“劳申伯格、伊莲娜·索拿本德、巴黎”字眼的“美式”广告就开始

通过各大艺术期刊向美国和整个欧洲展开了狂轰滥炸的宣传攻势。在这条由索拿本德夫妇构思、艺术家丹尼尔·塞默克（Daniel Smerck）[2] 设计的广告中，画家的姓名横跨在超大幅的杂志版面上，闪耀着夺目的光芒。这条广告为劳申伯格在双年展大获全胜起到了至关重要的作用。不过，在 1960 年离开纽约之初，伊莲娜和迈克尔·索拿本德在欧洲的经历却并非顺风顺水。夫妻俩的确度过了一段艰难的日子，他们从罗马辗转到威尼斯，再来到巴黎——还曾经设法在罗马开一家画廊，却惨遭失败——最后总算在 1962 年的秋天安顿下来。

卡斯泰利是威尼斯双年展上的常客，他在那里的每一次出现都会成为万众瞩目的焦点。收藏家比尔·埃利希回忆了这位画廊主掌控全局的能力："他在人流中穿梭的时候可以随时变换出各种语言，我被他的八面玲珑惊呆了——我只能一个'漂'字来形容他的风采。即便他并不精通德语，也还是能应付上一阵，没过一会儿他就已经在用法语同其他人交谈了，之后又和另一些人说起了意大利语，英语自然也不在话下。他对艺术的见解，以及将他的艺术家放置在一个更大的背景中去探讨的能力永远超乎我的想象，是他让美国艺术成为想要理解艺术的欧洲人无法绕过的关键环节。而他的另一个惊人之处在于他真的获得了一批重要的欧洲收藏家，并在欧洲各地建立起了越来越强大的美国艺术收藏，成功的案例比比皆是。"②在 1962 年 6 月的第三十一届双年展上，卡斯泰利与索拿本德夫妇的合作让这三位画廊主真正成为欧洲艺术市场上举足轻重的人物。"在哥伦布（Colomb）[3]，"赫拉德·史泽曼（Harald Szeemann）[4] 回忆道，"伊莲娜、迈克尔、庞蒂斯·哈滕（Pontus Hulten）[5] 弗朗索瓦丝·史泽曼（Françoise Szeemann）还有我自己，我们几个坐在一桌，谈论着展览和项目。斯德哥尔摩之后，'琼斯、劳申伯格、莱斯利和斯坦凯维奇（Stankiewicz）[6]' 四人展已经移师到了阿姆斯特丹，而我则会在 7 月初把它带到伯尔尼展出。现代艺术博物馆（Moderna Muséet）[7]、阿姆斯特丹市立博物馆和伯尔尼艺术中心（Kunsthalle）组成了一个多么完美的前卫艺术轴心啊！利奥·卡斯泰利出现在了开幕现场。他拎着一只 007 用的那种公文包，里面装的全是新艺术家作品的彩色反转片。"③可以想象，卡斯泰利与前妻的关系也在这时获得了新的基础，这让他、伊莲娜和迈克尔成为缺一不可的拍档。迈克尔和利奥在一起时常会放声大笑，他们会聊但丁和米开朗基罗，还有许多别的话题，而伊莲娜则安静地躲到一旁，发挥着她激发争论的潜能。“我们把为美国波普艺术家整理出来的文献跟所有人分享。”她说，“经营莱奥尼画廊的阿蒂利奥·科多尼亚托和乔瓦尼·卡穆福（Giovanni Camuffo）感兴趣，画家朱塞佩·桑托马索和批评家朱塞佩·马奇里也感兴趣，除此之外还有卡洛·卡尔达佐（Carlo Cardazzo）[8]，他想在他开办的卡瓦利诺画廊（Il Cavallino）为贾斯培·琼斯做一场展览，也想跟我们合伙。但后来我们做出了去巴黎的决定。”④

1962 年 11 月，索拿本德夫妇接手了位于巴黎格兰德·奥古斯丁路（Quai des Grands Augustins）37 号的一个精美的空间。“透过高高的落地长窗，你的目光随着塞纳河沿岸的车流而动……接着漂向河的对岸，落在了司法宫（Palais de Justice）的尖顶上。”罗伯特·平卡斯－威腾是这家新画廊最早的助理之一，据他回忆，“画廊坐拥壮丽的巴黎美景……有充足的空间和挑高。黑白相间的瓷砖虽然不是路易十三时代留存下来的，但也十分古典、精致”。⑤他们在罗马尝到了失败的滋味，这一次决定谨慎行事，于是只签下了一份半年的租约。最初与房东杜普伊斯女士（Mme Dupuis）的接触也没有让他们对未来产生什么美好的期待。“开业后没多久，一天我们收到了几张沃霍尔的作品，准备挂出来展览。”伊莲娜回忆说，“那是几张玛丽莲（Marilyn）[9]的大画，我们正在拆封的时候，杜普伊斯女士走了进来，想看看我们在忙些什么。她一看到那几张玛丽莲，立即惊慌失措地大叫了起来：‘我不能让你们展览这些东西！这根本不是艺术，这是恋尸癖，太恶心了！’说着她就离开了，还重重地摔上了门。迈克尔大笑不止，我却担心极了，不知道该怎么办才好，只好不停地说：‘回来，杜普伊斯女士，等一下。’就在此时，斯德哥尔摩现代艺术博物馆年轻的馆长庞蒂斯·哈滕走了进来。他看了让杜普伊斯女士大受刺激的那件作品，然后说：‘我想要买下这张画，不过得先跟美术馆商量一下。’杜普伊斯女士就站在旁边，她说：‘随你便吧，反正我是一点儿都不理解。’从此她再也没有来过，好在也准许我们把那个空

利奥与前妻伊莲娜及其第二任丈夫迈克尔·索拿本德
索拿本德画廊提供

间一直租到了年底。我们总算能把自己的名字钉在门上了！”⑥ 1962 年的那个秋天，戴高乐主义笼罩下的法国仿佛是一位徐娘半老的缪斯，不仅如此，她很快发现自己已经在不知不觉之间变得“歇斯底里、反复无常”。视觉艺术对这一点的体验比其他文化载体要深刻得多。⑦

索拿本德夫妇在巴黎开办画廊的时候，阿尔及利亚战争（Algerian War）[10] 刚刚结束，饱受摧残的法国正不舍地目睹着伟大帝国的遗存消失殆尽。这个国家的统治者是一名反对改革的士兵，他迟迟不愿接受现代科技时代已经来临的事实，使整个国家对美国的文化创新充满了怀疑。

要展现大洋彼岸的当代艺术，还有比这更糟的时机吗？可这一对身经百战的画廊主却固执己见。让我们听听迈克尔·索拿本德的说法：“‘你展什么都行，我的朋友，千万别展那些国旗！’勒内·德劳因曾经紧张地警告过我们——估计他是预感到了准会在巴黎迎接我们的那句‘美国佬，滚回去！’我说：‘恰恰相反，我会展六张国旗——不是一张，也不是两张，而是六张！’这是极为正确的决定，或许观众们更期待见到的是莫奈的杨树，但他们竟能够以欣赏绘画的眼光来看待这些国旗……在美学上也能保持客观。事实上，虽然评价有好有坏，展览依旧是一次巨大的成功。”⑧果不其然，1962 年 11 月 5 日，在首展的开幕仪式上，那几幅国旗和数字前总是人头攒动，低语声持续不断。可即便如此，赞许的声音仍然只占极小的比例，这其中除了有在《纽约先驱论坛报》(*New York Herald Tribune*)国际版上称赞琼斯具有“世所罕见的精致”的约翰·阿斯伯里(John Ashbery)[11]，还有站出来声援初次创业的索拿本德夫妇的米歇尔·拉贡(Michel Ragon)[12]、阿莱恩·杰奎特(Alain Jacquet)[13]、让-雅克·勒贝尔(Jean-Jacques Lebel)[14]、奥托·哈恩(Otto Hahn)[15]、阿莱恩·乔弗罗伊(Alain Jouffroy)[16]、保罗·法切切蒂(Paul Facchetti)[17]、丹尼尔·科迪尔、让·拉卡德(Jean Larcade)[18]和米歇尔·塔培耶。“施塔德勒(Stadler)画廊强烈反对波普艺术。(它)更像是一个社会现象，跟美学没什么关系。”⑨ 罗多尔·施塔德勒(Rodolphe Stadler)[19]对波普艺术嗤之以鼻的言论则引起了广泛的共鸣；总的来说，批评家和画廊从业者们要么用响亮的沉默对抗着索拿本德画廊的琼斯展和几个月后的劳申伯格展，要么就将其视为一次文化侵略，随时准备迎接一场硬仗。

伊莲娜·索拿本德以法国民众闻所未闻的方式发起了猛烈的攻势，这自然无助于他们同当地的圈子建立友好的关系。“我们花了许多钱，比其他画廊多得多。”她的丈夫说，“我们常邀请艺术家们到餐厅聚餐；我们出版的画册汇集了各种针锋相对的观点，许多文章都是由安德烈·布勒东这样的著名作家执笔的，还配有最高质量的图片；我们把这些画册分发给艺术家，供他们与友人分享(伊莲娜的主意)；我们还在杂志和广告亭上投放广告，画廊也始终在向公众开放：人们看画，我们看人。这些做法都产生了效果。”[⑩]他们从不掩饰自己要为艺术家们争取到最多曝光机会的图谋，这让向来端庄体面的法国艺术界大跌眼镜：毕竟，这个国家在十六年前才刚刚成立了第一家现代艺术博物馆[20]，而这家博物馆至今仍无法跳出巴黎画派的局限。六个月的试运营结束后，在生意上毫无建树的索拿本德夫妇想要将他们的试验继续进行三年，于是向米哈伊·沙皮拉寻求了资金上的支持。伊莲娜作为女人的身份始终是一个不小的障碍，她的美国国籍也是如此。“别人都觉得我很安静，”她解释道，“他们想当然地认为我是一个冷淡的人，但事实并非如此。安静，没错。但我也有泼辣的时候。刚到巴黎时，我没意识到想要在‘商界’打拼对一个女人来说依旧是一件非常困难的事情。我本不是这么泼辣的，但不少艺术家认为女人比较容易摆布，我才会有意把自己变成这样。我已经向太多人做出了太多次的让步，所以必须建立起一套防御机制。美国人的身份也是原因之一。所有人都觉得美国人乳臭未干，很好控制——而我就成了他们下手的对象。所以有现在这样的名声我一点都不感到遗憾。”[⑪]

若非一番寒彻骨，哪得梅花扑鼻香。“亲爱的利奥，罗伊展览的开幕仪式几乎和鲍勃那场一样火爆。”伊莲娜在 1963 年 6 月 6 日写道，“一些人在画廊待了好几个钟头，对他的作品进行了热烈的讨论。人满为患的状态从六点持续到了十点。许多人都在为我们的展览喝彩。累积效应真的存在，而它此刻正在让艺术世界发生天翻地覆的变化。几个保守得难以想象的批评家来过，他们拄着拐杖对我们进行了一番恐吓。我们差点大打出手！与他们态度截然相反的是施珀里（Spoerri）[21]，他把迈克尔扛在了肩上，一口气抱到了楼下，跟个足球运动员似的！费罗（Ferro）[22]还亲吻了迈克尔的手！‘雷斯呆尼’[⑫][23]笑容可掬地在画廊里耗了很久，但明显笑得很假。他当时正写文章攻击我们和利希滕斯坦呢。艾里什·克特（Iris Clert）[24]是唯一一个出现的画廊主；（除了钱以外，）我们唯一的困难就是画廊界深深的敌意，即便在美国也是这样的。阿列奇斯基（Alechinsky）[25]待了很长时间。五月沙龙（Salon de Mai）[26]的人过来说他们打算明年组织一次美国艺术家的展览，想寻求我们的合作。按照他

[1]瑞士当代具象画家、作家，

[2]比利时画家、诗人、散文家。

[3]哥伦布餐厅（Ristorante Al Colombo），位于威尼斯圣马可的一家历史悠久的餐厅。

[4]瑞士策展人、艺术家、艺术史学者，曾任第48、49届威尼斯双年展总策展人。

[5]瑞典艺术收藏家，二十世纪最杰出的博物馆专业人士之一，曾任斯德哥尔摩现代艺术博物馆馆长。

[6]理查德·斯坦凯维奇（Richard Stankiewicz），美国雕塑家，以其用废旧金属制作的作品著称。

[7]斯德哥尔摩现代艺术博物馆。

[8]出生于威尼斯的意大利出版人、艺术收藏家和画商，1942年在威尼斯创办了卡瓦利诺画廊。

[9]美国影星玛丽莲·梦露（Marilyn Monroe），此处指沃霍尔创作的玛丽莲系列绘画。

[10]二战后阿尔及利亚反对法国殖民的独立战争，自1954年开始，一直进行到1962年。

[11]美国诗人、普利策奖得主，曾在《纽约先驱论坛报》（*New York Herald Tribune*）任艺术批评家、编辑。

[12]法国作家、艺术与建筑批评家、艺术史学者。

[13]法国艺术家，其创作与美国波普艺术有关。

[14]法国艺术家、诗人、艺术理论家和策展人，父亲罗伯特·勒贝尔（Robert Lebel）是杜尚的朋友。

[15]出生于维也纳的法国艺术批评家、散文家。

[16]法国作家、诗人、艺术家。

[17]意大利裔法国摄影师、画廊主。

[18]法国策展人、收藏家，经营新现实主义的巴黎右岸画廊的创办人。

[19]出生于瑞士的法国艺术收藏家、画廊主，巴黎施塔德勒画廊的创办人，后在法国推出了一批美国艺术家。

[20]即现位于巴黎乔治·蓬皮杜中心的国立现代艺术博物馆（Musée National d'Art Moderne），该馆虽成立于1937年，但直到1947年第二次世界大战结束后才正式对外开放。

[21]丹尼尔·施珀里（Daniel Spoerri），出生于罗马尼亚的瑞士艺术家、作家。

[22]加布里埃尔·马克·路易斯·费罗（Gabriel Marc Louis Ferro），出生于巴黎的法国风景画家。

[23]原文为：Pierrot-the-Rest-any，与批评家皮埃尔·里斯坦尼名字的发音相似，“pierrot”是意大利即兴剧中单纯无知的丑角，是现代小丑的原型之一。

[24]希腊裔法国画廊主，巴黎先锋艺术画廊艾里什·克特画廊的创办人。

[25]皮埃尔·阿列奇斯基（Pierre Alechinsky），比利时艺术家。

[26]1943年巴黎被德国占领时期创立的艺术家团体，反对纳粹的意识形态和衰落的艺术。

们体面的说法——“我们再也无法无视你们的存在了”。（画廊的一个员工）桑德拉（Sandra）在出席一家画廊的开幕活动时被介绍成了我们的秘书。那个画廊主义愤填膺地嚷道：‘她是个婊子！她把我们法国的青年都拐跑了！’这时她翻开了我们的画册，另一位画廊主惊声尖叫起来：‘你们竟敢把毕加索的作品和这种污秽之物放在一起！’……对了，蒙塔古先生（Monsieur de Montagu）买下了《热狗》（*Hot Dog*）[27]！能办这样的一场展览真是太棒了，它帮了我们很大的忙。霍西亚森（Hosiasson）[28]说它比你做的那场展览还要好！我们本可以再多展两张画的。我很快就会再写信告诉你更多新的消息。期待了解房子的进展，另外，我花钱花超了，急需一张大约一万美金的支票。爱你。”[13]

虽然绝大多数法国报刊对美国新兴艺术家的态度不是嗤之以鼻就是漠不关心，让－保罗·萨特的《现代》月刊却对他们进行了声援。这本杂志是由法国最具个人魅力的知识分子萨特在1945年9月创办的，从那以后，它始终致力于呈现一种“正逐步成为文化的文化”——鲜活的文化，无论出处。1946年，该刊的一部美国特辑就为理查德·莱特（Richart Wright）[29]、哈罗德·罗森伯格、詹姆斯·艾吉（James Agee）[30]和沃克·埃文斯（Walker Evans）[31]等崭露头角的知识分子提供了舞台。虽然萨特强烈反对麦卡锡主义和它造成的后果（特别是罗森伯格案），也遭到过一些肤浅的评论人士的妄议，但他的确十分偏爱美式民主中最优秀也最具前景的部分。[14]

1964年1月，一位名为奥托·哈恩的年轻批评家在《现代》杂志中发表了一篇题为《波普艺术与偶发艺术》（“Pop Art and Happenings”）的文章，对这股艺术浪潮进行了严肃的审视。他解释了劳申伯格和琼斯是如何在纽约画派即将“进入学术体系”时“冲破了它那无力的语言”，也解释了他们为何能够掀起一场“受到毕加索的拼贴、杜尚的现成品、皮卡比亚的超现实主义蒙太奇和施维特斯的达达主义‘集合艺术（assemblage）’[32]启发的”运动。与其他边暗自窃喜边对这两位艺术家展开恶毒嘲讽的批评人士不同，哈恩认为他们理应在艺术史中占有重要的一席之地，并赞扬了劳申伯格“高度精练的智慧”“对造型微妙的把握”和琼斯“由一系列非常知性的关切主导的……充满诗意的热情”。用哈恩的话来说，这两位艺术家已经“为一波全新的现实主义风潮树立了标准”。他认为利希滕斯坦的创作“既是一种抗争，又是一种屈服……是对美国梦的全面展现，正是这场梦让他“巨大而毫无品位可言的画面”充斥着一种“可悲而不明来由的壮丽感”。哈恩将罗森奎斯特的绘画描述为“宏大而带有情色意味的白日梦”，并顺带对沃霍尔、印第安纳[33]、戴恩和西格尔的创作进行了点评。他认为，“当日常生活中的单调细节越来越遭到忽视”，正是波普这一艺术形式“将这种乏味留存了下来”，同时也“为消费社会举起了一面镜子”。对他而言，“偶发艺术”代表了一种“无意识的抗争，是在拒绝充足的物质文明造就的千篇一律”。因此，他热情地总结道：“今天的纽约，才是我们追寻当代绘画的唯一去处”，因为它“正在发明一种属于都市和工业文明的语言”。⑮

伊莲娜这样写道：“萨特的杂志 1 月刊的一篇文章非常好地说明了波普艺术的重要性和它的价值，（它标志着）欧洲的知识分子已经发生了巨大的转变，半年后我们就会在这里感受到它的影响。”她像一个在紧邻敌国的边境哨所中执勤的士兵，哈恩的文章一经刊载，她就向利奥和所罗门发出了提示的信号。她不得不惊叹，这张由四个人——利奥·卡斯泰利，她本人、迈克尔·索拿本德和艾伦·所罗门——紧密联结而成的关系网竟然具有如此之强的凝聚力。这看似矛盾，却能自圆其说！在这个奇怪的团队中心，是一对已然分手的夫妻，他们是相伴多年的同谋，经历过不计其数的考验，在婚姻结束之后竟表现出了惊人的团结。随着时间的推移，他们的关系只会变得越发牢固。这是她第二次定居巴黎，在第二任丈夫的悉心呵护下，她颠覆了自己从 30 岁、40 岁到 50 岁都始终背负着的那个郁郁寡欢、尽职尽责的女儿形象，成为她想要成为的那个女人——一个坚定自信、灵气十足的画廊主。在结识了另外一位女性——批评家安妮特·迈克尔逊（Annette Michelson）[34]后，她终于决定放手一搏。这对伊莲娜的事业而言真的只是一个巧合吗？（“波普艺术有得到展出的资格吗？”伊莲娜问。“如果你看好它，就应该展出它！”迈克尔逊回答。）[16]索拿本德刚跟卡斯泰利提到了哈恩的文章，他就翻译出了英文版供更多读者阅读。虽然这对伉俪在法律上已经离婚，并且远隔万水千山，但他们面向同一个目标奋斗的决心却从未如此坚定。他们对艺术历久弥新的热情才是卡斯泰利画廊在接下来的几十年中在欧洲大获全胜的秘诀，他们在威尼斯展现出的惊人实力只能算是初露端倪。

“亲爱的艾伦，我们已经回到巴黎了。不仅画廊的事务堆积如山，经报刊提纯了的恶言恶语更要将我们淹没了。”1964 年 7 月 1 日，伊莲娜在信中写道，“虽然我对我们在巴黎最终能够取得什么样的成绩还没有十足的把握，我已经开始同意你的看法了。脓肿必须得到清治。穷凶极恶的反馈令我更加钦佩你的正直。目前的形势再有趣不过了。我唯一的期待就是能渡过财务上的难关。迈克尔和我都很感谢你能在这样混乱的局面下稳住阵脚。”[17]劳申伯格在当年的双年展上摘得桂冠之后，法国媒体将满腔怒火发泄在了索拿本德夫妇、卡斯泰利和所罗门身上。“或许法国人的愤怒、他们残暴的攻击和酸葡萄的心态反倒是对我们最有价值的东西。”所罗门对罗伊斯·宾汉姆写道，“（整个法国报界都在对我进行攻击，我得让您感受一下。）他们称奖项的归属在六个月之前就已经内定好了，说它是被收买出来的，说评委会黑了一大笔钱……在我看来，最歇斯底里的（是关于）美国人和共产党联手对付法国人的指控，还说我是为了操纵评委所以才安排了那场舞蹈演出，简直是彻头彻尾的幻想。这可真是一次奇幻的经历。”[18]法国已经对西方艺术实施了长达数十年的统治，但自第一次世界大战以来，慈善家积极主动的捐赠行为、充满活力的公民社会、明智的财政手段和几位富于冒险精神的收藏家为美国建立起了一套属于自己的博物馆和私人收藏体系，它将艺术发展的中心从大西洋的对岸强夺到了美国，从而为抽象表现主义的崛起铺平了道路。[19]法国的荣耀已经褪色，不明就里的法国人却丝毫不将美国的艺术放在眼里，对它究竟为何会大获全胜的原因更是丝毫都不在意。特别是在劳申伯格获奖之后，策展人和批评家们出于反抗，对“那边”发生的事情更加充耳不闻——这无异于作茧自缚！“人类的良知进入了有史以来最为黑暗的时刻。”阿莱恩·博斯凯（Alain Bosquet）[35]哀叹道，“这是知识史上的耻辱。美国画家劳申伯格‘登堂入室’……（可以说）是西方艺术一次无法挽回的沦丧……这是精心策划的一场阴谋，目的是玷污欧洲最不容亵渎的圣物……艺术创作的尊严遭受了沉重的打击；它是在承认，绘画将会万劫不复，却不会有人为之感到悲痛……未来必将涌现出一大批新的劳申伯格，当他们一同向欧洲进犯，势必会造成比现在严重得多的伤害：他们会用那些小儿科的把戏否定、抹杀一切绘画语言。我恳请马尔罗（Malraux）[36]、卡苏（Cassou）[37]、乔治斯·萨莱斯（Georges Salles）[38]，以及每一位文化人士拒绝接受威尼斯的背叛，并创立一个与之对抗的双年展。除此之外，我恳请画家们拒绝跟随那些用艺术实施杀戮的屠夫。毕加索、马克斯·恩斯特、科柯施卡、米罗、查格尔（Chagall）[39]、塔马约（Tamayo）[40]、皮尼翁（Pignon）[41]、马塔、林、瓦萨雷里（Vasarely）[42]，无论你们身在何处，都请挺身而出，把我们从野蛮人手中拯救出来吧！”[⑳]

当一些人发出了偏执的咆哮，另外一些知识分子却认为前者造成了无法弥补的伤害，甚至还联想到了纳粹主义的黑暗年代。何塞·皮埃尔（José Pierre）[43]就是其中之一：“面对美国不容否认也不可原谅的文化沙文主义，有人正在大加批判。当言论中出现了‘堕落’这个令老戈培尔（Goebbels）[44]博士如获至宝的形容词的时候，这种批判就上升到了一个新的层次。这样一来，当纽约和其他受诅咒之地的画家、批评家、收藏家和画商突然厌恶起我们精致的艺术时，我们便不必感到痛苦了，虽然我们真的很想要他们兜里的美金！”[㉑]与此同时，米歇尔·拉贡发起了一场更深层次的讨论，对法国坚持要将经济与美学剥离开来的某种落后的文化观念进行了揭露。拉贡承认巴黎画派“一定出现了问题”，并认为威尼斯“已经敲响了警钟”。“画廊主正越来越多地承担起批评家曾经扮演的角色，这似乎已经很清楚了……（批评家们）刚刚发现一个画家，画商们就会把他拐跑，用他赚钱。如果我们不加小心，画商们很快就会夺走批评家们的话语权。”[㉒]卡斯泰利们、索拿本德们和所罗门们是玷污圣殿的商贩[45]吗？他们的所作所为是否正在一步步导致法国不可避免也无法挽回的衰落呢？

可以肯定的是，在威尼斯双年展之后，四个合作伙伴的关系变得更加紧密了。如今，所罗门成了卡斯泰利和索拿本德夫妇沟通的中转站，而利奥已经是两个孩子的父亲了。（让－克里斯托弗在 1963 年 10 月 1 日出生，卡斯泰利硕果累累的一年就是从那里开始的！）因为迎娶了一位来自法国的富家女，他不得不忍受每年夏天都要在乡下度过的惯例，虽不情愿也无可奈何。"我真想在威尼斯跟你待上几天，好好聊一聊。"7 月 20 日，他向仍在威尼斯的所罗门写道：

> 你一定已经反复思考、评估过了。我在这里几乎没有任何深入思考的机会。即便这里有罗马式的教堂、葡萄园和悠闲友善的当地人，周围的环境似乎就是不利于思考。下周一或周二，我会与托妮南下……路途将会非常炎热，但我还是希望能够动弹一下……A. 你和弗朗西斯·梅森（Francis Mason）[46] 安排贾普在大使馆的画展了吗？……难度（及其他）：1. 在可以预见的将来，很难再次同时集中如此优秀的绘画作品，要离开美国展出更是难上加难。2. 贾普在威尼斯的确遭到了不公平的对待，伦敦的展览会在一定程度上做出修正。B. 犹太博物馆的画册运到威尼斯了吗？到了的话，和列奥·施坦伯格的书都开始销售了吗？C. 埃利斯怎么样了？你有她的消息吗？关于那件事情，有谁跟你说了什么？我已经完全与世隔绝了，除了偶尔会接到妮娜的来信（大多都是关于行政事务的）。贾普已经从日本回来了，有一种神清气爽的感觉。威尼斯一别，我再也没有跟鲍勃取得联系。月底他会去伦敦。或许你可以去见见他，同时也可以给大使馆布一下展……大概就是这些了。祝愿我们所有的朋友一切都好，特别是马奇里和桑托马索（Santomaso）。爱你的，利奥。[23]

仿佛感应到了前夫发出的信号，伊莲娜也在当天致信所罗门："我希望威尼斯的风波已经归于平静了，而你也能够休息上一阵。鲍勃挺住了巴黎的责难。周六他来看望了我们。他一切都好，没有被媒体的狂轰滥炸影响到，只是觉得好笑。"[24]当来自巴黎的诋毁进入白热化的阶段，这些巴黎人感到文化上的失败不日就会到来。新现实主义的支持者、才

[27] 罗伊·利希滕斯坦1963年创作的一幅布面油彩及马格纳颜料（Magna）作品。

[28] 菲利普·霍西亚森（Philippe Hosiasson），出生于乌克兰的法国画家。

[29] 美国黑人作家，聚焦于揭露种族问题。

[30] 美国小说家、记者、诗人、剧作家和美国最具影响力的影评人之一，去世后获得了普利策奖。

[31] 美国摄影师、摄影记者。

[32] 视觉艺术中运用物体集合而成的三维拼贴作品或创作形式。

[33] 罗伯特·印第安纳（Robert Indiana），美国波普艺术家。

[34] 美国艺术及电影批评家、作家。

[35] 法国诗人。

[36] 安德烈·马尔罗（André Malraux），法国小说家，艺术理论家，曾任文化事务部部长。

[37] 让·卡苏（Jean Cassou），法国作家、艺术批评家、诗人，曾任国家现代艺术博物馆（Musée National d'Art Moderne）馆长。

[38] 法国艺术史学者。

[39] 马克·查格尔（Marc Chagall），俄裔法国艺术家，参与了现代主义和表现主义运动。

[40] 鲁菲诺·塔马约（Rufino Tamayo），受到超现实主义影响的墨西哥艺术家。

[41] 埃德·皮尼翁（Édouard Pignon），法国新巴黎画派艺术家。

[42] 维克多·瓦萨雷里（Victor Vasarely），匈牙利裔法国艺术家，光效应绘画的奠基人。

[43] 法国超现实主义剧作家、小说家、艺术史学者。

[44] 保罗·约瑟夫·戈培尔（Paul Joseph Goebbels），德国政治家，纳粹德国时期的国民教育与宣传部部长，1937年7月11日在慕尼黑举办的“堕落艺术展”的组织者。

[45]《圣经·新约》中记载，耶稣与门徒们在逾越节时来到耶路撒冷。当他跨进圣殿外的广场时，眼见一群群贩卖牛羊及鸽子的小摊贩，以及那些兑换银钱的商人，耶稣终于忍无可忍，用绳索打了一条鞭子，把他们统统赶出殿外，因为圣殿是上帝居住的地方，只供民众朝拜祈祷之用，耶稣不许商贩们把它当作贼窝，这是对上帝的侮辱。

[46] 时任美国驻伦敦文化参赞。

华横溢的批评家皮埃尔·里斯坦尼发现自己腹背受敌，连伊莲娜都怀疑他是双面间谍。7月，他似乎还在维护法国的立场，认为双年展“不合常理……不再是一个对才华推崇备至的学术机构，而像是一个巨大的国际新闻论坛”。11月，他的论调就发生了变化。㉕他指责巴黎“缺乏灵魂，已经陷入故步自封的泥潭。这里的美学争论已经堕落成狭隘的口角，国际环境正在发生根本性的变化，而它却在闭门造车”。里斯坦尼强烈地谴责道：在这个几乎没有艺术行家和收藏家，更没有艺术赞助人的国家，只有“学问家们的失败主义[47]思想、官僚体制的僵化、知识分子的因循守旧、精英阶层的自命不凡，以及公众深入骨髓的冷漠”。㉖12月27日，在一封写给卡斯泰利的信中，他试图与巴黎的尘嚣划清界限：

> 这些被历史戴了绿帽子的人普遍都很糊涂！亲爱的利奥，你一定很了解从威尼斯到巴黎的这一连串事件。那些为了抵御粗野的美国文化（而你正是它的典型代表）征服西方而呼天抢地的豺狼（比如法兰西画廊的那些人）并没有为法国的首都带去任何荣光。只有少得可怜的一小撮人试图保持客观，并鼓励欧洲进行自省。你可能已经读到了我8月在《多莫斯》杂志上为双年展写的文章，还有在《行星》杂志19期上发表的社论。真希望我不是如此孤立无援，幸而还有一件事能够聊以慰藉：年轻的奥托·哈恩已经在“巴黎批评界冉冉升起”。他的观点为这场可悲的争论提供了新颖的观点，在我看来非常有价值。总的来说，米歇尔·拉贡的立场也曾经很值得注意，可惜对他的褒奖也只能到此为止了！㉗

在如此严峻的环境下，索拿本德画廊凭什么还会期待生意就要兴隆起来了呢？这在很大程度上归功于卡斯泰利为他们做出的安排。后来他评价道，“我从不与任何欧洲人做生意——无论是画商还是收藏家，一些美国人在纽约买不到劳申伯格或者琼斯的作品，就想到巴黎试试运气，可我连他们也都不卖——从长远的角度来看，我恪守的自我牺牲最终发挥了巨大的作用。因为（伊莲娜）长达几年的垄断地位的确为她建立起了市场。若非如此，一切就很难说了。她对抽象表现主义之后的艺术结构进行了完整的呈现。”[28]早在1961年，卡斯泰利就将劳申伯格的那场展览原封不动地借给了丹尼尔·科迪埃在巴黎的画廊；洛杉矶的弗吉尼亚·德万画廊（Virginia Dwan Gallery）也在1962年3月得到了同样的待遇。他为这些展览承担了运输和保险费用，并放弃在销售上获得分成。他对索拿本德画廊的优待则更有甚之。为了保证伊莲娜能在欧洲对他的艺术家享有独家代理权，他限制了自己的经营（这让伊万·卡普大为恼火）。换句话说，想要在纽约之外开拓市场的伊莲娜得到了卡斯泰利的鼎力支持，而收藏家们的忠诚虽然没有让卡斯泰利在短时间内迅速成交，却实现了他培养需求的长期目标。[29]

索拿本德夫妇在1968年迎来了安东尼奥·奥梅姆（Antonio Homem）[48]的加入。此后的二十年间，他们始终在格兰德·奥古斯丁路37号、马萨林街（Rue Mazarine）12号和日内瓦的艾蒂安·杜蒙街（Rue Etienne Dumont）14号志在必得地改变着欧洲艺术的现状。一开始，他们只为“利奥的艺术家”做展；后来展出了一些像皮斯特莱托（Pistoletto）[49]、科拉菲克（Klapheck）[50]、博尔坦斯基（Boltanski）[51]、普瓦里耶（Poirier）夫妇[52]这样的欧洲艺术家和像贝歇（Bechers）夫妇[53]这样的摄影师；最后，从吉尔伯特与乔治（Gilbert & George）开始，他们开始展出自己全权代理的艺术家。最终他们回到了纽约，虽然这不是一条寻常的路径，但在他们眼中却充满了生机，令人愉悦、振奋。他们的第一次尝试是在1970年；并在1980年正式回归。在这一过程中，索拿本德夫妇也为巴黎—纽约一线的双向交流做出了贡献，为让娜－克劳德和克里斯托这样初出茅庐的艺术家在美国提供了坚实的落脚点。

在欣赏了克里斯托1962年6月27日在维斯康蒂街（Rue Visconti）[54]搭起的《油桶墙，铁幕》（*Wall of Oil Barrels, Iron Curtain,* 以下简称《铁幕》）后，卡斯泰利鼓励了这位艺术家。“艺术界真正见过《铁幕》的人寥寥无几，利奥就是其中之一。”克里斯托和让娜－克劳德回忆道，“那时我们二十七岁，他对我们说：‘你们如果能到纽约来，我们就一起做点事情。' 后来他建议我们去看看即将在巴黎开业的索拿本德画廊。1963 年的每一个周六，我们都会在伊莲娜的画廊里聊天、看展。后来伊莲娜为我们安排了第一次纽约之行。她推荐我们住在切尔西酒店（Chelsea Hotel）[55]，还让利奥付了房费。她叫我们去看望艾伦・所罗门，并与我们分享了许多不可多得的细节：'他喜欢这个人，他不喜欢那个人，他跟这个人和那个人是朋友，无论是什么活动都不要同时邀请他和某某人，因为他们势不两立！' 我们得到了一份难以置信的名单，上面有地址和电话号码。于是我们去了纽约，多亏了她，我们已经知道那里谁都是谁了——这是很幸运的，因为我们抵达切尔西酒店的时候还一句英语都不会说呢！后来，我和阿茨希瓦格、哈伊（Hay）[56] 和瓦茨（Watts）[57] 参与了 1964 年 5 月的群展 '卡斯泰利画廊四人展'（*4 at Castelli*）。""我展出了《绿色店面》（*Green Storefront*），它是我对 1958 年逃离保加利亚的一个隐喻。"[30]

就这样，从 1962 年到 1980 年，这家"在巴黎极为罕见的机构"深深吸引了法国和欧洲的艺术家、批评家、知识分子和收藏家，成为他们唯一一个顺理成章的去处。在他们看来，"'新' 正在这里大行其道"（赫拉德・史泽曼）[31]；"在这里可以鲜活、完整地一睹波普艺术的风采"[萨基斯（Sarkis）[58]] [32]。参观者觉得"伊莲娜和气、直接，眼角永远闪耀着一丝调皮……迈克尔则像是个邪恶的小魔鬼，是他把名为 '奥登伯格' 和 '利希滕斯坦' 的礼炮送上了高空"。（米歇尔・拉贡）[33]后来出任文化部部长的米歇尔・盖伊（Michel Guy）曾为"伊莲娜出众的品位、热情和精力"[34]折服。画廊主伊冯・兰伯特（Yvon Lambert）指出自己"非常欣赏她……对新事物永远保有兴趣的特点"[35]。彼得・路德维希（Peter Ludwig）[59]（"她永远求知若渴"[36]）、朱塞佩・潘萨・迪・毕欧莫（"她有将重要的文化事件传播到欧洲各地的能力"[37]）等收藏家都争先恐后地表达过对她的钦佩之情。罗伯特・平卡斯－威腾也是如此，他用满怀深情的回忆赞扬了索拿本德夫妇饱满的热情，而这种热情完全来自精神上的追求，不带有任何纯粹的商业动机："伊莲娜像一个无拘无束的少年，她有难以捉摸的一面，也有玩世不恭的一面；阳光的迈克尔则为历史争论带去了难能可贵的批判意识。对伊莲娜而言，商业价值或财务稳定之类的事情都不足以使她分心。为了赚钱去积累财富、增加存款、展览没有生气的作品在她看来毫无意义，只有冒险才是她的追求。”[38]热那亚的策展人格尔曼诺·塞兰特（Germano Celant）对平卡斯－威腾的感受发出了动人的回响：“我深信，伊莲娜生命的真谛在于凝视着艺术的深海，并从中打捞起那最独一无二、上乘稀有、与众不同、集万千宠爱于一身的瑰宝。”[39]在某种程度上，这需要对艺术无私的奉献，而恰恰是这种忘我的投入，让她即便没能与利奥终生相伴，也成为他永远的灵魂伴侣。

正如意大利批评家阿基莱·伯尼托－奥利瓦（Achille Bonito-Oliva）所言：“她开动思维……在艺术中辨认出新的东西——这是创造力在人类学中的表达，无所谓语域的高低……任何一幅伊莲娜的肖像都必须包括她旗下的全体艺术家。”除此之外还必须有“迈克尔·索拿本德和安东尼奥·奥梅姆。尖刻的享乐主义者索拿本德活像是东罗马帝国奖章上的人物，奥梅姆则敏锐、镇定，像葡萄牙反宗教改革时期的一尊塑像。”[40]

与最优秀的存在主义拍档让－保罗·萨特和西蒙娜·德·波伏娃一样，索拿本德夫妇也是巴黎精神颠覆性的继承者；他们怀揣着一种新而另类的想象，对一切“新兴事物”（伊冯·兰伯特）富有好感。在追寻“时代生命力”［伊迪·德·怀尔德（Edy de Wilde）[60]］的道路上，他们真实地扮演着文化摆渡人的角色，以不可复制的方式，全心全意地将迥然不同的艺术力量联系在了一起。他们无视国界和代际之分，仿佛文化界的一支“游牧部落”。他们既为建立一个反主流文化的艺术乐园做出了贡献，同时又以传统的家庭模式管理着自己的工作关系。“我曾在马萨林街上的索拿本德画廊工作，什么事都做一点。”出版人拉斐尔·索林（Raphaël Sorin）写道，“我负责管理画册、跟迈克尔抽雪茄、陪伊莲娜、接待客户、‘渗透’到知识分子当中去。”[41]索拿本德夫妇出人意料地将他们对前沿美学的追求与一个温暖舒适的家外之家结合在了一起。

47 一种因为认定未来注定失败，而放弃一切改变现状的行动的思想。

48 索拿本德夫妇聘请来自葡萄牙的学生安东尼奥·奥梅姆作为他们在巴黎画廊的总监，并在二十世纪八十年代收养了这位长相酷似卡斯泰利的接班人。

49 米开朗基罗·皮斯特莱托（Michelangelo Pistoletto），意大利画家、艺术理论家。

50 康拉德·科拉菲克（Konrad Klapheck），德国画家，创作结合了超现实主义和波普艺术的特征。

51 克里斯蒂安·博尔坦斯基（Christian Boltanski），法国雕塑家、摄影师、电影导演。

52 安妮（Anne）和帕特里克·普瓦里耶（Patrick Poirier），法国双人艺术组合，双方都是雕塑家、建筑师和考古学家。

53 希拉（Hilla）和贝恩德·贝歇（Bernd Becher），德国双人观念艺术和摄影组合。

54 巴黎的一条小巷。

55 成立于1885年的一家酒店，位于曼哈顿的中心地带，是许多名流和文艺界人士热衷下榻的历史性地标。

56 亚历克斯·哈伊（Alex Hay），美国画家、雕塑家，作品横跨极少主义、照相写实主义和波普艺术之间。

57 罗伯特·瓦茨（Robert Watts），美国艺术家，激浪派（Fluxes）成员之一。

58 萨基斯·扎班扬（Sarkis Zabunyan），出生于土耳其的美国观念艺术家。

59 德国巧克力大亨，现代艺术收藏家。

60 荷兰艺术史学者，曾任阿姆斯特丹市立美术馆馆长。

① 标题借用了罗伯特·平卡斯－威腾和米歇尔·拉贡（Michel Ragon）在文章《致敬》（"Témoignages"）中的说法，摘自《索拿本德收藏展》（*Collection Sonnabend*）（波尔多：Musée d'Art Contemporain，1988年出版），83—85页。引语也摘自本书87页。

② 比尔·埃利希访谈，作者采访，纽约，2009年2月6日。

③ 罗伯特·平卡斯－威腾及米歇尔·拉贡，《致敬》，86页。

④ 伊莲娜·索拿本德访谈，作者采访，纽约，2005年11月25日。

⑤ 罗伯特·平卡斯－威腾及米歇尔·拉贡，《致敬》，83—85页。

⑥ 伊莲娜·索拿本德访谈，作者采访，纽约，2005年11月25日。

⑦ 赛尔热·居尔博特，《光之城是如何被夺去了现代艺术的思想》（"Comment la Ville lumière s'est fait voler l'idée d'art moderne"），摘自《巴黎1944—1954，艺术家、知识分子、公众：文化问题》（*Paris 1944–1954, Artistes, intellectuals, publics: la culture comme enjeu*）（巴黎：Autrement，1995年出版），45—60页。

⑧ 米歇尔·博雷尔（Michel Bourel），《伊莲娜·索拿本德的画廊》（"Les galeries d'Ileana Sonnabend"），《索拿本德收藏展》，11—75页。

⑨《罗多尔·施塔德勒致让－皮埃尔·穆兰》（"Rodolphe Stadler to Jean-Pierre Moulin"），摘自《施塔德勒画廊》（"Galerie Stadler"），《画镜线》杂志（*Cimaise*）77期，1966年8—9月刊，30页。

⑩ 迈克尔·索拿本德，安德烈·帕瑞诺（André Parinaud）采访，《艺术杂志》，1964年12月刊，64页。

⑪ 博雷尔，《伊莲娜·索拿本德的画廊》，20页。

⑫ 指法国批评家皮埃尔·里斯坦尼。

⑬ 安东尼奥·奥梅姆（Antonio Homem）文献，美国艺术档案馆，华盛顿哥伦比亚特区。

⑭ 参见安妮·科恩－索拉尔，《萨特与美国》（"Sartre et les Etats-Unis"），摘自《萨特在属于他的世纪》（*Sartre dans son siècle*）（巴黎：Gallimard，2005年出版）。

⑮ 奥托·哈恩，《波普艺术与偶发艺术》（"Pop art et happenings"），《现代》杂志（1964年原文错写为1963年1月刊）：1318—1331页。

⑯ 平卡斯－威腾及拉贡，《致敬》，摘自《索拿本德收藏展》，84页。

⑰ 艾伦·所罗门文献，犹太博物馆档案。

⑱《艾伦·所罗门致罗伊斯·宾汉姆》，日期不详，艾伦·所罗门文献，犹太博物馆档案。

⑲ 安妮·科恩－索拉尔，《美国绘画：美国艺术家的崛起，1867年的巴黎至1948年的纽约》（纽约：Alfred A. Knopf，2001年出版）。

⑳ 阿莱恩·博斯凯，《威尼斯的背叛》（"Trahison à Venise"），摘自《战斗》（*Combat*）报（1964年6月23日），威尼斯文献，皮埃尔·里斯坦尼档案。

㉑ 何塞·皮埃尔，《反波普的修补者》（"Les Ravaudeuses contre le Pop"），摘自《战斗》报（1964年7月），威尼斯文献，皮埃尔·里斯坦尼档案。

㉒ 米歇尔·拉贡，《巴黎画派在被它推出的画家背叛，并在伦敦、威尼斯和纽约遭到质疑后，是否会退出历史舞台？》（"Trahi par ceux qu'elle a lancés, mise en question à Londres, Venise et New York, L'Ecole de Paris va-t-elle démissionner?"），《艺术杂志》969期（1964年7月1日至6日），威尼斯文献，皮埃尔·里斯坦尼档案。另见杰拉德·加西厄特－塔拉波（Gérald Gassiot-Talabot），《纽约山姆大叔的精彩阵容》（"La panoplie de l'Oncle Sam à New York"），摘自《今日的艺术》47期（1964年10月）：30页；皮埃尔·卡班纳（Pierre Cabanne），《美国宣布了巴黎画派的终结，并推出波普艺术来殖民欧洲》（"L'Amérique proclame la fin de l'Ecole de Paris et lance le Pop' Art pour coloniser l'Europe"），摘自《艺术杂志》（1964年6月24日至30日）。

㉓ 艾伦·所罗门文献，美国艺术档案馆，华盛顿哥伦比亚特区。

㉔ 艾伦·所罗门文献，犹太博物馆档案。

㉕ 皮埃尔·里斯坦尼，《第32届威尼斯双年展，非常规的双年展》（"XXXII Biennale di Venezia, Biennale della Irregolarità"），《多莫斯》杂志（1964年8月刊）：27—42页。

㉖ 皮埃尔·里斯坦尼，《巴黎逊位》（"Paris n'est plus roi"），摘自《行星》（*Planète*）杂志（1964年11—12月刊）：152—154页，皮埃尔·里斯坦尼档案。

㉗ 皮埃尔·里斯坦尼文献，艺术批评档案馆，沙托吉龙。

㉘ 利奥·卡斯泰利访谈，保罗·卡明斯采访，纽约，1969年6月18日，美国艺术档案馆，华盛顿哥伦比亚特区。

㉙ 池上裕子（Hiroko Ikegami），《错位：1964年前后罗伯特·劳申伯格与现代艺术的美国化》（"Dislocations: Robert Rauschenberg and the Americanization of Modern Art, circa 1964"），递交给耶鲁大学研究生院的博士论文，2007年5月，167页。

㉚ 克里斯托访谈，作者采访，纽约，2007年6月6日。

㉛ 平卡斯－威腾及拉贡，《致敬》，摘自《索拿本德收藏展》，86页。

㉜ 同上，87—79页。

㉝ 同上，83页。

㉞ 同上，87页。

㉟ 同上。

㊱ 同上，86—87页。

㊲ 同上，87页。

㊳ 同上，83—85页。

㊴ 同上，88—89页。

㊵ 同上，89—90页。

㊶ 拉斐尔·索林，《波普艺术68》（"Pop Art 68"），摘自《清洁产品》（*Produits d'entretiens*）（卡昂：Raphaël Sorin/L'Echoppe，1996年出版），第9页。

24—征服欧洲

像我们这样的策展人——年轻、急切、生龙活虎却一文不名——我们去不起纽约，所以只好寄希望于巴黎。那时，巴黎正在绝望中不顾一切地捍卫着自己的地位，企图与活力四射的纽约抗衡。我们需要索拿本德夫妇，需要他们的友谊和热情……迈克尔浑身散发着好奇……什么都要想弄明白……而伊莲娜的天赋则在于她观察、撮合、控制、合成的能力。[1]

——赫拉德·史泽曼

人们普遍开始认为威尼斯双年展存在幕后阴谋，艾伦·所罗门察觉到了这一点，1964 年 8 月 4 日，他在写给伊莲娜·索拿本德的信中流露了自己的不安和错愕："此时此刻的威尼斯无聊透了。令人痛苦不堪的西罗科风（sirocco）[1] 在肆虐了整整两周后终于停了下来，天气变得清爽明朗。整个 8 月，有趣的威尼斯当地人全都离开了这座城市，到处是令人难以忍受的游客。我还要继续跟讨厌的政府打交道，这些事情特别让人崩溃。愿你度过一个愉快的夏天。"②如今的索拿本德画廊俨然成为一个中心，它为分布在欧洲各地的波普艺术传播者们提供资源，将各怀鬼胎的画商、批评家、策展人，（乃至！）美国官僚集结起来共同谋求合作。1961 年，琼斯在巴黎的丹尼尔·科迪埃画廊做了展览，并在之后同劳申伯格、丁格利（Tinguely）[2] 以及妮基·德·圣·法勒（Niki de Saint Phalle）[3] 一起参与了在美国大使馆的一次偶发艺术活动，继而又出现在了右岸画廊（La Rive Droite）的一个群展中。同年，劳申伯格的作品在斯德哥尔摩的现代艺术博物馆和米兰的白羊座画廊（Galleria dell'Ariete）[4] 得到了展出，在 1962 年进入了阿姆斯特丹的市立美术馆，并在 1964 年随展览"四个美国人"（*Four Americans*）在斯德哥尔摩、阿姆斯特丹和伯尔尼巡回展出；伦敦的白教堂美术馆（Whitechapel Gallery）[5] 和巴黎的五月沙龙也呈现过他的作品。

在伦敦的美国大使馆负责文化事务的官员弗朗西斯·梅森是特立独行的代表人物。美国政府中，反智主义倾向一向猖獗，这是这片土地上"爱拼才会赢"的拓荒者和商业大亨们遗留下来的副作用，与清教徒的传统也不无关系。历任总统中，只有三十年代的罗斯福和六十年代的肯尼迪对艺术持相对欢迎的态度，且有案可查。③公务员们往往一个赛一个的庸俗，所幸，弗朗西斯·梅森是一个例外。"亲爱的所罗门博士，"他在 1964 年 7 月 15 日写道，"近来我与利奥·卡斯泰利在伦敦进行了几次沟通，之后我一直在思考，我有一个想法或许是可以实现的，那就是在双年展结束后把您展览中贾斯培·琼斯的作品带到伦敦单独展出。这个想法能否成行，很大程度上取决于一个前提——琼斯的作品是与其他作品分开封装的。在与华盛顿的美国新闻署取得联系后，我发现情况很可能跟我想象的完全不同。是否能请您对此予以确认？我们手中的资金非常有限，满打满算只够支付琼斯作品的运输费用。如果你们本来就打算将这些作品单独运回美国，那我们只需要支付这一部分的运费就可以了……如果琼斯的作品确实是分开封装，请您告知我一个将它们经由伦敦运回纽约的大致费用，我将感激不尽。现在是在伦敦展出琼斯作品的最佳时机，错过任何一个机会都将造成莫大的遗憾，在这一点上利奥与我的意见一致。最后，请允许我为您在威尼斯取得的巨大成功表示祝贺。"④

波普艺术家们虽然仍被法国拒之门外，但却在伦敦乃至北欧地区大受欢迎，他们的作品在观众中赢得了极为热烈的反响。斯德哥尔摩现代艺术博物馆在馆长庞蒂斯·哈滕充满活力的领导下很快就在全球艺术美国化的浪潮中扮演起一个核心的角色。不过正如哈滕曾在写给卡斯泰利的一封信中强调的那样，他的美术馆具有始终"只是一个刚成立了三年的国立小美术馆，根本没什么钱举办展览。国家根本不会为这样的展览支付一分钱，所有费用都要从门票收入里出"⑤。自从"四个美国人"展出现在了斯德哥尔摩和哥本哈根，波普艺术就像一场瘟疫一般，迅速蔓延到了欧洲各地。阿姆斯特丹市立美术馆具有远见卓识的馆长伊迪·德·怀尔德对艾伦·所罗门写道："在从丹麦回国之前，我看了路易斯安那博物馆（Louisiana Museum）[6] 的那场波普艺术展。""它令我着迷，因此我希望能够争取将这些作品带到阿姆斯特丹展出。"⑥接着与所罗门取得联系的是尤多·库特曼（Udo Kultermann）[7] 博士，他所在的勒沃库森市立博物馆（Städtisches Museum Leverkusen）位于德国的莫斯布罗西王宫（Schloss Morsbroich）。在索拿本德的提醒下，他决定亲自出马，先下手为强。"几周前我曾经给您写过一封信，"他对所罗门说，"跟您介绍过我们 1964 年的'莫斯布罗西艺术遗产'（Morsbroicher Kunsttage）项目。这将是一个为期三天的艺术节，我们正在筹划一场与之相关的罗伯特·劳申伯格展。我们不仅会与巴黎的伊莲娜·索拿本德夫人合作，还期待能从纽约拿到他的那组《但丁》（*Dante*）[8]。我十分希望将劳申伯格在德国的第一场展览办得尽善尽美。我听说您是威尼斯双年展美国馆的承办人，而且邀请了劳申伯格参展，所以想请教您，能否在双年展

1968 年，纽约，劳申伯格的“礼拜堂”（Chapel）工作室
利奥与斯德哥尔摩现代艺术博物馆馆长庞蒂斯·哈滕在劳申伯格的作品《至日》（*Solstice*）前
摄影：申克－肯德（Shunk-Kender）

结束后将这部分劳申伯格的作品运到勒沃库森？希望您能够理解，这对我们而言非常重要。请允许我再次向您发出邀请，您是否能来为我们的‘艺术遗产’活动做一场讲座呢？”⑦

从这些对话中不难看出，索拿本德画廊通过举办展览、出版画册和投放广告建立的影响经由威尼斯双年展的巨大声势和“利奥—艾伦—伊莲娜”黄金轴心的威力得到了放大，并且在整个欧洲大陆蔓延开来。他们出售的是时下最当红的艺术：索要波普和前波普艺术家作品、照片和画册的申请从巴黎、伦敦、斯德哥尔摩、哥本哈根、阿姆斯特丹、伯尔尼、威尼斯、卡塞尔、科隆、都灵、米兰纷至沓来；包括丹尼尔·科迪埃、庞蒂斯·哈滕、伊迪·德·怀尔德、威尔·桑德伯格（Will Sandberg）[9]、维姆·比伦（Wim Beeren）[10]、让·里尔宁（Jean Leering）[11]、吉安·恩佐·斯皮罗内（Gian Enzo Sperone）[12]、鲁道夫·泽维纳（Rudolf Zwirner）[13]、恩诺·戴维林（Enno Develing）[14]、赫拉德·史泽曼、布莱恩·罗伯逊（Bryan Robertson）[15]和皮埃尔·里斯坦尼在内的专业人士史无前例地集结在了索拿本德夫妇周围。紧接着出现了第一批收藏家：马塞尔（Marcel）和吉赛尔·布鲁瓦（Gisèle Boulois）[16]、勒内·德·蒙太古（René de Montaigu）[17]、阿蒂利奥·科多尼亚托、休伯特（Hubert）和玛利亚－特丽萨·佩特斯（Marie-Thérèse Peeters）[18]、罗杰·马修斯（Roger Mathys）[19]、菲利普·多托蒙（Philippe Dotremont）[20]、米娅（Mia）与马丁·葳瑟（Martin Visser）夫妇[21]、贾恩·迪贝茨（Jan Dibbets）[22]、弗里特（Frit）与阿格奈什·贝得勒支（Agnes Becht）夫妇[23]、彼得·路德维希和朱塞佩·潘萨·迪·毕欧莫。不过，波普艺术与潘萨的结缘一开始并不顺利。

“那是 1959 年的一天，我在纽约。”伊莲娜·索拿本德回忆道，“画廊收到了一封来自意大利的信，上面的字像是小孩写的，那是一个叫潘萨·迪·毕欧莫的人写信来索要劳申伯格作品的照片。我们觉得他可能是某个想要抄袭鲍勃的艺术家，就没有搭理。几个月后，我们又收到了一封潘萨的来信，也是手写的，但这一封的目的更加清晰，点明了他想要看的几幅作品的名字：全都是最好的作品。”卡斯泰利画廊和这位迪·毕欧莫先生间奇异的书信往来就这样开始了。后来，他不仅成为欧洲最伟大的美国艺术收藏家之一，还成为卡斯泰利画廊极为重要的支柱——他就是朱塞佩·潘萨·迪·毕欧莫伯爵。“非常感谢您在 1959 年 4 月 7 日的来信，也谢谢您对劳申伯格的关注。”卡斯泰利不屑地回复道，“很遗憾，他的作品在纽约非常抢手，目前我们也没有可以提供给您的作品……想要购买劳申伯格的作品并不容易，对于不在纽约生活的收藏家而言更是如此，偏偏劳申伯格画得又特别的慢……不过，既然您对他的创作很感兴趣，我稍后会发两三张照片给您。”

过了一段时间，卡斯泰利明显被再三纠缠的潘萨惹毛了，于是直言不讳地向他表露了自己居高临下的优越感：

> 您不是很了解情况。劳申伯格的创作不是批量生产；相反，他的每一张绘画都是一次原创。他每年大约会完成十五幅作品，全部都是经过深思熟虑的成果。目前，他和琼斯被认为是青年艺术家中的佼佼者，几乎可以与资格更老的艺术家齐名。不仅美国人认同这个观点，在欧洲也是如此。目前我无法把劳申伯格的作品出售给您，原因是我手里一张也没有。您如果改变主意不再想收藏劳申伯格的《冬日泳池》（*Winter Pool*）[24] 了，没有关系，我随时乐意收回他的任何一件作品。

而潘萨却越挫越勇。他用热情回应了这封态度生硬的来信，邀请卡斯泰利到他的“乡间别墅”做客，并附上了几张照片。结果是这位画商同意在 1960 年夏季登门拜访。[⑧]

潘萨最初的来信开始于 1959 年 4 月，与劳申伯格在卡斯泰利画廊举办的第一场展览仅仅时隔一年。那时，卡斯泰利因为劳申伯格的“混合艺术”没有像琼斯的旗帜和标靶那样受到欢迎而愤愤不平，更让他苦恼的是，它们始终没能获得 MoMA 馆长的喜爱。他劝慰自己打消不满的念头，用应接不暇的字条、电话和提议纠缠着阿尔弗莱德 · 巴尔和多萝西 · 米勒，想要燃起他们对劳申伯格的热情，但却徒劳无功。就算潘萨写给纽约的信件已经堆积如山，自以为是的卡斯泰利还是断然拒绝了这位坚持不懈的瓦雷泽（Varese）怪人。他们在一连串书信中的对话活脱脱是施尼茨勒在《轮舞》（*La Ronde*）[25] 中描绘出的那条鄙视链——卡斯泰利无视潘萨的来信、巴尔无视卡斯泰利的来信，如此循环。从中我们可以发现，卡斯泰利只有唯一的一条销售策略，他对这条策略进行过周密的策划，之后便坚决执行、从不气馁：测算潜在客户的象征资本[26]，并制造出与之成反比的稀缺性。1959 年的情况充分地说明了他的这条原则。当时，他不加掩饰地公开向以 MoMA 为首的几家美国机构提供优惠，而它们也都在他的不懈努力之下对美国艺术敞开了大门。直到 1960 年夏

[1] 从北非穿过地中海吹向南欧的湿热风。

[2] 让·丁格利（Jean Tinguely），瑞士画家、雕塑家，以其动态雕塑作品闻名。

[3] 法裔美国女雕塑家、画家、电影导演，最早从事纪念碑雕塑的极少数女性艺术家之一，让·丁格利的第二任妻子。

[4] 意大利女男爵比阿特丽斯·蒙蒂（Beatrice Monti）1955年在米兰创办的当代艺术画廊。

[5] 伦敦成立于1901年的公立美术馆，曾展出过毕加索的《格尔尼卡》。

[6] 即路易斯安那现代艺术博物馆（Louisiana Museum of Modern Art），成立于1958年，位于哥本哈根市北部。

[7] 德国艺术史学者、作家，曾任勒沃库森市立博物馆馆长。

[8] 劳申伯格1958至1960年创作的一组纸本转印作品，描绘了但丁《地狱》（*Inferno*）中的34个章节。

[9] 即威廉·桑德伯格（Willem Sandberg），荷兰字体设计师，曾任阿姆斯特丹市立美术馆策展人。

[10] 艺术史学者，曾任哥本哈根博伊曼斯·范·伯宁恩美术馆（Museum Boijmans Van Beuningen）馆长和阿姆斯特丹市立美术馆馆长。

[11] 艺术史教授，曾任埃因霍芬的范·阿贝美术馆（Van Abbe Museum）馆长。

[12] 意大利画商、画廊主，都灵点画廊（Il Punto）和纽约斯皮罗内·韦斯特沃特·菲舍尔画廊（Sperone Westwater Fischer）的创办人之一。

[13] 德国画商、画廊主、策展人，纽约著名画廊主戴维·泽维纳（David Zwirner）的父亲。

[14] 海牙市立博物馆（Gemeentemuseum Den Haag）策展人。

[15] 英国策展人，曾任伦敦泰特美术馆（Tate Gallery）馆长。

[16] 巴黎从事纺织业的收藏家夫妇。

[17] 法国工程师，当代艺术收藏家。

[18] 比利时医生、艺术收藏家夫妇。

[19] 比利时神经精神病学家、艺术收藏家。

[20] 比利时制糖业大亨、艺术收藏家。

[21] 荷兰家具设计师、艺术收藏家夫妇。

[22] 荷兰观念艺术家、艺术收藏家。

[23] 荷兰企业家、艺术收藏家夫妇。

[24] 劳申伯格1959年创作的一件“混合艺术”作品，现收藏于大都会艺术博物馆。

[25] 亚瑟·施尼茨勒于1897年创作的一部话剧，探讨了不同阶级间的两性关系。

[26] Symbolic capital，指对公共舆论具有影响力的人所具有的一种信誉资本。

天，在走访了潘萨的瓦雷泽庄园之后，卡斯泰利才开始重新考虑这个新角色的潜能，并做出了值得让他成为一名收藏家的判断。

我们来听听卡斯泰利对整个评估过程的叙述吧：“我去看了潘萨在湖城瓦雷泽的庄园，那是一座建在园林中央的十七世纪的宫殿，离米兰不远，像极了《去年在马里昂巴德》（*Last Year at Marienbad*）[27]中的场景。一间起居室里挂满了罗斯科，只有罗斯科一个人的作品，餐厅里挂的全都是克兰的作品。真让人不敢相信，那十八张克兰和十八张罗斯科全都是精品中的精品。我是说，世间竟存在着这样的一座城堡。这里的每个房间都摆放着精美的古董家具，雄伟庄严的楼梯两旁悬挂着祖先的肖像，二楼还有数不清的房间和走道。”[⑨]“通过那次相处，”潘萨解释道，“我们成了非常要好的朋友。那是一次考验，而我顺利过关：利奥裁定我具有成为一个伟大收藏家的潜质，而他则会帮助我实现这个目标。”[⑩]

以供不应求作为拒绝的借口、对潜在的收藏家进行筛选、在严格的背景研究和谨慎的判断之后才决定艺术家作品的归属——事实上，卡斯泰利的这些做法来自他对一位赫赫有名的前辈——约瑟夫·杜文恩（Joseph Duveen）[28]的学习。杜文恩在伯纳德·贝伦森（Bernard Berenson）[29]的帮助下垄断了美国实业家购买古典绘画[30]的市场。他的统治时间长达四十年之久，原因是他不是在贩卖绘画，而是在进行系统的收藏，并且通过精心制作的图录来对作品的重要性加以佐证。在古典时期，贵族阶层对艺术的热情提升了艺术家的地位；而在世纪之交的美国，杜文恩彻底颠覆了一个由来已久的模式，将提升艺术家地位的使命交给了急需通过购买艺术快速获得社会地位的收藏家们。尤其是以安德鲁·梅隆（Andrew Mellon）[31]为代表的新贵收藏家，他们的地位正是在购买古典绘画大师作品的过程中获得的。这种被我们称为炫耀型艺术消费的做法对古典时期之后的欧洲艺术也同样适用。例如，许多渴望提升社会地位的人都会追随J.P.摩根（J. P. Morgan）[32]去购买印象派的作品。他们的收藏并非出于欣赏，而是因为这些画作价值不菲，他们的目的只是要在所藏绘画的数量和价格上胜人一筹。古往今来，都有这样的一小撮人，他们可以用财富获得几乎任何东西。在他们眼中，艺术始终都是一个相互攀比的工具。通过炫耀藏品，他们能够获得名望、尊重，以及进入（或凌驾于！）社交圈的资格。潘萨却与他们恰恰相反。在他看来，收藏艺术似乎从来就是一种近乎神秘的宗教仪式，是美学追求赋予他的一项需要在当下完成的使命。

在卫星画廊的帮助下，卡斯泰利史无前例地在全球范围内实现了对某几位在世艺术家的彻底垄断。将这个卫星网络变为现实的是卡斯泰利的一众门生，他们的大师兄是在文化品位、价值观和爱好上都与卡斯泰利极为相似的吉安·恩佐·斯皮罗内。他是一位二十岁出头的都灵知识分子，优雅、张扬、激情洋溢、热情似火。他对自己精彩的人生经历这样描述道：“米开朗基罗·皮斯特莱托说：‘我们去巴黎吧！为什么要在意大利浪费时间呢？所有值得参与的事情都在巴黎，而且现在正在发生！’作为一名前卫艺术家，他对潮流热点的把握总是先人一步。我们就这样钻进了汽车，向巴黎进发。当时是不是冬天我想不起来了，只记得我穿得跟要去北极似的！那时索拿本德画廊刚刚开业。之前小艾托瑞·索特萨斯（Ettore Sottsass, Jr.）[33] 在《多莫斯》发表过一篇短文，介绍的就是这里，我们读过，所以特别有兴趣。我们在这家画廊第一次接触到了波普艺术，也见识了伊莲娜和迈克尔是怎么经营它的。这里给我们留下了非常深刻的印象。”[⑪]伊莲娜·索拿本德马上就笼络起了这两位来自意大利的追随者：1963 年，她在巴黎展出了皮斯特莱托的作品，并帮助斯皮罗内开设了他在都灵的点画廊（Il Punto）。画廊的第一次亮相做的就是利希滕斯坦的展览，这对一个初出茅庐的新手而言实属不易。“展览囊括了几张在纽约和巴黎没有销路的重要作品，《好吧，老大，好吧！》（OKay Hot-Shot, OKay）[34] 就是其中之一。”斯皮罗内回忆道，“奇怪的是它们竟然都在都灵被卖掉了。”[⑫]

伊莲娜一直都是狂热的设计迷——毕竟卡斯泰利 1939 年在巴黎的展览就融入了达利、菲尼和伯曼的家具元素。她很自然地意识到自己和丈夫与这群意大利人之间存在着紧密的联系。在意大利颇具声望的建筑设

1969 年，都灵
衣着无可挑剔的卡斯泰利在画廊主吉安・恩佐・斯皮罗内（左）和艺术家约瑟夫・科苏斯（右）中间
吉安・恩佐・斯皮罗内提供

计和平面艺术杂志《多莫斯》的扶植之下，波普和设计、意大利和美国开始相互促进。正是在这样的气氛下，艾托瑞・索特萨斯对皮斯特莱托开起了善意的玩笑，打趣地介绍了这位“都灵男孩”：“一个真正的诗人，虽然在刻画我们跌宕起伏的历史时，他不及纽约的男孩们——利希滕斯坦们、罗森奎斯特们、劳申伯格们、奥登伯格们和张伯伦们——那样精确和尖刻。或许正如巴黎的一位批评家所言，这位来自都灵的男孩对色彩的运用让他的绘画充满了一种‘黄昏印象’，这种黄昏感或许是在表达些什么，但它的存在并不依赖于他使用的那些颜色：那是都灵带给人们的感受，是他百无聊赖的生活散发出的气息。虽然没有美国男孩们那么精确，皮斯特莱托在记叙他不得不说的故事时仍旧才华横溢、富有深度。”[13]与法国的杂志不同，这份米兰期刊并没有对美国显露出任何敌意，而是提倡意、美双方要相互关注，并从而建立起亲切、互补的关系。

事实上，索拿本德出于利己主义的无私和吉安·恩佐·斯皮罗内的个人活力让意大利的这家画廊成为波普艺术在美国之外的一个基地。对于像潘萨这样的收藏家来说，它的出现可谓雪中送炭，这里成了他们取之不尽、用之不竭的美国艺术宝库。“1963 年 12 月，画廊的第一场展览就是利希滕斯坦的个展。”斯皮罗内说，“潘萨开了两个小时的车，只身一人从米兰来到都灵。‘我是一个从零开始的无名小卒。’他用最谦逊低调的方式介绍了自己。他就是这样一个简单的人，善良、有灵气，没有一点架子和攻击性。他说：‘这场展览很重要，我是专门为它而来的。’不过他也承认自己还不认为利希滕斯坦能够和劳申伯格相提并论。作为一名收藏家，他对艺术有新的见解：在他之前，谁也不觉得需要去热爱自己购买的作品，那些人甚至都不一定会把艺术品放在家里，朝夕相处。1968、1969 年，潘萨会出席我们每一场观念艺术展的开幕，并且会买光展览上的每一件作品。”[14]潘萨定期穿梭于纽约和都灵两地，经常与卡斯泰利和斯皮罗内会面，并很快建立起了他令人钦佩的艺术收藏。卡斯泰利对这份收藏的形成过程是这样回忆的：“六十年代初他购买了大量劳申伯格的作品，至少有十二到十五件之多，都是很早期的作品，有几件还是旷世杰作。”（而直到 1972 年，MoMA 才接纳了第一件“混合艺术”作品。）“在那之后他迷上了利希滕斯坦，接着是奥登伯格和莫里斯，再后来是贾德和弗雷文。”[15]潘萨夫人[35]还记得他们在纽约的午餐惯例：卡斯泰利会充当“向导”，而她的丈夫则会随身携带“一只普通的牛皮纸大信封，里面装满了艺术家的资料。他会在信封上写下利奥说过的每一件事。他们俩像打乒乓球似的你一言我一语，交换着意见。我丈夫会把听到的新名字迅速记下来，之后再去看他们的作品，并像对待宝贝似的保存着那些具有历史意义的信封”[16]。潘萨本人则饶有兴致地回忆了一件具体的小事：“我为了购买劳申伯格的作品专门去了一趟纽约，在我的一再要求下，一天，利奥把我带到了他的仓库。那是一个巨大的空间，里面装满了二十世纪五十年代以来最棒的艺术杰作，简直美到了令人难以置信的程度。于是我花光了所有钱，把能买的都买下来了。那时我还年轻，手里没有多少现金。筹钱从来都不是一件容易的事情，不过即便如此，利奥还是对我非常慷慨，从来都不要求我预付定金。”⑰

很快，画廊主和收藏家的关系就变得牢固起来了。“利奥是一位真正的绅士。”潘萨继续说道，“他向艺术家和收藏家们提供帮助，确保每一件作品都会得到理想的归宿。虽然我这么评价自己不大谦虚，但我能够积累起如此优秀的艺术收藏，利奥功不可没。在认识他以前，我买过罗斯科和克兰的作品，他们是非常理想主义的艺术家，具有一种纯粹的力量。利奥的艺术家们用日常物品进行创作，表面上看来，他们像是在制造一种波普文化，实则不然。在意大利，一开始人们非常厌恶劳申伯格的艺术，还在看到那件带有一只母鸡的“混合艺术”作品《无题》（*Untitled*）[36] 时对我们冷嘲热讽。但是我们不在乎，因为我们知道那是伟大的艺术。不仅如此，我们对艺术的热爱还都与钱无关，利奥也是这样的。”⑱

潘萨的做法传递出了欧洲在第二次世界大战之后用艺术救世的宏大愿景。他评价道：“道德和物质都遭到了严重的毁灭，艺术以全新的价值体系重建了这个世界，这时，美国展现出了公民美德[37] 的真正力量。”在那时的潘萨看来，收藏美国艺术代表了一种理想主义，体现了他对一个更加美好的世界的追求，也是追寻新的时代秩序[38] 在当下的一种体现。它是一次类似于搜寻圣杯[39] 的苦旅，过程中充满了艰难险阻——其中最难以应付的部分是卡斯泰利一开始的拒绝、意大利上流社会的嘲弄、潘萨还没有完全成形的愿景和他始终都不充裕的资金。在卡斯泰利商人的外表下藏着一颗乐善好施的心，他像但丁的维吉尔一般为潘萨提供着支持，成为这位抱负远大的收藏家的摆渡人，若非如此，潘萨便不可能在他对美学的追寻中成就这样的辉煌。“潘萨的天主教信仰赋予了他远见卓识的特质。”斯皮罗内肯定地说，“在他看来，艺术与宗教神秘主义有关，也意味着一种苦难[40]，我相信没有任何人能像他那样身体力行地实践自己对艺术的信仰，同时又过着如此朴素的生活。潘萨付的钱少之又少，他总是在赊账，还要求大到不能再大的折扣。利奥之所以挣不到钱，这是原因之一。”[19]这当真是一项“为了艺术的艺术”[41]。

当卡斯泰利和潘萨的关系进入到第二个阶段，他们的角色开始发生互换。如今，画廊主不辞辛苦地支持起了收藏家的疯狂购买，他变得不再那么理智，以至于外人几乎都要怀疑他是不是跟潘萨一样也感受到了“上天的召唤”。“那时候，除了利奥没有人会接受潘萨的条件。”斯皮罗内评价道，“潘萨明明没有多少钱，还总想打折、赊账，可利奥为了鼓励他，竟然同意了这些条件。我知道画廊的现金流有多么危险。利奥老是对我说：‘你得卖钱啊，你得帮我啊，我们得同甘苦共患难。’没过多久他又会恬不知耻地打电话问我：‘吉安·恩佐，你什么时候能给我汇点钱呢？’”[20]1962年，忧心忡忡的画廊主卡斯泰利致信收藏家迪·毕欧莫，他在信中这样写道：“亲爱的潘萨，我几天前收到了您的支票，非常感谢。劳申伯格估计很快就会再完成一张作品。自从您来过以后，他的创作进展很大……我挑了几张最为重要的作品，并附上了照片……伊莲娜跟您提过贾斯培·琼斯的一张《乐天派》（*Good Time Charlie*）[42]。现在这幅作品正在苏荷展出，定价3000美金——我也附了一张照片。期待6月能在米兰或威尼斯与您见面，祝您一切顺利，热诚的[43]，利奥。”[21]事实上，大家一致认为卡斯泰利的财务状况岌岌可危，连他自己几乎都不相信能够停止亏损。为了让这家企业继续存在下去，他使出了浑身解数。

潘萨之后，很快出现了另一位重要的欧洲收藏家——彼得·路德维希。一开始，他也遭到了卡斯泰利的断然拒绝，但他充足而持续的资金能够帮助这位画廊主维系他朝不保夕的财务平衡。他的收藏之路是从古典艺术和前哥伦布时期艺术（Pre-Columbian Art）[44]开始的，如今进入了波普艺术领域。据鲁道夫·泽维纳说，他“每个月都会买上几次画，每次两到三张。他是伊莲娜在巴黎的大客户，但也在科隆跟我买画，在纽约则跟利奥交易。除了巧克力巨头的身份，他还是一位艺术史学者[45]，他的学位论文写的是毕加索，每一位博物馆馆长都知道他有真材实料。所以自打他买起了波普艺术作品，大伙就开始思考或许波普艺术压根就不是垃圾。感谢路德维希，使它终于得到了艺术史学者的严肃对待。这在他开始将毕生收藏捐献给博物馆时变得尤为明显，科隆还用他的名字重新命名了一家博物馆[46]。”[22]潘萨的收藏通过吉安·恩佐·斯皮罗内与都灵联系在了一起，路德维希与杜塞尔多夫（以及后来与科隆）的纽带则是由一位同样富有创新精神的青年建立起来的。他就是1959年曾在第二届卡塞尔文献展（Kassel Documenta）中担任秘书长的鲁道夫·泽维纳。“伊莲娜让我们第一次与波普艺术产生了联系。”泽维纳解释道，“我是在巴黎认识她的，那时她刚成立了一家画廊。我看了她的第一场展览，并很快成为她最早的客户之一……认识利奥之前我已经在跟伊莲娜做生意了。”[23]

“‘好的，我要买这张利希滕斯坦。这是我在科隆的地址，你把画运到这里就行！’”——按照伊莲娜的说法，彼得·路德维希与索拿本德画廊的交往就是这样开始的。“‘行。’我说，‘我一接到您的支票就会把画运过去。’路德维希没有得到贵客的待遇，但他并未因此感到不悦，反而笑了起来。他喜欢我的回答，因为他发现我根本不知道他是谁，也没有想要狠宰他一笔或者坐地起价的意思。第二天他就送来了支票，我们也变得非常要好。后来我有很长一段时间都没有他的消息，直到一年夏天他安排我们在慕尼黑见面，想要聊一聊贾斯培·琼斯。他开始为了一张国旗跟我讨价还价。我对他说：‘我真不懂，咱们都已经说好价格了，现在你怎么又反悔了呢？’他说：‘你不知道今年夏天的生意有多难做！巧克力都热化了，我们损失了一大批库存。行市不好，现在我真买不起这么贵的画。你就不能给我打个折吗？’于是我降低了价格，他买下了那张画，事情就是这样的。”[24]

不过，在大多数情况下，路德维希都会直接支付画款，也不还价。有时，他甚至还会出高价购买作品。鲁道夫·泽维纳回忆说：“那是在纽约的一天，我和路德维希去罗伊·利希滕斯坦在包厘街的工作室看望他。彼得看见了罗伊1962年的一张老画，那张著名的女孩[47]。他想买下来，但罗伊说：‘这张画我现在不能卖，它归我太太所有。’这时利奥高声叫道：‘不行，不能卖你。’于是彼得问：‘假设卖的话价格是多少？’‘哦，我估计 4 万美金吧。’利奥回答。于是，彼得用足够罗伊听见的音量假装低声说道：‘我出 8 万！’接着他转过身望向罗伊，说：‘听着，如果这张画归你太太，那我就先出个价。我可以给你 8 万，我们把这笔钱存到瑞士，相当于一份保证金。’路德维希一举将市场价提高了一倍，交易就这么达成了。后来我问路德维希：‘你怎么能这么干呢？你这是在扰乱市场，根本不能让价格涨得这么快啊！’‘别担心。’他说，‘现在罗伊的画全都值 8 万了。不过记住我的话，十年之后，这张画要比现在贵得多。他是一位美国画家，生长在美国文化的土壤之中，美国人终究会承认自己的艺术，并会在今后的十年为它们埋单。’结果是，罗伊的画在一夜之间价格飞涨，不仅如此，他还给鲍勃·劳申伯格打了电话，告诉了他路德维希买画的事情，鲍勃随即也涨了价，接着是贾斯培。拜路德维希所赐，一天之内所有人作品的价格都翻了一番！”㉕

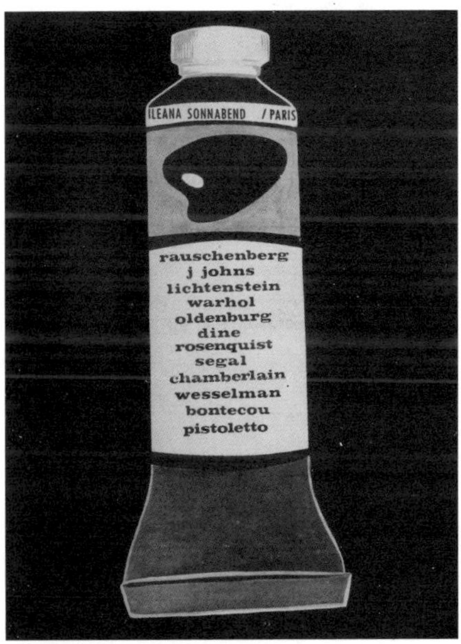

巴黎，索拿本德画廊，新一代的展览海报

索拿本德画廊提供

继瓦雷泽的潘萨和科隆的路德维希之后，阿姆斯特丹的德·怀尔德、里尔宁和汉马赫，斯德哥尔摩的哈滕，伯尔尼的史泽曼，伦敦的鲍内斯（Bowness）[48]和罗伯逊[26]也纷纷加入——许许多多欧洲博物馆都在六十和七十年代建立起了一流的美国艺术收藏。与此同时，为了让艺术家们获得更多曝光的机会，巴黎的索拿本德画廊又革新性地购买起了路灯广告（因为相对便宜，巴黎的美术馆也曾采取类似的广告策略），而来自法国人的敌意也从未中断过。“2月的一天，”拉斐尔·索林回忆道，“我独自一人待在画廊，当时是劳申伯格的展览，庞蒂斯·哈滕后来为现代艺术博物馆购买的那件带有一只山羊的《姓名缩写》也在展出。一整天连个人影也没有出现，突然一个男人走了进来，看了一眼那只山羊，鄙夷地往地上吐了口唾沫，接着就昂首阔步地走了出去！”[27]

从那时起到六十年代末，被索拿本德画廊激活的那张欧洲关系网开始变得松散，他们不可多得的垄断地位也逐渐有所动摇。卡斯泰利解释道：“我卖给伊莲娜，伊莲娜再卖给斯皮罗内，卖什么不卖什么都由她决定。”“但由于美国方面的困难（我自己的财务危机），慢慢地，我为了生存，开始直接卖东西给斯皮罗内。他应该占了我销售总额的一半，至少也有三分之一。所以我开始直接同两三个欧洲画商交易，这在过去是从未有过的情况。”[28]即便没有这些困难，历史还是同利奥开了一个惊人的玩笑——作为一名出生在欧洲地震断裂带上的奥匈帝国犹太人，卡斯泰利的前半生颠沛流离，他在法西斯的肆虐下被迫辗转，从意大利到罗马尼亚，后来又去了法国。在他抵达美国还不到三十年的时候，卡斯泰利就为了满足“欲壑难填”的路德维希和神秘主义者潘萨，在法西斯主义曾经的两座老巢建立起了全世界最大的美国艺术收藏，并从而为欧洲创造了一套崭新的文化生态系统。

托妮与卡斯泰利宠爱的大麦町犬帕迪

让-克里斯托弗·卡斯泰利提供

[27] 法国导演亚伦·雷奈（Alain Resnais）导演的一部超现实主义电影。

[28] 英国画商，历史上最具影响力的艺术商人之一。

[29] 美国艺术史学者，文艺复兴艺术专家，他凭借自己的权威帮助杜文恩实现了与许多重要的收藏家的交易。

[30] 指 1800 年以前的欧洲绘画。

[31] 美国银行家、商人、实业家、慈善家、艺术收藏家和政治家。

[32] 约翰·皮尔蒙特·摩根（John Pierpont Morgan），美国金融家、银行家，控制了美国十九世纪末、二十世纪初的企业融资和产业整合领域。

[33] 意大利建筑家、设计师，工作涵盖家具、珠宝、玻璃、灯具等各个领域。

[34] 即《好吧，老大，好吧！》（*Okay Hot-Shot, Okay!*），利希滕斯坦 1963 年创作的布面油画。

[35] 原文为意大利语：Signóra。

[36] 劳申伯格 1954 年创作的一件混合艺术作品，后被潘萨收藏。

[37] Civic virtue，指公民为了公共利益而保持的一种文明习惯，往往以牺牲个人的利益为代价。

[38] 原文为拉丁语：novo ordo seculorum。

[39] 圣杯是公元 33 年耶稣受难前在逾越节晚餐上使用的葡萄酒杯，它因为这个特殊的场合而被赋予某种神奇的能力和绝无仅有的意义，后来却下落不明。千百年来，人们一直在苦苦搜寻这个圣杯。

[40] 在基督教的教义中，耶稣为救赎世人受难，而基督徒必须效法耶稣在生命中遭受苦难。

[41] "为了艺术的艺术"是 19 世纪初出现于法国的一句口号，认为艺术的内在价值和真正的艺术不应当有任何说教道德或功利的目的，也被用于指代那些跟随内心指引能够自我驱动的人。

[41] Good Time Chavley，原文错写为：Good Time Charlie。琼斯 1961 年创作的一件布面热蜡画拼贴作品，现为英国艺术家马克·兰开斯特（Mark Lancaster）私人收藏。

[42] 琼斯 1961 年创作的一幅布面油画。

[43] 原文为意大利语：molto cordialmente。

[44] 指哥伦布（Columbus）发现新大陆（十五世纪末至十六世纪初）之前的美洲视觉艺术。

[45] 彼得·路德维希是德国美因兹大学（Mainz University）的艺术史博士。

[46] 1976 年，由于路德维希夫妇的慷慨捐赠，瓦尔拉夫－里夏茨博物馆（Wallraf-Richartz Museum）的二十世纪艺术馆藏与该馆分离，更名为路德维希博物馆（Museum Ludwig）。

[47] 或为利希滕斯坦在 1965 年创作的著名油画作品《可－能》（M-Maybe）。这是开尔文·汤姆金斯在《罗伊·利希滕斯坦：带有蓝色笔触的绘画》（"*Roy Lichtenstein: Mural with Blue Brushstroke*"）中的记叙，它本是艺术家的私人收藏，不打算出卖。1965 年路德维希想要购买这件作品时，它市场价应为 6000 美金，利奥·卡斯泰利要价 12000 美金，而路德维希则出价 3 万美金完成了交易。如今这件作品收藏于科隆的路德维希博物馆。

[48] 艾伦·鲍内斯（Alan Bowness），英国艺术史学者，曾任泰特美术馆馆长。

① 平卡斯－威腾及拉贡，《致敬》，摘自《索拿本德收藏展》（波尔多：Musée d'Art Contemporain, 1988年出版），86页。

②《艾伦·所罗门致伊莲娜·索拿本德》（"Alan Solomon to Ileana Sonnabend"），1964年8月4日，艾伦·所罗门文献，美国艺术档案馆，华盛顿哥伦比亚特区。

③ 关于这个话题，请参阅加里·O. 拉森（Gary O. Larson）的《不情愿的赞助人——美国政府与艺术 1943—1965》（*The Reluctant Patron: The United States Government and the Arts 1943—1965*）（费城：University of Pennsylvania Press，1983年出版）、查尔斯·A. 汤普森（Charles A. Thompson）与沃尔特·H. C. 拉夫斯（Walter H. C. Laves），《文化关系与美国外交政策》（*Cultural Relations and U.S. Foreign Policy*）（布卢明顿：Indiana University Press：1963年出版），另见爱娃·考科罗芙特（Eva Cockcroft），《抽象表现主义：冷战的兵器》（"Abstract Expressionism: Weapon of the Cold War"），摘自《艺术论坛》杂志（1974年6月刊）：39—41页。

④ 艾伦·所罗门文献，美国艺术档案馆。

⑤《庞蒂斯·哈滕致利奥·卡斯泰利》（"*Pontus Hulten to Leo Castelli*"），1962年1月22日，"四个美国人"展文献，F1：14号文件盒，利奥·卡斯泰利画廊记录，美国艺术档案馆。在接下来的一封写于1962年4月9日的信中，哈滕补充说美术馆得到了一份政府津贴：参见池上裕子，《错位：1964年前后罗伯特·劳申伯格与现代艺术的美国化》，递交给耶鲁大学研究生院的博士论文，2007年5月，157页。

⑥《伊迪·德·怀尔德致艾伦·所罗门》（"Edy de Wilde to Alan Solomon"），1964年5月14日，艾伦·所罗门文献，美国艺术档案馆。

⑦《尤多·库尔曼致艾伦·所罗门》（"Udo Kultermann to Alan Solomon"），1964年5月22日，艾伦·所罗门文献，美国艺术档案馆。

⑧ 卡斯泰利与潘萨通信，1959年6月7日、15日；1960年1月30日，4月15日、23日，9月26日；1961年3月20日，潘萨·迪·毕欧莫文献，盖蒂基金会（Getty Foundation），洛杉矶。

⑨ 利奥·卡斯泰利访谈，保罗·卡明斯采访，纽约，1969年6月18日，美国艺术档案馆，华盛顿哥伦比亚特区。

⑩ 朱塞佩·潘萨·迪·毕欧莫访谈，作者采访，米兰，2007年6月27日。

⑪ 吉安·恩佐·斯皮罗内访谈，作者采访，纽约，2007年5月14日。

⑫ 吉安·恩佐·斯皮罗内访谈，作者采访，纽约，2008年3月24日。

⑬ 小艾托瑞·索特萨斯，《波普与非波普，关于米开朗基罗·皮斯特莱托》（"Pop et pas Pop, A propos de Michelangelo Pistoletto"），摘自《多莫斯》杂志（1964年5月刊）：32—35页。

⑭ 吉安·恩佐·斯皮罗内访谈，作者采访，纽约，2008年2月25日。

⑮ 利奥·卡斯泰利访谈，保罗·卡明斯采访，美国艺术档案馆。

⑯ 朱塞佩·潘萨·迪·毕欧莫访谈，作者采访，米兰，2007年6月27日。

⑰ 同上。

⑱ 同上。

⑲ 吉安·恩佐·斯皮罗内访谈，作者采访，米兰，2007年6月27日。

⑳ 同上。

㉑《利奥·卡斯泰利致潘萨·迪·毕欧莫》（"Leo Castelli to Panza di Biumo"），1962年3月22日，利奥·卡斯泰利文献，美国艺术档案馆，华盛顿哥伦比亚特区。

㉒ 鲁道夫·泽维纳访谈，作者采访，柏林，2007年7月2日。

㉓ 同上。

㉔ 伊莲娜·索拿本德访谈，作者采访，纽约，2005年11月25日。

㉕ 鲁道夫·泽维纳访谈，作者采访，柏林，2007年7月2日。

㉖ 据詹姆斯·麦耶回忆："白教堂美术馆的布莱恩·罗伯逊极为重要，他是英格兰唯一一位会做这类艺术的人，14年来只此一人，他是个难得的好人，只是从不宣传自己。他在1969年离开了我们。"

㉗ 拉斐尔·索林访谈，作者采访，巴黎，2008年2月19日。

㉘ 利奥·卡斯泰利访谈，保罗·卡明斯采访，美国艺术档案馆。

25—“波普艺术的斯文加利（Svengali）[1]”

波普艺术对当下而言合情合理，跟哥特式教堂外墙的圣人像对我们祖先的意义是一样的。①

——约翰·卡纳代（John Canaday）[2]

罗伊·利希滕斯坦画中楚楚可怜的姑娘们洒落的泪光[3]让德国人和意大利人——以及紧随其后的瑞典人、荷兰人、丹麦人、英国人、瑞士人和比利时人——相继拜倒。他们总算能够欣赏克莱斯·奥登伯格的汉堡包和巨大的口红了。他们绞尽脑汁地对鲍勃·劳申伯格画中散文诗一般的意境进行破译，为贾斯培·琼斯的国旗欢呼雀跃，这时，一个好斗的法国人却在巴黎将一口唾沫啐向了《姓名缩写》中的山羊。与此同时，卡斯泰利因为 1964 年的双年展在纽约出尽了风头。在那个媒体日渐强大的时代，他越发精于利用和操纵媒体的关注。自从肯尼迪总统在 1963 年遇刺之后，美国进入一个全面改革的阶段。在一位海外评论人士的眼中似乎——"已故总统原本打算实施的计划如今（成为）一份神圣的国家遗产，仿佛全体美国人都对达拉斯的那场悲剧负有责任……复兴罗斯福精神的呼声强烈起来，它不仅符合民意，还获得了国会和白宫的支持……美国正在蓬勃发展。那些三十年前还被认为是白日梦或纯粹劳民伤财的改革，如今已经可以获得批准了。这个国家正在向一项对富人极为有利的'新政'[4]敞开怀抱。"1964 年 5 月 22 日，在密歇根大学发表的一场演说中，林登·约翰逊（Lyndon Johnson）[5]公布了他的"大社会"（Great Society）[6]计划，称这份计划将"建立在人人富足、全民自由的基础之上，并彻底消灭贫穷和种族歧视"[②]。

在"大社会"的感召下，"似乎万事皆有可能"。从未如此意气风发的利奥·卡斯泰利也按捺不住内心的冲动，不断超越着艺术世界的期待。他曾开了向艺术家按月支付薪金的先河；曾与 MoMA 和犹太博物馆这样的机构建立起合作双赢的关系；曾在威尼斯偷取圣火[7]，并激发了欧洲博物馆对波普艺术的兴趣，如今，他正着手改变纽约画廊开幕的惯例——一场终极颠覆即将上演！"直到 1964 年，"伊万·卡普解释道，"画展的开幕都是在周二晚间举行的。不过有的艺术家在城里没有什么朋友，参加开幕的可能就只有利奥、我、艺术家本人和他的女朋友。改到周六之后，我们每次都要接待四五十个人！"[③]格蕾丝·格洛克（Grace Glueck）[8]在《纽约时报》上介绍了那个"艺术展开幕的旺季。每年，纽约的画廊和美术馆都会通过这种喧闹的仪式推出大约 5 万件新作"。她调皮地用近似于人类学家的客观冷静地划出了“一块被麦迪逊大道北段一分为二的狭长地带。这座城市大约有三百家画廊，绝大多数都散布在曼哈顿岛上的这块阳春白雪之地。从现在开始直到5月底，平均每周都会有三十到四十个展览（在这里）开幕……（活动的）类型包括能够吸引艺术界顶层人物的大型博物馆狂欢、供名人和‘钱卫人士’[9][东五十二街以北的前卫艺术家]小酌香槟和苏格兰威士忌的时髦派对，还有用纸杯向艺术‘底层’[十四街以南的知识阶层]的新潮分子供应劣质红酒的简陋外围聚会”。她在这篇文章中对卡斯泰利的创新大加赞扬。在配图中，一位高贵的女士背对着镜头，她正仔细玩味着一幅利希滕斯坦的画作，手里还牵着一只贵宾犬。照片下的说明写着：“购物者的节日——利奥·卡斯泰利改革了画展开幕，将它变成了一场在周六全天进行的活动，从而吸引了买画的、逛街的和遛狗的。”④

《波普艺术是什么？》（“What is Pop Art?”）、《反感知力绘画》（“Anti-sensibility Painting”）、《波普艺术畅销不衰——为什么？》（“Pop Art Sells On and On—Why?”）——1964年的秋天，出现了一大批诸如此类的文章，替尚不了解美国当代艺术的民众提出了入门的问题。一个愤世嫉俗的声音讥讽道：“无论波普是否能被算作是一种新的艺术，又是否会持续下去，它都为人们提供了一种可以追逐的新潮流。”而一个更为诚恳，或许也更具预见性的声音则给出了不同的解读：“无论波普艺术是什么……它都已经到来了。所有迹象都显示它的热度至少会维持一段时间……皈依于它的信众已经不容小觑，至少在数量上的确如此。”⑤批评家们对波普艺术普遍显露出了强烈的敌意。列奥·施坦伯格就记得，在1962年12月由MoMA主办的一场专题研讨会上，六位参会成员中有四位都拒绝对波普艺术予以认可。不过，作为波普艺术最大的支持者，画廊主卡斯泰利却受到了媒体的高度关注，这最为有力地证明了波普正在艺术世界大行其道的事实。毋庸置疑的是，卡斯泰利的个人魅力显然发挥了一些作用。或许你还记得伊万·卡普的评论：“画廊里总是弥漫着某种浪漫的味道，气氛很是暧昧。”“不仅如此，我们对谁都十分热情。利奥完全是为交际而生的。”⑥“利奥永远彬彬有礼，”按照收藏家唐纳德·马龙的说法，“他有一套待客之道，会将你迎进门，带你了解作品，却不会让你有听人说教的感觉。此外，因为画廊往来无白丁，这里还是一个你总会想要多待上一会儿的地方。在其他画廊，前去看展的观众看完就会离开，利奥的画廊则不同，看完展览，人们会留下来聊天：有收藏家、画商，还有博物馆的策展人。”[7]经过一定时间的培养，去看艺术变成了一种体验，是去参与那个由卡斯泰利扮演的角色张罗起来的一场盛大演出。恰恰是在这个时期，沃霍尔的创作中开始出现名流和标志性的图像，这当然不是一个巧合。从这时开始，媒体关注的焦点便不再是艺术，也不是艺术家，而是画廊主本人了。《纽约时报》的一份详尽报道不仅将卡斯泰利和卡普介绍为十年来最密不可分也最家喻户晓的一对拍档，更披露了“波普艺术的斯文加利”[8]在公众心目中具有的分量。

1965年，纽约，劳申伯格工作室中的派对
卡斯泰利与（从左至右）杰拉德·马兰加、罗伊·利希滕斯坦和安迪·沃霍尔
背景中站在沃霍尔和卡斯泰利之间的人是伊万·卡普
摄影：鲍勃·阿德尔曼

这篇文章描绘的一幕像极了华纳兄弟（Warner Bros.）出品的某部老电影中的场景，甚至到了会让有些读者感到鲍嘉（Bogart）[10] 即将登场的程度。

> 下午三点左右，东七七街出现了两个步履匆匆的男人，他们提着一只鼓鼓囊囊的灰色脏布包，像是那种用来装沙金的口袋，或是某个落网的飞贼留下的赃物。其中一个男人个子不高，身材瘦削，他的穿着整洁时髦，有酷似啮齿类动物的面容，而且还是一只机智、敏感的啮齿类动物，小心翼翼地躲避着被捉去进行科学实验的厄运。另一个男人比他年轻、身材也更高大壮硕，他穿着一件十分张扬的红色的马甲，长着一张娃娃脸。那个脏兮兮的灰色口袋快活地在他手里摇来摆去。
>
> 矮个的男人敏捷地把头凑到包旁。“小心。”他发出警告。
>
> 娃娃脸大笑起来：“别担心，人在包在。”
>
> 两个男人向莱克星顿大街拐去，顺着马路东侧向北走过半个街区，便低头钻进了一个入口，他们爬了几层楼，推开一扇门，门上写着：“鲁道夫·格拉内克（Rudolf Granec）——绘画修复专家”……格拉内克已经在等候他们的到来了……
>
> 二人审视着一张画作，样子就像一个考虑要不要刮胡子的男人正对着镜子端详自己的面容。终于，高个子上前一步，把艺术家本人千挑万选的那只脏兮兮的口袋挂上了滑轮。晾衣绳瞬间绷得紧紧的，那个装着沙子的口袋垂落下来，但没有接触到地面。艺术家刻意营造出的一种紧张感不言而喻。
>
> “完美。”娃娃脸说。他是伊万·卡普，利奥·卡斯泰利画廊的总监。
>
> “齐了[11]。”矮个子利奥·卡斯泰利说。那个口袋使这件立体的“混合艺术”作品完整了。这件罗伯特·劳申伯格的《画室绘画》（*Studio Painting*）[12] 已经以 18000 美金的价格售出，如今终于可以交付给买家了。⑨

如此频繁的曝光不仅带来了关注和赞赏，也自然会招致嫉妒。很

25—“波普艺术的斯文加利（Svengali）” p. 510——511

快，画廊大家庭内外就都出现了紧张的空气。两年前，随着利希滕斯坦和沃霍尔先后加入，卡斯泰利画廊开启了它的波普之旅，并迅速成为媒体争相报道的文化现象。但对于一个曾经推出了贾斯培和鲍勃等一批“老大师”的画商而言，这样的转变实在太过突然。“你为什么要把那种东西展出来呢？”劳申伯格曾经在 1961 年的一场群展上指着利希滕斯坦的一张作品抱怨。“只是试试水。”画廊主小心翼翼地回答。“只要有新的画家出现，利奥都有一个习惯。”列奥·施坦伯格回忆说，“他会把画挂在办公室里，只有朋友们能看得见，也会给他意见。我至今仍记得罗伊·利希滕斯坦挂在那里的第一张画，我还写了关于它的文章呢！”[10] 这样的“试水”收获的并非始终都是鼓励。“罗伊刚刚出现在这里时，除了利奥和我本人，只有少数几个人为他的作品感到震惊和着迷，基本上就只有罗伯特·罗森布拉姆和萨尔·斯卡皮塔（Sal Scarpitta）[13] 他们俩。”伊万·卡普回忆说，“最后，我们总算把罗伊的一张画挂进了展厅。不过他的作品涉及广告和漫画，因而显得十分另类，这一点是毫无疑问的。后来，连把这样的作品挂进画廊的想法都遭到了激烈的反对。艺术家、批评家、收藏家、策展人，几乎整个世界都对他不以为然。”《他是美国最烂的艺术家吗？》（“Is He the Worst Artist in the U.S.?”）——1964 年 1 月 31 日，《生活》杂志抛出了这样一个带着问号的标题，有意让人联想起这本刊物十五年前对波洛克大肆赞扬的文章，从而制造出强烈的反差：“在美国一些最具知名度的批评家和广大普通观众看来，上面这个问题的答案会是一个响亮的‘是’。其余的人则坚持认为他根本连艺术家都算不上；他画的那些放大了的连环画、低劣的广告和复制品，不过是对陈词滥调的无聊抄袭。不过，有一批同样坚定的批评家、博物馆官员和收藏家认为利希滕斯坦的波普艺术‘精彩绝伦’‘充满力量’‘美妙动人’。利希滕斯坦的作品或许极具争议性，但他的用意绝对不止于此。他的绘画对艺术造成了极大的冲击。躁动不安的批评界将利希滕斯坦的作品团团围住，而这正是他乐于见到的局面。这个少言寡语、与人为善的四十岁男人完全清楚自己会因为作品的主题和绘画的风格遭到指责。可连他本人都没有想到的是，他在两年前才刚刚举办了自己的第一场波普艺术展览，现在就能以每张 4000 美金的价格卖光所有作品，他本人也在艺术世界红极一时。”⑪

“戴眼镜的现代主义建筑设计大鳄”菲利普·约翰逊等收藏家，以及像杜尚、达利这样殿堂级的艺术大家都对利希滕斯坦产生了浓厚的兴趣，伊莲娜·索拿本德也对利希滕斯坦在新泽西的工作室进行了一番探访，这些都打消了卡斯泰利最初的疑虑。虽然他也具有本能的冲动，但始终都与前妻不同——“与其冒险，他更希望达成共识”⑫。《玩球的女孩》（*Girl with Ball*）[14] 的简约，或是《看啊米奇，我钓到了一条大鱼！！》[15]（*Look Mickey, I've Hooked a Big One!!*）中渔民唐老鸭得意洋洋的骄傲劲头很快就成为这家画廊的名片。事实证明，卡斯泰利和利希滕斯坦的联盟为所有利益相关者带去了丰厚的回报，这无疑坚定了利奥的决心。“1962 年，我在卡斯泰利画廊观看利希滕斯坦展览的时候，”教授兼批评家罗伯特·罗森布拉姆承认，“我完全没有办法把它同这位艺术家 1954 年在海勒画廊（Heller）[16] 的展览联系在一起……加盟卡斯泰利之后，他的创作发生了极大的变化，他仿佛获得了一次重生……卡斯泰利画廊像是一家沙龙，也像是一场茶话会，艺术家们在这里相互了解、熟悉。我记得自己就总会去那里坐上一会儿，聊聊天。”⑬销售上的意外成功主要归功于利希滕斯坦奇高的创作效率。这名艺术家每年通常都能卖出十八至二十五张绘画，每一张都价格不菲。到了 1990 年，他的《对〈艺术家工作室〉的思考》（*Reflections on "The Artist's Studio"*）[17] 卖到了 160 万美金；全年所有作品的销售总额高达 800 万美金，而卡斯泰利则分到了他应得的 80 万美金。

利希滕斯坦本人始终毫不掩饰自己对卡斯泰利的感激之情：“在利奥的帮助下，我至少买得起画布了。他还为我提供了一个良好的学术环境。我从不会感觉自己有任何要去重复创作的压力，或者必须为了迎合市场停滞不前。”⑭利希滕斯坦具有温柔的个人魅力，他雄鹰一般的侧脸上始终带着微笑，他对艺术具有广泛的了解，想象力也非常丰富，于是渐渐赢得了画廊主卡斯泰利的赏识。他的妻子多萝西（Dorothy）[18] 才思敏捷、声音沙哑，拥有不可多得的优雅气质，是罗伊形影不离的伙伴。他们很快就与卡斯泰利夫妇成了亲密的朋友。利希滕斯坦的创作正是在这样一个琴瑟和鸣的联盟中诞生的，作品的想象力和深度都随着时间的推移不断提升。“如果你只懂得单纯的重复，那么它就是陈词滥调。”关于他的画作带给艺术世界的冲击，利希滕斯坦给出了这样的解释，“可如果你能对它稍加改动，让它在绘画中发挥一些其他的作用，它或许就可以让观众产生一种似曾相识的感受。”⑮贯穿二十世纪七十年代，利希滕斯坦作品的销售成绩始终不断蹿升，再加上他的产量十分可观，他很快就成为画廊经营下去的支柱。作为一份绝无仅有的回报，画廊则一如既往地向这位艺术家提供着家庭般的温暖。“利奥是一个惊人的混合体。”罗伯特·斯托尔（Robert Storr）[19]说，“他从来都没和任何一个艺术家签过合同，但也从来都没让任何一个人失望过。无论发生了什么，他都会付钱给他们。我认为罗伊是对他忠诚度最高的艺术家，贾斯培应该也是。卡斯泰利之所以能够如此成功，是因为他同时具有广阔的全球视野和与欧洲的联系。这一点至关重要。”⑯

那些年，卡斯泰利在团队的帮助下成为“二十世纪下半叶的沃拉德”，并为自己创造了一个新的角色——“艺术家的合作者”。《记录报》[20]在这时将他誉为“波普艺术的斯文加利”，这是否算是一个恰如其分的名号呢？安迪·沃霍尔进入卡斯泰利画廊的时间要比利希滕斯坦晚上几年，过程也更加坎坷。卡斯泰利与沃霍尔的相处一开始就不大自在。他们的接触很大程度上依靠的是伊莲娜·索拿本德的直觉和主动，与劳申伯格和利希滕斯坦当初的情况如出一辙。伊莲娜总是能跟青年艺术家们打成一片，发现艺术新星的眼力也比卡斯泰利敏锐。1959年，天赋异禀的商业插画师沃霍尔还是一个年轻人。他在十年前从匹兹堡来到纽约，而今却整日在孤独中郁郁寡欢，卡在了死胡同里。他经常出入卡斯泰利画廊，对琼斯和劳申伯格青睐有加，他购买过他们的作品，也执拗地（徒劳地）向伊万·卡普推销着自己的创作。当他以收藏家的身份出现在画廊时，索拿本德一眼就看出了沃霍尔作为一位艺术家的潜质。不仅如此，她还能够理解他的内心。她十分喜爱他那些“画鞋子、可乐瓶和航空邮票的精美纸本”，对他在这座城市中的孤立无援也感同身受。

“他告诉我他没有朋友。我会定期打电话给他，我们总会去四十二街的一个投币游乐场玩，那里到处都是‘妖怪’，比如有个穿着精致燕尾服的绅士让跳蚤们在一张铺着绿毡的大桌上跳舞，就像赌场里的那种桌子。那个男的手里拿着一支金色的镊子，他会打开盒子，然后呼唤每只跳蚤的名字：‘来吧，出来呀，罗西。罗西！’”⑰

卡斯泰利错过了率先捧红沃霍尔的机会。这究竟是由于画廊主的抗拒，还是艺术家的脆弱呢？“我告诉安迪他看上去和利希滕斯坦十分相似。”卡斯泰利回忆道，“所以，我不能让两个创作方向一致的艺术家在画廊发生内斗。这让他很痛苦。我问他还有没有别人对他的作品感兴趣，他说埃莉诺·沃德有这个意思。于是我说：‘那你就去埃莉诺·沃

纽约，东七十七街4号
六十年代，各类名流都在赞颂这位“波普艺术的斯文加利”
在这张照片中，萨尔瓦多·达利在参观画廊时正借助他传奇一般的手杖对贾斯培·琼斯的一张作品评头论足
摄影：鲍勃·阿德尔曼

德那吧，你在我这会有冲突的，在她那则会很开心。她别提多想让你去了。’于是他很不情愿地去了，不过后来我发现先前对他的理解完全是错误的，最后他还是回到了我这。”[18]当卡斯泰利承认了自己判断失误，沃霍尔便也没有怀恨在心——他就是这么想要让自己的作品出现在卡斯泰利的光环之下。这个艺术史上极有意思的悖论值得我们花上一点时间去探讨。1960 年，沃霍尔觉得自己被画师的身份捆住了手脚。在美国，他的许多前辈就是这样沦落成了“画广告牌的人”。十九世纪和二十世纪的美国在本质上是一个极其庸俗的社会，画家的地位至多只能与匠人齐平，这扼杀了他们的激情。所以当沃霍尔不顾一切地想要接近卡斯泰利时，实际上是在向他求救，希望他能将自己从边缘的处境中拯救出来。只有屈指可数的几个欧洲传统的践行者才有能力帮助他摆脱困境，因为他们只认可真正的艺术家，而这种认可正是人们判断一个艺术家是否值得尊重的绝对标准。沃霍尔的呼救恰巧发生在这位画廊主致力于提升美国艺术家总体地位的过程之中，而沃霍尔作品表达的恰恰又是卡斯泰利力求传达的信息。于是我们不禁要问，卡斯泰利为何会对这样一位艺术家的恳求置若罔闻呢？作为一名素养极高的专业人士，卡斯泰利的辩解有足够的说服力吗？抑或只是在粉饰他的死穴：无法同一个如此招摇的同性恋者自在相处？（毕竟利奥是一个宗教信仰坚定的异性恋者，并以此为荣。）也有可能是因为沃霍尔的艺术不如琼斯和斯特拉来得优雅，无法像他们那样与卡斯泰利擦出能够传为佳话的火花。或许这就是症结所在，虽然在如今的观念艺术领域，沃霍尔已经被认定为是在约翰·弗伦奇·斯隆和大卫·霍克尼（David Hockney）[21]之间承上启下的一个重要人物。

卡斯泰利并没有花什么力气去弄懂沃霍尔对认可的渴望，也没有发现这个一触即发的天才艺术家在对媒体、名人和消费主义的迷恋背后潜藏着的智慧。卡斯泰利同样不能理解的是沃霍尔在东四十七街 231 号的“工厂”（Factory），他正在那间完全被银色包裹的工作室里不断用丝网进行着探索，还开启了一种全新形态的集体创作。他将艺术家的身份赋予了一群跟他处境相同的“圈外人”，透过他们的眼睛观察这个世界，并像吸血鬼一样将他们变成自己的追随者。“那里汇集了所有关于沃霍尔的传说。”拉斐尔·索林写道，“镜球。宿醉的沙发。强壮的小个子［杰拉德·马兰加（Gerard Malanga）[22]］。‘哈啰。’安迪走了进来。安迪又走了出去。安迪——‘卢米埃尔（Lumière）[23]与杜尚的私生子’。”[19]托马斯·克劳（Thomas Crow）[24]极具洞察力地对“工厂”的精神进行了探讨：“通过对消费符号的肤浅空洞进行戏剧性的放大，沃霍尔创作出了最震撼人心的绘画。换句话说，大批量生产的图像（是）欲望的载体，而沃霍尔在痛苦和死亡的现实下将它们的贫乏暴露无遗。他这一类型的作品包括最负盛名的肖像系列——《玛丽莲·梦露》。这组作品不仅是在赞美这颗陨落的明星，也是在感伤他们共有的名流身份。”[20]

画廊主欧文·布拉姆是演员出身，他具有令人印象深刻的浑厚嗓音，总是把莎士比亚式的弯眉描得很深。他与策展人沃尔特·霍普斯（Walter

1964年，纽约，安迪·沃霍尔“工厂”中的大派对
利奥与托妮·卡斯泰利（第二排左侧）、戴着墨镜的亨利·盖尔扎勒（前排右侧）、艾伦·所罗门和凯·比尔曼（最右）

摄影：乌戈·穆拉斯

Hopps）[25] 在洛杉矶共同管理着一家名为费鲁斯（Ferus）的画廊。这家画廊是霍普斯与画家爱德华·基恩霍尔茨（Edward Kienholz）[26] 及诗人鲍勃·亚历山大（Bob Alexander）[27] 于 1957 年创办的。霍普斯英俊、聪慧、博览群书，是难得一见的人才。克里斯托夫·德·梅尼尔热情地称他为“一位出色的演讲者，非常大胆，也非常顽固；他极具洞察力，是一个真正的天才，最最重要的是，他是艺术家们非常敬重的人”[21]。沃霍尔的作品很快就征服了这家画廊的两位总监，并且，他们在 1972 年 6 月为沃霍尔举办了第一场展览。“我在他纽约的工作室里看到《金宝浓汤罐头》（*Campbell's Soup Can*）[28] 系列的时候，”沃尔特·霍普斯回忆道，“我对沃霍尔说：‘我绝对要把你的作品带到洛杉矶去展出！’安迪从没去过洛杉矶，于是便兴奋了起来：‘加利福尼亚——那可是好莱坞啊！’他坐在一堆杂志中间，屋子里满地都是乱放的杂志，根本迈不开脚。”[22] 至于布拉姆，他在通过伊万·卡普结识了沃霍尔后，便毅然决定要对整个《金宝浓汤罐头》系列进行展出：那是三十二张乍看之下一模一样的布面作品，每一张都是 6 英寸宽 20 英寸高 [29]，唯一的差别是汤罐头商标上标注的品种（黑豆、纯素蔬菜、鸡汤、牛肉胡萝卜、番茄）——它们以一种“冷酷、干净、遥远的面貌”[23]得到呈现，构成了一个整体，歌颂着美国日常生活那荒诞而恢宏的诗意。

通过几年前的播撒耕耘，卡斯泰利的艺术家们在加州开花结果，做出贡献的除了有举措大胆的霍普斯和布拉姆，还有卡斯泰利本人。是精明的他率先发现了伙伴们有在西海岸建立起一张真正的销售网络的能力。“我连一年去一次纽约的费用都负担不起。”布拉姆回忆道，“于是我去见了利奥，我说：‘我代理了许多你从没听说过的艺术家，他们都是加州人，埃德·摩西（Ed Moses）[30]、埃德·拉斯查（Ed Ruscha）[31]，还有很多。他们对贾斯培很感兴趣，但是只在杂志上见过他作品的照片。你觉得我们是不是可以整点事儿呢？’他对我说：‘贾斯培的画非常少，他画什么我都卖得掉。我这里有很多人在排队等他的作品，画廊的生意能够得以维系几乎全都是他的功劳，所以我真的帮不上什么忙。不过，你还是应该去见见他，说不定会有意外发生。’于是我给贾斯培打了电话。他的

[1] 英国小说家乔治·杜·莫里耶（George du Maurier）在小说《特里尔比》（*Trilbi*）中塑造的用催眠术控制女主人公、使其唯命是从的音乐家。

[2] 美国一流的艺术批评家、作家、艺术史学者。

[3] 利希滕斯坦 1963 年创作的一系列作品描绘的主题都是流着眼泪的年轻女性，包括《在车中》（*In the Car*）、《无药可救》（*Hopeless*）和《溺水女孩》。

[4] 说它是"富人的新政"原因有二：一方面是在肯尼迪遇刺后继任的林登·约翰逊是美国历史上最富有的总统之一；另一方面，约翰逊继承了"罗斯福新政"的衣钵，鼓励美国人民"向贫穷开战"，共同走向富裕。

[5] 美国政治家，曾任第 37 任美国副总统，肯尼迪遇刺后成为第 36 任美国总统。

[6] 林登·约翰逊提出的社会构想和施政纲领，称美国"将成为一个没有孩子挨饿、每个学童都有学上的社会，一个战胜了种族主义和不公正这两大古老恶魔的社会；最重要的是，这将是一个国家能创造公正、提供机会的社会"。为了实现这一目标，政府把大规模赤字财政作为经常性的政策，以降低失业率、促进经济增长和减少贫困。

[7] 古希腊神话中，火是神圣不可侵犯的，宙斯禁止人类用火，普罗米修斯从天上偷取火种带回人间，使人类的文明得以进步。

[8] 美国艺术记者，二十世纪八十年代《纽约时报》的艺术编辑。

[9] 原文为：Solvent Garde，与前卫艺术（Avant Garde）发音近似，意为能够付得起账单的前卫艺术家。

[10] 亨弗莱·鲍嘉（Humphrey Bogart），美国男演员。

[11] 原文为法语：Voilà。

[12] 劳申伯格 1960—1961 年创作的一件"混合艺术"作品。

[13] 即萨尔瓦托·斯卡皮塔。

[14] 利希滕斯坦 1961 年创作的一张布面油画作品。

[15] 利希滕斯坦 1961 年的另一张布面油画作品。

[16] 纽约的约翰·海勒画廊（John Heller Gallery），曾在二十世纪五十年代初多次为利希滕斯坦举办个展。

[17] 利希滕斯坦 1989 年创作的一张布面油画作品。

[18] 多萝西·赫兹卡（Dorothy Herzka）。

[19] 美国策展人、批评家、画家和作家。

[20] 英文为：paper of record，《纽约时报》的别称，因其对重大事件的权威记录和报道得名。

[21] 二十世纪最具影响力的英国艺术家之一，六十年代他参与了波普艺术运动，主要从事绘画、舞台设计和摄影。

[22] 美国诗人、摄影师、电影导演、策展人和无政府主义者，在沃霍尔创作的黄金时期与他保持着密切的合作。

[23] 法国人奥古斯塔（Auguste）和路易·卢米埃尔（Louis Lumière）兄弟，世界上最早的电影导演之一，电影放映机的发明者。

[24] 美国具有影响力的艺术史学者、艺术批评家。

[25] 美国博物馆馆长、当代艺术策展人。

[26] 美国装置艺术家、雕塑家。

[27] 罗伯特·亚历山大（Robert Alexander），美国诗人、拼贴艺术家。

[28] 沃霍尔 1961 至 1962 年创作的 32 张布面丙烯作品，现收藏于纽约现代艺术博物馆。

[29] 约 15 厘米宽，50 厘米高。

[30] 美国艺术家，被认为是战后西海岸最具创新性的艺术家之一。

[31] 即爱德华·拉斯查（Edward Ruscha），美国波普艺术家。

工作室里有一张长长的桌子，上面放着一些雕塑，有啤酒罐、萨瓦林牌（Savarin）咖啡罐和灯泡。我说：‘这是什么？’他说：‘我一直在考虑做雕塑，现在做了这个。’他说话的时候，我就想啊，想啊，想啊，终于，我告诉他去加州做一场展览对他而言有多么重要。我对他说，我有一个主意：‘施维特斯的拼贴和你的雕塑。’他说：‘你要从哪搞到施维特斯？’我说：‘我认识一个住在帕萨迪纳[32]的德国女人，她有一些施维特斯可以借给我展览。’于是他说：‘你借到施维特斯，我就把雕塑发过去。’1960 年，我办成了那场展览：施维特斯和贾斯培·琼斯。利奥兴奋得不得了。”㉔互惠、共赢——这自然是卡斯泰利几乎不费吹灰之力就能做到的事情。

与此同时，卡斯泰利结识了布拉姆在加州的艺术家埃德·拉斯查，并最终在纽约展出了他的作品。“1961 年，我去过利奥的画廊，给他看了一叠我去欧洲旅行时画的纸本。”拉斯查回忆，“他似乎挺喜欢的，他说：‘希望将来能够有机会跟你合作……我要给你看点东西。’他把我带到办公室，给我看了罗伊·［利希滕斯坦］的那张网球鞋[33]。我震惊了，真的是被吓到了！竟然会有这样的艺术家，他把跟好品位完全无关的荒诞带进了艺术的世界。一开始我并不喜欢这幅作品，它太难以消化，但最后还是体会到了它的深刻。它对我的影响巨大。利奥支持的绝大多数艺术家都跟罗伊有着同样的遭遇：一开始作品都很难卖，艺术家本人也很难获得认可。这条鸿沟需要由利奥进行弥补。十年之后，利奥开始展出我的作品，我也成为他旗下的一名艺术家，后来每个月还会收到他发的工资，但我们从来都没签过合同。好玩的是，这个带着欧式优雅、看上去十分严肃的男人其实一直童心未泯，所以他才会这么迷人。他对事物的看法非常像个年轻人。我画过一张素描——《三……两粒安定》（*Three……Two Valiums*）[34]。利奥看了说：‘哦，埃德，我可不想要这个。’他永远都愿意看到作品中具有讽刺意味的一面，这是他魅力的一部分。”㉕

当西海岸建立起了与纽约的联系，旧世界中的几个城市也在做着同样的事情。纽约艺术界已经吸引了一大批来自海外的关注，其中包括伦敦的托尼·沙弗拉齐（Tony Shafrazi）[35]，他出生于伊朗，是一位精力充沛的亚美尼亚裔艺术家。1965 年春，他刚刚获得了前往美国的签证，就立刻奔赴纽约，并在那里停留了两周。来到纽约才两天，他就走运地见到了安迪·沃霍尔和罗伊·利希滕斯坦。他们工作室中的氛围让沙弗拉齐震惊不已，他瞬间迷上了这两位波普艺术家的世界。他开始研究他们的创作、向他们提供帮助、建议他们进行新的尝试，并跟随他们到过许多地方。为了帮利希滕斯坦一起运送几件雕塑去上城，他们搭乘出租车来到了一个貌似是画廊的地方。在这里，他第一次邂逅了卡斯泰利，并当场成为他的一位收藏家，这个关键性的时刻也是卡斯泰利的经典案例之一。“一位绅士向我们走来。”沙弗拉齐近来做出了解释，“那是一位短小精干、整洁体面的男士，穿着笔挺的薄料西服，那明显是某个意大利品牌的定制款。他用一个长长的‘噢’热情地欢迎了罗伊。‘这个年轻人是托尼·沙弗拉齐，青年艺术家，从英国来看我的！’罗伊说。‘罗伊的朋友就是我的朋友！欢迎！’利奥说。我在那里看到了罗伊·利希滕斯坦的一件版画，那是一座科幻之城[36]，还有一张女人脚部的特写，黑白的，一只女人的手拿着棉花在脚趾间擦拭[37]。‘哇！这几张太棒了！’我说。他们两个都因为我的激动兴奋不已。‘您这么喜欢啊！’利奥说，‘如果您把它们纳入您的收藏，我会非常荣幸的。’‘可是卡斯泰利先生，我只是一个学生，是来这旅游的。’我回答。‘嗯，您是艺术家，而且还是罗伊的朋友，所以我们一定可以给您一些优惠。’他补充道。我不确定，不知道怎么办才好，我这辈子从来都没买过任何艺术品，甚至连想都没有想过。可是我真的买下了这些版画，我不知道利奥是怎么做到的，甚至不知道我是怎么付的钱。利奥说话时是那样轻松、随意，就像这根本不算个事儿，仿佛这一切都是顺理成章的。”[26]

卡斯泰利画廊为纽约、加利福尼亚州和欧洲的青年艺术家们施展着神奇的魔力，让那些正在为将来积累蓝筹投资的收藏家们把赌注押向了波普艺术；然而此时，在那些更加年轻、大胆，对艺术前沿也更为敏感的画廊主和策展人面前，卡斯泰利却开始感到力不从心了。这些人中除了有他的前妻伊莲娜·索拿本德、他的助理总监伊万·卡普、格林画廊的总监迪克·贝拉米，更少不了在1960年来到纽约大都会艺术博物馆并迅速成长起来的当代艺术助理策展人亨利·盖尔扎勒（稍后会介绍更多关于他的情况）。但在绝大多数情况下，他们燃起的只是卡斯泰利奋勇向前的冲劲，这自始至终都是引领他走向成功的一个关键因素。利奥·卡斯泰利起初对沃霍尔的拒绝也以同样的方式给他上了一课。1961至1964年恰恰是沃霍尔精力最为充沛的创作期。“当时，超市对袋装食品安全性和丰富性的承诺遭到了灾难性的打击”，而沃霍尔则用许许多多强有力的图像留下了对那个时代的纪念。他对痛苦的主题进行了各不相同的诠释，有时以玛丽莲·梦露、杰基·肯尼迪和伊丽莎白·泰勒作为伪装，有时以《金枪鱼灾难》（*Tunafish Disaster*）[38]和《电椅》（*Electric Chairs*）[39]作为形式；他“对商品交易的崩溃进行了戏剧性的夸张”，并对“美国政治生活的弊端”进行了探究。通过这一系列动作，沃霍尔揭示了他对这个国家“残酷、幻灭、悲观的预期”，并进入了他日后再也不曾涉足的“黑暗绘画”[40]阶段。[27]那时，克里斯托夫·德·梅尼尔还是一个在政治上十分激进的年轻人，同时也是纽约艺术圈的一名观察者。据她回忆：“他能对时政高谈阔论，音量只比耳语声大一点点，但观点却十分大胆、辛辣。只要谈到这个话题，他的看法就永远都是正确的，论述也十分精彩！”[28]可利奥对未来的想象却完全是知识分子式的，而且带着一种外来移民特有的小心翼翼，因而他很晚才意识到沃霍尔对政治的关切。

1964年1月，索拿本德为沃霍尔举办了他在巴黎的第一场个展，并为展览定制了一个绝妙的主题：“死于美国”（Death in America），它不仅彰显了波普艺术成功上位的实力，也观照到了法国民众对这种艺术由来已久的厌恶情绪。为了吸引巴黎的知识阶层的注意，这场展览刻意呈现了一部分美国社会的阴暗面。在沃霍尔看来，这是他们第一次认认真真地去欣赏极端放纵的消费主义图像背后的那份感伤。让-雅克·勒贝尔写道：“沃霍尔对死亡的处理达到了西方人想方设法通过电影去实现的高度。”[29]“沃霍尔为什么会影响到我们呢？”阿莱恩·乔弗罗伊问道，“我们意外地发现自己已经被无尽的悲凉所淹没……他的图像是从主流媒体上扯下来的，都来自大众传播中无时无刻不在肆意播放的泛滥信息。在一个毫无敬畏之心的世界，这些图像都成了神圣的符号。”[30]杰拉尔德·加西厄特－塔拉博（Gérald Gassiot-Talabot）[41]评论道：“过去，沃霍尔向我们展示了象征着美国富裕神话的流行商品。如今，他将那个社会的恐怖和不安铺陈开来，而表达方式却丝毫没有改变。”[31]旅居法国的美国诗人约翰·阿什伯里（John Ashbery）[42]对这位艺术家给出了极高的评价，他用法国人的方式赞扬道：“这是波普艺术史上举足轻重的一步……沃霍尔近期的艺术创作无疑是在针砭时弊，或者按照法国人的说法，‘介入性’[43]十足。”[32]后来，沃霍尔自己总结了他向美国社会发起的这场祛魅运动。“放眼望去，到处都是房子，门前全都是装配着灌溉系统的鲜绿草坪，每个后院里都装着爬格子，孩子们骑着自行车去上学，邮差出现时总是面带微笑，一个女人正从她的旅行轿车里提出一袋袋杂货。你不禁会想：‘这就是真实的美国。’但接下来你会观察到一些细节。你发现那个总是可以分你一条口香糖的老好人其实已经完全疯了，还杀掉了自己的老婆；你从小到大常去的那家教堂过去的牧师如今成了一个大酒鬼，已经撞毁了三辆汽车……你最好朋友的父母竟然要离婚了，他们曾是那么相爱的一对……你在小学暗恋的那个女孩如今成了一个宗教极端分子……没有一个美国人的生活是正常的。”[33]通过断定美国人的无趣只不过是一种乌托邦式的矫揉造作，法国人得到了满足。

然而，直到 1964 年 11 月 21 日，卡斯泰利才第一次为沃霍尔举办了一场展览，得到展出的是他的《花朵》（*Flowers*）[44]系列。巴黎的展览过后，这位艺术家摆明了自己的立场，黑暗阶段已经结束，如今他正在开启的是一个题为《名流》（*Celebrities*）[45]的系列。这个系列不仅展现了艺术家对新鲜事物敏锐的嗅觉，还标志着他进入了一个更加柔和的创作阶段。

1966 年，十九岁的彼得·布兰特（Peter Brant）[46]走进了卡斯泰利画廊。这位未来的媒体大亨和新闻纸制造巨头与画廊主之间几乎很快就形成了一条强韧的纽带。随着时间的推移，卡斯泰利成了布兰特的导师，而布兰特对沃霍尔的崛起则起到了关键性的作用。有趣的是，关于沃霍尔对画廊的感情，布兰特则有完全不同的见解。按照他的说法，利奥才是吸住安迪的那块磁铁。“安迪十分敬重伊莲娜，欣赏她的眼光、她对家具的热情，把她当成母亲去敬爱，但是他对利奥的爱则不同。即便后来利奥把他画的那些美金符号[47]束之高阁，放进了位于格林街的画廊的地下室里，这让他很受伤，但他还是很爱利奥。”布兰特并不认为利奥始终对沃霍尔有所怀疑。他注意到，卡斯泰利一旦决定接受一个艺术家，就会全情投入。“利奥知道安迪是一位极其重要的艺术家。1966 年我刚开始收藏的时候，他的确极力向我推荐过安迪。接下来的几年中，我从他那里购买了那张大的《花朵》，还有那张《电椅》。”[34]但布兰特还是多少透露了卡斯泰利和沃霍尔之间存在别扭。“不按常理出牌的人是弗雷德·休斯（Fred Hughes）[48]。他会擅自交易，甚至还会把画卖给其他画商，比如毕少夫伯格（Bischofberger）[49]。”虽然利奥·卡斯泰利对他的艺术家们忠心耿耿，可如果有人要对他通过精密控制才能实现的制胜之道横加干涉，他绝不会逆来顺受！“利奥喜欢这么做生意：他来与艺术家进行第一手交易，再代表他们与其他画商接洽。”布兰特解释道，“他会事先做好布局，加州是布拉姆，圣路易斯是赫尔曼（Hellman）[50]或格林伯格（Greenberg）[51]，然后才会让他们做展览。”[35]批评家格伦·奥布莱恩（Glenn O'Brien）的评价是：“如果安迪跟利奥相处时感到不自在，那一定是因为他始终忘不掉自己当初为了加入画廊付出的努力，那是他永远都无法释怀的伤痛！”[36]

沃霍尔在美国最矢志不渝的支持者不是任何一位画廊主，而是策展人亨利·盖尔扎勒。1960 年夏天，盖尔扎勒从哈佛研究生院毕业后来到纽约，在大都会艺术博物馆做起了策展人。他的到来在画廊、博物馆、艺术家、策展人和画商间激发了新的活力；卡斯泰利从未遭到过撼动的霸主地位也突然变得不再像过去那样稳固了。任何人一旦被公开冠以“斯文加利”的名号，过不了多久就会想要摆脱这样的形象。卡斯泰利想要得到的是一个可持续性更强、听上去也不那么邪恶的领先地位。他必须像过去那样，依靠那个近似于家族的支持体系去实现这一飞跃。在这个体系之外，卡斯泰利还获得了一位新的支持者——莫里斯·坎巴（Maurice Kanbar）[52]。1964 年，坎巴从迈克尔·施特拉特手中买下了东七十七街 4 号的那栋联排住宅，从而成为画廊的新房东。“利奥·卡斯泰利是前任房主留下的租户。他是最优雅的绅士，是最出色的艺术鉴赏家。因为我就住在五楼，所以我们每天都会见面：他的画廊提升了整栋房子的档次！”㊲

在画廊协助利奥的除了伊万·卡普，还有康尼·特里布尔（Connie Trimble）。她是一位作曲家的妻子，也是坚定的画廊元老。据卡普介绍，“她工作非常努力，一整天都不休息。我印象中她从来都没出去吃过午饭。她管理图书，还是会计，什么都做。”“康尼是从《纽约时报》的招聘广告里发现我们的，她把自己介绍成一名‘万能女助理’，事实真的是这样的。她在这里工作了很长时间，表现优异。后来她的丈夫在华盛顿得到了一份工作，所以她就辞职了，我为此伤透了心。接替她的是尼娜·萨瑟兰（Nina Sutherland），再之后是凯·比尔曼（Kay Bearman）。凯过去给亨利做过秘书，效率很高，也做得很好。”㊳凯有一双黑色的大眼睛，嗓音沙哑、性格温顺，为画廊效力了四年时间。她出生于田纳西州的孟菲斯市，是史密斯学院的毕业生，后来被哥哥列奥（Leo）介绍给了他在耶鲁的同班同学盖尔扎勒。“我跟伊万·卡普关系很好。”她回忆道，“我们每天上午从九十点钟开始工作，周日和周一休息。我负责接听电话、写信、跟艺术家沟通、管理文献，但是从来都没卖过东西。利奥为人圆滑、伊万严厉粗暴——他们是互补的两个极端。利奥只见其他艺术家推荐来的艺术家，他常跟在巴黎生活的伊莲娜煲电话粥。”㊴凯·比尔曼离开后，芭芭拉·沃尔（Barbara Wool）成为卡斯泰利的新助理，聪明漂亮的她来自纽约的一户显赫人家。三年之后她辞职离开，原因是“利奥、托妮和她之间的三角关系让人不堪重负。”㊵

1963 年秋天，为了对伊万·卡普的角色进行补充，画廊聘请了刚从罗德岛设计学院（Rhode Island School of Design）室内建筑系毕业的戴维·惠特尼（David Whitney）做策展人。惠特尼从 1960 年起就成为菲利普·约翰逊的伴侣，他天生才思敏捷、直觉敏锐，真诚地热爱着艺术，他的加入为画廊注入了新鲜的血液。他不知疲倦地走访着艺术家的工作室，并在这个过程中与贾斯培·琼斯建立了深厚的友谊。这位年轻的策展人为画廊带来了不容否认的威望，并将艺术界越来越开放的同性恋群体吸引到了这里。后来，他还把在 RISD[53] 结交的朋友戴维·怀特（David White）招到画廊做助理。在"任何三十岁以上的人都靠不住"[54] 的年代，年轻人通过观察身边的长辈学会如何工作。怀特近来回忆说："戴维·惠特尼宣布：'我会告诉你要做什么。利奥不是问题。'""一开始，我负责运输作品，从艺术家的工作室取画、把它们装进卡车、送货，还帮忙布展、为照片和信封上的标签打字、倒烟灰缸、倒垃圾。后来，惠特尼辞职了，我就接替了他布展的工作。利奥要见许多重要人士。他是欧洲人，优雅、老练、精通多国语言、人脉通达。他是我们的老板，就这个意义上说，他非常公平——我们从来都不用熬夜加班，总能按时收到工资，展览

1972 年 10 月 5 日，休斯敦，莱斯大学（Rice University）
利奥与深得他信任的团队参加展览"丹·弗雷文：墙脚的荧光灯"（*Dan Flavin: Cornered Fluorescent Light*）的开幕
从左至右：利奥、艺术家丹·弗雷文、画廊总监戴维·惠特尼、收藏家芭芭拉·雅各布森和助理戴维·怀特。

摄影：希基－罗伯逊（Hickey-Robertson）

结束时还能得到海报。利奥对他的艺术家全都毕恭毕敬；无论什么时候，只要有人提出要求，他都会说：‘没问题！’利奥非常敬重贾斯培！他在博物馆来画廊参观的人面前魅力十足，对收藏家们也殷勤周到。我只见过一次他在人前出言不逊：那天，鲍勃·斯库尔想要买光贾斯培展览上的每一张作品。”㊶

举国上下，代际之间的裂痕变得越发难以弥合。此时，卡斯泰利意外地发现自己在社会的分化中第一次被划到了古板保守的一边。1965 年是“谁人乐队”（The Who）的歌曲《我这一代》（“My Generation”）红极一时的一年，卡斯泰利画廊的年青一代艺术家和伙伴——弗兰克·斯特拉（二十九岁）、亨利·盖尔扎勒（三十岁）、两个戴维（都是二十七岁），和凯（二十六岁）——晚上常常到唐人街聚餐，而卡斯泰利（五十八岁）则会习惯性地留在上城。六十年代，卡斯泰利画廊成为一个不得不提到的文化中心，它如同一座灯塔，欢迎着世界上每一位艺术爱好者的到来。“你可以借阅杂志、可以查阅照片档案，我们的一切都对外开放。”卡普解释道，“所有文献都整理得井井有条，无论什么时候都能找到相关的记录，所有人都可以查阅。任何一位有需求的艺术史学者、艺术批评家或任何一家博物馆都能拿到我们的照片。我们定期会收到俄罗斯、土耳其和匈牙利的来信……利奥也总是乐于尽其所能地迎接来自其他国家的博物馆馆长和策展人。”㊷卡普语速极快，还带着浓重的布鲁克林口音，他常常会仓促地做出决定，与卡斯泰利从容、克制的中欧风范[55]截然相反。一天，一次争吵暴露了横亘在他们中间的那条文化和代际上的鸿沟：“过去的都过去了。”卡普耸了耸肩，说出了他们诀别前的最后一句话。“不，过去的不会过去！”卡斯泰利反击道，每个音节都铿锵有力得像是一记重锤。

[32] 洛杉矶地区的卫星城之一。

[33] 利希滕斯坦1961年的布面油画作品《凯兹》(*Keds*)。

[34] 拉斯查1975年的纸上粉彩作品《三片麻药和两粒安定》(*Three Darvons and Two Valiums*)

[35] 亚美尼亚艺术家，画廊主，13岁时随父亲和继母来到英国，后就读于皇家艺术学院（Royal College of Art），他最为惊人的举动是1974年在MoMA恶意喷涂了正在那里展出的毕加索名作《格尔尼卡》。

[36] 利希滕斯坦1965年创作的胶版印刷作品《这一定就是那个地方》(*This Must Be the Place*)。

[37] 利希滕斯坦1963年创作的胶版印刷作品《为脚上药》(*Food Medication*)。

[38] 沃霍尔1963年创作的一张丝网印刷作品，描绘的是1963年发生的一起罐装食品中毒致死的事件，是艺术家自1962年开始的"死亡与灾难"(Death and Disaster)系列的一部分。

[39] 沃霍尔1964年创作的一系列丝网印刷作品，描绘的是在1953年处死罗森伯格夫妇的那张电椅，是艺术家自1962年开始的"死亡与灾难"(Death and Disaster)系列的一部分。

[40] 原文为法语：peinture noire。

[41] 法国编辑、艺术批评家。

[42] 美国诗人，曾于二十世纪五十年代中期至1965年在法国生活。

[43] 原文为法语：engage，指文学或艺术对当代问题的介入。

[44] 沃霍尔1964年创作的一个丝网印刷系列。

[45] 沃霍尔从二十世纪六十年代开始进行名人肖像创作，七十年代也在继续。

[46] 美国实业家、商人、艺术收藏家和慈善家。

[47] 沃霍尔1981—1982年创作的《美金符号》(*Dollar Sign*)系列丝网印作品。

[48] 即弗雷德里克·休斯（Frederick Hughes），沃霍尔的经纪人。

[49] 布鲁诺·毕少夫伯格（Bruno Bischofberger），瑞士重要的国际画商、画廊主。

[50] 约瑟夫·赫尔曼（Joseph Helman），圣路易斯地产开发商，美国画商、画廊主。

[51] 罗纳德·格林伯格（Ronald Greenberg），美国画商、画廊主，1972年买下了赫尔曼两年前在圣路易斯开办的画廊，又在次年与布拉姆一同在纽约创办了一家画廊。

[52] 美国著名企业家、房地产商。

[53] 罗德岛设计学院的缩写。

[54] 美国二十世纪六十年代的言论自由运动活动家杰克·温伯格（Jack Weinberg）的名言："不要相信任何超过三十岁的人。（Don't trust anyone over 30.）"1964年，24岁的他在接受采访时为了表达言论自由运动不受任何别有用心之人操控时说出了这句话。这句话后来被记者和专栏作家们广泛使用，来讽刺年青一代和新左派。

[55] 原文为德语，mitteleuropäische。

① 约翰·卡纳代（John Canaday），《波普艺术畅销不衰——为什么？》（"Pop Art Sells On and On—Why?"），摘自《纽约时报》，1964 年 5 月 31 日，SM7 版。

② 安德烈·卡斯皮（André Kaspi），《"大社会"（1964—1968）》（"La 'Grande Société' (1964–1968)"），摘自《美国人，2：1945 年至今的美国》（*Les Américains, 2: Les Etats-Unis de 1945 à nos jours*）（巴黎：Editions du Seuil，1986 年出版），475—513 页。

③ 伊万·卡普访谈，作者采访，纽约，2007 年 4 月 19 日至 26 日。

④ 格蕾丝·格洛克，《艺术仪式——开幕之夜》，《纽约时报》，1964 年 12 月 13 日。

⑤ 卡纳代，《波普艺术畅销不衰——为什么？》。

⑥ 伊万·卡普访谈，保罗·卡明斯采访，纽约，1969 年 3 月 12 日，美国艺术档案馆，华盛顿哥伦比亚特区。

⑦ 唐纳德·马龙访谈，作者采访，纽约，2008 年 1 月 28 日。

⑧ 乔希·格林费尔德（Josh Greenfeld），《类似于波普艺术的斯文加利》（"Sort of the Svengali of Pop"），《纽约时报》，1966 年 5 月 8 日，SM18 版。

⑨ 同上。

⑩ 列奥·施坦伯格访谈，作者采访，纽约，2008 年 1 月 10 日。

⑪《他是美国最烂的艺术家吗？》，摘自《生活》杂志（1964 年 1 月 31 日）。

⑫ 伊莲娜·索拿本德访谈，作者采访，2005 年 11 月 26 日。

⑬ 罗伯特·罗森布拉姆，阿维斯·贝尔曼（Avis Berman）采访，纽约，2004 年 11 月 20 日，罗伊·利希滕斯坦基金会（Roy Lichtenstein Foundation）。

⑭ 罗伊·利希滕斯坦访谈，比西·亨德里克斯（Bici Hendricks）采访，纽约，1962 年 12 月 7 日，罗伊·利希滕斯坦基金会。

⑮ 罗伊·利希滕斯坦访谈，戴维·西尔韦斯特（David Sylvester）采访，纽约，1966 年，罗伊·利希滕斯坦基金会。

⑯ 罗伯特·斯托尔访谈，作者采访，纽约，2008 年 4 月 4 日。

⑰ 伊莲娜·索拿本德访谈，作者采访，纽约，2008 年 12 月 8 日。

⑱ 利奥·卡斯泰利访谈，保罗·卡明斯采访，纽约，美国艺术档案馆，华盛顿哥伦比亚特区，1969 年 6 月 18 日。

⑲ 拉斐尔·索林，《我认识安迪·沃霍尔》（"J'ai bien connu Andy Warhol"），摘自《清洁用品》（*Produits d'entretiens*）（波尔多：Finitude，2005 年出版）。

⑳ 托马斯·克劳，《六十年代的崛起》（*The Rise of the Sixties*）（纽约：Harry N. Abrams，1996 年出版），84—85 页。

㉑ 克里斯托夫·德·梅尼尔访谈，作者采访，纽约，2008 年 11 月 18 日。

㉒ 吉姆·爱德华兹（Jim Edwards）、大卫·E. 布鲁尔（David E. Brauer）、克里斯托弗·芬奇（Christopher Finch）及沃尔特·霍普斯，《波普艺术：美/英联系，1956—1966》（*Pop Art: US/UK Connections, 1956—1966*）（奥斯菲尔敦－瑞特：Hatje Cantz，2000 年出版），44 页。

㉓ 亨利·盖尔扎勒（Henry Geldzahler），《创新：短文、采访和对话》（*Making It New: Essays, Interviews, and Talks*）（纽约：Turtle Point Press，1994 年出版），248 页。

㉔ 欧文·布拉姆访谈，作者采访，纽约，2007 年 5 月 3 日。

㉕ 埃德·拉斯查访谈，作者采访，纽约，2009 年 10 月 6 日。

㉖ 托尼·沙弗拉齐访谈，作者采访，纽约，2008 年 11 月 16 日。

㉗ 托马斯·克劳，《星期六的灾难：早期沃霍尔作品中的痕迹和依据》（"Saturday Disasters: Trace and Reference in Early Warhol"），摘自赛尔热·吉尔博特编辑，《再造现代主义：纽约、巴黎和蒙特利尔的艺术，1945—1964》（*Reconstructing Modernism: Art in New York, Paris and Montreal, 1945—1964*）（马萨诸塞州剑桥市：MIT Press，1992 年出版），311—321 页。

㉘ 克里斯托夫·德·梅尼尔访谈，作者采访，纽约，2007 年 4 月 7 日。

㉙ 让－雅克·勒贝尔，《意外报告》（"Constat d'accident"），1963 年 11 月 8 日，摘自《沃霍尔》（*Warhol*）（巴黎：Illena Sonnabend，1964 年出版）。

㉚ 阿莱恩·乔弗罗伊，《白色车祸》（"White Car Crash"），1963 年 11 月 10 日，摘自《沃霍尔》。

㉛ 杰拉尔德·加西厄特－塔拉博，《巴黎来信》（"Lettre de Paris"），摘自《国际艺术》杂志（*Art International*）第 8 期第二册（1964 年 3 月），78 页。

㉜ 约翰·阿什伯里,《波普艺术家的恐怖绘画让窃笑的人闭嘴》("Pop Artist's Horror Pictures Silence Snickers"),摘自《纽约先驱论坛报》,1964 年 1 月 15 日。

㉝ 安迪·沃霍尔,《美国》(*America*)(纽约:Harper Collins,1985 年出版),176 页。

㉞ 彼得·布兰特访谈,作者采访,纽约,2008 年 12 月 16 日。

㉟ 同上。

㊱ 格伦·奥布莱恩访谈,作者采访,纽约,2009 年 12 月 16 日。

㊲ 莫里斯·坎巴访谈,作者采访,纽约,2006 年 12 月 1 日。

㊳ 利奥·卡斯泰利访谈,保罗·卡明斯采访,美国艺术档案馆。

㊴ 凯·比尔曼访谈,作者采访,纽约,2006 年 3 月 1 日。

㊵ 芭芭拉·沃尔,作者采访,纽约,2010 年 2 月 5 日。

㊶ 戴维·怀特访谈,作者采访,纽约,2007 年 3 月 27 日。

㊷ 伊万·卡普,保罗·卡明斯采访,纽约,1969 年 3 月 12 日,美国艺术档案馆,华盛顿哥伦比亚特区。

26—亨利展

1965年之后，我们经历过一些波澜，情况不再像原先那么简单了：各种错综复杂的逆流开始出现。我（和所罗门）的工作遭遇了一股强大的反作用力，那是格林伯格的势力，他有盖尔扎勒撑腰。盖尔扎勒不再痴迷于安迪之后[1]，就站到了格林伯格那边。①

——利奥·卡斯泰利

最后的情况是，亨利的实力要远胜过其他人。②

——弗兰克·斯特拉

“我跟利奥几乎从来都没红过脸。”卡斯泰利在上东区的邻居兼同行——艾默里希画廊（Emmerich Gallery）的画廊主安德烈·艾默里希（André Emmerich）[2]证实道，“六十年代，我们都参加了在卡塞尔举办的第四届文献展。受邀参展的美国艺术家包括拉里·潘斯（Larry Poons）[3]和埃尔·赫尔德（Al Held）[4]。文献展绘画部分的策展人是扬·里灵（Jan Leering），一个荷兰人。我懂荷兰语，所以我跟里灵交流时就会说荷兰语，可是利奥不懂。里灵把我的画家放进了最好的展厅，还把利奥的画家拉里·潘斯给除名了！后来这件事成了我们的一个乐子。”③艾默里希比卡斯泰利小十七岁，来自欧洲的一个犹太家庭。他的画廊位于东七十七街18号，比利奥的早开了四年。在六十年代的后半段，画商间的摩擦不断，而卡斯泰利在权力制衡极不稳定的情况下，时而胜出、时而落败。随着外表颓废、羞涩迷人的新画商理查德·贝拉米的出现，纽约画廊界已经完成了一次代际更替。按照克里斯托夫·德·梅尼尔的说法，贝拉米“为人率真，有洞察力，他的目标十分明确，心态也很开放。他不仅醉心于波普艺术，对诗歌和文学也有浓厚的兴趣。虽然他活得像个流浪汉，但却得到了菲利普·约翰逊和斯库尔的欣赏”④！

而在公开挑战卡斯泰利霸主地位的人中，领头的却是与贝拉米同属崛起一代的亨利·盖尔扎勒。让我们先回到威尼斯，在这里，所罗门曾经在双年展上大获全胜，两年后的1966年，盖尔扎勒成为美国馆的官方承办人，正准备为这场庄严的盛会推出第一个由他策划的展览。“亨利·盖尔扎勒在威尼斯办的那场展览很不错，囊括了利希滕斯坦、凯利、海伦·弗兰肯塔勒（Helen Frankenthaler）[5]和奥利茨基（Olitski）[6]的作品，是一场很均衡的好展览。”卡斯泰利回忆，“但后来亨利大肆宣扬双年展的评奖制度荒诞可笑，还写了一篇宣言质疑评委会存在的意义，说他们一动不动地坐在那里，然后就荒唐地把奖颁给了一匹‘黑马’，而这全因评选过程中暗潮汹涌，理应得奖的人没有得奖，就算利希滕斯坦再被看好，也没有人敢把奖颁给他！最主要的理由是，决不能连续两届都让美国人得奖。”⑤

盖尔扎勒是在古根海姆的劳伦斯·阿洛威（Lawrence Alloway）[7]辞职后应邀接手美国馆的，而这位接替者后来将整个过程抱怨成是“我这辈子最糟糕的经历，充斥着诡计、欺骗和下流的行径。我离开威尼斯时都患上溃疡了”[⑥]！他一上任便做出了决定，选择携弗兰肯塔勒、凯利、利希滕斯坦和奥利茨基参展，因为“他们全都与色彩有关，而方式却各不相同。我知道双年展有四个展厅，我突然感到可以用一种色彩缤纷、充满刺激，但同时又很古典的方式做这场展览”[⑦]。值得注意的是，他的朋友沃霍尔没有入选。对于这次令沃霍尔始终无法释怀的“开除”，盖尔扎勒的理由不仅涉及美学层面（“我不认为色彩是安迪绘画的核心，所以他那些加了灰度的绘画不适合我想象中的这场关于色彩的展览。”[⑧]），也有为职业前途做的盘算——他在媒体上闹出的洋相已经惊扰了大都会艺术博物馆理事会中的几位成员，他担心让沃霍尔参展会砸了自己的饭碗。盖尔扎勒解释道：“《生活》杂志刚刚刊发了一篇关于我的文章，里面登出了我在游泳池里的照片。理事会为此感到非常不安。当时，安迪搭上了‘地下丝绒’乐队（Velvet Underground）[8]，还准备开始拍电影。我知道我如果把他带到威尼斯，一定会引来极其密集的报道……而我也会变成波普艺术界的一位超级明星。但为了事业，我只好做出了这样的决定。”[⑨]

虽然沃霍尔还没有正式加入卡斯泰利画廊，但美国馆拒绝这样一位重要的波普艺术家参展是否惹毛了卡斯泰利？回顾这段过往，与收藏家们对波普艺术的浓厚兴趣不同，背景更为传统的文化精英们对它的态度极其势利[⑩]，这似乎让盖尔扎勒和卡斯泰利之间的关系进一步降温，甚至陷入了冷战的状态。他们之间存在着这样一对矛盾：盖尔扎勒代表的是一个体面、传统的机构，这份工作要求他保持稳重得体，但他的内心却受到了波普艺术的吸引；另一方面，卡斯泰利虽然是上一个时代的产物，与“偶发艺术”文化距离也很遥远，但他只要对一样事物产生了认同，便会无惧于它的“新”。他毫不迟疑地进入了波普艺术市场，并激发出了它日益强大的生命力。在这一过程中，他收获了“越来越红火的生意和来自媒体的密切关注”，而这正是他继续走下去的力量。盖尔扎勒和卡斯泰利颠倒了他们的辈分本应具有的角色，然而，他们的分歧反映出的实际上是美术馆和市场交易间的巨大裂痕。“让利奥怒火中烧的是，我竟敢不询问他的意见，就自作主张地选定了那四个人。”盖尔扎勒说，“其中还只有一个出自他的画廊，波普艺术的比重也不够大。沃霍尔去哪了？罗森奎斯特又去哪了？他甚至打算在威尼斯另起炉灶，搞一个‘反双年展’。难道我还不够惨吗？我既没有靠山，也不像他那么了解那些意大利人。他还在纽约和欧洲到处暗中说我的坏话。双年展开幕前的一天我在威尼斯见到了他，我走上前去和他握了手，一个摄影师拍下了这个瞬间。我觉得特别可笑。”⑪

卡斯泰利和盖尔扎勒间紧张的关系没能逃过媒体的眼睛。希尔顿·克拉默（Hilton Kramer）[9]是最早发现其中蹊跷的人之一：“这里唯一一个让人提得起兴趣的人似乎就是波普艺术家利希滕斯坦先生了。此前，他的美国画商利奥·卡斯泰利为他精心安排了大量在媒体上曝光的机会，这自然成了他的优势……这里的书店都在最为显著的位置陈列着以利希滕斯坦作为封面的书籍和杂志，但却没有任何介绍其他美国参展艺术家的读物。在昨天的记者招待会上，只有利奥·卡斯泰利一个人像美国馆的主人那样招待着来宾。人们普遍认为就是他在两年前把金奖‘安排’给了劳申伯格……虽然他也为利希滕斯坦机关算尽，但今年威尼斯双年展给人的感觉是，他们不会再允许一个美国艺术家拔得头筹了。劳申伯格先生两年前获奖引起的愤怒依旧强烈，所以今年没有美国代表坐镇的评委会似乎不会想要再冒险闹出一场丑闻了。”⑫事实的确如此，无论他的画商付出了多少努力，利希滕斯坦还是无缘获奖，卡斯泰利这一次只好空手而归。

1967 年 2 月 4 日，一场名为“利奥·卡斯泰利的十年”（Leo Castelli's Ten Years）的展览在东七十七街 4 号拉开帷幕。按照展览图录中的说法，参展的十六位艺术家都来自这家画廊“目前炙手可热的艺术家阵营”。这部由戴维·惠特尼编辑的图录聚焦于卡斯泰利在过去十年的成就，收录了二十篇来自批评家、策展人、画商、教授、记者和伙伴们的文章。其中自然需要有人对这位画商在海外不算正面的形象做出回应，于是，法国批评家奥托·哈恩在他的文章中写道："欧洲有一些人乐于把利奥·卡斯泰利描述成一支新的犯罪集团的首脑；他们假设卡斯泰利庞大的组织企图对双年展的每一届评审、报界、批评家和博物馆进行收买，而动机是要消灭艺术。卡斯泰利遭到指控的罪名如下：同巴黎开战、企图颠覆欧洲、发动一大群画画的野蛮人去摧毁西方世界的文明。"艾伦·所罗门则在他的文章中迫不及待地为他的朋友做了辩护："利奥受到了严重的误解。1964 年，他本可以在威尼斯收买我、评委会、双年展主办方，并运用他巨大的影响力让劳申伯格获奖。可事实上，他却在忙着为肯宁汉的音乐会处理票务、帮助我们（为其他画商的艺术家）粘贴标签、在圣马可广场上用六种语言侃侃而谈，嗓子都喊哑了，而其他美国人大多只能尴尬地站在那里，左摇右晃。"

作者们更为普遍的做法是尝试对"卡斯泰利现象"给出定义，他们你一言我一句地描绘出了新一代画商应当具有的面貌：创业者、开拓者、冒险者、万事通，无论是部署营销策略还是以布道者的热情传播文化，全都不在话下。但这还不是全部。弗兰克当时的妻子、批评家芭芭拉·罗斯（Barbara Rose）[10] 写道："利奥不仅直接鼓励了艺术家，还通过与策展人、批评家和作家的合作，加强了整个国家的文化意识。""无论利用大众传媒影响公众是好是坏……至少它成功促使政府制定出了一系列支持艺术的计划，这在美国是前所未有的。利奥的做法很大程度上激发了人们对艺术的热情……卡斯泰利画廊从一开始就是一家以艺术家为核心的画廊。据我所知，利奥从未企图干涉过艺术家的创作。非常典型的一个例子是：当画廊中有一大批艺术家开始创作体量更大的作品时，利奥就把画廊的门改大了……利奥与艺术家的私人关系让他在艺术商人中独树一帜（在我印象中，能够与他相提并论的恐怕就只有康维勒和斯蒂格里茨了）。在他心目中，艺术家的社会地位与他完全一样，这在纽约的画商中极为罕见。现在听上去可能没什么大不了的，但在十年前，艺术家们并没有像现在这样受到富豪阶层的追捧。"这几乎可以作为一篇对利奥人生的总结[11]，倘若有末日审判的话一定能够派上用场。

除了称赞卡斯泰利画廊发挥出了一个文化中心的作用，奥托·哈恩还极为敏锐地捕捉到了这位画廊主最宝贵的贡献：在全新的国际艺术世界，他为过去在海外毫无销路的美国艺术开拓了市场。“卡斯泰利确立了自己的行事风格，并在这个过程中打破了固有的规则。之所以要这么做，是因为他最先获得了一个美国人从不曾有过的认识：艺术可能会成为一个将世界各地的知识分子连接在一起的国际社群，而要实现这一点必须与抽象表现主义的孤立主义倾向一刀两断。抽象表现主义者们可谓足不出户，他们几乎从不在欧洲进行展出。利奥·卡斯泰利史无前例地意识到，必须让国际知识界成为美国艺术的观众，只有在这个基础上，才能在美国为艺术这个在绝大多数人眼中都显得‘不够洋气’的产品创造出一支愿意支持它的收藏家队伍。他还意识到，电视、广告和报刊如今已经构成了艺术的第四维度，是它在世俗世界中得以呈现的一个重要途径，因此必须要对大众传媒做出妥协。利奥·卡斯泰利不仅是一名画商，还承担起了经理人、公关、文化顾问和思想传播者的角色。通过扮演这些角色，他触发了一场改革和复兴，这一进程至今还在不断地改变着艺术家和艺术作品的关系，也重新定义了艺术和艺术观赏者的关系……然而，对任何一位罗马作家、巴黎学生、纽约批评家、东京画家、阿姆斯特丹的博物馆观众和圣保罗的建筑设计师，或者任何一个会在今后五十或一百年中持续发挥作用的因素而言，这一进程的真正意义在于它对文化造成的影响。从那以后，任何一件艺术作品，无论属于哪个国家、机构或个人，它的文化都是人类共有的财产，属于整个世界。从这个意义上说，利奥·卡斯泰利，这个为文化而战的意大利雇佣兵队长，应当获得每一个人的尊重。”

早在 1967 年，哈恩就精彩地预言了艺术市场的未来将建立在卡斯泰利开创的策略之上——他在二十三岁成为了的里雅斯特的一名保险推销员，并从那时起就积累了丰富的国际操盘经验 。哈恩的分析得到了列奥·施坦伯格的支持，据施坦伯格观察：“时常会听到来自威尼斯和东京的反响。这家画廊没有固定的边界，但纽约始终是它回流的中心，是卡斯泰利挖掘人才的地方。”不过，在施坦伯格的描述中，卡斯泰利的主要角色是文化的中间人："卡斯泰利本人是欧洲文化的代表。他欣赏美国艺术中赤裸裸的美国特色，拒绝接受美国批评家们清教徒式的观点。我们那些号称是搞前卫艺术的形式主义者们声称，艺术品必须是平面的、纯洁的、不能带有任何非艺术气息的，可在这个时候，卡斯泰利画廊的墙面和地板却为新奇大胆的形式主义和出人意料的'污秽'[12]提供了空间。"安妮特·迈克尔逊则用更为俏皮的手法对卡斯泰利的中间人身份进行了介绍："在最近的一场派对结束后，（卡斯泰利）出现在了清晨的街道上，说他几乎整晚都躲在一个僻静的角落里缅怀过去，在怀念很久以前的一场派对和当时的纽约，那是四十年代的纽约。他叹了口气，接着咕哝道：'回忆绵绵似千年。'[13]这句诗中的怀旧和含混恰恰道出了这个男人当下的状态。他具有欧洲人的感性和风度，横跨了两种文化和两个以上的历史时期，始终扮演着见证者和代理人的角色。"就这样，一段历经几十载打造的神话终于步入了集中收获赞美的阶段。

得到《艺术论坛》编辑马克斯·科兹洛夫（Max Kozloff）[14]赞扬的还有卡斯泰利在他身边建造起的那个世界，也就是这位画廊主"化敌为友的强大教化力"。科兹洛夫说，他发现"卡斯泰利画廊的档案和文献资源……是所有画廊的榜样。不仅如此，这里早就成了一个能够容纳各种人、思想和艺术事件相互碰撞、组合的非正式场所，虽然输出的结果始终不尽相同，但全都极具价值，至今如此。我相信绝不可能只有我一个人这样认为"。每一位作者都在文章的最后将话题拉回到了卡斯泰利身上。他总是有无尽的真相可供挖掘，可有的时候，这些真相与外界的成见截然相反。加尔文·汤姆金斯对卡斯泰利没有出席的一次晚餐进行了回忆，那时，来自媒体的负面评价让他深受打击："利奥并不在场，贾斯培·琼斯替他回答了这个问题。'新认识利奥的人全都不了解他，他其实是很幼稚的。'贾斯培说，'他永远都不够冷静。他喜欢与人交往，也会动感情。这意味着他总是很容易受到伤害。'"

展览图录中还有约翰·凯奇创作的一首几乎道尽了时间沧桑的诗歌：

part and parceL	不可或缺
Eighth street artists club an	八街的艺术家俱乐部 一个
Old friend he	老朋友 他
CAme to	来到
front STreet	前街
with Eyes that were open	睁大了双眼
when other eyes were cLosed	其他人看都不看一眼
now peopLe see eye to eye	如今所有人都见识到了
hIs eyes[15]	他的眼力⑬

1964 年被迫从犹太博物馆辞职的艾伦·所罗门在卡斯泰利画廊创办的第十个年头受任担当了蒙特利尔世界博览会（Montreal World's Fair，1967 年世博会）的策展人。在这届世博会上，美国因传奇建筑师巴克敏

1976 年，蒙特利尔
巴克敏斯特·富勒为世界博览会美国馆设计的“蒙特利尔生物圈”（Monteal Biosphere）
图注：贾斯培 1976 年创作的《地图（基于巴克敏斯特·富勒的〈戴马克松天空海洋世界地图〉创作）》，现藏于路德维希博物馆。

斯特·富勒（Buckminster Fuller）[16]的杰作受到了前所未有的关注。那是一座华丽的网格状半球体[17]，建筑直径大于 250 英尺[18]：白天通透，夜晚则如同钻石一般闪闪发光。在“创意美国”（Creative America）的主题下，几百件能够展现美国流行文化、工业及太空竞赛成果的艺术作品占据了这座半球体中的六个楼层。所罗门为“今日美国绘画”（American Painting Today）部分挑选了二十三件作品，它们全都出自六十年代最炙手可热的美国艺术家之手，而其中一半以上又都来自卡斯泰利画廊：詹姆斯·罗森奎斯特、克莱斯·奥登伯格、安迪·沃霍尔、贾斯培·琼斯、吉姆·戴恩、埃斯沃兹·凯利、巴尼特·纽曼、罗伯特·劳申伯格和罗伊·利希滕斯坦。在这二十三件作品中，有几件的尺幅巨大，它们全都被挂在了可以移动的白色长展墙上，仿佛在太空中漂浮。安迪·沃霍尔也专门为这场展览创作了一张超大的自画像。贾斯培·琼斯则根据巴克敏斯特·富勒 1943 年发表的《戴马克松天空海洋世界地图》（*Dymaxion Air Ocean World*）[19]创作了一张分为十二块[20]的巨大地图[21]。在这件作品中，“美国”包括加拿大、美利坚合众国和墨西哥。这是艺术家在政治上的一种表达吗[22]？

所罗门之后，盖尔扎勒再一次接过了美国当代艺术的接力棒。1969 年 10 月 18 日星期六，大都会艺术博物馆推出了展览“纽约的绘画及雕塑（New York Painting and Sculpture, 1940—1970）”。这场轰动一时的展览呈现了四百余件作品，吸引了超过 25.4 万名观众，所有描述过它的人全都激动万分，无一例外。艺术商人、批评家罗伯特·平卡斯－威腾的评价是：“不同凡响、意义非凡，也极具争议性。”⑭开尔文·特里林（Calvin Trillin）[23]说：“对一家到目前为止只承认已故艺术家的传统博物馆来说，这无疑是一项惊人之举。”⑮加尔文·汤姆金斯：“在这样一个实力雄厚的机构中，这场重量级的展览毫不掩饰它想要引起争议的意图，而它的全部组织工作都是由策展人在没有团队协助的情况下独立完成的。”⑯罗伯特·斯托尔：“展览振奋人心、创意十足，具有难得一见的多样性和真正的历史视角，展品形式多样、色彩各异、充满活力：那里有你在大都会巨大的展厅中前所未见的东西。”⑰弗兰克·斯特拉激动

[1] 据沃霍尔自己解释，自从盖尔扎勒1965年开始与男友克里斯托弗·斯科特（Christopher Scott）同居后，他们的关系就出现了转折。1966年盖尔扎勒受任威尼斯双年展后并没有将这个消息告诉沃霍尔，直至后者在《纽约时报》中读到了前者接受的采访，二人的关系彻底破裂。

[2] 出生于德国的美国犹太画廊主，主要代理色域画家，影响力巨大。

[3] 出生于日本的美国抽象画家，受巴尼特·纽曼影响放弃学习音乐，转而从事视觉艺术。他是卡斯泰利从格林画廊接手的艺术家之一。

[4] 美国抽象表现主义画家，以其大体量的“硬边绘画”著称，艾默里希画廊的艺术家。

[5] 美国抽象表现主义画家，在战后的美国绘画进程中发挥了重要作用。

[6] 朱尔斯·奥利茨基（Jules Olitski），出生于苏联的美国画家、版画家、雕塑家。

[7] 英国艺术批评家、策展人，曾任所罗门·R. 古根海姆博物馆资深策展人。

[8] 成立于1964年的一支纽约摇滚乐队，1966至1967年在沃霍尔的“工厂”成为驻唱乐队，并由沃霍尔出任乐队经理和制作人。

[9] 美国作家，曾任《纽约时报》首席艺术批评家。

[10] 美国艺术史学者、艺术批评家、作家。

[11] 原文为拉丁语：apologia pro vita Leonis，借用了英国罗马天主教领袖约翰·亨利·纽曼（John Henry Newman）陈述自己皈依天主教的自传《自我辩护》（*Apologia Pro Vita Sua*，也译作《生命之歌》）的典故。

[12] 与前一句中的“纯洁”相对。

[13] 原文为法语：J'ai plus de souvenirs que si j'avais mille ans，法国现代派诗人夏尔·皮埃尔·波德莱尔（Charles Pierre Baudelaire）的诗句。

[14] 美国艺术史学者、现代艺术批评家、摄影师，曾任《艺术论坛》杂志执行主编。

[15] 凯奇将利奥·卡斯泰利的姓名藏入了诗中。

[16] 美国建筑师、系统理论家、作家、发明家。

[17] 这座名为“蒙特利尔生物圈”（Montreal Biosphère）的建筑在世博会后成为一座以环境为主题的博物馆。

[18] 约76米。

[19] 富勒一生致力于探索技术、能源与人类生存的关系，并利用“戴马克松”（最大限度利用能源，以最少结构提供最大强度）这一概念，命名了这份由一个20面体在二维平面上展开后形成的世界地图，也称“富勒地图”。

[20] MoMA 在1971年11月13日发布的一份新闻稿中称琼斯为蒙特利尔世博会创作的这件作品分为18个部分。

[21] 琼斯1967年为蒙特利尔世博会创作的《地图（基于巴克敏斯特·富勒的〈戴马克松天空海洋世界地图〉创作》[*Map (Based on Buckminster Fuller's Dymaxion Airocean World)*]，现藏于科隆的路德维希博物馆。

[22] 在琼斯1961年创作的《地图》（*Map*）中，加拿大和墨西哥与美国间也没有明显的分界线。

[23] 美国新闻人、诗人、作家，曾任《纽约时报》和《纽约客》杂志记者。

地说，“它是一部极具说服力的百科全书，把美国绘画推向了一个新的高峰。这是美国艺术史上前所未有的壮举。”他还补充道：“想给亨利找茬并不难，他的展览存在很容易找到的漏洞。但是亨利做了利奥和现代美术馆都无法做到的事情：他延展了美国艺术，让它变得更加优秀，在历史中扮演的角色也更加清晰了。”⑱

只此一次，斯特拉站到了卡斯泰利对手的一方，观众们从这场展览中感受到的新颖和宏大是否恰如其分？为了展出拉里·潘斯、唐纳德·贾德、罗伊·利希滕斯坦、杰克逊·波洛克和约瑟夫·康奈尔的作品，大都会艺术博物馆史无前例地清空了陈列着乔托、伦勃朗和印象派永久馆藏的二层展厅，这自然能够说明一些问题。在另一位具有世界野心的经理人、大都会艺术博物馆馆长托马斯·霍温（Thomas Hoving）[24]口中，大都会艺术博物馆是“西半球最包罗万象的视觉艺术百科全书”。这个开始被盖尔扎勒的朋友们称为“亨利展”的事件，恰巧发生在这家博物馆成立一百周年之际，它的成功无疑为这部百科全书增添了一个新的篇章。利奥·卡斯泰利曾是当代艺术事件在纽约城中唯一的一名指挥，可如今盖尔扎勒也适应了这个角色。盖尔扎勒为这场展览撰写的文章几乎与展览本身同样浮夸，他吹嘘道：“这个时代能够最终在艺术史中发挥决定性作用的艺术家比以往任何一个时代都要多。”“这种景象甚至在文艺复兴的鼎盛时期、印象派时期和立体主义时期都不曾有过。”⑲接着，他完整地罗列了他在纽约艺术圈中的每一位合作伙伴（博物馆、画廊、期刊），让人不禁想起阿尔弗雷德·巴尔在 1929 年甫出任 MoMA 馆长时向理事会提供的那份详尽的清单。盖尔扎勒对巴尔的这个先例了如指掌：“并不广为人知的是，我试图继承阿尔弗雷德·巴尔在 1936 年和 1937 年策划的那两场展览的衣钵。”⑳盖尔扎勒用不到十年的时间就在雄伟庄严的大都会艺术博物馆为当代艺术建立起了一个部门，之后又用不到一年的时间操办起了一场规模如此庞大的展览，没有人会想要否认，这位精于利用媒体的策展人和社交名流与清苦的学者巴尔具有截然不同的本质！从他们在工作方式上的差异就能一窥两者之间的巨大差距：一边是巴尔精心构思的展览结构，是他用精确、学术的文章附录支撑起的旁征博引，和他耐心地对文化语境进行的系统改造；另一边则是盖尔扎勒稍显随意任性的选择、大而不当的展览面貌，以及图录中那些似曾相识的夸夸其谈。难怪托马斯·霍温在他的回忆录中会对这位无视截稿期限的策展人颇具微词，对盖尔扎勒“乏善可陈的文章”和他通篇的“研究生院行话”[21]给出了不冷不热的评价。

按照盖尔扎勒的说法，“惠特尼或许过于强调美国艺术地方性、区域性的特点了”；MoMA 则致力于实现它功在千秋的教育计划，试图“通过收藏 1870 年至 1940 年间全世界最为优秀的绘画和雕塑对艺术的历史进行说明”；“犹太博物馆在犹太族群中需要扮演的角色太多，场地也十分有限，无法独立举办符合时代需要的展览”；而“古根海姆博物馆，由于具有杰出的非具象艺术收藏，已经成为那些需要严肃地对立体主义进行研究的艺术家和学生们平日里会面、讨论的去处了”。因此，领导纽约博物馆界的重任就落到了大都会艺术博物馆肩上。他继而写道：“有四本艺术杂志为呈现和解读新的艺术提供了平台。”它们分别是《艺术新闻》、《艺术杂志》（*Arts Magazine*）[25]、《国际艺术》和《艺术论坛》。“战后的纽约对欧洲现代主义艺术的购买充满热情，纽约本地艺术家也异军突起，这些因素诱发了两家画廊（西德尼·詹尼斯和利奥·卡斯泰利）的诞生……卡斯泰利与詹尼斯一样，都经营着一家能够反映美国艺术圈成长和改变的画廊……理查德·贝拉米的格林画廊是六十年代最令人着迷的画廊之一。它最大的优势在于贝拉米对艺术新秀持之以恒的搜寻，而这是一项并没有多少画商愿意从事的工作。”[22]

卡斯泰利在分析这场展览时对“亨利着手挑选艺术家的方式”流露出了不屑。“在为一场展览挑选作品时，我反对那种只考虑艺术家及其创作在某个特定时刻的状态就决定其去留的做法，这显然过于粗枝大叶了。当然了，我相信这样的展览也有存在的价值和必要性，但总的来说真的非常乏味……必然会有许多作品遭到过于武断的拒绝，也会有许多作品过于轻易地获得接受。我不同意他的某些选择，不过范围不大。他展出雕塑的方式就很值得商榷。我认为那是展览中最差的部分。他本应让雕塑拥有独立的展览空间……他在对待兴趣不大的艺术家时，会把两个人放进同一间展厅，而不思考是否有这样做的必要——他几年前一度热衷的波普艺术就是这样的下场……所以才会被这样混为一谈。”为了缓和他对盖尔扎勒胡乱并置的指责，卡斯泰利接着抛出了一份免责声明："总而言之，这是一个极其宏大的项目，无论如何削减，都不可能达到能让每一个人都满意结果。"㉓不过，卡斯泰利的批评一定源自他内心对盖尔扎勒的敌意，这一点确凿无疑。

难道只有卡斯泰利一个人对盖尔扎勒不留情面吗？在纽约，有一部分批评家也给出了差评，来抗衡主流的吹捧之声。菲利普·雷德尔（Philip Leider）[26] 在写给《艺术论坛》的文章开头承认："预展之后，首开吹捧先河的是《纽约时报》的格蕾丝·格洛克。当她把即将开幕的展览'纽约的绘画及雕塑，1940—1970'简称为'亨利展'时，我的心瞬间凉了一截。我只能这样理解：一群天才让美国获得了一种美国人深感自豪的文化，可这一切到头来却被冠以亨利·盖尔扎勒的名字。后来《时代》杂志的专题报道刊登了一张亨利倚靠在戴维·史密斯雕塑上的照片。《纽约》杂志（*New York*）[27] 则用四个版面呈现了他与几件参展作品的合照，只是照片的尺寸略小一些。最后我发现，格蕾丝·格洛克其实没错——这的确是一场'亨利展'，不是因为那些作品是他画的，而是因为如果不将盖尔扎勒及他与当下艺术的特殊关系纳入考虑，就无法理解这场展览。"接着，雷德尔用慷慨激昂的矛盾修辞彻底否定了这场展览的品质："这场展览既精致又简陋、志存高远却小家子气、美轮美奂却俗不可耐，任何人都不能确定自己看到的究竟是经过周密思考后的表达，还是一连串不负责任、心血来潮的决定。比如，亨利·盖尔扎勒是在反复斟酌之后才断定托尼·史密斯（Tony Smith）[28] 是比戴维·黑尔、赫伯特·费伯、路易斯·内维尔森或理查德·斯坦凯维奇更加伟大的艺术家吗？他是在深思熟虑之后才认定在这场展览中，罗伊·利希滕斯坦和詹姆斯·罗森奎斯特应当得到与波洛克和史密斯同等的空间，而杰克·特沃科夫、雷·帕克（Ray Parker）[29]、约翰·费伦和康拉德·马卡－雷里却不够格吗？他真的反复斟酌、深思熟虑了吗？古斯顿和德·库宁被放进了同一个房间，斯特拉和诺兰德却可以各占一室，而埃斯沃兹·凯利得到的明明就是一个套间，这真的是盖尔扎勒的本意吗？他只展览了马瑟韦尔的晚期作品，却没有展览德·库宁的晚期作品，这一举动造成的暗示是他期待中的结果吗？他真的认为雕塑唯一的价值就是去衬托绘画吗？是，又不是。盖尔扎勒忠于自己的经验，并无情地贯彻始终。在为展览图录撰写的文章中，他将这种经验的来龙去脉和盘托出。这并不是一种关于艺术的经验……也无关艺术世界、画商、画廊、博物馆、收藏家、杂志和批评家。这种经验来自他所处的社会环境，而这个环境中最为肮脏的部分是伪善的艺术投机者和疯癫的脱衣舞娘。”[24]盖尔扎勒对展览主题轻浮、时髦而肤浅的叙述遭到了雷德尔的激烈批判，除了美学上的争论，他的批判里还有一颗连卡斯泰利也险些没能躲过的子弹。诚然，卡斯泰利欣赏他的艺术家和他们在美国艺术进程中扮演的角色，也没有任何浅薄的目的，可“作秀”这个曾经让他在欧洲备受谴责的习气，如今在美国也开始引起非议，而撞在枪口上的人正是亨利·盖尔扎勒。

不过，让我们先回到卡斯泰利的敌意上来。也许有人会问，这种敌意是否纯粹来自理念上的分歧？果真如此的话，那么类似于下面的言论必然会挑起战争。盖尔扎勒曾在他的展览图录中这样写道：“今天看来，波普艺术似乎只是昙花一现……在现代艺术世界里，没有板上钉钉的地位。”虽然盖尔扎勒在这场展览中给卡斯泰利的多位艺术家都留下了最好的位置，但对他们的排序却是以时间为线索的，这与卡斯泰利的全局观背道而驰，是否也因此让卡斯泰利心生不快？让他恼火的还有盖尔扎勒选择的时间范围（1940 年至 1970 年），所有人都知道，卡斯泰利曾拒绝在“新的东西”出现之前展出抽象表现主义的作品，而盖尔扎勒却抢在了他的前头。无论如何，这位向来慷慨的六十二岁的画廊主和这位三十四岁的策展人之间似乎还是存在着某种天然的亲切感。他们具有相近的背景——亨利出生于安特卫普的一个犹太钻石商人家庭，在 1940 年移民到了美国，他们相互交织的人际关系网就更不必说了。

1961 年，开尔文·特里林还是一位羽翼未丰的记者，在《时代周刊》

工作。据他回忆，当时他找到了盖尔扎勒，而这位年轻的策展人二话不说，就把他带到了第五大道对面的东七十七街 4 号，并在所有人都毫无准备的情况下，将他正式地“介绍给了利奥”。[25]是卡斯泰利画廊将盖尔扎勒的事业引入了正轨，而他也非常乐于承认这一点。“我刚加入大都会艺术博物馆后没多久，就去卡斯泰利画廊做了自我介绍。”亨利对一位采访者说，“（伊万·卡普）带我去见了沃霍尔，我们马上就成了朋友。后来有一天，我跟着利奥和艾伦·所罗门来到弗兰克·斯特拉在西百老汇大道上的工作室。我在那里看到了一张画，马上就买了下来，我们就这样成了朋友。”[26]可在盖尔扎勒眼中，画廊主卡斯泰利值得肯定的地方只有他的“教养”而已，对他备受吹捧的星探传奇则完全不以为然，更别提他制造的那些“奇迹”了。“利奥人很体贴，很有魅力，是典型的欧陆绅士。”他说，“最早加入他画廊的那些人，比如鲍勃·劳申伯格和贾斯培，都是他当时的太太伊莲娜发现的。在那之后的功劳我猜应该归多萝西·米勒。我不知道他是怎么听说弗兰克·斯特拉的，反正他每次都会有贵人相助。卡斯泰利画廊的神奇之处在于他把这些人凝聚在了一起，而不是实地去发掘他们。总有人会把他们带到他面前，而他有足够的修养去做出判断。”[27]

除了上面的言论，还有另一个根本不受盖尔扎勒控制的现实可能也遭到了卡斯泰利的怨恨：由于卡斯泰利起步很晚，他尴尬地发现，与这个把年轻作为优势的后生相比，自己在事业上竟毫无优势可言。“六十年代初，”盖尔扎勒回忆道，“我和弗兰克·斯特拉一次在画廊的办公室里放肆地抽着雪茄，利奥突然走了进来，他拍着手说：‘够了，够了，小子们，这里不是雪茄俱乐部。出去！出去！’我们吓得大眼瞪小眼，然后落荒而逃。他觉得我们就是一群在画廊里瞎晃的孩子。”[28]弗兰克·斯特拉从他的角度深情款款地回忆了这段同龄人之间的友谊：“我们年纪相仿。亨利能跟我们打成一片，这是其他策展人和画商都做不到的。画廊和工作室都很欢迎他。每次有展览开幕，我们都会在结束后去一家中餐馆聚餐。亨利觉得自己是一个传奇人物。”[29]在吉姆·罗森奎斯特的记忆中，这位极富个人魅力的“二十七岁策展人总是叼着一支雪茄，看上去十分稚嫩。他是派对上的舞棍，是‘偶发艺术’重要的参与者，后来他对前卫艺术给予了支持，唤醒了公众对当代艺术的关注。”[30]贾斯培·琼斯也对盖尔扎勒平易近人的个性记忆犹新：“他对所有艺术家都很和气，对我当然也不例外。”琼斯甚至认为大都会艺术博物馆的那场庞大的展览“十分可圈可点”。即便如此，他还是在这位策展人的个性中察觉到了不讨人喜欢的一面。那是一种“非常以自我为中心的个性。他习惯了成为众人关注的焦点”。——说不定这就是他“与利奥权力斗争”[31]的根源。

我们所面对的是否真如琼斯和斯特拉所暗示的那样，是在两个巨大的自我间展开的一场恶战？斯特拉甚至打趣地说：“要是能这么干的话，利奥说不定早就跟人说（大都会的）那场展览是他办的了。”[32]这是两种个人风格间的冲突吗？按照罗伯特·平卡斯－威腾的说法：“亨利有点想一出是一出。他跟大卫·霍克尼和安迪·沃霍尔这样的人是哥们儿，利奥不大看得上他们的那个社会圈子。”[33]这是头狼型人格间的竞争吗？与盖尔扎勒同是耶鲁毕业生的特里林亲切地回忆道：“有人想拍一部关于他的电影，亨利表现得就像他已经看过那片子了似的。他永远快人一步，对什么事都有他的看法。”[34]事实上，自画廊成立以来，“亨利展”让卡斯泰利第一次体会到了被边缘化的感觉，更糟的是，他发现是亨利抢走了他的风头，侵占了那片只属于他的天地（美国当代艺术），还自作主张地以完全不同的理念为当代艺术家们建立了一个全新的文化空间（大都会艺术博物馆），那里汇聚着霍普（Hopper）[30]、戴维斯、艾弗里（Avery）[31]、康奈尔等战前艺术大师，还有抽象表现主义者和色域画家的作品，同时还赢得了一众批评界权威［格林伯格、罗森伯格和菲尔德（Field）[32]］的支持。从 1957 年到 1966 年，与汤姆·赫斯[33]（《艺术新闻》）、阿尔弗雷德·巴尔（MoMA）、艾伦·所罗门（犹太博物馆和威尼斯双年展）、伊莲娜·索拿本德（欧洲网络的中心）、欧文·布拉姆（加州网络的一部分）结盟的卡斯泰利始终没有受到过任何挑战；从最初发现奇迹到为威尼斯的辉煌铺路，他实现的统治不仅成功，而且不可撼动。但自 1967 年起，盖尔扎勒开始侵占他的领地，并很快凭借自己的力量通过 MoMA 新任馆长勒内·德·哈农库特（René d'Harnoncourt）[34]与这家博物馆建立了同盟关系。据盖尔扎勒回忆："（当时哈农库特）正在为毕加索的雕塑展做布展计划，这极大地影响了我那场纽约展的呈现方式。但最重要的是，他永远谦逊恭谨、温文尔雅、觉知全局，这是极其难得的品质，我从他身上学到了如何在前卫艺术家和理事会成员中间左右逢源。有人说他像是一本教科书，我认同这种观点。"[35]没过多久，赛场上势均力敌的形势就开始让利奥感到不适。

那些年除了盖尔扎勒，纽约还出现了另一个初来乍到的年轻人——人称"阿尼"(Arne)的阿诺德·格利姆切。他早先在波士顿经营过艺术生意，与卡斯泰利的关系似乎从一开始就爱恨交加。阿尼回忆道："利奥十分优雅，利奥最有风度，他很会款待宾客，是所有画廊主中请客最大方的，直至今日，他还是画商中首屈一指的名人。""我很欣赏利奥。利奥为艺术事件的发生创造了一个独一无二的中心，那是一种全新的沙龙，

1965 年，纽约
贾斯培·琼斯在利奥和托妮家做客，身后是他的《国旗》
摄影：萨姆·福克（Sam Falk）

是一个非常奇妙的地方。我很喜欢这家画廊，每场展览都会去看，生活中少不了它的存在。”但格利姆切也跟盖尔扎勒一样，不愿承认这只狮子[35]是一个传奇。“我决定要在纽约开设自己的画廊，于是每周一都会从波士顿飞到纽约。伊万·卡普会去拉瓜迪亚机场接我，还会带我参观工作室。他是我的天使，是我在纽约唯一的朋友。利奥是有一种魔力，但单凭他自己是不会有这样的成就的，绝对不会。你知道伊万·卡普是怎么帮助利奥改天换地的吗？利奥之所以变得如此重要，全是因为伊万在为他工作。”也许不去讨好卡斯泰利是要付出代价的：“我很难从利奥那里要到作品。虽然他对很多人都热心、慷慨，对我却吝啬得很！一天，在弗兰克·斯特拉的‘薰衣草（Lavender）’[36]开幕展上，我想要买两张作品，可利奥说：‘不行，想买的人太多了，不过你可以等展览结束了再来问问。’事实上，展览上连一件作品都没卖掉，后来我以每张1500美金的价格买了三张。情况就是这样的，每次我有客户想从他的画廊买东西，利奥就会说没货。我真的不知道要怎么解释，或许他觉得我对他构成了威胁，我这么说绝对不夸张！”卡斯泰利明显的蔑视让格利姆切决定迅速击碎这个老人的自尊：“利奥是一个完美的画廊主人，但却不是一个好的商人。他对作品的分配过于不均。只有成为他的朋友，才能进入他的买家俱乐部。这太奇怪了！利奥是一个知识分子，但是他的画廊里却没有一丁点艺术史的影子。我最尊重的画商是詹尼斯。他办过施维特斯的展览，还办过莱热的展览，我都花了好几个周末的时间去看。而利奥则善于攀龙附凤，只不过他的吃相并不难看。”㊱五十年代，卡斯泰利看似轻而易举就取得了巨大的成功，但在六十年代末，对权力的争夺却即将演变成画廊主间的一场恶战。

卡斯泰利没有坐吃山空。他仍像过去那样，频繁地穿梭于收藏家、艺术家和博物馆之间，继续谈判、思考、反复地校准。比尔·埃利希的母亲买下了一张巨幅的弗兰克·斯特拉，作为送给儿子的毕业礼物。这个事例充分说明了永远机敏的卡斯泰利始终保持着步调，能够抓住每一个转危为安的机会。“我对他说我想买一张弗兰克·斯特拉。”埃利希回忆道，“利奥就拿出了一张纸，上面画着一些草稿。我从三个可能实现的变体中选择了一个。利奥说唯一的问题是这张画已经许给亨利·盖尔扎勒了。‘不过那张画挂在亨利的公寓里肯定不会好看的！’我说，‘你能跟他谈谈吗？’结果利奥真的这么做了，我也买到了那张作品。最让我感动的是利奥会尊重我想要拥有一件特别的艺术品的愿望，也会出于对我的在意做一些他本不必做的事情。我是说，我是个小孩子啊！根本不是什么重要的大收藏家。他明明可以把我唬去买别的……但是他就是这么为别人着想，就是这么温情，想要尽力关照每一个人。”[37]到了1970年，当卡斯泰利决定在苏荷西百老汇大道420号开设一家新的画廊，并开始与伊莲娜·索拿本德进行更为紧密的合作，支持他的队伍就壮大了起来。十年来，伊莲娜在丈夫迈克尔和经理安东尼奥·奥梅姆（后来成为他们的养子）的帮助下，同时在欧洲（巴黎和日内瓦）和美国经营着多家画廊，几乎像在表演抛接杂耍那样忙碌；而近三十年来，她在事业上始终与前夫保持着出色的共谋关系！

可眼下，利奥怒不可遏，因为他正被人拿来与他眼中冒牌的王位继承人相提并论。那时，MoMA日后的策展人罗伯特·斯托尔还是一个年轻的学生，他对利奥的传奇毫无敬畏之心。虽然斯托尔承认“他（利奥）是一位绅士，是一个在公共关系层面天赋极高的中间人”，但却宣称“利奥什么都不懂，对未来没有自己的判断”。不过，他对卡斯泰利的动机并没有妄加评论。——“吸引他的不是钱而是权力。他是一个商人，跟奢侈品商人一样，他承诺给客户的是品质和声望；从他那买东西是十分有保障的！利奥还想要成为贵族中的贵族，而在美国这个阶级壁垒并不牢固的社会，这一点并不难做到。教养起到了决定性的作用，因为利奥既有欧洲人的教养又有美国人的胆量[37]。”教养和胆量：这是一个兼有说服力和原创性的猜测。令人好奇的是，即便斯托尔在卡斯泰利的个性中发现了他对过去深刻的觉知，却没能在卡斯泰利的整体人格中为它找到合理的解释。斯托尔认为：“一个人似乎不可能既与当下的艺术密不可分，又能对历史有着如此清晰的认识。而利奥对历史的确是有觉知的。他提前预测了市场，始终在为他的艺术家培养和构建历史，永远在思考谁能被他镌刻进历史，而谁又能让他自己在历史中永存。”看到这里，一个对卡斯泰利的过往及其对过往的刻意混淆有所了解的学生可能会发觉，对历史的觉知和卡斯泰利要做的事，在斯托尔的论述中似乎根本就前后矛盾。卡斯泰利深知历史女神克利俄（Clio）[38]的残暴，因此在人们的印象中，他完全认同奥威尔（Orwell）[39]对历史的洞见——历史是由胜利者书写的。于是，他决定要由自己书写关于他的那部分历史，以及他的艺术家的历史。这样看来，罗伯特·斯托尔是否缺少某条解开卡斯泰利之谜的基本线索呢？“如果要我对利奥和亨利的做法加以区分的话，”斯托尔评论道，“我会说亨利会像策展人那样站在历史潮流的高度去思考，而利奥对大局从来都没有那么浓厚的兴趣，他是从派系的角度看问题的，想的是‘我们怎么对付他们’，完全是一个画商。利奥只关心他自己。”[38]利奥·卡斯泰利的确幻想过建立一个类似于部族的组织，可对它的期许却是伟大而崇高的。

卡斯泰利著名的大麦町犬帕迪，西敏寺俱乐部（Westminter-kennel Club）的冠军赛犬
“爬上东七十七街4号的那座优雅的旋转楼梯去卡斯泰利画廊，是很多人共有的记忆。帕迪……常趴在楼梯的最高处，白底黑点的华丽皮毛与红色的地毯形成了一种优美的反差。”（鲍勃·蒙克）
让-克里斯托弗·卡斯泰利提供

[24] 美国博物馆高级管理人员，曾任大都会艺术博物馆馆长，后创办了自己的博物馆咨询公司。

[25] 前身为纽约的《艺术》杂志，后在 1958 年更名为《艺术杂志》。

[26]《艺术论坛》杂志初创时期的编辑，后任该杂志主编。

[27] 1968 年创办于纽约的一份双周刊，《纽约客》杂志的竞争对手。

[28] 美国雕塑家、视觉艺术家、建筑师和艺术理论家。

[29] 美国抽象表现主义艺术家，色域绘画的重要实践者之一。

[30] 爱德华·霍普（Edward Hopper），美国著名的现实主义画家。

[31] 米尔顿·艾弗里（Milton Avery），美国现代艺术家，对美国抽象绘画起到了开创性的作用。

[32] 汉密尔顿·伊斯特·菲尔德（Hamilton Easter Field），美国艺术家、艺术赞助人、艺术商人和批评家，《艺术杂志》的创办人。

[33] 即托马斯·B. 赫斯。

[34] 美国艺术策展人，1949 年起担任 MoMA 馆长直至 1967 年退休。

[35] 利奥的名字 Leo 是“狮子”一词的变体。

[36] 卡斯泰利画廊 1964 年举办的弗兰克·斯特拉个展，展出了艺术家于 1963 年创作的一系列带有金属光泽的紫色多边形绘画作品。

[37] 原文为以色列语：chutzpah。

[38] 希腊神话中宙斯的女儿，九位缪斯女神之一，司掌历史。

[39] 乔治·奥威尔（George Orwell），英国作家、记者和批评家，在作品中讽刺了社会不公和极权统治。他在 1944 年 2 月为《论坛报》（*The Tribune*）撰写的专栏中写下了这句名言。

①利奥·卡斯泰利访谈，保罗·卡明斯采访，纽约，1969年10月1日，美国艺术档案馆，华盛顿哥伦比亚特区。

②弗兰克·斯特拉访谈，作者采访，纽约，2008年1月28日。

③安德烈·艾默里希访谈，作者采访，纽约，2007年6月7日。

④克里斯托夫·德·梅尼尔访谈，作者采访，纽约，2008年4月4日。

⑤利奥·卡斯泰利访谈，保罗·卡明斯采访，美国艺术档案馆。

⑥亨利·盖尔扎勒访谈，保罗·卡明斯采访，1970年1月27日及2月16日，美国艺术档案馆，华盛顿哥伦比亚特区。

⑦同上，46页。

⑧同上。

⑨同上。

⑩参见托马斯·克劳，《六十年代的崛起》（纽约：Harry N. Abrams，1996年出版），92页。

⑪亨利·盖尔扎勒访谈，保罗·卡明斯采访，纽约，美国艺术档案馆，39—42页。

⑫希尔顿·克拉默，《艺术：不见天日的威尼斯。双年展原来是围绕平庸的当代作品的一次差劲的调查》（"Art: No Sun in Venice. Biennale Turns Out as a Dismal Survey of Mediocre Contemporary Work"），摘自《纽约时报》，1966年6月18日，19页。

⑬所有引述都来自展览图录，参见《利奥·卡斯泰利：十年》（*Leo Castelli: Ten Years*）（纽约：Leo Castelli，1967年出版）。

⑭罗伯特·平卡斯-威腾访谈，作者采访，纽约，2008年1月31日。

⑮开尔文·特里林访谈，作者采访，纽约，2008年4月8日。

⑯《谁有机会称其为艺术？》（*Who Gets to Call It Art?*），皮特·罗森制作公司（Peter Rosen Productions）及缪斯影视公司（Muse Film and Television），2005年。

⑰罗伯特·斯托尔访谈，作者采访，纽约，2008年4月4日。

⑱弗兰克·斯特拉访谈，作者采访，纽约，2008年1月28日。

⑲亨利·盖尔扎勒，《纽约的绘画及雕塑，1940—1970》（*New York Painting and Sculpture, 1940—1970*）（纽约：E. P. Dutton及Metropolitan Museum of Art，1969年出版），15—40页。

⑳亨利·盖尔扎勒，《创新：短文、采访和对话》（纽约：Turtle Point Press，1994年出版），211页。

㉑托马斯·霍温，《让木乃伊起舞》（*Making the Mummies Dance*）（纽约：Simon & Schuster，1993年出版），206页。

㉒亨利·盖尔扎勒，《真实的六十年代》（"The Sixties: As They Were"），摘自《纽约的绘画及雕塑，1940—1970》，（纽约：E. P. Dutton及Metropolitan Museum of Art，1969年出版），337—356页。

㉓利奥·卡斯泰利访谈，保罗·卡明斯采访，美国国家档案馆。

㉔菲利普·雷德尔，《大都会艺术博物馆中的现代美国艺术》（"Modern American Art at the Met"），摘自《艺术论坛》杂志第8期，第4册（1969年12月）。

㉕开尔文·特里林访谈，作者采访，纽约，2008年1月31日。

㉖亨利·盖尔扎勒访谈，作者采访，纽约，2008年4月28日。

㉗亨利·盖尔扎勒访谈，保罗·卡明斯采访，美国国家档案馆，45—46页。

㉘同上。

㉙弗兰克·斯特拉访谈，作者采访，纽约，2008年1月28日。

㉚吉姆·罗森奎斯特访谈，作者采访，纽约，2008年1月29日。

㉛贾斯培·琼斯访谈，作者采访，萨伦市，康涅狄格州，2008年4月28日。

㉜弗兰克·斯特拉访谈，作者采访，纽约，2008年1月28日。

㉝罗伯特·平卡斯-威腾访谈，作者采访，纽约，2008年1月31日。

㉞开尔文·特里林访谈，作者采访，纽约，2008年1月31日。

㉟亨利·盖尔扎勒访谈，作者采访，纽约，2008年4月8日。

㊱阿诺德·"阿尼"·格利姆切访谈，保罗·卡明斯采访，美国艺术档案馆，华盛顿哥伦比亚特区，66—67页。

㊲比尔·埃利希访谈，作者采访，纽约，2008年10月17日。

㊳罗伯特·斯托尔访谈，作者采访，纽约，2009年2月6日。

27—酷似萨伏依王朝的卡斯泰利关系网

萨伏依王朝（House of Savoy）[1]的公爵们在战场上鲜有败绩，但更重要的是，他们在战争中永远都是赢家。他们出兵的目的不是为了结束战争，而是去收缴战利品。利奥始终要求自己必须靠近战场，也几乎总是能够化险为夷。利奥一直大权在握。他基本上从不对敌人赶尽杀绝，反而会去笼络人心。①

——乔·赫尔曼（Joe Helman）[2]

“我们是他患难与共的忠诚战友”（吉安·恩佐·斯皮罗内）、“他的卫星”（詹姆斯·麦耶）、“他的前哨”［罗尼·格林伯格（Ronnie Greenberg）[3]］、“他的门徒”（托尼·沙弗拉齐）。卡斯泰利派系的辉煌在七十年代之初到达了顶峰，而在2010年，距这位画廊主辞世已经过去了十余个年头，但他过去忠诚的部下们还是会迫不及待地为他高唱赞歌。他们几乎全都用词狂热，往往还会有力地援引王朝、政治或军事上的词汇。卡斯泰利画廊1957年至1990年的编年史当然记载着一系列领土扩张、战略结盟和重大谈判的故事，也必然充斥着纷争和背叛，以及必定会随之而来的和解和对势力范围的重新划定。卡斯泰利的战略或许会令人想起萨伏依王朝，以及这个家族对阿尔卑斯山脉自中世纪到二十世纪的控制。这种联想绝非偶然。法国宫廷和奥地利宫廷、教皇们和皇帝们、卡佩王朝（Capetians）[4]和哈布斯堡王朝，这个地区总是充斥着相互为敌的势力，而萨伏依家族却从中渔利，他们总能保持自身的领土完整，并最终实现了对这个地区的绝对统治。面对数不清的潜在对手，卡斯泰利从未与任何人发生过正面冲突，可是即便于此，他的斗争也毫不轻松。这与萨伏依王朝的伯爵和公爵们需要面对的斗争一样，只是方式不同罢了。在他看来，其凶险程度与真正的战争别无二致。

“利奥为美国艺术传奇的发展指引着方向。”斯皮罗内评价道，“不过奇怪的是，他没有照搬沃拉德或杜文恩在商业上天才的做法，而是进行了全新的尝试：他坚定地服务于一项更为高远的事业。”卡斯泰利的直觉告诉他，文化产业将会呈现全新的政治格局，这种格局的存在与其他价值体系一样，都基于对参与者某一种共识的拥护。“为什么会有人想花80万美金买一张塞尚呢？那只是一小幅风景画，画面中央有一座房子。它凭什么具有如此高的价值呢？因为它是一个神话。我们制造关于政治的神话，我们制造关于一切事物的神话……我的工作就是让制造神话的材料成为神话——画商的工作就是要得体而充满想象力地做好这件事情——而且必须将它圆满完成。”[②]卡斯泰利很乐于承认，在为那些由他成就的伟大作品编织神话之前，他事先给自己披上了造物主的外衣。但不容否定的是，他对一个同时需要兼顾经济价值和符号价值的系统具有极其深邃的理解，而这正是构成他令人叹为观止的掌控力[5]的基础，是他之所以能够成功地对他的艺术家和他们的作品进行推广的根本原因。卡斯泰利画廊的原始资本在某种程度上就如同这个部族的图腾，它的产生并不神秘，但却前所未有：他不辞辛苦地维护着他的档案，并总会满足人们查阅的需求；他慷慨地散发着可售作品照片；他出版画册，并在这个过程中凭借欧洲人的历史把控力，精明地借助历史的脉络对艺术家的创作进行概念上的梳理。通过这些做法，卡斯泰利将自己发展成了一个中心，有效地对抗着批评家和博物馆理所当然的权威。当批评家和策展人通过接受学术训练来取得从业资格，自学成才的卡斯泰利却已经像拿破仑那样黄袍加身了。在获得为自己打造传奇的实力之后，卡斯泰利用他从广告界学习到的宣传技巧加快了新潮涌现的速度，让艺术市场随着他的节奏，掀起"不断创新的旋风"③。

美国东海岸在文化和社会层面都实现了（或者说曾经实现过）巨大的飞跃。而到了七十年代，在远离东海岸权威和品位的洛杉矶、迈阿密、芝加哥、明尼阿波利斯、休斯敦、堪萨斯城和渥太华，新的财富正在形成。卡斯泰利画廊推出的新达达主义和波普艺术直接触动了这些财富背后的灵魂。政府公共部门也为画廊的发展创造了有利的环境。早在 1965 年，林登·B. 约翰逊总统就签署了创立全国艺术捐赠基金会（National Endowment for the Arts）的法案，联邦政府也对艺术的慈善捐赠提供了税收上的减免，促使企业建立了前所未有的艺术收藏。与此同时，来自政府的拨款让大学得以对艺术教育进行拓展；政府为了彰显国家对文化的投资，还赞助了一系列公共项目——总之，战前举国媚俗的状态不复存在了，而这一切都得益于美国经济的发展。至少在 1973 年石油危机之前，美国经济始终保持着蓬勃向上的态势。商人们积累起了几十年来前所未有的个人财富。八十年代的繁荣初露端倪，潜在的收藏家和乐于为身份的象征付出金钱的消费者也已经遍布全国。对于那些已经拥有了绝大多数成功符号的人而言，一张利希滕斯坦、一张琼斯、一张沃霍尔就成了他们证明自己的另一座奖杯，而卡斯泰利正是这些奖杯唯一的来源。这样一来，他在某种程度上就充当起了阶层门槛把守者的角色。他对客户的挑选几乎同他对艺术家的挑选一样仔细，还会根据策略的需要对某些买家提供过分慷慨的优惠。通过只允许一部分人购买作品，他一手遮天地掌握着确认乃至赋予社会地位的生杀大权。在需求远大于供给的情况下，这位技艺精湛的奥匈帝国战略家很快就享受到了让市场屈从于个人意志的奢华待遇。芭芭拉·雅各布森回忆道："我想要买劳申伯格画的那张《格洛丽亚·范德比尔特》（*Gloria Vanderbilt*）[6]，但是利奥已经把它许给别人了，所以到头来我一张劳申伯格都没买到。"[④]金融家兼收藏家唐纳德·马龙讲述了他与庞大而严密的卡斯泰利体系不期而遇的故事："不管我去到哪里，不管是圣路易斯还是洛杉矶，每当我走进一家画廊，就会惊呼：'那是利奥的艺术家。'利奥允许别的画商与他一同经营自己的艺术家，其慷慨程度是任何人都不可能做到的。利奥的做法类似于特许经营的模式，他是全球艺术贸易最早的开创者之一。"[⑤]虽然是特许经营，但卡斯泰利对每一个经营者都进行了全面而细致的把控。

很难说波普艺术的成功到底应该归功于这位画廊主的个人魅力，还是波普美学自身的平易近人的特性。在思考人们究竟为何会如此疯狂地追逐卡斯泰利经营的产品时，这或许是难解难分的两个因素，确定无疑的是，卡斯泰利的做法充满智慧。收藏家莱昂·克劳沙尔宣称："我是在发现波普艺术之后才真正开始收藏的。""它的图像与那个时代息息相关，咄咄逼人，能够与我对事物的理解进行直接的对话。这个画派的作品就是当下。他们的表达完全是美国式的，对已成过去的欧洲毫无留恋。这就是我的艺术，是现如今唯一对我具有意义的艺术创作。"[⑥]

主动上门的客户蜂拥而至，卡斯泰利唯一要做的就是对他们进行评估。"想要认出财大气粗的收藏家很容易，因为他们总是志在必得。"卡斯泰利若有所思地说，"你能看到他们散发出欲望的光芒，那是他们对艺术的渴望。当你必须得到一样东西，但（得到它的）却不是你时，就会产生一种真实而强烈的焦虑感。在这里，你会见到人类最原始的冲动和各种各样的激情。我干的这一行，客户的投入高、热情也大……收藏家们来画廊不是为了给家里的墙面找一张能挂的画，而是为了参与一场历史上的伟大冒险，在艺术的辉煌时刻成为它的一部分。”[7]事实上，这位画廊主经常因为任由理想干扰纯粹的商业行为而备受非议：“他根本无法达成交易”（布拉姆）；“钱的事他永远都说不清”（赫尔曼）。在这种论调下，伊万・卡普常常被标榜为“主力队员、画廊掌柜和销售系统中至关重要的一环”（麦耶）。不过，如果利奥有时的确像是个糊涂的商人，那是因为他从来都没有想过要好好经商。正如比尔・埃利希所言：“利奥有银行家的头脑。他在银行业工作过，自然也已经足够成熟，能够从岳父和自己过往的经历中了解并学会如何经营了。”[8]一直以来，个人收藏在卡斯泰利宏大的棋局中最多只有一步棋的分量。

在卡斯泰利 1959 年和 1960 年与巴尔和潘萨针对劳申伯格的“混合艺术”作品进行的谈判中，他炉火纯青的运筹能力得到了淋漓尽致的体现：他（始终对 MoMA 的光环分外眼红，尽管徒劳无功，却）竭尽全力地激发着巴尔的兴趣，同时敷衍、挑逗着潘萨。“任何一件艺术作品都是极其珍贵且稀有的，利奥当然传达出了这样的信息。”唐纳德・马龙对卡斯泰利营销策略中操纵客户心理的部分做出了解释：“那时候，贾斯培无疑是所有艺术家中最畅销的。当你初次来到卡斯泰利画廊，利奥是不会让你知道什么是可以买的。你必须要三顾茅庐，不断地与他交谈，他才会对你加以考虑，而你也会了解他做生意的方式。我猜在这个过程中，他脑子里想的主要都是怎么做才能让艺术家的利益最大化、哪一张作品应该被谁买走的问题。一旦他决定要展览某些艺术家，他们的事业就会在他的推动下前进一大步，精神和现实层面的地位也都会得到提升，作品应该花落谁家也会由他审时度势地做出判断。他对作品的去向是有所计划的。虽然当时一切还都处于刚刚开始的阶段，但也已经给人留下一种与历史息息相关的感受。”[9]

当卡斯泰利在得克萨斯、佛罗里达、加利福尼亚和中西部地区为他的艺术家们开拓新的市场时，他在以纽约为首的东海岸始终散发着独家代理人的醉人芬芳。他时而谨慎、时而高调、时而古道热肠、时而生硬唐突，他以一种根本无法加以定义的主观逻辑应对着不同的事件。为了平衡对象征资本和金融资本的需求，他非常能屈能伸。在某些情况下，例如对待年轻的温·克拉马斯基，他竟能接受为期数月的分期付款：“利奥赏识那些严肃地对待自己收藏的买家。”克拉马斯基回忆道，“他对这类人有一种直觉，会对他们另眼相待。我原本默默无闻，而且花了六个月才付清购买贾斯培·琼斯作品的那 175 美金……这在当时可是我两个月的房租啊！可是利奥却说：‘没问题，把它带回家吧。’”⑩还有一些时候，卡斯泰利会给愿意帮助画廊支付艺术家薪资的买家提供优惠。这一做法虽然较为罕见，也似乎有悖于他的基本理念，但却有助于维持艺术家创作的品质和数量。卡斯泰利与罗伯特·斯库尔的关系就是一个很好的例子。卡斯泰利承认：“作为一个收藏家，斯库尔的热情毋庸置疑。”不过他对斯库尔的态度往好里说也只能算是好恶掺半：卡斯泰利需要斯库尔的钱，却反感他的傲慢、粗鲁、他对艺术家贪得无厌的剥削和他对其他收藏家的打压。“斯库尔夫妇是非常庸俗、难搞的暴发户，不过他们

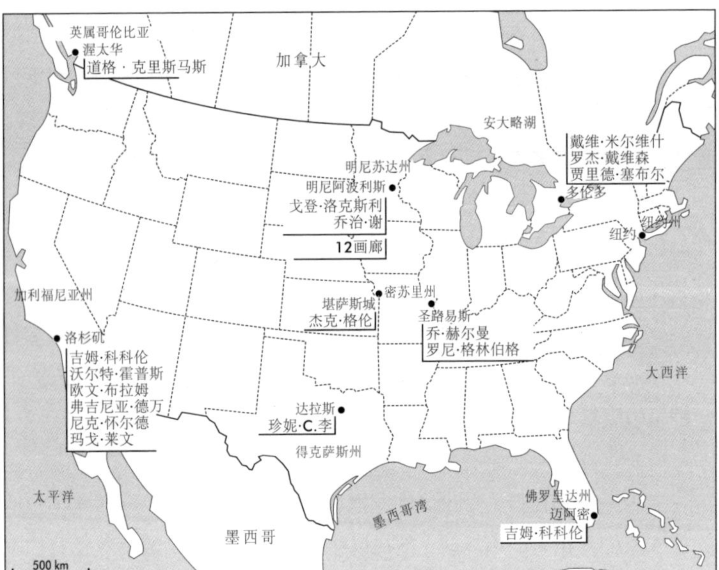

卡斯泰利在北美的卫星画廊分布图

确实在花钱买东西。"欧文·布拉姆回忆道，"斯库尔会怀揣百元大钞而来。我观察过他一次：他们能拿出 5000 美元、8000 美元、12000 美元，全都是现金，就跟银行柜员似的。利奥则总是缺钱，所以无法拒绝那些钞票。斯库尔就这样买到了那些画。没有什么秘诀！"⑪没有什么秘诀，但的确是一个特例。

"斯库尔夫妇想要获得优先权，最好的作品得先拿给他们挑。"卡斯泰利说，"在贾斯培的第二场展览上，特雷梅因夫妇［收藏家伯顿（Burton）和艾米莉（Emily）］选择了《圆规绘制的圈》（*Device Circle*）[7]，而斯库尔一开始看上的是另外两张作品。不过当他发现特雷梅因夫妇选了《圆规绘制的圈》，就非常生气自己没有先要这张。类似的情况还出现在他们对《地图》[8]的争夺上：特雷梅因夫妇非常想要得到这件作品，斯库尔的意愿也很强烈。为了解决这个难题，贾斯培说这张画不会归任何人所有，只能被博物馆收藏，而出价更高者可以在有生之年暂为保管。斯库尔买下了这张画，并最终将它捐给了 MoMA，而他自己也为此获得了一大笔减税。特雷梅因夫妇因而与现代美术馆反目成仇，决定什么都不会捐给这家博物馆。此后的很长一段时间里，我都没少因为这件事情受到他们的指责。只要贾斯培有任何一件作品没有被斯库尔看到，他就会大发雷霆，贾斯培都开始受不了了，他不理解为什么所有画都必须得归斯库尔夫妇所有，最后甚至不愿意再见到他们了。他画了一张名为《骚乱出发》（*Riot Depart*）[9]的画，里面出现了一个骷髅[10]，一个骷髅的形象！"⑫

后来，卡斯泰利饶有兴致又有些内疚地回忆起一段他卖画的经历，起因是琼斯的另一件《地图》[11]也遭到了激烈的争夺："那张《地图》挂在画廊的办公室里，利斯特夫人走进来的时候说：'啊，这就是我想要的。'于是我说：'不好意思，您不能买这张了，我已经把它许给威斯曼（Weisman）[12]了。'卖了多少钱？'她问。我说是 15000 美金。''那么，'她说，'你告诉他我愿意给他 25000 美金，把这张画让给我。他让出这张画，就能净赚 1 万美金。'几分钟后，威斯曼走了进来。于是我说：‘这位是利斯特夫人，她想要您的那张画。你们二位谈谈吧。’她把刚才的话重复了一遍，而他笑了起来，说无论是爱情还是金钱都绝对无法让他放弃这张作品。于是她说：‘那我还能买什么呢？’当时我手里有一张好极了的《跳水者》（*Diver*）[13]，那是一张非常大的画，放在另外一个房间里。我确实就只剩下这一件了，其他的都卖光了。于是我说：‘有一张大画，美极了。’‘好吧，’她说，‘我买那张。多少钱？’我说：‘那张3万美金。’她丈夫艾比（Abe）[14]也在，正像往常一样在打瞌睡。她说：‘艾比，我们要买这张画。’他说：‘买，我们要买这张画，多少钱啊？’我说：‘是3万美金，艾比。’他说：‘你能给我们打点折吗？’我说：‘不行、不行，绝对不能打折。我知道这对你们是小意思。’于是他说：‘好吧，维拉想要那就买吧。’后来她对我说她是因为买不到原本看上的那一张，为了出气才买下了这张。这简直太不应该了。我为这整件事情的经过感到有些内疚。”⑬

从这种对孤品的疯狂追逐中我们可以发现，即便是在被本雅明（Benjamin）[15]称为“机械复制的时代”[16]，被奉若神明的艺术品也始终魅力依旧。不过，买家们的疯狂竞价和他们备受伤害的自尊所体现的抢购热潮确实是一个新的现象。或许，在越南战争和水门事件将人们唤醒之后，这一现象代表的正是全面控制了美国的超消费主义[17]。当价值变得唾手可得，可供消费的产品又越发丰富起来，对圣物的追求便不仅限于宗教层面，也体现在了人们想要拥有当代圣人和先知遗世之物的意愿上。在价格谈判的狩猎场上，卡斯泰利成了精准把握猎杀节奏的绝世高手，总能及时依照直觉向对手发出致命的一击。

如果买家并不想要长期持有，情况就不一样了。一旦卡斯泰利和卡普发现收藏者有意将作品捐赠给博物馆，就会策动艺术商人联合会（Art Dealers Association），以抬高价格的方式促成交易，确保收藏者不仅会通过购买艺术获得威望，还能收到一笔可观的退税！1965年，美国税法提高了对艺术捐赠人的减税比例，这一改变让美国在潜移默化中收获了许多世界级的艺术瑰宝。奇高无比的最高边际税率[18]驱动了一场艺术战利品的大转移，画商乔·赫尔曼回忆道："按照战争的传统，战胜的一方会带走战败国引以为傲的标志，并输入自己的语言和传统。美国并没有派兵入侵欧洲的博物馆，而是通过颁布新的税法，让对美术馆进行捐赠的行为变得有利可图。［单笔交易的］最高退税率可达 78%。这意味着如果你花 10 万美金买下了一张画，找人把它评估到了 20 万美金，就能从这张 10 万美金的画里获得 78 乘以 2，也就是 156000 美金的退税！"⑭

通过鼓励富人对艺术进行购买和捐赠，并从中获取丰厚的利润，一系列对富人有利的免税新政刺激了需求的上升，而卡斯泰利则成了会计师和收藏家心目中手握重权的大祭司。面对这样的情况，任何一位不够精明的操盘者都可能直接选择进行全面的提价——这在某种程度上可能更有利于钱多的客户，但这位被圣光笼罩的商人却做出了不同的选择，他凭借那份著名的等候名单赚得盆满钵满，并始终保留着拒绝最高出价的权利。潘萨、伦纳德·兰黛（Leonard Lauder）[19]、让（Jean）[20]与多米尼克·德·梅尼尔（Dominique de Menil）[21]夫妇都对他的这个策略有所体会。拉里·奥尔德里奇（Larry Aldrich）[22]略带刻薄地回忆道："1959 年，我去见了伊万·卡普，后来在卡斯泰利画廊，我说我正在寻找一位能够代表那一年的艺术家……在 MoMA 的一场展览中，我非常喜欢贾斯培·琼斯的一件作品，是一张国旗。我对多萝西·米勒说我想买下这张画，但她说已经把它留给纳尔逊·洛克菲勒（Nelson Rockefeller）[23]了。在他没有来看过作品的情况下，是不能卖给我的。于是我差不多每两个礼拜就会联系多萝西·米勒一次，可她总是说：'拉里，洛克菲勒先生还没有时间过来看那件作品呢。'一直到展览结束后大约过了两到三周，我才终于得知洛克菲勒先生决定要买下它了。于是我联系了卡斯泰利先生，我跟他的确不怎么熟，然后他说：'奥尔德里奇先生，我只能先把您记在等候名单上，我得告诉您前面还有三十六七个人在等作品。'后来他再也没有联系过我，没过多久，琼斯先生作品的价格就噌、噌、噌地涨了起来。没能将那件贾斯培·琼斯纳入我的收藏成为我的一大憾事。"⑮后来，奥尔德里奇将他的当代艺术收藏赠予了 MoMA。

卡斯泰利的计谋中被人谈论得最多的也许就是这一招了。“跟你猜测的一样，那份等候名单……根本就不存在，不过它确实曾经存在过。”曾经在卡斯泰利画廊工作过十年的鲍勃·蒙克（Bob Monk）[24]解释道，“你为了要买一张画坐了下来，他会对你柔情万丈，但你却根本不会得到那件作品。接着他会说：‘您知道吗，贾斯培创作的速度很慢，也很谨慎，所以我们等等看吧……’”[⑯]来自洛杉矶的收藏家、慈善家埃利·布罗德（Eli Broad）[25]对此进行过睿智冷静的思考，他说：“你必须得向利奥证明自己。他不会随便把作品卖给不那么投入的人。他会对你很有礼貌，但如果他不想卖给你，就会把你放进等候名单。”[⑰]似乎没有人能够迅速蹿升到名单的首位。“我是在琼斯的一场展览上见到利奥的，《丁尼生》（*Tennyson*）[26]是当时的展品之一。”传奇收藏家、媒体大亨S.I.纽豪斯（S. I. Newhouse）[27]回忆道，“我想买下《丁尼生》，利奥当然完全不把我放在眼里，事情就告一段落了。几年之后我故地重游，想要买一张利希滕斯坦的作品。这一次，我与利奥已经相互了解了。一旦你成为利奥的朋友，他就变得很好打交道了。在我买下了那张利希滕斯坦的大画之后，才终于得到了购买许多其他作品的资格。”[⑱]即便是在下逐客令，利奥也能做到彬彬有礼。按照唐纳德·马龙的说法：“利奥从不真的拒绝（卖画给你），他不会让你产生任何不好的感觉，就算你可能不会买到一开始想要的那件作品，他也总能让你高兴起来。”[⑲]不过据卡斯泰利的同行安吉拉·韦斯特沃特观察，“他只会卖东西给对的人。为了通过卡斯泰利的重重考验，这些人得要各显神通才行”[⑳]。

如果说卡斯泰利的销售体系把收藏家们搞得个个心急如焚、痛心不已，但它却的确让卡斯泰利和他的艺术家们受益良多。经济学家奥拉夫·维尔苏斯（Olav Velthius）极具洞察力地解释了画廊主们是如何利用这份等候名单，通过对物质财富表现出某种不屑“去对象征资本进行积累”的。他评价道：“按照布迪厄（Bourdieu）[28]的观点，这些画商正在通过宣称自己对卖给出价最高者不感兴趣，来否定经济的价值……这样一来，他们就能神化自己代理的艺术家，或是让他们获得合理性和价值。”这种似乎注定会让每一位收藏家苦不堪言的情况一旦普遍存在，就

[1] 萨伏依王朝是欧洲历史最为悠久的王室家族，曾统治萨伏依公国、撒丁王国，也是 1861 年至 1946 年统治意大利王国的家族。

[2] 即圣路易斯画商约瑟夫·赫尔曼。

[3] 即圣路易斯画商罗纳德·格林伯格。

[4] 也称法兰西王朝（House of France），是一支出现于公元十世纪的法兰克贵族。

[5] 原文为意大利语：maestria。

[6] 即劳申伯格 1956 年创作的一件"混合艺术"作品《格洛丽亚》（*Gloria*）。画中的主人公格洛丽亚·范德比尔特是美国艺术家、演员、时装设计师和社交名媛，是纽约著名的范德比尔特家族的继承人。

[7] 琼斯 1959 年创作的一件布面热蜡画拼贴作品。

[8] 琼斯 1961 年创作的一件布面热蜡画拼贴作品，现藏于纽约现代艺术博物馆。

[9] 应为琼斯 1963 年创作的布面油画作品《到达/出发》（*Arrival / Depart*）。

[10] 英文中斯库尔（Scull）读音与骷髅（skull）相同。

[11] 琼斯 1962 年创作的一件布面热蜡画拼贴作品，现藏于洛杉矶当代艺术博物馆（Museum of Contemporary Art）。

[12] 弗里德里克·兰德·威斯曼（Fredrick Rand Weisman），美国实业家、商人、著名的美国战后艺术收藏家，弗里德里克·R. 威斯曼艺术基金会（Fredrick R. Weisman Art Foundation）的创始人。

[13] 贾斯培·琼斯 1962 年创作的一张由 5 个部分组成的布面拼贴作品。

[14] 即阿尔伯特·利斯特。

[15] 瓦尔特·本雅明（Walter Benjamin），德国犹太哲学家、散文家、文化评论家。

[16] 本杰明 1935 年发表了一篇题为《机械复制时代的艺术作品》（"The Work of Art in the Age of Machanical Reproduction"），称在传统和宗教仪式的价值消退的"机械复制时代"，艺术"灵光"（aura）的价值将会消失，艺术的发展将以政治实践为本。

[17] 原文为：Hyperconsumerism，指出对具有符号性的非实用性商品进行的消费，目的是塑造个性和彰显地位，是一种"为了消费的消费"。

[18] 边际税率是指在收入有所增加时，增加的这部分收入的纳税额同增加收入之间的比例。边际税单上升的幅度越大，对纳税人的反激励作用也越大。

[19] 美国犹太商人，从雅诗兰黛公司（The Estée auder Companies Inc）荣誉退休的董事会主席，纽约重要的艺术收藏家。

[20] 约翰·德·梅尼尔，法裔美国商人、慈善家、艺术赞助人，休斯敦梅尼尔收藏博物馆（Menil Collection）的创始人。

[21] 法裔美国艺术收藏家、慈善家、企业继承人，与丈夫共同创办了梅尼尔收藏博物馆。

[22] 美国时装设计师、艺术收藏家、里奇菲尔德的奥尔德里奇当代艺术博物馆的创办人。

[23] 美国商人、政客，美国第 41 任副总统和 49 任纽约州州长，艾比·奥尔德里奇·洛克菲勒的弟弟。

[24] 美国艺术策展人，曾任卡斯泰利画廊与高古轩画廊（Gagosian）总监。

[25] 美国企业家和慈善家，曾经在两个完全不同的领域创办出两家世界 500 强企业，也是洛杉矶现代艺术博物馆的创始理事会主席。

[26] 琼斯 1958 年创作的一件布面油画作品，作品名称《丁尼生》指的是维多利亚时期的英国诗人阿尔弗雷德·丁尼生（Alfred Tennyson）。

[27] 塞缪尔·欧文·纽豪斯（Samuel Irving Newhouse），美国企业继承人、商业大亨、慈善家，与兄弟共同继承了由父亲创办的先进出版公司（Advance Publications），康泰纳仕出版集团就是该公司的产业之一。

[28] 皮埃尔·布迪厄（Pierre Bourdieu），法国社会学家、人类学家、哲学家和公共知识分子。

成为“一种极其高效的客户关系管理手段。让一位收藏家不必排队，可以在万众瞩目的新作展开幕之前得到他或她的第一选择，就成了画商们最为珍贵的一项恩惠，这赋予了他们索要回报的砝码”[21]。年复一年，卡斯泰利甄选优先客户的程序变得越来越严苛。巴尔的摩的重要收藏家夫妇——简与鲍勃·迈尔霍夫的经历就是一个例证。“简·迈尔霍夫为了购买几件作品去见了利奥，”多萝西·利希滕斯坦回忆道，“利奥却说：‘您是哪位？我们不认识，我有什么理由要把这些作品卖给您呢？有很多人都在排队，我们是有等候名单的。您必须证明自己是一位严肃的收藏家才行。’可想而知，简觉得自己受到了莫大的侮辱！最后，欧文·布拉姆将迈尔霍夫夫妇带到了罗伊的工作室，他们这才开始直接通过利奥从罗伊那里买画。不过简永远都忘不掉那次被冷落的经历。”[22]再后来，电视制作人道格拉斯·克拉默（Douglas Cramer）[29]幽默地回忆了他需要经过两次推荐、一次对艺术家工作室的走访，并在与画廊主和艺术家共进午餐之后，才能获得购买一件贾斯培·琼斯作品的资格。“在当时，这是严肃程度最接近宗教选举的事情了。”[23]如果卡斯泰利看过《爱之船》（*Love Boat*）、《王朝》（*Dynasty*）、《神奇女侠》（*Wonder Woman*）或者任何一部曾经让克拉默名噪一时的早期作品，都绝不会留下这样的证据。

除了领土的扩张、需求的多样化、对象征资本的打造、对货物供应近似于 OPEC[30] 的严苛控制，卡斯泰利的制胜之道还包括另一个从一开始就存在的因素，那就是这位神话缔造者的个人魅力为作品带去的附加价值。“很多人愿意认为利奥能够迅速成功是因为他什么都是现成的。”极具影响力的收藏家戈登·洛克斯利（Gordon Locksley）[31]评论道：“这根本不是事实：他塑造了他自己。”[24]他塑造出的是一套全新的存在秩序。乔·赫尔曼的经历反映了卡斯泰利的体系给社会、经济和文化带来的转变，我们听听他是怎么说的。让时间倒回到 1960 年的密苏里州圣路易斯市：“我正准备要理发，刚拿起一本杂志，就看到了这张画，贾斯培·琼斯的《用尺和‘灰’作画》（*Painting with Ruler and ‘Gray’*）[32]。我几乎是从理发椅上跳了下来，转头对理发师说：‘我们这个时代跟过去一样，也有伟大的艺术家。’说着，就直奔纽约买画去了——这个家伙真的把我的热情全部调动起来了。”那时，白手起家的赫尔曼二十三岁，已经是一位成功的房地产开发商了。他想找到贾斯培·琼斯，却苦于摸不着门路，但在不懈的努力之下终于来到了卡斯泰利画廊的门前。他当场付了现金，买下了《用尺和“灰”作画》，并用每月 500 美金的支票获得了画廊赞助人的特权。“我一直有钱存在画廊，无论我什么时候去，利奥都会把最好的作品全拿出来供我挑选。”赫尔曼继续说道，“在当时，购买美国艺术是一种冒险行为。美国人还都在买马蒂斯、毕加索和米罗呢。我还记得圣路易斯的一位收藏家曾经警告过我：‘孩子，你买这些美国货是在浪费时间。你应该买的是毕加索、贾科梅蒂和米罗。’1963 年，我从利奥那里买到了我收藏的第一张利希滕斯坦——《棒球经理》（*Baseball Manager*），标志性的美国男性形象。挂在对面展墙上的作品是《溺水女孩》，标志性的美国女性形象。当你步入卡斯泰利画廊的展厅，左侧的墙上挂着的是被泰特买走的那张《哇啊！》（*Whaam!*），右侧的是现藏于苏格兰国家美术馆（Scottish National Gallery）的《在车内》（*In the Car*）[33]。其他画全部都被卖光了，但我很高兴能够得到《棒球经理》。这是全场最朴实无华的一件作品，非常直白。但这正是我爱上它的原因。”[25]从圣路易斯到纽约市，青年赫尔曼选择的道路逐渐将他引向了艺术风暴的中心，而当时的他甚至还没有开始发力。就这样，这套由卡斯泰利创造的秩序继续大行其道——他对收藏家与艺术家进行接触或获取作品信息的资格加以控制，刻意营造出了画商和收藏家间权力不对等的局面。

或许就算是天鹅绒做成的绳子也会留下勒痕。利奥·卡斯泰利竭力守护着他手中掌握的生杀大权，这会不会就是他的好几位客户都决定自立门户成为画商的原因呢？戈登·洛克斯利、康妮·格伦（Connie Glenn）[34]和罗尼·格林伯格便是如此，乔·赫尔曼也不例外，他 1970 年在圣路易斯开设了自己的画廊。卡斯泰利自我营造的神秘色彩和因此带来的成功从一开始就包括他对卫星画廊的栽培——从巴黎的伊莲娜·索拿本德和丹尼尔·汤普龙（Daniel Templon）[35]，到都灵的吉安·恩佐·斯皮罗内，明尼阿波利斯的戈登·洛克斯利、乔治·谢（George Shea）[36]和费利斯·文德（Felice Wender）[37]，科隆的鲁道夫·泽维纳，达拉斯的珍妮·C. 李（Janie C. Lee）[38]，渥太华的道格·克里斯马斯（Doug Christmas）[39]，多伦多的贾里德·塞布尔（Jared Sable）[40]，伦敦的罗伯特·弗雷泽（Robert Fraser）[41]和詹姆斯·麦耶，苏黎世的布鲁诺·毕少夫伯格、杜塞尔多夫的康拉德·费舍尔（Konrad Fischer）[42]，慕尼黑的海纳·弗里德里希（Heiner Friedrich）[43]和弗朗茨·达勒（Franz Dahlem）[44]，圣路易斯的乔·赫尔曼和罗尼·格林伯格，迈阿密的吉姆·科科伦（Jim Corcoran）[45]，洛杉矶的欧文·布拉姆、尼克·怀尔德（Nick Wilder）[46]、玛戈·莱文（Margo Leavin）[47]和康妮·格伦，威尼斯的阿蒂利奥·科多尼亚托，以及斯德哥尔摩的伊娃·阿夫·伯恩（Eva af Burén）[48]。“自我投射”一词因为他获得了正面的含义，“自我复制”一词几乎因他成为“自我生发”的代名词——几乎这是一个完全从卡斯泰利一个人的威望中生发出来的画廊谱系。

1967 年，珍妮·C. 李在休斯敦开设了自己的画廊。她在芭芭拉·罗斯的介绍下对卡斯泰利的一次拜访是她事业的开始。“利奥极为慷慨；他发来的永远都是我想要的作品。那时，得克萨斯州什么都还没有起步，利奥却很乐于在这里、明尼阿波利斯、洛杉矶和圣路易斯设立前哨。每个月我都至少会去一次纽约，这是必须的，这样才能跟得上潮流。他的建议？他对我说：‘珍妮，用好智慧和同情心是最重要的。赚钱宜少不宜多。’他从来不提销售上的事情。艺术家永远都是最重要的。”[26]

通过朋友查理·考尔斯（Charlie Cowles）[49]结识卡斯泰利的吉姆·科科伦讲述了一个与之类似的故事：“我正准备在迈阿密开一家画廊。当时我二十六岁，我对利奥说我想给他的艺术家们办一场聚焦于波普艺术的展览。于是他说：‘你想要哪些作品呢？’我就说：‘嗯，我想要赛·托姆布雷、劳申伯格、琼斯、沃霍尔……’他说：‘可以，去挑吧。’我把想要的挑了出来，他给我打了折，在没有对我做任何背景调查的情况下，就把画发到了南方，佛罗里达州。这是我这家画廊的第一个展览，效果不错。过去，到迈阿密发展是一个很另类的做法。不过那里的确有一批潜在的收藏家。利奥的慷慨帮了大忙。”[27]不久后，科科伦离开迈阿

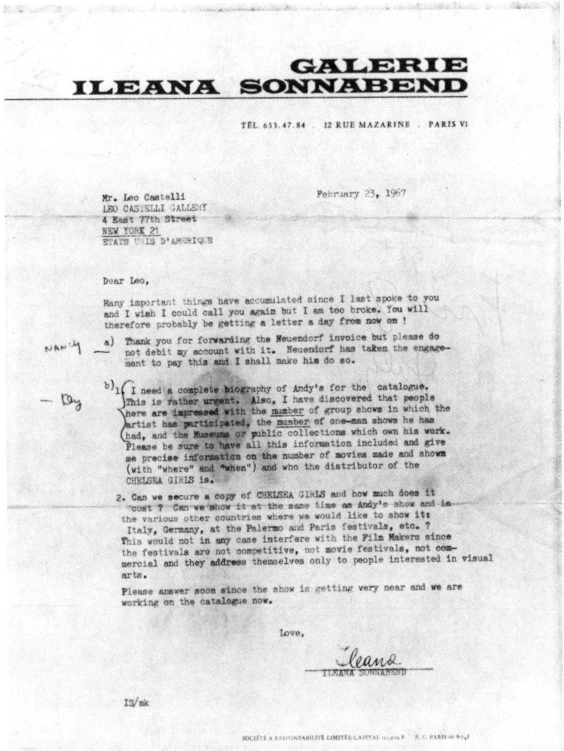

GALERIE
ILEANA SONNABEND

TÉL. 633.47.84 . 12 RUE MAZARINE . PARIS VI

Mr. Leo Castelli
LEO CASTELLI GALLERY
4 East 77th Street
NEW YORK 21
ETATS UNIS D'AMERIQUE

February 23, 1967

Dear Leo,

Many important things have accumulated since I last spoke to you and I wish I could call you again but I am too broke. You will therefore probably be getting a letter a day from now on !

NANCY — a) Thank you for forwarding the Neuendorf invoice but please do not debit my account with it. Neuendorf has taken the engagement to pay this and I shall make him do so.

— Dy b) 1. I need a complete biography of Andy's for the catalogue. This is rather urgent. Also, I have discovered that people here are impressed with the number of group shows in which the artist has participated, the number of one-man shows he has had, and the Museums or public collections which own his work. Please be sure to have all this information included and give me precise information on the number of movies made and shown (with "where" and "when") and who the distributor of the CHELSEA GIRLS is.

2. Can we secure a copy of CHELSEA GIRLS and how much does it cost ? Can we show it at the same time as Andy's show and in the various other countries where we would like to show it: Italy, Germany, at the Palermo and Paris festivals, etc. ? This would not in any case interfere with the Film Makers since the festivals are not competitive, not movie festivals, not commercial and they address themselves only to people interested in visual arts.

Please answer soon since the show is getting very near and we are working on the catalogue now.

Love,

Ileana
ILEANA SONNABEND

IS/mk

SOCIÉTÉ A RESPONSABILITÉ LIMITÉE CAPITAL

1967 年 2 月 23 日，巴黎，伊莲娜·索拿本德致信利奥·卡斯泰利

安迪·沃霍尔博物馆收藏

密来到了洛杉矶，他在那里的生意也开展得十分顺利。“加州的大收藏家呈现出三足鼎立的态势：罗伯特·罗文（Robert Rowan）[50]、埃德温·詹斯（Edwin Janss）[51]和威斯曼夫妇。不知怎么的，我的画廊刚刚开业，他们就全都自己找上门来，并迅速成了我的客户。”[28]

亲爱的利奥：

上次与你通话之后又攒下了好多重要的事，真希望能再给你打一次电话，可惜我已经穷得叮当响了。估计你从今天开始每天都会收到一封来信。

a) 感谢你把给尼伦多夫的收款函转发到我这，不过请不要从我的账上扣款。尼伦多夫已经许诺会给钱了，我也会盯着他付款的。

1. 安迪的履历我需要一份完整版的，好放进展览图录。这个很急。还有，我发现这里的人很看重艺术家参加过几个群展、举办过几场个展，以及进入过多少博物馆和公共收藏。请务必保证履历中有这些信息。另外，请简要地列出由他制作并已经公映的电影数量（写明时间地点），我还需要知道《切尔西女郎》(*Chelsea Girls*) 是由谁发行的。

2. 我们能预留一个《切尔西女郎》的拷贝吗？多少钱？我们能在安迪展览同期播放这部影片吗？也想带到其他几个国家放映，包括意大利、德国，以及巴勒莫和巴黎的艺术节，等等。因为这两个艺术节既不评奖，也不是电影节，也没有商业性质，只针对那些对视觉艺术感兴趣的人，所以无论如何都不会对导演们造成干扰。

展览开幕在即，我们正在准备图录，请尽快答复。

爱你的：伊莲娜

帕萨迪纳美术馆（Pasadena Art Museum）[52] 策展人约翰·科普兰斯（John Coplans）[53] 对卡斯泰利麾下的艺术家们在南加州的登陆进行了回忆：“我们策划了几场琼斯、斯特拉、利希滕斯坦和沃霍尔的展览。［弗吉尼亚·］德万画廊关张之后，代理纽约艺术家的画商就只剩下了两位。欧文·布拉姆是其中之一，另一位是尼古拉斯·怀尔德。两家画廊展出的全都是卡斯泰利画廊艺术家的作品！艾默里希和詹尼斯在南加州则没有什么生意往来。卡斯泰利人好极了：他非常赞成与博物馆开展合作，倘若馆长还大量购买过他旗下艺术家的作品，他就更乐于这么做了。当纽约的博物馆对他关上了大门，他马上同意由加州的一家博物馆牵头来做展览，由他们承担

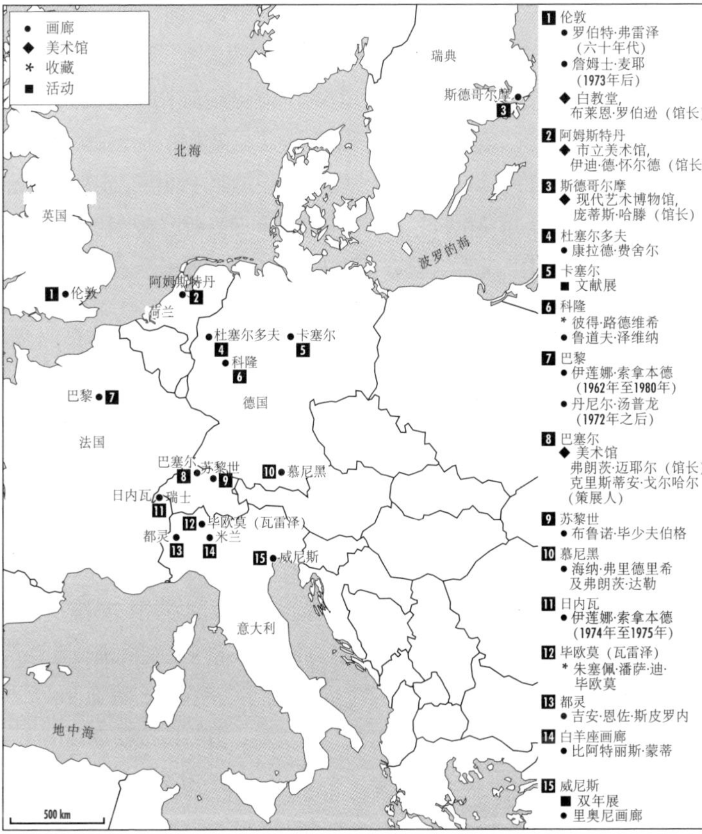

卡斯泰利在欧洲的卫星画廊及联络人分布图

所有的苦差事，而他自己则负责在展览之后把它带到欧洲。利希滕斯坦的展览就是一个例子。提案的是卡斯泰利，我则负责统筹、呈现展览、为图录撰写文章，所有工作都是我做的。后来在帕萨迪纳美术馆的支持下，展览移师到了芝加哥，后来又进入了阿姆斯特丹市立美术馆。市立美术馆的图册完全照搬了我的版本，只是换上了他们自己的照片而已。泰特美术馆也是一样，只不过为展览重新写了一篇文章。利希滕斯坦或斯特拉每年都会在洛杉矶、旧金山、纽约、巴黎、伦敦、杜塞尔多夫、米兰、明尼阿波利斯和圣路易斯举办展览。所以，这些地区的收藏家并不需要从身在纽约的利奥·卡斯泰利那里购买作品，相反，每个地区都有当地的画廊主针对他们自己的收藏家举办展览、销售作品。这是前所未有的做法。”[29]卡斯泰利的声望不仅为旗下的画家打造了象征资本，也向隶属于他的画商们授予了“皇室特许供应商”般的光环。

然而，卡斯泰利帝国的疆域并没有分散他对纽约的关注，他始终致力于在纽约发掘秀色可餐的生意，并始终忙于物色人才、出谋划策、推毂荐士、协商谈判，同时也在不断地达成交易。“这些人有需求，渴望买到他们想要的东西，而利奥则会向他们提供帮助。”欧文·布拉姆说，“一次，利奥对我说：‘我给你出个主意。哈里特·彼得斯就快要离婚了，贾斯培的那张《丁尼生》在她手里。’我去见了她，用 7000 美金把它买了下来。后来我把它卖给了唐·法克托（Don Factor）[54]，之后法克托又在苏富比出售了这件作品，现在它被得梅因的博物馆[55]收藏了。”[30]卡斯泰利就像管控着阿尔卑斯山脉的萨伏依公爵们那样继续稳扎稳打，占领了美国当代艺术的制高点，几乎实现了对市场的彻底垄断。[31]出席全球超过二十家卫星画廊的开幕活动、与博物馆合作的展览、艺术展销会和例如威尼斯双年展和卡塞尔文献展这样的国际展览占据了卡斯泰利的日程簿；依附于他的画廊主、他的艺术家和收藏家，以及一大批对他赞赏有加的博物馆馆长和批评家总能因为卡斯泰利主持的鸡尾酒会、群英荟萃的高级晚宴以及其他的仪式庆典集聚一堂。在这个受卡斯泰利统治的世界里，作为核心的他总有赴不完的约会，他的乐善好施也让身边的人深受感染。明尼阿波利斯的代顿夫妇收藏、巴塞尔的恩斯特·贝耶勒（Ernst

Beyeler)[56]收藏、洛杉矶的埃利·布罗德收藏、科隆的彼得·路德维希收藏、威尼斯的阿蒂利奥·科多尼亚托收藏，以及圣路易斯的艾米·普利策（Amy Pulitzer）[57]收藏都曾向公众敞开大门。戈登·洛克斯利回忆道："第二届巴塞尔艺术博览会时，我请利奥去一家叫'金桥'（Le Pont d'Or）的餐厅吃饭，这家餐厅现在早就不存在了。""但它在当时是最高级的餐厅，菜单极其考究。利奥要来了油和醋，自制了一款非常有特色的酱汁。这就是利奥·卡斯泰利的作风。那是我们的黄金时代。"[32]"在威尼斯，"科科伦补充道，"我们几乎每晚都会在格里蒂宫的酒吧喝东西。那里总是坐满了利奥的朋友，而最让他纠结的就是要不要在结账之前逃走——那可是2000美金的酒钱啊！"[33]去过欧洲之后，珍妮·C.李才真正欣赏起卡斯泰利挥洒自如的自信。"利奥神通广大；他在欧洲很吃得开，这让美国的收藏家们非常放心。他的智慧、他的为人、他的好奇、他的慷慨——他具有来自另外一种文化的视角，与我们完全不同。"[34]他不远万里地从的里雅斯特来到美国，但在某种意义上，他其实从未离开。

地理上的扩张、需求的多样化、象征意义的打造、对供应量的控制、象征资本的积累、将画廊的客户转化为二级经销商……仍不限于此。卡斯泰利最具前瞻性也最能带来金钱回报的绝妙创新之一或许是他对市场进行的划分。他借此在短时间内大幅拓宽了客源，为滞销库存找到了销路，同时极大地充实了卡斯泰利品牌和它的财富。1958年至1978年，依靠"销售罗伊和贾斯培的作品维持经营"的"双子星"（Gemini G.E.L.）艺术家合作社（Gemini）[35]满足了蚀刻版画、其他版画和系列作品极速膨胀的市场，1966年还在洛杉矶成功开设了另一家画廊。它所销售的衍生品在价格上比原作亲民得多，因而为琼斯、劳申伯格、利希滕斯坦、凯利和奥登伯格赢得了一个全新的客户群体，也让卡斯泰利画廊的产品线得到了指数级的扩充。1968年，这位画廊主创办了针对这一块业务的卡斯泰利图像社，还在西一〇八街103号开设了用于展示大型雕塑的"仓库"（Warehouse）。据鲍勃·蒙克回忆，托妮的经济头脑对卡斯泰利图像社的帮助很大。"1964年，托妮不仅在卡斯泰利图像社找到了自己的位置，也开发出了一个新的市场。财务上，卡斯泰利图像社取得了骄人的成绩。这首先是我们找到了像唐纳德·马龙这样的即将上位的年轻商人（例如在 1974 年，一张贾斯培·琼斯的版画就卖到了 2500 美金），也归功于托妮在财务方面极为出色的表现。伊莲娜在的时候则始终是一笔糊涂账。”[36]坐落于西一〇八街 103 号的“仓库”地处哈莱姆（Harlem）[58]住宅区中一条相对僻静的街道上，周围没有任何画廊的踪迹。直到 1968 年，这里都是卡斯泰利画廊真正意义上的仓库。通过将这里改造成一家画廊，利奥将艺术爱好者们引入了一场全新的冒险——第一个“另类”艺术空间就此诞生。[37]

与此同时，欧洲两大波普艺术收藏家——巧克力大亨彼得·路德维希和利奥的老客户朱塞佩·潘萨·迪·毕欧莫采取的做法与美国的同好们截然不同。为了转变欧洲人对波普艺术的看法，至少不能低于绝大多数美国人对这一艺术门类的理解，他们具有远见卓识地开启了各自的博物馆计划。画商鲁道夫·泽维纳告诉我们，“路德维希收藏开始于对中世纪艺术、前哥伦布时期艺术，以及毕加索等人的收藏。所以自打他买起了波普艺术，大伙就开始思考也许波普艺术压根就不是垃圾。美国和欧洲的艺术史学者们也意识到它其实是真正的艺术。”[38] 1966 年路德维希去世时，位于多个国家的十二家机构接受了他的慷慨捐赠，并继承了他的遗志。在这之前，沉闷乏味的达姆施塔特（Darmstadt）[59]城中出现了一位极具颠覆性和煽动性的人物——卡尔·斯多赫（Karl Ströher）。他是美发产品巨头威娜（Wella）的继承人，从六十岁起开始瞄准了当代艺术。后来，他在 1966 年第一次造访美国时发现，“与冉冉升起的波普艺术新星们相比，之前的收藏在当代性上黯然失色……我很快就清楚地意识到，我已经掉队了，需要迎头赶上”[39]。次年，七十六岁的斯多赫从两位慕尼黑画商（海纳·弗里德里希和弗朗茨·达勒）那里听闻了莱昂·克劳沙尔（Leon Kraushar）[60]的收藏将被出售的消息。［克劳沙尔很早就开始收藏沃霍尔的作品；1965 年，《生活》杂志刊登过他的一张照片，标题是《既然买了，就要朝夕相处！》（You bought it, now live with it!）］斯多赫飞去纽约，当即决定买下克劳沙尔的整个收藏。他一回到德国，就组织了一场全国巡回展。他当时宣称：“我希望刺激一下德国的艺术界；

这也应当被视作对艺术的一次赞助。”[40]

加尔文·汤姆金斯在《纽约客》中曾盛赞二十一岁的詹姆斯·麦耶是“世界上……最年轻的艺术专家”。1970 年 11 月，刚刚在苏富比·帕克－伯内特建立起战后及当代艺术部的詹姆斯就在这家位于麦迪逊大道的拍卖公司举办了第一场当代艺术拍卖。从这一天开始，艺术拍卖活动获得了一种令人心驰神往的魅力。“为了保证当晚一切顺利进行，利奥与我进行了紧密的合作。”麦耶回忆道，“电梯因为使用过度出现了故障，由于过于拥挤，消防队差一点就要对大楼进行疏散。整个 [61] 纽约都聚集于此：一个崭新的世界拉开了帷幕。”[41]然而，1972 年底，由于曾在二三十年代叱咤欧洲前卫艺术中心的父亲病危，麦耶不得不回到伦敦接管麦耶画廊。当时，卡斯泰利旗下的艺术家在英格兰还没有代理人，于是利奥同意让麦耶展出他们的作品，并向他提供帮助。那时，英国收藏家们对购买艺术的热情并不高。麦耶早期举办的展览是利希滕斯坦、沃霍尔、张伯伦、罗森奎斯特、艾格尼丝·马丁（Agnes Martin）[62]、伊娃·海丝和托姆布雷等艺术家在英国（乃至欧洲）的首秀。当时卡斯泰利承担着罗伊·利希滕斯坦高昂的制作费用，尤其是当夏天渐渐逼近，而这通常都是漫长的销售淡季。所以自然需要一位合作伙伴来分担这笔开销，就这样，已经在纽约经营起苏富比当代艺术部的詹姆斯·麦耶在他二十三岁的时候做出了重返伦敦的决定：“我意识到只要与利奥合作，一切就都会迎刃而解。我对他说，我愿意代理他的艺术家，他举双手赞成。在伦敦，我为托姆布雷、劳申伯格、罗森奎斯特、利希滕斯坦、沃霍尔、奥登伯格和张伯伦做了展览。”[42]

麦耶离开后，与苏富比的关系仍旧十分重要。1973 年 10 月 18 日晚 8 时，这家拍卖公司的第 3558 场拍卖在其威严的纽约总部正式开始。等待出售的是精彩绝伦的斯库尔收藏。如果说苏富比 1970 年的销售业绩宣告了魅力时代的到来，那么这家公司对斯库尔收藏的拍卖则开启了疯狂投机的纪元，拍卖价格成为股市行情的晴雨表，时至今日依然如此。能代表这一新秩序的面孔无疑是利奥·卡斯泰利。在过去的十五年

[29] 美国电视制作人、重要的当代艺术收藏家。

[30] 石油输出国组织（Organization of Petroleum Exporting Countries），旨在通过消除有害的、不必要的价格波动，确保国际石油市场上石油价格的稳定，保证各成员国在任何情况下都能获得稳定的石油收入，并为石油消费国提供足够、经济、长期的石油。

[31] 美国画商、发型师、明尼阿波利斯一家同性恋酒吧的所有人，被认为是明尼阿波利斯艺术圈的缔造者。

[32] 琼斯 1960 年创作的一件油画拼贴作品。

[33] 以上三件作品都是利希滕斯坦 1963 年创作的布面油画。

[34] 康斯坦茨·格伦（Constance Glenn），美国加州州立大学长滩分校（California State University, Long Beach）的大学美术馆（University Art Museum）创始馆长。

[35] 法国当代艺术画商，巴黎同名画廊的创办人。

[36] 美国画廊主杰克·格伦（Jack Glenn）之妻，在洛杉矶与他共同创办了杰克·格伦画廊。

[37] 美国画廊主，明尼阿波利斯 12 画廊（Gallery 12）的创始人及总监。

[38] 美国艺术策展人，达拉斯和休斯敦同名画廊的创办人。

[39] 道格拉斯·克里斯马斯（Douglas Christmas），加拿大画商，洛杉矶埃斯画廊（Ace Gallery）的创办人。

[40] 加拿大画商、画廊主，多伦多塞布尔－卡斯泰利（Sable–Castelli）画廊的创办人。

[41] 英国著名画商，伦敦同名画廊的创办人。

[42] 德国画商，杜塞尔多夫同名画廊的创办人。

[43] 德国重要的极少艺术、观念艺术画商，收藏家，在慕尼黑和科隆都创办过画廊。

[44] 德国画商，海纳·弗里德里希的合伙人，1963 年与弗里德里希夫妇在慕尼黑创办了弗里德里希与达勒画廊（Galerie Friedrich & Dahlem）。

[45] 詹姆斯·科科伦（James Corcoran），美国画商，迈阿密同名画廊的创办人。

[46] 尼古拉斯·怀尔德（Nicholas Wilder），美国画商、画家，洛杉矶同名画廊的创办人。

[47] 美国画商，洛杉矶同名画廊的创办人。

[48] 瑞典著名画商，斯德哥尔摩阿夫·伯恩画廊（Galerie af Burén）的创办人。

[49] 查尔斯·考尔斯（Charles Cowles），美国画商、当代艺术收藏家，曾任西雅图美术馆（Seattle Art Museum）策展人，1979 年在西百老汇大道 420 号开设了自己的同名画廊。

[50] 美国加州房地产开发商继承人，艺术收藏家，帕萨迪纳美术馆和洛杉矶当代艺术博物馆的赞助人。

[51] 美国加州房地产开发商继承人、投资人、艺术收藏家。

[52] 美国加州帕萨迪纳市的一家美术馆，现名诺顿·西蒙博物馆（Norton Simon Museum）。

[53] 英国艺术家、艺术写作者、策展人、美术馆馆长，曾任《艺术论坛》杂志主编、帕萨迪纳美术馆策展人和代理馆长。

[54] 美国电影制作人，其父麦克斯·法克托（Max Facror）是蜜丝佛陀（Max Facror）彩妆品牌的创始人。

[55] 1948 年成立于美国艾奥瓦州首府得梅因市的得梅因艺术中心（Des Moines Art Center）。

[56] 瑞士画商、收藏家，被《纽约时报》誉为“欧洲最重要的现代艺术商人”。

[57] 艾米莉·劳·普利策（Emily Rauh Pulitzer），美国著名新闻人小约瑟夫·普利策（Joseph Pulitzer Jr.）的第二任妻子，与他一同在圣路易斯建立了他们的当代艺术收藏。

[58] 位于曼哈顿北部的一片著名的黑人聚居区，自 1920 年起成为纽约的一个文化和商业中心。

[59] 德国中西部城市。

[60] 美国广告人，艺术收藏家。

[61] 原文为法语：Le tout。

[62] 出生于加拿大的美国抽象画家。

中，卡斯泰利进行了艰苦卓绝的斗争，他不仅改造了收藏家们的品位，还为几年前无人问津的作品营造了一个如今令富人阶级趋之若鹜的新环境。“那天，卡斯泰利成了‘利奥王’。他坐在第一排，神采奕奕、面带微笑地接受着瞻仰，”苏富比当代艺术部主任助理琳达·西尔弗曼（Linda Silverman）回忆道，“由于这场拍卖事关他的艺术大军，在场的每一个人都要跟他打招呼，点头哈腰地向他致以敬意。全体收藏家和画商悉数到场，利奥极尽优雅、谦恭地对他们一一答礼。那时我才二十岁出头，觉得眼前的一切简直不可思议。我一看到斯库尔一家就想笑，他们的哗众取宠让我忍俊不禁。这里根本就是好莱坞啊！子承父业的拍卖官约翰·马里恩（John Marion）是一个满腔热忱、游刃有余的高个子，是他成就了这场激情四射的拍卖！”[43]

1969 年，纽约，哈莱姆“仓库”
在基斯·索尼尔的装置作品前

摄影：亨利·格罗斯金斯基（Henry Groskinsky）

与这个领域此前的任何一场拍卖相比，当天最大的新意在于每一位上拍的艺术家都出自美国本土；而且除了弗朗茨·克兰和巴尼特·纽曼之外，每一位都是在世的青年艺术家，中间年龄约为四十岁。五十件拍品一个接一个地被摆在了众人面前。头几件作品的成交价格止步于估价区间的中低位，但当马里恩宣布："15 号拍品，贾斯培·琼斯的《双重白色地图》（*Double White Map*）[63]，估值为 15 万至 20 万美金。"出价便一个高过一个，在木槌落下之前的一刻还在不断攀升，最终本·海勒以 24 万美金将这件作品收入囊中。此后，成交价格一路飙升：21 号拍品，弗朗茨·克兰的《橙黑之墙》（*Orange and Black Wall*）[64]，估值为 8 万至 10 万美金，由提森－博内米萨（Thyssen-Bornemisza）男爵[65]以 12.5 万美金拍得；24 号拍品，巴尼特·纽曼（Barnett Newman）的《徘徊》（*L'Errance*）[66]（估值 9 万至 12 万）由哈罗德·戴蒙（Harold Diamond）[67]以 14 万美金拍得；25 号拍品，纽曼的《白火 II》（*White Fire II*）[68]（估值 8 万至 10 万），被弗朗茨·迈耶尔以 15 万美金拍得；32 号拍品，罗伯特·劳申伯格的《解冻》（*Thaw*）[69]（估值 5 万至 7.5 万），被恩斯特·贝耶勒以 8.5 万美金拍得；43 号拍品，赛·托姆布雷的《A》（估值 2.5 万至 3 万），被卡斯泰利本人以 4 万美金拍得；45 号拍品，安迪·沃霍尔的《红色航空邮票》（*Red Airmail Stamps*）[70]（估值 8000 至 1 万）被保罗·坎特（Paul Kantor）[71]以 1.8 万美金拍得。当晚的总销售额为 224.29 万美金！更让公众瞠目结舌的是，美国在世艺术家的销售纪录——乔治亚·奥基夫（Georgia O'Keeffe）[72]的《罂粟》（Poppies）12 万美金的最高销售纪录仅仅维持了七个月就被《双重白色地图》打破了——更确切地说是被彻底粉碎了！

同一时刻，在麦迪逊大道的东侧，示威者们包围了苏富比·帕克－伯内特公司的大门，抗议出租车业巨鳄斯库尔的心狠手辣。"出租汽车登记委员会"（Taxi Rank and File Commission）的横幅上赫然写道："打劫出租车司机是他的营生，收买艺术家是他的游戏""绝不能相信有钱的嬉皮士"。现场还有另一批愤愤不平的劳工群体，他们是来自"艺术工作者联盟"（Art Workers' Coalition）和"女性艺术工作者"（Women in the Arts）的成员，他们聚集在一起，谴责艺术体系中道德的沦丧："有钱人将当代艺术作为谋求私利和地位的工具，在交易中哄抬作品的价格。"㊹在出口处，醉醺醺的鲍勃·劳申伯格走上前来推了鲍勃·斯库尔一把，他大喊道："累得要死要活的是我；赚得盆满钵满的却是你！"而斯库尔则以他"抬高价格对艺术家只有好处没有坏处"㊺作为还击。白热化的争论持续了几个月之久。《华尔街日报》对此进行了报道："'劳申伯格先生说从今往后，任何对我作品的再次销售都必须与我分成'。""劳申伯格等人已经开始在华盛顿进行起了游说，要求联邦法律规定大于一定金额的销售必须与艺术家进行分成……'我相当愿意对此进行细致的研究'，参议员雅各布·贾维茨（Jacob Javits）如是说……艺术商人卡斯泰利先生表示，他赞成分成的想法，但必须要以自愿作为前提。'一些有公德意识并且态度温和的收藏家应该会很乐意签署这样一份协议！'他一脸严肃地说。"㊻

他刻意板起的面孔下隐藏着的无疑是心里那张柴郡猫似的笑脸[73]。利奥或许已经是卡斯泰利王朝的大公了，不过他是否能够跟那些他如数家珍的萨伏依爵爷们相提并论了呢？他运筹帷幄的卓越才干是否具有"清白的亨伯特"（Humbert the White-handed）[74]（1032年至1048年在位）的风范？他在政治上的机会主义倾向是否与查尔斯·伊曼纽尔一世（Charles Emmanuel I）[75]（1580年至1630年在位）异曲同工？他务实的外交手腕是否足够同维克多·阿马德斯二世（Victor Amadeus II）[76]（1675年至1730年在位）媲美？"他是一个绝世天才，我相信他很清楚自己在做什么，他对当下发生的任何事情都了如指掌。"乔·赫尔曼总结道，仿佛是在臣服于某种不可估量的能力。㊼利奥无与伦比的政治头脑的确受到了同行们的称颂，从中我们发现，他们普遍更愿意将卡斯泰利与成功带给他的魔力视作一个整体。他的魔力近似于某种神秘的化学反应，而这种反应的化合原理应该就隐藏在他最早开始发生变化的反应皿中——他的故乡的里雅斯特。的里雅斯特，世界保险之都，在这里，忠利保险公司年轻的保险销售利奥·卡斯泰利第一次学到了如何兜售一件跟直接物质欲望无关，但却可以和时间赛跑，并能永垂不朽的商品的艺术。

“要在保险领域取得成功，远比乍看之下来得复杂艰巨。”阿诺德·弗里杰西·迪·拉塔尔玛指出，“我们的工作与经济领域的每一条规则都息息相关，需要广泛的理论和实际知识，对从业者还有其他更为明确的素质要求，例如要了解不同的文化和人群。我们不是在销售看得见摸得着的商品；我们对产品的价值知之甚少——充其量也只能算是略知一二”[48]。长期以来，美国文化都对艺术的力量漠不关心，甚至到了完全不为所动的地步，在这样的背景下，如果说利奥·卡斯泰利是在贩卖艺术，似乎真的毫无逻辑可言。几乎没有任何商人能够像他那样清楚地觉知市场对自己所销售的商品的渴望；而对于这种基本不具有任何物质价值的商品而言，要激发出如此旺盛的购买欲更是难上加难。当神圣与世俗对一个餍足的消费社会已经起不到任何作用的时候，卡斯泰利纯熟地驾驭了二者的逆流，在很大程度上创造出了一种新的圣物。他将强大的符号价值赋予了美国当代艺术，让它获得了崭新的文化活力。接着，这位至高无上的男巫再次对他点石成金的作品施以魔法，将收藏家们煽动得欲念纵生。这种对艺术的疯狂一直延续至今，丝毫没有减弱的迹象。

63 琼斯 1955 年创作的热蜡画拼贴作品。

64 克兰 1959 年创作的布面油画作品。

65 汉斯·海因里希·提森－博内米萨（Hans Heinrich Thyssen-Bornemisza），出生于德国的瑞士实业家、艺术收藏家，长期生活于西班牙。马德里提森-博内米萨国家博物馆的部分馆藏就来自于他的收藏。

66 纽曼 1953 年创作的布面油画作品。

67 美国艺术商人。

68 纽曼 1960 年创作的布面油画作品。

69 劳申伯格 1958 年创作的布面油画作品。

70 沃霍尔 1962 年创作的布面丝网印丙烯作品，现藏于洛杉矶县立美术馆（Los Angelas County Museum of Art）。

71 美国加州画商、画廊主，二十世纪四十年代在洛杉矶创办了坎特画廊。

72 美国艺术家，被誉为"美国现代之母"，《罂粟》为其创作于 1950 年的布面油画作品，现收藏于威斯康星州的密尔沃基艺术博物馆（Milwakee Art Museum）。

73 英国作家路易斯·卡罗尔（Lewis Carroll）创作的童话《爱丽丝漫游奇境记》（*Alice's Adventure in Wonderland*）中的虚构角色，是一只能随时现身随时消失、总是咧着嘴笑的短毛猫。

74 亨伯特一世（Humbert I），萨伏依王朝的创立者，1032 年起宣誓效忠于神圣罗马帝国皇帝康拉德二世（Conrad II），并随后成为萨伏依伯爵。

75 萨伏依公爵，在位期间大力发展经济和文化，但在政治上却摇摆不定，大多处于弱势。

76 意大利语译名为维托里奥·阿梅迪奥二世（Vittorio Amedeo II），萨伏依公爵兼西西里国王和撒丁王国国王、神圣罗马帝国大元帅、法兰西王国大元帅，是萨伏依王朝史上一个关键的人物，他在大同盟战争和西班牙王位继承战争中翻云覆雨，把法国、亚平宁半岛和神圣罗马帝国边境上一个小小的萨伏依公国发展成一个很大的撒丁王国，为意大利的统一奠定了基础。

① 乔·赫尔曼访谈，作者采访，纽约，2007年5月13日。

② 吉安·恩佐·斯皮罗内访谈，保罗·卡明斯采访，美国艺术档案馆，由乔尼·玛雅·谢比（Joni Maya Cherbi）在《波普艺术：丑小鸭变天鹅》（"Pop Art: Ugly Duckling to Swan"）中引述，摘自维拉·佐尔伯格（Vera Zolberg）及乔尼·玛雅·谢比编辑的《圈外艺术：当代文化中的边界之争》（*Outsider Art: Contesting Boundaries in Contemporary Culture*）（纽约：Cambridge University Press：1997年出版），85—97页。

③ 这一说法取自雷蒙德·莫林的《艺术家、机构和市场》（巴黎：Flammarion，1992年出版）。

④ 芭芭拉·雅各布森访谈，作者采访，纽约，2008年5月1日。

⑤ 唐纳德·马龙访谈，作者采访，纽约，2008年1月28日。

⑥ 摘自约翰·布鲁夫斯基（John Rublowsky），《波普艺术》（*Pop Art*）（纽约：Basic Books，1965年出版），157页。

⑦ 利奥·卡斯泰利访谈，保罗·卡明斯采访，纽约，1979年4月19日，美国艺术档案馆，华盛顿哥伦比亚特区；另见谢比，《波普艺术：丑小鸭变天鹅》，85—97页。

⑧ 比尔·埃利希访谈，作者采访，纽约，2009年2月6日。

⑨ 唐纳德·马龙访谈，作者采访，纽约，2008年1月28日。

⑩ 温·克拉马斯基访谈，作者采访，纽约，2009年2月3日。

⑪ 欧文·布拉姆访谈，作者采访，纽约，2007年5月3日。

⑫ 利奥·卡斯泰利访谈，保罗·卡明斯采访，美国艺术档案馆。

⑬ 同上。

⑭ 乔·赫尔曼访谈，作者采访，纽约，2007年5月3日。

⑮ 拉里·奥尔德里奇访谈，保罗·卡明斯采访，1972年4月25日，美国艺术档案馆，华盛顿哥伦比亚特区。

⑯ 鲍勃·蒙克访谈，作者采访，纽约，2009年1月22日。

⑰ 埃利·布罗德访谈，作者采访，纽约，2009年2月6日。

⑱ S.I. 纽豪斯访谈，作者采访，纽约，2009年1月12日。

⑲ 唐纳德·马龙访谈，作者采访，纽约，2008年1月28日。

⑳ 安吉拉·韦斯特沃特访谈，作者采访，纽约，2009年1月31日。

㉑ 奥拉夫·维尔苏斯，《对个人品位作出解释》（"Accounting for Taste"），摘自《艺术论坛》杂志（2008年4月刊）：308页；另见《谈论价格：当代艺术市场中价格的象征意义》（*Talking Prices: Symbolic Meaning of Prices on the Market for Contemporary Art*）（新泽西州普林斯顿市：Princeton University Press，2005年出版）。

㉒ 多萝西·利希滕斯坦访谈，作者采访，纽约，2008年5月24日。

㉓ 克里斯蒂·布朗，《收藏：梦寐以求的艺术：画商卖"相"、生活方式——客户们是时尚的牺牲者还是梦想家？为什么你愿意花更多钱买一张"卡斯泰利·沃霍尔"？》（"Collecting: Aspirational Art, Dealers Sell 'Look', Lifestyle: Are Clients Fashion Victims or Visionaries? Why You Pay More for a 'Castelli Warhol'?"），摘自《华尔街日报》（*Wall Stree Journey*），1998年3月27日，由维尔苏斯在《对个人品位做出解释》中引用，95页。

㉔ 戈登·洛克斯利访谈，作者电话采访，2007年5月8日。

㉕ 乔·赫尔曼访谈，作者采访，纽约，2007年5月13日。

㉖ 珍妮·李访谈，作者采访，纽约，2007年5月18日。

㉗ 吉姆·科科伦访谈，作者采访，纽约，2007年5月13日。

㉘ 同上。

㉙ 约翰·科普兰斯访谈，保罗·卡明斯采访，1975年4月4日，美国艺术档案馆，华盛顿哥伦比亚特区。

㉚ 欧文·布拉姆访谈，作者采访，纽约，2007年5月3日。

㉛ 加尔文·汤姆金斯在《纽约客》的人物报道《千里眼、顺风耳》（"A Good Eye, a Good Ear"）（1980年5月26日）中对此进行了详细解读，认为卡斯泰利二者兼备。

㉜ 戈登·洛克斯利访谈，作者电话采访，2007 年 5 月 8 日。

㉝ 吉姆·科科伦，作者采访，纽约，2007 年 5 月 13 日。

㉞ 珍妮·李，作者电话采访，2007 年 5 月 18 日。

㉟ 即“双子星”限量艺术品有限公司（Gemeni G.E.L）是一家 1966 年成立于洛杉矶的出版工作室。包括罗伯特·劳申伯格、贾斯培·琼斯、理查德·塞拉在内的多位卡斯泰利旗下艺术家都与“双子星”合作生产限量艺术品。

㊱ 鲍勃·蒙克，作者采访，纽约，2009 年 9 月 2 日。

㊲ 未经细致装修的室内环境本身就像是一块具有启发性的空白的画布，装置作品可以直接被安装在墙面、地板乃至楼梯上。在像洞穴一般昏暗空旷的空间中，画廊最基本的设施一概没有，包括供暖。早在 1968 年初冬的那场开幕仪式上就有来宾注意到了这一点。但无论如何，1968 年 12 月的这场揭幕展——“利奥·卡斯泰利九人展”（*9 at Leo Castelli*）——的重要意义后来得到了证实。展览现场虽然没有出现卡斯泰利本人或伊万·卡普的身影，但多萝西·利希滕斯坦却扮演了领导的角色。［菲利普·雷德尔，《材料的属性：在罗伯特·莫里斯的阴影下》（“The Properties of Materials In the Shadow of Robert Morris”），摘自《纽约时报》，1968 年 12 月 22 日，D31 版。］

这场展览是由罗伯特·莫里斯围绕着他的“反形式”（*Anti Form*）展开的（此前，他在 4 月刊的《艺术论坛》杂志中做过详细的论述），展览的名称使用得并不准确，令人迷惑不解。参展的只有 7 位艺术家，而非 9 位：威廉·布林格（William Bollinger）、伊娃·海丝、斯蒂芬·卡尔滕巴赫（Stephen Kaltenbach）、布鲁斯·瑙曼、艾伦·萨雷特（Alan Saret）、理查特·塞拉，以及基斯·索尼尔。开幕式邀请函中注明的乔瓦尼·安塞尔莫（Giovanni Anselmo）和吉尔伯托·佐里奥（Gilberto Zorio）的作品未能如期送达。这场为期 15 天的展览（12 月 4 日至 28 日），每天仅开放数小时，其实观众的人数与其他展览相比也寥寥无几，但它的影响却十分深远。它与德万画廊一场名为“土木工事”（*Earthworks*）的展览都被认为是一座里程碑，标志着启发了一部分早期行为艺术和装置艺术的“那被称作是‘极少主义艺术’‘物体艺术’‘实在主义艺术’创作历险”进入了“第一阶段”。每一件作品都与过程、材料天然的特质，以及展览现场息息相关。它们仿佛被直接安装在别无他物的仓库中，挑战着传统的展览呈现方式、形式和材料。理查德·塞拉将颜料泼洒在了墙面和地上，并将乳胶和橡胶堆放在地面上的一个特定的区域内。卡尔滕巴赫将一块巨大的毛毡放置在了地上，每天都会对它进行重新整理，好呈现出材料无形的本质。布鲁斯·瑙曼的作品融入了录音。而并非正式参展艺术家的拉斐尔·费雷尔（Rafael Ferrer）即兴参加了展览。他在几名学生的帮助下，从秋天的费城收集了 87 蒲式耳（约 3 立方米）的落叶。他指导这些学生前往不同的画廊，秘密地散发这些落叶（“避免互动，”他指挥道，“并迅速离开。”）：早上 9 点，他们已经用树叶装满了德万画廊的一部电梯，还在卡斯泰利位于东七十七街 4 号的画廊放置了大量树叶，那里正在展出的是托姆布雷的作品；在“仓库”，费雷尔的“造叶者”们用剩下的树叶填满了一个楼梯间。［《拉斐尔·费雷尔访谈》（“An Interview with Rafael Ferrer”），摘自马里奥·加西亚·托雷斯（Mario Garcia Torres）编辑的《利奥·卡斯泰利九人展》（*9 at Leo Castelli*）（波多黎各圣胡安市：Instituto de Cultura Puertorriqueña，2009 年出版）。］

㊳ 鲁道夫·泽维纳，作者采访，柏林，2007 年 7 月 2 日。

㊴ 詹姆斯·斯托顿（James Stourton），《伟大的当代收藏家》（*Great Collectors of Our Time*）（伦敦：Scala Publishers，2007 年出版），251—255 页。

㊵ 同上，254 页。

㊶ 詹姆斯·麦耶访谈，作者采访，纽约，2008 年 11 月 15 日。

㊷ 詹姆斯·麦耶访谈，作者采访，纽约，2008 年 5 月 24 日。

㊸ 琳达·西尔弗曼访谈，作者采访，纽约，2008 年 5 月 22 日。

㊹ 巴鲁克·D. 基尔申鲍姆（Baruch D. Kirschenbaum），《斯库尔收藏拍卖会及其纪录片》（“The Scull Auction and the Scull Film”），摘自《艺术期刊》（*Art Journal*）第 39 期，第 1 册（1979 年秋季刊）：50—54 页。

㊺ 基尔申鲍姆，《斯库尔收藏拍卖会及其纪录片》，50—54 页。

㊻《艺术家认定他们应该分享画作再次销售时产生的利润》（“Artists Decide They Should Share Profits on Resale of Paintings”），摘自《华尔街日报》，1974 年 2 月 11 日，第 1 页。

㊼ 乔·赫尔曼访谈，作者采访，纽约，2007 年 5 月 18 日。

㊽ 维维安娜·A. 泽利泽（Viviana A. Zelizer），《道德与市场：美国人寿保险业的发展历程》（*Morals and Markets: The Development of Life Insurance in the United States*）（纽约：Columbia University Press，1979 年出版）；另见维维安娜·A. 泽利泽，《金钱的社会意义》（*The Social Meaning of Money*）（纽约：Basic Books，1994 年出版）。

28—休斯敦街以南的应许之地

苏荷是一个绝妙的去处！那里是一片文艺复兴的景象，像是一座伊甸园。去那就跟逛博物馆似的，因为你见到的全都是非常严肃的画廊和极其认真的人。①

——克里斯托夫·德·梅尼尔

420 号是在一个阳光明媚的周六午后揭幕的，我记得来了许多人，每个人手里都拿着香槟。这里成为第一座经营艺术的百货大楼：活动简直棒极了！吉尔伯特与乔治的表演精彩到令人难以置信的地步！我完全不知道他们是谁。突然之间，苏荷就成了所有热门事件的发生地，成了一个你愿意久留的地方；整个艺术世界都转移到了那里。②

——比利·苏利文（Billy Sullivan）[1]

把路沿当作枕头

无所谓流浪到了何方

拱门之下

我们在虚度中想入非非。

（当时鲜为人知的英国双人组合）吉尔伯特与乔治站立在一个舞台上，他们的双手和脸庞被涂上了闪亮的油彩，其中一个人拿着一只手套，另一个人拄着一根拐杖——他们按照那首短小的歌曲《拱门之下》（“Underneath the Arches”）的节奏模仿着机器人的动作，表演了作品《歌唱的雕塑》（*Singing Sculpture*）。一曲唱罢，他们立即爬下了桌子，交换了各自手中的标志物，又爬了上去，从头来过。“他们如此持续了五个小时，”伊莲娜·索拿本德回忆道，“很多人警告我们不要邀请欧洲的艺术家来做空间的揭幕展，他们说这么做很胡闹，我们必须得做美国艺术家的展览，因为美国观众对外国人不感兴趣。在我看来，这恰恰是画廊要用吉尔伯特与乔治揭幕的原因，我们要反潮流而动，一如我 1963 年在巴黎做过的那样，当时就有很多人警告过我不要画廊一开门就做贾斯培·琼斯的展览！”[③]

1971 年 9 月 25 日，西百老汇大道 420 号。四家新的画廊空间在同一天开门迎客——二层的卡斯泰利画廊、三层的索拿本德画廊、四层的约翰·韦伯（John Weber）[2] 画廊、五层的安德烈·艾默里希画廊。出人意料的是，伊莲娜·索拿本德抢了其他人的风头，甚至到了今天，还有很多人记得吉尔伯特与乔治的那场演出，但却将卡斯泰利画廊那场囊括了琼·乔纳斯（Joan Jonas）[3]、鲍勃·莫里斯、布鲁斯·瑙曼、理查德·塞拉和基斯·索尼尔的“电影群展”（Group Film Exhibition）忘到九霄云外。芭芭拉·波拉克（Barbara Pollack）[4] 在《村声报》中写道：“在当晚的活动结束之前，吉尔伯特与乔治和索拿本德画廊就已经引起了极大的轰动。”[④]。芭芭拉·雅各布森如今回忆：“涂满了金粉的吉尔伯特与乔治的原创性震惊四座，给人留下了难以磨灭的记忆。”[⑤]一位情绪激动

纽约，西百老汇大道 420 号
传奇一般的目的地，卡斯泰利画廊位于二层，索拿本德画廊位于三层

摄影：迈克·S. 山下（Michael S. Yamashita）

吉尔伯特与乔治的作品《歌唱的雕塑》

的观众对《纽约时报》说："终于有人敢于展现艺术世界的真相了——就是一场免费的杂耍表演。"[⑥]即便如此，鉴于上一年萧条和低迷，这依旧是一份出乎所有人的预料的成功。"因为我们是冒着很大的风险从上城搬到这里的，所以全都忧心忡忡。"约翰·韦伯回忆道，"每家都摆好了葡萄酒和奶酪，紧张地站在一旁，生怕没有人捧场。"但当韦伯望向窗外，他惊奇地发现屋外聚集了一大群等待开门的观众。"我认为大楼揭幕当天我们放进来了 1.2 万人，所有吃的都在 12 秒之内被一抢而空。从那一刻起，这里就进入了艺术世界的版图。"[⑦]

六十年代，美国文化和经济的巨大变革影响甚至塑造了卡斯泰利画廊。为了将重要的艺术新潮汇入历史的脉络，并在海内外为美国艺术家争取更高的地位，卡斯泰利付出的努力无人能及。七十年代初，当他终于稳坐于世界艺术之巅，却冒险地将自己的情感和事业双双转移到了一个全新的都市地带，他的职业生涯也进入了一个崭新的阶段。那时的他是否清楚独闯巴黎的时光让伊莲娜·索拿本德经历了何等惊人的蜕变？他是否明白，他的前妻如今已经凭借自己的力量成为一名真正的画廊老板，已经成熟到了随时可以与他展开对抗的地步？令人意外的是，这场苏荷大冒险的开始竟然无比随意！"一天，"伊莲娜·索拿本德回忆，"我和利奥从运输公司那里得知西百老汇大道有一栋正在出售的房子；如果我们几个以合作制的方式一起把它买下来，会特别划算。"[⑧]许多年来，海牙艺术品包装运输配送公司（Hague Art Deliveries, Fine Arts Movers & Packers）的弗里茨·德·格奈特（Frits de Knegt）和沃特·日耳曼斯（Wouter Germans）[5]在全世界从事着艺术品包装和运输的工作。他们是这个领域的专家，对这个行当里的每一个人都了如指掌，面面俱到，所以消息才会这么灵通。[⑨]就这样，四位画廊主以合作的形式用 27.5 万美金买下了西百老汇大道 420 号的这幢建筑，并将它拆分成了四个大小相同的单元。尊贵的卡斯泰利画廊竟然在一家运输公司的发起下迈出了新的一步，如果说这一切都是机缘巧合恐怕无法令人信服。在曼哈顿岛上向南挪动了几公里后，这位出生于的里雅斯特的画商直接将自己放置在了一个长久以来都与批发贸易紧密相连的地区，这真的只是一个偶然事件吗？事实上，他这么做是在将自己的事业抛向一个活跃着国际贸易的地带，与圭多和贾科莫在的里雅斯特发迹的那座老码头（Molo Vecchio）极为相似。似乎是命运让这个被时间遗忘了的幽暗角落在卡斯泰利的手中焕发出了新的光彩，并在日后成为国际艺术世界最炙手可热的中心！

南北战争结束以来，纽约就是这个国家最为活跃的口岸，而在休斯敦街以南的苏荷，在南街（South Street）（吞吐货物）的码头和珍珠街（销售货物）的市场间的这个地区迅速成为商贾们在城中进行大宗交易的集散地。[⑩]这里的两条主干道——运河街（Canal Street）和休斯敦街可以承受货车频繁通过的交通压力；不仅如此，由于紧邻移民租户人满为患的下东区，这里的廉价劳动力也十分充足。然而到了1960年，这个曾经在城市的经济生活中具有核心地位的地区却面临着被夷为平地的威胁。在此之前的几十年中，随着纺织业和其他一度对城市经济起过关键性作用的轻工业日渐衰退，苏荷这个以鹅卵石铺路、精美铸铁建筑林立的地区也在人们眼中变得不合时宜起来，甚至到了丑陋不堪的地步。这样一来，它的处境就成了检验战前城市风貌在战后时期命运的一个范本。

在美国的历史上，几乎没有任何一次对土地使用的争论引发过如此激烈的冲突：这活脱脱是牛羊之战[6]的城市翻版。几乎没有任何一个社区能让公共心理发生如此跌宕起伏的变化，或如此直接地牵扯出一场在简·雅各布斯（Jane Jacobs）[7]看起来关乎"美国大都会生死存亡"的争论。在当时所谓进步的言论如今听起来是那样骇人听闻。"我们想要重申的是，城市是由交通塑造出来的，也理应服务于交通。一座没有交通的城市就如同一座鬼城。"纽约公园管理局局长及该市的公路总营造师罗伯特·摩西（Robert Moses）声称，"运河街和三街（Third Street）之间那条宽1.2公里的狭长地带是曼哈顿下城最为萧条的一个区域，这里的租户每年的流动率高达14%，它就像是一块犹太人聚居区，就算不是整座城市环境最恶劣的贫民窟，也一定是其中之一。"[⑪]更糟糕的是，这个破败不堪的地区没有名字。如今这里的居民模糊地称它为"下城"，由于火灾频发，云梯消防队员都管这里叫"百亩地狱"（Hell's Hundred Acres）[8]，还有人给它起了“峡谷”的外号，暗示这里的房屋低平，而周围却高楼林立。许多正义之士对依然存在于这里的血汗工厂进行过强烈的谴责。在这里，报酬过低的黑劳工为了获得更多的计件工资每天都要工作14至18小时，而这个幽灵军团中的更多人则选择在更为恶劣的环境中卖着苦力。“我们美国人与过去的关系不改，”历史学家史蒂芬·科奇（Stephen Koch）写道，“我们想要否认它的存在。我们妄图永葆青春，做永远的‘新世界’。在某种程度上，举国上下对历史的反感或许解释了城市委员会为什么会在1959年提出将苏荷夷为平地的建议。它的风格似乎过于十九世纪了，已经到了不可饶恕的地步。它既不现代也不老派，因而只能被定义为是丑陋的。更可怕的是，它的风貌与美国最令人不快的那段属于十九世纪的记忆有关。”⑫在摩西的建议中，“只有”不到2000户家庭需要搬迁，而他承诺将会得到联邦政府的支持，在这样的情况下，他要腾空苏荷来建造一条贯穿当地的曼哈顿下城高速（Lower Manhattan Expressway）的计划似乎已经势不可挡。

在即将遭到清理的居民中，有一个不算庞大的艺术家群体，他们大多偷住在苏荷空置的房屋内；到了1960年，他们开始有组织地抵抗摩西的这一计划，就这样，苏荷“艺术家租户联合会”（Artists “Tenants” Association，简称ATA）开始为人所知。次年夏天，为了抗议强拆，他们发出了抵制城中一切艺术开幕的威胁。而真正阻止了摩西的计划并保护了纽约大批建筑遗产的动力则是由一场文化浩劫引发的：1964年，由麦金－米德－怀特公司（McKim, Mead, and White）[9]设计的学院派建筑[10]杰作——宾夕法尼亚车站（Pennsylvania Station）[11]遭到拆除。两年后，约翰·V. 林赛（John V. Lindsay）[12]当选纽约市长时，关于是否将苏荷夷为平地的争论仍在激烈地进行。一开始林赛支持建造高速公路的主张，但这位开明的共和党人很快就反对起了摩西对都市生活“敌托邦”[13]式的现代主义愿景，并重新启动了“地标性建筑保护委员会”（Landmarks Preservation Commission）。⑬林赛是一位资深的环保主义者，他禁止机动车在周日进入中央公园，还设立了“城市规划委员会”（City Planning Commission）。这个机构带头对区划条例进行了调整，让艺术家可以合法地居住在当时还没有被划归为住房建筑的改建房屋中。“我们有一个懂文化、有感受力并接受过良好教育的市长，他理解艺术在城市生活中具有的价值。”ATA 的一位代表解释道，“林赛政府对我们的胜利给予了决定性的帮助。在斗争的过程中，我们自始至终都在获得林赛及其私人助理的支持。指导我们如何在规划委员会据理力争的正是市长的几位助理。”[14] 1969 年 7 月 16 日，林赛公开反对了“权力掮客摩西”的提案，宣布曼哈顿下城高速公路计划“必将完蛋”。公路计划的覆灭不仅让城市规划者和居民间多年的积怨烟消云散，也让纽约的艺术家群体第一次品尝到了行动主义的甜头。1970 年，一家名为“铸铁建筑之友”（Friends of Cast Iron Architecture，简称 FCIA）的建筑师和顾问协会终于提出倡议，要将苏荷列为一处历史遗产。

三年后，以休斯敦街、运河街、西百老汇大道和克罗斯比街（Crosby Street）为界的苏荷被市长办公室定为一处保护区。[15]官方公告中这样写

1910 年前后，纽约
新落成的宾夕法尼亚车站

道："用连字符连接的'苏荷－铸铁'(SoHo–Cast Iron)被选定为纽约市第23号历史保护区的正式名称，用以彰显该地区文化多样性中的一个部分。名称中的'铸铁'指仅存于这个地区的铸铁建筑结构群；'苏荷'指'休斯敦街以南'。二十世纪六十年代，一群艺术家搬进了这个看上去完全没有未来的街区，并开始使用这样的缩略语称呼这个地区。他们赋予了它新的生命，并让我们这片不可替代的文化遗产具有了被保护的可能。"[16]由此可见，对苏荷的保护和这个区域向艺术家聚居区的转型一方面是当地政治斗争的成果，另一方面得益于自六十年代中期起就在美国茁壮成长的全新文化生态。早在1962年，肯尼迪总统就任命奥古斯特·赫克舍(August Heckscher)[14]担任了他的特别艺术顾问，他在国会的一次演说中引述了赫克舍《建立美国国家艺术基金会》(To Establish a U.S. National Arts Foundation)的报告，后来还成立了"总统艺术委员会"(President's Arts Council)。四年后，约翰·林赛聘请赫克舍出任纽约公园与娱乐管理局和文化事务局局长，并建立起了与洛克菲勒家族的关系，从而以文化的名义实现了商界、政界和慈善界的联合。[17]

终于，在1968年，一则简单的新闻公告打开了潘多拉的魔盒："公园广场画廊(Park Place Gallery)前任总监宝拉·库珀(Paula Cooper)[15]宣布将在纽约(位于休斯敦街向南一个路口、百老汇大道向西一个路口的)普林斯街(Prince Street)96—100号开设一家由仓库改建的大型画廊。近来，大量油画和雕塑作品在创作意图和作品体量上都变得与私密的室内空间极不相称。这个自仓库改建而来的展览空间十分宽敞，面积约为465平方米，它的成立旨在填补通常意义上的画廊环境和艺术家日益公共化的创作方向之间的鸿沟。"[18]库珀因其反对越南战争的行动主义主张为人所知，她是最早提出艺术展览不应受到派系束缚的人之一。她认为应当让展览根植于社区，且应具有跨学科、灵活和富于探索性的特征。在她之后，在卡斯泰利画廊效力了十年的前任总监伊万·卡普成为苏荷的另一位开拓者：他在百老汇大道开设了一个巨大的空间——"OK哈里斯"(OK Harris)[16]。在这里，一向和蔼可亲的卡普围绕着他对雪茄、扑克和收藏这些广为人知的兴趣，继续组织着异彩纷呈的社交活动。

虽然苏荷是在反战运动这一特定的历史时期和特殊的政治环境下成长起来的，但作为一个实验型的社区，它仍战略性地联合起了许多关切点迥然不同的群体：其中一部分人的动力主要来自对政治的热情，库珀就是其中之一；有的则是出于对公益事业的关切，例如 AAE［艺术编辑联合会（Association of Art Editors）］等合作型画廊；还有像激浪派（Fluxus）[17] 这样的美学修正主义者，其中包括立陶宛艺术家乔治·麦基纳斯（George Maciunas）[18] 和生于韩国的白南准（Nam June Paik）[19]。

1968 年对整个世界来说都是动荡的一年。当一切渐渐归于平静，当宝拉·库珀等人开始在城市东南角的苏荷占领地盘，卡斯泰利却漫不经心地走上了另外一条路。不过，他选择的地区与苏荷一样出人意料——哈莱姆。在他的运输供应商海牙艺术品包装运输配送公司的帮助下，他将阿姆斯特丹大道（Amsterdam）[20] 和哥伦布大道（Columbus）[21] 之间的西一〇八街 103 号——一个闲置的仓库——改建成了一家雕塑画廊，而海牙公司的办公室就在画廊的楼下。先是在哈莱姆的边缘，而后又来到苏荷，对于六十年代末的卡斯泰利而言，开设新的空间虽然意味着一个新的开始，但并没有改变他做事的初衷——跨越边界、扶植卫星画廊、创办那些关乎未来的艺术场所。五十年代初，他帮助这座城市重新创造了它的文化风貌，并在东汉普顿和巴黎竖起了卡斯泰利的大旗，让艺术家、批评家、收藏家、策展人和画商聚拢在了一起，这在当时就已经是非常离经叛道的做法了。时至今日，当他的艺术家们创造出了全新的艺术形式，他依旧随机应变，为了让作品获得最佳的呈现效果，他再次采取行动。基斯·索尼尔近来回忆：“当我把我的电视作品拿给利奥看时，他对我说：‘我想让你在仓库做这个展览。’”“那个空间几乎还完全是个毛坯。我们花了一个月的时间在那里布置这件作品。在玻璃、灯光和镜子营造出的场景中，一张巨大的投影幕布开始播放影片。这场展览就像是一次练习，似乎也可以被看成是一次彩排，因为我们从来没有对电视艺术进行过真正意义上的展出。在筹备这场展览时，利奥思忖‘我们卖的到底是什么呢？如何才能卖掉这些作品呢？我们要连电视一起卖吗？还是只卖录像带呢？’我建议对作品全貌进行拍照、拆解，再分成几个部分进行运输。”[19]

埃内斯托·克劳兹的例子让利奥·卡斯泰利自幼就对停滞不前、自满懈怠的危害了然于心。正因如此，他在十年之前就宁愿拓宽展厅的大门也绝不让弗兰克·斯特拉缩小作品的尺幅，即便到了花甲之年，他也依然在适应新的情况。二十世纪七十年代，卡斯泰利在各个方面取得成功已经毋庸置疑，唯一需要证明的就是他的企业能够永葆生机；作为画廊主，他始终都在根据艺术家的需求做出调整，一直在承担新的角色，不断消化着从后杜尚时期和波普艺术到极少主义和观念艺术的一波又一波美学思潮。有时候，这些改变意味着巨幅增加的开销，这甚至让艺术品的成本高到了无法作为一件可被销售的商品的地步。“我们这帮人都是在同一时期加入卡斯泰利画廊的。”基斯·索尼尔继续说道，“布鲁斯·瑙曼是第一个，之后是理查德·塞拉和我自己，接着是约瑟夫·科苏斯、劳伦斯·韦纳、罗伯特·巴里，而伊莲娜也在这时签下了一批跟我们差不多的艺术家！唐纳德·贾德和丹·弗雷文来得比我们早，他们十分厌恶我们！弗雷文会问：‘你为什么要让这些达达主义的同性恋加入画廊呢？’态度极其恶劣。新作品的制作费用高昂，利奥却照单全收。如果没有这笔制作费，理查德·塞拉就不可能成为理查德·塞拉。但利奥想要做什么就一定会做到，所以这都不是问题，最后的结果也都不错。”如果说“利奥具有能让一切变为现实的能力”，他还需要用新的方式来销售新的艺术吗？“问题是我当时做的电子作品得费很大的力气宣传，”索尼尔接着说，“那些作品很难卖。我是年青一代的艺术家……我之前的那一代，例如弗雷文和贾德，当时的作品也卖不掉。利奥全力以赴地支持着我们，也找到了销售我们作品的方式。”[20]在最终与伊莲娜一同移师苏荷前的那三年中，卡斯泰利一直在用一〇八街的仓库呈现艺术家们带给他的巨型作品，著名的“卡斯泰利九人展”（*9 at Castelli*）[22]就是其中的一场展览。

在苏荷开设新画廊的卡斯泰利进入的无疑是一块由他人开拓的领地，在这里，美学和政治都发生着如火如荼的变革。虽然长期关注艺术的边缘，但卡斯泰利在艺术界独一无二的核心地位才是苏荷真正登上历史舞台的契机；是他的名望和背书为休斯敦街以南的艺术亚文化引来了蜂拥而至的媒体。即便媒体最初关注的焦点不是卡斯泰利画廊，而是他前妻的惊人之举[23]以及这片近来才为人所知的建筑群和这里摄人心魄的空间，但他却在开业后短短几周之内成了这片风景中不可或缺的一大特色。似乎任何华丽的辞藻在描述苏荷这家巨大的卡斯泰利画廊时都会略显苍白——“西百老汇大道420号过去是用于存放纸张的仓库……它背靠汤普森街（Thompson Street），纵深长达200英尺[24]，每层楼都有约10000平方英尺[25]的展览场地和配套的办公空间”[21]；任何气势磅礴的言语在介绍它的建筑时都会稍显无力——这座“十九世纪的建筑瑰宝有五层楼高，它的立柱为铸铁材质，居于两侧的分别是一家地板公司和一家五金设备公司”。格蕾丝·格洛克在介绍这座令她倾慕的新地点时写道：“这里曾经是A.G.纳尔逊造纸公司（A. G. Nelson Paper Company）的仓库，改造耗资近50万美金……每个画廊的面积都高达8000平方英尺[26]，若以上城的标准衡量，这里的空间可谓宏大。卡斯泰利先生将他的单元划分为三个效果惊人的展览空间，并为电影作品设置了一间放映室。他认为自己进军下城‘仿佛是一针兴奋剂，将会带来更多的可能性’。索拿本德夫人不想‘破坏空间的美感’，尽可能不对展厅进行任何分隔，从而营造出了一个极为开阔的展览环境。”[22]西百老汇大道420号的潜力引得乔治·西格尔和罗伊·利希滕斯坦这样的艺术家加入了这场集体的狂欢，还宣布自己迷上了“这里的场地、活力和人群”，以及“平面之外的艺术”[23]获得的前景。认为天花板过于低矮的吉姆·罗森奎斯特则成了唯一一个在公开场合抱怨自己不喜欢这个地方的人。

战后的巴黎一度百废待兴，圣日耳曼德佩（St.-Germain-des-Prés）[27]凭借林立其中的咖啡馆和频繁举办的存在主义哲学论坛成为酝酿文化和艺术变革的地带。这座村庄从十八世纪的咖啡馆知识分子那里继承了他们信仰的波希米亚精神传统，以同名的圣日耳曼德佩教堂为中心，发展成了一个游人如织的热门景区。当传奇人物让-保罗·萨特在花神咖啡馆（Café de Flore）中写作，或在双叟咖啡馆（Les Deux Magots）编排他最新一期的《现代》杂志时，游客们则搜寻着他的身影。相比之下，苏荷的发展则没有任何与生俱来的规划方案可供参照，这对一个始终对艺术持怀疑态度的国家而言并不奇怪！在欧洲，教堂的地位极其重要，而美国虽然拥有大量的工业建筑和工商业场所，但并不存在崇拜工商业神灵的寺庙。这个地区拥有深厚的历史积淀，不仅能够找到十九世纪泛滥的工业和二十世纪贪婪的官僚体制留下的伤痕，也能够看到早期劳工运动留下的痕迹。苏荷与众不同的建筑特色吸引了各个类型的创意人士，正因如此，即便这里不像圣日耳曼德佩区那样具有历史传统，却也因咖啡馆和公共空间聚拢了人气；在这种欢乐祥和的气氛中，当人们发现自己身边突然蹦出了各种各样的人，便开始进行包罗万象的交易。

苏荷集中呈现了英国六十年代取得的成就，并将其发展为一个美国历史上前所未有的社群范例。在这里，大批艺术家合作社赖以生存的公共拨款[24]和画廊的私有利益同时存在。苏荷的前途似乎无可限量，社会秩序也在建立之中，由于任何不墨守成规的元素都可以在此汇合，因此出现了一批购买态度截然不同的新收藏家。在他们眼中，艺术不再像过去那样令人望而却步，反而更加平易近人。卡斯泰利也同样为苏荷的发展提供了底气。“纽约的艺术家们来自五湖四海，从第二次世界大战结束到六十年代中期，他们都不能算作是一个地域性的群体。”社会学家查尔斯·辛普森（Charles Simpson）写道，“当艺术家们占领了陈旧的改建厂房，他们对这些建筑潜在的政治和经济价值产生了共同的兴趣，并且……成立了一个抗议组织。”[25]就这样，虽然苏荷正逐渐“遭到占领”，但这里却成为一个越来越开放的艺术共和国、一个自由地带、一座城中之城、一处穷山恶水间的避难所——类似于阿尔弗雷德·斯蒂格里茨过去经营的291画廊（291 Gallery）[28]和新墨西哥州曾经的圣达菲市，成为一个可以让美国新兴创作者们肆意绽放的舞台。

从1971年9月直到1972年5月，每周六都会有一群陌生人长途跋涉来到苏荷，从鹅卵石铺就的街道上走过这片破败的都会阡陌。除了画廊中的艺术，他们还在学着欣赏建筑上的滴水兽和柯林斯（Corinthian）[29]

柱、奇特的几何形路面规划、倾斜的楼梯和圆形的拱门，以及由砖块、铸铁和石头组成的建筑外观；那些虽然很不协调但却令人耳目一新的并置总能受到他们的喜爱，那是求真的美学态度与阴森的工业设计看似不可能实现的完美结合。几年之后，这片都市的前沿地带将会坐拥消费文化中一切令人舒适的元素，并吸引来年轻的银行家们与艺术家为邻。但在此之前，当这片风景中开始出现展览、画廊、餐馆和书店，它在改变艺术市场的同时，也接受着艺术市场的改造。史蒂芬·科奇写道：“这里的街道中整齐地排列着宫殿风格的白色建筑，它们是一座座‘工业教大教堂’。苏荷理应成为另一个威尼斯，一个新世界的威尼斯，它透过这里的拱廊骄傲地向世人展示着美国的无穷活力。”“所有人都应当沿着西百老汇大道向南行进，去看看文艺复兴之美在现代铸铁建筑中的重生。”[26]

于是，周六去苏荷逐渐成为一次朝圣之旅，一种融合了艺术、建筑及历史的综合性教育，并最终上升为了一个神话：美国全面、彻底地篡夺了一度只受欧洲统治的西方视觉文化王国。收藏家迪克（Dick）与芭芭拉·莱恩（Barbara Lane）夫妇[30]本就对进入十四街（Fourteenth Street）以南的底层社会兴奋不已，有像维吉尔一般的利奥陪伴时更是如此。“利奥向我们介绍了极少主义的艺术家，我们买了三件弗雷文的作品。”近来夫妇俩热情洋溢地回忆道，“我们深深地爱上了收藏。他告诉我们：‘只有保持七年以上热度的人才能称得上是真正的收藏家，你们会明白的。’他的意思是说你们保持这样的热情和投入不可能超过七年。但无论怎么说，每个在苏荷度过的周末都给我们带来了许多乐趣！”[27]唐纳德·马龙也见证了苏荷那场由卡斯泰利参与推动的文化变革：“利奥在西百老汇大道 420 号开设画廊之后，这幢大楼就成了艺术世界的一个中心。伊莲娜的画廊就在他楼上，约翰·韦伯和安德烈·艾默里希的画廊在四层和五层，后来玛丽·布恩（Mary Boone）[31]也把画廊开在了马路对面。利奥向曼哈顿南部的迁徙体现了他对潮流的感知，以及他在某些情况下对潮流的引领。苏荷的成长在一定程度上的确要归功于利奥。西百老汇大道 420 号成为一个能够引诱观众远道而来的画廊，人们都很期待能在这里度过一个又一个周六。我还记得曾与艺术家、收藏家和策展人在楼里跑上跑下的经历。我会先去参观其他画廊，因为一旦进了利奥的门，我知道自己就再也出不来了。”[28]

然而，在这样一个不久之前还完全无人问津的地区，面对五花八门、乱象丛生的反主流文化元素，六十四岁的利奥·卡斯泰利还能胜任马戏团领班的角色吗？他还能够游刃有余地统领全局吗？很快，观察者们就产生了同样的疑问。“这个人称‘苏荷’的地区在过去的一年中似乎已经大获全胜。”1971 年 10 月，《纽约时报》的记者彼得·施耐德尔（Peter Schjeldahl）[32] 写道，“这个受到保护的改建住宅区位于休斯敦街以南，两年前还连一家画廊都没有，如今却自豪地坐拥约二十家画廊，其中包括西百老汇大道 420 号中的几家著名画廊的分号……从最近几场开幕活动的品质和派头来看……如今的苏荷已经不仅仅是以麦迪逊大道和 57 街为轴的艺术版图上的另一个次要的中心点了。”[29]可在一年之后，虽然这位批评家的热情丝毫未减，但也指出：“在位于西百老汇大道 420 号的那幢修葺一新的苏荷改建楼中，四家风格迥异的画廊已经年满一岁了……卡斯泰利正被昔日的辉煌所累。这家在波普艺术和极少艺术早期首屈一指的画廊……不幸已步先锋派艺术的后尘日渐枯竭了。如果这家画廊目前的展览（开幕没能赶上这期展评的截稿日期）反映的是它此时的艺术家阵营，那么除了几件强有力的作品之外，一定还包含大量上一辈艺术家自我复制或自我模仿的‘产品’，以及年轻一辈艺术家通过不断重复原本就毫无生气的创意做出来的那些令人作呕的东西……”施耐德尔还在这篇文章中大胆地提出了一些可能会令卡斯泰利更加痛苦的言论：“索拿本德画廊或许是纽约现如今最接近一家顶级前卫艺术画廊的机构了，它作风老派，既追求感官刺激，又恪守教条。换言之，这家画廊密切关注的对象是虚无主义或乌托邦主义对未来发动的突袭，而这恰恰符合先锋艺术革命到底的原则。”[30]

此时的卡斯泰利不仅一个接一个地挽着小女朋友，还与前妻重新捆绑在了一起，这不可避免地让他的现任妻子倍感压力。用鲍勃·蒙克的话说，“托妮有两个真正的敌人，一个是伊莲娜，另一个是‘别的女人’。只有利奥待在上城时，托妮才是清醒的。利奥一去下城，她就会开始喝酒。与那些年轻的女孩相比，伊莲娜始终都是最大的威胁。托妮所谓的朋友们会把利奥和他那些女朋友发生的事情一五一十地讲给她听，这对她其实是一种折磨”[31]。卡斯泰利是否真如施耐德尔所言，已经落后于他的前妻，风光不再了？詹姆斯·麦耶曾说：“六十年代是利奥的顶点，（而）到了七十年代，他就（变得）有名无实了。”[32]回顾过去，这种说法是否站得住脚？文化的变迁让卡斯泰利曾经至高无上的地位变得可望而不可即，这对任何人来说都是一个不争的事实，利奥本人也不例外。即便如此，但如果有人胆敢判他出局，就休想他会善罢甘休。

托尼·沙弗拉齐是七十年代的艺术颠覆分子中的一员，近来他对这个群体的氛围进行了回忆：“世界正在发生变化。这种变化出现于 1966 至 1967 年，在 1968 至 1969 年如火如荼地发展成了新的主流，并在 1970、1971 和 1972 年与越南战争的灾难在同一时间不断升级；是这一变化逐渐催生了另类展览空间的出现。1972 年，所有关注都集中在保护下城的工业建筑上，而苏荷有大约 100 名艺术家还生活在环境极为恶劣的废弃房屋中，只有卡斯泰利和索拿本德能够解决这个问题，于是他们搬到了西百老汇大道，420 号应运而生。突然之间，这家画廊就获得了一个更具仓库形态的身份，变得更具工业感了。在他们的带动下，这最终成为了画廊界的一个普遍现象。各种类型的艺术都离开了（原有的）阵地，这无疑是五十年代文化媒介（漫画书、广告、印刷以及如沃霍尔使用的摄影图像）的一次狂欢，它们都变得可以正大光明地挂在画廊里展出了；工业含量比以往高得多的人造材料和像金属板这样的大规模加工制品成为了新的艺术载体。渐渐地，艺术家们对残渣、垃圾、砖头和泥土的使用让画廊的功能不得不发生转变。艺术仿佛从墙上走了下来，来到了地面的中央；它似乎完全可以被拆卸开来，也可以被重新组装。它离开了画廊，进入街道，从街道转移到了城市的边缘［罗伯特·史密森（Robert Smithson）[33]的艺术就是这样］，从城市的边缘步入沙漠，同时又以各种途径从沙漠进入到了报纸和其他书面文本。从此，艺术的边界

[1] 美国肖像及静物画家，摄影师。

[2] 美国艺术商人、画廊主，曾任德万画廊总监，后在西百老汇大道420号开设了自己的同名画廊。

[3] 美国视觉艺术家，影像和行为艺术先锋，被认为是美国六十年代末、七十年代初出现的最为重要的女性艺术家之一。

[4] 美国独立策展人、批评家，《纽约时报》《艺术新闻》等期刊的当代艺术撰稿人。

[5] 德·格奈特和日耳曼斯是一同创办海牙艺术品包装运输配送公司的合伙人，都来自荷兰。《纽约时报》的报道称，1970年二人买下了西百老汇大道420号的这座巨大的仓库改建楼，并说服了上城的那4位艺术商人在这里开设画廊。1984年海牙艺术品包装运输配送公司关闭后，日耳曼斯在西百老汇大道420号的一层开设了自己的日耳曼斯·凡·艾克画廊（Germans Van Eck）。

[6] 1870年至1920年美国西部各州的牧羊人和牧牛人为了争夺牧场而发生的争斗，至少有54人、5万—10万只羊在一系列武装冲突中丧生。

[7] 美国裔加拿大记者、作家、活动家，对城市规划研究、社会学和经济学具有重要的影响。她的著作《美国大城市的死与生》（*The Death and Life of Great American Cities*）自1961年问世起就成了城市研究和城市规划领域的经典名作，对当时美国有关都市复兴和城市未来的争论产生了持久而深刻的影响。

[8] 由于房屋年久失修，且遍布着容易引起火灾的杂物，严重的火灾曾经吞噬了许多消防员的生命。

[9] 美国著名的建筑设计事务所，1879年由查尔斯·福伦·麦金（Charles Follen McKim）、威廉·卢瑟福·米德（William Rutherford Mead）和斯坦福·怀特合作创办，作品多为学院派建筑风格。

[10] 指由巴黎美术学院教授的学院派新古典主义建筑风格。

[11] 1910年建成的宾夕法尼亚车站是当时世界上最大的室内建筑之一的地上车站大楼，1968年遭到拆除，原址现为麦迪逊广场花园（Madison Square Garde）所在地。

[12] 美国政客、律师、广播主持，曾任美国众议员、纽约市长、美国总统候选人。

[13] Dystopia，指与理想化的美好世界乌托邦（utopia）截然相反的丧失人性的可怕社会。

[14] 德裔美国资本家、慈善家，他成立的赫克舍儿童基金会（The Heckscher Foundation for Children）、赫克舍国家公园（Heckscher State Park）以及1920年在纽约州亨廷顿镇落成的赫克舍艺术博物馆（Heckscher Museum of Art）都是著名的慈善项目。

[15] 美国画商，她1968年在西百老汇大道创办的同名画廊是苏荷的第一家画廊。

[16] 1969年，伊万·卡普离开卡斯泰利画廊后在西百老汇大道383号创办了OK哈里斯画廊，是西百老汇大道的第二家画廊。

[17] 形成于二十世纪六七十年代的跨领域国际团体，成员包括艺术家、建筑师、作曲家、设计师和诗人，在许多艺术媒介和门类上都进行了创新，被誉为“六十年代最激进最具实验性的艺术运动”。

[18] 立陶宛裔美国艺术家，是“激浪派”的创始人之一，是这个组织最核心的协调员。

[19] 韩裔美国艺术家，创作媒介极为多样，被认为是录像艺术的开创者。

[20] 即曼哈顿的第十大道（Tenth Avenue）。

[21] 即曼哈顿的第九大道（Ninth Avenue）。

[22] 卡斯泰利的“仓库”于1968年12月举办的一场展览，前一章尾注㊲中已有详细介绍。

[23] 原文为法语：coup de théâtre。

[24] 近61米。

[25] 近1000平方米。

[26] 约743平方米。

[27] 巴黎第六区中的一个区域，位于塞纳河南岸，以区域内众多著名的咖啡馆闻名遐迩。

[28] 斯蒂格里茨1905年于纽约第五大道291号创办的画廊，原名“摄影分离派的小画廊”（Little Galleries of the Photo-Secession），1908年关闭后在第五大道293号重新开张，画廊则更名为“291”。

[29] 古希腊建筑风格，在建筑中采用的是顶部雕刻有叶饰的细圆柱。

[30] 理查德·S.莱恩（Richard S. Lane）及妻子，纽约曼哈顿房地产开发商、艺术收藏家夫妇。

[31] 美国画廊主，1977年在苏荷创办了自己的同名画廊。

[32] 美国艺术批评家、诗人，曾在哈佛大学任教。

[33] 美国艺术家，作品涉及摄影、雕塑和大地艺术。

发生了翻天覆地的变化。”[33]

那时在约翰·韦伯画廊工作的安吉拉·韦斯特沃特也对当时的环境记忆犹新：“苏荷存在着一个更小也更友善的艺术集体。并不是说利奥在这里失去了最高的统治地位，并没有！不过那确实是一个开放、包容的时代。每到周六，人们就会谈论起晚上的安排，例如：‘今晚有一个演出，菲利普·格拉斯（Philip Glass）[34] 会在布利克街（Bleecker Street）做一场音乐会。过来听吧！带条毯子来！’我有幸看过琼·乔纳斯早期的一次表演。有太多新鲜、疯狂的事情在这里发生了。人们会说：‘嘿，听上去不错啊！’然后就会加入。去苏荷是一种令人激动的体验，是都市生活的一个新的部分。”[34]

卡斯泰利先后在哈莱姆和苏荷创办的两个空间是属于未来的。它们始终欢迎那种从艺术的边缘向中心发动的进攻，甚至珍视每一次对艺术传统秩序有力的对抗和挑战。此时的苏荷一定勾起了他对达达主义的布加勒斯特和超现实主义的巴黎的回忆，然而，面对这里的不安和躁动，卡斯泰利已经不再像年轻时那样能统揽全局了。全纽约曾经高度集中在他一人手中的权威也已经变得不合时宜，甚至显得有些值得怀疑了，而他也像对待一条不再新潮的窄款领带那样，把这份权威留在了上城。在苏荷安家的那些年，卡斯泰利与楼上的索拿本德一同进化成了一种新式的文化经纪人。画廊入口处的展厅是一个巨大而宁静的空间，参观者可以先在这里尽情地观赏艺术，在这间展厅尽头有一根红色的丝绒绳，而它本身很快就成了一个神话。它封锁出了一个内部区域，里面摆着一张沙发。这个空间体现了一种有趣的划分，不仅是功能上的，还针对不同的实力水平。再向内走，就进入卡斯泰利自己的小天地了。这里虽然并不隐秘，但却受到了全方位的保护；虽然看上去并不拒人于千里之外，却绝不是谁都能够进入的地方。那位画廊主就坐在这个具有多种功能的办公室中，脸上总是挂着令人神魂颠倒的微笑，自如地在几种语言之间来回切换。他的身旁环绕着许多照片，除此之外几乎别无他物，而正是它们对这个时髦版的下城“艺术至圣所”给出了定义。卡斯泰利在他的身边组建起了一支强大的团队——贝蒂·卡恩（Betty Cahen）、米米·汤普森（Mimi Thompson）、黛比·泰勒（Debbie Taylor）、帕蒂·布伦戴奇（Patti Brundage）、（画廊经理）苏珊·布伦戴奇（Susan Brundage）、米歇尔·德雷福斯（Michelle Dreyfuss）、梅姆·肯尼迪（Mame Kennedy）、特里·威尔逊（Tery Wilson）、鲍勃·蒙克、约翰·古德（John Good）、汤姆·佩勒姆（Tom Pelham）、摩根·斯潘格尔（Morgan Spangle）[35]、派特·卡波拉索（Pat Caporaso）[36]——在梅丽尔·西克里斯特（Meryle Secrest）[37]的描述中，这个人才济济的班底是由"一群乔装打扮成画廊助理的即兴喜剧[38]演员"组成的，而在这"如万花筒般异彩纷呈的环境"中，卡斯泰利似乎永远都是飓风之眼中的宁静。据她观察："这位画商本人的外在形象强化了这里的无厘头感。这位珍稀物资供货商不仅机智过人，还有具有魔力（又是这个词！）。这个集耐心、能力、魅力于一身的男人，步伐如山羊一般稳健，他统治着全世界最虚无缥缈的行业。卡斯泰利短小精干、发色灰白，他的面庞棱角分明，跟科克托（Cocteau）[39]很像，最适合从侧面欣赏；他始终一副传统、低调的银行家打扮，全神贯注地安排着他的约会，时不时调整一下那副精致考究的金丝边眼镜。任凭周围的人如何翻云覆雨，他都不为所动。如今，油画被直接挂在了墙上，而现代艺术的进程也向前迈进了一小步。"㉟

到了1969年，在迪克·贝拉米的建议下，卡斯泰利新发掘了一大批激进艺术家，囊括了极简和观念两个领域。贝拉米虽停办了自己的画廊，却在诺亚·戈尔多夫斯基（Noah Goldowsky）画廊[40]保留了一个办公室。利奥的儿子让-克里斯托弗曾经从苏荷举办的展览中获得了各式各样的乐趣，他深情地回忆了自己七岁那年："周六的下午，我总会去下城参加展览的开幕，看过理查德·塞拉建造的雕塑、丹·弗雷文的环境作品、布鲁斯·瑙曼的过道、约瑟夫·科苏斯用西格蒙德·弗洛伊德的言论创作的文字作品、拉里·韦纳（Larry Weiner）[41]卖不掉的作品、菲尔·格拉斯（Phil Glass）[42]和约翰·凯奇用十二台收音机举办的音乐会、乔纳斯·梅卡斯（Jonas Mekas）[43]的影像、威廉·威格曼（William Wegman）[44]的摄影，以及建筑设计的展览……苏荷的展览总会出人意料，当然了，作为一个孩子，我立即就从这种质朴的实验中发现了乐趣！画廊很有人缘，因为这里总是萦绕着一种家庭的气氛，所有女士都围在我父亲身边；他绝对是一个好老板，对员工们关怀备至。”[36]即便在那样一个混乱无序的地带和时代，卡斯泰利还能以一贯的权威发挥作用，这不仅应当归功于他与员工之间的关系，更得益于他与整个艺术家群体的关系。

1974年，托尼·沙弗拉齐在MoMA用喷漆在毕加索的《格尔尼卡》上留下了“消灭一切谎言”（Kill Lies All）几个大字，并成为轰动一时的新闻人物。这一充满绝望和爱的举动既是在抗议美莱村（My Lai）的那场屠杀[45]，也是在呼吁公众对艺术家本身的困境予以关注。之前我们已经了解到，拜卡斯泰利所赐，艺术家沙弗拉齐在刚刚抵达纽约后不久就成了一名收藏家。卡斯泰利虽然具有中欧人的敏感和细腻，却总会对这种具有颠覆意味的举动报以尊重和耐心。《格尔尼卡》事件发生后的某一天，沙弗拉齐跌跌撞撞地走进了卡斯泰利位于上城的画廊，当时正在展出的是贾斯培·琼斯的精彩作品。“我脑海中又出现了一个疯狂的主意，”他回忆道，“于是我去到上城，见了利奥，看了那场贾斯培·琼斯的展览。展厅里挂着四张画。我走了进去，皮夹克的口袋里揣着一罐喷漆。我看着那些画，马上就有了想法，我说：‘真相、道义、权力、荣耀。’我脑海中出现的就是这几个词。这时利奥走了出来，于是我说：‘利奥，我来了。’他当然知道《格尔尼卡》的事。我说：‘利奥，我来了，贾斯培·琼斯画得棒极了，这些画我看了，打算写四个词上去，每张画上写一个。’他说：‘是吗？什么词？’我说：‘真相、道义、权力和荣耀。’他说：‘托尼，这很有意思，不过你真这么想吗？嗯，我打算跟你深入聊聊这件事情。你让我把手头的工作处理完，就跟你一起去趟下城，因为我想要全神贯注地好好跟你沟通。’我说：‘可是我想写这几个字啊，利奥。’‘我知道啊，你就先给我几分钟把事做完嘛。’他扭头走进了办公室，把我一个人留在了展厅。我站在屋子中央；他离开了大约四分钟，四分半，不，至少也得有五分钟了。而我就在那里等着，什么也没有做。就在那等着你知道吗。可问题是，他竟然会信任我，他是如此沉着冷静，这太不一般了。后来他提着一只公文包回来了，我们就去了下城。我们打了一辆车，一直绕行到了东河边，沿着东区一路向南，穿过了休斯敦街，直抵苏荷。我们上楼进了他的画廊。坐在那里。我们已经在出租车里聊了一路，大概有二十分钟，半个小时吧，上楼的时间也全程在聊。我们带了一杯咖啡，坐了下来，我们喝完了咖啡，接着我跟他告了别，就离开了。这就是利奥。不可思议！”㊲

1977 年，卡斯泰利最终做出了关闭上城画廊的决定，全面进驻苏荷，三年后，他还为了呈现詹姆斯·特瑞尔、理查德·塞拉的作品，以及凯利、贾德和瑙曼的雕塑在格林街 142 号开设了另一个更为宽敞也更加大胆的空间。到这时，苏荷已经当之无愧地成为他展示整个旗下艺术家阵营的圣地——既有过去的，也有现在的和将来的。有谁比他更善于让波普艺术、极少主义和观念艺术相互渗透，让美国人和欧洲人协同合作的呢？从绘画、雕塑到影像、行为、设计，乃至音乐和建筑，任何一种类型的艺术都能为他所用。正如芭芭拉·雅各布森回忆的那样：“七十年代后期，我按照对待博物馆展览的标准在利奥的画廊完成了两场建筑设计展——‘待售房屋’（*House for Sale*）和‘景观建筑’（*Follies*）。我与几位建筑设计师定制了房屋的设计方案。展览的目的是在画廊里用卖掉艺术品的方式卖掉房子——这个主意得到了许多批评家的认可，但确实没有赚到什么钱。利奥永远都那么慷慨，他承担了全部费用。他与里佐利（Rizzoli）[46] 合作出版了展览的图录，还帮助我们在全世界进行了巡回展出。”㊳支持自己旗下的艺术家始终是卡斯泰利的首要任务；自 1957 年画廊初创时起，卡斯泰利就一直在循环利用赚得的资金，所以他的资本回报率曾一度远低于同行。他经常会说：“每个月，我都需要准备出 25 万美金维持运营。”是什么支持着发生在苏荷的这场方兴未艾的革命呢？是人们对工业建筑的兴趣吗？那么这的确是对过去的一种讽喻。还是说，这场革命之所以能够获得支持，全都是卡斯泰利的功劳？它只不过再一次证明了卡斯泰利是画廊主的楷模、是出类拔萃的“艺术家经营者”和永远的引路人。珍妮·C. 李回忆道：“1977 年，在我们卖掉斯特拉的这几张大画之前，其他人可能会说：‘缩小作品的尺寸吧！’利奥却只是说：‘把门拆掉吧。’”[39]

“极少主义和观念艺术刚刚获得认可的时候，贾德、弗雷文、科苏斯和瑙曼这类艺术家的作品并不十分抢手，但这从未动摇过利奥对他们的喜爱。”雅各布森继续说道，“即便他们卖不出多少钱，他也始终支持着他们，我从来都没听他说过他们的一句不是。”[40]据罗伯特·斯托尔回忆：“就算利奥只在布鲁斯·瑙曼的工作室里看过两次录像，而且还都睡着了，他也始终没有离开利奥！一开始发掘了布鲁斯的人就是利奥；到了1972年，布鲁斯遭到了媒体的唾弃，事业发展也进入瓶颈期，幸而有利奥、康拉德·费舍尔、潘萨，以及来自欧洲市场的兴趣，他才得以生存下来。1982年，再次将布鲁斯纳入艺术版图的人还是利奥，他在格林街的画廊里展出了布鲁斯的大型隧道作品[47]。后来布鲁斯在马德里的索菲亚王后博物馆（Reina Sofía）[48]举办展览，还特别在开幕式上向利奥致敬，对他难能可贵的不离不弃表示感谢。”[41]而丹·弗雷文则选择用命名作品的方式让他对画廊主的感激之情永垂不朽——《无题》（致我永远尊敬爱戴的利奥）［*Untitled*（*For you, Leo, in long respect and admiration*）］。

即便进入了新的环境，卡斯泰利也始终忠于自己的优雅和坚持，年过花甲的他，在事业和感情方面都迎来了人生中最精彩（或许也是最具创造性）的时光。这个缓慢的过程分为三个阶段——他留在新领地的时间从最初的25%延长到了50%，再到最后的100%。一开始，西百老汇大道420号在一贯克制谨慎的卡斯泰利眼里只是一个“类似于前哨的地方”，他虽然心仪此地，但仅限于“以客人的身份”“每星期去上三到四次”。从1971年到1977年的七年间，上城的卡斯泰利画廊和下城的卡斯泰利画廊将他的时间一分为二。他在七十七街继续展出招牌艺术家的画作，并在卡斯泰利图像社与第二任妻子托妮开拓起了虽然相对低端却日渐红火的摄影、版画、素描和海报生意。与此同时，在他的第一任妻子和永远的合作伙伴伊莲娜的驱策下，卡斯泰利在苏荷用电影、录像和行为探索了实验艺术的新边界。设立卫星画廊在地理维度上扩张了卡斯泰利的势力范围，让他得以为最早加入画廊的那部分艺术家提供更大的能见度，如果说他曾经改变了艺术代理工作的基本面貌，如今的他还在做着同样的事情——他是第一个将“新、旧”“生、熟”这两种艺术销售方式融会贯通的画廊主。粗放的实验在下城不断涌现，这里的艺术通过与此时此地的直接联系获得了生命；已经获得认可的和极具前景的艺术资产也接连不断地出现在了这块最为炙手可热的地区；对上述两种艺术的复制和更为低劣的再现也被大量地炮制了出来，这既顺应了机器时代的现实，也反映了一种全新的状态——原本在主流文化中百无一用的艺术近来获得了自由表达的权利。甚至在个人层面上，久居东区的卡斯泰利也建立起了对苏荷的亲近感。“下城要激动人心得多，”他宣称，“除了有这整栋楼的画廊可以看，每周都至少会有一场展览在附近开幕，真的有许多新鲜的事情发生。下城现在也有好的餐厅了，跟几年前不一

1975 年，西百老汇大道 420 号
劳申伯格的展览“帆船”(Jammers) 布展时，利奥向伊莲娜·索拿本德提供建议
摄影：詹弗兰科·戈尔戈尼

1982 年 2 月 1 日，纽约，奥德翁餐厅
卡斯泰利画廊二十五周年庆典
卡斯泰利与妻子托妮在众人的簇拥下坐在前排中间的位置
前排（从左至右）：迈尔斯·曼宁（Miles Manning）、霍普·考夫曼（Hope Kaufman）、派特·卡波拉索、约翰·古德、亚瑟·索尔韦（Arthur Solway）、苏珊·布伦戴奇、马文·海福尔曼（Marvin Heiferman）、桑德拉·特里格斯（Sandra Triggs）、詹妮尔·芮伊尔林（Janelle Reiring）、贝特西·里奇伯格（Betsy Richbourg）、汤姆·佩勒姆、帕蒂·布伦戴奇、迈克尔·霍德（Michael Hord）、鲍勃·蒙克和黛比·泰勒
后排（部分遮挡）：戴维·惠特尼、米米·汤普森和米歇尔·德雷福斯等

摄影：汉斯·纳穆斯

样了。这里正开始成长起来。吃饭的去处会越来越多，我猜还会出现更多的画廊。”[42]若你感到卡斯泰利的迁徙看似轻松，那么将它与安德烈·艾默里希的经历进行对比则能够说明一些问题。艾默里希在经营方面要比卡斯泰利古板得多，他展览的始终都是克莱门特·格林伯格支持的色域画家。难怪他向苏荷的“移植”始终都没能“成活”，不久之后，他就卖掉了这里的空间，搬回上城去了。而卡斯泰利则一路向前：1974 年，他与伊莲娜成立了卡斯泰利·索拿本德录像及电影公司（Castelli Sonnabend Videotapes and Films），专门从事艺术影像的制作和发行。

1976年9月，二十四岁的黛比·泰勒开始在这家画廊上班，据她回忆："利奥面试我的时候，我以为他会问我打字有多快，结果他只是说：'黛比，十点钟上班你确定你起得来吗？'我回答：'是的，我确定。'接着他就说我被录取了。我坐在前台，主要的工作是管理档案。谁都知道我们的档案系统在艺术圈里是独一无二的。我们把文献借给策展人、学者、作者，从来都不收钱，只要求他们阅读后必须归还。这份难能可贵的资源本身已经将艺术家放进了历史。而画廊的财务状况则始终都很成问题，利奥给新艺术家开的工资都来自他卖罗伊和贾斯培的作品赚到的钱。"[43] 按照大多数卡斯泰利员工的说法，他们都非常喜欢画廊与众不同的工作方式。米米·汤姆森深情地回忆道："画廊真的有家的感觉。同事们相互照应，利奥则照顾着我们大家。这里从来都没有等级观念。他与我们真正建立起了情感上的联系，绝不只有工作而已。"[44]黛比·泰勒补充道："我们似乎没有老板。所有人都在一起工作。上班时间是朝十晚六，不过只要利奥一出门，我们就会锁上电梯，打电话叫来男朋友和老公，一直在画廊吃喝到午夜，还有一次干脆待到了第二天早上！我们全都为自己在为这个男人工作而自豪。"[45]在画廊从实习生干起的艾米·波尔－谢尔（Amy Poll-Schell）[49] 回忆道："作为一个年轻人，我觉得这里简直太神奇了。利奥的门随时都是开着的，任何人都可以进去找他。对于这样一个极具影响力的地方而言，画廊的气氛简直轻松极了。"[46]

年轻的画廊经理摩根·斯潘格尔来自芝加哥，他从二十世纪八十年代初开始在卡斯泰利画廊工作。关于卡斯泰利通常只需略施魔法便能水到渠成的秘密，他解释道："利奥和我的配合就像职业摔跤的双打组合[50]。我过去就坐在办公室的入口处，谁要进来都得从我身边经过。我就是那个说'你不能进去'的'男的'。如果来画廊参观的新收藏家跟我说他们想跟利奥聊聊，我就会告诉他们利奥在忙，不过还是会把他们请进办公室，跟他们聊天。只有我感觉到他们是严肃买家，才会介绍给利奥。'先让摩根陪着您，'他总会说：'要是您还有其他事情要跟我说，我马上就会过来，不过摩根会把您照顾得很好的。'说完，利奥就会消失得无影无踪！这时我就会进到里屋接过卖画的工作，有时候能卖掉价值数十万美金的作品。这时我才会去叫利奥，他会走出来说：‘哦，摩根给您看那张画了？那件棒极了！就该是您的！我就知道您会对它爱不释手！原本我还打算自己留着，不过要是给您的话，忍痛割爱也值了。摩根会负责跟进细节的。能见到您真是太好了，我现在马上得走。再会！’”[47]

意大利画商吉安·恩佐·斯皮罗内是卡斯泰利最喜欢的年轻同行之一。1967 年，他在都灵开设了“艺术仓库”（Il Deposito d'Arte）[51]。如今，他是这么介绍这个空间的：“一块又脏又乱、环境恶劣、毫不讨人喜欢的场地，只有一个展厅，面积为 6000 平方英尺[52]，专门扼杀那些想要从艺术中寻求慰藉的念头和拿画廊当精品店的想法。贫穷艺术[53]的理念就是要向消费社会发起进攻，确认艺术的重要性与哲学不相伯仲。利奥和伊莲娜来参加了揭幕仪式，他们走时很受震撼。”[48]斯皮罗内热切地期待参与到卡斯泰利的业务中去，却遭到了大师圆融有道的回绝——“总督看画廊，大材小用啊！”于是，在 1972 年底，三十二岁的他决定在格林街开设一个属于自己的空间。美国在经济不景气的情况下物价飞涨，欧洲货币持有者的黄金时代随之而来。于是，艺术家和商人们从欧洲大陆纷至沓来，成群结队地聚集在了休斯敦街以南的这块不大的区域，在这片似乎尚且无人认领的应许之地伸张着自己的权利。两位青年画商——来自慕尼黑的海纳·弗里德里希和来自杜塞尔多夫的康拉德·费舍尔——凭借他们在德国积累的巨大财富，瞬间闯入了人们的视野。“德国人来啦！鬼子进村啦！”汤姆·海斯在《纽约》杂志上拉响了警报，将这两位日耳曼画廊主介绍成了“勇猛无畏的扩张主义者，盯准了美国式的激进艺术”[49]。对于卡斯泰利而言，这一刻标志着他进入了人生的第二个阶段，再次唤醒了他对欧洲艺术家长及一生的共鸣——这也许是因为他受到了索拿本德的影响，她毫不掩饰自己对文化混搭的兴趣，始终在用越来越激进的做法满足着自己挑衅的爱好。她展出了维托·阿肯希（Vito Acconci）[54]的作品《温床》（*Seedbed*），任凭这位出生于布朗克斯区的艺术家隐藏在画廊的一面斜坡下现场表演了（真实的）手淫，并用一个扩音器播放出他随机产生的各种幻想；在呈现出生于希腊的艺术家雅尼斯·库奈里斯（Jannis Kounellis）[55]的一件装置[56]时，她

[34] 美国作曲家，被普遍认为是二十世纪下半叶最具影响力的音乐家之一。

[35] 美国艺术商人，曾任卡斯泰利画廊总监、佳士得拍卖公司当代部副总裁。

[36] 美国艺术商人、顾问，曾任卡斯泰利画廊的副总监、画廊总监。

[37] 美国屡获殊荣的传记作家，写作对象主要是美国的艺术家和收藏家。

[38] 原文为意大利语：commedia dell'arte，十六世纪至十八世纪风靡于欧洲的一种早期戏剧形式，由演员头戴面具在街头表演。

[39] 让·科克托（Jean Cocteau），法国作家、设计师、剧作家、艺术家及电影人，他的朋友包括毕加索、莫斯利阿尼、可可·香奈儿（Coco Chanel）等众多文化界人士。

[40] 位于麦迪逊大道的一家画廊。

[41] 劳伦斯·韦纳（Lawrence Weiner），二十世纪六十年代观念艺术形成时期的核心人物。

[42] 即菲利普·格拉斯。

[43] 立陶宛裔美国电影人、诗人、艺术家，常被称为"美国先锋电影教父"。

[44] 美国艺术家，最著名的作品是给自己的宠物威玛穿上人类服装拍摄的照片。

[45] 1968年3月16日，美军由于怀疑村民掩护越共逃亡，在越南广义省的美莱村进行的屠杀。《纽约时报》的一条消息指出，死亡数目在400人到500人之间。美莱村屠杀的消息被美国陆军封锁了一年，后来由美国记者西莫·赫许所揭发，1969年11月12日《纽约客》杂志刊出屠杀丑闻，导致美国境内反战情绪高涨，国际社会哗然，一致以"道德破产"加以责难。赫许因此获得了1970年的普利策国际报道奖。

[46] 意大利出版人安吉洛·里佐利（Angelo Rizzoli）1964年于纽约第五大道开办一家书店，1974年开始出版业务，以优质印刷和美丽插画而著名，并成为时尚、室内设计、烹饪、艺术、建筑和摄影领域的领导者。

[47] 瑙曼在二十世纪七十年代末至八十年代初制作了一系列大型隧道作品，包括《三个彼此相连的封闭隧道，没有连通》（*Three Dead End Adjacent Tunnels, Not Connected*）、《烟环（地下隧道模型）》[*Smoke Rings (Model for Underground Tunnels)*]、《无题（沟、轴和隧道模型）》[*Untitled (Model for Trench, Shaft and Tunnel)*] 等。

[48] 即索菲亚王后国家艺术中心博物馆（Museo Nacional Centro de Arte Reina Sofía），西班牙展览二十世纪艺术的国立博物馆。

[49] 卡斯泰利画廊的助理总监。

[50] 在职业摔跤的双打比赛中，同一组的两名拍档通常每个回合只有一人能够上场，回合结束后击掌换人。

[51] 由都灵慈善家、收藏家马塞洛·列维（Marcello Levi）创办的现在艺术仓库（Deposito d'Arte Presente），一个集工作室、画廊、仓库于一身的艺术空间，活跃于1968年6月至1969年4月，团队成员包括吉安·恩佐·斯皮罗内和批评家路易吉·卡里路奇奥（Luigi Carluccio）。

[52] 约557平方米。

[53] 原文为：Arte Povera，二十世纪六十年代末、七十年代初，在以都灵为首的意大利主要城市中发生的一场当代艺术运动，激进的艺术家同政府机关、工业组织和文化机构建立起的价值体系进行了对抗。

[54] 美国建筑师、景观设计师、行为及装置艺术家。

[55] 希腊裔意大利当代艺术家，贫穷艺术的主要代表人物。

[56] 库奈里斯1972年创作的《无题》（*Untitled*）。

同意让一匹活马进入画廊，每天早上用升降机运上来，晚上再运下去。[50] 据 1968 年就开始在索拿本德画廊担任总监的安东尼奥·奥梅姆回忆：当时"弗里茨·德·格奈特和海牙艺术品包装运输配送公司仍在幕后发挥着重要的作用。他们负责物业、运输和升降机的运行"[51]。然而面对伊莲娜要在苏荷展出一匹马的决心，即便是严苛的荷兰物业经理也无可奈何！

卡斯泰利是否参与了这场对旧世界的重新发现呢？ 1976 年，他联合约翰·韦伯一同呈现了法国观念艺术家丹尼尔·布伦（Daniel Buren）的作品《侵越》（*To Transgress*）。一道道排列整齐的竖条由南至北横贯了整个西百老汇大道 420 号的外立面。他展出过的欧洲艺术家还包括贾恩·迪贝茨、劳拉·格里西和汉纳·达博文。对一个早在二十年前就超前性地策划过一场美欧艺术竞赛的人而言，这样一次面向未来的转身似乎十分恰当。与过去不同的是，如今苏荷的神秘已经名扬海外，慕名来到卡斯泰利门前的欧洲人络绎不绝。正如道格拉斯·戴维斯（Douglas Davis）[57] 所言："至少在苏荷，美国和欧洲完全势均力敌。"[52]苏荷"浮华的优雅"与寻常的美国情调截然相反，她是曼哈顿领土上的一座百花齐放的"欧洲都会"：其中最耀眼的部分自然是艺术，但无处不在的布罗伊尔（Breuer）[58] 柳条椅和钢管椅，也彰显了人们对设计的热爱，甚至连巴黎的咖啡馆文化都存在于此。在斯普林街（Spring Street）和西百老汇大道的拐角处的斯普林街酒吧（Spring Street Bar），或在朴素的战前风格爱尔兰酒吧巴里（Barry），任何一位崭露头角的艺术家都有可能撞见卡斯泰利——就像曾几何时在花神咖啡馆或双叟咖啡馆，任何一位哲学系的学生都能够与萨特进行对话。

卡斯泰利在苏荷重获青春。年过花甲的他没有选择扮演一个日渐衰老的画廊界权威，倒腾着自己的陈年旧货，反而散发出了少年一般的光彩，他不断投入新的地盘和新的趋势当中，对青年艺术家和画商们发起的每一次艺术运动都了如指掌。多年之后，这片曾让摩西的"汽车敌托邦"化为泡影的土地发展成了一座城镇，而卡斯泰利则是这里的一个活

1976 年，纽约
《侵越》展出期间，一道道排列整齐的竖条由南至北横贯了整个西百老汇大道 420 号的外立面

地标。“苏荷行者”卡斯泰利和“永远的意大利人”卡斯泰利总会在午餐前步行去中意的餐厅，可能是位于第六大道和布利克街拐角处的达·西尔瓦诺餐厅（Da Silvano），也可能是在休斯敦街靠近勿街（Mott Street）的巴拉托餐厅（Ballato），或是在斯普林街位于汤普森街和普林斯街之间的正午餐厅（Mezzogiorno）[59]。迎来了第二次青春的卡斯泰利将会完成他的第二次蜕变。五十岁时，他为他的艺术家们创造了无穷无尽的可能性；年过古稀的他则会对年轻画商们的未来赋予新的定义——终于该有人接班了！一开始，他将火炬传给了玛丽·布恩，她十九岁入行，后来在西百老汇大道 420 号闲置的底商开设了一家画廊；接着是拉里·高古轩（Larry Gagosian）[60]，他是在加州大学洛杉矶分校（University of California, Los Angeles，简称 UCLA）贩卖海报起家的，后来将人格的魅力发挥到了一个新的境界。

“第一次跟利奥接触是在 1979 年的秋天，我想看看他能不能跟我合办一场朱利安 · 施纳贝尔的展览。”布恩回忆了她最初与这位老画廊主进行的艰难互动。“‘绝对不行。’他说，‘我上一个新签约的艺术家是理查德 · 塞拉，而那是十年之前的事了。我要是展览朱利安 · 施纳贝尔，我的艺术家们会造反的。’于是我去找了芭芭拉 · 雅各布森，告诉她展览做不成了，可是她说：‘这事交给我吧。’在接下来的一年中，她不断地游说利奥，而以他的聪明，自然也征求了每一位收藏家的意见。他拥有我所不具备的一切：他事业有成，很有文化，上了年纪，还是一位男性。我过去一直都觉得我花一个月才能做到的事情他只需要打一个电话就能办成。不过从另一个角度看，我想我让他感觉自己变年轻了。我们在一起工作，赚来的佣金我俩全都五五分成。他很有气度，从不对我指手画脚。这是他另外一个非常聪明的地方，我想他能够做到这一点完全是因为我们在年纪上相差甚远。他从没把我当成竞争对手，总想推着我走得更远一些。无论在哪一个方面，赚钱都不是他的诉求。他想要的是成交带来的兴奋感。记得我第一次把画卖给施瓦茨（Schwartz）夫妇[61]的时候，他说：‘这二十年来，他们没跟我买过一张画！’”[53]这位一头乌黑秀发的二十八岁的画商来自宾夕法尼亚州的伊利市[62]，她的才华得到了卡斯泰利的肯定。在这份激励之下，时髦、漂亮的她凭借令人意想不到的魄力证明了自己的价值，还在 1982 年被《纽约》杂志封为了“艺术界的新女王”。那一年，她通过自己代理的头两位艺术家施纳贝尔和戴维 · 萨勒取得了惊人的成功。

杰弗里 · 戴奇（Jeffrey Deitch）[63]是另一位抱负远大的画商。他聪明过人、务实高效，富有创造性，在他的心目中，卡斯泰利是所有画廊主的终极楷模。“1974 年 6 月，我从卫斯理安大学（Wesleyan）[64]毕业的时候就很清楚自己想要做什么了。”戴奇回忆道，“我想跟利奥 · 卡斯泰利一起工作，给他当助理。毕业后的第二天，我就从康涅狄格州开车南下，在西百老汇大道 420 号门前停下了车，然后径直走上了二楼。我说：‘你好，我想在这里工作，能给我份活儿干吗？’当然没有了！”不过戴奇没有放弃，终于在四层的约翰 · 韦伯画廊得到了一份工作。多年过后，卡斯泰利和戴奇慢慢培养起了一份感情，虽然起初并不像他与布恩和高古轩的关系那般亲密，可对戴奇刚刚起步但意义重大的事业却起到了至关重要的促进作用。“接近卡斯泰利要经历重重考验，而我则始终渴望进入他最核心的那个圈子。”戴奇继续说道，“实现这一目标需要经过重重考验，你必须得证明自己的实力。在第一阶段，当你走到丝绒绳前，没有人会为你解除这道封锁，你是进不去的。进入第二阶段，布伦戴奇姐妹中的某一个会出来招呼你，为你解开绳索，请你进去。当你达到最终阶段，你便已经进出自由，可以自己抬起丝绒绳随意走进去了。我终于成为（卡斯泰利）核心圈层中的一员，总算可以向他提问了，我想知道他如何定义自己对美学的想象。利奥的回答比我听到过的绝大多数答案都要简洁、深刻得多。他说：‘我理想中的美学是马塞尔·杜尚和彼埃·蒙德里安的混合体。’这是一个可以用一整本书来阐释的答案！这次对话对我的影响极其深远。利奥是我的楷模，对我的启发很大，但他不是什么导师。他从来都不喜欢被人叫成‘导师’。”[54]

神速跃过这条声名狼藉的丝绒绳的只有一位画廊界的年轻才俊，他就是拉里·高古轩。他三十五岁，高大英俊、机智聪慧，有一双迷人的蓝眼睛和更具杀伤力的个人魅力。卡斯泰利从他身上看到了希望，并本能地做出了回应。在高古轩本人对他进入卡斯泰利画廊经过的回忆中，他勇往直前且讨人喜欢的个性一览无遗，正是这种个性让他在国际艺术界拥有了至高无上的权力：“我从没来过纽约，完全不懂画商是干什么的，我在洛杉矶就是个卖海报的，后来开始看《艺术新闻》一类的艺术杂志。一天，我看到了一张喜欢的照片，是拉尔夫·吉布森（Ralph Gibson）[65]拍的。我开始搜寻他的信息，后来我找到了他的号码，就给他打了电话。我问：‘我看到一张您拍的照片，看上去很酷——能让我给您做一场展览吗？’他回答说：‘我不知道啊，没准可以。你到我工作室来吧。’于是我就买了一张飞往纽约的机票，这是我第一次去纽约！我过去可从没进过任何一个艺术家的工作室！那是一间改建的阁楼，拉尔夫人非常好，头脑十分清醒。重点来了，因为利奥——或者确切地说是托妮——是拉尔夫的经纪人，而我差一点就因为他见到了利奥。”[55]又过了一段时间，直到高古轩搬进了西百老汇大道 420 号对面一幢改建的大楼，他才和卡斯泰利建立起了友谊。据罗伯特·平卡斯－威腾回忆：到了 1982 年，“利奥和伊莲娜总会聊起这个雄心勃勃的年轻人。他在马路对面的一栋改建楼的顶层有一间阁楼，房间布置得十分优雅，还挂着一张艾瑞克·费舍尔（Eric Fischl）[66] 的大画。他是一个中间人，还在洛杉矶的时候，就已经为费舍尔和巴斯奎特（Basquiat）[67] 举办过非常精彩的展览了”㊳。

卡斯泰利的温情不仅备受晚辈们的珍视，还收获了感人至深的回应，正如他的门生高古轩回忆的那样：“没有什么特别的原因，但是我的家庭背景、我的生活方式和我卖过海报的经历早就已经传开了——不过利奥为我打了圆场。下班时他会叫我去三个梅尔里（I Tre Merli）[68] 喝上一杯玛格丽特，把别人说我的坏话全都讲给我听——边说边笑！如果说我真的取得了什么了不起的成功，那都是利奥的功劳。他是我的一座金矿。”事实上，利奥绝不仅仅是在展现慈父般的慷慨：因为无法为极少主义艺术家们找到市场，他的财务压力很大。正当此时，他看出了这位新人的能量。“某种程度上说，”鲍勃·蒙克补充道，“他们像两颗星星一般划过了彼此的天空。利奥很高兴拉里能让非常优秀的收藏家买下他自己一直都卖不掉的作品。当时的纽约艺术界已经变得非常排外了，拉里是一个异类，不过他从利奥那里学到了许多。”㊴高古轩继续说道：“1982 年，利奥将一场弗兰克·斯特拉的新作展交给我去洛杉矶销售，我也能拿利希滕斯坦和沃霍尔的画了。只要能让他看到结果，他就会很满意，而且我从来都不多啰嗦，我觉得他看中的就是我的直率。”如此过分的偏爱一定是要付出代价的：贬损“高高”[69] 高古轩成为一项流行的消遣，这在很大程度上应该归咎于他享有的特权。平卡斯－威腾证实：“其他年轻的画商都在羡慕拉里。如果有人说了拉里的坏话，那纯粹是出于忌妒。”㊵

在人生剩下的时间里，卡斯泰利始终在极其复杂的情感关系中周旋。除了他在上城的正牌妻子托妮和他在下城的前妻——他亘古不变的合作伙伴和守护者伊莲娜，他的心里始终装着一大堆情人——这是他刚为人

卡斯泰利自豪地将老友拉尔夫·吉布森为他的法国荣誉军团勋略拍摄的照片悬挂在西百老汇大道420号的办公桌上方

摄影：拉尔夫·吉布森

夫时就养成了的习惯。高古轩评论道：“利奥喜欢女人；他在女人那里没少吃苦头。”他或许是在暗示卡斯泰利对女色的沉迷，不只有“纯粹的欲望”这个司空见惯的理由，甚至在维持自我形象的需要之外（要是连情人都没有，还怎么算得上是最欧洲的欧洲人呢？），还有其他原因。在他荒淫无度的表象之下，不仅仅是一个“喜欢女人的男人”那么简单。真正的原因是，卡斯泰利跟许多苦心经营自己的万人迷一样，都需要不断确认自己的实力。高古轩回忆：“他办公室的沙发上坐着一个涂着口红的女朋友，她在那里等了两个小时，他对我说：‘走，咱们跟她喝一杯去，然后去她的工作室，接着你就说你喜欢她的画。’我说：‘利奥，我可干不了这个。’——他们坏得都没法说了。”

1972年，四十二岁的艾伦·所罗门英年早逝，这对卡斯泰利的打击很大，好在利奥还有比利时画廊主鲍勃·埃尔肯相伴，但后来他也过早地离开了人世。卡斯泰利和埃尔肯是在上东区通过朋友介绍认识的。鲍

画廊主鲍勃．埃尔肯（最后排）和妻子多罗西娅（蹲姿）在法国南部拜访卡斯泰利时与托妮（左）、利奥（右）及四岁的让_克里斯托弗（前排右侧）在海边享受阳光

1968 年 8 月，昂蒂布（Antibes）

勃 · 埃尔肯跟亨利 · 盖尔扎勒拥有相同的圈子，他们都是安特卫普人，都出生在当地热爱艺术和古典音乐的钻石商人家庭，也都说法语。1939 年，十一岁的埃尔肯来到美国；他接受过专业的钢琴训练，从哈佛大学法学院毕业后，他在双日出版社（Doubleday）得到了一份工作，偶尔还兼职卖卖画。“你不能再继续这么下去了，在家里卖画哪行啊。”卡斯泰利坚决主张道：“你必须得开一家画廊，第一个艺术家从我这出。”卡斯泰利种下的这颗种子就是艾格尼丝 · 马丁，1961 年，埃尔肯真的在麦迪逊大道 1063 号开设了一家画廊，后来萨姆 · 弗朗西斯（Sam Francis）[70]

和其他人也纷纷加入。卡斯泰利和埃尔肯成为一个双人组合，他们每天都用法语交流着机密和生意上的事情，直至埃尔肯在 1983 年步艾伦·所罗门的后尘过早地故去了。遗孀多罗西娅·埃尔肯（Dorothea Elkon）解释说，“他们之间有这样一种爱和同谋的关系。以至于在鲍勃去世之后，利奥曾有一次对我说：‘走的应该是我，不是鲍勃。他还那么年轻，现在本该还活着的。’”⑲

就在这个时候，卡斯泰利邂逅了年轻的法国画商丹尼尔·汤普龙。“我和利奥相识在（法国南部的）卡斯特拉哈斯，我们都在那里度假；打那以后，我们每年夏天都会见面，二十年来始终如此。每年他都会离开家两个月时间，电话也打不了一个——这是托妮的要求。但是他无聊极了，只能在泳池边盯着赤裸上身的女人看，打发时间，或者下山去村子里给女朋友们打电话，但也进行了大量的阅读。他跟这一带的每个法国人都有来往。我们会一起去当地的好餐厅［例如绿洲（Oasis）和大厨韦热（Chef Vergé）的餐厅[71]］，要么就去参观尼斯的博物馆或圣保罗德旺斯（Saint-Paul de Vence）[72]的玛格基金会（Maeght Foundation）。[73]”⑳他在卡斯特拉哈斯还有其他法国朋友，其中一位是热情、阳光的南方姑娘加布里埃尔·布莱恩斯（Gabrielle Bryers）[74]，她跟托妮的关系尤为亲近，后来也在纽约开了一家画廊，并（几乎）始终都与这对夫妇保持着朋友关系。不过即便利奥似乎跟谁都认识，却并没有多少亲密的朋友。

老当益壮的卡斯泰利在苏荷获得了重生，并且不断积累着友谊、旅行和新的发现。“那是朱利安·施纳贝尔第一次参加双年展，我们全都因为他聚在了巴塞尔。”玛丽·布恩回忆道，“我们坐在多纳蒂餐厅（Donati）[75]外的露台上，脚下的莱茵河中站着一对情侣。我满脑子都是：‘这水又脏又冷，这两人能在那干吗呢？是在洗澡吗？’利奥向下望去，举起手中的香槟用意大利语敬向那对情侣说：‘La vita inizia domain！’——‘生活从明天开始！’这就是利奥对待生活的态度：他看到的永远是事物积极的一面。”㉑而我不禁要说，即便作为最无可争议的圈内人，他也从未停止对新的发现报有期待……

1981 年，纽约
与吉姆·罗森奎斯特在他的作品《盗星贼》（*Star Thief*）前

摄影：詹弗兰科·戈尔戈尼

[57] 美国影像和行为艺术家、批评家、教师、作家。

[58] 马塞尔·布罗伊尔（Marcel Breuer），出生于匈牙利的美国现代主义艺术家、建筑和家具设计师，毕业于包豪斯学院，是二十世纪设计顶峰时期最受欢迎的设计师之一。

[59] 三家餐厅分别成立于1975年、1956年和1987年，都是名流云集的著名意大利餐厅。

[60] 亚美尼亚裔美国画商，连锁画廊高古轩的创办者和所有人，以举办具有美术馆品质的展览著称。

[61] 意大利学者、历史学家、作家、画廊主和策展人阿图罗·施瓦茨（Arturo Schwarz）及夫人维拉·施瓦茨（Vera Schwarz）。

[62] 美国宾夕法尼亚州西北部的港口城市。

[63] 美国画商、策展人，曾任洛杉矶现代艺术博物馆馆长。

[64] 美国顶尖的文理学院，位于康涅狄格州的米尔顿市，成立于1831年。

[65] 美国摄影师，作品中常带有情色和神秘的意味。

[66] 美国画家、版画家。

[67] 让-米歇尔·巴斯奎亚特（Jean-Michel Basquiat），海地裔美国艺术家，以纽约涂鸦艺术家的身份成名后，作为新表现主义（Neo-expressionism）艺术家获得了海内外画廊和博物馆的展出。

[68] 一家成立于二十世纪八十年代的意大利餐厅酒吧。

[69] 二十世纪八十年代，高古轩通过再次销售极具前景的现当代艺术家的作品，赢得了超高的回报，因而得名“高高”（Go-Go）。

[70] 美国画家、版画家，第二代抽象表现主义艺术家。

[71] 著名大厨罗杰·韦热1969年成立于距卡斯特拉哈斯43公里的村庄穆然（Mougins）的一家名为穆然磨坊（Moulin de Mougins）的米其林餐厅，卡斯泰利是这里的常客。

[72] 法国南部城市，距尼斯25公里。

[73] 1964年法国画商艾梅·玛格（Aimé Maeght）夫妇成立于圣保罗德旺斯山顶的一座现代艺术博物馆。

[74] 法国画商，1981年在苏荷创办了自己的同名画廊。

[75] 切兹·多纳蒂餐厅（Chez Donati），巴塞尔著名的意大利风味米其林餐厅，坐落于莱茵河畔的奢华酒店莱斯罗伊斯大酒店（Grand Hotel Les Trois Rois）中。

① 克里斯托夫·德·梅尼尔访谈，作者采访，纽约，2008年1月6日。

② 比利·苏利文（Billy Sullivan）访谈，作者采访，纽约，2008年11月25日。

③ 伊莲娜·索拿本德访谈，作者采访，纽约，2005年11月。

④ 芭芭拉·波拉克（Barbara Pollack），《苏荷画廊始祖存亡录》（"The Life and Death of SoHo's Gallery Cornerstone"），摘自《村声报》，2000年7月11日。

⑤ 芭芭拉·雅各布森访谈，作者采访，纽约，2008年6月11日。

⑥ 格蕾丝·格洛克，《四位上城画商在苏荷做起道场》（"4 Uptown Art Dealers Set Up in SoHo"），摘自《纽约时报》，1971年9月27日。

⑦ 波拉克，《苏荷画廊始祖存亡录》。

⑧ 伊莲娜·索拿本德访谈，作者采访，纽约，2008年11月25日。

⑨ 卡斯泰利在一〇八街（108th Street）上的第一个仓库画廊的场地就是他们找到的。

⑩ 1890年，纺织品贸易占主导地位。世界上最著名的丝绸制造商切尼兄弟公司（Cheney Brothers）在布隆街（Broome Street）477—479号改建了一座由以利沙·史尼芬（Elisha Sniffen）设计的铸铁建筑。位于格兰街（Grand Street）和百老汇大道东北口的约翰·科雷加（John Correga）大楼属于全国最大的小商品批发商米尔斯与吉布公司（Mills & Gibb）。布隆街453—355号的格里芬·托马斯（Griffin Thomas）大厦自1818年以来就是经营奢华纺织品的著名进出口公司W.G.希区柯克（W. G. Hitchcock & Co.）的所在地。而将尚蒂依（Chantilly）、阿朗松（Alençon）及其他精致的针绣花边引入美国的詹宁斯蕾丝公司（Jennings Lace）的总部则位于格林街77号。参见查尔斯·R.辛普森（Charles R. Simpson），《苏荷：城市中的艺术家》（*SoHo: The Artist in the City*）（芝加哥：University of Chicago Press，1981年出版），114页。

⑪ 罗伯特·摩西，《公共建设：一个危险的行当》（*Public Works: A Dangerous Trade*）（1970年出版），由瑞克·伯恩斯（Ric Burns）及詹姆斯·桑德斯（James Sanders）在《纽约：配有插图的历史》（*New York: An Illustrated History*）（纽约：Alfred A. Knopf，2003年出版）中引述，530页。

⑫ 史蒂芬·科奇，《苏荷受到的非议》（"Reflections on SoHo"），摘自亚历山德拉·安德森（Alexandra Anderson）及B.J.阿彻（B. J. Archer）编辑，《苏荷：曼哈顿下城艺术与生活必备指南》（*SoHo: The Essential Guide to Art and Life in Lower Manhattan*）（纽约：Simon and Schuster，1979年出版），9—17页。

⑬ 美国此类组织中最早成立的几个机构之一，从盲目拆除中拯救了许许多多都市建筑瑰宝。

⑭ 萨伦·佐金（Sharon Zukin），《都市变化中的阁楼生活、文化和资本》（*Loft Living, Culture and Capital in Urban Change*）（新泽西州新宾士威克：Rutgers University Press，1982年出版），117页。

⑮ 同上，116页。

⑯《苏荷—铸铁历史保护区命名报告》（*SoHo–Cast Iron Historic District Designation Report*），1973年，纽约市，约翰·V.林赛市长，第1页。

⑰ 佐金，《都市变化中的阁楼生活、文化和资本》，101—110页。另见小亚瑟·M.史莱辛格（Arthur M. Schlesinger, Jr.），《一千个日夜：白宫中的约翰·F.肯尼迪总统》（*A Thousand Days: John F. Kennedy in the White House*）（纽约：Houghton Mifflin，1965年出版），669—679页。

⑱ 公园广场艺术研究画廊有限公司（Park Place, The Gallery of Art Research, Inc）记录、宝拉·库珀记录，1965—1998年，美国艺术档案馆。

⑲ 基斯·索尼尔访谈，作者采访，纽约，2009年1月29日。

⑳ 同上。

㉑ 里查德·柯斯特兰尼兹（Richard Kostelanetz，原文错写为：Richard Kostenaletz）《苏荷：聚居艺术家沉浮录》（*SoHo: The Rise and Fall of an Artists' Colony*）（纽约：Routledge，2003年出版），61页。

㉒ 格蕾丝·格洛克，《四位上城画商在苏荷做起道场》。

㉓ 同上。

㉔ 从肯尼迪时代的联邦计划，如全国教育协会（National Education Association，简称NEA），到由洛克菲勒州长和林赛市长批准的州和城市议会拨款。

㉕ 辛普森，《苏荷：城市中的艺术家》。

㉖ 安德森及阿彻编辑，《苏荷：曼哈顿下城艺术与生活必备指南》。

㉗ 迪克和芭芭拉·莱恩访谈，作者采访，纽约，2009年3月3日。

㉘ 唐纳德·马龙访谈，作者采访，2008年1月28日。

㉙ 彼得·施耐德尔，《南下的雕塑家们在苏荷飞黄

腾达》（"Sculptors Make It Big Down in SoHo"），摘自《纽约时报》，1971 年 10 月 3 日。

㉚ 彼得·施耐德尔，《困扰着苏荷先锋艺术画廊的不安》（"The Malaise that Afflicts SoHo's Avant-Garde Galleries"），摘自《纽约时报》，1972 年 6 月 11 日。

㉛ 鲍勃·蒙克访谈，作者采访，纽约，2009 年 9 月 2 日。

㉜ 詹姆斯·麦耶访谈，作者采访，纽约，2008 年 11 月 14 日。

㉝ 托尼·沙弗拉齐访谈，作者采访，纽约，2008 年 11 月 16 日

㉞ 安吉拉·韦斯特沃特访谈，作者采访，纽约，2009 年 2 月 6 日。

㉟ 摘自梅丽尔·西克里斯特，《利奥·卡斯泰利：神话中的生意》（"Leo Castelli: Dealing in Myths"），摘自《艺术新闻》（1982 年夏季刊）：66 页。

㊱ 让-克里斯托弗·卡斯泰利访谈，作者采访，纽约，2008 年 9 月 25 日。

㊲ 托尼·沙弗拉齐访谈，作者采访，纽约，2008 年 9 月 25 日。

㊳ 芭芭拉·雅各布森访谈，作者采访，纽约，2008 年 11 月 16 日。

㊴ 珍妮·李访谈，作者电话采访，纽约，2007 年 5 月 18 日。

㊵ 芭芭拉·雅各布森访谈，作者采访，纽约，2008 年 6 月 5 日。

㊶ 罗伯特·斯托尔访谈，作者采访，纽约，2008 年 4 月 14 日。

㊷ 利奥·卡斯泰利访谈，保罗·卡明斯采访，纽约，1975 年 1 月 16 日，美国艺术档案馆，华盛顿哥伦比亚特区。

㊸ 黛比·泰勒访谈，作者采访，纽约，2009 年 2 月 24 日。

㊹ 米米·汤姆森访谈，作者采访，纽约，2009 年 2 月 25 日。

㊺ 黛比·泰勒访谈，作者采访，纽约，2009 年 2 月 24 日。

㊻ 艾米·波尔-谢尔访谈，作者采访，纽约，2009 年 3 月 9 日。

㊼ 摩根·斯潘格尔访谈，作者采访，纽约，2009 年 4 月 14 日。

㊽ 吉安·恩佐·斯皮罗内访谈，作者采访，纽约，2008 年 11 月 16 日。

㊾ 托马斯·B. 海斯，《德国人来啦！鬼子进村啦！》（"The Germans Are Coming! The Germans Are Coming!"），摘自《纽约》杂志（1974 年 6 月刊）：54 页。

㊿ 阿肯希的表演是在 1972 年 1 月进行的，库奈里斯作品的展出时间是 1975 年。

51 安东尼奥·奥梅姆访谈，作者采访，纽约，2008 年 5 月 26 日。

52《苏荷的欧洲》（"Europe in SoHo"），摘自《纽约——曼哈顿下城：苏荷》（*New York–Downtown Manhattan: SoHo*）（柏林：Akademie der Künste，1976 年出版），34—103 页。

53 玛丽·布恩访谈，作者采访，纽约，2007 年 5 月 19 日。

54 杰弗里·戴奇访谈，作者采访，纽约，2009 年 3 月 20 日。

55 拉里·高古轩访谈，作者采访，纽约，2008 年 4 月 25 日。

56 罗伯特·平卡斯-威腾访谈，作者采访，纽约，2009 年 12 月 12 日。

57 鲍勃·蒙克访谈，作者采访，纽约，2009 年 12 月 14 日。

58 罗伯特·平卡斯-威腾访谈，作者采访，纽约，2009 年 12 月 12 日。

59 多罗西娅·埃尔肯访谈，作者采访，纽约，2007 年 12 月 11 日。

60 丹尼尔·汤普龙访谈，作者采访，纽约，2007 年 5 月 28 日。

61 玛丽·布恩访谈，作者采访，纽约，2007 年 5 月 19 日。

29—利奥的艰难岁月

1979 年 5 月，惠特尼为托姆布雷举办了一场素描展。开幕式上，所有人都盛装出席，相互热情地打着招呼，就在这时，利奥突然晕厥倒地。我们叫来了警察，人们把他抬上了担架。尼古拉·宝格丽（Nicola Bulgari）[1] 和我护送他去了医院，没过一会儿他就缓过来了。不过那晚，所有人都以为利奥已经死了！①

——吉安·恩佐·斯皮罗内

1975 年 3 月 8 日，纽约郡[2]遗嘱检验法院（New York County Surrogate Court）因马伯乐画廊（Marlborough Gallery）所有者弗兰克·劳埃德（Frank Lloyd）[3]勾结马克·罗斯科遗产的执行人，侵犯他人利益，判劳埃德有罪，并处以 925 万美元的罚款，作为对艺术家子女的赔偿。这在所有对艺术世界产生过冲击的法律诉讼中，是最家喻户晓的一个案件了。两年后，纽约州上诉法院（New York State Appellate Court）维持了一审判决，称劳埃德的行为“有明显过错，且情节严重、性质恶劣”。此后，因涉嫌在民事审判中篡改证据，劳埃德又遭到了刑事检控，并在 1983 年 1 月 6 日再次被判有罪。虽然陪审团建议对他判以四年监禁，最高法院法官赫伯特·I. 奥特曼（Herbert I. Altman）却免除了他的牢狱之灾，命其设立一项帮扶贫困青少年的奖学金，并组织一系列针对纽约公立学校在校生的参观和讲座。出生于越南的劳埃德拥有全世界财力最为雄厚的画廊。1970 年罗斯科去世时，虽然对他自杀的认定并无争议，但他留下的作品却落入了劳埃德手中。这一裁决不仅给这个长达十二年的马拉松审判画上了句号，也让罗斯科去世之后悬而未决的 78 张作品有了着落。最终，对罗斯科遗产的管理权被转移给了佩斯画廊。不过，由于罗斯科的子女早在 1971 年就开始在媒体上大做文章，铺天盖地的报道不仅让劳埃德身败名裂，也让整个艺术经纪界名誉扫地。

卡斯泰利早就向世人证明了自己对成为最有钱的画廊主不感兴趣，或许正因如此，他才能在这样的舆论环境中保全自己的清白；在整个七十和八十年代，他的关系网在美国和欧洲也始终保持着极高的威望和声誉。詹姆斯·麦耶在伦敦展出了利希滕斯坦的雕塑；吉安·恩佐·斯皮罗内一直在参与二级市场的交易；丹尼尔·汤普龙在巴黎呈现了唐纳德·贾德的作品；戈登·洛克斯利则在明尼阿波利斯为沃霍尔举办了展览。在洛杉矶，玛戈·莱文成为克莱斯·奥登伯格的独家代理人，埃弗雷特·埃林（Everett Ellin）[4]则经营着理查德·塞拉的作品；而卡斯泰利在纽约的那三家总部画廊则推进着提升展览多元化的计划。利奥的整个体系共雇佣了近五十名员工，年收入几百万美元，这样的规模在行业中并不突出。但它拥有全美最顶尖的艺术家阵容，也始终与创始人——画廊主卡斯泰利紧紧地捆绑在一起，这些都是它的威望赖以延续的基础。跟过去一样，最多产的罗伊·利希滕斯坦和售价最高的贾斯培·琼斯几乎还是画廊现金的全部来源。利希滕斯坦的销售数字本身就很能说明问题：短短几年间，其作品的总销售额就增长了10倍！然而，卡斯泰利王朝并不真如表面上那般安定祥和。"1977年，罗伊早期的几件雕塑在我那里展出时，"詹姆斯·麦耶回忆道，"因为利奥的钱不够，无法独自承担全部费用，所以我也提供了一部分资金。"②据珍妮·李回忆，七十年代初，情况"有时十分危急"："一方面，利奥得负责日常开销，每个月还给艺术家们开工资；另一方面，他卖掉作品之后并不能马上从买家那里拿到钱，所以在财务上非常困难。如果利奥更看重钱的话，他肯定会富有得多，但是他追求的不是这个，他更看重的是文化。'永远都不要贪心。'他总是告诫我说，'就算客户愿意出到10万美金，也要以8万5000美金成交。长此以往，你还是会把少赚的钱赚回来的。'"③

在华丽的艺术家名单和被放大了的风光背后，卡斯泰利的财务状况始终岌岌可危，他的卫星画廊也时常被要求协助出资办展。"八十年代那会儿，唐纳德·贾德卖得根本就不好。"卡斯泰利在圣路易斯的代理罗尼·格林伯格说，"一天，利奥说他想和我一起经营贾德。他说我们每个月各掏1000美金，于是我每个月都会汇给他1000美金，持续了大约两年时间。我尝试了不同的城市，努力说服当地的艺术家和画廊主为贾德办展，可就是卖不掉他的作品。最后我对利奥说这事没戏了。我们决定摆脱束缚，如果贾德需要钱，我们一件一件地买他的作品就好，而不是每个月都寄支票给他。"④乔·赫尔曼从出道起就是一个精明的生意人，从来都不曾为钱发愁。他也对卡斯泰利进行过帮助，一开始是以收藏家的身份，后来是以画商的身份。每个月，赫尔曼都会开出支票，用来资助卡斯泰利画廊的运营。"在圣路易斯时，我每个月都会给利奥500美金，所以唐纳德·贾德、理查德·塞拉、布鲁斯·瑙曼（的工资）和斯特拉的一部分画款（其实都是我付的）。接着，在我成为一名画商之后，就开始跟他分摊艺术家的开销。我们一同负担塞拉的工资，以及利奥拖欠斯特拉的钱。那时，斯特拉几乎已经快被拉里·鲁宾（Larry Rubin）[5]给抢走了。”⑤

事实上，自 1958 年起就在纽约独占鳌头的“卡斯泰利秩序”已经受到了撼动，不再像过去那样固若金汤。对它造成干扰的因素很多：市场的波动、经济的衰退、对某些美学潮流的抵抗、新画廊和新艺术家的出现，以及媒体近来的讽刺挖苦——他们曾是卡斯泰利坚定的支持者，如今却开始厌倦艺术圈“不可一世”的风气。甚至有一些人认为那几年就是卡斯泰利悲剧性衰落的开始。其实只要观察的距离够近，谁都能看出此时的他正在节节败退：帝国的财务根基摇摇欲坠；他抓住机遇的本能曾经无人能及，如今却也消失殆尽。他的心脏问题非常严重，他已经为此当众昏倒过几次了，并且接受了心脏手术，最后还安装了一台起搏器。这虽然令人不安，但也在意料之中。不过，卡斯泰利还是奋不顾身地坚守着阵地。“老兵不死，淡出而已。”麦克阿瑟（MacArthur）[6] 曾在议会慷慨陈词，六年之后，卡斯泰利自立门户。然而，如今的他真的江郎才尽，并沦为寒冬中的一头困兽了吗？在这个由他一手缔造的世界中，他真的被这里全新的生态系统边缘化了吗？还是已被彻底击垮？无论如何，他都是一位古稀老人了。

他新近开展的事业也都收效甚微——极少主义和观念艺术家贾德、弗雷文、塞拉和科苏斯赚来的钱少得可怜，而为了推广他们付出的金钱几乎全都有去无回；就算卡斯泰利很少怨天尤人，但也开始觉得他们是真正的“手铐和脚镣”了。⑥“贾德和莫里斯一开始根本谈不上火！”珍妮·李非常轻描淡写地说，“而且得克萨斯人对波普艺术从来都没有什么热情，所以七十年代，利奥的艺术家在这里并不算是真正的明星。劳申伯格现在卖得是很好了，但在过去可不是这样。我给利希滕斯坦做展览的时候，还很难在得州找到买家。后来我办了一场弗雷文的展，其间总会有人走进来问：‘展览在哪儿呢？’”⑦理查德·费根（Richard Feigen）[7] 记得我“曾在 1977 年去过利奥的画廊。他库房里堆着整架整架的斯卡皮塔和托姆布雷，都是他卖不掉的作品。就算这些艺术家的作品根本没有销路，他总是也有一张买一张。”⑧不过，那些经他证实难以在纽约市场销售的作品常常会被推给广泛分布在世界各地的卫星画廊。“你比我卖得好啊！”[9]利奥经常用这样的言语稳定军心，而斯皮罗内则真的做到了这一点：他先后在都灵和米兰说服潘萨为他在瓦雷泽的庄园买断了包括弗雷文在内的几位美国艺术家全系列的作品。

最令卡斯泰利疲惫不堪的是他与约瑟夫·科苏斯等艺术家的关系，尤其令他头疼的是唐纳德·贾德。“我记得科苏斯在1970年就已经买了房子，后来还给自己买过一辆古董保时捷。”斯皮罗内回忆道，“不仅如此，科苏斯还发明了‘物品定义’（object definition）的概念，这样就能以不同的语言将同一件作品销售十次。他企图以此牟利，想要用这种方式成倍地增加作品的数量，从而实现利润的最大化。我还有大约四十件科苏斯的作品怎么都卖不掉呢，估计利奥砸在手里的也不会比我少。”[10]贾德则不计成本地用每一种可能的色相和灰度重申着他的“进程”

1975年，纽约
与艺术家理查德·塞拉和收藏家朱塞佩·潘萨·迪·毕欧莫

摄影：菲利波·弗尔门提（Filippo Fromenti）

（progressions），他的问题比科苏斯还要严重。“利奥和贾德有过几次非常激烈的争吵，”斯皮罗内继续说道，“因为几年的账算下来，作品的制作费用应该由谁来承担就成了一个问题。通常艺术家和画商会平摊这个费用，但贾德却有不同的看法，他认为全都应该由画商来承担。利奥曾经对我说：‘到目前为止，贾德还欠我价值 25 万美金的作品呢——那可是很大的一笔钱。’后来贾德也发话了，拿出了他记的那笔账，得出了截然相反的结论：是利奥欠他 25 万美金！利奥火冒三丈。他们彻底撕破了脸，没过多久利奥就住院了，还装了起搏器。”[11]

1974 年，纽约一家新画廊的诞生让利奥·卡斯泰利心神不宁。在那之前，他始终都扮演着批发商的角色，在纽约和东海岸对他旗下艺术家享有独家代理权，同时与分销网络中的画廊分享他们从销售中赚得的佣金，而他们对新的作品则享有当地的独家代理权。但在 1974 年，卡斯泰利的两位卫星画廊主欧文·布拉姆和乔·赫尔曼决定在纽约开设一个空间。他们在利奥的地盘上做起了生意，直接与他展开竞争，并扰乱了利奥的主画廊与其一手扶植的卫星画廊之间一直存在的等级制度，这显然引起了利奥的反感。在摩根·斯潘格尔的记忆中，这场冲突“十分激烈”[12]。按照欧文·布拉姆的说法：“我和利奥从头到尾只对峙过一次。就发生在我搬到纽约和乔·赫尔曼合开画廊的时候。利奥对我的态度变得冷淡极了，在工作上更是残酷无情。他对我露出了不为人知的一面。于是我不得不重新思考我们的关系，我这才明白，原来有一些红线是我绝对不能越过的。罗伊是我们矛盾的焦点。我跟罗伊关系很好，也想和他一起做点事情，但是利奥不能接受。可我还是私下和罗伊进行了沟通，展览了他的作品。有好一阵，利奥都对我冷若冰霜，他过去从来都没这样对过我——不过这也是可以理解的。”[13]

乔·赫尔曼在他的传记中讲述了这个事件的经过。他出生“在美国腹地，从小是看迪士尼长大的”，在卡斯泰利画廊接受了关于美国艺术的培训之后，他先变成了这家画廊的收藏家和经济支柱之一，接着又成为一名举足轻重的特许经销商。然而，在卡斯泰利和赫尔曼之间存在着一种兼具友谊与怀疑、互补与竞争的复杂关系。斯皮罗内议论道："赫尔曼和我们完全不一样。""不过他能理解事物的本质，只是方式与众不同罢了。老实说，我认为他是一个很有远见的人：他买下自己喜欢的作品，并会一直持有。"[14]赫尔曼是一个天生的生意人，有与生俱来的经济头脑。他在卡斯泰利个人魅力的引力场中培养出了真正的品位，建立了自己的收藏，并扩展了自己的专业素养，最终蜕变成了一名极具修养的画廊主。在回纽约开设布拉姆·赫尔曼画廊之前，他甚至开拓了欧洲的市场，还为此一度移居罗马。他希望继续像过去那样与卡斯泰利合作，但他们初期达成的共识不久便破裂了。"纽约的画廊开业后，我和利奥的合作一开始（跟以前比）没有什么变化，还是对佣金进行分成。不过凯利的绝大多数作品都是我卖掉的，利希滕斯坦的也卖了不少，还有贾德和塞拉，瑙曼也有一些。所以过了一段时间，我就对他说：'利奥，不好意思，我已经有布拉姆这个合伙人了，我很乐意展览你代理的艺术家，不过我不想再分你佣金了。我现在只能拿到佣金的 1/4，但是所有工作都是我做的，这对我来说不公平。'他很不高兴。因为他觉自己还是那个拿起电话就能卖画的利奥·卡斯泰利，不知此时的他已经今非昔比，风光不再了。"[15]

卡斯泰利和赫尔曼在销售策略上的冲突也呈现出了火花飞溅的态势，他们二人长期存在的对抗中偶尔穿插着短暂的停火。"利奥意识到自己周围有比他更会卖东西的人。过去他跟别人说过很多我的好话，不过后来他几度想找人把我给杀了。"赫尔曼回忆道："一天，利奥给我打电话说：'我得见你一下，我到你办公室去一趟。'于是我们坐了下来，我关上门，利奥说：'你就这么贪得无厌吗？所有人都向着你，你什么都得到了。不是说好了井水不犯河水的吗？'我问他：'利奥，你这是在说什么呀？'我是他的对手，这是肯定，可是他竟认为我要对他赶尽杀绝，这是我没有想到的。那是在八十年代初，布拉姆·赫尔曼画廊势头正盛，我想可能是他的艺术家在向他施加压力吧。"[16]

的确，艺术圈的节奏正在发生变化。正如古德所言："从那时起，画廊不再是绅士们从事的行当了，布拉姆和赫尔曼企图在利奥的地盘上做生意。而拉里·高古轩呢，他虽然属于新一代的画廊主，但却站到了利奥这一边。利奥和拉里相互取长补短。他们的合作关系是在二人位于汤普森街（Thompson Street）的画廊[8]中形成的。”1989年，格林街上的画廊关门一年之后，卡斯泰利就和高古轩在汤普森街65号合开了一家画廊。这是一段出乎许多人意料的合作。“就利奥而言，在汤普森街开设的画廊别具深意，这是他对其他画廊主的一个警示——‘如果你们想要乱来，想占我便宜，那得先过得了拉里这一关！’利奥需要有人跟他并肩作战，应付在周围打转的那群鲨鱼。”⑰除了助力利奥，拉里·高古轩也在独自闯荡，他单枪匹马地向切尔西尚未被开发的乡村进发，在那里开设了一家自己的画廊。“利奥根本就不知道二十三街（23rd Street）的存在”，鲍勃·蒙克回忆道，“可突然间，拉里就石破天惊地在切尔西的新场地里做起了展览，第一场是特雷梅因收藏展，接着是苏珊·罗滕伯格（Susan Rothenberg）[9]的展览‘马’（*Horses*）。利奥来的时候说：‘哇！’展览非常精彩。拉里跟利奥学到了为展览做好画册的重要性，这是一个非常聪明的做法。”⑱慢慢地，利奥通过高古轩实现了他自己无法企及的事业梦想。正如平卡斯-威腾所言：“利奥对拉里有一种偏爱[10]，将他看成是‘初生牛犊不怕虎’的另一个自己，敢做他从来都不敢做的事情。高古轩画廊的成绩有目共睹。他勇往直前、敢于冒险，又有传奇浪子的一面，这让利奥十分欣赏。”⑲

罗伯特·萨姆·安森（Robert Sam Anson）[11]用一篇资料详实的报道——《冬狮》（“The Lion in Winter”）[12]道出了真相，详细地记叙了卡斯泰利陡然失势的惨痛经历。安森写道：“艺术世界的君主如今正面临着严峻的挑战。不过他决心咬紧牙关，牢牢攥住手中的权力。”当安森问及布拉姆·赫尔曼画廊时，卡斯泰利只是简单地回答：“他们认为我已经行将就木了。不过我还没有死呢。我会让他们知道我的底线。”⑳在这场由他发起的战争中，卡斯泰利需要与新的合作伙伴建立富有前景的联盟关系，其中就包括他与理查德·费根和吉姆·科科伦合办的那家画廊[13]。科科伦在奇普里亚尼酒吧就着一杯贝利尼酒回忆道：“石油危机造成了严重的经济萧条，这时，利奥、费根和我买下了约瑟夫·康奈尔的遗产。令所有人意外的是，我们把作品卖给了弗朗索瓦·德·梅尼尔（François de Menil）[14]，并从中赚了不少钱。"[21]然而，卡斯泰利的财务状况的确已经摇摇欲坠了，据始终与卡斯泰利感情深厚的詹姆斯·麦耶回忆："画廊搬到苏荷两年半之后，就遭遇了极其严重的经济衰退——1974年大崩溃；而在七十年代关照利奥的生意的人竟然是托尼·沙弗拉齐。干劲十足的他调动起了伊朗买家的热情，并开发了德黑兰的市场。整个艺术世界都受到了极大的鼓舞。托尼真的是一颗救星。"[22]

通过几年的努力，沙弗拉齐的确取得了令人瞩目的成就。他再次经历了一番转型，从一位艺术颠覆分子变成了一个充满活力的画商，并在新近跻身于富国行列的中东为卡斯泰利的销售网耕耘出了一片处女地。"我听说德黑兰有建立一家博物馆的计划，就感到自己应该为它做一些事情，如果要做，就应该用正确的方式做大做强。伊朗没有任何我能够信任的人，于是我就回（纽约）去了，脑子里装着一个主意：'为什么我不去拜访我最尊敬的那些画廊，让画廊总监们为我写一封推荐信呢？'于是我去找了利奥，对他说：'利奥，我刚从伊朗回来，我感觉他们可能有计划要建一家博物馆，而我想做给他们推荐作品的人，告诉他们应该买什么，因为我对整个艺术世界了若指掌。我想为那里建立起一套伟大的收藏，得是顶级的。我不知道馆长会是谁，其他的职位又会由谁担任，所以你只要在信里写"至相关负责人"就可以了。'利奥说：'乐意效劳。'他的信只有一个长自然段，但却是所有推荐信中最具说服力、文笔最好，也最有活力的，甚至在书信体的行文上做得都是最好的。这封信是这样写的：'我与托尼·沙弗拉齐已经相识多年。我可以说，在所有我认识的人中，他的学识最为渊博。他是卡斯泰利画廊及旗下艺术家，和全纽约的艺术家最忠诚的朋友。他对艺术世界具有最专业的见解和最专注的热情。对任何一家想要建立馆藏的博物馆来说，他都是能够提供最佳建议的最优顾问人选，这一点毫无疑问。'差不多就是这样的一封信吧，但要更简洁、更有力、更到位，也更出色。简直就是一篇范文！后来，当然过了挺长的一段时间，我又去找了利奥，对他说：'利奥，我愿意只带你给我的作品幻灯片去伊朗。’我就是这样从利奥那里选到了最好的作品，全都是登峰造极、惊世骇俗之作。后来，我和法拉赫·狄巴（Farah Diba）[15]的堂兄，即这座博物馆的建筑师卡姆兰·狄巴（Kamran Diba）[16]一同为德黑兰建立了一流的当代艺术收藏。[17]在某种程度上，利奥的推荐信是一份担保，保证我绝对不会出什么乱子！”㉓与此同时，池田彰（Akira Ikeda）正大张旗鼓地在日本为卡斯泰利的艺术家们开拓市场。用卡斯泰利的话说，这位东京古董商人之子是“日本唯一一个了解艺术世界的商人。”他买下了理查德·塞拉最大的一件户外雕塑——《玛丽莲·梦露－葛丽泰·嘉宝》（*Marilyn Monroe–Greta Garbo*）[18]，后来还专门建造了一座飞机仓库展示这件作品！㉔

罗伯特·劳申伯格随诺德勒公司而去，成为卡斯泰利的一连串失利的序幕。让他和索拿本德倍感震惊的是，这位艺术家竟不成体统地只用一封信对他们进行了告知。除此之外，卡斯泰利和玛丽·布恩都曾展出过的朱利安·施纳贝尔也选择了弃老而取少。在那段日子里，卡斯泰利不断遭到削弱，阿尼·格利姆切对此记忆犹新：“施纳贝尔的事情发生之后，我曾给利奥打过电话。我说：‘我知道贾德要离开你了。’利奥回答：‘贾德每个月都想要两万美金，不过我是不会给他的。’我说：‘咱们一起经营贾德吧。’利奥说：‘不，不，这是不可能的。’我说：‘利奥，你考虑一下吧。’过了一周，贾德就投奔宝拉·库珀了，后来又离开她来了我这。整件事情都是利奥的自尊心在作祟。虽然我不是他的敌人，但也是他的竞争对手啊。可是他却没有对我进行拉拢。施纳贝尔事件之后，我对他说：‘利奥，我带你去找伊莲娜吃午饭。’利奥说：‘不，是我带你去吃午饭。’我们三个去了达·西尔瓦诺餐厅，我对他说：‘劳申伯格要离开你了。’伊莲娜说：‘不会，这不可能，看看这条《救命恩人》（*Life Saver*）[19]吧，劳申伯格是永远不会离开我们的。’我告诉他们：‘阿曼德·哈默（Armand Hammer）[20]刚刚买下（了）诺德勒公司，并给“劳申伯格海外文化交流组织”（Rauschenberg Overseas Culture Interchange，简称 ROCI）提供了一大笔资金。’㉕利奥爱的是贾斯培，他具有一种美感，而鲍勃则带有一种自然的力量。我们在桌边争论了起来，我说：‘咱们合作吧，我能卖掉劳申伯格的作品，我有新的收藏家。’利奥说：‘没门，你根本没有新的收藏家。’日子一天一天过去，贾德、施纳贝尔、劳申伯格，他们全都离开了利奥。艺术家们不开心了就会离开的。朱利安·施纳贝尔是八十年代最火的艺术家。他想要加入我们这家展览毕加索和杜布菲的画廊。第一年，施纳贝尔就让我赚了 900 万。利奥非常生气，打那以后几乎再也没有跟我说过话。"㉖

卡斯泰利已经彻底精疲力竭了吗？还是他依旧在这个日新月异的世界中不断做出调整？无论如何，在那之后，他与其他同行的合作大多是在平等的基础上进行的，他把许多艺术家和展览都拿出来与别人共同经营，而在巅峰时期，他一定会为自己留下大头。在劳申伯格离开之前，旧时的情分成为他与伊莲娜·索拿本德共同经营这位艺术家的借口；在施纳贝尔和萨勒离开之前，他对玛丽·布恩父亲般的慷慨成为他在这两位画家心目中地位下降的理由；他与弗吉尼亚·德万分享着弗雷文，与约翰·韦伯分享着丹尼尔·布伦，与詹姆斯·古德曼（James Goodman）[21] 分享着拉斯查和罗森奎斯特，与斯皮罗内、韦斯特沃特和费舍尔分享着瑙曼和梅尔兹（Merz）[22]，类似的情况不胜枚举。沙弗拉齐自 1965 年起就一直被利奥看作是自己的儿子，他们都致力于对艺术家进行保护和扶植，这种共性如此强烈，以至于沙弗拉齐直到今天还坚称：‘利奥和我血脉相连’㉗，并始终把利奥的照片放在床头。卡斯泰利与沙弗拉齐分享的艺术家是基斯·哈林（Keith Haring）[23]。哈林在 1985 年 10 月 26 日至 11 月 23 日的雕塑展是在这两家画廊同时举办的。能够结识一位初出茅庐的新锐艺术家令两鬓斑白的卡斯泰利欣喜若狂。他回忆道："他的雕塑简直不可思议，不过最让我惊喜的是哈林说：‘我想沿着画廊画一圈装饰带。’他作画的过程妙极了——我应该把它录下来的。我是说，他沿着墙画了一整圈卡通形象，长度超过了 100 英尺[24]，而且全都是在一天之内完成的！不可思议。我目睹了他工作的状态，他完全没有草稿，完全是边想边画的……在某种程度上，如果回到 1960 年或 1961 年，我会更想要签下基斯，而不是和罗伊·利希滕斯坦……我根本一点都不会犹豫！"㉘毫无疑问的是，卡斯泰利战无不胜的时代已经结束了，

1985 年 11 月，纽约
1974 年，画商托尼·沙弗拉齐（右）通过在伊朗为波普艺术找到市场，“拯救了”卡斯泰利的画廊
卡斯泰利为基斯·哈林（中）的雕塑举办了一场在两家画廊同时进行的展览

摄影：南·戈尔丁（Nan Goldin）

而这正成为一个越来越难以否认的事实。

屋漏偏逢连夜雨，《纽约时报》刊登了一篇尖酸刻薄的报道，其中充斥着对卡斯泰利含沙射影的指责。这篇题为《让人求着买——以及艺术品交易中的其他把戏》（“Making the Buyer Beg—And Other Tricks of the Art Trade”）的文章写道：“据说，在六十年代的后半段，卡斯泰利总会让收藏家替他在拍卖会上哄抬价格，好让人们关注‘他的’艺术家拍出的高价，并暗中向这些收藏家提供特殊的金钱回报。”其实在 1970 年以前，艺术拍卖明明一直处于终止的状态！虽然文章存在许多事实性的错误，但它们并没有减弱作者恶意指控的杀伤力。“可以肯定的是，卡斯泰利的做法并不具有代表性。”他继续写道，“不过事实证明，他的确能够对新的文化风向做出预判，然后刺激价格、吸引客户并实现销售，他炉

火纯青的技巧令其他画商望尘莫及……卡斯泰利旗下艺术家的价格始终保持着向上攀升的态势，或许这并不完全是市场自由选择的结果。当代艺术的经营者们会用一些小把戏来煽动价格，这已经是人尽皆知的秘密了：归根结底，这就是游戏的一部分。卡斯泰利是运用此类把戏的大师，人们普遍认为，他的绝活至少有两种以上。”[29]作者继而列举了一桩又一桩卡斯泰利“操控”价格、“操控”媒体、“操控”买家的事例，全然像是在介绍某个贪婪的地毯商贩[25]。

几天后，卡斯泰利提笔在《纽约时报》中做出回应：“我坚决否认曾与任何一位顾客暗中进行过任何勾兑。这样的勾兑是不道德的，甚至可能是有违法律的……作为一名经营当代艺术作品的画商，我有权决定以什么样的价格出售作品，或者从我或艺术家的利益出发，针对不同的客户制定不同的价格。这既是我的权利，也是我的荣幸。影响我决定的因素很多——买家的身份及其收藏的卓越程度、买家与我交易的频率、我与买家的私人关系及友情，不一而足。任何对经营者的这种态度表示不解的人都是极其幼稚的。”[30]接着，卡斯泰利的密友，心理分析师伯纳德·布罗德斯基（Bernard Brodsky）挺身而出，为他声辩。在一封写给《纽约时报》的信中，布罗德斯基表达了自己在读到该报对卡斯泰利的那篇介绍后“近乎惊愕的哀伤”，并质疑了记者的动机——是出于什么样的目的，才会“对这样一家为了让艺术家获得认可而不懈奋斗的画廊进行如此歪曲、失实的报道。卡斯泰利当然曾向出价慷慨的买家销售过作品。但他没有把赚来的利润揣进自己的口袋，而是提供给了年轻的艺术家们，从而对观念艺术和录像艺术实验性的发展给予支持……在越南战争和水门事件的时代，卡斯泰利彰显了美国的伟大，作为一个美国人，他做出了不可磨灭的贡献。他更应当得到的是嘉奖，而不是被描绘成一个臭名昭著的财迷。”[31]或许写出那篇报道的作者早就察觉到了当时公众的不满，人们更想读到的是丑闻，而不是一个理想主义者为艺术献身的故事。不过，就算卡斯泰利的确有过妄自尊大的时候，他也绝不可能为敛财找到动力。真正的问题在于，在这个由他创造的世界中，他的继承者们对利润的追求可不像他那样谨慎克制。在卡斯泰利眼中，他扮演的着实是一个与历史有关的角色。在新闻人芭芭拉利·戴阿蒙斯坦（Barbaralee Diamonstein）[26] 对卡斯泰利进行的一次精彩的访谈中，他谈到了一个围绕着艺术家存在的链条，而画廊主也是其中一环。“画商的职责，”他说，“对于一个优秀的画商，一个真正关心艺术而不只想着赚钱的画商而言，他的职责应当是去寻找新的艺术家，并让他们为人熟知。他要先于博物馆而动，因为博物馆的工作方式要缓慢复杂得多。我们才应该是真正的急先锋。”[32]

激烈的争论持续了数月之久，其间还出现了另一篇题为《如何给艺术品定价？听画商们一一道来》（“How Do You Price Art Works? Let the Dealers Count the Ways”）的文章。随文刊登的是两张经过选择的照片。它们并排出现，暗示了某种刻意制造的荒谬对比：在其中一张照片中，卡斯泰利一如既往地散发着他撩人的魅力，他面带微笑地坐在一只沃霍尔的布里洛（Brillo）[27] 盒子上，爱抚着他的大麦町犬帕迪（Paddy），身后是一幅贾斯培·琼斯创作的国旗；另一张照片中的格利姆切看上去则严肃得多，甚至都可以算是庄严了，他将一只手放在一本打开的书上，在一张杜布菲的画作和一件路易斯·内维尔森的雕塑前摆着造型。“当然存在市场价格这种东西，但是决定这个价格的往往是难以估量的因素。”卡斯泰利对格蕾丝·格洛克表示，后者继而评论道：“某些画商声称对卡斯泰利的这一披露感到震惊……当被问及他是否也用这种方式对作品进行定价时，佩斯画廊的所有者阿尼·格利姆切摇了摇头说：‘我们在价格上一视同仁。’”[33]

然而，直到几年之后，才真正出现了那道直戳卡斯泰利的心脏的晴天霹雳：惠特尼美术馆以百万美金的价格从特雷梅因收藏中购买了贾斯培·琼斯的《三面国旗》（*Three Flags*）[28]，而背着卡斯泰利促成这桩交易的不是别人，正是阿尼·格利姆切。诚然，这件作品当时已经进入了二级市场；诚然，已经有许多画廊接手了卡斯泰利的艺术家，即便如此，但这毕竟是贾斯培·琼斯的作品啊，他可是卡斯泰利最迷恋的艺术家啊。可是他们竟连知会他的礼数都没有尽到，完全绕过了他进行交易！

[1] 意大利珠宝和奢侈品牌宝格丽的创办人索帝里欧・宝格丽（Sotirio Voulgaris）的继承人之一，除了拥有著名的汽车收藏，也是现当代艺术的收藏家。

[2] 即曼哈顿区。

[3] 美国画商，1964 年与合伙人哈利・费舍尔（Harry Fischer）在伦敦创办了马伯乐画廊，1963 年在纽约的画廊开业。

[4] 美国画商，1957 年在洛杉矶创办了自己的同名画廊。

[5] 劳伦斯・鲁宾（Lawrence Rubin），在美国的第一家画廊——成立于 1846 年的诺德勒公司（Knoedler & Company）——任职长达 22 年的画廊总监。

[6] 道格拉斯・麦克阿瑟（Douglas MacArthur），美国五星上将，第二次世界大战时期历任美国远东军司令，西南太平洋战区盟军司令；战后出任驻日盟军最高司令和"联合国军"总司令等职。

[7] 理查德・L. 费根（Richard L. Feigen），美国画商，1957 年开始在芝加哥的同名画廊中经营欧洲艺术家的作品，1962 年在纽约开设了他的第二家画廊。

[8] 卡斯泰利与高古轩于 1989 年至 1996 年在汤普森街 65 号经营的一家画廊，但仍以卡斯泰利命名。

[9] 美国当代画家，她的《马》系列作品在极少主义抽象绘画中融入意象，带来一种全新的具象感受。

[10] 原文为法语：faible。

[11] 美国作家、记者、电视新闻主持人、自由撰稿人，曾任职于《纽约时报》和《新时代》（*New Time*）杂志。

[12] 利奥的名字 Leo 与狮子（Lion）同源。

[13] 1980 年成立于纽约的卡斯泰利－费根－科科伦画廊（Castelli-Feigen-Corcoran）。

[14] 约翰和多米尼克・德・梅尼尔之子，美国建筑师。

[15] 即法拉赫・巴列维（Farah Pahlavi），伊朗前王后。

[16] 生活在巴黎的伊朗建筑师，在伊朗具有极高的声望。

[17] 1976 年，沙弗拉齐先是成为伊朗国王穆罕默德・礼萨・巴列维（Mohammad Reza Pahlavi）的艺术顾问，而后出任德黑兰当代艺术博物馆（Teheran Museum of Contemporary Art）馆长。

[18] 塞拉 1981 年创作的一件考登钢（corten steel）雕塑。

[19] 见尾注 25。

[20] 俄裔美国犹太商人、石油业巨头、艺术收藏家，第一个在前苏联和中国投资的美国资本家。

[21] 美国画廊主，1959 年在纽约州水牛城创办了第一家画廊，1967 年将这一事业转移到纽约，曾任美国画商协会（Art Dealers Association of America）主席。

[22] 马里奥・梅尔兹（Mario Merz），意大利艺术家，贫穷艺术运动的参与者。

[23] 美国艺术家，社会活动家。

[24] 约 30.5 米。

[25] 美国人的刻板印象中常有来自中东的地产商贩在店铺内销售价格虚高的商品，并在销售中不断讨价还价，每当顾客认为价格过高要离开时，又会立即喊出低价留住生意。

[26] 美国艺术界的活跃人物、建筑设计师、作家、媒体人、公共政治参与者，曾任多个电视节目的采访者和制作人。

[27] 沃霍尔 1964 年以布里洛肥皂钢丝球（Brillo Soap Pad）的包装盒为原型制作的一系列丝网印木质雕塑作品。

[28] 琼斯 1958 年创作的一件由三张布面热蜡画构成的作品。

他要如何去理解特雷梅因夫妇如此无情的背叛呢？——他们是最令他骄傲的第一批收藏家，是他极具历史意义的客户。画商杰弗里·戴奇声称："特雷梅因夫妇不喜欢利奥。""所有人都喜欢利奥，只有特雷梅因夫妇例外。"[34]特雷梅因夫妇对利奥的轻蔑只是一气之下的报复吗？还是源于更深、更长久的矛盾呢？琼斯的发现者和他最早的收藏者之间究竟发生了什么？这是卡斯泰利将《地图》卖给斯库尔遭到的报应吗？斯库尔强取豪夺、俗不可耐的暴发户秉性与艾米莉·特雷梅因贵族般的风度和背景形成了极为鲜明的对比，可在这种情况下，卡斯泰利还是偏向了斯库尔，这着实令人吃惊。虽然许多人认为这个女人复杂、神秘、"难以相处"，但优雅、成熟和清高在她身上得到了淋漓尽致的体现，而这一切都是卡斯泰利来到美国之后一直渴望得到的特质。"我的确非常认同她的做法。"卡斯泰利在谈起特雷梅因夫人时说，"她对自己的选择非常自信。她从不与别人商量，而是独自提出选项并做出决定。六十年代，一些画廊主手里有'对的作品'，我就是其中之一，而她正是在我这里发现（这张作品）……她比较矜持，没有什么幽默感，但是她出类拔萃的品位和理解力让她成为一个非常好的谈话对象和客户。"[35]

"艾米莉不随大流。"建筑师菲利普·约翰逊回忆道，"但是这个世界上并不存在既有眼光又富可敌国的人。她选择作品时总是十分纠结。她有脾气，但也十分慷慨。艺术是她的全部。"[36]艾米莉·特雷梅因的品位和卡斯泰利的品位是如此相似：他们几乎是同龄人，在艺术上也都自学成才（特雷梅因的艺术教育是在欧洲、加利福尼亚和美国的众多博物馆中完成的）。他们具有几乎对称的成长经历，对卓越的追求也志同道合，这是否导致了某种心照不宣的对抗呢？卡斯泰利接受了巴黎超现实主义的影响；特雷梅因则是通过阿伦斯伯格收藏（Arensberg Collection）[29]受到了杜尚的熏陶。他对欧洲现代主义的认识来自阿尔弗雷德·巴尔为 MoMA 收藏的作品；而她的现代主义启蒙则发生在哈特福德市由切克·奥斯丁（Chick Austin）[30]管理的沃兹沃思学会（Wadsworth Atheneum）[31]。从那时起，他们对二十世纪艺术的理解就是一致的：他们收藏的核心起初都是像蒙德里安和德劳内这样伟大的欧洲现代主义艺术家，而后又都逐渐转移到了波洛克和瑙曼等美国战后艺术家身上。难怪特雷梅因夫妇会成为卡斯泰利的第一批客户，而卡斯泰利也将他们的收藏尊崇为“MoMA之外最优秀的现代艺术收藏”。收藏蒙德里安生前最后一张未完成的杰作——（标志着蒙德里安与荷兰风格派最高成就的）《胜利的摇摆舞》（*Victory Boogie Woogie*）[32]，彰显了特雷梅因夫妇高雅的品位，从卡斯泰利手中购买《白色国旗》（*White Flag*）[33] 也是如此，那是他们收藏的第一张贾斯培·琼斯的作品。后来，他们走访了琼斯的工作室，并近水楼台先得月地买到了那张《三面国旗》，这再次证明了他们锐利的眼光。[37]

1980年9月27日，《纽约时报》在头版的显著位置刊出了这样一条标题——《贾斯培·琼斯卖出百万美金新纪录》（“Painting by Jasper Johns Sold for Million, a Record”）。在这篇报道中，作者格蕾丝·格洛克引述了惠特尼馆长汤姆·阿姆斯特朗（Tom Armstrong）[34] 的言论，他正为逮到了这样“一座二十世纪的艺术丰碑”[38]洋洋得意；不仅如此，她还采访了批准本次购买的美术馆理事会主席伦纳德·兰黛（Leonard Lauder）[35]（巧合的是，他也长期滞留在卡斯泰利等候名单上）[39]和本次销售的策划者阿尼·格利姆切。格利姆切详细地介绍了他的策略：“过去这些年，我帮特雷梅因夫妇买卖了许多作品……琼斯的这张是他们的收藏中最为重要的绘画作品之一。今年夏天，在讨论其他作品的销售时，我敦促他们在有生之年一定要对这件作品进行处置，这样才能对它的去处有所了解。我提议卖给惠特尼，因为它是最典型的美国绘画——是一张能够代表琼斯、美国绘画和波普运动的杰作。接着我就去了惠特尼。汤姆·阿姆斯特朗对这个想法感到非常兴奋，并把对它的收购定为了当务之急。”在对《三面国旗》进行的谈判还差几天就要结束的时候，汤姆·阿姆斯特朗感到是时候登门拜访一下卡斯泰利了，结果却被这位伟大画廊主奇怪的反应弄得有些摸不着头脑。“‘利奥，’我说，‘阿诺德向我们提供了购买《三面国旗》的机会，我会尽力为惠特尼美术馆把它买下来的。’他回答说：‘你是不可能买到这张画的，买到它的肯定会是日本人。’话外之音是他已经有位日本客户想买这件作品。我觉得有些受伤，我好心告诉他这件作品已经回归市场了，可他却认为我铁定是买不到的，也完全没有为我的提示心存感激。他的态度差不多是：‘你这狂妄的小子就别惦记了，我对这画另有安排。’”[40]

如今，格利姆切依然对这件事情兴趣盎然。他坐在东五十二街（East 52nd Street）3号精美的青蛙餐厅（La Grenouille）里，神采飞扬地向我回忆了起来：“利奥因为我卖掉了《三面国旗》怒不可遏，其实他无权这么做。特雷梅因夫妇正在老去，他们本来已经决定将这件作品赠送给国家美术馆（National Gallery）[36]了。国家美术馆接受了他们的十七幅绘画，但却从未进行过展出，这让他们愤怒难当。原本《三面国旗》也是要捐给国家美术馆的。艾米莉·特雷梅因告诉我：‘美术馆只重视那些他们花了一大笔钱买到的艺术！（德国收藏家）彼得·路德维希来过，提出要以50万美金购买《三面国旗》，我想我会卖给他的。’我说：‘你千万不能卖给路德维希，否则它就得离开美国了。它应该留在美国。它是美国的一个标志。’于是我去见了伦纳德·兰黛，对他说：‘您想以100万美金买下《三面国旗》吗？’他说：‘没有一位在世的艺术家卖出过这样的价格，连毕加索都没有。’我说：‘你应该为惠特尼买下这张画，惠特尼要的就是这样的作品，它是典型的美国绘画。’两天之后，我们就筹到了100万美金，由陶布曼（Taubman）[37]、兰黛和吉尔曼（Gilman）[38]牵头，三家各出了25万美金。这是利奥根本做不到的。对他来说这份工作过于复杂了。利奥懒着呢。”[41]被这宗交易排除在外，一向处变不惊的卡斯泰利也难掩惊愕，他在当时的言语中罕见地流露出了心中的悲愤。按照他的解释，他是在为另一件事情致电特雷梅因夫人时才得知有人要同她购买这件作品的。“她说她会告诉我结果的。”他补充道，“这周，她打电话来跟我要贾斯培的号码，我再一次问了那张画的事情，她就说画已经卖掉了。我一向非常在意贾斯培和他的作品，把这份关系看得跟生命一样重要，而他也始终对我充满信任、忠贞不贰。卖掉这件作品的人应该是我，这跟商业无关，而是一个原则问题。”[42]买卖贾斯培的生意还在继续：《三面国旗》刚刚卖到了100万美金，斯库尔就与詹姆斯·麦耶取得联系，要以一个更高的价格出售《错误的开始》（*False Start*），并

1988 年 9 月，纽瓦克
从左至右：杰弗里·戴奇、芭芭拉·雅各布森、利奥·卡斯泰利和劳拉·格里西正准备登上奥德特(Odette)与汤姆·沃雷尔(Tom Worrell)夫妇的私人飞机去佛罗里达州拜访收藏家
杰弗里·戴奇提供

很快就达到了目的。

二十世纪八十年代末，随着投资银行的利润和个人退税的比例都到达了史无前例的高度，一场狂潮即将席卷美国艺术世界，虽然在这十年之前还是完全无法想象的情况，但在八十年代的美国，新的玩家显然已经轮番登上了八十年代初的美国艺术的角斗场，过去二十年中实现的权力制衡也已经发生了根本性的转变。卡斯泰利在伙伴艾伦·所罗门的帮助下，成功操纵 MoMA、犹太博物馆或威尼斯双年展的日子一去不复返了！如今，他不得不同时面对新人的挑战和旧人的抛弃。特雷梅因夫妇决心要为他们极为珍视的《三面国旗》找到尽可能理想的归宿，也希望能够通过此举为自己光荣的收藏家身份树立起一座丰碑。MoMA、国家美术馆和惠特尼美术馆争相向他们示好，阿尼·格利姆切的佩斯画廊也不甘示弱。有证据显示，这对夫妇从来都不喜欢卡斯泰利，在他们的算计中，这个如今越来越没有理由去畏惧的画商早就已经惨遭淘汰了！琼斯是卡斯泰利旗下的王牌艺术家，他的重要作品卖出了这样的高价（再往前推二十年，这件作品的售价仅为 900 美金），本应是对画廊主星探才华的一次肯定，被他看作是一项值得自豪的荣誉，可为什么利奥感到的却是苦涩呢？因为他痛恨自己不是这个事件的中心，而当二级市场逐渐摆脱了他的控制，他的位置正变得越来越不重要。除此之外，任何暗示他无法再像过去那样八面玲珑、面面俱到的人和事都会令他厌恶。于是，他忙着与玛丽·布恩开展合作、忙着与建筑师对格林街的新空间进行全面整修、忙着与伊莲娜为他的新艺术家们制作电影和录像，或许还坚信自己依旧游刃有余。

卡斯泰利喜欢在典礼上众星捧月的感觉，1982 年，虽然他接连遭遇挫折，但画廊成立二十五周年还是为他提供了一个举办庆典的理由。庆祝的内容包括中午在奥德翁餐厅（Café Odeon）[39] 大宴宾客、在苏荷举办一场展览，以及收获那些温暖人心的贺词——《艺术新闻》的一篇文章就这样写道：“卡斯泰利是世界上最成功的画商之一，但商人的身份似乎总是让他很不自在。‘我对他们有求必应。’他如此介绍了自己与艺术家的关系，‘这就是我的角色。’”显然，这位遭遇了一连串失利的画廊主企图用他‘艺术家（而非艺术）经纪人’的名声为自己开脱。“我做的事情一直都与英雄崇拜有关。”他向记者梅丽尔·西克里斯特吐露，‘我不是老板，艺术家们才是。我必须要跟无数个性迥异的人打交道，如果不够灵活根本就玩不转。’”[43]文章的配图多达数页，在其中一部分照片中，艺术家的心满意足让卡斯泰利如沐春风：他站在一张斯特拉早期的作品前，面对着罗森奎斯特，像一个想要飞起来的孩子似的张开双臂。还有的照片捕捉到了他志在必得的样子：在一家酒店的大堂中冷酷地与庞蒂斯·哈滕据理力争的利奥；一脸堆笑地招呼着彼得·路德维希的利奥；在打电话时无意间被人拍到的利奥（“卡斯泰利的绝大部分工作都是在电话上完成的。”图注写道，“七十四岁的他丝毫没有退休的计划。”）；也有的展现了他身为一家之主备受爱戴的形象：与让－克里斯托弗和托妮合影，与伊莲娜亲切交谈，在西百老汇大道对周围的员工发号施令；当然还有“圣贤”卡斯泰利在意大利的电视上为一个关于德·基里科的节目发言的照片。

在经历了卑鄙阴损的攻击和无耻下流的造谣之后，卡斯泰利总算有机会做回那个活跃、优雅、健谈、风趣、自恋、轻佻又严肃的他了。从那个将自己的工作描述成“让制造神话的材料成为神话”的男巫开始，卡斯泰利向西克里斯特打开了他的方方面面：“每天从上午 10：00 到晚上 6：00，我都在制造神话。但这份工作越来越不好做了。我们处在一个大浪淘沙的时代。”（虽然令人沮丧，但事实的确如此：卡斯泰利刚开始缔造神话的时候，神话的保质期要比现在长得多。）卡斯泰利是艺术家们的救世主，他的慷慨得到了理查德·塞拉的证明：“利奥出现了，他提出每月定期发工资给我，连发三年，还说在此期间他不会打算卖掉任何一件作品。我从没想过能找到愿意支持实验艺术的人。我不敢相信这是真的。这就跟得到了一份洛克菲勒奖金[40]似的。利奥自始至终都慷慨、热心、亲密、友好，就像是过去某个世纪的人。”在几个小时的提问过后，采访者被卡斯泰利避重就轻的天赋惹恼了，于是对他进行了最后一次正面进攻，企图刺破他的面具。她直言不讳地问道：“你是这个世界上最难以捉摸的人吗？”“他很是吃惊，甚至有一些气愤。”她在文章中写道，“这个问题打破了僵局。”

这篇文章对画廊运营数据的报道颇为详尽：“十八人的工作团队”、每月 20 万美金的运营成本、1981 年 300 万美金的年度总营业额。画廊的图书管理员解释道：“直到不久前，这家庞大机构的经营都还是紧巴巴的。”文章还记录下了卡斯泰利遭受的一些恶意指控：

> 最近的一天早上，卡斯泰利正要离开他位于格林街的画廊。几位撤展的工人正在取下沃霍尔的画作，卡斯泰利停下脚步与他们沟通，这时，他注意到外墙上有好几个地方都被人用粉红色的荧光漆喷上了这样一条醒目的标语：
>
> ART$　　卖钱的
>
> WHAT　　才是
>
> ELL　　艺术
>
> 他皱了皱眉头说：“一定要把这些清理干净。”[44]

年纪轻轻却不可一世的新画商们侵蚀着卡斯泰利的权威，他们野心勃勃，也更加愤世嫉俗。除此之外，卡斯泰利还遭遇了极为严重的经济衰退、财务紧张和健康危机。这是一个贪婪投机的时代，不仅如此，整个国家都在越南战争和水门事件打击下陷入了希望破灭后的不安。但卡斯泰利还是决心突出重围，东山再起。“那时候，”乔·赫尔曼回忆道，“在他身边总会有人发出这样的呼号：‘可怜的利奥！’有时是因为女朋友跟他闹别扭了，有时是因为托妮跟他生气了，或者某位收藏家不合作了。好像所有人都在欺负他。可事实上，他恰恰因为自己容易受伤的特质变得异常坚韧：他是世界上最有实力的画廊主，他很清楚这一点。”赫尔曼继而对塑造了卡斯泰利的文化背景进行挖掘，这始终都是理解这位画廊主的不二法门：“利奥具备那种意大利外交家特有的生存本能。当其他人都沉迷于竞争的时候，他做的却是结盟。他像极了那些总能对结果给出合理解释的政治家，他做出的决策往往跟战略部署的关系不大，更多的时候是在随机应变。当每个人都在为自己划定边界，他却偏偏不这么做。他不断在伦巴第和法国之间来回倒戈，始终都站在获胜的一方合纵连横。他为了斯特拉与鲁宾结盟，为了沃霍尔与休斯结盟，为了施纳贝尔与玛丽·布恩结盟，为了凯利和塞拉与我结盟，他还与伊莲娜合作，因为她了解艺术的风险、意义和价值。利奥知道自己在做什么；他总是先发制敌。他会与他们约法三章，并且总能够存活下来。他几乎从不公开宣战——除了对我，但也只有那一次。他始终能够把握住时代的精神，而这正是他的天才之处。他跟（我们这些）摸爬滚打着长大，从小就被教育要自力更生的美国人不一样，他是一个真正的意大利人：每时每刻都需要处于中心。”[45]

到了二十世纪八十年代，卡斯泰利始终麻烦不断。为了生存必须使出浑身解数。1988 年夏天，利奥的人生跌入低谷，他被迫关闭了卡斯泰利图像社，那是他与托妮在上城开办的分店。在这之前，杰弗里·戴奇离开了约翰·韦伯画廊，他从哈佛商学院毕业后便成为花旗银行（Citibank）的一位副经理，那时正盘算着创立自己的艺术生意。出手替利奥解围的人正是戴奇。“卡斯泰利图像社库存的版画数量惊人，得卖上十五年才卖得完。”戴奇解释道，“我提议从中选择一批具有代表性的作品卖给一群日本投资者，当时只要与卡斯泰利沾边的东西他们都会蜂拥而上。他同意我将卡斯泰利图像社 3/4 的库存以 200 万美金的价格卖给那些日本人。当我告诉他这笔生意做成了的时候，他说：‘我们必须得给你一笔佣金。你想要多少？’我回答：‘可是我也不知道啊利奥。该给多少？’‘得你来告诉我啊。’他说。‘10%？’我问。‘我很乐意给你 10%。’那就是 20 万美金了，我就是用这笔钱开始了自己的生意。”[46]从中我们能够看出，即便卡斯泰利大势已去，但这位伟大画廊主培养新一代画商的渴望始终强烈。“差不多就在这个时候，”戴奇继续说道，“利奥发现我需要一份联络人名单，于是就让他的助手们把画廊的邮寄名单复印了一份，就这么送给了我。这简直不可思议，没有比这更具托付的意味的举动了，除了他没有人会这么干。我想这应该能够说明他有多么慷慨了。”[47]对于这场游戏卡斯泰利永远兴致勃勃，他对自己玩家的身份也始终十分在意，只要能够受到足够的尊重，他随时都愿意舍身相助。而他不能容忍的是被那些急于判他出局的人剥夺他参与的权利。

与此同时，拉里·高古轩无疑已经“在纽约名声大噪了”（约翰·古德）。1979 年，他在上城的麦迪逊大道开设了一个新的空间。“当利奥日渐衰落，”鲍勃·蒙克回忆道，“当艺术家们开始流向其他的画廊，高古轩的蜕变让越来越多的人认定拉里就是利奥的接班人。拉里一开始师从于利奥，后来他对这个角色进行了自己的诠释。他当然有勇往直前、‘说干就干’的一面，不过，他也从利奥那里学到了要把事情做得与众不同、出类拔萃的意义。”[48]高古轩聘请了德高望重的学者罗伯特平卡斯－威腾出任他在麦迪逊大道的资深策展人，他的决心可见一斑。平卡斯－威腾与卡斯泰利一家的渊源由来已久：最初接触到这个家庭的时候，他还是妮娜的同学，后来他担任过《艺术论坛》杂志的批评家，与索拿本德在巴黎合开过画廊，在皇后学院（Queens College）和纽约城市大学（The City University of New York，简称 CUNY）研究生院教授过艺术史，同时还担任着多位收藏家的顾问，也始终与卡斯泰利一家保持着联系。平卡斯－威腾是一位跟许多博物馆策展人打过交道的学者，跟当代艺术画廊也相处得十分融洽，他在麦迪逊大道的高古轩画廊始终扮演着极其重要的角色。从布朗库西、伊夫·克莱因到鲁本斯等，他以历史为脉络策划了一系列主题各异的展览。[49]在这些精彩绝伦、令人难忘的展览中，出色的观念和精美的图录相得益彰，极大地提升了高古轩画廊的身价。画廊有时还会打破传统，出现整场展览只有一件可售作品的情况。这样怪异的举动或许是对品牌形象的一种精明的打造，用来显示高古轩与卡斯泰利一样，干这一行都不是为了钱。在高古轩画廊的做法中，的确有一些是出于自我打造的目的，而非真情流露。“如果卡斯泰利经营的是一家服务于‘艺术家’的画廊，”索拿本德画廊的总监安东尼奥·奥梅姆评价道：“高古轩经营的就是一家服务于‘收藏家’的画廊。”甚至连高古轩的一位员工都承认，“画廊里举办的是与历史息息相关的精彩展览，而拉里却在里屋寸土必争地与人讨价还价”。是的，或许有人可以将

1988 年夏，威尼斯
利奥与他在苏荷的拍档拉里·高古轩

摄影：詹弗兰科·戈尔戈尼

卡斯泰利的派头模仿得惟妙惟肖，但这个世界再也不会出现另一个能够像利奥那样对艺术家关怀备至，并心无杂念地深爱着这个行业的人了。

[29] 沃尔特·康拉德·阿伦斯伯格（Walter Conrad Arensberg），美国艺术收藏家、批评家、诗人，现代艺术收藏家，与杜尚的关系极为亲密，并收藏了这位艺术家许多优秀的作品。

[30] 即小阿瑟·埃弗里特·奥斯丁（Arthur Everett Austin Jr.），1927 年至 1944 年在沃兹沃思学会美术馆（Wadsworth Atheneum Museum of Art）担任馆长，他极具创新性和开创性地让这座以收藏欧洲古代艺术著称的老美术馆开始对现当代艺术和设计进行关注。毕加索在美国的第一场回顾展就是由他在沃兹沃思学会美术馆主办的。

[31] 康涅狄格州哈特福德市的一座成立于 1842 年的美术馆，是美国至今还在开放的历史最为悠久的公共美术馆。

[32] 蒙德里安未完成的最后一件遗作，创作于 1944 年，是一件受美国爵士乐启发的作品。

[33] 琼斯 1958 年创作的一件热蜡画作品。

[34] 托马斯·N. 阿姆斯特朗三世（Thomas N. Armstrong III），美国博物馆策展人，曾任多家重要美术馆的馆长。

[35] 美国犹太商人，亿万富翁，荣誉退休的雅诗兰黛公司（The Estée Lauder Companies Inc.）主席和继承人。1977 年，身为公司总裁的他成为惠特尼美术馆的收购委员会主席，同时他也是大都会艺术博物馆的长期赞助人。

[36] 国家美术馆（National Gallery of Art），1937 年由美国国会成立于华盛顿哥伦比亚特区。

[37] 阿道夫·阿尔弗雷德·陶布曼（Adolph Alfred Taubman），美国商人、投资家、慈善家，1983 年收购了苏富比拍卖公司。

[38] 桑德拉·吉尔曼（Sondra Gilman），美国纸业巨头吉尔曼造纸公司（Gilman Paper Comany）的继承人小查尔斯·吉尔曼（Charles Gilman Jr.）的妻子，说服惠特尼美术馆进行摄影收藏的理事会成员之一。

[39] 位于西百老汇大道 145 号的一家美式餐厅，成立于 1980 年。

[40] 由洛克菲勒基金会（Rockefeller Foundation）提供的慈善奖金。

① 吉安·恩佐·斯皮罗内访谈，作者采访，纽约，2007年5月15日。

② 詹姆斯·麦耶访谈，作者采访，纽约，2007年6月1日。

③ 珍妮·李访谈，作者电话采访，纽约，2007年5月18日。

④ 罗尼·格林伯格访谈，作者采访，纽约，2007年5月2日。

⑤ 乔·赫尔曼访谈，作者采访，纽约，2007年5月13日。

⑥ 劳拉·德·科佩及艾伦·琼斯，《画商：由幕后的权力介绍艺术世界的游戏规则》（纽约：Clarkson N. Potter，1984年出版），102页。

⑦ 珍妮·李访谈，作者电话采访，2007年5月18日。

⑧ 理查德·费根访谈，作者电话采访，2007年5月1日。

⑨ 罗尼·格林伯格回忆，作者采访，2007年5月2日。

⑩ 吉安·恩佐·斯皮罗内访谈，作者采访，纽约，2007年5月15日。

⑪ 同上。

⑫ 摩根·斯潘格尔访谈，作者采访，纽约，2009年4月4日。

⑬ 欧文·布拉姆访谈，作者采访，纽约，2007年5月3日。

⑭ 吉安·恩佐·斯皮罗内访谈，作者采访，纽约，2007年5月15日。

⑮ 乔·赫尔曼访谈，作者采访，纽约，2007年5月13日。

⑯ 同上。

⑰ 约翰·古德访谈，作者采访，纽约，2009年12月15日。

⑱ 鲍勃·蒙克访谈，作者采访，纽约，2009年12月12日。

⑲ 罗伯特·平卡斯－威腾访谈，作者采访，纽约，2009年12月12日。

⑳ 罗伯特·萨姆·安森，《冬狮》，《曼哈顿公司》杂志，1984年12月，61—71页。

㉑ 吉姆·科科伦访谈，作者采访，纽约，2007年5月13日。

㉒ 詹姆斯·麦耶访谈，作者采访，纽约，2008年11月14日。

㉓ 托尼·沙弗拉齐访谈，作者采访，纽约，2008年11月16日。

㉔ 派特·卡波拉索访谈，作者采访，纽约州沃特米尔市，2008年8月5日。

㉕《救命恩人》是劳申伯格在五十年代末用一颗“救生圈”（Life Savers）硬糖为伊莲娜制作的一条项链，ROCI［发音为“洛基”（Rocky）］，“劳申伯格海外文化交流组织”的缩写，开始于1985年的墨西哥，是一场持续多年的劳申伯格海外巡回展，目的地为第三世界国家，最后的庆祝活动于1991年在华盛顿哥伦比亚特区的国家美术馆（National Gallery）中举行。

㉖ 阿尼·格利姆切访谈，作者电话采访，2008年1月24日。

㉗ 托尼·沙弗拉齐访谈，作者采访，纽约，2009年12月17日。

㉘ 朱莉亚·格伦（Julia Gruen）及吉安尼·麦库里奥（Gianni Mercurio），《利奥·卡斯泰利》（*Leo Castelli*），基斯·哈林展（The Keith Haring Show）。米兰三年展（La Triennale di Milano），米兰：2005年，143—144页。

㉙ 理查德·布洛杰特（Richard Blodgett），《让人求着买——以及艺术品交易中的其他把戏》，《纽约时报》，1975年10月26日，第1、32页。

㉚《卡斯泰利将维护自己定价的“正当权利”》（“Castelli Asserts His ‘Right’ to Set Prices”），《纽约时报》，读者来信，1975年11月9日，D33版。

㉛ 伯纳德·布罗德斯基，《纽约时报》，1975年11月26日，现代艺术博物馆档案，汤姆金斯，II. A76号文件。

㉜《与芭芭拉利·戴阿蒙斯坦聊艺术》（*About the Arts with Barbaralee Diamonstein*），纽约公共广播WNYC电视台。

㉝ 格蕾丝·格洛克，《如何给艺术品定价？听画商们一一道来》（“How Do You Price Art Works? Let the Dealers Count the Ways”），摘自《纽约时报》，1976年1月20日，66页。

㉞ 摘自安东尼·海登－盖斯特（Anthony Haden-Guest），《真实的色彩：艺术世界的真实生活》（*True Colors: The Real Life of the Art World*）（纽约：Atlantic Monthly Press，1996年出版），169页。

㉟ 凯瑟琳·L. 豪斯利（Kathleen L. Housley），《转折点上的艾米莉·哈尔·特雷梅因收藏》（*Emily Hall Tremaine Collection on the Cusp*）（康涅狄格州梅里登市：The Emily Tremaine Foundation, 2001年出版），139页。

㊱ 摘自豪斯利，《转折点上的艾米莉·哈尔·特雷梅因收藏》，5页。

㊲ 摘自豪斯利，《转折点上的艾米莉·哈尔·特雷梅因收藏》，139页、155页。

㊳ 格蕾丝·格洛克，《贾斯培·琼斯卖出百万美金新纪录》，摘自《纽约时报》，1980年9月27日。

㊴ 伦纳德·兰黛访谈，作者采访，纽约，2007年4月16日。

㊵ 汤姆·阿姆斯特朗访谈，作者采访，纽约，2009年2月27日。

㊶ 阿尼·格利姆切访谈，作者采访，纽约，2008年10月17日。

㊷ 利奥·卡斯泰利访谈，作者采访，纽约，2008年10月17日。

㊸ 梅丽尔·西克里斯特，《利奥·卡斯泰利：神话中的生意》，摘自《艺术新闻》（1982年夏季刊）：66—72页。

㊹ 西克里斯特，《利奥·卡斯泰利：神话中的生意》。

㊺ 乔·赫尔曼访谈，作者采访，纽约，2007年5月13日。

㊻ 杰弗里·戴奇访谈，作者采访，纽约，2009年3月20日。

㊼ 同上。

㊽ 鲍勃·蒙克访谈，作者采访，纽约，2009年12月14日。

㊾ 他本人近来回忆："我认识罗伯特·慕钦（Robert Mnuchin）许多年了，是他把我介绍给了拉里。'罗伯特正在休学术假。'慕钦对高古轩说。'说不定他可以在这里工作。'高古轩回答道，接着他问我说：'您能在这里做什么呢？''跟艺术史有关的展览、跟博物馆打交道。'我说。拉里为人热情、得体、很有效率。在整整三年中，我策划了30场与艺术史有关的展览：贾斯培·琼斯的'地图'、布朗库西、伊夫·克莱因、波洛克、鲁本斯、杜尚——都邀请了学者为画册撰文。"罗伯特·平卡斯-威腾，作者采访，纽约，2009年12月12日。

30—礼赞、荣誉、镌刻在历史中的名字

我们熟悉您以先锋和发现者的身份做出的贡献；我们了解，您的赤子之心和一腔热血就是您存在于这个世界的方式……利奥·卡斯泰利，我们特此授予您荣誉军团勋章（Legion of Honor）[1] 军官勋位。

——弗朗索瓦·密特朗（François Mitterrand）[2]

“我从没想过会变成这样。我向来相信发展是永恒不变的真理，我相信艺术的潮流会一波接一波地涌现。野兽派后紧接着出现了立体主义，波普艺术之后是极少主义，以此类推。可是如今，一切都充满了变数。新生事物层出不穷，以至于难以理清脉络。”在画廊开业的第三十个年头，八十岁的卡斯泰利吐露了他的疑虑和疲惫。“发掘新的艺术家是一件令我快乐的事情。”他对格蕾丝·格洛克说，“不过现在不那么容易了。”他还承认自己的确犯过“一些错误”，例如对色域画家的忽视；不过令他振奋的是，任何当代艺术收藏，如果没有收录十五到二十位他旗下艺术家的作品，都不能算是一份严肃的收藏。最后，他承认自己在紧跟潮流方面的确有所“懈怠”，对伊莲娜也存在过分的依赖——“我一向尊重她的想法和影响力”[①]。自从迁移到了苏荷，卡斯泰利和索拿本德之间就出人意料地发展出了一种极不寻常的关系。这算不算一对从未长大的伴侣姗姗来迟的青春期呢？他们似乎终于开始接受相互陪伴的乐趣了，而这在他们还是夫妻的时候——无论是二十岁、三十岁还是四十岁——都是不可能发生的。人们时常会在午饭或晚饭时分在正午餐厅、雷普雷亚德餐厅（Les Pléiades）[3]或达·西尔瓦诺餐厅见到他们，有时只有他们俩，有时还有别的朋友，他们或许正因为索拿本德近来制造的爆炸性新闻发出阵阵欢笑，例如她对杰夫·昆斯（Jeff Koons）[4]或维托·阿肯希的发掘。画廊经理苏珊·布伦戴奇回忆：“他们忠于彼此，在生命最后的岁月中陪伴在彼此身边，生活得很幸福。”苏珊的姐妹帕蒂补充道：“他们甚至还庆祝了结婚五十周年的纪念日！”[②]在著名收藏家、MoMA 理事会主席、画廊老主顾艾格尼丝·冈德（Agnes Gund）[5]看来，“利奥和伊莲娜的同谋关系是他们最大的成就之一”[③]。

1987 年 9 月，在经历了与癌症长期搏斗之后，托妮·卡斯泰利离开了人间。她的去世进一步强化了卡斯泰利与索拿本德之间的纽带。“托妮是有大智慧的人。”托妮的朋友和文化上的伙伴，同样来自欧洲的厄休拉·赫尔曼（Ursula Helman）[6]回忆道：“指导利奥从他举办的每一场展览中购买作品的人是她，为让 - 克里斯托弗建立起收藏的人是她，命令我把新买的香奈儿上衣退掉的人也是她。‘真是傻透了。’她对我说，

‘如果你就是忍不住要花钱的话，还是去投资艺术吧！’”④卡斯泰利与妻子的关系一直令人担忧，而她的病痛却重新确认了他们之间的感情，尽管这种改变或许来得太迟了些。鲍勃·蒙克记得：“托妮去世之后，利奥在弗兰克·坎贝尔（Frank Campbell）[7]办了一场追悼会。当时我正像往常一样在科德角（Cape Cod）[8]度假，但也飞回了纽约，只是到得有些迟了。我赶到的时候，追悼会已经结束了，不过人群并没有散去，我看到托妮的棺椁上放着一把用小红玫瑰花蕾扎成的花束。利奥发现我来了，面露欣慰，他走到我身边说：‘你必须看一看托妮，你必须看一看托妮，她美极了。’接着他去问弗兰克·坎贝尔的工作人员：‘我们还能打开棺材吗？’于是他们挪开了红玫瑰，拧开螺丝，重新打开了盖子，我们俩一起望向托妮。利奥问：‘她是不是真的特别美？’”⑤如今，卡斯泰利成了一个鳏夫，职业生涯也已临近尾声，他从勾心斗角的竞争中获得了解脱，尽情沉醉在他一向热衷的社交活动和个人享乐之中。他与几位收藏家建立起了更加稳固而深厚的友谊，其中甚至不乏年青一代，似乎这位画商与收藏家的关系已经不再有任何功利的色彩。“对于像我这种一节艺术史课都没上过的人来说，”埃利·布罗德说，“参观博物馆、展览和工作室就是在接受教育。在这方面，利奥非常热心，他对我的帮助很大。我经常跟他一起走访工作室，其中就包括罗伊·利希滕斯坦和贾斯培·琼斯的工作室。”⑥后来，布罗德不仅成为卡斯泰利画廊最重要的收藏家之一，也成为洛杉矶艺术界的中坚力量。在卡斯泰利的影响下，彼得·布兰特对安迪·沃霍尔的艺术事业愈发着迷，后来还用卡斯泰利的名字命名了一匹名贵的赛马。“利奥对马很感兴趣，因为他童年在的里雅斯特时曾经是一名出色的骑手。”布兰特回忆，“一天我提出：‘利奥，如果我用你的名字来命名一匹马，你怎么看？’他非常喜欢这个主意，于是我选中了一匹马，给它取名‘利奥·卡斯泰利’。他的成绩非常不错，1987年在肯塔基马赛（Kentucky Derby）[9]上跑出了第五或第六名的成绩。后来我们把他带回纽约跑德维尔锦标赛（Dwyer Stakes）[10]，我邀请利奥去看了那场比赛，而利奥·卡斯泰利——那匹赛马——一举夺魁！利奥一直都很高兴我给这匹马取了他的名字！”⑦卡斯泰利与老客户比尔·埃利希的感情也在持续升温。“我太太为我的五十岁生日办了一场惊喜派对，利奥也参加了。”他回忆道，“我二十一岁时父亲就过世了，有意思的是，利奥和我虽然是朋友，但在我心目中他却逐渐成了一个父亲式的人物。当他在我的聚会上致辞，不知怎的，我竟产生了一种是父亲站在那里说话的奇妙感受。”⑧

卡斯泰利始终马不停蹄，他回到了自己出生的城市。的里雅斯特画廊主纳迪娅·巴森纳斯在幕后主导了这次苦乐参半的返乡之旅。在 1984 年 2 月对卡斯泰利进行了一次电话采访之后，巴森纳斯曾两次飞赴纽约与他见面。她十分了解并关注他的事业，非常渴望增加他在的里雅斯特露面的机会。卡斯泰利被这位年轻同行的职业素养所折服。他会有兴趣通过一场海报或图片展的形式来回顾自己的职业生涯吗？当然，这令他

1987 年 5 月 24 日，纽约，公园（Belmont Park）
赛马“利奥·卡斯泰利”在彼得·潘锦标赛（Peter Pan Stake）上赢得了冠军
从左至右：（驯马师）莱罗伊·乔里（LeRoy Jolley）、（马主）彼得·M. 布兰特、（骑手）侯塞·桑托斯（Jose Santos）从（马会前主席）奥格登·菲普斯（Ogden Phipps）手中接过奖杯，卡斯泰利（右）手持标有他名字的马鞍座巾与他们合影

摄影：鲍勃·格里安内斯（Bob Coglianese）

兴奋不已。事实上，卡斯泰利在纽约已经深感力不从心，而这正是走出去的绝佳时机。在这样一个特殊的阶段，为什么不去的里雅斯特享受一下追捧呢？六场展览应运而生：1986 年 10 月的“卡斯泰利画廊海报展”（*Posters of the Castelli Gallery*）；两场版画展——1987 年 11 月的“波普艺术”（*Pop Art*）和 1988 年 6 月的“贾斯培 · 琼斯的四季”（*The Seasons of Jasper Johns*）；两场摄影展——1990 年 10 月的“后波普艺术”（*Post Pop Art*）和 1993 年 12 月的“致敬利奥 · 卡斯泰利”（*Homage to Leo Castelli*）；最后是在 1995 年 11 月举办的那场以照片、两张素描及两幅由琼斯和沃霍尔创作的利奥肖像为主线的展览——“为艺术而生”（*A Life for Art*）。这些展览为卡斯泰利提供了可以欣然前往的里雅斯特的理由：去接受采访——这对每一个“称职”的自恋者来说都是无法抗拒的诱惑；去接受拍摄和再次拍摄——他手里捧着几本为他而写的书，愉快地出现在了沃霍尔创作的那张肖像前；去和表弟皮耶罗 · 克恩和老同学们缅怀过去。然而，随着时间的流逝，这位加入了美国籍的画廊主已经逐渐淡忘了乡情[11]，也不再记得困扰着这座意大利小城的行政噩梦有多么可怕，因而必定会被这里残酷的现实惊醒。

的里雅斯特的记者们已经在用“伟大画廊主”“著名画廊主”“画廊之王”“艺术之主”“杰出的的里雅斯特人”称呼他了，也有人用“利奥”二字替代了一切复杂的头衔。他们逼着卡斯泰利一遍又一遍地讲述他已经重复了无数次的旅途趣闻。一些人将这次“感怀”之旅夸张地描述为“落叶归根”，却只得到了他客气却冷淡的回应。“小时候，谁都不懂得该如何去欣赏这个世界。”他笼统地评论道，“我花了许多年去理解建筑文化，所以现在能够以新的视角观察我出生的地方了。”[9]他双手插袋，伫立在但丁中学的院落中，任凭快门声在身边此起彼伏。似乎所有人都为这座城市在贵客大驾光临期间保持“干爽、明媚的大风天气”感到高兴，因为这样的天气不仅能鼓起海岸边无尽的风帆，还能锐化图像的边缘，突出纪念碑表面的棱角，再现出他记忆中的模样。在这众星捧月之下，卡斯泰利放松了警惕，流露出了一丝傲慢，抑或是嫩稚——谁能说得清呢？他当众宣称：“我很乐意帮助雷沃尔泰拉博物馆（Revoltella

Museum）[12] 在明年 9 月举办一场展览，介绍我发掘的艺术家们。这样一来，我就会在的里雅斯特度过一个具有里程碑意义的重要时刻：三十岁生日。我指的当然是卡斯泰利画廊的三十岁啦！——不过我更希望自己也只有三十岁。”这时，一场突如其来的误会让卡斯泰利的整个返乡之旅脱离了原本的轨道。

要理解他的这番言论究竟有何失礼之处，需要回到不久之前。除了纳迪娅·巴森纳斯，另一个促成卡斯泰利荣归故里的人是他的表弟皮耶罗·克恩。每年，的里雅斯特人都会将声名赫赫的圣朱斯托金奖（San Giusto d'Oro）[13] 授予最为这座城市增光添彩的本地人士［获奖者包括莱昂诺尔·菲尼、克劳迪奥·马格利斯、吉奥乔·斯特雷勒（Giorgio Strehler）[14]、吉洛·多弗莱斯（Gillo Dorflès）[16] 和吉奥乔·沃盖拉。克恩是的里雅斯特最负盛名的地方特色 [13] 咖啡馆的常客］为了帮助表哥获奖，他竭尽全力地四处游说。他近来承认：“经过一番努力之后，我终于取得了成功，这多亏了我与众多新闻界人士始终保持着密切的联系——不过这真费了我不少力气！”[⑩]克恩近来承认这一殊荣给了卡斯泰利一个在 1987 年 11 月再度前往的里雅斯特的理由。他感谢评委会“戳穿了谚语——‘没有人能在自己的故乡成为先知’的谎言”，并重申了他“回归的里雅斯特为他的艺术家们做一场展览的愿望”。[⑪]奖项的归属还为评委会主席吉奥乔·凯撒（Giorgio Cesare）提供了一个激发当地人的竞争意识和危机意识的机会，他强调：“二十年来，的里雅斯特都在期待拥有一座属于自己的现代艺术博物馆。”

在市长的建议下，的里雅斯特市议会决定授予卡斯泰利“雷沃尔泰拉博物馆荣誉馆长”的殊荣，并希望他以此作为开端，继续推进为其旗下艺术家举办展览的计划。这封公函抵达西百老汇大道 420 号的时候，卡斯泰利自然喜不自禁。然而，当雷沃尔泰拉博物馆的实际馆长朱利奥·蒙特内罗（Giulio Montenero）[17] 被问及为卡斯泰利的艺术家们举办一场展览的可能性时，他非常明确地表达了自己的态度：“庙堂之内不容商人！”[18] 这是一件原本能够让卡斯泰利衣锦还乡的好事，或许最终还会促使他“出于对故乡的热爱”[12]捐出一批作品，但它却在混乱的地盘争夺战中陷入了僵局。争斗的三方分别是的里雅斯特市政府、弗留利－威尼斯朱利亚大区政府和的里雅斯特省政府，他们全都声称自己才对的里雅斯特具有文化管辖权。应当将过错归咎于谁呢？是愚笨的政客吗？是专横狭隘的博物馆馆长吗？是庸俗的公务员吗？这可能是一个永远都没有办法得到答案的问题。不久之后，尴尬的卡斯泰利对一位记者说：“我说过，我愿意率先表明姿态——这是原话，说得有点含糊。我说我十分渴望参与这样一个项目。能够为故乡摆出这样的姿态是我的荣幸。”[13] 1986年10月，卡斯泰利终于从一封言辞浮夸的来信中得到了答复。阿纳尔多·罗西（Arnaldo Rossi）在信中写道：“伟大的上师[19]，在本月21日召开的会议中，的里雅斯特市政府一致通过，任命您为雷沃尔泰拉城市博物馆——现代美术馆（Civico Museo Revoltella—Galleria d'Arte Moderna）[20]荣誉馆长级策展人。能够向您传达这个消息，鄙人备感荣耀。”[14]

然而，这家博物馆最终并没有为卡斯泰利的艺术家举办正式的展览，而这位画廊主也没有向它捐出任何一件作品。虽然卡斯泰利受到了冒犯，但局面并非无可挽回，他又曾四次回到这座城市，每次都还有一位女士相伴：1986年是美国批评家朱迪思·戈德曼（Judith Goldman）[21]、1987年是他的朋友芭芭拉·雅各布森、1993年是法裔英国艺术批评家安·亨德利和她的丈夫、1995年是意大利批评家芭芭拉·贝尔托齐。

就算卡斯泰利再也没能俘获这座属于他青年时代的城市也没有关系。那些年，他在米兰受到了热烈的欢迎。米兰艺术三年展（Milan Triennial）[22]期间，他在一场由朋友——里佐利出版社总裁阿尔弗雷多·德·马尔齐奥（Alfredo Di Marzio）[23]主持的典礼上获得了荣誉市民的称号。纳迪娅·巴森纳斯解释道：“利奥清楚自己在纽约已经失去了往日的光辉，便努力去扩展自己的视野。因为他的威望在另一群人眼中依然完好无损，所以他便调转方向，踏上了以色列、西班牙、日本等国的土地，在那些地方，他还算得上是一位稀客。他有点像是一个无法说服自己下台的演员！”[15]除此之外，丹尼尔·汤普龙在他比邻博堡

（Beaubourg）[24]的巴黎画廊举办了一场向卡斯泰利致敬的展览，重点展出了卡斯泰利私人收藏中的几件作品，其中包括贾斯培·琼斯的一组精彩绝伦的素描。在《世界报》（*Le Monde*）[25]一篇题为《利奥·卡斯泰利，画商巨子》（"Leo Castelli, prince of dealers"）的文章中，菲利普·达根（Philippe Dagen）[26]指出，这位画廊主"与他的前辈康维勒或沃拉德一样，都将自己的名字与一场艺术运动联系在了一起。他的名望和财富都来自这场运动，而这场运动就是最广义的波普艺术"。而在"不断推陈出新的商业体系中"，达根写道，卡斯泰利"最懂得利用人类'喜新厌旧'的欲望"，"即便这对他本身也具有风险"。⑯——这一评价一定曾让文章的主人公倍感温暖。不久之后，卡斯泰利与电影制作人克劳德·贝里和安·亨德利合作了一部出色的纪录片，与这部影片同时制作完成的还有一部英法双语的姊妹版图书，它们都向法国观众介绍了卡斯泰利职业生涯中最为精彩的瞬间。

这听上去似乎多此一举，实则不然。虽然卡斯泰利的艺术家在绝大多数欧洲国家都得到了非常优秀的展出——德国的路德维希收藏、意大利的潘萨收藏、英国的泰特美术馆、瑞典的斯德哥尔摩现代艺术博物馆、西班牙的索菲亚王后博物馆、荷兰的阿姆斯特丹市立美术馆、瑞士的巴塞尔美术馆和贝耶勒基金会——在许多国家，卡斯泰利都可以像管理封地的领主一般四处巡游，但法国却始终拒不退让，因而成为一个尤为显眼的例外。虽然有克劳德·贝里的和安德烈·布恩海姆（André Bernheim）[27]（稍逊贝里一筹）的个人收藏，尽管波尔多建立了CAPC当代艺术博物馆（CAPC Museum of Contemporary Art）[28]，伊莲娜·索拿本德、丹尼尔·汤普龙和伊冯·兰伯特的共同努力却始终没能在一群法国官员那里取得什么进展，而他们正是为法国的国立博物馆购买艺术的人；不仅如此，法国自1964年的威尼斯双年展开始对卡斯泰利采取的强硬态度也从未有所软化。即便他展出过卡鲁斯特（Garouste）[29]、布伦、康巴斯（Combaz）[30]、拉维耶（Lavier）[31]和雷诺（Raynaud）[32]等人的作品，仍有人指责他"讨厌法国的艺术家"，是"法国的敌人"，更有甚者竟将他说成是"法国艺术的刽子手"。

[1] 法国最高荣誉勋章，由拿破仑创设于 1802 年，共有六个等级的勋位，卡斯泰利受封的军官勋位(Officer) 位列第五个等级。

[2] 法国政治家，曾任法国总统，获法国荣誉军团勋章军团长（Grand Master）勋位。荣誉军团勋章自创立以来，只有法国皇帝、国王或总统才能获得等级最高的军团长勋位。

[3] 位于曼哈顿东七十六街的一家法餐厅，成立于 1971 年，是纽约艺术精英热门的用餐场所，1992 年停业。

[4] 美国艺术家，以其用流行文化主题和日常事物进行的创作闻名于世。

[5] 美国慈善家、艺术赞助人和收藏家，艺术教育的倡导者。

[6] 乔·赫尔曼的妻子、策展人。

[7] 曼哈顿的一座殡仪馆，成立于 1898 年，曾为包括杰奎琳·肯尼迪、宋美龄在内的众多名人举办葬礼。

[8] 美国马萨诸塞州南部的一个钩状半岛，度假胜地。

[9] 肯塔基州的路易斯维尔市每年 5 月举办的马赛，开始于 1875 年。

[10] 纽约州长岛市每年 7 月举办的马赛，开始于 1887 年。此处或为布兰特口误，他指的应是 1987 年的彼得·潘锦标赛（Peter Pan Stake）。该马赛创办于 1940 年，每年 5 月举办，仅限三岁的纯种赛马参赛。

[11] 原文为意大利语：campanilismo，指意大利人对自己原本生长的地区、城市、村庄乃至社区的忠诚和热爱。

[12] 1872 年成立于的里雅斯特的一座现代艺术博物馆。

[13] 的里雅斯特的一个奖项，每年颁发给成长于这座城市并在意大利及全世界为这座城市争光的个人或公司，卡斯泰利于 1987 年荣获该奖。

[14] 意大利歌剧及戏剧导演。

[15] 意大利艺术批评家、画家、哲学家。

[16] 原文为拉丁语：genius loci，原指一个场所内的守护神，后用于指代一个地方的风气或特色。

[17] 蒙特内罗自 1960 年起在该博物馆担任馆长，任期长达 29 年。

[18] 见 478 页注释 45。

[19] 原文为意大利语：Illustrisimo Maestro。

[20] 雷沃尔泰拉博物馆的全称。

[21] 美国作家、艺术评论家，曾为卡斯泰利撰写传记。

[22] 1923 年开始于意大利蒙扎的建筑及设计三年展，1933 年移师米兰。

[23] 意大利职业经理人，曾任里佐利国际出版集团总裁及大都会艺术博物馆国际商务委员会委员，回到意大利后曾任米兰艺术三年展（Milan Triennial）主席。

[24] 即乔治·蓬皮杜中心。

[25] 法国第二大全国性日报。

[26] 法国学者、艺术批评家、小说家，《世界报》的艺术专栏作家。

[27] 瑞士国铁手表集团（Mondaine Group）的联合所有人，曾任该公司执行总裁。

[28] 波尔多 CAPC 当代艺术博物馆（CAPC musée d'art contemporain de Bordeaux），前身为当代造型艺术中心（Centre d'arts plastiques contemporains, 简称 CAPC），成立于 1983 年。

[29] 杰拉尔·卡鲁斯特（Gérard Garouste），法国当代艺术家。

[30] 吉斯伯特·康巴斯（Gisbert Combaz），比利时新艺术代表人物。

[31] 伯特兰·拉维耶（Bertrand Lavier），法国当代艺术家、建筑设计师。

[32] 让－皮埃尔·雷诺（Jean-Pierre Raynaud），法国视觉艺术家。

我曾在位于纽约的法国领事馆文化处担任文化参赞，卡斯泰利是这里的常客。令人沮丧的是，为法国的公共收藏购买美国当代艺术的申请总是会被一拖再拖，这里的官员们为此大伤脑筋。卡斯泰利与法国有着千丝万缕的联系，还在法国南部拥有自己的别墅，每年夏天都会去那里度假。如果能够鼓励这位亲法者先迈出一步，自然就有打破僵局的希望。最后，利奥自己提出了一个方案："前些天在克里雍，"他对我坦言："我看到费利克斯·罗哈廷（Felix Rohatyn）[33]都带上花结（荣誉军团军官勋位的特殊襟绶）了。而我只有一个普通的襟绶（骑士勋位的勋略，较低一级的标志）——我羞愧难当。"考虑再三，我们决定接受这项交易，作为回报，卡斯泰利会向蓬皮杜中心捐赠贾斯培·琼斯一整个系列的版画作品。而这位艺术家的作品此前竟从未在任何一家法国博物馆中得到过展出！博物馆馆长多米尼克·博索（Dominique Bozo）[34]和贾斯培·琼斯对这个可能性都持欢迎的态度，万事俱备，只差爱丽舍宫[35]中的幕僚长休伯特·韦德里纳（Hubert Védrine）[36]拍板成交了：密特朗总统将会亲自将军官勋位的花结授予卡斯泰利。

1991年5月23日，巴黎。在爱丽舍宫的大厅中，在华美璀璨的吊灯下，卡斯泰利双手交叠，神情庄重得像是一个小学生；他表情异常严肃地站在艾尔维·巴赞（Hervé Bazin）[37]、查尔斯·杜雷姆（Charles Torem）[38]、吕克·蒙塔尼（Luc Montagnier）[39]、勒内·佩尔（René Peyre）[40]、莉迪·迪皮伊（Lydie Dupuy）[41]、皮埃尔·于里（Pierre Uri）[42]、让·爱伦斯坦（Jean Ellenstein）[43]和皮埃尔·拉罗什（Pierre Laroche）[44]身旁，尽情地享受着这场典礼的每分、每秒。那天，其他人全都穿着深蓝色的西装，打着或红或花的领带——只有他与众不同地选择了灰与蓝的色调，既优雅又低调。卡斯泰利崇尚权力，与商人的作风相比，他更喜欢展现出一副外交部部长的风范。1963年6月14日，卡斯泰利就曾怀抱着他对国旗日的贺礼——贾斯培·琼斯的青铜美国国旗像[45]面见了肯尼迪总统。而在人生最后的岁月中，即便这位美国画商对他收获的每一份荣誉都甘之如饴，这场仪式具有的意义还是非比寻常。这是一场依照拿破仑时代的传统谨遵礼制举行的庆典，由法兰西共和国总统密特朗亲自主持。

密特朗和卡斯泰利同是饱学历史之士，也都出类拔萃地诠释了意大利文艺复兴的精神——他们的相处虽然短暂却极为融洽。密特朗发表的荣誉军团勋章嘉奖令水准极高，他发言时不仅完全脱稿，还乐于对受勋者的生平加以提炼和介绍。他语速缓慢，没有华丽的辞藻，在每句话后都会停顿许久，对每个词语都会仔细斟酌——这不正是总统的一项特权吗？“女士们，先生们，我稍后就将为我国的两大荣誉勋章——荣誉军团勋章和功绩勋章（Order of Merit）[46]颁发奖章，其中的每一枚奖章都意义非凡。我很荣幸能够与每一位即将接受荣誉勋章的个人进行交流。他们将会知道，我和共和国对他们的努力奋斗、他们的毕生成就、他们的无私奉献、他们的学说观点，或他们的榜样作用有多么看重……从当今法国最负盛名的作家，到从不奢求荣誉，无论岗位高低都一心恪尽职守的公务员，他们都是无私奉献的楷模，每一位的事迹都值得政府自豪地加以宣传。在

1991 年 5 月 23 日，巴黎，爱丽舍宫
法国荣誉军团勋章的获得者等待总统密特朗发言
弗朗索瓦·密特朗研究中心提供

1991 年 5 月 23 日，巴黎，爱丽舍宫
利奥获得由弗朗索瓦·密特朗总统亲自授予的荣誉军团军官勋位
让-克里斯托弗·卡斯泰利提供

列的翘楚之中，有几位外国人士，他们在律法、艺术及文学领域做出了巨大的贡献，最重要的是，他们将法国的荣光传递到了世界各地。”开场发言结束之后，密特朗总统向一位法国作家、一位美国企业律师、一位成功分离出艾滋病毒的科学家、一位法国老兵联合会会长、一位人权活动家、一位参与建立欧盟的经济学家、一位苏联史学者、一位法国海军行政长官，以及一位画廊主授予了十字星形的勋章。他们当中，既有指挥官勋位的获得者，也有军官或骑士勋位的获得者；既有荣誉军团勋章的获得者，也有功绩勋章的获得者。总统强调了他对富于创造力的艺术家和社会活动家的赞赏，但却将卡斯泰利放入了另外一个范畴——他被自成一类地归入了“创造者的世界，是艺术的伯乐”。

在庄严的总统致辞之后，密特朗彻底回归了律师的老本行，他用法庭辩论的激情和近乎诗歌的语言介绍了卡斯泰利的成就，将他描述为一位与投机者或商人截然相反的先锋、兢兢业业的画廊主和艺术的仆人。“我们或许应该好好思考一下，”密特朗缓慢庄重地说，“在其他人开始对艺术进行发现、辨别和承认之前的十年或二十年，这个男人就已经完成了这些工作。他拥有常人所不具备的知识、直觉和品位，是值得我们所有人学习的榜样。任何人都能看出，您早已超越了商人的局限，始终都在鞠躬尽瘁地服务于您的挚爱——艺术作品和那些创造了它们的人。”接着，借由对意大利文艺复兴的援引，共和国总统竟在一个如此正式的场合，用非常个人化的思考提出了一个微妙而大胆的假设，微微掀开了卡斯泰利用来掩饰过去的那块面纱：“在重读您的一部分文章和言论之后，我注意到了您对信仰有一种个人化的、主观的态度，您分明是在说：‘我是犹太人的后代，我始终，（更确切的说法应该是）但我始终’——我特别对‘但’字加以强调，是为了突出您对全人类的关切——‘但我始终梦想能够参与一次文艺复兴，并成为一个文艺复兴人。’而文艺复兴人要表达的不仅仅是自己的那一种文化——甚至不是像您这样的人所具有的两种或三种文化——而是一个人在有生之年能够梦想、设想、创造的一切。我们熟悉您以先锋和发现者的身份做出的贡献；我们了解，您的赤子之心和一腔热血就是您存在于这个世界的方式；我们深知您对我的祖国——法国——一如既往的爱。利奥·卡斯泰利，我们特此授予您荣誉军团勋章军官勋位。”[17]

卡斯泰利依然继续着他的旅行，在艺术世界的边缘寻找那份在中心地带逐渐离他远去的荣誉，那颗他梦寐以求的花结也不时会在他的扣眼上出现。不过纽约依然给了他意外的惊喜。1987 年 1 月，他在苏荷推出了贾斯培·琼斯的展览“四季”（*The Seasons*），呈现了艺术家耗时两年完成的四幅热蜡画、十七张素描和两件版画；这组作品内涵丰富、神秘晦涩、错综复杂，需要学者们花上许多年的心血才能完全参透。[18]琼斯的作品中一贯充斥着大量秘而不宣的引用，此次展出的四幅热蜡画[47]也是如此，它们规模庞大地整合了他以往创作中出现过的各种元素：视觉取样［毕加索、杜尚、塞尚、蒙克、丢勒、莱昂纳多（Leonardo）[48]、格鲁内瓦尔德（Grünewald）[49]、布拉克、曼·雷］、文学典故［梅尔维尔、维特根斯坦、贝克特（Beckett）[50]、塞林（Céline）[51]、哈特·克兰（Hart Crane）[52]、对音乐和舞蹈的引用（凯奇、肯宁汉）、对各种文化的借用[《坦陀罗细节》（*Tantric Detail*）[53]、《薄雪》（*Usuyuki*）[54]、乔治·奥尔（George Ohr）[55]的陶瓷作品]、对自己的复述[《国旗》、萨瓦林商标、《平面上的舞者》（*Dancers on a Plane*）[56]、《嗓音》（*Voice*）[57]、"我的妻子/岳母"[58]、《险恶之夜》（*Perilous Night*）[59]、《骷髅》（*Skull*）——双关了他曾经的收藏者斯库尔]，以及神秘现身的艺术家本人——一个游荡在画中的单色人形剪影。作品中形形色色的引用对这位正在经历转变的艺术家而言别具深意。艺术家在解释他对毕加索的《搬家的弥诺陶洛斯》（*Minotaur Moving His House*）[60]的挪用时回忆说："每张画都代表了一间工作室……（那时）我总在搬家，刚刚搬进了加勒比群岛的一间工作室，还从乡下搬回了城里，接着又把另一间工作室从下城搬到了上城，干了不少挪腾东西的活儿。"[19]《四季》可以被解读为琼斯对人生不同阶段的思索——这是一个从"春"（童年和少年）"夏"（成年）到"秋"（中年）"冬"（老年）的历程。画中的男人既可以是任何人，也代表了琼斯本人。这是画家唯一一次稍稍放下戒备，释放出的一丝自我——《四季》也是琼斯成熟期的代表作，它对艺术家的意义与1964年的《词语》（*The Words*）[61]对萨特的意义一样。正是在这本书中，萨特在自己的笔下成了一个"完整的人，包含所有人的优点和缺点，既不比任何人差，也不比任何人好"。

约翰·罗素在《纽约时报》中写道："它不仅是美国艺术史上的一个标杆，对整部由我们自己书写的美国历史来说也是如此。"[20]这场被誉为惊世之作的展览受到了广泛的赞扬，汉斯·纳穆斯为琼斯和卡斯泰利拍摄的那张肖像则最为出色地捕捉到了展览的光彩。在这张照片中，艺术家和他的画商在摄影师充满魔力的目光中融为一体。照片的背景是在画廊展墙上依稀可见的《夏》的局部和《秋》的全貌，艺术家站得笔直，手中握着两支画笔，遮住了《秋》中那个人形剪影（他自己？）的下半部分。在距镜头稍近一些的地方，画廊主泰然自若地坐在一个小凳子上，手指交叉，仿佛被身后的画戴上了一顶帽子（那是《圆规绘制的

纽约，西百老汇大道 420 号
贾斯培·琼斯与画廊主卡斯泰利在两张《四季》前合影

摄影：汉斯·纳穆斯

圈》中的圆弧和指南针）。两个男人都专注地凝视着相机。他们的服装差异很大——艺术家穿着一件浅蓝色的衬衫（蓝得像他的眼眸），腰部稍显褶皱，袖子被卷了起来，下身是黑色的便裤和木底鞋；画廊主则穿着米色的西装、灰蓝色的衬衫，打着深色的领带，脚上是一双擦得锃亮的便鞋——即便如此，从他们身上还是能够看出那种老夫老妻在潜移默化中长出的夫妻相、三十多年相处打磨出的和谐，以及一台保养得当的机器给人的安全感。

卡斯泰利和琼斯在艺术家画作的衬托下交相辉映，合而为一——他们的蓝色衬衫和身体的姿态都配合得天衣无缝，画家的手和小臂与他笔下自己的化身彼此呼应，那个剪影如守护神一般盘旋在画廊主上方——这张照片本身已经成了一件艺术品，是一则关于两个男人共同走向成功和人生巅峰的寓言。在卡斯泰利的事业遭到围困的日子里，琼斯的杰作《四季》是否代表了他对日薄西山的画廊主的一份支持？是对他们携手创造出的辉煌响亮而明确的肯定，是在驱散盘旋于卡斯泰利上空的那群秃鹫。

一年之后，琼斯代表美国参加了威尼斯双年展，当时美国馆的承办人是费城艺术博物馆（Philadelphia Museum of Art）[62] 的马克·罗森泰尔（Mark Rosenthal）[63]。“美国派来了他们的‘伦勃朗’。”[21] 1988 年 6 月，这个消息在评委中流传开来。迈克尔·布伦森（Michael Brenson）[64] 写道："当时，全世界都在观察美国是否为参与国际艺术活动下定了决心，就在这个时候展览‘贾斯培·琼斯：1974 年后的创作’（*Jasper Johns: Works since 1974*）传递出了一个强有力的讯号……这场出色的展览为整个双年展定下了基调。”[22]他在另一篇文章中进行了补充："在第四十三届威尼斯双年展上，琼斯的声望无人能及。”[23]事实上，卡斯泰利画廊这位图腾般的艺术家收获了一致的好评，几乎听不到任何杂音。如今，人们已经将琼斯称颂为“老大师”[24]、“重量级人物”和“最深刻的美国在世艺术家”[25]了。几乎没有人会放过这样一个可以对大约二十四年前的那届劳申伯格双年展进行回忆，也在对比中进行冷嘲热讽的机会：1964 年，一位滑着旱冰的年轻艺术家，一场跌宕起伏、备受非议的评选和一名行为濒于不当的亢奋画商；1988 年，一位成熟的主流艺术家，一次毫无争议的当选和一位依然热情洋溢却也稍显与世无争的画廊主。

唯一刺耳的声音出自一位法国批评家之口，他挖苦道："这个夏天，将金奖授予除贾斯培·琼斯外的任何一位艺术家，其结果都将无异于一出政治丑闻。琼斯在美国馆的出现比他的同行兼朋友晚了整整二十四年。当然不会有人胆敢挑战这样一位当代艺术圈中的重量级人物，他顶着的可是'全世界最昂贵的在世艺术家'的头衔，不仅深得杜尚真传，画得确实也还不错。"[26] 1972 年至 1984 年的十二年间，为了顺应学生们对"艺术商品化"的抗议，双年展始终没有设置奖项，直到最近才恢复了这一做法——这正中卡斯泰利下怀。"我赞成恢复奖项，"他解释道，"这能让气氛保持活跃。双年展有一种讨人喜欢的漫不经心，这是在卡塞尔或任何其他地方都感受不到的。"[27] 1988 年的威尼斯双年展也为古根海姆的新任理事长汤姆·克伦斯（Tom Krens）[65] 提供了与卡斯泰利初次邂逅的机会。"利奥对艺术世界的未来有他的想象。"克伦斯说，"在某种程度上，今天你看到的一切都囊括在他所奠定的教育基础之中。他让艺术世界变得激动人心，不再那么遥不可及，而且具有了戏剧性和舞台感。利奥在乎的不是去拥有，而是去成就，他乐于成为艺术家们从无到有的跳板。配合我们的工作对他来说始终都是理所当然的。只要我给他打电话，回答一定会是：'悉听尊便。'从来都不需要协商或是谈判，这就是利奥的风格——没有公事公办这一说，更多的是人情味和轻松感。他永远充满了热情，也有超强的历史观。"[28] 从各个方面看，即便是在威尼斯双年展之后，1988 年依旧是琼斯和卡斯泰利的一个大年。5 月和 11 月的拍卖创下了艺术品短期投资回报的新纪录，让琼斯成为全世界最昂贵的在世艺术家。价格本身就说明了一切：5 月，《跳水者》（创作于 1962 年）拍出了 418 万美金；11 月 9 日，《白色国旗》卖到了 700 万美金；11 月 10 日，S.I. 纽豪斯以 1700 万美金买下了《错误的开始》。

1989 年，另一个重要的文化事件让卡斯泰利停留在了公众的视线之中：他轰动性地将劳申伯格的《床》赠予了 MoMA。加尔文·汤姆金斯曾言之凿凿地指出："MoMA 和劳申伯格一向合不来。"[29]无论卡斯泰利进行了多少尝试，阿尔弗雷德·巴尔始终没有像喜欢上琼斯那样对劳申伯格产生热情。第一件进入 MoMA 的"混合艺术"作品是菲利普·约翰逊于 1974 年捐赠的《着陆时的第一次弹跳》(*First Landing Jump*)[66]；而在比尔·鲁宾（Bill Rubin）[67]的管理下，MoMA 对劳申伯格的态度几乎没有任何可以得到改善的机会——他是格林伯格的支持者，认为艺术只应该是平面的。当然，卡斯泰利与既在博物馆理事会服务又兼任绘画与雕塑委员会委员的芭芭拉·雅各布森的友谊似乎起到了一些积极的作用。而到了 1988 年，当柯克·瓦尔内多（Kirk Varnedoe）[68]执掌了绘画与雕塑部的大权，卡斯泰利和他的艺术家们在 MoMA 的命运就发生了彻底的改变。其实按照摩根·斯潘格尔的说法，情况从二十世纪八十年代后半段就已经开始好转了；鲁宾的态度有所软化，甚至想要主动促成 MoMA 对《床》的收藏。卡斯泰利画廊当时的经理斯潘格尔对这一事件也有贡献，他在一定程度上借助了家人与鲁宾的关系。"比尔·鲁宾跟我岳父是亲兄弟。"斯潘格尔解释道，"我雇了一辆豪华轿车接鲁宾去上城，到我岳父理查德家吃感恩节晚餐。路上，比尔指望我去跟利奥谈《床》的捐赠。他告诉我利奥已经把《床》许诺给 MoMA 了。即便税法最近的确发生了一些变化，他还是说：'摩根，你必须得跟利奥谈一谈，让他务必要给我打电话。'我对利奥说，比尔缠上我了，他是不会善罢甘休的。感恩节的那个周末比尔打了五个电话问我他能不能跟利奥见面，问我能不能催一催利奥，能不能往前推进！利奥和我商量了一下，我敢肯定他找很多人谈过这个事情，没过多久他就捐掉了《床》。后来比尔对我说，如果利奥没有捐出这件作品，许多重要的作品都不可能进入 MoMA 的收藏。《床》就是 MoMA 的那根定海神针。"[30]

瓦尔内多在方方面面都深得卡斯泰利赏识：他拥有乔治亚州的血统（这位一向势利的画廊主曾傲慢地说："南方人都是贵族出身，例如贾斯培和赛。"）；他的学术背景几乎可以与巴尔比肩（他是研究罗丹的博士，曾在巴黎发现过数百张不为人知的罗丹素描，并因此在二十五岁的

33 美国投资银行家，出生于维也纳的犹太人，曾任美国驻法大使。

34 法国艺术策展人，博物馆馆长。

35 法国总统官邸。

36 法国社会党政客，曾任法国总统弗朗索瓦·密特朗的幕僚长。

37 法国作家。

38 美国律师，曾任法国美国商会会长。

39 法国病毒学家，诺贝尔医学奖获奖人。

40 法国战斗人员和战争受害者联合会（Union Française des Associations de Combattants et de Victimes de Guerre）会长。

41 法国政治家，法国社会党党员。

42 法国经济学家。

43 法国共产主义史学家，犹太人。

44 法国军官。

45 贾斯培 1960 年创作的青铜浮雕《国旗》（*Flag*）。

46 法国国家功绩勋章（The National Order of Merit），由戴高乐总统创设于 1963 年，地位仅次于荣誉军团勋章。

47 琼斯 1985 年至 1986 年创作的以《春》（*Spring*）、《夏》（*Summer*）、《秋》（*Autumn*）、《冬》（*Winter*）四季命名的 4 幅布面热蜡画作品。

48 莱昂纳多·达·芬奇（Leonardo da Vinci），意大利文艺复兴三杰之一。

49 马蒂亚斯·格鲁内瓦尔德（Matthias Grünewald），德国文艺复兴画家。

50 塞缪尔·贝克特（Samuel Beckett），爱尔兰先锋派小说家、剧作家、戏剧导演和诗人。

51 路易－斐迪南·塞林（Louis-Ferdinand Céline），原名路易－斐迪南·奥古斯特·德图什（Louis Ferdinand Auguste Destouches），法国小说家，开创了法国现代主义文学的新风格。

52 美国现代主义诗人。

53 琼斯 1980 年至 1982 年创作的三件油画作品，分别命名为《坦陀罗细节 I》（*Tantric Detail I*）、《坦陀罗细节 II》（*Tantric Detail II*）、《坦陀罗细节 III》（*Tantric Detail III*），其创作灵感来自阅读一本坦陀罗艺术著作时看到的一幅描绘佛陀三跋罗（Samvara）和配偶性爱场面的绘画。

54 琼斯在二十世纪七十年代末至八十年代初创作的一系列油画及版画作品，名称为日语“薄雪”二字的英文发音。

55 美国陶瓷艺术家，他对现代陶艺进行了许多创新性的实验，被认为是美国抽象表现主义运动的前驱。

56 琼斯二十世纪七十年代末至八十年代初创作的一系列作品。

57 琼斯自二十世纪七十年代起用不同媒介创作的一系列作品。

58 最早由英国卡通画家威廉·伊利·希尔（William Ely Hill）创作的图像《我的妻子和我的岳母》（*My Wife and My Mother-in-Law*），从中既能看出一个年轻的女性的形象，也能看成是一个老妪，它是琼斯在创作中偏爱使用的一个主题，曾经出现过如 1988 年创作的《无题》（*Unittled*）等作品中。

59 琼斯 1982 年创作的布面热蜡画作品，灵感来自约翰·凯奇的音乐作品《险恶之夜》（*The Perilous Nights*）。

60 普遍认为是毕加索1936年创作的一幅绘画（《纽约时报》的报导称其是毕加索 1955 年的作品）。

61 萨特 1963 年完成的一部法语自传，1964 年翻译成英文出版，同年萨特获得诺贝尔文学奖，但他却拒绝领取。

62 位于美国宾夕法尼亚州费城的一座艺术博物馆，成立于 1876 年。

63 美国策展人、作家、艺术史学者，曾在费城艺术博物馆、国家美术馆、古根海姆博物馆等机构担任策展人。

64 美国作家、策展人、艺术史学者，曾在《纽约时报》担任艺术批评家。

65 托马斯·克伦斯（Thomas Krens），1986 年起担任所罗门·R. 古根海姆博物馆顾问，1988 年起担任所罗门·R. 古根海姆基金会理事长。

66 劳申伯格 1961 年创作的一件混合艺术作品。

67 即威廉·鲁宾（William Rubin），美国艺术史学者、策展人，曾任 MoMA 绘画与雕塑部总监。

68 美国艺术史学者，MoMA 绘画与雕塑部首席策展人。

年纪就在国家美术馆策划了一场展览）也都同样少年有为；他学识渊博（从十九世纪的艺术和建筑到“世纪之交”的维也纳，再到北欧绘画乃至波普艺术，他都如数家珍）；最后，他是位高权重的哥伦比亚大学和纽约大学美术研究所（Institute of Fine Arts）双料教授。更让利奥感兴趣的是，虽然瓦尔内多是由比尔·鲁宾带进 MoMA 的，但却不像鲁宾那样闭目塞听：瓦尔内多刚一上任就开始修改 MoMA 永久馆藏的展览线索。

瓦尔内多调整了布朗库西雕塑的位置，拆散了贾科梅蒂雕塑的群组，并剔除了几张蒙德里安，而后他决定委任几家画廊来负责（被鲁宾忽视了的）五十和六十年代的美国艺术部分。他对《纽约时报》的威廉·格莱姆斯（William Grimes）[69]说，自己将会“不断修修补补，直到‘把故事讲好为止’”。[31]瓦尔内多与卡斯泰利一样，都特别偏爱艺术的创造者。他开设了一个名为“艺术家之选”（Artist's Choice）的系列项目，让艺术家在博物馆的永久收藏中进行选择，设计一个短期的展览。他解释这一做法的初衷时说：“我们的收藏对艺术家的意义是最为重大的，我非常希望公众能够透过艺术家的眼睛去看待它们。”最后说说无妨的是，瓦尔内多跟卡斯泰利一样，都是媒体的宠儿。不久前，他曾顶着一头迷人的乱发以“真正的纽约人”的身份出现在《纽约时报》的一则巴尼斯（Barneys）[70]广告上。卡斯泰利和瓦尔内多会重演他和巴尔或所罗门曾经的故事吗？在一定程度上，是的：对彼此的敬重会让这两个男人在 MoMA 的历史中创造出一座新的里程碑。

1989 年 5 月 10 日，格蕾丝·格洛克在《纽约时报》的头版发表了文章《卡斯泰利将重要作品赠予 MoMA》（“Castelli Gives Major Work to the Modern”）：“艺术商人利奥·卡斯泰利向现代艺术博物馆捐赠了美国战后艺术的一件重要作品——罗伯特·劳申伯格 1955 年创作的《床》。”[32]紧接着，瓦尔内多将《床》描述为“在地位和重要性上都绝无仅有的一件作品，融合了抽象表现主义的绘画风格和现成品材料的全新可能……”“这件艺术作品极具魅力，生动得令人不安。”他在一份热情洋溢的声明中补充道；动情之深与巴尔欢迎《亚威农少女》时发表的声明不相上下。“为了弥补 MoMA 馆藏的缺失，柯克已经购买了两件鲍勃的‘混合艺术’——《图形字谜》（*Rebus*）[71] 和《韵律》（*Rhyme*）[72]，”艾格尼丝·冈德指出，“而《床》这件礼物的作用却是决定性的。”㉝《床》的意义无比重大，它的到来，解除了鲁宾多年来对 MoMA 的禁锢，并从根本上重新书写了这座博物馆关于美国当代艺术的历史。大约就在这个时候，罗伯特·斯托尔成为瓦尔内多的助手。“《床》与格林伯格眼中纯粹的艺术在本质上是绝对对立的。”斯托尔评价道，“床都是平放的，而《床》却得被挂在墙上；它是一座浮雕，而不是一个平面。它有一个枕头和一条被子，有一点现成品艺术的意思，鲍勃在上面做了托姆布雷式的涂鸦。它讽刺了抽象表现主义和他在黑山学院的老师约瑟夫·艾伯斯。”㉞

不过，这项重要馈赠真正的意义还于卡斯泰利对时机的选择，从那以后，德高望重的他一扫阴霾，容光焕发。税法在 1965 年的一次修改不仅让精明的收藏家们收获了社会公益人士的美名，还让他们通过从应纳税收入中减去远大于所捐作品价值的金额积累了巨大的财富。然而，为了给不景气的经济注入活力，罗纳德·里根（Ronald Reagan，在 1981 年和 1986 年两次）推行税改。为了对税收总额进行补偿，政府允许的最高减税比例从 78% 先后降至 50% 和 28%，并最终下调到了 21%。不仅如此，为了防止富人彻底避税，政府制定了替代性最低税（Alternative Minimum Tax，简称 AMT）[73]，但却从未根据通货膨胀对其进行调整。于是，越来越多的富有阶层一夜之间就被剥夺了在许多领域获得减税的资格，而超级富豪们则毫发无损。事实证明，六十年代和七十年代不仅是美国艺术的盛世，还是税务核销的黄金时代！如今的减税比例只能是作品买入价格的 21%，而不再以目前的估价作为核算的依据了。㉟这对一位需要缴纳 AMT 的收藏家来说，无疑是雪上加霜。《床》是卡斯泰利以 1100 美金的价格在劳申伯格的第一场展览上购买的——当时可供销售的作品寥寥无几，除了这件之外，伊莲娜也买了一件。1989 年，当卡斯泰利决定要捐出这件作品时，他不仅对估价了如指掌（约 1100 万美元），也很清楚目前的税法不仅不会给这个交易带来任何赚头，还会让他赔得

1989 年 5 月 8 日，纽约，MoMA
馆长理查德·E. 奥登伯格接受了卡斯泰利的捐赠，将罗伯特·劳申伯格最负盛名的作品《床》纳入了 MoMA 的永久馆藏，并向这位画廊主表示感谢

MoMA 提供

血本无归。任何头脑清晰的财务管理人士都会建议他卖掉《床》，但他还是做出了相反的决定，而这正是他对自己画廊主而非掮客的身份最为极致的表达。这份源自重义轻财的慷慨让那些暗示他操纵奖项的谣言不攻自破，也无可争辩地轰动了整个艺术世界。

“卡斯泰利先生的会计师们认为他不大可能从此次捐赠中获得任何税务上的好处。”格蕾丝·格洛克写道。她将其与 1967 年西德尼·詹尼斯对 MoMA 的捐赠进行了比较：“（詹尼斯捐出的）103 件作品包括五件毕加索、八件蒙德里安、两件克利、六件杜布菲、三件德·库宁和三件沃霍尔。单单《床》一件作品的价值就相当于詹尼斯捐赠总价值的三到四倍。”MoMA 绘画与雕塑委员会主席吉福德·菲利普斯（Gifford Phillips）[74] 兴奋地表示：“艺术品的价格已经急剧攀升，而税法中的变化却大幅削减了对捐赠行为的财务鼓励，既然如此，我们更有理由要为利奥·卡斯泰利在捐赠这件杰作时展现出的慷慨欢呼，他的无私堪为表率。”卡斯泰利表达了一个令他引以为傲的期望：“在如今艺术市场，居高不下的价格让人们不再愿意去给予，在这个关头，希望我的行为可以抛砖引玉吧。”他的付出并非毫无回报：馆长迪克·奥登伯格（Dick Oldenburg）[75] 同卡斯泰利进行了标志性的握手；几天后的庆功宴上，卡斯泰利、劳申伯格和冈德情绪高涨地出现在了一张难得一见的照片中。“我想我已经表达很多次了，”卡斯泰利对来宾们说，“现代艺术博物馆，当然还有它的缔造者阿尔弗雷德·巴尔都曾是我的老师。如果没有他们，我是不可能站在这里捐出这样一件盖世杰作的。”[36]

这份赠予体现的不仅是卡斯泰利作为一名艺术爱好者的慷慨，还有他对劳申伯格这位令他特别钟爱的天才创作者的不懈奉献。因为当画廊主从自己的私人收藏中选择了《床》，他其实是在捍卫一件不被人喜爱的艺术作品。这件作品曾被 1957 年的斯波莱托“两个世界艺术节”（Festival dei Due Mondi）[76] 和 1959 年 4 月的第二届卡塞尔文献展滞压在仓库中接受隔离检查。当时，作品的主题被（错误地）认定为是一场谋杀或强奸的现场，因而刺痛了大多数艺术爱好者敏感的神经。换言之，他选择的是一件已经证实难以被公众接受，但在他看来却对艺术史至关重要的作品。只有被 MoMA 列入永久馆藏才能让它的地位得到最有力的证明。除此之外，对《床》的捐赠还让卡斯泰利清楚无误地感谢了导师阿尔弗雷德·巴尔对他的教诲，使用这个极其美式的做法报答了“母校对他的恩情”。通过此举，他成功地将自己留在了艺术史宏大的叙事之中，在他毕生都密切参与的历史中留下了利奥·卡斯泰利的名字。并由此，他完成了一个闭环。“《床》。1955 年。”展墙上的标签简明扼要地写道，“‘混合艺术’绘画：油彩及铅笔，木质支架承托的枕头、被子及床单。利奥·卡斯泰利为感谢小阿尔弗雷德·H. 巴尔于 1989 年捐赠。”

在某种程度上，卡斯泰利与这家他最为看重的机构再次进入了蜜月期，MoMA 的策展记录便是证明：1990 年，在柯克·瓦尔内多与亚当·高普尼克（Adam Gopnik）[77] 联合策划的展览“阳春白雪与下里巴人：流行文化与现代艺术”（*High and Low：Popular Culture and Modern Art*）中，《床》获得了最核心的位置；1994 年的托姆布雷回顾展和 1996 年的琼斯回顾展为瓦尔内多提供了更多与卡斯泰利增进感情的机会，让他得以向画廊主卡斯泰利培养的艺术家致以敬意，并通过超高品质的展览为卡斯泰利做出最为有力的辩护。与此同时，新近被 MoMA“封神”的卡斯泰利迎来了生意上的转机。据彼得·布兰特回忆：“利奥乐于同其他画廊开展合作，而威尔顿斯坦（Wildenstein）[78] 也想做点当代艺术的事情。我带盖伊·威尔顿斯坦（Guy Wildenstein）去西百老汇大道 420 号看了贾斯培·琼斯的‘四季’。盖伊很喜欢这场展览，并让我邀请利奥去他府上共进晚餐；我约了利奥，并跟他一起去见了丹尼尔·威尔顿斯坦（Daniel Wildenstein）、亚力克·威尔顿斯坦（Alec Wildenstain）[79] 和盖伊·威尔顿斯坦。在威尔顿斯坦公馆的这次会面，让利奥意识到他并不打算金盆洗手。我立即感受到了他对画廊的爱有多么强烈，对在公共视线中出现有多么渴望，也发现他根本没有做好退隐江湖的准备。”[37]“那时我们正打算进军当代艺术市场。”盖伊·威尔顿斯坦补充道，“所以我见了利奥，想向他取经，或许还可以将收购他画廊的事情列入议题。利奥的画廊无疑是当时纽约最负盛名的画廊，单看他旗下签约艺术家的名单就完全可以这么说了。于是我们聊了一会儿，然后他说：‘如果我对您说只要买下我的画廊就能得到我的艺术家，那一定是在忽悠您。我是他们留在这家画廊的唯一理由，而您又刚来不久，我无法保证他们不会想要离开。’这时我意识到，我要做的不是买下一家画廊，而是与一家画廊进行合作。所以我们另做打算，收购了美国最活跃的画廊——佩斯的一半股份。事实证明利奥对未来的判断是正确的，我十分感谢他对我提出的宝贵建议。我永远都会记得这位伟大的绅士。”[38]

这时，媒体也再一次回到了他的身边。即便阿尼·格利姆切和拉里·高古轩已经掌权得势，卡斯泰利早年的英明抉择还是燃起了记者们重新回顾那段过往的热情，约翰·罗素就是其中之一。他强调：“琼斯和劳申伯格在艺术上是一对经典的对立。我们对贾斯培·琼斯的需要和对罗伯特·劳申伯格的需要是一样的。‘内先生’和‘外先生’给了我们太多太多，我们能生活在这样一个时代实属幸运。”[39]画廊主卡斯泰利继续扩展着他的人脉，继续会见艺术家、画商和收藏家，继续以他特有的方式存在于这个世界，就像一只唯有不停游动才能活命的鲨鱼——即便他早已丧失了掠食者的天性，又或许他从来都不曾具有这样的天性。他常和萨利·甘兹（Sally Ganz）[80]在达·西尔瓦诺餐厅共进午餐，她的收藏在纽约数一数二。据罗伯特·斯托尔回忆，一天，“贾斯培、萨利·甘兹、利奥和我都在。萨利的听力越来越弱，利奥也是，餐厅还特别吵，不过他们还是默契十足，沟通起来就跟在表演芭蕾舞哑剧似的。他们互读唇语，却依旧优雅、迷人”[40]。卡斯泰利开始与杰弗里·戴奇合作，听取了他对画廊未来的一些建议。此前，戴奇在八十年代过分膨胀的艺术市场闯出了名堂。“我开始为利奥制订商业计划，打算让420号继续作为利奥·卡斯泰利的空间，百分之百归他所有，而格林街的空间则会吸纳我和其他投资人进入，并会为所有没有得到充分服务的艺术家们举办展览。在外界看来，它将会是一个崭新的现代艺术空间，而实际情况则只有我和利奥知道，这对他来说分明就是一个无可挑剔的解决方案。我向利奥提供了一套完备的商业计划，定位非常精准，毫无瑕疵。我们花了一年时间探讨这个计划，非常兴奋，但到最后却没有任何进展，于是我就

1992 年 9 月 4 日，威尼斯
85 岁生日会上，与女儿妮娜·森德尔及其母——前妻伊莲娜·索拿本德

让－克里斯托弗·卡斯泰利提供

放弃了，因为我知道，没有了利奥，卡斯泰利画廊也就不复存在了。”

当时，总会跟卡斯泰利晚上一起出去鬼混、谈论女人的男性密友中有一位来自加利福尼亚的摄影师，他就是温暖、阳光的拉尔夫·吉布森。“我每天都会想起利奥。”吉布森近来回忆。卡斯泰利继续着他的旅行，丧偶之后，他可以更加公开地与女性旅伴云游四海了。最初是与美国记者劳拉·德·科佩（Laura de Coppet）[81]，而后是与英国建筑师凯瑟琳·莫里森，她们都曾经是在公共场合与他携手出现的固定女友。在巴黎，他还结识了一位非常美丽的艺术史学者——安·亨德利。他曾无可救药地爱上并诱惑过这位乌发碧眼的女性，却以失败告终，这一直都是他最大的憾事之一。1993 年，意大利批评家芭芭拉·贝尔托齐来纽约对他进行了一次关于琼斯的采访，她的出现改变了他过去固定的求偶模式。这段关系不断升温，并在1995年将他们带入了婚姻的殿堂。与此同时，画廊的处境岌岌可危，最后不得不关门停业。苏珊·布伦戴奇解释道："利奥原本想让我、玛丽·乔（Mary Jo）[82]和帕蒂继承他在画廊拥有的1/3股权。芭芭拉出现之后就全变了。她收走了利奥的爱马仕日程簿，接着在1997年7月关掉了苏荷的画廊。"[41]不久，卡斯泰利在上城开设了一个小小的空间，那是他的最后一个画廊，但几个月后也关闭了。一些人认为"芭芭拉把利奥照顾得很好"，作为一个耄耋老人，他的生活正变得越来越复杂，而其他人却都很讨厌这位新来的当权者。当被问及前夫最近的婚姻状况时，伊莲娜·索拿本德只简单地回答："我有我的看法，但是无可奉告。"卡斯泰利还是会去麦迪逊大道的圣安布鲁斯餐厅（Sant Ambroeus）[83]吃午饭，还是常去画廊和博物馆，也还在与朋友们见面——只不过得先得到他年轻妻子的批准。

1990年，国际独立策展人协会（Independent Curators International，简称ICI）设立了利奥奖（Leo Awards）来嘉奖当代艺术领域的杰出成就者，这成为那些年最令他受用的荣誉之一。"还有什么比选择用利奥的名字来命名这些奖项更合适的呢？"格力特·兰辛（Gerrit Lansing）[84]在1997年出版的《利奥之书》（*The Leo Book*）中写道。这部在卡斯泰利九十岁生日时问世的文集收录了一系列向他致敬的文章，每一篇都感人至深。利奥和伊莲娜·索拿本德的女儿妮娜·森德尔是ICI的创始人之一，这应该不会令人感到意外。这个家庭永远都跟艺术密不可分。1997年"利奥奖"的得主是多萝西·利希滕斯坦和收藏家及传奇电视人道格·克拉默[85]。三周前刚刚过世的罗伊也获得了追任，而颁奖仪式则差不多成了一场缅怀逝者的追思会。ICI执行理事桑德拉·朗（Sandra Lang）[86]在这本书中写道："一提到'利奥'，所有人就都明白你要说的是什么了。"本书最为煽情的一卷是由几篇特别的文章组成的。卡斯泰利最得力的助手和画廊最早的员工之一康尼·特里布尔缅怀道："每隔三周，空间就会为青年艺术家们举办一场了不起的展览——展览间有很大的反差，它们相互激发，营造出富有戏剧性的效果。画廊不断网罗着渴望对新的艺术进行探索的敏锐头脑——展览间有很大的反差，它们相互激发，一个释放出巨大吸引力的中心已经形成。”

帕特森·西姆斯（Patterson Sims）[87]在这本书中承认：“跟很多人一样，我觉得自己似乎是被利奥塑造出来的。在我大学二年级的秋天，萨姆·亨特布置了一份作业，要我们写一篇关于二十世纪重要的艺术运动或艺术家的论文，我选择了利奥·卡斯泰利画廊……我的教授并未反对这个在他看来标新立异但也深感认同的选题。接下来的几个月中，我在利奥的极度纵容下把卡斯泰利画廊当成了自己的客厅。除了艺术和艺术家们，东七十七街4号狭小空间内生龙活虎的场面同样令人难忘。鲍勃·斯库尔、维克托·冈茨和路德维希博士这样的收藏家都会沿着铺着长毛绒地毯的楼梯大步流星地走上二层，他们出现的频率就像那些总得

1998年7月19日，纽约
利奥与第三任妻子芭芭拉·贝尔托齐－卡斯泰利

安妮·科恩－索拉尔提供

去逛烟馆的瘾君子。博物馆馆长、策展人和作家不会错过这里的任何一场展览，周六下午斯文高雅的开幕式也总是座无虚席，他们对彼此的不期而遇和对艺术几乎同样热情。利奥、伊万和这家画廊为我们提供了一个群落、一个世界。”鲍勃·蒙克缅怀了利奥那只名声在外的大麦町犬帕迪：“爬上东七十七街 4 号优雅的旋转楼梯去卡斯泰利画廊是很多人共有的记忆。帕迪是西敏寺俱乐部（Westminster Kennel Club）[88] 的冠军赛犬，它常趴在楼梯的最高处，白底黑点的华丽皮毛与红色的地毯形成了一种优美的反差。”

柯克·瓦尔内多宣称：“在纽约的这些年，能够在他走过的街道上行走，欣赏他扶植起来的艺术，并偶尔与他同坐一桌，我倍感荣幸。他在哪里，哪里就会蓬荜生辉。”一度从政，后来在纽约大学担任校长的学者约翰·布拉德马斯（John Brademas）[89] 在与利奥初次相遇时曾对他说：“1974 年我二度竞选北印第安纳州国会议员的时候，您慷慨地在画廊里为我举办过一场拉票会。您知道我在国会是支持艺术——和艺术家的，您也知道，从我来到纽约大学，到现在担任克林顿总统的艺术及人文委员会（Committee on the Arts and the Humanities）主席，这十六年来，我的态度始终没有发生改变。您凭借活跃的想象力、无尽的热情和堪为典范的品位，极大地提升了艺术在美国人民生活中的地位，也提升了美国艺术在整个世界的威信。”最后，卡斯泰利的会计师杰拉尔德·奥多弗（Jerald Ordover）回忆道：“作为利奥的律师和利奥·卡斯泰利画廊的法律顾问，我与他一起工作了超过四十年……我很早就认识到，‘他的’艺术家和他们的需求永远都是第一位的。在与其他画商，尤其是那些初到纽约的画商进行合作的时候，他会不辞辛苦地提供额外的帮助，让他们得到重要的作品，给他们打折，在他明明自己就能轻轻松松卖掉作品的时候，还与他们平分佣金。而到了该收账的时候，他会拖上几年才把坏账交给我去处理，而这时债务人大多已经破产，要么就是病重或是过世了。当利奥听到这样的消息，或当我批评他过于慷慨的时候，他通常都会耸一耸肩，微笑着说‘那就这样吧。’”[42]按照安德鲁·卡内基（Andrew Carnegie）[90] 的说法，将财富带进坟墓的人是可耻的，果真如此的话，那么无私奉献的利奥·卡斯泰利一定会带着世人的祝福寿终正寝。

1999年8月21日，在他位于第五大道的公寓中，卡斯泰利在妻子芭芭拉的陪伴下安详地离开了人世；媒体的争相报道帮助这位“最具影响力的艺术商人”“发明了美国艺术的意大利人”和“画商巨子”完成了他的超凡入圣。10月13日，柯克·瓦尔内多在MoMA的礼堂中庄严地主持了卡斯泰利的追悼仪式。当宾客们悉数到场，布置着大量白花的会场中响起了贝多芬四重奏的旋律。在MoMA获赠《床》的第十个年头，画廊主卡斯泰利事业的起点也恰如其分地成为终点，这就像是人生，最幸运的开始和结束都应该发生在床上。“利奥·卡斯泰利在哪里结束？我的父亲从哪里开始？”让-克里斯托弗在悼词中发出了这样的诘问，试图解开这位和蔼可亲的画廊主和父亲个性中的谜团。“对他来说，绝大多数工作关系都是绝对意义上的私人关系。我父亲一直被认为是纽约艺术世界之父，这个‘父’是父亲的‘父’吗？我对艺术圈的态度一直都是矛盾的——你们可以把这说成是嫉妒。因为艺术圈是他的世界，而我从未觉得自己真的是（或者真的想要成为）那个世界的一部分。但是，我在那里长大，而当一切尘埃落定，或许我的的确确是属于这里的——这不是出于我的本意，而是因为我的父亲……父亲没有教过我打棒球，但却带我走进了意大利文艺复兴……尽管他有渊博的历史知识，却从未对我进行过关于艺术的说教。相反，他一直在向我展现自己对艺术的热情，那是他一生的挚爱。由于他一向拙于表达感情，我更倾向于将这理解为是他在借由自己对艺术的热爱表达对我的爱意。”儿子最后的话胜过了千言万语：“艺术圈是他的世界，只要我愿意，我就是这个世界的一部分……我的父亲是利奥·卡斯泰利。利奥·卡斯泰利是我的父亲。他强拖着我逛过博物馆。他教会了我如何去看——但最重要的是，他让我一定要自己亲眼去看。”[43]

1992 年 9 月 4 日
85 岁生日会上，利奥与儿子让 - 克里斯托弗
让 - 克里斯托弗 · 卡斯泰利提供

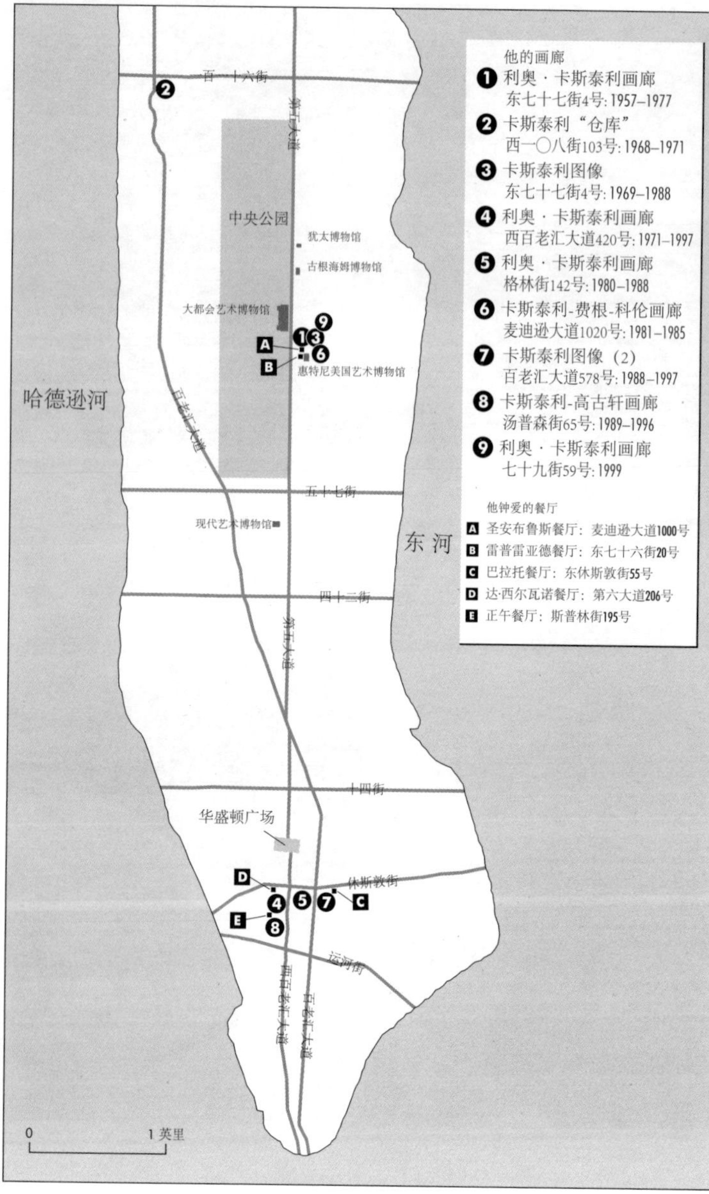
他的画廊
❶ 利奥 · 卡斯泰利画廊
东七十七街4号: 1957–1977
❷ 卡斯泰利“仓库”
西一〇八街103号: 1968–1971
❸ 卡斯泰利图像
东七十七街4号: 1969–1988
❹ 利奥 · 卡斯泰利画廊
西百老汇大道420号: 1971–1997
❺ 利奥 · 卡斯泰利画廊
格林街142号: 1980–1988
❻ 卡斯泰利-费根-科伦画廊
麦迪逊大道1020号: 1981–1985
❼ 卡斯泰利图像（2）
百老汇大道578号: 1988–1997
❽ 卡斯泰利-高古轩画廊
汤普森街65号: 1989–1996
❾ 利奥 · 卡斯泰利画廊
七十九街59号: 1999
他钟爱的餐厅
A 圣安布鲁斯餐厅：麦迪逊大道1000号
B 雷普雷亚德餐厅：东七十六街20号
C 巴拉托餐厅：东休斯敦街55号
D 达·西尔瓦诺餐厅：第六大道206号
E 正午餐厅：斯普林街195号
百一十六街
第五大道
中央公园
犹太博物馆
古根海姆博物馆
大都会艺术博物馆
惠特尼美国艺术博物馆
哈德逊河
百老汇大道
五十七街
现代艺术博物馆
东河
四十二街
第五大道
十四街
华盛顿广场
休斯敦街
运河街
西百老汇大道
百老汇大道
0
1 英里

利奥·卡斯泰利的纽约

69 美国新闻人，作家。

70 巴尼斯纽约精品店（Barneys New York），美国著名的高档百货连锁店，成立于1923年，总部位于纽约，旗舰店坐落在纽约第五大道。

71 劳申伯格1955年创作的混合艺术作品。

72 劳申伯格1956年创作的混合艺术作品。

73 美国政府基于防止高收入个人利用税收优惠项目避税的目的而做出的一种税收安排，于1982年开始实施。个人分别按正常收入和AMT收入计算个人所得税，如果前者税额高于后者税额，按前者税额纳税；如果前者税额低于后者税额，除交纳前者税额外，还应交纳两者税额之间的差额即AMT税额。

74 美国当代艺术的倡导者，MoMA理事会成员，华盛顿哥伦比亚特区著名的艺术收藏菲利普收藏（Phillips Collection）的创始人邓肯·菲利普斯的侄子。

75 即理查德·E.奥登伯格（Richard E. Oldenburg），任MoMA馆长长达21年，辞职后在苏富比北美及南美公司担任总裁。

76 每年夏季在意大利中部城市斯波莱托举办的音乐戏剧节，由意大利作曲家、普利策奖得主吉安·卡洛·梅诺蒂（Gian Carlo Menotti）发起于1958年，每年都会有众多音乐会、戏剧、舞蹈、视觉艺术和科学论坛在此发生。"两个世界"指美国文化和欧洲文化，每年早些时候，美国南加州的查尔斯顿市还会举办一场由梅诺蒂发起于1977年的活动——"美国斯波莱托艺术节"（Spoleto Festival USA），与"两个世界艺术节"遥相呼应。

77 美国作家，《纽约客》杂志撰稿人。

78 盖伊·威尔顿斯坦（Guy Wildenstein），出生于纽约的法国犹太商人、赛马主，著名艺术经纪公司威尔顿斯坦（Wildenstein & Co.）的继承人。

79 盖伊·威尔顿斯坦的父亲和哥哥。

80 美国艺术收藏家、文化及教育机构的捐助人，美国企业主、艺术收藏家维克托·甘兹（Victor Ganz）的妻子。

81 美国作家、记者，曾任职于安迪·沃霍尔创办的杂志《采访》（*Interview*）。

82 卡斯泰利画廊的登记员。

83 成立于1982年的意大利餐厅，位于麦迪逊大道1000号。

84 美国艺术史学者，MoMA国际理事会（The International Council of MoMA）理事，ICI的荣誉退休主席。

85 即道格拉斯·克拉默。

86 美国学者，纽约大学教育及人类发展学院副教授，曾任MoMA艺术咨询服务行政总监及ICI执行理事。

87 美国策展人，ICI理事会主席，曾任新泽西州蒙特克莱尔美术馆（Montclair Art Museum）馆长、MoMA教育及研究支持部副总监，以及惠特尼美术馆的第一位负责管理永久馆藏的策展人。

88 指由纽约西敏寺俱乐部1877年开始举办的西敏寺犬展（Westminster Kennel Club Dog Show），每年一届，是世界四大犬赛之一。

89 美国政治家、教育家，曾任美国国会众议院多数党党鞭，后出任纽约大学校长，纽约股票交易所及洛克菲勒基金会的理事会成员。

90 苏格兰裔美国工业家，美国钢铁大王。

① 格蕾丝·格洛克，《利奥·卡斯泰利盘点30年的卖画生涯》（“Leo Castelli Takes Stock of 30 Years of Selling”），摘自《纽约时报》，1987年2月5日。

② 苏珊·布伦戴奇及帕蒂·布伦戴奇访谈，作者采访，纽约，2007年6月6日。

③ 艾格尼丝·冈德访谈，作者采访，2008年3月14日。

④ 厄休拉·赫尔曼访谈，作者采访，纽约，2008年5月12日。

⑤ 鲍勃·蒙克访谈，作者采访，纽约，2009年9月2日。

⑥ 埃利·布罗德访谈，作者采访，纽约，2009年2月6日。

⑦ 彼得·布兰特访谈，作者采访，纽约，2008年12月8日。

⑧ 比尔·埃利希访谈，作者采访，纽约，2009年9月2日。

⑨ 保罗·鲁米兹（Paolo Rumiz），《卡斯泰利，感怀之旅》（“Castelli, viaggio sentimentale”），摘自《小报》的里雅斯特版，1986年10月15日。

⑩ 皮耶罗·克恩访谈，作者采访，的里雅斯特，2005年5月2日。

⑪ 斯特拉·拉斯曼（Stella Rasman），《杰出的的里雅斯特人》（“Il Magnifico Triestino”），摘自《小报》的里雅斯特版，1987年12月1日。

⑫ 彼得洛·科尔塔拉（Pietro Cordara），《好过卡塞尔》（“Meglio di Kassel”），摘自《小报》的里雅斯特版，1988年6月26日。

⑬ 保罗·鲁米兹，《卡斯泰利访谈录：“我在的里雅斯特说谢谢。”》（“Intervista a Castelli, ‘A Trieste dico grazie’”），摘自《小报》的里雅斯特版，1987年11月12日。

⑭ 档案，纳迪娅·巴森纳斯画廊，的里雅斯特。

⑮ 纳迪娅·巴森纳斯访谈，作者采访，的里雅斯特，2008年7月24日。

⑯ 菲利普·达根，《利奥·卡斯泰利，画商巨子》，摘自《世界报》，1987年10月29日。

⑰ 弗朗索瓦·密特朗研究中心档案。

⑱ 至今仍在对这场展览进行研究的学者包括芭芭拉·罗斯、朱迪思·戈德曼、南·罗森泰尔和马克·罗森泰尔（Mark Rosenthal）。

⑲ 保罗·泰勒（Paul Taylor），《贾斯培·琼斯》（“Jasper Johns”），《采访》（*Interview*）杂志20期，7号刊（1990年7月）；摘自《贾斯培·琼斯：文章、速写本笔记、采访》（*Jasper Johns: Writings, Sketchbook Notes, Interviews*）（纽约：Museum of Modern Art，1996年出版），251页。

⑳ 约翰·罗素，《四季，贾斯培·琼斯震撼人心的画作》（“The Seasons, Forceful Paintings from Jasper Johns”），摘自《纽约时报》，1987年2月6日。

㉑ 杰克·克罗尔（Jack Kroll），《四个季节一个琼斯：费城展出美国大师》（“A Johns for All Seasons: Philadelphia Showcases an American Master”），摘自《新闻周刊》（*Newsweek*）（1988年11月14日）：82页。

㉒ 迈克尔·布伦森（Michael Brenson），《当威尼斯双年展拉开帷幕，贾斯培·琼斯就成了焦点》（“As Venice Biennale Opens, Jasper Johns Takes the Spotlight”），摘自《纽约时报》，1988年6月27日，C15版。

㉓ 迈克尔·布伦森，《贾斯培·琼斯在威尼斯亮出国旗》（“Jasper Johns Shows the Flag in Venice”），摘自《纽约时报》，1988年7月3日，H27版。

㉔ 史蒂芬·亨利·马多夫（Steven Henry Madoff），《威尼斯双年展：静如止水》（“Venice Biennale: Calm Waters”），摘自《艺术新闻》87期（1988年9月）：178—180页。

㉕ 罗伯特·休斯（Robert Hughes），《威尼斯双年展发生反弹》（“The Venice Biennale Bounces Back”），摘自《时代周刊》（1988年7月25日）

㉖ 瓦妮娜·柯斯塔（Vanina Costa），《贾斯培·琼斯：现实的艺术》（“Jasper Johns: l'art du réel”），摘自《美术杂志》（*Beaux Arts Magazine*）60期（1988年9月）：54—63页。

㉗ 彼得洛·科尔塔拉，《好过卡塞尔》，摘自《小报》的里雅斯特版，1988年6月26日。

㉘ 汤姆·克伦斯访谈，作者采访，纽约，2007年5月24日。

㉙ 加尔文·汤姆金斯，《异乎寻常：罗伯特·劳申伯格和我们这个时代的艺术世界》（纽约：Doubleday，1980年出版），282页。

㉚ 摩根·斯潘格尔访谈，作者采访，纽约，2009年4月14日。

㉛ 威廉·格莱姆斯，《柯克·瓦尔内多在MoMA的工作成了烫手山芋》（“Kirk Varnedoe Is in the Hot Seat as MoMA's Boy”），摘自《纽约时报》，1990年3月11日。

㉜ 格蕾丝·格洛克,《卡斯泰利将重要作品赠予MoMA》,摘自《纽约时报》,1989年5月10日。

㉝ 艾格尼丝·冈德访谈,作者采访,纽约,2008年3月14日。

㉞ 罗伯特·斯托尔访谈,作者采访,纽约,2008年4月4日。

㉟ 参见罗伯特·E. 杜菲(Robert E. Duffy),《艺术法:代理艺术家、画商和收藏家》(*Art Law: Representing Artists, Dealers, and Collectors*)(纽约:Practising Law Institute,1977年出版),430页;以及富兰克林·费尔德曼(Franklin Feldman)、史蒂芬·E. 韦尔(Stephen E. Weil)与苏珊·杜克·比德曼(Susan Duke Biederman):《艺术法:创作人及收藏家的权利与义务,1998年增编本》(*Art Law: Rights and Liabilities of Creators and Collectors, 1988 Supplement*)(波士顿:Little Brown,1988年出版),289页。

㊱《MoMA》杂志,1989年夏季刊,第2册,1号刊,第3页,现代艺术博物馆档案。

㊲ 彼得·布兰特访谈,作者采访,纽约,2009年12月12日。

㊳《致安妮·科恩-索拉尔》("Letter to Annie Cohen-Solal"),2008年4月3日。

㊴ 约翰·罗素,《劳申伯格和琼斯:外先生和内先生》("Rauschenberg and Johns: Mr. Outside and Mr. Inside"),摘自《纽约时报》,1987年2月15日。

㊵ 罗伯特·斯托尔访谈,作者采访,纽约,2008年4月4日。

㊶ 苏珊·布伦戴奇访谈,作者采访,纽约,2007年6月6日。

㊷《利奥之书:ICI致敬利奥·卡斯泰利》(*The Leo Book: ICI Salutes Leo Castelli*)(纽约:Independent Curators International,1997年出版)。

㊸ 让-克里斯托弗·卡斯泰利文献。

后 记

利奥非常慷慨，非常精明，也极为忠诚。艺术世界如今发生了翻天覆地的变化：它成了一个产业，全球化程度比过去高得多，价格上更是今非昔比！《错误的开始》卖出 1500 万美金的时候，人们都觉得这已经是天价了，可是现在有了信息科技，你可以用一封电邮把画发到莫斯科去，他们会再用电邮把画款付给你，而且还是即时到账！我多希望利奥还活着，能够看到今天发生着的一切！①

——拉里·高古轩

2008 年 10 月 27 日，周一，晚上 6：30，纽约。在这个温暖的秋夜，在清空了成群结队的参观者后，盛装之下的大都会艺术博物馆显得格外隆重：紫叶植物扎成的巨大花束装点着入口，身着黑衣的仪仗队排成了几行。在博物馆的南翼，古希腊、罗马的塑像在华灯初上的夜色中落寞地发着冷光。五个月前，鲍勃・劳申伯格与世长辞，而在此前一天，MoMA 率先对这位艺术家进行了悼念。大都会艺术博物馆的请柬是一块棉制的白色方巾，上面印着一张空椅子和一句令人挥之不去的格言：“一定有比变老更加好玩儿的生长方式。——罗伯特・劳申伯格。”从走进博物馆的那一刻起，来宾们就意识到，接下来的每分每秒都将意义非凡；然而他们并不知道，这还将是异彩纷呈的一夜。他们被安排进了两个会场——格蕾丝・雷尼・罗杰斯会堂（Grace Rainey Rogers Auditorium）[1] 和丹铎神庙（Temple of Dendur）[2]——当晚的发言会在两个会场中轮流进行，来宾们则可以通过一块大屏幕观赏到另一个会场的实况。每个人都拿到了一本小册子——《罗伯特・劳申伯格，1925—2008》（*Robert Rauschenberg*，1925—2008）。这是一本二十页的照片语录集，以硬质封面装帧，简单而不失优雅。

在接下来的两个小时中，这场仪式为来宾们带来了一个又一个惊喜：艺术家的家人、助手、朝夕相伴的朋友［在他人生的最后阶段照顾过他的护士珍妮・博德曼（Janine Boardman）就是其中之一，她在长笛的伴奏下演唱了伊登・阿拜兹（Eden Ahbez）[3] 的《自然之子》（“Nature Boy”）[4]。在劳申伯格去世前的那一刻，她在他床边哼唱的就是这首歌］、同志［艺术家吉姆・罗森奎斯特和查克・克罗斯（Chuck Close）[5]、编舞家崔莎・布朗（Trisha Brown）[6]］、策展人、博物馆馆长（南・罗森泰尔、汤姆・克伦斯）和收藏家（克里斯托夫・德・梅尼尔）纷纷致辞。能够应邀在大都会艺术博物馆的核心区域“尽情享受这场派对”，令所有人兴奋不已。他们想待多久就待多久，因为这才是符合鲍勃心意的做法。不过，整晚最精彩的压轴好戏却是一段令人意外的发言——劳申伯格的一位助手在串词中将它形容为“最美秋日玫瑰上的那一片花瓣”。美国的文化圈跟政治圈向来井水不犯河水，在座的来宾中有谁又能想到，接下来发言的人竟会是比尔·克林顿总统？“我非常感激鲍勃决定将他的雕塑《远古事变》（*Ancient Incident*）[7] 留在白宫花园。”克林顿解释道，一条富丽的紫色领带将他映衬得神采奕奕。“杰基·肯尼迪在这里开辟出了一片玫瑰园，希拉里则在杰基的强烈支持下将它变成了一个雕塑花园。它彻底改变了整个白宫的气质。鲍勃的艺术理应出现在那里，因为那是最优秀的美国艺术。”在接下来的时间里，来宾们都在谈论总统的出现和他对杰基·肯尼迪的提及，当人们聊到即将开始的总统选举，会场中回荡起欢乐的预测之声。时常能够听到伊莲娜·索拿本德的名字，还有利奥·卡斯泰利的名字，他就像应邀赴宴的指挥官雕像[8]一般，从未被人遗忘。原因不言自明——是他在前妻的帮助下，凭借自己的坚忍不拔，在 1964 年的威尼斯双年展上为劳申伯格争取到了全世界的认可；而在美国这样的国家，竟能有逝者以艺术家的身份获得如此高规格的悼念，卡斯泰利功不可没。

1977 年 1 月 20 日，华盛顿哥伦比亚特区
利奥与罗伯特·劳申伯格去白宫参加吉米·卡特（Jimmy Carter）的就职典礼

摄影：詹弗兰科·戈尔戈尼（Gianfranco Gorgoni）摄

距画廊主卡斯泰利辞世已近十年，他在西百老汇大道420号的画廊也已关闭了十一年之久，但即便此时，他的名字依然响亮。在对卡斯泰利的怀念中，一群对他无限忠诚的画廊主逐渐培养出了一种近乎宗教崇拜的感情；我也在创作此书的四年中，对他产生了全新的认知。伦敦的詹姆斯·麦耶和都灵的吉安·恩佐·斯皮罗内每年都会在2月、5月和11月来纽约参加拍卖，也总免不了会来电询问书稿的进展，告诉我关于卡斯泰利的最新消息，以及殷切怀念着他的人们在他去世之后的所作所为（这里出版了一本画册，那里又举办了一场展览），并不厌其烦地向我提供了一段段鲜活的记忆（麦耶无数次重新绘制了卡斯泰利卫星画廊的地图；斯皮罗内则帮我订正了许多日期，还带我结识了新的朋友）。至于托尼·沙弗拉齐，他从那时起就成了卡斯泰利最虔诚的信徒，坚持要求任何纪念利奥的行为都必须符合这位画廊主生前的标准。

大都会艺术博物馆的纪念仪式结束了。几天之后，卡斯泰利的三位左膀右臂——一个英国人、一个意大利人和一个来自伊朗的美国人——就出现在了佳士得和苏富比照例会在秋季举行的拍卖会上。他们的衣着全都深得师父真传——一身优雅的西装，给人冷静持重的印象，与其他争奇斗艳的画商大相径庭。利奥的时代在十年之前早已结束，而这三个忠诚的男人依然对他念念不忘，他们因一种难能可贵且无法磨灭的情感联系在了一起，不断编织着他的历史。即便在其他画廊主的记忆中，卡斯泰利也从不是个投机者。安吉拉·韦斯特沃特就曾说过：“他是全世界最受人尊敬的画廊主，是我们所有人心目中的楷模。”[2]在她之后，在柏林、东京和纽约都设有画廊空间的池田彰公开承认，是利奥·卡斯泰利“塑造”[3]了他，让他成了一名画商。一些像多伦多的戴维·米尔维什（David Mirvish）[9]这样的画廊主则孜孜不倦地提醒着人们：“利奥说过，画廊主的功能与批评家不同。我们的工作不应该是描述或分析艺术，而应当为艺术家打开通往世界的大门。”[4]最后但同样重要的是，杰弗里·戴奇对卡斯泰利自成一格的名流形象进行了极具洞察力的解构，他在卡斯泰利光鲜的外表下看出了成就他的真材实料。他笃定地猜测道：“即便他的答复有时看似肤浅，但他确实对艺术进行过深邃的思考。就拿安迪·沃霍尔来说，卡斯泰利自创了一套流于表面的说法，其实他有非常深刻的见解，只是与别人分享会很不自在。”[5]

人们对卡斯泰利的狂热崇拜不断地突破着我的想象力。它存在于社会的各个阶层。每次有艺术圈的人问起我的工作，只要我一说出利奥的名字，对方都会立马真情流露。人们对他的那种怀恋、那种热忱、那种“让人欲罢不能的思念”[6]（鲍勃·蒙克）似乎始终充沛饱满。确实，自从我展开了对卡斯泰利一生的调查，他对美国文化的影响就远远超越了我的预期，这种感受甚至在此书完成之后还在继续。为什么会有这些喷涌而出的情感呢？为什么会有这样狂热的崇拜呢？究竟是什么给人们留下了如此难以磨灭的印象？温情的回忆会逐渐降温，但无数个渴望共鸣的灵魂倾注于同一个对象的虔诚之心则会永存。这个国家已经发生了翻天覆地的变化，奥巴马的当选只是浮在水面上的冰山一角，在这里，卡斯泰利的形象顺应了一部分人的心声，正在成为一个公认的符号，它代表的是一个理想、一件永远都在创作中的作品、一片由许多双手共同创造出的锦绣河山。这片风景最重要的缔造者无疑是他的艺术家们，而他们当然明白共存共荣的道理。基斯·索尼尔坚称：“如果说我在美国具有一定地位的话，那是因为利奥带我一起做过展览，所以公众才只好严肃地看待我的艺术。”[7]吉姆·罗森奎斯特也对此确信无疑：“利奥的使命是去接纳不为人知的青年艺术家，将他们放进优秀的收藏，从而将他们送上职业艺术之路。在这个年轻的国家，艺术一度无人问津，但他却从根本上改变了收藏家与艺术家的关系：通过提高艺术家的声望，他成功地让收藏家们意识到我们并不是一群乞丐。”[8]

在这个崇拜卡斯泰利的“宗教团体”中，有一部分“神职人员”是卡斯泰利画廊过去的员工。离开画廊后，他们广泛地参与了博物馆、基金会或其他画廊的工作，即便在卡斯泰利去世后也始终保持着联系。他们相互支持、一同缅怀过去，除此之外还有一项重要的工作，那就是为我出谋划策！就这样，卡斯泰利的关系网在时间的不可抗力和时代的变迁中得以延续。这个网络中的每一位成员都清楚他们分享着一份珍贵的宝藏，他们尽力保护着这份共同的遗产，并试图将其发扬光大。他们一层一层地丰富着关于卡斯泰利的信息，而我的工作就是去聆听这首永远都不会停止的赞美诗。“能为这个男人工作是我们的骄傲。”曾在卡斯泰利画廊工作过 5 年的黛比·泰勒解释道，“我们都爱他！”[9]关于卡斯泰

迈耶尔·韦斯曼：《利奥马克杯》，创作于 1993 年
这是一只以卡斯泰利的形象为主体的陶瓷杯，周围环绕着他旗下艺术家的代表作（从上至下：弗兰克·斯特拉、罗伊·利希滕斯坦、安迪·沃霍尔、贾斯培·琼斯和罗伯特·劳申伯格）。这只杯子的制作方是阿特斯·马格努斯公司（Artes Magnus），由芭芭拉与理查德·莱恩夫妇、比尔·埃利希和露丝·劳埃德（Ruth Lloyds）联合创办，主要经营当代艺术家设计的限量版实用器物
（阿特斯·马格努斯公司提供）

利与他的艺术家的关系，或许要数收藏家比尔·埃利希的描述最为精准："他支持着他们，不仅是他们的经济后盾，也是精神和情感上的支柱。他就是那块托起了明日之星的基石，是他塑造了今天的英雄。不仅如此，他还让美国艺术家成为每一个想要理解艺术史的人无法绕过的重要课题。"⑩收藏家理查德和芭芭拉·莱恩向我展示了一篇大爱无言的墓志铭——他们的《利奥马克杯》（*Leo Mug*）。这是迈耶尔·韦斯曼（Meyer Vaisman）[10] 创作于 1993 年的一只陶瓷杯，后来莱恩夫妇对它进行过一些调整。它以卡斯泰利的形象作为主体，周围环绕着代表了这位画廊主的作品。这件极其珍贵的艳俗艺术[11] 作品在客厅中占据了一个十分显眼的位置。

他品格高贵，他彬彬有礼，他慷慨无私，他热情如火，他不偏不倚，他追求卓越——赞扬过他的人格之后，人们都会对他独一无二的地位给予认可，只是表述各有不同，有人称他为"教皇"（格伦·奥布莱恩），有人把他看作是"指南针"（派特·卡波拉索），不一而足，而他的跟随者们则被称为他的"门徒"（鲍勃·蒙克）。一些批评家也参与到了对卡斯泰利的神化当中，例如试图总结"卡斯泰利魔力"的贝特西·贝克就深信，"他的工作不只以营利为目的，更多的是出于情分。"⑪格伦·奥布莱恩则从画廊主卡斯泰利对艺术家的布局中看到了他的高明："利奥不像他那些一门心思追求利润最大化的同行，他的眼光更加长远，具有一种战略性的历史观。"⑫卡斯泰利的工作方式让他的艺术家们受益良多，但奇怪的是，连他的客户们——那些本身已经功成名就的大收藏家们——对他的热情也丝毫不减。比尔·埃利希宣称："跟他在一起的时候，我总是觉得自己是在陪伴一位国王。"⑬"加入利奥的圈子非常能够启迪心智。"温·克拉马斯基解释道，"当你走进东七十七街 4 号，就像是被主人迎进了家门。利奥欣赏那些严肃的收藏家，他能够凭直觉认出这些人，也会优待他们。"⑭"你必须得向利奥证明自己，"埃利·布罗德回忆道，"他不会把作品卖给只是有钱却根本不欣赏艺术的人。他要把作品留给真正热爱艺术的人、愿意去学习的人。"⑮就算是那些后来被利奥认可为一流收藏家的客户，也必须先在沙漠中历经四十个日夜的考验。[12]

如果卡斯泰利和收藏家们培养起的深厚情谊至今还在发挥作用，或许是因为这些由他带入艺术世界的门外汉们如今已是美国文化的领军人物了。彼得·布兰特就是其中之一。他在十九岁时结识了卡斯泰利，从此便将这位画廊主当成了自己的人生导师。后来他成了一位 S.I. 纽豪斯式的人物，管理着一批在一定程度上塑造了美国审美趣味的刊物。他和纽豪斯都跟卡斯泰利一样，为自己光明磊落的做事方式而自豪。“我向利奥请教拍卖价格的时候，”布兰特回忆说，“他从来都不会往对他有利的方向对我进行引导。我们的对话与权力无关，完全是出于信任。在利奥看来，他与艺术家的关系、他们在思想上的交流、作品的品质才是最值得考虑的因素。他做的每一件事都问心无愧。”[16]而另外一些收藏家，虽然从事的并不是文化行业，却也对卡斯泰利佩服得五体投地。埃利·布罗德就是其中之一：“与利奥待在一起，就像是在见证历史。利奥是画商界不可多得的宝贵人才，是杰出的艺术家代理人。我真的觉得，就算不聊生意，我们也能促膝长谈。每个月，我们都会找一个周六一起吃顿午饭。我把他当朋友。世界上再也不会有第二个卡斯泰利了。”[17]

如果说世界上再也不会有第二个卡斯泰利了，或许是因为这个世界已经失去了制造卡斯泰利的能力。有些文化名人之所以无法逾越，比如好莱坞黄金时代的电影明星，就是因为这种地位本身已经不复存在了，不论一个人的意愿多强、天赋多高，也都无法再现那种辉煌。卡斯泰利心知肚明，在他事业的最后阶段，连他自己都不再是那个“利奥·卡斯泰利”了，至少已经不再位于曾经属于他的舞台正中。摩根·斯潘格尔1988 年开始在苏荷的卡斯泰利画廊担任经理，在那里一直工作到了 1994 年，据他回忆：“卡斯泰利高明地利用了艺术事件在二十世纪五十年代末独一无二的一次集中爆发。新的时代让人们可以搭乘飞机在短时间内跨国旅行，还获得了向世界上任何一个地方汇款的能力。麦迪逊大道上的广告行业方兴未艾，遍地都是杂志、艺术媒体和曝光的渠道。当天时地利人和样样具备，一支无与伦比的艺术大军便在利奥的培养下应运而生了。早五年，这还不可能发生；晚五年，一切又都太迟了。但他就是具备这样的触角，所以才能冲上时代的浪尖。”[18]唐纳德·马龙也描述过卡斯泰利抓住历史机遇的天赋："利奥发现了那个即将来临的时代，辨认出了一大批极为重要的参与者，继而创造了一个适于他们茁壮成长的环境，一个属于发现和成功的环境。他将美国艺术推向了世界。搬到苏荷之后，他的画廊成为人们愿意专程前往的目的地，因为利奥正在那里指引着前路。"⑲如今，比尔·克林顿总统曾经盛赞的雕塑花园早已是白宫不可分割的一个部分，或许这座花园也会像二十世纪末的卡斯泰利画廊那样，在二十一世纪初崭新的美国文化生态中成为一个地标。

鲍勃·蒙克认为，卡斯泰利引发了一场针对社会问题的深刻变革，这绝不是普通画商能够做出的贡献，他给出了一个例子："某种程度上，直到六十年代末、七十年代初，美国还是一个庸俗的社会。一个男人如果能够引用诗句或者欣赏画作，就会被说成是女里女气的娘娘腔。而利奥却向一大批生意人［其中包括约翰·鲍尔斯（John Powers）[13]］证明，一个人在散发阳刚之气的同时也可以热爱艺术和文化。后来，约翰·鲍尔斯凭借他从利奥那里学到的东西，影响了一个名为'青年总裁'（Young President）[14]的团体。这是一个汇聚了众多年轻首席执行官的组织。鲍尔斯言传身教地告诉他们，看棒球比赛和欣赏贾斯培·琼斯并不矛盾。这些人后来都对我说：'我敢去爱艺术了，正在和太太一起搞收藏，利奥·卡斯泰利改变了我的生活！'"⑳一些类似于父亲的长辈会教男孩子们投掷棒球，卡斯泰利则让他们获得了去爱艺术的能力。

卡斯泰利跨越了许多边界——社会的、文化的、代际的——他从一开始就展现出了令人放松的能力，但穷尽一生仍旧没能欣然地接纳自我。自始至终，他想要扮演的都是一个自己创造出来的角色。米米·汤普森嫁给吉姆·罗森奎斯特之前，曾在西百老汇大道 420 号管理过档案，据她回忆，卡斯泰利具有"极其高超的社交能力……在同行中脱颖而出"㉑。直到最后一刻，他都是一个复杂的角色——迷人、神秘、看似自相矛盾，却能自圆其说：一个活到了五十岁的年纪都还"一无是处"的业余爱好者，后来竟成功地将自己送上了一条非凡的事业之路；一个家庭观念变幻莫测的男人、一个不忠的丈夫、一个疏远的父亲和一个在［玛格丽特·森德尔（Margaret Sundell）[15]眼中］绝大多数时候都很“抽象”的外祖父，却在画廊中全心全意地统领着另一个“家族”，一视同仁地照顾着他的员工、艺术家和收藏家们；他一定知道自己的“天才”来自他虽绝口不提却从未忘记的家族传承，即便如此，他与个人身世的和解方式却是不假思索地与自己的犹太血统一刀两断；他是一个完美彰显了欧洲气质的角色，却在一定程度上成为战后美国人的一个典范。

从意大利文艺复兴到美国波普艺术，卡斯泰利的一生将天差地别的元素汇聚在了一起。要找到那颗通向他内心深处的玫瑰花蕾[16]，我们或许需要再次向让－克里斯托弗·卡斯泰利寻求帮助。“读你书稿的时候，”让－克里斯托弗突然告诉我，“我才发现，其实父亲创造了一个极为精密的经济体系，而且他是一个真正的商人，只是看上去不像罢了。奇怪吧，因为我小时候虽然常去画廊，可从来都不觉得那是他的工作。他总是在打电话，不紧不慢的，客人来时就会送去一个微笑，他总会消失很长时间，不慌不忙地享用午餐，永远都彬彬有礼、平易近人。他从来都没有着急上火的时候，也不会疯狂地追看道琼斯指数。而在一天结束的时候，他总会在临睡前读一读普鲁斯特。”[22]

去掉疯狂的崇拜者，去掉炫目的闪光灯，去掉在谈判和成交时喷涌而出的肾上腺素，卡斯泰利的事业还是如此值得赞叹，那是因为他始终都在费尔南德·布罗代尔（Fernand Braudel）[17]提出的“历史长河”[18]中看待这份事业，正因如此，最终能够与他的榜样作用相提并论的甚至不是像杜文恩这样最负盛名的现代艺术画商，而是同美第奇家族的科西莫三世联系紧密的弗朗西斯科·费罗尼（Francesco Feroni）[19]。他们都预见自己将会投身于一项伟大的人类事业。这个事业在他们降生之前就已经开始，在他们死后还会长久地继续下去。

卡斯泰利的传奇之所以能够存在，当然不只归功于他为恪守理想做出的奉献，还有他对自己推崇的艺术尽心尽力的服务。现在，我们还是要将他与杜文恩进行一番比较。杜文恩在战前为了提升古典艺术家的价值做出的努力不仅不亚于卡斯泰利在战后对美国当代艺术的贡献，甚至可能更胜一筹。然而，虽然杜文恩在卡斯泰利之前就建立起了一个巨大的掮客、星探和批评家的关系网，他对艺术商业的创新却常常因为他的重利轻义和庸俗市侩为人所不齿——为了将欧洲艺术珍品在美国卖出更高的价格，他剥除了画作原始的表层，重新上光，还迫使伯纳德·贝伦森昧心地为其背书，“当你为了获得一件无价之宝一掷千金，其实你是捡到便宜了。”从杜文恩大言不惭、唯利是图的论调中就能看出，他们的道德观念与卡斯泰利着实相差甚远。

的确，卡斯泰利作为一名商人的经验对他的成功而言至关重要，对艺术的生命力同样不可或缺，恐怕也是他本人最看重的。2006 年，荷兰历史学家玛丽卡·克布卢谢克（Marika Keblusek）[20] 为一份题为《欧洲现代社会初期的代理人》（“Agents in Early Modern Europe”）的学术会议报告撰写了序言，她在文中的论述似乎与让-克里斯托弗·卡斯泰利的观点不谋而合。“要想书写一部关于现代社会早期政治和文化转变的历史，”她写道，“必须首先承认商人在代理制度中发挥的关键作用……他们既是参与者也是促成者，从事着斡旋、代理的工作，建立并维护了国际金融系统、邮政网络和分销渠道。我们应当将现代社会早期的‘代理人’一词理解为一种功能，而非一项职业。”[23]读到这里，我不禁想到，利奥·卡斯泰利曾在 1991 年建议我前往蒙特圣萨维诺探寻他在托斯卡纳的根，这或许是他的潜意识和预感对我的一个暗示吧！

[1] 1954 年，大都会艺术博物馆用美国慈善家、艺术收藏家格蕾丝·雷尼·罗杰斯（Grace Rainey Rogers）在遗嘱中留下的捐款建造的一座会堂，拥有 708 个座位。

[2] 一座建造于公元前十五世纪的古埃及神庙，1965 年由埃及政府赠送给美国，后在大都会艺术博物馆中展出。

[3] 即乔治·亚历山大·阿伯勒（George Alexander Aberle），美国作曲家、录音艺术家，对嬉皮运动具有很大的影响。

[4] 阿拜兹 1948 年创作的一首歌曲，曾连续八周位居音乐排行榜首位。

[5] 查尔斯·托马斯·克罗斯（Charles Thomas Close），美国画家、摄影师，照相写实主义的代表人物。

[6] 美国编舞家、舞蹈家，后现代舞蹈的开创者之一。

[7] 劳申伯格 1981 年创作的一件木质及金属雕塑。

[8] 在歌剧《唐·璜》（*Don Giovanni*）的一开始，指挥官为保护女儿惨遭唐·璜杀害，他的雕像在歌剧尾声处显灵，但狂妄的唐·璜不以为然，还邀请雕像共进晚餐，最后指挥官的雕像前来赴宴，并代表上帝将唐·璜送进了地狱。

[9] 加拿大艺术收藏家、艺术商人、戏剧制作人和房地产开发商。

[10] 美国艺术家、雕塑家，新几何主义的代表人物。

[11] 原文为：Kitsch，一种迎合大众而非高雅的艺术形式，有时需要以讽刺或幽默的方式欣赏。

[12] 耶稣在首洗后，在沙漠中斋戒了四十个昼夜，经受住了撒旦的一切诱惑，四十天过后才开始传教。

[13] 美国职业经理人，曾任世界广告业巨头麦肯广告公司（McCann Erickson）在欧洲和北美地区的首席执行官。

[14] 青年总裁组织（Young Presidents' Organization），1950 年成立于纽约州罗切斯特市的全球青年首席执行官网络。

[15] 妮娜·森德尔的女儿。

[16] 见 101 页注释 25。

[17] 法国历史学家，在他 1949 年发表的论文《菲利普二世时期的地中海和地中海世界》（"La Méditerranée et le monde méditerranéen à l'époque de Philippe II"）中，他率先使用了长远（longue durée）一词。

[18] 原文为法语：l'Histoire de la longue durée，指长远的历史。

[19] 意大利商人、政客、官员，曾在荷兰作为托斯卡纳大公科西莫三世的政治和文化事务的代理人，为美第奇家族建立一流的欧洲艺术收藏做出了巨大贡献。

[20] 荷兰历史学家，任教于莱顿大学（Leiden University）。

① 拉里·高古轩访谈，作者采访，2008年4月25日。

② 安吉拉·韦斯特沃特访谈，作者采访，纽约，法语原文的日期为2008年11月12日及2009年1月31日，但英文原文只写了2009年1月31日。应按照法语原文的时间，才能与正文接下来的内容对应。

③ 池田彰访谈，作者采访，纽约，法语原文的日期为2009年1月24日，英文原文错写为2008年1月24日。

④ 大卫·米尔维什访谈，作者采访，纽约，2009年3月21日。

⑤ 杰弗里·戴奇访谈，作者采访，纽约，2009年3月20日。

⑥ 鲍勃·蒙克访谈，作者采访，纽约，2009年1月22日。

⑦ 基斯·索尼尔访谈，作者采访，纽约，2009年1月29日。

⑧ 吉姆·罗森奎斯特访谈，作者采访，纽约，2008年1月29日。

⑨ 黛比·泰勒访谈，作者采访，纽约，2009年2月24日。

⑩ 比尔·埃利希访谈，作者采访，纽约，2009年2月6日。

⑪ 贝特西·贝克访谈，作者采访，纽约，2009年1月26日。

⑫ 格伦·奥布莱恩访谈，作者采访，纽约，2008年12月16日。

⑬ 比尔·埃利希访谈，作者采访，纽约，2009年2月6日。

⑭ 温·克拉马斯基访谈，作者采访，纽约，2009年2月3日。

⑮ 埃利·布罗德访谈，作者电话采访，2009年2月6日。

⑯ 彼得·布兰特访谈，作者采访，纽约，2008年12月8日。

⑰ 埃利·布罗德访谈，作者电话采访，2009年2月6日。

⑱ 摩根·斯潘格尔访谈，作者采访，纽约，2009年4月14日。

⑲ 唐纳德·马龙访谈，作者采访，纽约，2008年1月28日。

⑳ 鲍勃·蒙克访谈，作者采访，纽约，2009年1月22日。

㉑ 米米·汤普森访谈，作者采访，纽约，2009年2月25日。

㉒ 让－克里斯托弗·卡斯泰利访谈，作者采访，纽约，2008年11月15日。

㉓ 玛丽卡·克布卢谢克，《现代代理人概述》，摘自汉斯·库斯、玛丽卡·克布卢谢克、巴德罗什·诺尔杜斯编辑，《您忠诚的仆人：欧洲现代社会初早期的代理人》（荷兰希尔弗瑟姆市：Uitgeverij Verloren，2006年出版）。

致　谢

如何确定这个项目开始的时间呢？我与编辑们签订合约已经是很后面的事了。在我最后一次论文答辩结束的时候，雷蒙德·莫林用传说中极具说服力的口吻向我下了命令："你欠我们一本写卡斯泰利的书！"那是2001年的11月，可我对这个时间还是不大确定。对了，如果我没记错的话，一切应该从1989年10月莫妮娜·冯·欧宝（Monina von Opel）[1]在纽约的一次家宴说起，我和卡斯泰利的初次相遇就发生在这里。我马上就对这个人产生了兴趣——吸引我的除了他的成就和个人魅力，当然还有他的身世和神秘色彩。从那时起，我就在为脑海中出现的无数个问题寻找着答案，除了写一本书，还能用什么样的方式来回答他们呢？流离失所和战争，不同的城市、国家、语言和文化认同——为了塑造出一副得体、优雅、练达的欧洲政治流亡者的面具，卡斯泰利对这些元素全都驾驭得炉火纯青，而它们也同样存在于我的历史之中。蒙特圣萨维诺和科托纳、的里雅斯特和阿尔及尔这两对城市间有不少相似之处，这两个世界中还存在着许多能够一一对应的姓氏［心理咨询师埃杜尔多·魏斯和亚历山德罗·德·达尼诺斯（Alessandro de Daninos）[2]骑士会不会与我的外祖父阿尔伯特·韦斯（Albert Waïss）和我的舅祖父埃利·达尼诺斯（Elie Daninos）存在着某种遥远的亲缘关系？］，除了这些，我们之间还始终存在着一种更深层次的联系。简而言之，在对卡斯泰利进行系统化的历史和社会破译的过程中，我似乎也是在探寻自己的根源。

首先要感谢格里高利（Gregory）与瑞吉娜·温加滕（Regina Weingarten）[3]夫妇。他们本身就是跨文化的旅行者，从一开始就对这本书充满了热情，对它的成功信心十足，并准许我在美国开展了长达四年的前期准备工作，而进行充分的准备对这样的一部作品而言不可或缺。格里高利是往来于加利福尼亚和欧洲的一位画家和艺术赞助人，瑞吉娜是穿梭于葡萄牙、巴西、美国和法国的一位比较文学学者和作家——他们的过往是否让人想起了画廊主卡斯泰利的历史？我还要感谢约翰（John）与玛丽·扬（Mary Young）夫妇[4]对我坚定不移的支持，许多年来，他们始终忠诚地对待着我们共同的事业，而我们跨越大西洋的友谊也取得了新的进展；感谢那些不愿意在这里透露姓名的朋友，福泽巷（Further Lane）[5]的魅力对我写出开篇的几个章节发挥了积极的作用；感谢弗朗索瓦·德拉特（François Delattre）[6]、米奇·帕尔默（Micky Palmer）[7]、詹姆斯（James）与莉莉安·鲁宾（Liliane Rubin）夫妇[8]、巴德·特里林（Bud Trillin）[9]、丹尼尔（Danielle）与瑟奇·贝朗格（Serge Bellanger）[10]夫妇，是他们给了我重返纽约的机会，让我在优越的条件下重新在这座城市立足，仿佛从未曾离开过一样；特别感谢查尔斯·马松（Charles Masson）[11]，是他让我在优雅到令所有人叹为观止的青蛙餐厅（La Grenouille）度过了难以忘怀的时光；感谢林恩·科恩－索拉尔（Lyne Cohen-Solal）[12]和马丁·列维（Martin Lévy），是他们让我感受到了万神殿广场（Place du Panthéon）[13]的神奇魔力，并帮助我在夏季的几个月中在巴黎开展研究；感谢波洛克－克拉斯纳基金会（Pollock-Krasner Foundation）[14]的查理·伯格曼（Charlie Bergman）[15]，是他让阿卡博纳克溪（Accabonac Creek）[16]的鸟鸣声伴随我度过了在斯普林斯做研究的一年时间；感谢杰拉德（Gerald）与凯蒂·彼得斯（Katie Peters）夫妇[17]，以及艾丽丝·邓肯（Alice Duncan）[18]，是他们让我在圣达菲老路（Camino Viejo）[19]的阳光里，重读了这本书的最后几个章节；感谢鲍勃·威尔逊（Bob Wilson）[20]，是他让水磨中心（Watermill）[21]的热带树木和图腾柱在2008年8月见证了本书文字的第一次公开发表；感谢雷蒙德·莫林在艺术社会学领域的突破，尤其是她对利奥·卡斯泰利的研究。她在纽约对卡斯泰利进行过采访，她的初步分析对我的研究起到了至关重要的作用，她给我的建议也始终滋养着本书的创作。

还要感谢安嫩伯格基金会（Annenberg Foundation）、佛罗伦萨·古尔德基金会（Florence Gould Foundation）、波洛克－克拉斯纳基金会、伯德·霍夫曼水磨基金会（Byrd Hoffman Watermill Foundation）[22]旗下每一位对这本书做出过贡献的人士，其中包括艾伦·柯布伦斯（Alain Coblence）、卡斯顿·西伯特（Carsten Siebert）、扬·魏思布鲁德（Jörn Weisbrodt）、玛利亚·库辛斯基（Maria Kucinski）、蕾切尔·歌德巴姆（Rachel Goldbaum）、海伦·哈里森（Helen Harrison）、鲁比·杰克逊（Ruby Jackson）和希尔·达恩斯（Cile Downs）。我对这本书的具体想法是在我的经纪人乔治·博尔夏特（Georges Borchardt）[23]的办公室里形成的。他在瓦莱丽（Valerie）和安妮（Anne）的协助下对我给予的支持意义重大。我要向他和米歇尔·拉波特（Michelle Lapautre）[24]致以诚挚的谢意。还要感谢我的编辑阿尔弗雷多·德·马尔齐奥、让－卢普·尚皮翁（Jean-Loup Champion）[25]、乔凡娜·福拉内利（Giovanna Forlanelli）[26]，以及他们团队中的每一位成员——贝阿特丽丝·福蒂（Béatrice Foti）、弗朗索瓦·伊萨瑞特（Françoise Issaurat）、娜塔丽·沙文（Nathalie Chauvin）、奥黛丽·格雷戈尔奇克（Audrey Gregorczyk）、凡妮莎·热纳里（Vanessa Gennari）和米凯拉·阿奎斯塔帕切（Micaela Acquistapace）——无论过程如何艰辛，他们始终以无可挑剔的专业水准帮助我走到了最后。最后，对我神一般的队友乔瓦娜·席蒂－海贝（Giovanna Citi-Hebey）[27]送上一个特别的拥抱[28]。

要如何说清克劳兹家族、卡斯泰利家族和沙皮拉家族在这本书的创作过程中扮演的角色呢？他们对我的支持远不只接受几次采访那么简单。由衷感谢伊莲娜·索拿本德、妮娜·森德尔、让－克里斯托弗·卡斯泰利、玛格丽特·森德尔、乔治·克莱恩博士、皮耶罗·克恩、朱利奥·列维－卡斯特里尼、罗伯特·里特、保罗·里特、安东尼奥·奥梅姆、玛丽伊芙·鲁戈、多米尼克·马丁·罗维特（Dominique Martin-Rovet）和玛利亚·尤金娜·德海恩茨林（Maria Eugenia Deheinzelin），他们同意向我讲述他们的记忆、打开尘封的相册、阅读往日的书信。随着调查的步步深入，每每有触景生情的体验或意外的发现，他们都会与我分享。他们中有两位在这本书创作的最初阶段就离开了人世：伊莲娜·索拿本德和皮耶罗·克恩。我一直将伊莲娜看作与我年纪相仿的一位朋友。她傲慢无礼，乐于挑衅，与她谈话总是妙趣横生。皮耶罗是卡斯泰利的亲表弟，是非常出色的学者和讲故事的高手，肚子里装着说不完的史料，能够将卡斯泰利家族绮丽而复杂的过往娓娓道来。是他为我揭开了的里雅斯特几大家族的神秘往事，在他们变化多端的身份、姓氏、宗教、居所和国籍中为我指点迷津。万分感谢妮娜·森德尔，她慷慨地将我介绍给了家族中的每一位元老，并柔情满怀地向我回忆了那段流亡的经历。让-克里斯托弗则不仅仅是一个纯粹的旁观者，还是这本书的编辑和读者。他总是对我有求必应，不仅善于聆听，还能提供极具建设性的意见，他从未向我施加过哪怕一丁点的压力，始终恰到好处地扮演着一位敏锐、客观的知识分子的角色。安东尼奥·奥梅姆准确无误的记忆，他的耐心和始终不变的慷慨给予了我极为宝贵的信息。最后感谢芭芭拉·贝尔托齐-卡斯泰利向我提供的信息和重要文献。令我感激不尽的还有利奥的亲密朋友们——芭芭拉·雅各布森：她定期与我聚餐，在饭桌上，我总是能从她清晰的回忆中获得启发，这就是她口中的“我对这本书的贡献”；还有阿蒂利奥·科多尼亚托、詹姆斯·麦耶、吉安·恩佐·斯皮罗内和托尼·沙弗拉齐，他们对这本书投入了巨大的精力，而这反映了他们对利奥的敬重和深情。

对卡斯泰利的破译常常是复杂而艰巨的，可依然有人凭借耐心和无私与我一同完成了这项工作，我要对他们表示感谢。在蒙特圣萨维诺帮助过我的有市长西尔瓦诺·马特拉齐、档案管理员兼地方文化官员[29]雷纳托·朱利耶迪、伦左·富纳罗（Renzo Funaro）[30]、杰克·阿尔比布（Jack Arbib）[31]、罗伯托·萨尔瓦多里（Roberto Salvadori）[32]、刘涅拉·纳皮·麦当娜·维泰博（Lionella Neppi Modona Viterbo）[33]、马克·卡内斯基（Marco Caneschi）[34]，以及将论文《犹太身份认同及玛利亚万岁起义》（“L'identità ebraica ed il viva Maria”）提供给我的亚历山德拉·罗吉（Alessandra Roggi）[35]。在他们的努力之下，关于这座城市犹太族群的记忆才变得越来越清晰，并在人们的日常生活中留下了印记。的里雅斯特坐落于蒙法尔科内、戈里齐亚和卡尔索平原（Carso）之间，那里有我最出色的旅伴弗朗西斯科·蒙特内罗，他是我在当地的向导；有奥古斯托·德贝纳尔迪（Augusto Debernardi）[36]，他凭借超群的研究能力，为我挖掘出

[1] 美国街头摄影师。

[2] 出生于里窝那的犹太银行家，去世前任亚得里亚联合保险公司总裁。

[3] 在美国及全球范围对非营利性机构提供资金及支持的家族基金——安嫩伯格基金会（Annenberg Foundation）的副总裁兼总监格里高利·安嫩伯格·温加滕（Gregory Annenberg Weingarten）及夫人。

[4] 美国佛罗伦萨·古尔德基金会（Florence Gould Foundation）总裁及夫人，二人都因促进美法两国关系和文化交流获得了法国荣誉军团勋章。

[5] 东汉普顿的高级别墅区。

[6] 法国常驻联合国代表。

[7] 米歇尔·"米奇"·帕尔默（Michèle "Micky" Palmer），纽约著名厨师丹尼尔·布鲁德（Daniel Boulud）的法国前妻。

[8] 美国艺术史学者詹姆斯·H.鲁宾（James H. Rubin）及其法国妻子。

[9] 即美国记者开尔文·特里林，乳名巴迪（Buddy）。

[10] 生活在纽约的法国银行家、法美商会主席、法国外贸顾问瑟奇·贝朗格夫妇。

[11] 曼哈顿著名的高级法国餐厅青蛙（La Grenouille）的继承者之一，任总经理长达 40 年。

[12] 法国记者、政客，曾任巴黎副市长，本书作者安妮·科恩－索拉尔的姐姐。

[13] 巴黎拉丁区（Latin Quarter）的一座围绕着万神殿（Panthéon）的广场，周围有著名的大学和图书馆。

[14] 杰克逊·波洛克的遗孀李·克拉斯纳设立的一个资助出色的独立艺术家的基金会，成立于 1985 年。

[15] 查尔斯·C.伯格曼（Charles C. Bergman），波洛克－克拉斯纳基金会理事会主席兼总裁。

[16] 杰克逊和克拉斯纳的家及工作室的所在地，位于东汉普顿的斯普林斯，现为波洛克－克拉斯纳之家和研究中心（Pollock-Krasner House and Study Center）。

[17] 美国著名地产商和画廊主夫妇。

[18] 位于纽约和圣达菲的杰拉德·皮特斯画廊的总监。

[19] 意义不明，作者解释为她与艾丽丝·邓恩的一个心照不宣的玩笑。

[20] 罗伯特·威尔逊（Robert Wilson），美国实验戏剧舞台导演、剧作家，被誉为"美国乃至全世界最前卫的戏剧艺术家"。

[21] 水磨中心（The Watermill Center），威尔逊于 1992 年在纽约州的长岛东区成立的一个跨领域的艺术人文实验中心。

[22] 由威尔逊于 1969 年创办的一家向新兴艺术家的创作提供支持的组织，水磨中心的管理机构，以帮助威尔逊克服口吃的老师的名字命名。

[23] 德裔犹太人，美国备受敬仰的作家代理人，代理过的著作人包括查尔斯·戴高乐将军和简·芳达（Jane Fonda）。

[24] 乔治·博尔夏特在巴黎的合伙人。

[25] 法国著名出版社伽利玛出版社（Éditions Gallimard）的艺术类书籍主编。

[26] 乔凡娜·福拉内利·罗瓦蒂（Giovanna Forlanelli Rovati），意大利出版人，1995 年创立了意大利最活跃的独立艺术出版机构之一约翰与列维出版社（Johan & Levi Editore）。

[27] 伽利玛出版社的协调员，让－卢普·尚皮翁的团队成员。

[28] 原文为意大利语：un abbraccio particolare。

[29] 原文为意大利语：Assessore alla Cultura。

[30] 蒙特圣萨维诺的犹太建筑设计师，《蒙特圣萨维诺的犹太民族和他们的坎帕乔》（"La nazione ebrea di Monte San Savino e il suo Campaccio"）的作者之一。

[31] 英国犹太航空工程师，《蒙特圣萨维诺的犹太民族和他们的坎帕乔》的作者之一。

[32] 罗伯托·G.萨尔瓦多里（Roberto G. Salvadori），意大利历史学家、哲学家和画家，本书引文《犹太历史在蒙特圣萨维诺的四百年》（"Quattro secoli di storia ebraica a Monte San Savino"）的作者。

[33] 意大利作家，本书引文《1799，托斯卡纳的一场大屠杀》（"1799：Un pogrom in Toscana"）的作者之一，《蒙特圣萨维诺的犹太民族和他们的坎帕乔》的作者之一。

[34] 意大利法语新闻记者、电台主持人和撰稿人。

[35] 意大利历史学者，《蒙特圣萨维诺的犹太民族和他们的坎帕乔》的作者之一，本书引文《现代犹太人的身份困境：对 1799 年蒙特圣萨维诺反犹太移民的反思》（*Il dilemma identitario ebraico in età moderna: Riflessioni sull'omsirrezione antigiudaica di Monte San Savino nel 1799*）的作者。

[36] 意大利心理社会学家。

了许多珍贵的历史文献；有爱德华多·坎齐安（Edoardo Kanzian）[37]，他告诉了我许多关于当地作家群体的情况；还有纳迪娅·巴森纳斯，她慷慨地向我开放了全部档案；感谢克里斯蒂亚·莱杰里（Christia Leggeri）[38]，她让我获得了许多神奇的发现，例如在杜伊诺城堡（Duino Castle）[39]邂逅了杜恩与塔克西（Thurn und Taxis）[40]家族的故事；莉莉安娜·温伯格-斯多克（Liliana Weinberg-Stock）[41]，她带我领略了的里雅斯特犹太文化生活的方方面面；以及约翰·伯格（John Berger）[42]、安娜·米洛、图利亚·卡塔兰、杰弗里·T. 施纳普（Jeffery T. Schnapp）[43]、[的里雅斯特国家档案馆（Archivio di Stato di Trieste）的] 玛利亚·卡拉·特里亚丹（Maria Carla Triadan）、[档案管理局（Soprintendenza archivistica）的] 皮耶尔保罗·多尔西（Pierpaolo Dorsi）、阿里尔·哈达德拉比（Rabbino Ariel Haddad）[44]、[的里雅斯特犹太族群的] 马里尤·哈希德和阿尔多·安科纳（Aldo Ancona）、[翁贝尔托·萨巴图书馆（Libreria Umberto Saba）的] 马里奥·切尔尼（Mario Cerne）、[斯韦沃博物馆（Museo Sveviano）的] 里卡尔多·切帕奇（Riccardo Cepach）、克劳迪奥·马格利斯、里卡多·卡李曼（Riccardo Calimani）[45]、朱利奥·蒙特内罗、[向我提供了刊登于《尤利安阿尔卑斯山脉》的文献的] 伦佐·赞博内利（Renzo Zambonelli），以及 [的里雅斯特城市图书馆服务处（Servizio Bibliotecario Urbano di Trieste）的] 比安卡·库戴里（Bianca Cuderi）和佛朗哥·列维（Franco Levi）。有两位我永远不会忘记的“的里雅斯特之光”[46]——让我体验到这座城市魅力的玛丽·特拉穆塔（Marie Tramuta）[47]和引领我发现了许多新的文本和足迹的马努艾拉·贝尔托内（Manuela Bertone）[48]。在维也纳，有莱斯尔·弗兰克（Liesl Frank）、格哈特·施瓦尔察赫（Gerhardt Schwarzacher）、马克·佩兰·德·布里尚博（Marc Perrin de Brichambaut）[49]、希拉·库茨（Sheila Coutts）[50]、保罗·里特、利奥·兰辛（Leo Lensing）[51]、珀西·B. 莱宁（Percy B. Lehning）[52]。在米兰，有 [意大利联合圣保罗银行历史档案（Archivio Storico di Intesa Sanpaolo SpA）的] 弗朗西斯卡·皮诺（Francesca Pino）和阿尔贝托·戈塔雷利（Alberto Gottarelli），以及他们的助手法比奥·孔法洛涅里（Fabio Confalonieri）；朱塞平娜（Giuseppina）和亚历山德罗·潘萨·迪·毕欧莫（Alessandro Panza di Biumo）[53]；以及将他的论文《的里雅斯特商业银行的最后时光》（Gli ultimi anni della Banca Commerciale Triestina）［圣心天主教大学（Università Cattolica del Sacro Cuore）经济商贸学院］供我参考的阿尔弗雷多·德阿莫（Alfredo d'Amore）。在罗马，有费利斯·阿方索·德尔·索尔多（Felice d'Alfonso del Sordo）[54]。在布加勒斯特，有桑德拉·普朗（Sandra Pralong）[55]、米歇尔·法内（Michel Farine）[56]和亚历山德鲁·奥夫里姆（Alexandru Ofrim）[57]。在布达佩斯有佐尔坦·伦杰尔（Zoltan Lengyel）[58]、拉斯洛·卡塞（Laszlo Karsai）[59]和朱迪特·莫尔纳（Judit Molnar）[60]。在巴黎，有维罗妮卡·保格优德（Véronique Borgeaud）[61]、让·克罗尼耶（Jean Cronier）、克里斯蒂安·德鲁埃（Christian Derouet）[62]、让－克劳德·德劳因、珍妮·勒古（Janine Lecourt）、艾伦·赖丁（Alan Riding）[63]、拉斐尔·索林和莫里斯·维塞（Maurice Vaisse）[64]。在东汉普顿，有丹尼斯·拉索（Denise Lassaw）[65]、［石溪大学图书馆（Stony Brook University Library）的］多姆娜·萨姆尼斯（Domna Samnis）和派特·卡波拉索。在纽约，是布鲁斯·阿特舒勒（Bruce Altshuler）[66]、厄休拉·赫尔曼、莫里斯·坎巴、桑德拉·朗、朱利安·莱斯布里奇（Julian Lethbridge）[67]、苏珊·劳伦斯（Susan Lorence）[68]、马克·波利佐蒂（Mark Polizzotti）[69]、罗伯特·平卡斯－威腾、费利克斯·罗哈廷、玛丽·施密特·坎贝尔（Mary Schmidt Campbell）[70]、亚历山大·施蒂勒[71]、萨拉·塔格特（Sarah Taggart）[72]，以及埃林·齐默尔曼（Elyn Zimmerman）[73]。

非常感谢以下几位艺术家，他们向我讲述了发生在“利奥岁月”中的故事：让娜－克劳德与克里斯托、贾斯培·琼斯、（代替罗伊的）多萝西·利希滕斯坦、罗伯特·劳申伯格、吉姆·罗森奎斯特、埃德·拉斯查、戴维·萨勒、基斯·索尼尔、弗兰克·斯特拉和比利·苏利文。感谢利奥·卡斯泰利画廊在那个时代的员工：凯·比尔曼、帕蒂·布伦戴奇、苏珊·布伦戴奇、派特·卡波拉索、约翰·古德、鲍勃·蒙克、艾米·波尔－谢尔、摩根·斯潘格尔、黛比·泰勒、米米·汤普森、康尼·特里布尔、戴维·怀特和芭芭拉·沃尔。感谢画廊主和画商们：玛丽·布恩、欧文·布拉姆、加布里埃尔·布莱恩斯、宝拉·库珀、詹姆斯·科科伦、杰弗里·戴奇、

37 意大利新闻记者，文化人士。

38 法国驻的里雅斯特领事馆名誉领事。

39 位于的里雅斯特附近的一座雄踞于亚得里亚海滨的城堡。

40 杜恩与塔克西家族是巴伐利亚地区的贵族家庭，杜伊诺城堡的拥有者是这个家族在捷克的一个分支。

41 意大利新闻记者、作家。

42 英国艺术批评家、小说家、画家、诗人，祖父是的里雅斯特的犹太人。

43 美国的文化历史学者，曾任哈佛和斯坦福大学教授。本书引文《阜姆观察站：美国红十字会的马德琳·威瑟斯彭·登特·哥里-蒙泰尼里及<天才报>主编兼总摄影师弗朗西斯·哥里-蒙泰尼所见和经历的占领期》（*Vedette fiumane: l'occupazione vista e vissuta da Madeleine Witherspoon Dent Gori-Montanelli, crocerossina americana, e da Francesco Gori-Montanelli capo del Genio e del Reparto fotografico*）的作者。

44 的里雅斯特及斯洛文尼亚首席拉比。

45 意大利犹太作家、历史学家。

46 原文为意大利语：Triestines d'honneur。

47 意大利学者、编辑、作家。

48 意大利学者、意大利语教授，本书意大利语版翻译。

49 法国外交官，海牙国际法庭法官，曾在维也纳担任欧洲安全与合作会议（Organization for Security and Co-operation in Europe）法国代表团团长。

50 加拿大籍联合国驻维也纳官员。

51 美国学者，卫斯理大学（Wesleyan University）德国问题研究中心主席。

52 美国学者，鹿特丹伊拉斯姆斯大学荣誉退休的政治理论教授，欧洲政治问题专家。

53 意大利收藏家朱塞佩·潘萨·迪·毕欧莫的儿女。

54 意大利律师。

55 罗马尼亚作家、政治分析家和公民活动家。

56 法国驻罗马尼亚大使馆官员。

57 罗马尼亚历史学者，布加勒斯特历史及艺术博物馆（Muzeului de Istorie i Art al Municipiului Bucure ti）历史部主任。

58 匈牙利政客、议员。

59 匈牙利历史学家，赛格德大学（University of Szeged）历史学教授。

60 匈牙利历史学家，著名的犹太大屠杀研究学者。

61 康定斯基图书馆（Kandinsky Library）档案管理员。

62 蓬皮杜艺术中心历史遗迹首席策展人。

63 英国作家、《纽约时报》驻巴黎文化记者。

64 法国历史学者，巴黎政治研究所（Institut d'études politiques de Paris）教授。

65 艺术家伊布拉姆·拉索之女。

66 本书多篇引文的作者和资料的提供者。

67 英国抽象画家。

68 美国艺术策展人，画廊主，1985年与鲍勃·蒙克合作成立了劳伦斯-蒙克画廊（Lorence-Monk Gallery）。

69 美国翻译家，本书英文版的译者。

70 美国大学管理者，乔治亚州亚特兰大斯佩尔曼学院（Spelman College）的校长、纽约大学帝势艺术学院（Tisch School of the Arts）荣誉院长、纽约大学文理学院副院长。

71 美国作家，新闻记者，本书引文《仁慈和背叛：法西斯统治下的五个犹太家庭》（*Benevolence and Betrayal: Five Jewish Families under Facism*）的作者。

72 贾斯培·琼斯的秘书、助手、策展人。

73 美国环境艺术家、雕塑家。

多罗西娅·埃尔肯、安德烈·艾默里希、理查德·费根、海纳·弗里德里希、康拉德·费舍尔、拉里·高古轩、康斯坦茨·格伦、阿尼·格利姆切、罗尼·格林伯格、乔·赫尔曼、池田彰、卡罗尔·詹尼斯（Carroll Janis）[74]、伊万·卡普、玛戈·莱文、珍妮·C. 李、戈登·洛克斯利、戴维·米尔维什、琳达·D. 西尔弗曼、丹尼尔·汤普龙、安吉拉·韦斯特沃特和鲁道夫·泽维纳。感谢批评家们：贝特西·贝克、阿基莱·伯尼托·奥利瓦、安·亨德利、萨姆·亨特、格伦·奥布莱恩、加尔文·汤姆金斯、列奥·施坦伯格和罗娜·罗布（Rona Roob）[75]。感谢收藏家们：彼得·布兰特、埃利·布罗德、比阿特丽斯·杜邦（Béatrice Dupont）[76]、比尔·埃利希、艾格尼丝·冈德、温·克拉马斯基、迪克与芭芭拉·莱恩夫妇、伦纳德·兰黛、唐纳德·马龙、斯蒂芬·马佐（Stephen Mazoh）[77]、克里斯托夫·德·梅尼尔、鲍勃·迈尔霍夫、比阿特丽斯·蒙蒂（Beatrice Monti）[78]、S.I. 纽豪斯与维多利亚·纽豪斯（Victoria Newhouse）夫妇、朱塞佩·潘萨·迪·毕欧莫先生及夫人。感谢博物馆馆长们：汤姆·阿姆斯特朗和汤姆·克伦斯。

在过去的四年中，我的助手们始终密切追踪并推进着调查的深入。他们满怀激情与热忱，时常能够挖掘出极其珍贵的文献资料，给我留下了不少极为难忘的回忆。他们是朱莉·魏尔伦（Julie Verlaine）、叶卡捷琳娜·科切特科瓦（Ekaterina Kotchetygova）、瓦莱丽·赫尔斯坦（Valerie Hellstein）、艾比·麦克文（Abby McEwen）、特里·塔弗（Terry Taffer）、克莱门汀·斯蒂普（Clémentine Stip）、伊莉莎·莫加维洛（Elisa Mogavero）、弗勒里安娜·玛丽·斯洪霍芬（Fleurianne Maria Schoonhoven）、夏洛特·哈利昂（Charlotte Harion）、纳塔利娅·富勒（Natalia Fuller）、克莱利亚·辛普森（Clelia Simpson）、昆汀·安德烈（Quentin André）、莉莉安·埃哈特（Liliane Erhardt）、詹妮弗·科恩（Jennifer Cohen）、娜塔莎·邦顿（Natasha Bunten）、艾琳·萨拉（Aline Sara）、金志洙（Jisoo Kim）、弗朗斯·科斯特罗（France Costrel）、伊派克·乌鲁索伊（Ipek Ulusoy）、梅萨·贾鲁迪（Mayssa Jaroudi）、凯拉·拉科夫斯基（Kayla Rakowski）、阿蒂米斯·巴尔托亚尼（Artemis Baltoyanni）和特蕾莎·卡叶赫－帕哈雷斯（Teresa Callejo-Pajares）。这

本书能够完成，还得益于诸多好友的帮助，包括始终与我休戚与共的桑特·米塞利（Sante Miceli）、娜塔丽·奥黛丽·鲁恰特（Natalie Audrey Ruchat）和安托万·德·塔莱（Antoine de Tarlé）[79]，感谢他们对我的信任。最后是卡拉·唐娜利（Kara Donnelly），她在写作方面的专长对本书英文版最终文本的敲定具有关键性的意义：感谢你丰富了我对这门语言的了解！

在创作的收尾阶段，法国驻美国大使馆文化处的卡林·里斯帕尔（Kareen Rispal）[80]、克里斯托弗·穆西泰利（Christophe Musitell）[81]、法布里斯·加布里埃尔（Fabrice Gabriel）[82]成为我强大的后盾，我由衷地感谢他们；托尼·沙弗拉齐的整个团队都是我值得信赖的支持者，事实证明，他们对本书有着极大的贡献：我要感谢小野裕子（Hiroko Onoda）、乔治·霍纳（George Horner）、詹姆斯·沃尔顿（James Walton）、约翰·恰普利斯基（John Czaplicki）、伊丽莎白·华莱士（Elizabeth Wallace）和萨拉·纳尔逊（Sara Nelson）。有时候，我甚至觉得他们把西二十六街 544 号变成了我的另一间办公室！在理查德·费根画廊情况也是如此。深深感谢画廊总监弗朗西丝·比蒂·阿德勒（Frances Beatty Adler）和理查德的助手弗朗索瓦·纽曼（Françoise Newman）。感谢高古轩画廊的凡妮莎·拉扎罗夫（Vanessa Lazarov）、弗吉尼亚·科尔曼（Virginia Coleman）和金伯利·希格斯（Kimberly Higgs）专注的付出，她们不辞辛苦地向我提供了我没能找到但又极其重要的数据。感谢（MoMA 的）米歇尔·埃利戈特（Michelle Elligott）[83]、［盖蒂基金会档案馆（Getty Foundation Archives）的］弗吉尼亚·莫科斯拉维斯卡斯（Virginia Mokslaveskas）、［布兰特基金会（Brant Foundation）的］金·比克利（Jean Bickley）、［罗伊·利希滕斯坦档案馆（Roy Lichtenstein Archives）的］卡桑德拉·洛萨诺（Cassandra Lozano）、［乌戈·穆拉斯档案馆（Ugo Mulas Archives）的］芭芭拉·尼科利尼（Barbara Nicolini）、［罗伯特·劳申伯格档案馆（Robert Rauschenberg Archives）的］吉娜·盖伊（Gina Guy）和马特·马吉（Matt Magee）、［安迪·沃霍尔基金会（Andy Warhol Foundation）的］格雷格·伯查德（Greg Burchard），以及［弗朗索瓦·密特朗研究中心（Institut

François Mitterrand）的］乔治·索尼尔（Georges Saunier）向我提供的特殊文献资料。

阿尔弗雷德·A. 克诺夫公司（Alfred A. Knopf）[84]的莉莉·伊万斯（Lily Evans）帮助我进行了大量的整理工作，事实证明，她取得了惊人的成功。早先，莉娜·库德里查卡亚（Lena Khidritskaya）制作的利奥明信片成功地将本书介绍给了它未来的读者。凯西·祖克曼（Kathy Zuckerman）早在我创作《美国绘画》（*Painting American*）一书时就向我提供过帮助，她富于创造力的思考为《利奥和他的圈子》注入了才情和能量。（高级制作经理）罗米欧·恩里克斯（Roméo Enriquez）、（高级设计师）麦琪·辛德斯（Maggie Hinders）、（文字主编）莉迪亚·比希勒（Lydia Buechler）、（出色的责任编辑）维多利亚·皮尔逊（Victoria Pearson），他们不仅展现出了超强的专业素质，还在本书制作过程中的每一个阶段都付出了许多努力；他们接受了我迟到的修改、增补和意料之外的调整，并在计划的时间内完成了出版工作，直到最后一刻都在全力保证本书文字的鲜活性和准确性。他们的无私奉献令我深受感动。最后要感谢的是这本书的责任编辑乔治·安德鲁（George Andreou）。他对本书产生的影响要从哪里说起呢？一位在巴黎的朋友曾说他是“美国最优秀的行文编辑”。的确，他渊博的学识、清晰的思路和高超的表达能力让我受益良多，能够得到他的帮助令我深感荣幸。

与利奥的人生一样，这本书跨越了所有边界，将五湖四海的灵魂联系在了一起，它在深入探究过去的同时，也在放眼未来，并最终将鼎力相助的朋友们编织在了一起，组成了一幅奇绝壮美的锦绣画卷。上文中提到的人名和地名就是证据。每个名字的主人都以这样的方式“扩大”了利奥·卡斯泰利和他的圈子。

[74]西德尼·詹尼斯之子。

[75]MoMA 馆长阿尔弗雷德·巴尔的助理、档案管理员。

[76]法国职业经理人，曾出任多家世界著名的奢侈品牌的美国区总裁。

[77]美国画商、艺术收藏家。

[78]意大利女男爵，米兰的白羊座画廊的主人，美国艺术支持者、艺术收藏家。

[79]法国媒体机构高级管理人员、美国政治专家。

[80]法国外交官，法国驻加拿大大使，曾任法国驻美国大使馆文化处参赞。

[81]法国驻美国大使馆文化处副参赞。

[82]法国驻美国大使馆文化处随员。

[83]MoMA 档案馆馆长。

[84]1915 年成立于纽约的出版公司，本书英文版的出版社。

译后记

与利奥的邂逅是在纽约的惠特尼美术馆。那时我挺着怀孕九个月的肚子站在美术馆顶层的展厅里，眼前是挂在展墙正中的那张劳申伯格的《思绪如潮》。我先生说：“知道画里的人是谁吗？是他的画廊老板，全世界最有名的画廊主。”

我懵懵懂懂。

后来，当我成为第三个孩子的母亲，离开了原本朝九晚五的工作，在顾全孩子和家庭的间歇，《利奥和他的圈子》进入了我的生活。那时，画廊还只是一个既近又远的概念；是一个我偶尔会在闲暇时出没，却又无关痛痒的时髦之地。一颗猎奇的心，让我开始了对这部宏大传记的阅读；带着对艺术和艺术商业的诸多疑问，我踏上了利奥的人生之旅：艺术究竟为什么这么重要？画廊到底是干什么的？什么是好的艺术？又是谁在决定艺术的好坏？人为什么要花钱购买艺术？……

当我真正坐定在电脑前，打开这本厚书，开始逐字逐句地翻译，当既有的问题一一得到解答，我又不断产生了新的疑问：犹太民族对西方社会的文化和商业究竟具有怎样的意义？中文世界的文化生态是在重演半个世纪前的美国剧本吗？卡斯泰利的公式又是否能像过去那样发挥出神奇的作用？……

利奥完整了我的艺术教育，但他的意义又不仅仅限于此。在不断打磨此书的 6 年时光里，我体味着他的苦难、他的局限、他的蜕变和他的成功，并在这个过程中慢慢成为一个走向 40 岁的女人。在我用自己的语言重新梳理和讲述出有关利奥·卡斯泰利画廊的故事，也越来越无法回避一家画廊的存在对我的意义。我先生的画廊与我家的大女儿同岁，今年16，当青春和成长不请自来，利奥于我和先生的价值也再不只是闲暇时乐于分享的那几则逸事，仿佛我们就这样进入了利奥·卡斯泰利的圈子。

我要感谢倪军先生，是他在 2015 年的一天将这本书带进了我的世界，并始终没有停止对我的鼓励。倪老师，You made it happen！感谢湖南美术出版社的编辑王柳润女士和编辑校对团队对一个业余文字工作者的耐心和帮助。感谢中国元老级的画廊主和媒体人伍劲先生拨冗为本书作序。感谢本书作者安妮·科恩－索拉尔博士，感谢她十年磨一剑的执着坚忍。能够通过此书结识他们是我莫大的荣幸，正是因为他们的信任，即使我存在着诸多不足和缺失，也丝毫不敢得过且过、虚应故事，始终都在对自己查漏补缺，力求向有兴趣了解利奥·卡斯泰利的中文读者交出一份令人满意的答卷，以期“符合这位画廊主生前的标准”。不仅如此，在此书中文版的翻译过程中，我与科恩－索拉尔博士对文字进行了共同校对和完善，共做出了近百处修改，愿能对本书其他语言的出版和再版有所帮助。我想，通过此举，我也是在以自己的方式“扩大”着利奥和他的圈子。

最后，由衷感谢我的先生房方。如果利奥·卡斯泰利是他在艺术商业上的启蒙者，而并不精于外文的他是参与我生活的塑造者，那么本书中文版的问世似乎也实现了我们三个之间的闭环，是另一个 Leo's circle。

王　袁
2021 年 7 月 14 日

索 引